深圳中学
核心素养
提升丛书

物理思维破茧

从高考到强基

主　编◎周启勇
副主编◎熊志松　张杰艺

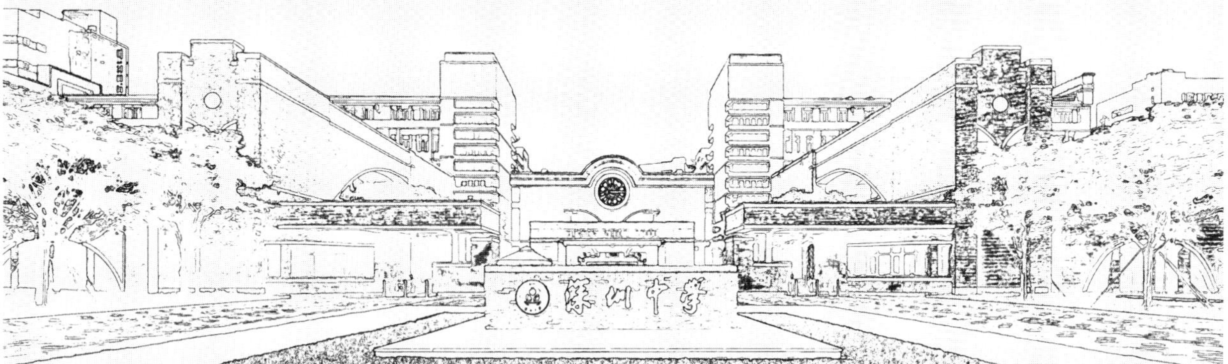

中国人民大学出版社
·北京·

图书在版编目（CIP）数据

物理思维破茧：从高考到强基 / 周启勇主编. --
北京：中国人民大学出版社，2024.1
ISBN 978-7-300-32286-5

Ⅰ.①物… Ⅱ.①周… Ⅲ.①中学物理课－高中－教
学参考资料 Ⅳ.①G634.73

中国国家版本馆 CIP 数据核字（2023）第 211380 号

深圳中学核心素养提升丛书
物理思维破茧：从高考到强基
主　编　周启勇
副主编　熊志松　张杰艺
Wuli Siwei Pojian：Cong Gaokao dao Qiangji

出版发行	中国人民大学出版社		
社　　址	北京中关村大街 31 号	**邮政编码**	100080
电　　话	010－62511242（总编室）		010－62511770（质管部）
	010－82501766（邮购部）		010－62514148（门市部）
	010－62515195（发行公司）		010－62515275（盗版举报）
网　　址	http://www.crup.com.cn		
经　　销	新华书店		
印　　刷	唐山玺诚印务有限公司		
开　　本	787 mm×1092 mm　1/16	**版　　次**	2024 年 1 月第 1 版
印　　张	22	**印　　次**	2025 年 4 月第 4 次印刷
字　　数	423 000	**定　　价**	68.00 元

深圳中学 文化印记

办学定位　建设中国特色世界一流高中

培养目标　培养具有中华底蕴与国际视野的拔尖创新人才

深中精神　追求卓越　敢为人先

校　　训　团结　进取　求实　创新

校　　风　主动发展　共同成长　不断超越

教　　风　敬业爱生　言传身教

学　　风　尊师守纪　勤学多思

总序 PREFACE

教育的目的和本质是育人，是使学生在教育中成长并且能不断提升自我、完善自我，在关爱他人和服务社会中实现自我价值。在学校，教育的目的一方面需要依托教师的职业行为（主要是教学）来实现，另一方面更需要学校的教育理念指导和学校课程支撑，其中最核心的无疑是学校的课程建设和实施。

20 世纪 90 年代后期，我国开始试行国家、地方、学校三级课程管理制度，课程决策权部分下放到了学校，全国各地随即开展了轰轰烈烈的“校本运动”。“校本课程”（School-Based Curriculum）本是一个“舶来品”，欧美一些国家在 20 世纪初就开始关注以校为本的教育改革。在我国第八次基础教育课程改革的大背景下，校本课程成为我国新课改的重点，同时也成为越来越多学校和教师关注的焦点。

国家课程注重的是普适性，是为了保证学生对基本知识技能和素质的掌握和实现，针对的是大多数学生的共性需求。而校本课程开发直接指向差异，它是一种“特色课程”，是以学校为开发单位和实施单位，包含浓郁的校园特色、本校学生特色，旨在尊重学生、学校和社区的独特性与差异性。这也是深圳中学一直以来重视校本课程建设，积极进行校本教材开发的出发点和落脚点。

著名哲学家吉杜·克里希那穆提曾说：“正确的教育所关心的是个人的自由，唯有个人的自由，才能带来与整体、人群的真正合作。”为什么很多学生在中等教育阶段很难体会到学习的幸福和乐趣？很大程度上是因为他们缺乏相对自由的选择权。为了赋予学生更多的自由和更多样的选择，深圳中学在近十几年来通过实地调研学生实际需求、深入挖掘素材资源，开发了 360 多门丰富多样的校本课程，让学生在更广阔的天地里去体验、去发现、去成为最好的自己。

深圳中学从21世纪初成为课程改革样板学校，我们在前期校本课程探索和实践的基础上，结合新课标关于培养学生核心素养的要求，对学校360多门校本课程进行精心筛选和整理，特推出“深圳中学核心素养提升丛书”。该丛书包括《映鉴：中国近现代人物作品与人格魅力》《整本书阅读新视野》《物理思维破茧：从高考到强基》《像生物学家一样思考：高中生物学核心素养学术情境资源集》《中学生常见心理困惑答问》，内容涵盖语文、物理学、生物学、心理学等多个学科，它们既相互联系，又各自相对独立。我们力争使这套书能够充分体现出以下特点：

第一，聚焦落实立德树人，培养学生核心素养。立德树人是教育的根本任务。培养和发展学生核心素养，根本出发点是全面贯彻党的教育方针，践行社会主义核心价值观，突出强调社会责任感、创新精神和实践能力，促进学生全面发展，落实立德树人根本任务。本丛书在编写中深入挖掘学科育人价值，有机融入理想信念、爱国主义、责任与担当、奋斗与坚持等主题内容，在帮助学生构建知识体系与关键能力的过程中，培养学生形成正向的思维模式与必备品格，全面提升核心素养。

第二，坚持以人为本，培养全面发展的人。这是深圳中学校本课程开发的灵魂追求，也是这套书的基本特征。以人为本既是现代教育的价值取向，也是我国校本课程开发的基本价值取向。校本课程的实施归根结底是为了学生的全面发展，我们通过不断地努力和尝试，开发编写丰富多样并且适合本校学生发展的校本教材，践行对以人为本的追求和探索。

第三，坚持理论与实践的有机结合。这套书不是空谈理论，而是立足于深圳中学的学校特色和课程特点，针对实践进行反思和总结，致力于理论建构与实践探索的统一。其中，既有对本学科专业知识的解读，又融合了大量针对提升学生学科素养的导读、解析和课例。

第四，坚持注重多维视野的相互关照。从宏观与微观、历史与现实、继承与超越、国际与本土等方面探讨中国近现代人物思想、整本书阅读、物理思维、生物学习等领域，既反映了学科发展的基本趋势，又体现出理论的创新追求。

校本课程的显著特点是给教师赋权增能，让教师成为课程开发的主体。这套书凝聚了诸多老师的智慧和汗水，他们在选题、组稿、修改、定稿和编辑出版的过程中付出了艰辛的劳动。如果没有他们的努力和付出，这套书是很难和大家见面的。非常感谢这套书的编著者们，是他们的辛勤和卓越成就了深圳中学校本课程的厚度！

校本课程的开发是一个渐进的过程，尤其是特色的形成需要进行长期摸索和逐步积累。几十年来，深圳中学从未停止探索的脚步。我们期望通过我们的微薄之力进一步发展学生的能力和兴趣，进一步推进校本课程的发展和进步。我们乐于和学界同人分享我们的这些成果，同时也真诚希望大家批评指正，欢迎各位同人不吝赐教。

是为序。

2023 年 10 月于深圳中学新校区斯善楼

前言 PREFACE

2020 年 1 月，教育部发布《关于在部分高校开展基础学科招生改革试点工作的意见》，用“强基计划”取代自主招生，旨在选拔有志于服务国家重大战略需求且综合素质优秀或基础学科拔尖的学生，并且在部分高校开展基础学科招生改革试点。《教育部 2022 年工作要点》中的第 19 条明确指出要积极探索拔尖创新人才早期发现和选拔培养机制，加大强基计划实施力度，支持实施本硕博一体化人才培养。在 2017 年教育部发布的最新一版普通高中物理课程标准中，高中物理课程结构由原先的必修＋选修，变更为必修＋选择性必修＋选修，而其中的选修课程是学生自主选择学习的课程，要求在贯彻落实立德树人根本任务的同时，也要注重培养学生的物理学科核心素养。该选修课程最大的特点就是无教育部审核并统一发行的教材，且通过中学或高校的自主考核来进行评价。这显然与“强基计划”不谋而合。

每年的强基测试基本在高考结束后进行，但由于上述提到的无统编教材的原因，大部分学校都没有开设强基课程。通过与其他学校老师的沟通，了解到部分尝试开设强基课程的学校基本上都是使用竞赛教辅。近些年，一些强基教材应运而生，但仔细阅读后可以发现，大部分教材都是基于原有竞赛教材的框架和内容改编的，在一定程度上并不适合没有竞赛基础的学生进行自学或者作为教师的上课教材使用。

为了改善这一现状，编者结合学校实际，不断地进行积累与尝试，积极探索拔尖创新人才的培养模式，探索强基课程的实施办法。编者基于多年的高考教学经验和竞赛主教练经历，并结合高考内容及学生特点的基础上，尝试编写了一本适合大部分物理基础较好的学生或是物理竞赛零基础的学生进行强基入门的参考书，即为《物理思维破茧：从高考到强基》。结合此定位，本书的主要内容有两个方面：一是在尽量回避高等数学工具的前提下，从学生已有的高考物理知识出发，用推理演绎的方法为学生讲解近几年清华大学、北京大学等名校强基考试中所涉及的相关知识及其推论；二是引用近几年清华大学、北京大学等高校的强基考试真题，作为对应知识点的经典案例和每一讲的练习。

本书的内容排布顺序尽量与高中物理教材中的顺序相符，方便学生们匹配课内高考课程的进度同步学习。每一讲均由三部分构成，其中："强基要点"主要从高考的知识点出发往外发散，为学生简要讲解对应模块的强基知识，并尽量避开高深的数学工具；"要点精例"引用近些年清华大学、北京大学等名校的自主招生、强基考题，为每个知识要点搭配经典的真题案例；"强基练习"同样是挑选自清华大学、北京大学等名校的自主招生和强基真题，并在其后附上参考答案。这一部分不光是让学生进行针对性强的练习，同时也可让准备参加强基考试的学生提前熟悉试题风格并了解名校命题的方向。

本书由周启勇担任主编，熊志松、张杰艺担任副主编。希望本书能尽量降低更多想要教授或学习物理强基课程的师生们的门槛，并能让准备教授或学习物理强基课程的师生们得到一些启发。由于编者水平有限和时间仓促，书中存在的不足，还望读者斧正。

编　者

2023 年 11 月于深圳中学

目录 CONTENTS

第 1 讲 运动学

强基要点 1 用图像法分析物体的运动

图像法，就是利用图像本身数学特征所反映的物理意义解决物理问题(已知图像找出物理量间的函数关系)，明确物理量之间的函数关系，作出物理图像来解决问题。用图像法解题，往往比其他数学方法更简捷、形象和直观。

图像能整体、直观、准确地反映做直线运动物体的运动状态，易于理解图像中“面积”和“斜率”等包含的物理意义，从而体会物体运动规律。很多时候会设定不同的坐标，利用“化曲为直”的方法解决问题。

要点精例

例 1 (2005 同济大学)老鼠离开洞穴沿直线前进，它的速度与到洞穴的距离成反比，当它行进到离洞穴距离为 d_1 的甲处时速度为 v_1，试求：(1) 老鼠行进到离洞穴的距离为 d_2 的乙处的速度多大？(2) 从甲处到乙处要用多长时间？

【解析】由于老鼠的运动速度与到洞穴的距离成反比，故可通过$\frac{1}{v}-d$ 画图像，把反比例图像转化成线性图像，进而求出时间。本题也可以直接应用数学积分知识进行求解。

(1) 设老鼠离开洞穴的距离为 d，运动的速度为 v，则 $v=\frac{k}{d}$，k 为反比例常数。根据题意，$d=d_1$ 时，$v=v_1$，则 $k=d_1v_1$。故 $d=d_2$ 时，$v=v_2$，满足 $v_2=\frac{k}{d_2}=\frac{d_1}{d_2}v_1$。

(2) 为求老鼠从甲处到乙处所用时间，根据分析提出的求解思路如下：

解法 1 图像法

老鼠运动速度 $v=\frac{k}{x}$，其图像是一条双曲线，将 $v=x$ 图像[见图(a)]转化为$\frac{1}{v}-x$ 图像后，其反比关系就变成了正比关系。$\frac{1}{v}-x$ 图像是一条过坐标原点的直线，如图(b)所示，将 d_1 到 d_2 的线段分割成 n 等份，n 很大时，每一小段可看成匀速运动，

第一小段的时间 $t_1=\dfrac{\Delta x}{v_1}$，其数值近似等于 $\dfrac{1}{v}-x$ 图像中最左边的第一个矩形面积，依次类推，从 d_1 到 d_2 的总时间近似等于 n 个矩形面积之和，如图(b)所示。当 $n\to\infty$ 时，矩形面积之和等于梯形面积之和，即 $t=\dfrac{\left(\dfrac{1}{v_1}+\dfrac{1}{v_2}\right)(d_2-d_1)}{2}$，将 $v_2=\dfrac{d_1v_1}{d_2}$ 代入上式，得 $t=\dfrac{d_2^2-d_1^2}{2d_1v_1}$。

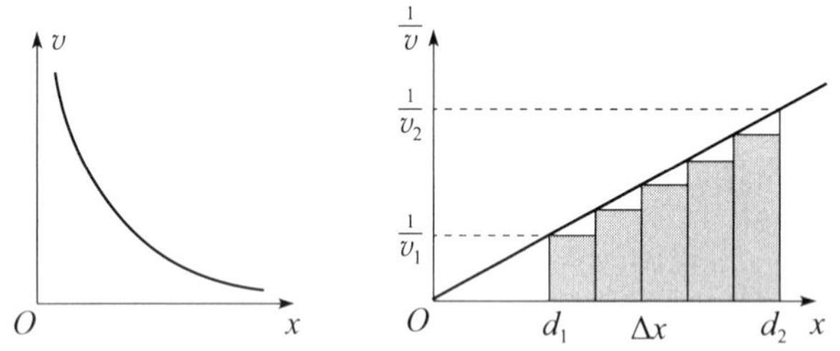

(a)　　　　(b)

解法 2　积分法

在老鼠前进中，任意短的时间间隔 T 至 $T+\mathrm{d}t$ 内的路程为 $\mathrm{d}x$，速度为 v，则从甲处至乙处的时间

$$t=\int_{d_1}^{d_2}\frac{\mathrm{d}x}{v}=\int_{d_1}^{d_2}\frac{x}{k}\mathrm{d}x=\frac{1}{2k}(d_2^2-d_1^2)=\frac{d_2^2-d_1^2}{2v_1d_1}$$

例 2　在一条笔直的公路上依次设置三盏交通信号灯 L_1、L_2 和 L_3，L_2 与 L_1 相距 80m，L_3 与 L_1 相距 120m。每盏信号灯显示绿色的时间间隔都是 20s，显示红色的时间间隔都是 40s。L_1 与 L_3 同时显示绿色，L_2 则在 L_1 显示红色经历了 10s 时开始显示绿色。规定车辆通过三盏信号灯经历的时间不得超过 150s。若有一辆匀速向前行驶的汽车通过 L_1 的时刻正好是 L_1 刚开始显示绿色的时刻，则此汽车能不停顿地通过三盏信号灯的最大速率为________ m/s。若一辆匀速向前行驶的自行车通过 L_1 的时刻是 L_1 显示绿色经历了 10s 的时刻，则此自行车能不停顿地通过三盏信号灯的最小速率是________ m/s。

【解析】

方法一　在下图(a)中，横坐标表示时间，取汽车开始运动的时间为计时起点；纵坐标表示位移，以信号灯 L_1 的位置为位移零点。在位移为 0、80m 和 120m 处，用实线表示在该位置出现绿灯的时间、虚线表示该位置出现红灯。

汽车由 $t=0$ 开始运动，汽车的 $x-t$ 图像为原点出发的一条倾斜直线。若汽车到达信号灯时为绿灯，直线与 $x=80\text{m}$ 和 $x=120\text{m}$ 处的水平线中的实线相交。速度最大，则直线的斜率最大，图(a)中的 a 线满足条件。解得 $v=\dfrac{x}{t}=2\text{m/s}$。

自行车从 $t=10\text{s}$ 开始运动，其 $x-t$ 图像为从 $t=10\text{s}$、$x=0$ 出发的一条倾斜直线。自行车必须在 $t=160\text{s}$ 前到达信号灯 L_1 的位置，要求最小速率，直线的斜率必须要最小，图(a)中的 b 线满足条件。$v=\frac{120}{130}\text{m/s}=\frac{12}{13}\text{m/s}$。

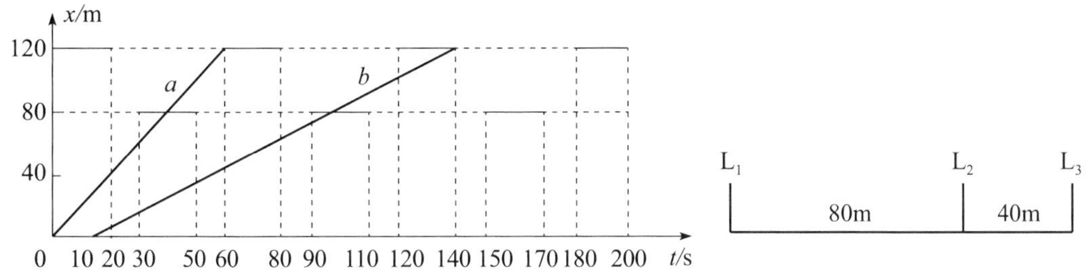

(a) (b)

方法二 不等式法。由题意作图(b)。从 L_1 刚开始显示绿灯为计时起点。一方面经过 30s 后，L_2 开始显示绿色，持续时间为 20s，则 L_2 显示绿色的时间范围是 $30\leqslant t_1\leqslant 50$。设汽车的最大速度为 v_m，则 $30\leqslant\frac{80}{v_m}\leqslant 50$，即 $\frac{8}{5}\leqslant v_m\leqslant\frac{8}{3}$。

另一方面，从 L_1 经过 60s 后，L_3 再次显示绿色，且持续时间为 20s，即 L_3 显示绿灯的时间范围是 $60\leqslant t_2\leqslant 80$，即 $60\leqslant\frac{40}{v_m}\leqslant 80$，$1.5\leqslant v_m\leqslant 2$。综上所述，汽车的最大速度为 2m/s。

设自行车的最小速率为 v_{min}，从 L_1 显示绿色经历了 10s 的时刻开始计时。L_2 显示绿色的时间范围是：$80\leqslant t_1\leqslant 100$。$L_3$ 显示绿色的时间范围是：$110\leqslant t_2\leqslant 130$。从而有 $80\leqslant\frac{80}{v}\leqslant 100$，$100\leqslant\frac{120}{v}\leqslant 130$。解得 $v_{min}=\frac{12}{13}\text{m/s}$。

强基要点 2 物体间的速度关联

所谓关联速度就是两个通过某种方式联系起来的速度。比如一根杆上的两个速度通过杆发生联系，一根绳两端的速度通过绳发生联系。常用的结论有：

(1) 杆或绳约束物系各点速度的相关特征是：在同一时刻必具有相同的沿杆或绳方向的分速度。

(2) 接触物系接触点速度的相关特征是：沿接触面法向的分速度必定相同，沿接触面切向的分速度在无相对滑动时相同。

(3) 线状相交物系交叉点的速度是相交双方沿对方切向运动分速度的矢量和。

(4) 如果杆(或张紧的绳)围绕某一点转动，那么杆(或张紧的绳)上各点相对转动轴的角速度相同。

要点精例

例 3 如图所示，在一光滑水平面上放一个物体，人通过细绳跨过高处的定滑轮拉物体，使物体在水平面上运动，人以大小不变的速度 v 运动。当绳子与水平方向成 θ 角时，物体前进的瞬时速度是多大？

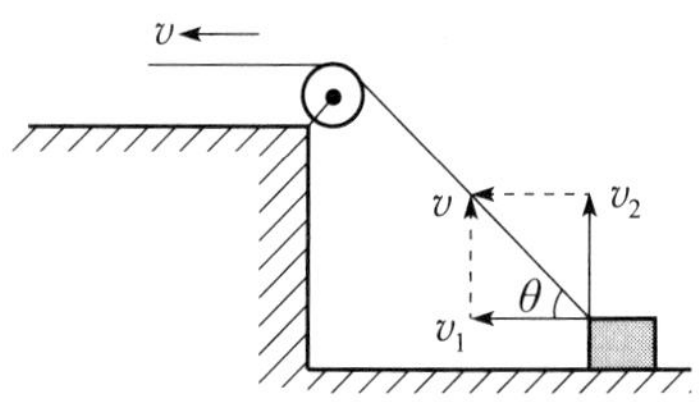

【解析】

解法 1 应用微元法

设经过时间 Δt，物体前进的位移 $\Delta s_1 = BC$，如图所示。过 C 点作 $CD \perp AB$，当 $\Delta t \to 0$ 时，$\angle BAC$ 极小，在 $\triangle ACD$ 中，可以认为 $AC = AD$，在 Δt 时间内，人拉绳子的长度为 $\Delta s_2 = BD$，即为在 Δt 时间内绳子收缩的长度。

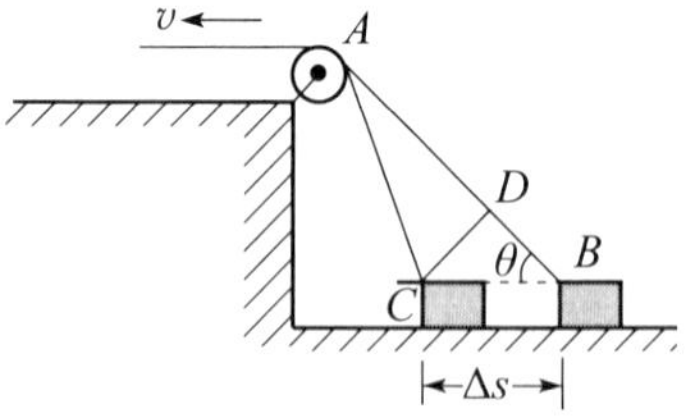

由图可知：$BC = \dfrac{BD}{\cos\theta}$ ①

由速度的定义：物体移动的速度为 $v_{物} = \dfrac{\Delta s_1}{\Delta t} = \dfrac{BC}{\Delta t}$ ②

人拉绳子的速度 $v = \dfrac{\Delta s_2}{\Delta t} = \dfrac{BD}{\Delta t}$ ③

由①②③解得：$v_{物} = \dfrac{v}{\cos\theta}$

解法 2 用合运动与分运动的关系

绳子牵引物体的运动中，物体实际在水平面上运动，这个运动就是合运动，所以物体在水平面上运动的速度 $v_{物}$ 是合速度，将 $v_{物}$ 按如图所示进行分解。

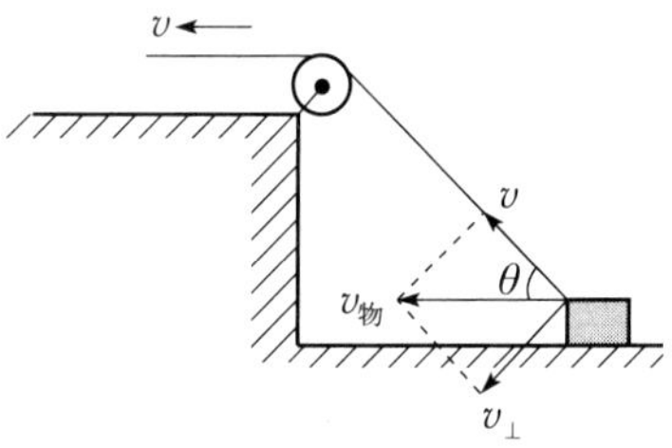

其中：$v = v_{物}\cos\theta$，使绳子收缩。

所以 $v_{物} = \dfrac{v}{\cos\theta}$。

解法 3 用能量守恒定律

由题意可知：人对绳子做功等于绳子对物体所做的功。

人对绳子的拉力为 F，则对绳子做功的功率为 $P_1 = Fv$；绳子对物体的拉力，由定滑轮的特点可知，拉力大小也为 F，则绳子对物体做功的功率为 $P_2 = Fv_{物}\cos\theta$，因为 $P_1 = P_2$，所以 $v_{物} = \dfrac{v}{\cos\theta}$。

例 4 （第11届全国预赛）顶杆 AB 可在竖直滑槽K内滑动，其下端由凸轮绕 O 点以匀角速度 ω 转动，如图所示的瞬间，$OA=r$，凸轮轮缘与 A 接触处法线 n 与 OA 之间的夹角为 α，试求此瞬时顶杆 AB 的速度。

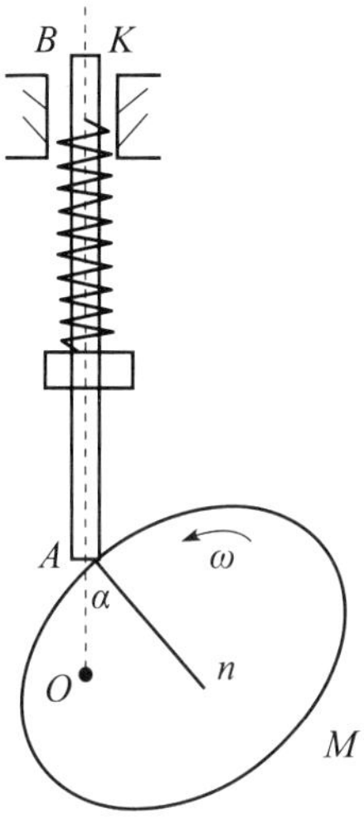

【解析】 如图所示，接触点A既在杆上，又在凸轮上。杆上A点的速度竖直向上，凸轮上A点的速度水平向左，两物体在接触处法线 n 方向的分速度相等，即

$$v_{杆A}\cos\alpha=v_{轮A}\sin\alpha$$

解得

$$v_{杆A}=v_{轮A}\tan\alpha=\omega r\tan\alpha$$

例 5 如图所示，物体A置于水平面上，物体A前固定有动滑轮 B，D 为定滑轮，一根轻绳绕过 D、B 后固定在 C 点，BC 段水平，当以速度 v 拉绳头时，物体A沿水平面运动，若绳与水平面夹角为 α，物体A运动的速度是多大？

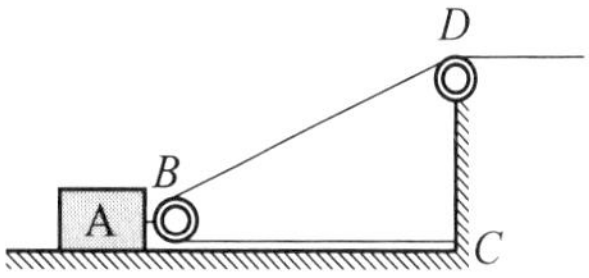

【解析】 这是绳约束相关速度问题。

绳 BD 段上各点有与绳端 D 相同的沿绳 BD 方向的分速度 v；

设A右移速度为 v_x，即相对于A，绳上 B 点是以速度 v_x 从动滑轮中抽出的，即：

$$v_{BA}=v_x$$

引入中介参照系——物体A，在沿绳 BD 方向上，绳上 B 点的速度 v 是其相对于参照系A的速度 v_x 与参照系A对静止参照系速度 $v_x\cos\theta$ 的合成，即：

$$v=v_{BA}+v_x\cos\alpha$$

所以

$$v_x=\frac{v}{1+\cos\alpha}$$

此题也可用能量做：人拉绳的功率 $p=Fv$，物体的速度 v_x，相当于有两个 F 作用在物体上，两个拉力的总功率为 $p_{总}=Fv_x+Fv_x\cos\alpha$，人拉绳的功率与绳拉物体的功率相等，即 $p=p_{总}$，得 $v_x=\dfrac{v}{1+\cos\alpha}$。

强基要点 3 物体的相对运动

说明一个物理的运动都须选一个参考系，相对于不同的参考系，同一物体的运动往往具有不同的运动状态。

相对观察者静止的参照系称为静止参照系；相对观察者运动的参照系称为运动参照系。物体相对静止参照系的运动称为绝对运动，相应的速度和加速度分别称为绝对速度和绝对加速度；物体相对运动参照系的运动称为相对运动，相应的速度和加速度分别称为相对速度和相对加速度；运动参照系相对静止参照系的运动称为牵连运动，相应的速度和加速度分别称为牵连速度和牵连加速度。

绝对运动、相对运动、牵连运动的速度关系是：绝对速度等于相对速度和牵连速度的矢量和：$\vec{v}_{绝对}=\vec{v}_{相对}+\vec{v}_{牵连}$。

这一结论对运动参照系是相对于静止参照系做平动还是转动都成立。

当运动参照系相对静止参照系运动做**平动**时，加速度在过程中也存在关系：$\vec{a}_{绝对}=\vec{a}_{相对}+\vec{a}_{牵连}$。

位移合成定理：$S_{A对地}=S_{A对B}+S_{B对地}$。

如果有一辆平板火车正在行驶，速度为$v_{火地}$(脚标“火地”表示火车相对地面，下同)。有一个胆大的驾驶员驾驶着一辆小汽车在火车上行驶，相对火车的速度为$v_{汽火}$，那么很明显，汽车相对地面的速度为：$\vec{v}_{汽地}=\vec{v}_{汽火}+\vec{v}_{火地}$。

从以上情况可看到，上列相对运动的式子要遵守以下几条原则：

①合速度的前脚标与第一个分速度的前脚标相同。合速度的后脚标和最后一个分速度的后脚标相同。

②前面一个分速度的后脚标和相邻的后面一个分速度的前脚标相同。

③所有分速度都用矢量合成法相加。如图：$\vec{v}_{甲对地}=\vec{v}_{甲对乙}+\vec{v}_{乙对地}$。

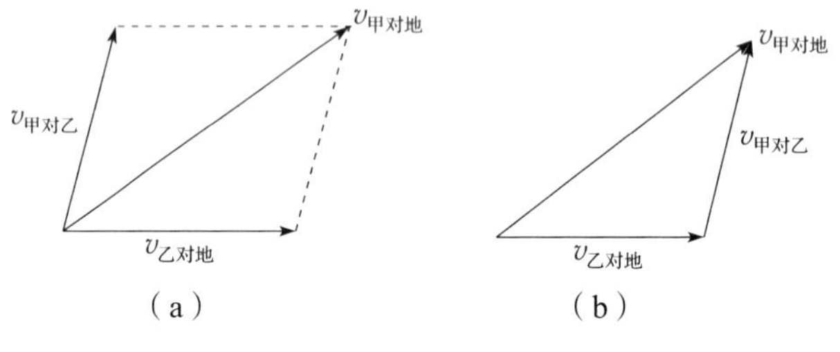

④速度的前后脚标对调，改变符号。

以上求相对速度的式子也同样适用于求相对位移和相对加速度。

要点精例

例 6 如图所示，大船在海面上沿由东向西的航道以 20km/h 的速度行驶，船西南方向有一汽艇距离大船 20km、距离航道 12km，则汽艇速度至少为多少时才能追上大船？若汽艇速度为 15km/h，则至少要多长时间才能追上大船？

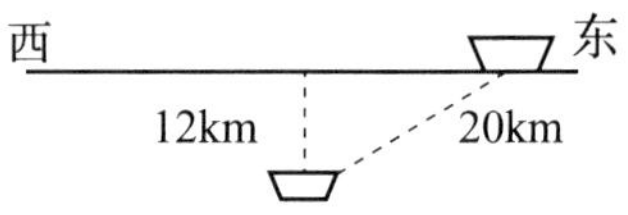

【解析】汽艇相对大船直线行驶时才能追上大船，由于 $\vec{v}_{艇对船}=\vec{v}_{艇}-\vec{v}_{船}$，当 $\vec{v}_{艇}\perp\vec{v}_{艇对船}$ 时，$v_{艇}$ 有最小值，$v_{艇}=v_{船}\sin\alpha=20\times\frac{12}{20}=12\text{km/h}$，如图(a)所示。

若艇速为 15km/h，$v_{艇对船}$ 有最大值时，$\vec{v}_{艇}\perp\vec{v}_{船}$，$v_{艇对船}=\frac{v_{艇}}{\sin\alpha}=25\text{km/h}$，$t=\frac{s}{v}=0.8\text{h}$，如图(b)所示。

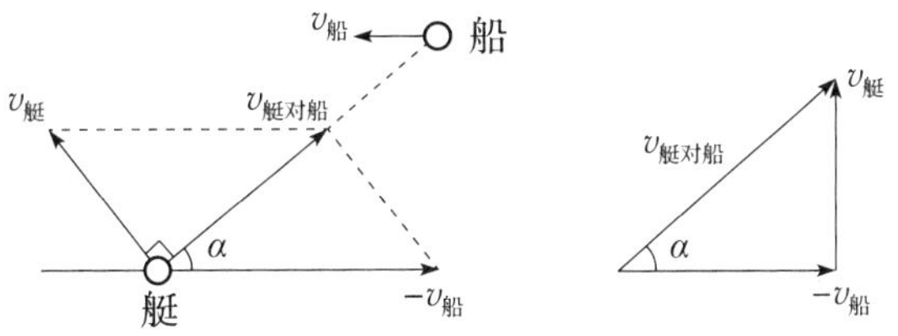

(a)　　(b)

例 7 (2009 北大)如图所示，直径和高同为 d 的不带盖小圆桶，用一根水平的直杆与直径和高同为 $2d$ 的带盖大圆桶连接后，静放在光滑水平面上，它们的总质量为 M。大桶顶部边缘部位有一个质量为 m 的小猴，此时，小猴、两圆桶底部中心和直杆处于同一竖直平面内。设小猴水平跳离大桶顶部，恰好能经过处于运动状态的小桶上方圆周左边缘部位后，落到小桶底部中心。

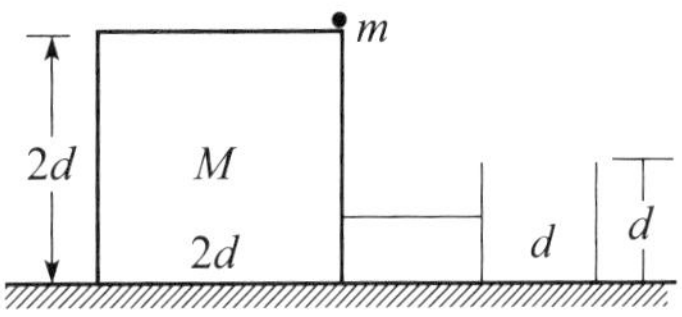

(1) 计算小猴从小桶上方边缘部位落到小桶底部中心所经时间 Δt；

(2) 试求直杆长度 l；

(3) 推导出小猴跳离大桶时相对地面的速度 v_m。

【解析】(1) 小猴做平抛运动，经过小桶边缘时自由下落高度为 d，由 $d=\frac{1}{2}gt_1^2$ 得：$t_1=\sqrt{\frac{2d}{g}}$，

同理由 $2d=\frac{1}{2}gt_2^2$ 得：$t_2=\sqrt{\frac{4d}{g}}=2\sqrt{\frac{d}{g}}$，

故 $\Delta t=t_2-t_1=2\sqrt{\frac{d}{g}}-\sqrt{\frac{2d}{g}}$。

(2)(3) 小猴跳出，桶会匀速向左运动，系统水平方向动量守恒。

由 $mv_m=Mv=0$ 得：$v=\frac{m}{M}v_m$，

由 $(v_m+v)t_1=l$ 和 $(v_m+v)t_2=l+\frac{d}{2}$，解得：$l=\frac{(\sqrt{2}+1)d}{2}$，$v_m=\frac{M}{M+m}\left(\frac{2+\sqrt{2}}{4}\right)\sqrt{gd}$。

强基练习

1. (2011 华约联盟)如图所示，AB 杆以恒定角速度绕 A 转动，并带动套在水平杆 OC 上的小环 M 运动。运动开始时，AB 杆在竖直位置，则小环 M 的加速度将(　　)。

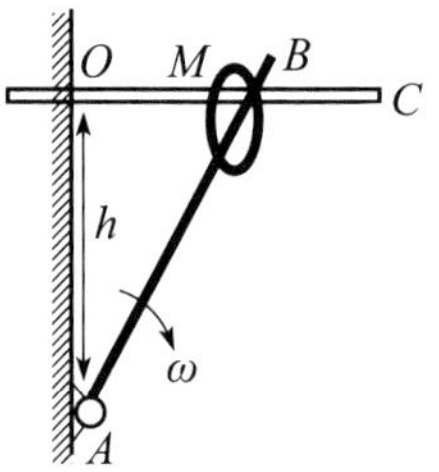

A. 逐渐增大　　B. 先减小后增大

C. 先增大后减小　　D. 逐渐减小

2. (2017 清华夏令营)一质点做另类匀变速直线运动，在相等位移内速度的增量相等，下列是该质点的 $v-t$ 图像的是(　　)。

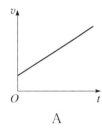

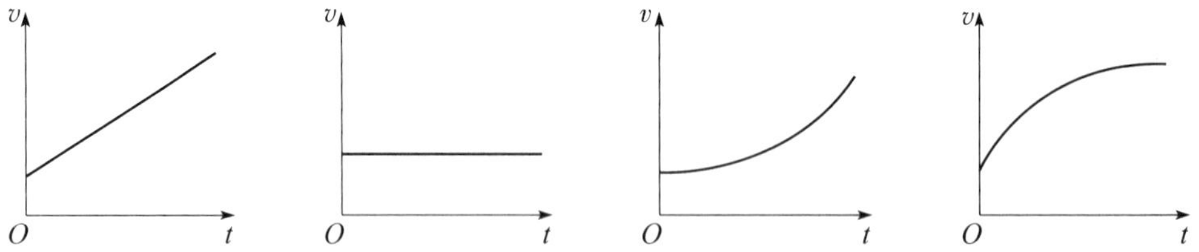

A　　B　　C　　D

3. (2012 卓越联盟)如图，固定在水平桌面上的两个光滑斜面 M、N，其高度相同，斜面的总长度也相同。现在完全相同的两物块 a、b 同时由静止分别从 M、N 的顶端释放，假设 b 在通过斜面转折处时始终沿斜面运动且无能量损失，则(　　)。

A. 物块 b 较物块 a 先滑至斜面底端

B. 两物块滑至斜面底端时速率相等

C. 两物块下滑过程中的平均速率相同

D. 两物块开始下滑时加速度大小相等

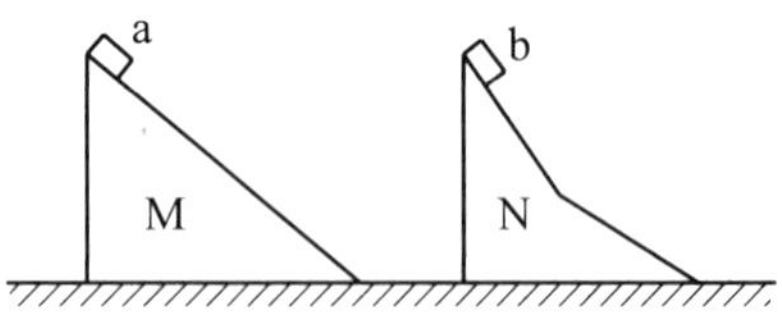

4. (2009 同济)距平直河岸 500m 处有一艘静止的船，船上的探照灯以转速 $n=1\text{r/min}$ 转动。当光束与岸边成 60°角时，光束沿岸边移动的速率为(　　)。

A. 52.3m/s　　B. 69.8m/s

C. 3.14×10^3m/s　　D. 4.18×10^3m/s

5. (2011 卓越联盟)长为 l、质量为 M 的木块静止在光滑水平面上。质量为 m 的子弹以水平速度 v_0 射入木块并从中射出。已知从子弹射入木块到射出木块的过程中，木块移动的距离为 s，则子弹穿过木块所用的时间为(　　)。

A. $\dfrac{l+s}{v_0}$　　B. $\dfrac{1}{v_0}\left[l+\left(1+\dfrac{M}{m}\right)s\right]$

C. $\dfrac{1}{v_0}\left[l+\left(1+\dfrac{m}{M}\right)s\right]$　　D. $\dfrac{1}{v_0}\left[\left(1+\dfrac{M}{m}\right)l+s\right]$

6. (2017 清华领军)一颗子弹以水平速度 v_0 穿透一块在光滑水平面上迎面滑来的木块后，两者运动方向均不变。设子弹与木块间的相互作用力恒定，木块最后的速度为 v，则(　　)。

A. v_0 越大，v 越大　　　　B. v_0 越小，v 越大

C. 子弹质量越大，v 越大　　　D. 木块质量越小，v 越大

7.（2016 清华领军）在高为 H 处平抛一物体，同时在其正下方水平地面上斜抛一物体，两者同时落到地面上同一点，则斜抛物体的射高为________。

8.（2011 北大保送生考试）如图所示，AC 为光滑竖直杆，ABC 为构成直角的光滑 L 形直轨道，B 处有一小圆弧连接可使小球顺利转弯，并且 A、B、C 三点正好是圆上三点，而 AC 正好为该圆的直径，如果套在 AC 杆上的小球自 A 点静止释放，分别沿 ABC 轨道和 AC 直轨道运动，如果沿 ABC 轨道运动的时间是沿 AC 直轨道运动所用时间的 1.5 倍，求 α 的值。

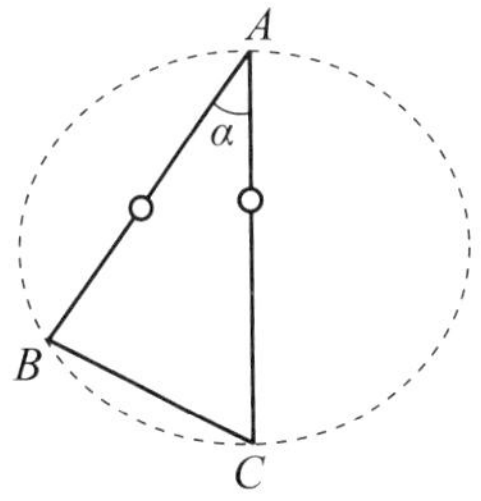

9. 如图所示，甲、乙、丙三辆车行驶在平直公路上，车速分别为 6m/s、8m/s、9m/s。当甲、乙、丙三车依次相距 5m 时，乙车驾驶员发现甲车开始以 1m/s^2 的加速度做减速运动，于是乙车驾驶员也立即做减速运动，丙车驾驶员也同样处理，直到三车都停下来时均未发生撞车事故。问丙车做减速运动的加速度至少应为多大？

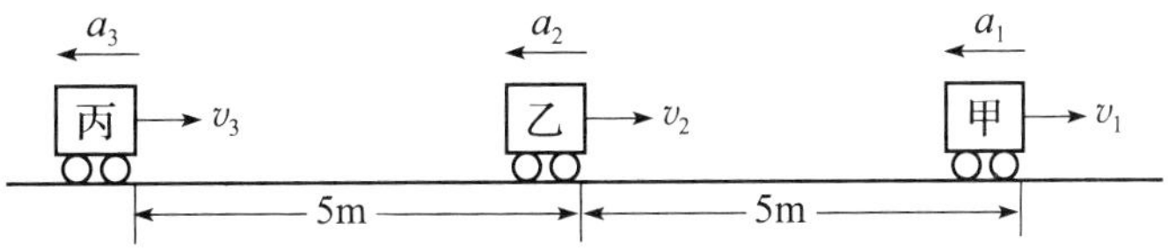

10. 一根长为 L 的杆 OA，O 端用铰链固定，另一端固定着一个小球 A，靠在一个质量为 M，高为 h 的物块上，如图所示，若物块与地面摩擦不计，试求当物块以速度 v 向右运动时，小球 A 的线速度 v_A（此时杆与水平方向夹角为 θ）。

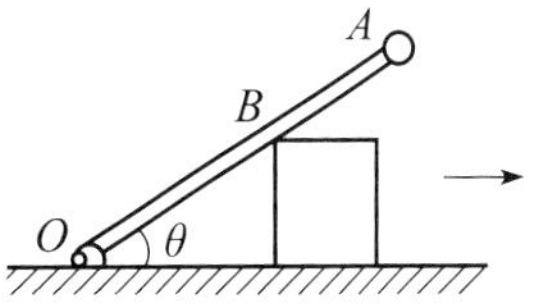

11. 一只蜗牛从地面开始沿竖直电线杆上爬，它往上爬的速度 v 与它离地面的高度

h 之间满足的关系是 $v=\frac{lv_0}{l+h}$。其中常数 $l=20\text{cm}$，$v_0=2\text{cm/s}$，求它上爬 20cm 所用的时间。

12.（2015 清华）一个人在岸上以速度 v 水平拉船，岸上高度为 h，绳子和河夹角为 θ，此时船的速度和加速度为多少？

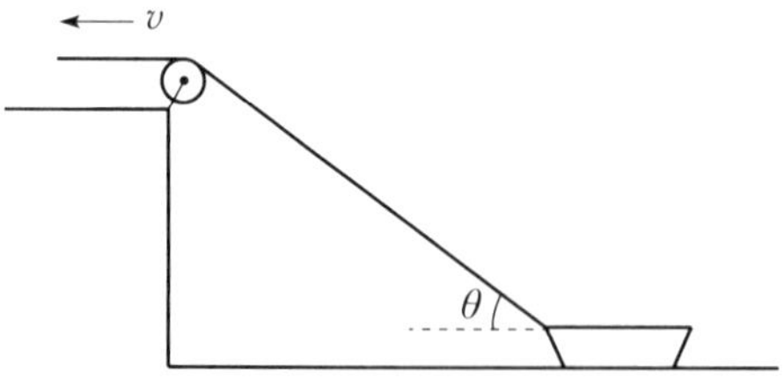

13.（2015 北大夏令营）如图所示，4 根长度相同的挡板固定在水平桌面上，围成一个边长为 l 的正方形框架 $ABCD$，在两对角线上取对称的两个点 1，2，它们的位置参量已在图中标出。将小球 P 静放在点 1，而后令小球 P 以速度 v 朝框架 AB 挡板某个位置平动。注意，图中 v 的方向仅起定性示意作用，未必是精确的方向，小球 P 经一次弹性碰撞后朝着 BC 挡板平动，又经一次弹性碰撞后正好击中点 2。设系统无摩擦，试求小球 P 从点 1 到点 2 经过的时间 t。

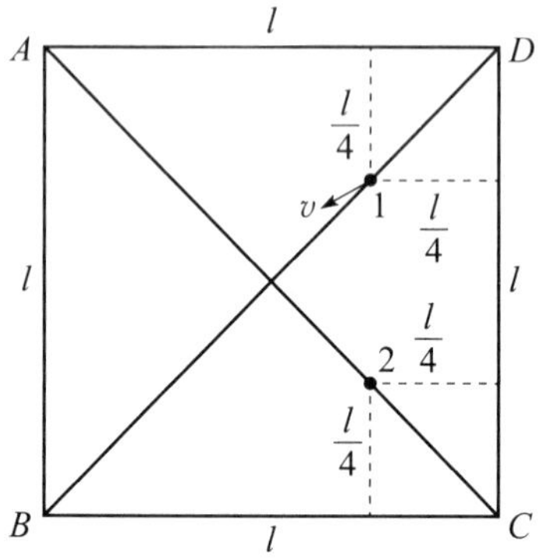

参考答案

1. A 【解析】经时间 t，$\angle OAB=\omega t$，则 AM 的长度为$\frac{h}{\cos\omega t}$，杆 AB 上 M 点绕 A 点的线速度 $v=\omega\frac{h}{\cos\omega t}$，小环速度即两杆交叉点速度 v_M（必沿 OC 方向）沿垂直杆 AB 方向的分速度为 v，故 $v_M=\frac{v}{\cos\omega t}=\frac{\omega h}{\cos^2\omega t}$，故小环的加速度 $a_M=\lim\limits_{\Delta t\to 0}\frac{\Delta v_M}{\Delta t}=$

$\frac{2h\omega^2\tan\omega t}{\cos^2\omega t}$，显然 t 增大时，环的加速度会不断变大。也可用求导的方法来作答。

2. C 【解析】质点在相等位移内速度的增量相等，即

$$\frac{\Delta v}{\Delta x}=k,$$

其中 k 为常量。将上式变形，有

$$\frac{\Delta v}{\Delta t}\cdot\frac{\Delta t}{\Delta x}=k。$$

即

$$\frac{a}{v}=k。$$

当速度增大时，加速度也增大。所以 C 选项正确。

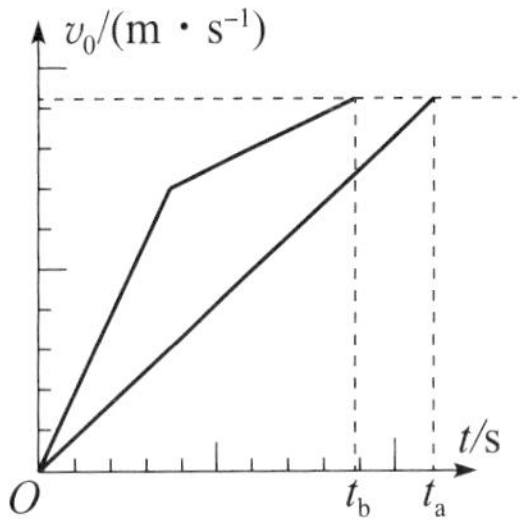

3. AB 【解析】因开始下滑时，物块 b 对应的斜面较陡，加速度较大，故 D 错；因斜面的高度相同，由机械能守恒定律可知，两物块滑至斜面底端时速率相等，B 正确；作出两物体的速度图像，如图，考虑到斜面的总长度相同，在图像中对应相同的面积，故物块 b 较物块 a 先滑到斜面底部，A 正确；同时，物块 b 的平均速率较大，故 C 错。

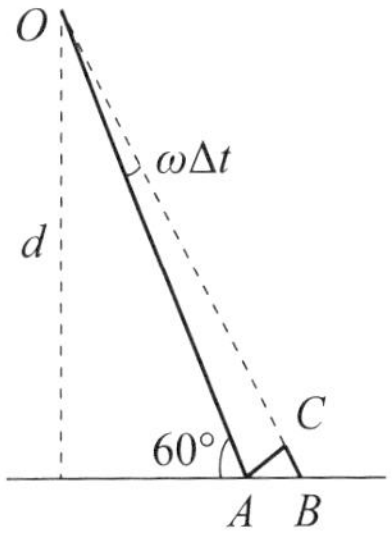

4. B 【解析】设经 Δt（$\Delta t\to0$）光点由 A 移动到 B 点，如图所示。

弧 AC 的长度：$l=\frac{\omega d\Delta t}{\sin60°}$。

在 $\Delta t\to0$ 时，弧 AC 可认为是直线，且可认为 $AC\perp BC$，则 $\overline{AB}=\frac{l}{\sin60°}=\frac{\omega d\Delta t}{\sin^2 60°}$，

$$v=\frac{\overline{AB}}{\Delta t}=\frac{\omega d}{\sin^2 60°}=\frac{8\pi nd}{3}=69.8\text{m/s}。$$

5. B 【解析】如图所示，子弹射出木块时的位移大小为 $l+s$，木块的位移大小为 s，设运动时间为 t，子弹的加速度大小为 a，木块的加速度大小为 a'，则有

$$l+s=v_0t-\frac{1}{2}at^2, \quad ①$$

$$s=\frac{1}{2}a't^2。\quad ②$$

子弹穿过木块的过程中，子弹与木块间的作用力大小相等，则

$ma=Ma'$。 ③

联立①②③式，得

$$t=\frac{1}{v_0}\left[l+\left(1+\frac{M}{m}\right)s\right]。$$

所以B选项正确。

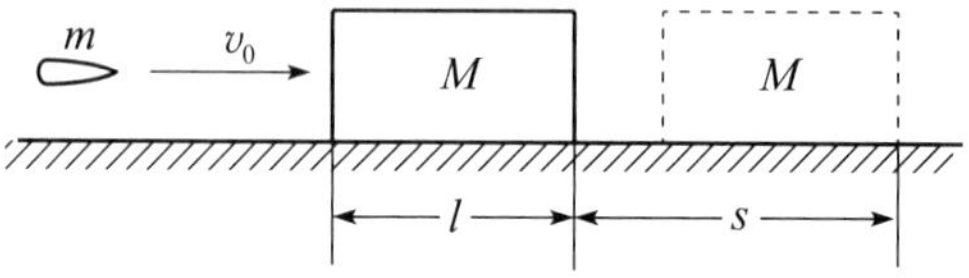

6. AC 【解析】子弹以水平速度 v_0 穿透木块的过程中，两者都做匀减速运动，子弹、木块的运动图像如图中实线所示，其中阴影部分的梯形面积为子弹相对木块的位移，即木块长度。

当 v_0 增大时，子弹、木块的运动图像如图中虚线所示，梯形的面积仍等于子弹相对木块的位移，即木块长度。由图可知木块最后的速度增大，所以A选项正确。同理，C选项正确。

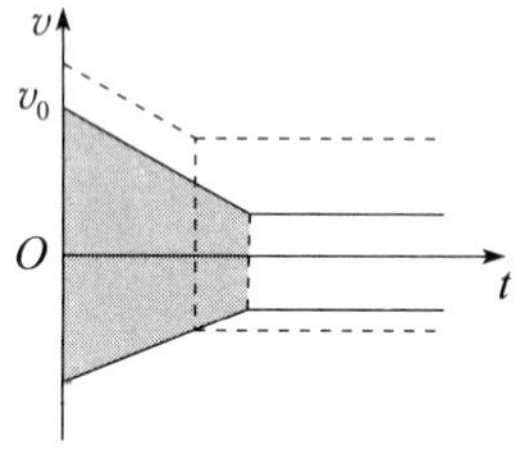

7. $\frac{H}{4}$ 【解析】设斜抛初速度的竖直分量为 v_y，则有

$$\sqrt{\frac{2H}{g}}=\frac{2v_y}{g}。$$

斜抛物体的射高为

$$h=\frac{v_y^2}{2g}=\frac{H}{4}。$$

8. **解**：设圆环半径为R，小球沿AC直轨道做自由落体运动，运动时间 t_1 满足：$2R=\frac{1}{2}gt_1^2$，得 $t_1=2\sqrt{\frac{R}{g}}$。在B点小球速度 $v=at_2$，以后沿BC直轨道运动的加速度 $a'=g\sin\alpha$，且 $BC=2R\sin\alpha$，故 $2R\sin\alpha=vt_3+\frac{1}{2}a't_3^2$，其中 $t_3=1.5t_1-t_1=0.5t_1=\sqrt{\frac{R}{g}}$，代入后得 $\tan\alpha=\frac{4}{3}$，$\alpha=53°$。

9. **解**：对甲、乙分别分析，根据速度时间关系公式和位移时间关系公式，刚好能相遇时有：$v_1-a_1t=v_2-a_2t$；$5+v_1t-a_1\frac{t^2}{2}=v_2t-a_2\frac{t^2}{2}$

联立两式解得：$t=5\text{s}$，$a_2=1.4\text{m/s}^2$，(注意在 $t=5\text{s}$ 时，甲、乙都还在运动)

对乙、丙分别分析：$v_2-a_2t=v_3-a_3t$；$5+v_2t-a_2\frac{t^2}{2}=v_3t-a_3\frac{t^2}{2}$

解得：$t=10\text{s}$

乙停下来的时间 $t'=\frac{40}{7}<10\text{s}$，乙早就停下来了，

所以乙的位移为 $x_乙=\frac{v_2^2}{2a_2}=\frac{160}{7}\text{m}$

则若丙不与乙相碰，丙的位移 $x_丙=\frac{v_3^2}{2a_3}\leqslant x_乙+5$

解得 $a_3\geqslant\frac{189}{130}\approx1.45\text{m/s}^2$

10. **解：** 选取物与杆接触点 B 为连接点(不直接选 A 点，因为 A 点与物块速度的 v 的关系不明显)。因为 B 点在物块上，该点运动方向不变且与物块运动方向一致，故 B 点的合速度(实际速度)也就是物块速度 v；B 点又在杆上，参与沿杆向 A 点滑动的速度 v_1 和绕 O 点转动的线速度 v_2。因此，将这个合速度沿杆及垂直于杆的两个方向分解，由速度矢量分解图得：$v_2=v\sin\theta$。

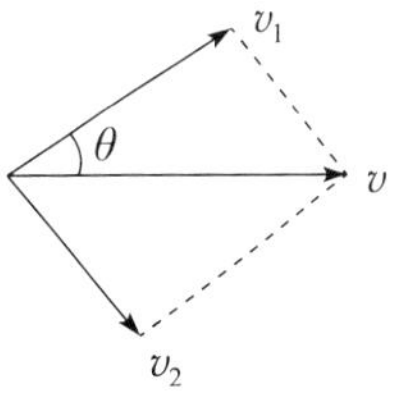

设此时 OB 长度为 a，则：$a=\frac{h}{\sin\theta}$。

令棒绕 O 点转动角速度为 ω，则：$\omega=v_2/a=\frac{v\sin^2\theta}{h}$。

故 A 的线速度 $v_A=\omega L=\frac{vL\sin^2\theta}{h}$。

11. **解：** 因蜗牛运动的时间是由每一小段时间 $\Delta t=\frac{\Delta h}{v}=\Delta h\cdot\frac{1}{v}$ 累加而成。即 $t=\sum\frac{1}{v}\cdot\Delta h$，故可作出 $\frac{1}{v}-h$ 图像，如下图所示。利用图像面积可得时间 t。由 $v=\frac{lv_0}{l+h}$，得 $\frac{1}{v}=\frac{1}{v_0}\left(1+\frac{h}{l}\right)$，故 $\frac{1}{v}-h$ 图像为一条直线，如图所示。图中阴影部分面积即为所求的时间，即 $t=\frac{1}{2}\left(\frac{1}{v_0}+\frac{1}{v_t}\right)\cdot h=\frac{1}{2}\left[\frac{1}{v_0}+\left(\frac{h}{v_0 l}+\frac{1}{v_0}\right)\right]\cdot h$。

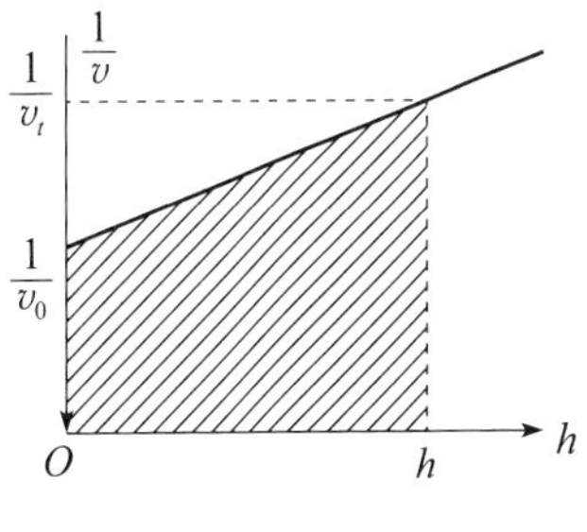

代入数据得 $t=15\text{s}$。

12. **解：** 由速度的关联，船的速度 $V=\frac{v}{\cos\theta}$，加速度为

$$a=\frac{\mathrm{d}V}{\mathrm{d}t}=\frac{1}{\cos\theta}\cdot\frac{\mathrm{d}v}{\mathrm{d}t}+\frac{v\sin}{\cos^2\theta}\cdot\frac{\mathrm{d}\theta}{\mathrm{d}t}$$

$$a=\frac{a_人}{\cos\theta}+\frac{v\sin\theta}{\cos^2\theta}\cdot\omega$$

$$=\frac{a_人}{\cos\theta}+\frac{v\sin\theta}{\cos^2\theta}\cdot\frac{v\tan\theta}{l}$$

$$=\frac{a_{人}}{\cos\theta}+\frac{v^2\tan^2\theta}{l\cos\theta}$$

$$=\frac{a_{人}}{\cos\theta}+\frac{v^2\tan^2\theta}{\frac{h}{\tan\theta}}$$

$$=\frac{a_{人}}{\cos\theta}+\frac{v^2}{h}\cdot\tan^3\theta$$

若人在匀速运动，则 $a_{人}=0$，故船

$$a=\frac{v^2}{h}\tan^3\theta$$

13. **解**：由于系统无摩擦，且小球与系统发生弹性碰撞，故碰撞前后，小球平行于挡板的速度不变，垂直于挡板的速度等值反向，小球在碰撞前后的路径类似光的反射。如图所示，根据对称性，可得路程为

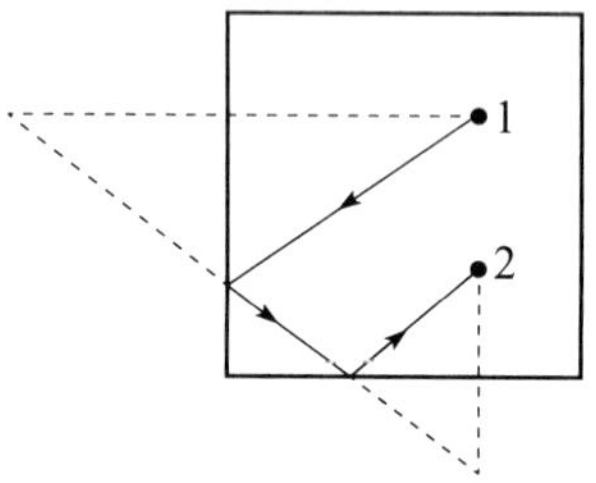

$$L=\sqrt{l^2+\left(\frac{3}{2}l\right)^2}=\frac{\sqrt{13}}{2}l$$

故总时间为

$$t=\frac{L}{v}=\frac{\sqrt{13}\,l}{2v}$$

第 2 讲 静力学

强基要点 1 二力杆

二力杆指的是不计重力、两端可以自由转动的轻杆。我们知道，杆既可以发生拉伸或压缩形变，也可以发生弯曲或扭转形变，因此杆的弹力不一定沿杆的方向。但是，二力杆两端的弹力必定沿杆的方向，否则杆不能平衡。

二力杆件指的是一个杆件只在两端受力，且处于平衡状态。由于二力杆件处于平衡状态，由力的平衡可知其两端所受的合力方向相反，力的大小相等。

要点精例

例 1 如图所示，A、B 为竖直墙面上等高的两点，AO、BO 为长度相等的两根轻绳，CO 为一根轻杆，转轴 C 在 AB 中点 D 的正下方，AOB 在同一水平面内，$\angle AOB=120°$，$\angle COD=60°$。若在 O 点处悬挂一个质量为 m 的物体，则平衡后绳 AO 所受的拉力和杆 OC 所受的压力为(　　)。

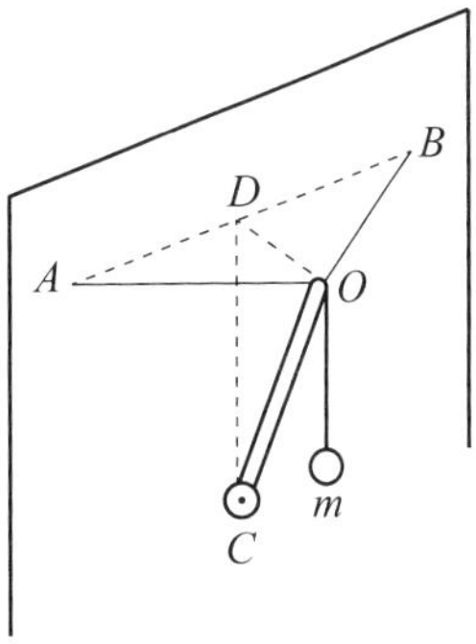

A. $\frac{\sqrt{3}}{3}mg$，$\frac{2\sqrt{3}}{3}mg$　　B. mg，$\frac{1}{2}mg$

C. $\frac{2\sqrt{3}}{3}mg$，$\frac{\sqrt{3}}{3}mg$　　D. $\frac{1}{2}mg$，mg

【解析】由于 AO 和 BO 对称，两绳合力沿 OD 方向。O 点受重力 mg，沿 OD 方向两绳合力 T 和沿杆方向弹力 N 三力作用，如图所示。O 点受力平衡，则

$$N_{OC}=\frac{mg}{\sin60°}=\frac{2\sqrt{3}}{3}mg$$

$T=mg\cot60°=\frac{\sqrt{3}}{3}mg$，又因 $\angle AOB=120°$，$T_{AO}=T=\frac{\sqrt{3}}{3}mg$。应选 A。

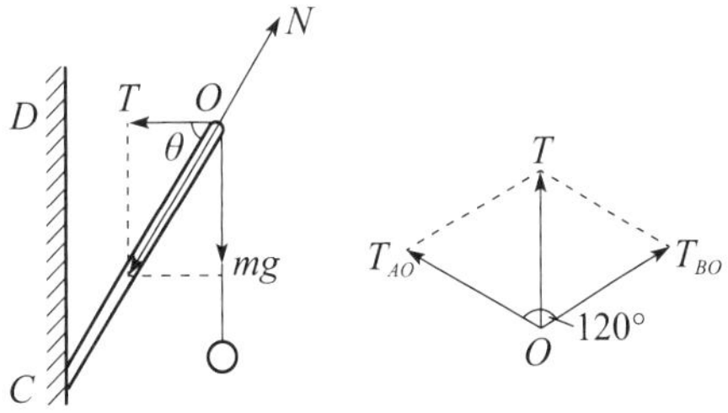

（a）　　（b）

强基要点 2 三力汇交

物体受不平行的三个力作用(其中两个力的作用线相交于一点)而平衡时，此三个力的作用线在同一平面内且必汇交于一点。

要点精例

例 2 半径为 R 的光滑半球形碗固定在桌面上，碗口平面水平。如图(a)所示，一质量均匀的细杆 AB 静止于碗上，一端在碗内，一端在碗外。已知杆在碗内的部分的长度 $|AC|=l$，求杆的全长 L。

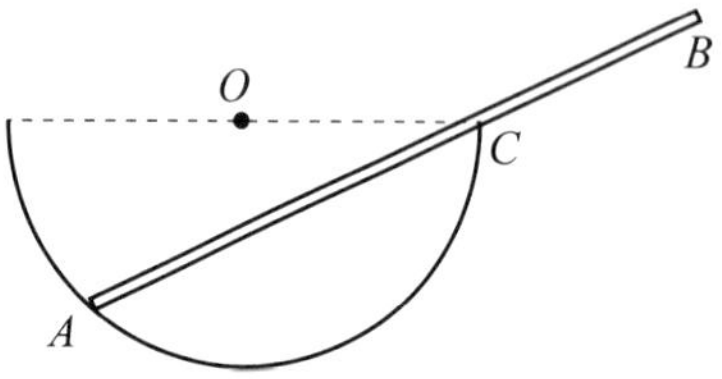

(a)

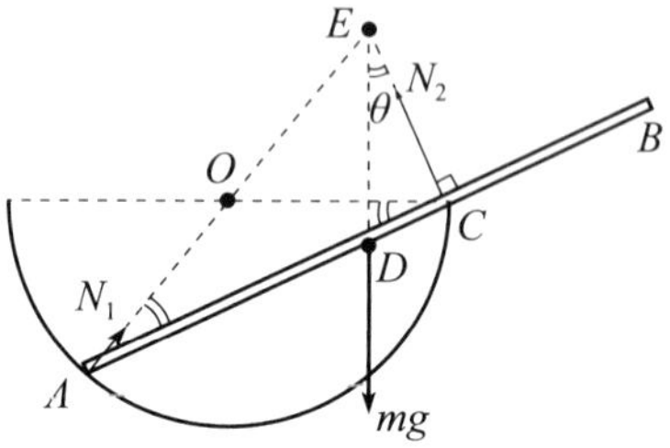

(b)

【解析】 如图(b)所示，对杆进行受力分析。杆受到作用在中点 D 的重力 mg，杆在 A 处受到的碗的弹力 N_1 过球心 O，杆在 C 处受到的碗的弹力 N_2 垂直于杆。杆仅受重力 mg、弹力 N_1、弹力 N_2 而平衡，故重力 mg、弹力 N_1、弹力 N_2 必共点，在图(b)中以点 E 表示。

由几何关系易知，图(b)中三个用双线标出的角都相等，不妨用 θ 表示。利用等腰三角形 OAC 知：

$$\theta=\arccos\frac{l}{2R}$$

在直角三角形 ACE 中，有：

$$|CE|=l\cdot\tan\theta=\sqrt{4R^2-l^2}$$

在直角三角形 DCE 中，有：

$$|DC|=|CE|\cdot\tan\theta=\frac{4R^2-l^2}{l}$$

根据 $|AD|=|AC|-|DC|$，知：

$$|AD|=l-\frac{4R^2-l^2}{l}=\frac{2l^2-4R^2}{l}=2l-\frac{4R^2}{l}$$

而重力的作用点 D 是杆的中点，故杆长 $L=2|AD|$。

$$L=4l-\frac{8R^2}{l}。$$

强基要点 3 摩擦角

摩擦角指的是，一物体在粗糙水平面上滑动时所受滑动摩擦力 F_f 和支持力 F_N 的合力 F_{Nf}(简称全反力)，与 F_N 的夹角为 θ(如图所示)，由于 $\tan\theta=\frac{F_f}{F_N}=\mu$，因此 θ 角常常称为摩擦角，显然摩擦角只由动摩擦因数 μ 决定，即物体在受到摩擦力情况下，物体的滑动摩擦力(或最大静摩擦力)$F_f=\mu F_N$，支持面的支持力 F_{Nf} 的方向固定不变。

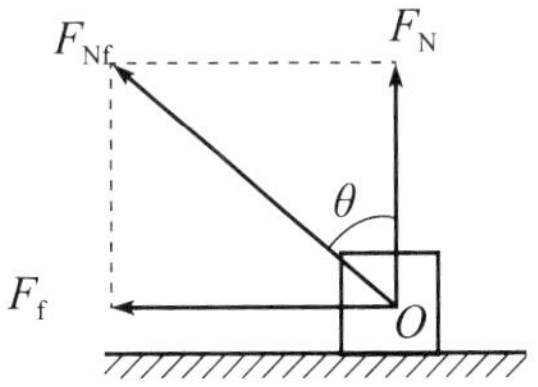

引入摩擦角的意义：摩擦力与支持面的支持力是成对出现的，引入摩擦角后，可以将这对力合成一个力，在物体的平衡态受力分析中很大程度上起到问题简化的效果。尤其在物体在四个力作用下保持动态平衡的问题中，引入摩擦角后就可以简化成我们熟悉的三力平衡问题(如：三个力中有一个力确定，即大小、方向不变，另一个力方向确定，这个力的大小和第三个力的大小、方向变化情况待定)，这里特别补充说明的是：在物体的三力平衡问题中，作用在物体上的三个力合力为0，等效于三力共点，则三力的作用线一定汇交于一点，即三力汇交。

要点精例

例 3 (2013 华约联盟)小明同学平时注意锻炼身体，力量较大，最多能提起 $m=50\text{kg}$ 的物体。一重物放置在倾角 $\theta=15°$的粗糙斜坡上，重物与斜坡间的摩擦因数为 $\mu=\frac{\sqrt{3}}{3}\approx0.58$。试求该同学向上拉动的重物质量 M 的最大值。

【解析】

解法 1

如图所示，设该同学拉力方向与斜面夹角 α，由沿斜面方向和垂直斜面方向受力平衡，有

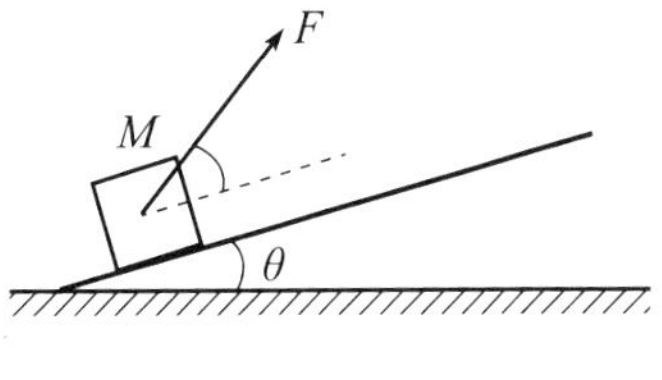

$$F\sin\alpha+F_N=Mg\cos\theta$$

$$F\cos\alpha=Mg\sin\theta+\mu F_N$$

整理得到

$$M=\frac{F(\cos\alpha+\mu\sin\alpha)}{g(\sin\theta+\mu\cos\theta)}$$

令 $\mu=\tan\beta$

则：$M=\dfrac{F(\cos\alpha+\tan\beta\sin\alpha)}{g(\sin\theta+\tan\beta\cos\theta)}=\dfrac{F\cos(\beta-\alpha)}{g\sin(\theta+\beta)}$

当 $\alpha=\beta=30^\circ$时，M 取最大值，为

$$M_{\max}=\frac{m}{\sin(15^\circ+30^\circ)}=\sqrt{2}m=70.7\text{kg}$$

解法 2

物体在斜面上受力情况如图所示，$F_{合}$ 为 N 与 f 的合力即全反力。而 $\mu=\dfrac{\sqrt{3}}{3}$意味着 $F_{合}$ 与 N 的夹角为 30°，因此 $F_{合}$ 与 G 的反方向的夹角为 45°。假设 $F_{拉}=mg$ 与 $F_{合}$ 的夹角为 α，有正弦定理：

$$\frac{F_{拉}}{\sin45^\circ}=\frac{G}{\sin\alpha}$$

$$G_{\max}=\frac{F_{拉}}{\sin45^\circ}(\sin\alpha)_{\max}-\sqrt{2}mg$$

$$M_{\max}=\sqrt{2}m\approx70.7\text{kg}$$

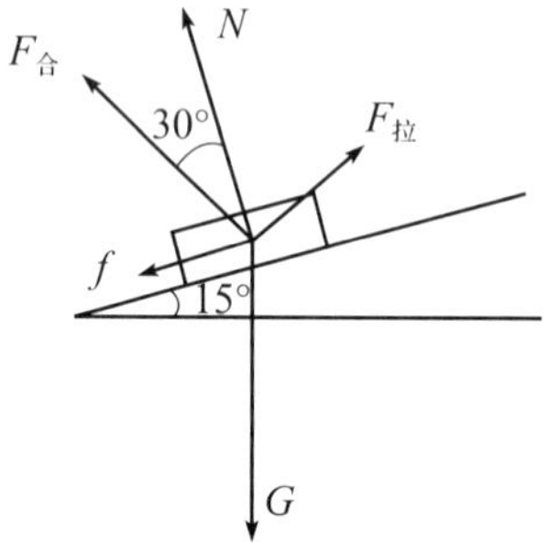

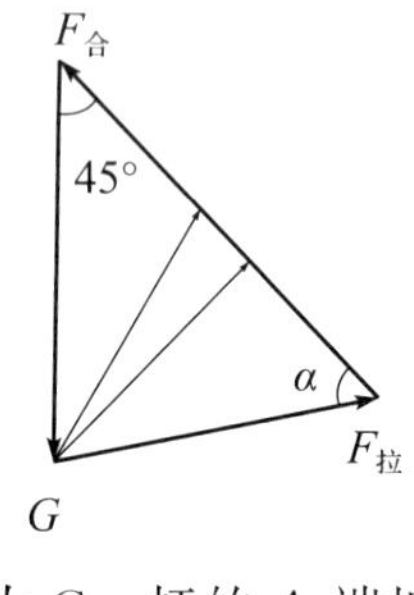

例 4 如图所示，均质杆 AB 长为 L，重力为 G。杆的 A 端抵在竖直的粗糙墙面上，B 端用一强度足够的不可伸长的轻绳悬挂，绳的另一端固定于墙上 C 点。杆与墙面间的动摩擦因数为 μ，绳与杆的夹角为 θ，杆处水平位置平衡。(1) μ 与 θ 满足什么关系？(2) 杆平衡时，杆上有存在一点 P，若在 AP 间任一点悬挂重物，则当重物重力 W 足够大时总可使平衡破坏；若在 PB 间任意点悬挂重物，都不能使平衡破坏，求这个点 P 离杆上 A 端的距离 x。

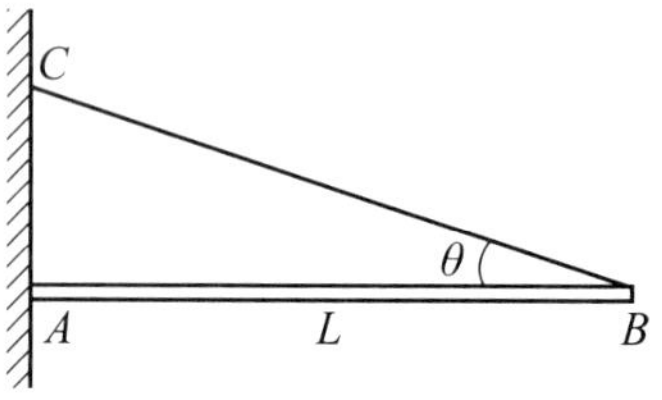

【解析】(1) 对杆受力分析，如图(a)所示，当杆静止时，受到重力 G、拉力 T、正压力 N 和摩擦力 f。若将正压力 N 和摩擦力 f 合成为一个力 F，则可以认为杆只受三

个力 G、T、F 而平衡，故 G、T、F 必共点。由几何关系，易知：$\mu \geqslant \frac{f}{N} = \tan\theta$。

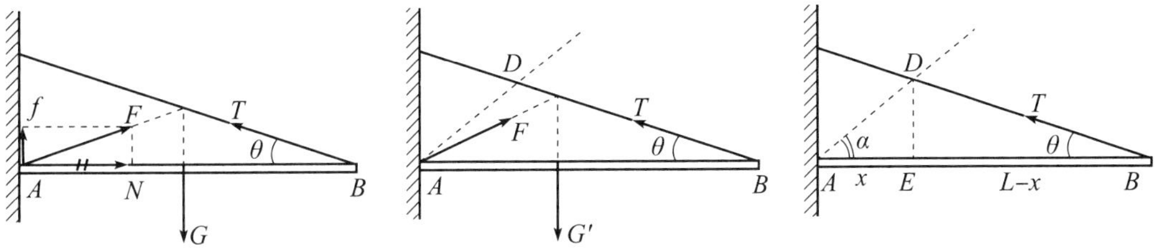

（a）　（b）　（c）

（2）将杆与重物看作一个整体，记总重力为 G'。杆和重物的整体亦只受到 G'、T、F 作用。也就是说，如果杆和重物的整体能平衡，则平衡时 G'、T、F 必共点，如图(b)所示。

如图(c)所示，取摩擦角 α，由于墙对杆的摩擦力 f 是静摩擦，故摩擦力 f 和正压力 N 的合力 F 必在角 α 内，于是合力 F 与拉力 T 所共的点只能在线段 BD 上。

过 D 作一条竖直线 l，交 AB 于 E，如图(c)所示。当总重力 G' 在直线 l 左侧时，三力 G'、T、F 不能共点，必不能平衡；当总重力 G' 在直线 l 右方时，三力 G'、T、F 可以共点，并且只需要 F 在角 α 内，墙就可以受到任意大小的正压力 N 和摩擦力 f，此时有 $\mu = \tan\alpha$。

对比题目要求知：E 点就是 P 点。这是因为：只要在 AE 间挂足够重的重物，总能使总重力 G' 的作用线位于直线 l 左方；而只要在 EB 间挂重物，无论重物多重，总重力 G' 总是在直线 l 右方。

根据几何关系列出方程：

$$x \cdot \tan\alpha = (L - x) \cdot \tan\theta$$

解得：

$$x = \frac{L\tan\theta}{\tan\alpha + \tan\theta} = \frac{L\tan\theta}{\mu + \tan\theta}$$

强基要点 4 绕固定转轴的物体平衡

（1）转动平衡：有转动轴的物体在力的作用下，处于静止或匀速转动状态。大多数情况下物体的转轴是容易明确的，但在有的情况下则需要自己来确定转轴的位置。如：一根长木棒置于水平地面上，它的两个端点为 A、B，现给 B 端加一个竖直向上的外力使杆刚好离开地面，求力 F 的大小。在这一问题中，过 A 点垂直于杆的水平直线是杆的转轴。

（2）力矩：力和力臂的乘积。力臂：转动轴到力的作用线的垂直距离。计算公式：

$M=FL$，效果：可以使物体转动。

（3）力矩平衡条件：力矩的代数和为零或所有使物体向顺时针方向转动的力矩之和等于所有使物体向逆时针方向转动的力矩之和。即：$\sum M=0$ 或 $\sum M_{顺}=\sum M_{逆}$。

要点精例

例 5 如图所示，一个质量为 M、半径为 R 的匀质木球用一根长为 L 的轻质细杆固定在墙上，细杆的左端用铰链与墙壁相连，木球下面垫一质量为 m 的木板后，细杆恰好水平。假设木球与木板及木板与水平地面的摩擦因数均为 μ，最大静摩擦力与滑动摩擦力近似相等，则要将木板从球下面向右水平抽出至少需要多大的水平拉力？

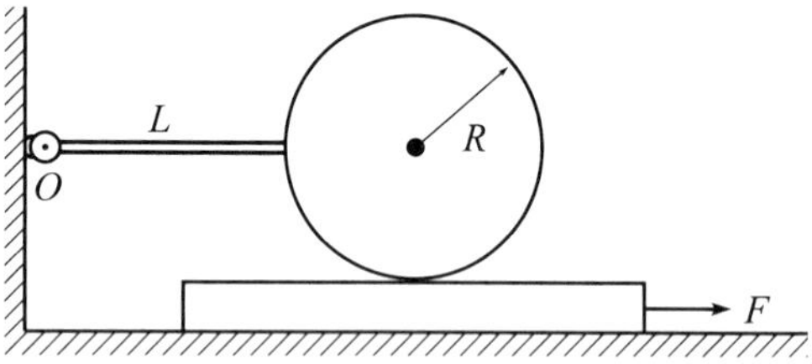

【解析】 受力分析如下图所示。以球与轻质细杆为研究对象，以 O 点为转轴，有

$$N_1(R+L)+f_1R=Mg(R+L) \quad ①$$

滑动时，有

$$f_1=\mu N_1 \quad ②$$

联立①②式，得

$$N_1=\frac{R+L}{(1+\mu)R+L}Mg \quad ③$$

以木板为研究对象，有

$$F=f_1+f_2 \quad ④$$

$$f_2=\mu(N_1+mg) \quad ⑤$$

联立②③④⑤式，得

$$F=\frac{2\mu(R+L)}{(1+\mu)R+L}Mg+\mu mg$$

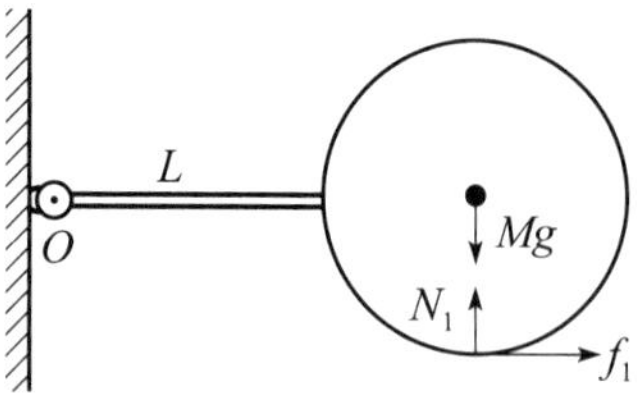

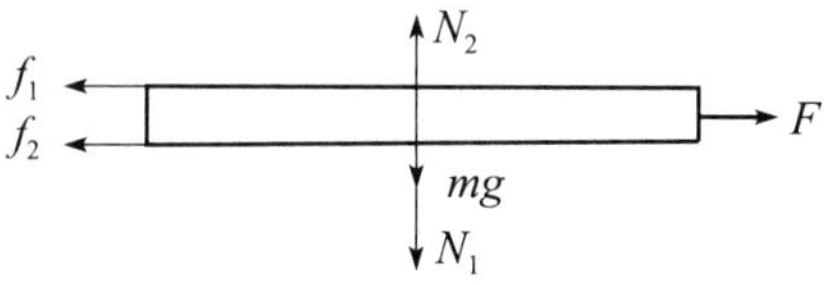

例 6 （2010 北大）如图所示，质量为 m 的正方体放在水平面上，现在图示顶角 A 处加一个力 F，要求物体能被推倒但不滑动，动摩擦因数 μ 至少多大？此种情况 F 的

大小又如何？

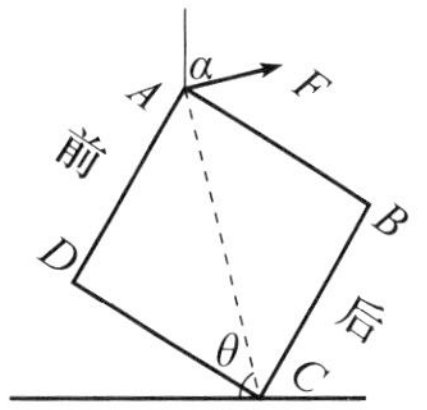

【解析】 如图所示，正方体翻转至 AC 边线与水平方向成 θ 角时，设此时 A 处拉力 F 与竖直方向成 α 角，并设 $AC=L$，则由转动平衡条件可得：

$$mg\cdot\frac{L}{2}\cos\theta=F\cos\alpha\cdot L\cos\theta+F\sin\alpha\cdot L\sin\theta,$$

正方体不滑动满足：$\mu(mg-F\cos\alpha)\geqslant F\sin\alpha$，

即 $\mu\geqslant\dfrac{\sin\alpha}{\dfrac{mg}{F}-\cos\alpha}=\dfrac{\sin\alpha}{\dfrac{2\cos\alpha\cos\theta+2\sin\alpha\sin\theta}{\cos\theta}}=\dfrac{1}{2\cot\alpha+2\tan\theta}$，

显然，θ 增大时，$(2\cot\alpha+2\tan\theta)$ 也增大；α 减小时，$(2\cot\alpha+2\tan\theta)$ 也增大。

故在极端情况取 θ 的最小值，α 取最大值，即 $\theta=45°$，$\alpha=90°$，故得 $\mu\geqslant0.5$，在此情况下，$F_m=\dfrac{mg}{2}$。

强基要点 5 非共面的平衡问题

一般先通过力的合成与分解方法分析同一平面内的平衡关系。

要点精例

例 7 （2005 西安交大）如图所示，一轻三足支架 AB、AC、AD 每边长度均为 l，每边与竖直线成同一角度 θ，三足置于一光滑水平面上，且恒成一正三角形。现有一绳圈套在三足支架的三足上，使其不能改变与竖直线间的夹角，设三足支架负重为 G，试求绳中张力 F_T。

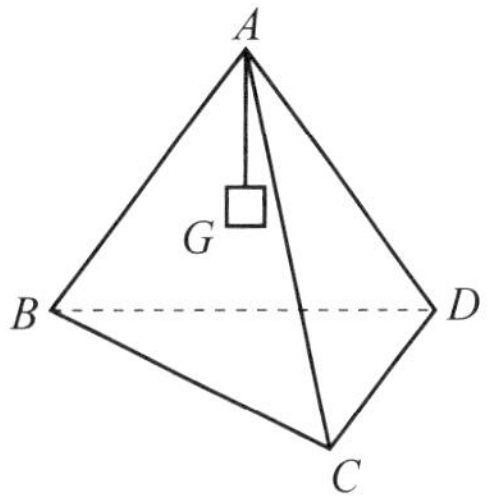

【解析】 此题解法多种，下面一一讲解。

解法 1 正交分解法

如图(a)所示，设三足支架的每边足部同时受到两侧绳的拉力 F_T，易得其合力为 $\sqrt{3}F_T$，方向指向三足构成的正三角形的几何中心。设支架三边足部受水平地面支持 F_N，易知此力方向竖直向上。设轻杆 AB 对 B 的作用力大小为 T，由二力杆易知方向沿杆由 A 指向 B，同理轻杆 AB 对 A 的作用力大小为 T，方向沿杆由 B 指向 A。

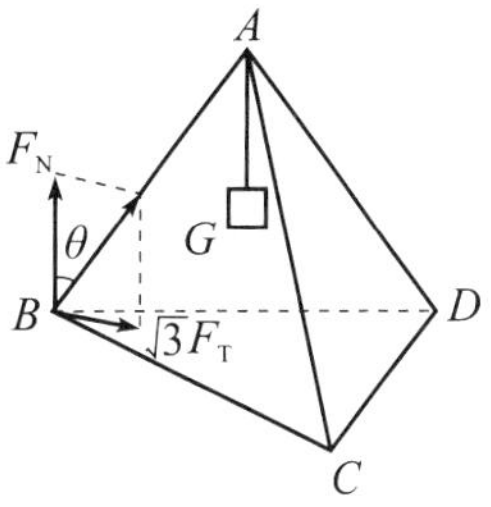

(a)

由 A 点受力平衡并应用正交分解得 $3T\cos\theta=G$，

由 B 点水平面内受力平衡并应用正交分解得 $T\sin\theta=\sqrt{3}F_T$，

联立解得 $F_T=\dfrac{G\tan\theta}{3\sqrt{3}}$。

解法 2　二力轻杆法

如图(b)所示，设三足支架的每边足部同时受到两侧绳的拉力 F_T，易得其合力为$\sqrt{3}F_T$，方向指向三足构成的正三角形的几何中心。设支架三边足部受水平地面支持力 F_N，易知此力方向竖直向上。由轻三足支架和负重组成的整体竖直方向受力平衡得 $3F_N=G$，将轻杆 AB 看成二力轻杆，外界对 AB 杆两端的作用力方向必沿杆方向，针对 B 点的受力有 $\tan\theta=\dfrac{\sqrt{3}F_T}{F_N}$，联立解得 $F_T=\dfrac{G\tan\theta}{3\sqrt{3}}$。

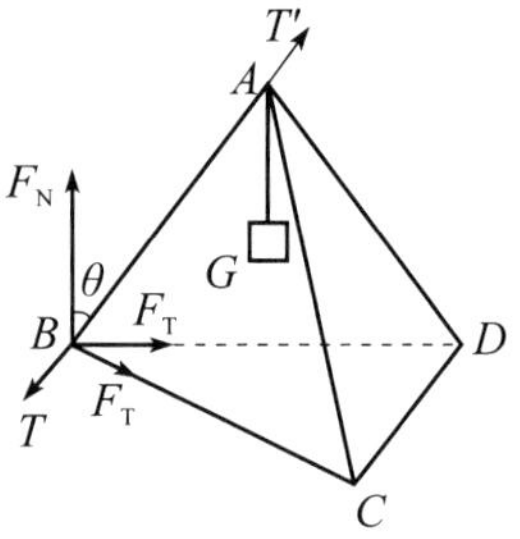

(b)

解法 3　虚功原理

如图(c)所示，支架每一足部同时受到两边绳的张力 F_T，其合力为$\sqrt{3}F_T$，方向指向三足构成的正三角形的几何中心，足部受到地面对它的竖直向上的支持力 F_N。现设想三个足部向正三角形的中心移动一极小位移 Δx，因而支架升高 Δy，由功能原理，有 $3\times\sqrt{3}F_T\cdot\Delta x=G\cdot\Delta y$。

设支架的一边从位置 ab 变到 $a'b'$，如图所示，$b'b''$垂直于 ab，aa''垂直于 $a'b'$，当 Δx 很小时，可认为 $a''b'=ab''$，则 $\Delta x\sin\theta=\Delta y\cos\theta$。联立两式，得 $F_T=\dfrac{G\tan\theta}{3\sqrt{3}}$。

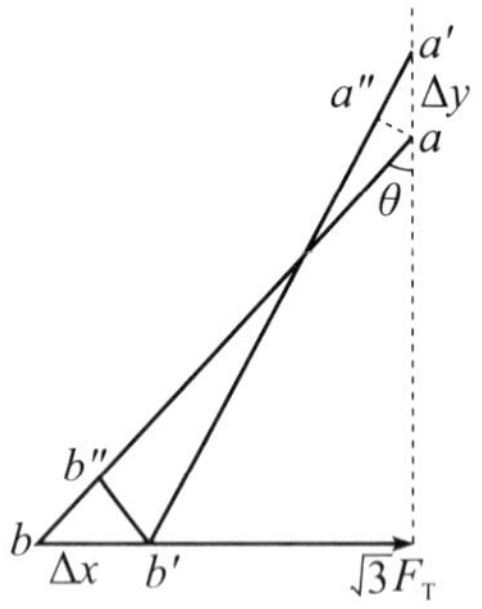

(c)

强基要点 6　一般物体的平衡

力对物体的作用可以改变物体的运动状态，物体各部位所受力的合力对物体的平动有影响，合力矩对物体的转动有影响。一般物体处于平衡时，要求物体所受合外力为零($\sum F_{外}=0$)和合力矩为零($\sum M=0$)同时满足，一般物体的平衡条件写成分量式为：

力的平衡方程：$\sum F_x=0$　$\sum F_y=0$　$\sum F_z=0$

力矩平衡方程：$\sum M_x=0$　$\sum M_y=0$　$\sum M_z=0$

其中 M_x，M_y，M_z 分别为对 x 轴、y 轴、z 轴的力矩。

因此解决这类问题时，须从这两方面入手，分别列出力的平衡方程和力矩的平衡方程。

要点精例

例 8　(第 32 届全国预赛)某机场候机楼外景结构简化图如图所示，候机楼侧壁是倾斜的，用钢索将两边斜壁系住，在钢索上有许多竖直短钢棒将屋面支撑在钢索上。假设每边斜壁的质量为 m，质量分布均匀，钢索与屋面(包括短钢棒)的总重量为 $\frac{m}{2}$，在地面处用铰链与水平地面连接，钢索固定于斜壁上端以支撑整个屋面，钢索上端与斜壁的夹角为 30°，整个系统左右对称。求：

(1) 斜壁对钢索的拉力的大小；

(2) 斜壁与地面的夹角。

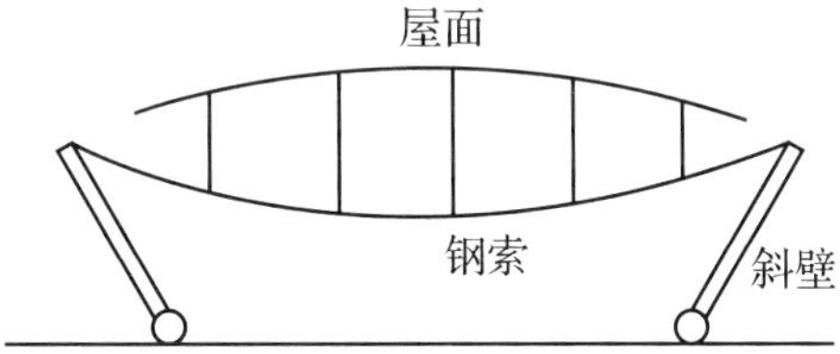

【解析】 设斜壁长度为 l，斜壁对钢索的拉力大小为 F，斜壁与水平地面所夹锐角为 α。根据力矩平衡，有

$$F\cdot\frac{l}{2}=mg\cdot\frac{l}{2}\cos\alpha \qquad ①$$

钢索与屋面作为一个整体受到三个力：两端的拉力(其大小均为 F，与水平方向的夹角为 $\alpha-30°$)和竖直向下的重力。根据力的平衡条件，有

$$2F\sin(\alpha-30°)=\frac{1}{2}mg \qquad ②$$

联立①②式，得

$$\alpha=60°,\quad F=\frac{1}{2}mg。$$

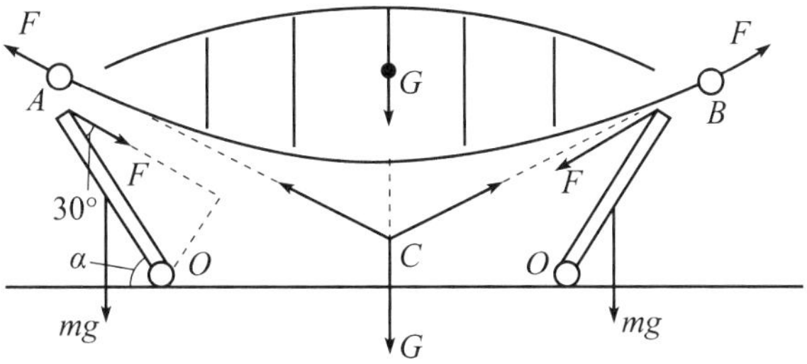

例 9　(2017 中科大)如图所示，一长为 L、线密度为 ρ 的细棒斜靠在半径为 R 的圆筒外侧，细棒与地面的夹角为 θ，顶端正好与圆筒相切，所有接触的位置都存在摩

擦，整个系统处于静止状态。

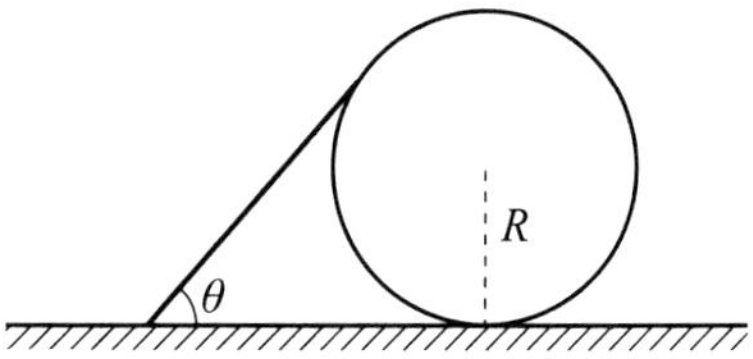

（1）请给出细棒和圆筒的受力分析；

（2）试给出圆筒与地面之间的摩擦力；

（3）分析结果的合理性。

【解析】（1）细棒和圆筒的受力分析，如下图所示。

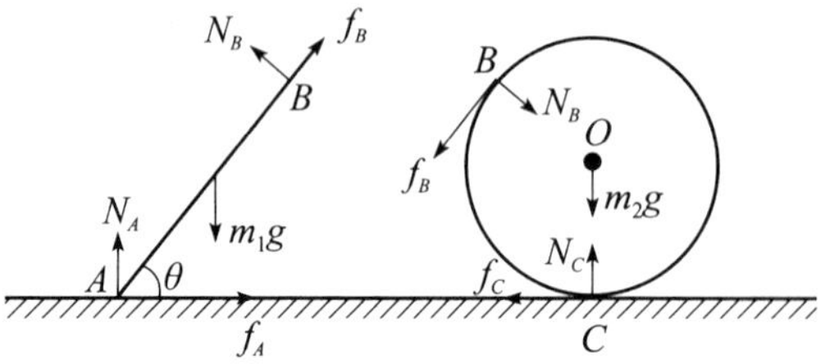

（2）对圆筒，由水平方向合力为零，得

$$f_C+f_B\cos\theta=N_B\sin\theta \quad ①$$

对圆筒，以 O 点为轴，有

$$f_BR=f_CR$$

则

$$f_B=f_C \quad ②$$

对棒，以 A 点为轴，有

$$m_1g\cdot\frac{L}{2}\cos\theta=N_BL \quad ③$$

由题意，得

$$m_1=\rho L \quad ④$$

根据几何知识，有

$$L=\frac{R}{\tan\dfrac{\theta}{2}} \quad ⑤$$

联立①②③④⑤式，得

$$f_C=\frac{\rho gR\sin\theta\cos\theta}{2\tan\dfrac{\theta}{2}(1+\cos\theta)}=\frac{\rho gR\cos\theta}{2}$$

$$N_B=\frac{\rho gR\cos\theta}{2\tan\dfrac{\theta}{2}}$$

(3) 为使整个系统处于静止状态，A、B 两点的静摩擦因数应满足适当的条件。根据最大静摩擦力的公式，有

$$f_B \leqslant f_{B\max} = \mu_B N_B$$

则

$$\mu_B \geqslant \frac{f_B}{N_B} = \frac{f_C}{N_B} = \tan\frac{\theta}{2} \qquad ⑥$$

以杆、圆筒整体为研究对象，由水平方向合力为零，得

$$f_A = f_C = \frac{\rho g R\cos\theta}{2} \qquad ⑦$$

对杆由竖直方向合力为零，得

$$N_A + N_B\cos\theta + f_B\sin\theta = m_1 g \qquad ⑧$$

联立②④⑤⑥⑦⑧式，得

$$N_A = \frac{\rho g R(2-\cos\theta)}{2\tan\dfrac{\theta}{2}}$$

根据最大静摩擦力的公式，有

$$f_A \leqslant f_{A\max} = \mu_A N_A$$

则

$$\mu_A \geqslant \frac{f_A}{N_A} = \frac{\tan\dfrac{\theta}{2}\cos\theta}{2-\cos\theta}$$

例10 (2008上海交大)如图所示，重为 80kg 的人沿如图所示的梯子从底部向上攀登，梯子质量为 25kg，顶角为 30°。已知 AC 和 CE 都为 5m 长，且用铰链在 C 点处相连。BD 为一段轻绳，两端固定在梯子高度一半处。设梯子与地面的摩擦可以忽略，求在人向上攀登过程中轻绳中张力的变化规律(g 取 10m/s^2)。

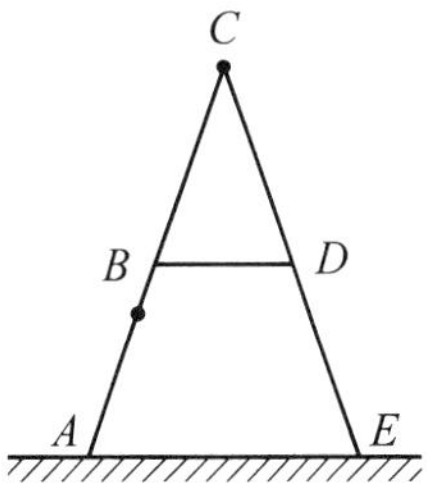

【解析】 设梯、人的质量分别为 M、m，人离 A 点的距离为 x，A、E 两点的支持力为 N_1、N_2，则 $N_1+N_2=(M+m)g$，整个梯子处于转动平衡，以 A 为转动轴有：

$$mgx\cos75° + Mg\cdot\overline{AC}\cos75° = N_2\cdot 2\overline{AC}\cos75°$$

AC 处于转动平衡，以 C 为转动轴有：

$$mg(5-x)\sin15°+0.5Mg\cdot\frac{1}{2}\overline{AC}\sin15°+T\cdot\frac{1}{2}\overline{AC}\cos15°=N_1\cdot\overline{AC}\sin15°$$

解得：$T=(125+160x)\tan15°$(N)

强基要点 7 平衡的种类

物体的平衡分为三类：

(1) 稳定平衡：处于平衡状态的物体，当受到外界的扰动而偏离平衡位置时，如果外力或外力矩促使物体回到原平衡位置，这样的平衡叫稳定平衡。处于稳定平衡的物体，偏离平衡位置时，重心一般是升高的。

(2) 不稳定平衡：处于平衡状态的物体，当受到外界的扰动而偏离平衡位置时，如果外力或外力矩促使物体偏离原来的平衡位置，这样的平衡叫不稳定平衡。处于不稳定平衡的物体，偏离平衡位置时，重心一般是降低的。

(3) 随遇平衡：处于平衡状态的物体，当受到外界的扰动而偏离平衡位置时，物体受到的合外力或合力矩没有变化，这样的平衡叫随遇平衡。处于随遇平衡的物体，偏离平衡位置后，重心高度不变。

判断方法：(1) 受力分析法；(2) 力矩比较法；(3) 重心升降法；(4) 支面判断法。

例 11 如图所示，有一“不倒翁”，由半径为 R 的半球体与顶角为60°的圆锥体组成，它的重心在对称轴上。为使“不倒翁”在任意位置都能恢复竖直状态，则该“不倒翁”的重心到顶点的距离必须大于(　　)。

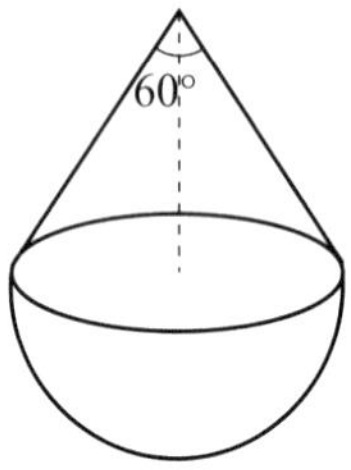

A. $\frac{4R}{\sqrt{3}}$　　B. $2R$

C. $\sqrt{3}R$　　D. 条件不足，无法确定

【解析】 过 B 点作 AB 的垂线交轴线于 C，若使“不倒翁”在任意位置都能恢复竖直状态，则重心到顶点位置必须大于 AC，如图所示。

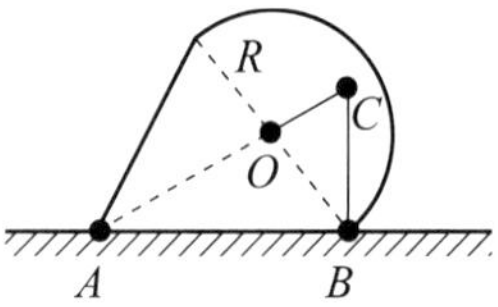

因为 $OB=R$，$\angle OAB=30°$，$\angle ABC=90°$，$\angle AOB=90°$，

所以 $AB=2R$，$BC=\frac{2\sqrt{3}}{3}R$，$AC=\frac{4\sqrt{3}}{3}R$。应选 A。

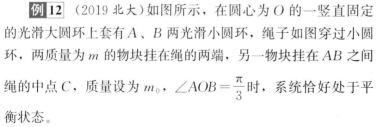

例 12 (2019 北大)如图所示，在圆心为 O 的一竖直固定的光滑大圆环上套有 A、B 两光滑小圆环，绳子如图穿过小圆环，两质量为 m 的物块挂在绳的两端，另一物块挂在 AB 之间绳的中点 C，质量设为 m_0，$\angle AOB=\frac{\pi}{3}$时，系统恰好处于平衡状态。

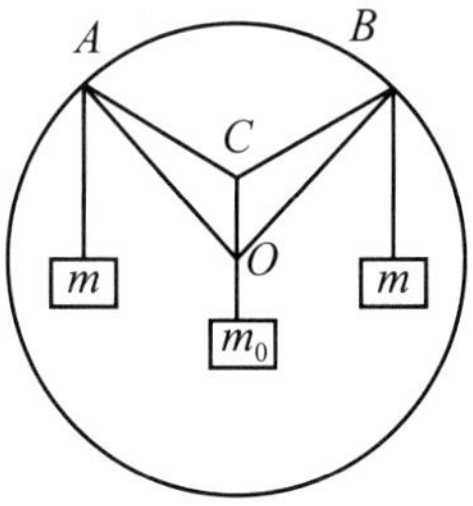

(1) 请计算出 m_0 的大小；

(2) 现将 A、B 两环固定于大圆环上，试论证这个平衡状态是否稳定。

【解析】(1) 绳上每一点的张力相等，同时，对于小圆环、m 物块、m_0 物块可分别列出受力平衡方程。小圆环切向受力平衡，圆环两侧绳与法向的夹角相等，皆为 $\frac{\pi}{6}$，即 $\angle ACB=\frac{2\pi}{3}$。

m 的受力平衡：绳中张力 $T=mg$。

m_0 的受力平衡：$m_0g=2T\cos\frac{\pi}{3}$，可以得到 $m=m_0$。

(2) 如图所示，我们取 BC 段绳为研究对象，设其长度为 x，BD 垂直 CD 于 D，设 CD 长度为 y，BD 长度为 l，则有

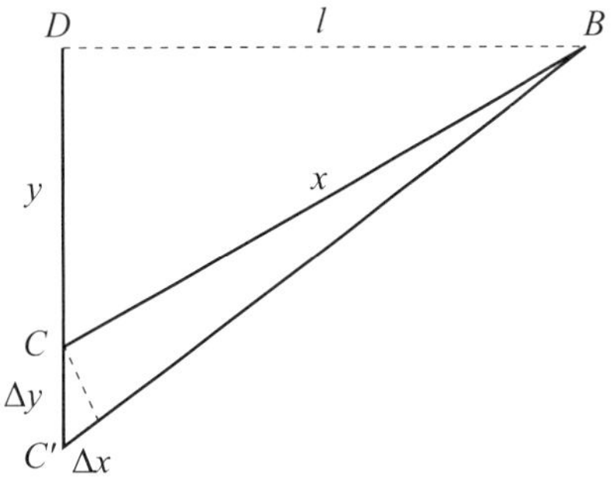

$$\frac{dy}{dx}=\lim_{\Delta x\to 0}\frac{\Delta y}{\Delta x}=\frac{x}{\sqrt{x^2-l^2}}=\frac{x}{y}$$

若中间物块下降 Δy 的距离，BC 段绳将对应地伸长 Δx，由于绳长固定，两侧的 m 物块将上升 Δx 的距离，Δy 与 Δx 在 $\Delta x\to 0$ 时的关系如上式所示。

我们给系统一个 $\Delta x>0$ 的扰动，两侧物块上升，中间物块下降，由几何关系可知，在扰动后 $\frac{x}{y}<2$，因此 $\frac{\Delta y}{\Delta x}<2$，系统的势能变化量为

$$\Delta E_P=2m\Delta x-m_0\Delta y=-m(\Delta y-2\Delta x)>0$$

给系统一个 $\Delta x<0$ 的扰动，两侧物块下降，中间物块上升，由几何关系可知，在扰动后 $\frac{x}{y}>2$，因此 $\frac{\Delta y}{\Delta x}>2$，系统的势能变化量为

$$\Delta E_P=2m\Delta x-m_0\Delta y=m(|\Delta y|-2|\Delta x|)>0$$

可见该平衡状态为稳定平衡。

例13 (2019 清华) 如图所示，半径为 R 的圆环绕着竖直轴以匀角速度 ω 旋转，质量为 m 的小木块光滑地套在圆环上，能稳定地相对静止，则有(　　)。

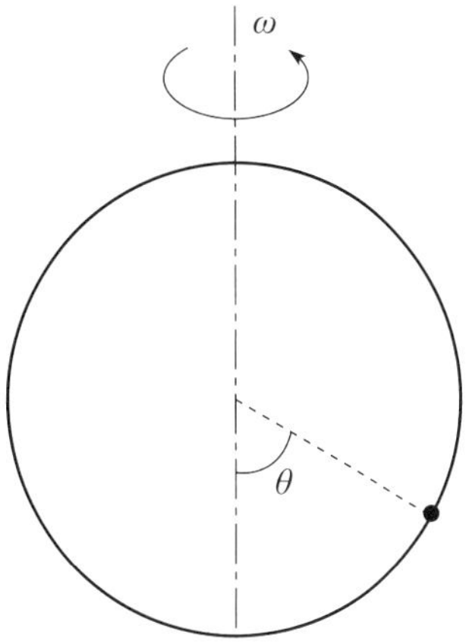

A. $\theta=0$，$\omega<\sqrt{\frac{g}{R}}$

B. $\theta=0$，$\omega>\sqrt{\frac{g}{R}}$

C. $\theta=\pi$，$\omega<\sqrt{\frac{g}{R}}$

D. $\theta=\cos^{-1}\dfrac{g}{\omega^2R}$，$\omega>\sqrt{\dfrac{g}{R}}$

E. $\theta=-\cos^{-1}\dfrac{g}{\omega^2R}$，$\omega<\sqrt{\dfrac{g}{R}}$

【解析】势能=重力势能+离心势能

$$E_p=mgR(1-\cos\theta)-\frac{1}{2}m\omega^2R\sin^2\theta$$

$$\frac{\mathrm{d}E_p}{\mathrm{d}\theta}=mR\sin\theta(g-\omega^2R\cos\theta)$$

平衡位置$\dfrac{\mathrm{d}E_p}{\mathrm{d}\theta}=0$，则

$$\sin\theta=0,即\begin{cases}\theta=0\\\theta=\pi\end{cases}\quad 或\quad \cos\theta=\frac{g}{\omega^2R}\left(要求\ \omega>\sqrt{\frac{g}{R}}\right)$$

稳定性由 E_p 的二阶导数来判断，大于 0，势能处于极小值，则为稳定平衡；小于 0，势能处于极大值，则为不稳定平衡。故选 AD。

强基练习

1.（2019 清华领军）一辆车从静止状态突然启动加速，那么（　　）。

A. 若车是前驱车，则启动时，车头会下沉

B. 若车是前驱车，则启动时，车尾会下沉

C. 若车是后驱车，则启动时，车头会下沉

D. 若车是后驱车，则启动时，车尾会下沉

2.（2017 中科大）两个质量分别为 m_1 和 m_2 的小球带同种电荷，带电量分别为 q_1 和 q_2。用两根长分别为 l_1 和 l_2 的轻绳悬挂于同一点 O，平衡时，两绳与竖直方向的夹角分别为 α_1 和 α_2，则两角的关系为$\dfrac{\sin\alpha_1}{\sin\alpha_2}=$________。

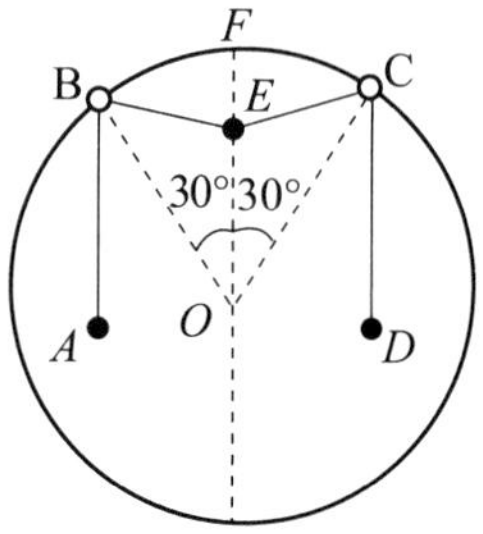

3.（2007 上海交大）如图所示，有一竖直放置的圆心在 O 点的光滑大圆环，大圆环上套有两个质量可忽略的光滑小圆环 B 和 C。设有一光滑的轻绳穿过两个小圆环，在轻绳的两端 A、D 以及两环之间 E 悬有三个重物。设两小圆环在如图所示位置（BO、CO 分别与 FO 夹角为 30°）时整个系统处于平衡状态，则三个重物的质量 m_A、m_D 及 m_E 间的关系是____________。

4. 如图所示，一条足够长的轻绳跨过两个等高的轻质定滑轮，两端分别挂上质量为 $m_1=4\text{kg}$ 和 $m_2=2\text{kg}$ 的物体。在滑轮之间的一段绳上悬挂质量为 m 的物体，为使三

个物体处于不平衡状态，则 m 的取值范围如何？

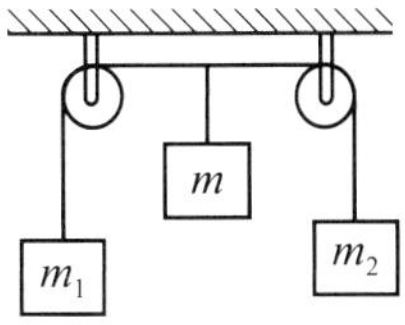

5.（2005 北大自招）一般家庭的门上安装有一暗锁，这种暗锁由外壳 A、骨架 B、弹簧 C(劲度系数为 K)、锁舌 D(倾斜角 $\theta=45^{\circ}$)、锁槽 E，以及连杆、锁头等部件组成，如图(a)所示。设锁舌 D 与外壳 A 和锁槽 E 之间的摩擦因数为 μ，且最大静摩擦力与滑动摩擦力相等。有一次放学后，一学生准备锁门外出，他加最大力时，也不能将门关上(此种现象称为自锁)，此刻暗锁所处的状态如图(b)所示，P 为锁舌 D 与锁槽 E 之间的接触点，弹簧由于被压缩缩短了 x，求在正压力很大的情况下，仍然能够满足自锁条件，则摩擦因数 μ 至少多大？

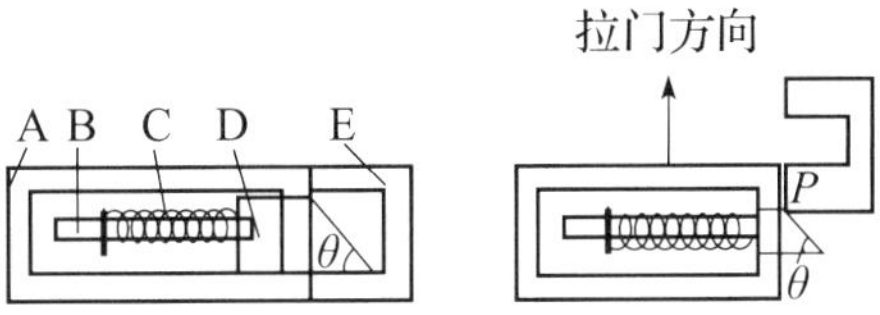

（a）　（b）

6. 如图所示，相距为 d 的两根直木棍 AB 和 CD 相互平行，斜靠在竖直墙壁上固定不动，两木棍与水平面的倾角均为 θ，将一根横截面外径为 $\frac{2\sqrt{3}d}{3}$ 的水泥圆筒放在两木棍之间，圆筒恰能匀速向下滑动，已知圆筒质量为 m，求：

(1)水泥圆筒与木棍间的动摩擦因数 μ；

(2)能使圆筒匀速上滑的位于圆筒轴线所在竖直平面内的拉力的最小值。

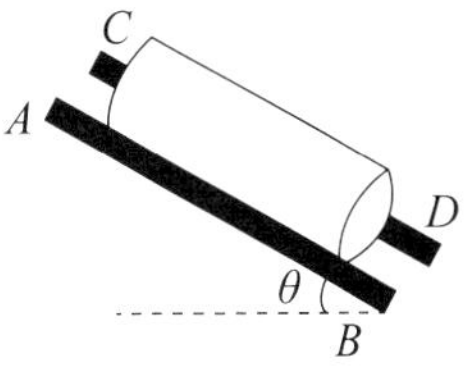

7.（2003 上海交大）如图所示，在水平地面 xOy 上有一沿 x 轴正方向做匀速运动的传送带，运动速度为 v_1。传送带上有一质量为 m 的正方形物体随传送带一起运动，当

物体运动到 yOz 平面时遇到一阻挡板 C，阻止其继续向 x 轴正方向运动。设物体与传送带间的动摩擦因数为 μ_1，与挡板之间的动摩擦因数为 μ_2，此时若要使物体沿 y 轴正方向以 v_2 匀速运动，重力加速度为 g，问：沿 y 轴方向所加外力为多少？

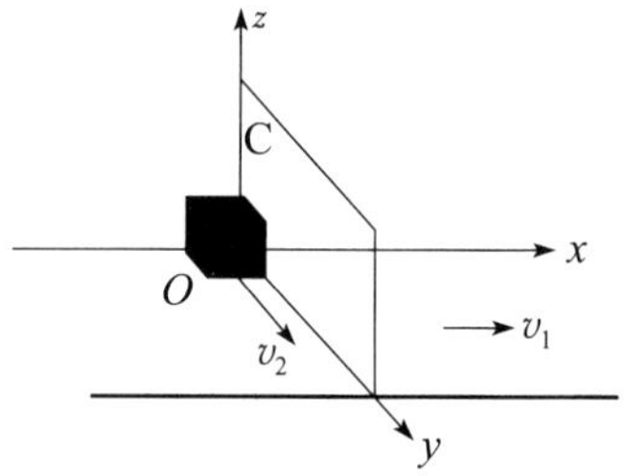

8.（第 6 届全国预赛）有六个完全相同的刚性长条薄片 A_iB_i（$i=1$，2，…，6），其两端下方各有一个小突起，薄片及突起的重量均可以不计。现将此六个薄片架在一只水平的碗上，使每个薄片一端的小突起 B_i 恰在碗口上，另一端小突起 A_i 位于其下方薄片的正中，俯视图如图所示。若将一质量为 m 的质点放在薄片 A_6B_6 上一点，这一点与此薄片中点的距离等于它与小突起 A_6 的距离，求薄片 A_6B_6 中点所受的（由另一薄片的小突起 A_1 所施的）压力。

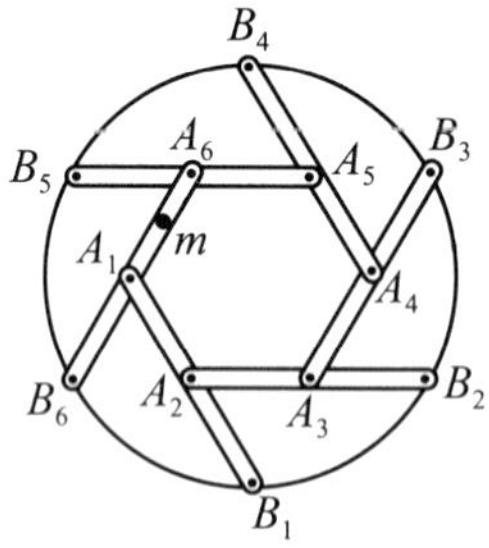

9.（2007 北大）密度为 ρ_0 的液体在容器的下部，密度为 $\frac{\rho_0}{3}$ 的液体在容器的上部，两种液体互不相溶。高 H、密度为 $\frac{\rho_0}{2}$ 的长方体固体静止在液体中，如图所示，试求图中两个高度 h_1 和 h_2。

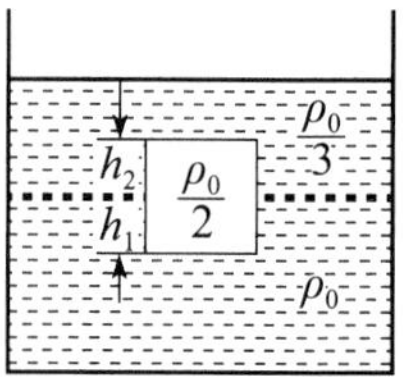

10. 三根相同的不可伸长的轻绳，一端系在半径为 r_0 的圆环 1 上，彼此间距相等。三根绳都穿过半径为 r_0 的圆环 3，另一端用同样的方式系在半径为 $2r_0$ 的圆环 2 上（如

图所示）。圆环 1 固定在水平面上，整个系统处于平衡。试求圆环 2 的中心与圆环 3 的中心之间的距离。（三个圆环都是用同种金属丝制作的，摩擦力忽略不计）

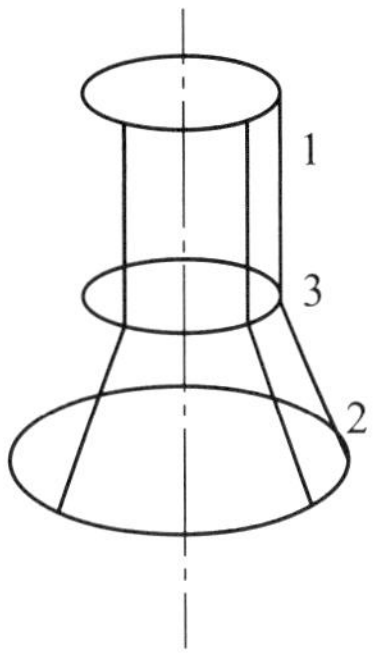

11.（2005 中科大自招）两个质量均为 M、半径为 R 的相同球 A、B，用两根长度均为 $L(L=2R)$ 的绳悬挂于 O 点，在两球上有另一质量为 $m(m=nM)$、半径为 $r\left(r=\dfrac{R}{2}\right)$ 的球 C，如图所示。已知三个球表面均光滑，试讨论整个系统处于平衡状态时，绳与竖直线的夹角 θ 与 n 的关系。

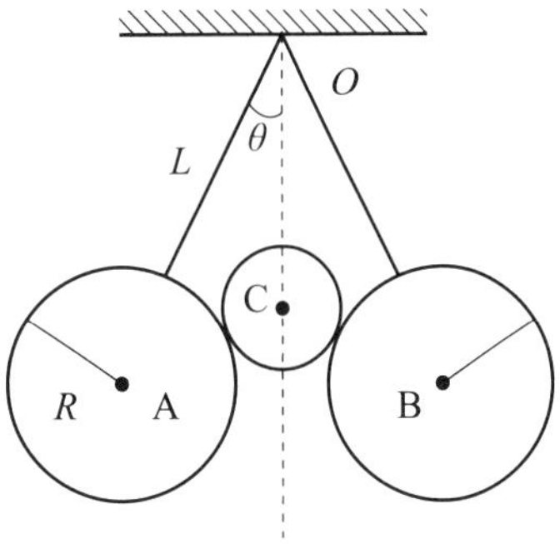

参考答案

1. BD 【解析】汽车无论是在前驱还是在后驱情况下，启动时地面都给驱动轮向前的摩擦力，以汽车的重心为转轴，只有 $N_{后轮}>N_{前轮}$ 才能使力矩平衡，因此车尾下沉。B，D 选项正确。

2. **解**：将两球和轻绳看成整体，受力分析如图所示。以 O 为转轴，根据力矩平衡条件，有

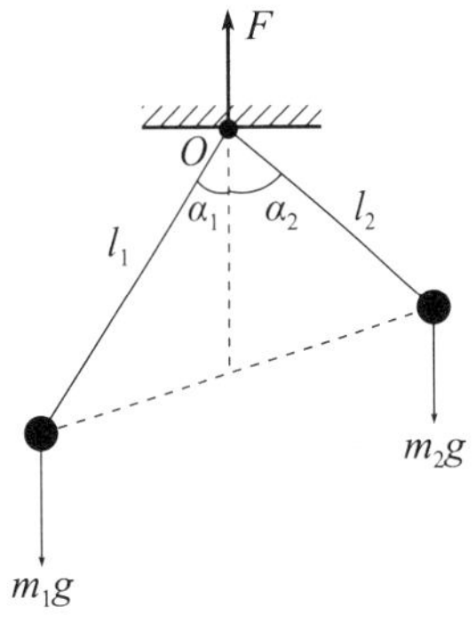

$$m_1 g l_1 \sin\alpha_1 = m_2 g l_2 \sin\alpha_2$$

解得

$$\frac{\sin\alpha_1}{\sin\alpha_2}=\frac{m_2 l_2}{m_1 l_1}$$

3. **解**：由对称性可知：$m_A=m_D$，分析重物E，它受三个力作用，且三个力互成120°，故有：$m_A=m_D=m_E$。

4. **解**：平衡时，O点受力如图所示。建立方程：$T_1\cos\theta_1+T_2\cos\theta_2=T=mg$；$T_1\sin\theta_1=T_2\sin\theta_2$，代入数据得：$4\cos\theta_1+2\cos\theta_2=m$；$2\sin\theta_1=\sin\theta_2$。所以$m=4\sqrt{1-\frac{1}{4}\sin^2\theta_2}+2\cos\theta_2$。进行如下讨论：当$\theta_2=0$时，$m$最大值$m_{\max}=6\text{kg}$；当$\theta_2=90°$时，$m$最小值$m_{\min}=2\sqrt{3}\text{kg}$。因为$\theta_2=0$、$\theta_2=90°$是取不到的，故$m$平衡时的取值范围是$2\sqrt{3}\text{kg}<m<6\text{kg}$，因此，三个物体不可能平衡时$m$的取值范围是$m\leqslant 2\sqrt{3}\text{kg}$或$m\geqslant 6\text{kg}$。

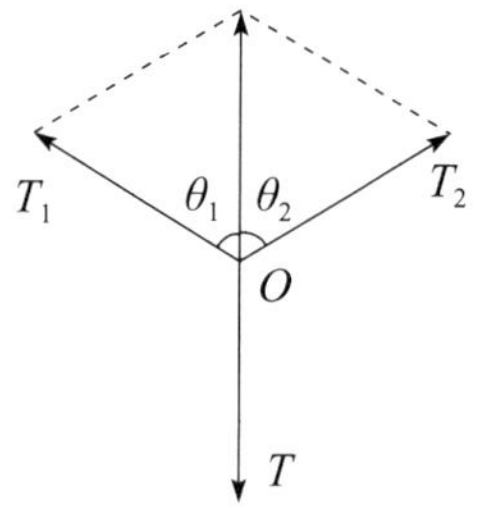

5. **解**：在正压力相同的情况下，摩擦因数越大，物体间的最大静摩擦力越大，物体间越不容易打滑，如果摩擦因数满足一定的条件，使其他力在摩擦方向上的合力总是小于最大静摩擦力时，物体就达到了“自锁”的条件。

以锁舌P为研究对象，其受力如图所示，由力的平衡条件，可得

$$kx+f_1+f_2\cos45°-N\sin45°=0,$$
$$F-N\cos45°-f_2\sin45°=0,$$
$$f_1=\mu F, f_2=\mu N,$$

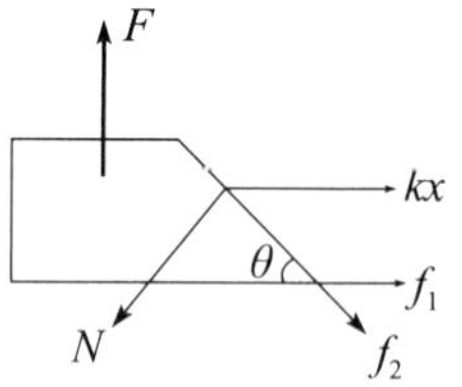

解之得$N=\frac{\sqrt{2}kx}{1-2\mu-\mu^2}$。

当$N\to\infty$时，须有$1-2\mu-\mu^2=0$，得$\mu=0.414$。

6. **解**：(1) 根据共点力平衡有：$mg\sin\theta=2f$，

所以$f=\frac{1}{2}mg\sin\theta$。

两个支持力的合力等于$mg\cos\theta$，根据几何关系知，两个支持力的夹角为120°。根据平行四边形定则，支持力$N_1=N_2=mg\cos\theta$，

则$\mu=\frac{f}{N_1}=\frac{\frac{1}{2}mg\sin\theta}{mg\cos\theta}=\frac{1}{2}\tan\theta$。

(2) 因为$f=\mu F_N$，即使正压力变化，滑动摩擦力和支持力的合力方向是一定的，设支持力和合力的方向的夹角为α，如图

有$\tan\alpha=\frac{mg\sin\theta}{mg\cos\theta}=\tan\theta$。

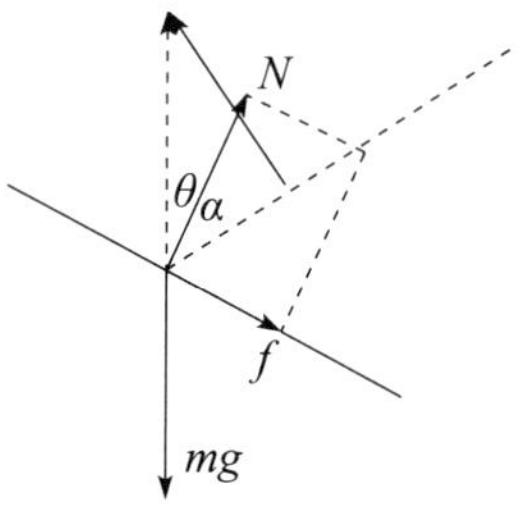

根据三角形定则，当拉力的方向与支持力和摩擦力的合力方向垂直时，拉力最小，根据几何关系得：$F_{\min}=mg\sin2\theta$。

7. **解**：物体对皮带的速度方向如图所示，f_1 为皮带给物体的摩擦力，f_2 为挡板给物体的摩擦力，N 为挡板对物体的支持力，则

$f_1=\mu_1 mg$，$N=f_1\sin\theta$，$f_2=\mu_2 N=\mu_2 f_1\sin\theta$

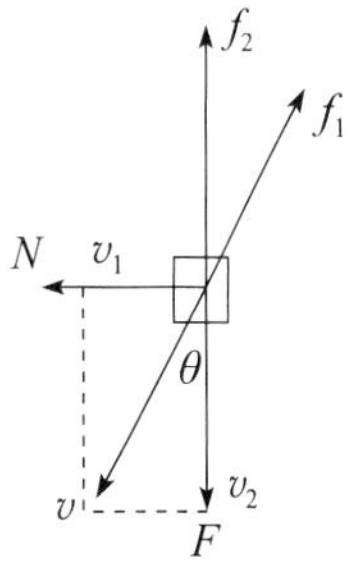

其中，$\sin\theta=\dfrac{v_1}{\sqrt{v_1^2+v_2^2}}$，$\cos\theta=\dfrac{v_2}{\sqrt{v_1^2+v_2^2}}$

故 $F=f_2+f_1\cos\theta=\dfrac{mg\mu_1(v_1\mu_2+v_2)}{\sqrt{v_1^2+v_2^2}}$

8. **解**：隔离第一个薄片 A_1B_1，如图(a)所示。它与第二个薄片、第六个薄片及碗边接触。设薄片长度为 $2l$，第二个薄片对它的压力为 N_2，第六个薄片对它的支持力为 N_1，以 B_1 为支点，有

$$N_1\cdot 2l-N_2\cdot l=0 \quad ①$$

可得

$$N_2=2N_1 \quad ②$$

隔离第二个薄片 A_2B_2，如图(b)所示。设第三个薄片对它的压力为 N_3，第一个薄片对它的支持力为 N_2，以 B_2 为支点，有

$$N_2\cdot 2l-N_3\cdot l=0 \quad ③$$

可得

$$N_3=2N_2 \quad ④$$

联立②④式，得

$$N_3=2^2N_1 \quad ⑤$$

照此下去应有

$$N_i=2^{i-1}N_1 \quad ⑥$$

即

$$N_6=2^5N_1 \quad ⑦$$

隔离第六个薄片 A_6B_6，如图(c)所示。设第一个薄片对它的压力为 N_1，第五个薄片对它的支持力为 N_6，以 B_6 为支点，有

$$N_6\cdot 2l-N_1\cdot l-mg\cdot\frac{3}{2}l=0 \quad ⑧$$

联立⑦⑧式，得

$$N_1=\frac{1}{42}mg$$

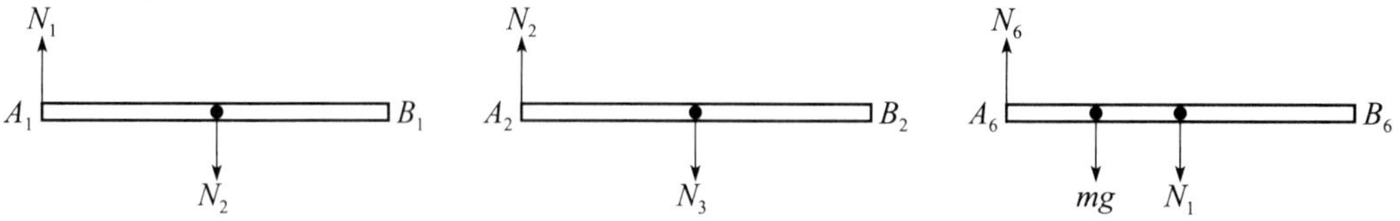

（a）　　（b）　　（c）

9. **解**：根据阿基米德原理，浸在液体中的物体所受的浮力大小等于它排开的液体所受的重力，即

$$F_{浮}=G_{排} \quad ①$$

固体静止在液体中时，满足

$$F_{浮}=G_{固} \quad ②$$

联立①②式，得

$$G_{排}=G_{固} \quad ③$$

设固体的底面积为 S，则③式可写为

$$\rho_0 h_1 Sg+\frac{\rho_0}{3}h_2 Sg=\frac{\rho_0}{2}HSg \quad ④$$

而

$$h_1+h_2=H \quad ⑤$$

联立④⑤式，得

$$h_1=\frac{H}{4},\quad h_2=\frac{3H}{4}$$

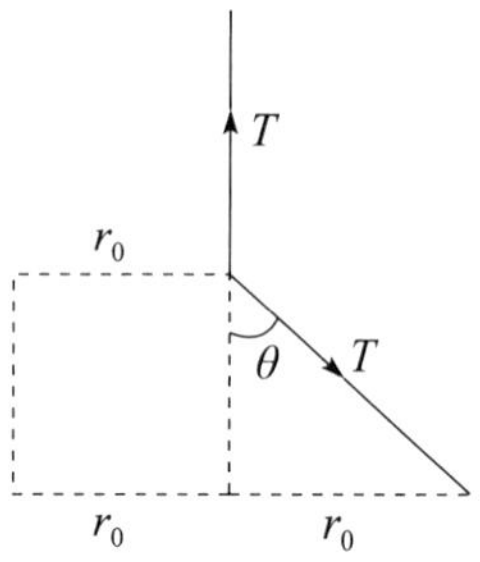

10. **解**：如图所示，对于圆环 2：$3T\cos\theta=2mg$

对于圆环 3：$3T=3T\cos\theta+mg=3mg$

故 $$\cos\theta=\frac{2}{3}$$

所以 $h=\frac{r_0}{\tan\theta}=\frac{2}{5}\sqrt{5}r_0$。

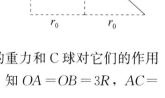

11. **解**：以 A、B 球为研究对象，由于 A、B 两球所受的重力和 C 球对它们的作用力 N 都通过球心，可知绳子张力 T 也通过球心，由题意，知 $OA=OB=3R$，$AC=BC=\frac{3R}{2}$。

在△OAC 中，由正弦定理，得 $\frac{OA}{\sin[\pi-(\theta+\varphi)]}=\frac{AC}{\sin\theta}$，即 $\sin(\theta+\varphi)=2\sin\theta$。

以 C 球为研究对象，其受力如图所示，由平衡条件，得：$2N\cos\beta=mg=nMg$，$\beta=\theta+\varphi$，则 $N=\dfrac{nMg}{2\cos(\theta+\varphi)}$，

对A(或B)，由平衡条件，得：

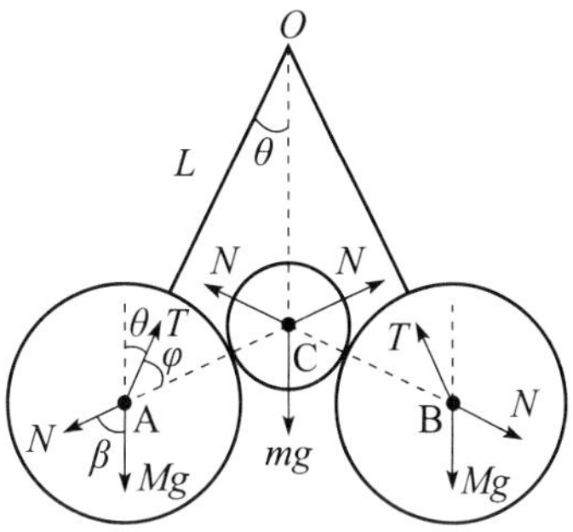

$T\sin\theta=N\sin(\theta+\varphi)$，

$T\cos\theta=N\cos(\theta+\varphi)+Mg$，

解之，得 $\cot\theta=\cot(\theta+\varphi)+\dfrac{Mg}{N\sin(\theta+\varphi)}$，

$\sin\theta=\sqrt{\dfrac{4+4n-3n^2}{16(n+1)}}$。

当A、B两球球心相距为 $2R$ 时，θ 有最小值 $\theta_0=\arcsin\dfrac{1}{3}$，即 $\sqrt{\dfrac{4+4n-3n^2}{16(n+1)}}\geqslant\dfrac{1}{3}$，

令 $\sqrt{\dfrac{4+4n-3n^2}{16(n+1)}}=\dfrac{1}{3}$，可得 $n=\dfrac{10+8\sqrt{10}}{27}\approx1.3$。

由上面的分析可得出如下结论：

若 $n>1.3$，则系统不能平衡，

若 $n=1.3$，则系统平衡时，$\sin\theta=\dfrac{1}{3}$，此时A、B两球间无相互作用力。

若 $n<1.3$，则系统平衡有两种可能：

①$\sin\theta=\sqrt{\dfrac{4+4n-3n^2}{16(n+1)}}$；

②$\sin\theta=\dfrac{1}{3}$，此时A、B两球间有相互作用力。

第3讲 动力学

强基要点1 质点系牛顿第二定律

对一个质点系而言，应用牛顿第二定律，可用整体法处理。这就是质点系的牛顿第二定律。质点系牛顿第二定律可叙述为：质点系的合外力等于系统内各质点的质量与加速度乘积的矢量和。

即：$F_{合}=m_1a_1+m_2a_2+m_3a_3+\cdots+m_na_n$

这里假定质点系中有 n 个质点具有相对惯性参考系的加速度。如果这个质点系在任意的 x 方向上受的合外力为 F_x，质点系中的 n 个物体(质量分别为 m_1，m_2，…，m_n)在 x 方向上的加速度分别为 a_{1x}，a_{2x}，…，a_{nx}，那么有

$$F_{x合}=m_1a_{1x}+m_2a_{2x}+m_3a_{3x}+\cdots+m_na_{nx}$$

同理 y 方向有

$$F_{y合}=m_1a_{1y}+m_2a_{2y}+m_3a_{3y}+\cdots+m_na_{ny}$$

要点精例

例1 如图，质量为 M 的木板可沿放在水平面上固定不动、倾角为 α 的斜面无摩擦地滑下。欲使木板静止在斜面上，木板上质量为 m 的人应以多大的加速度沿斜面向下奔跑？

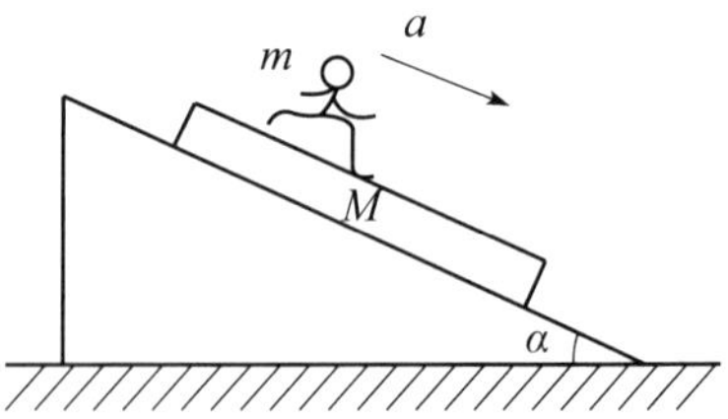

【解析】 在 M、m 两质点组成的系统中，受到竖直向下的重力 $(M+m)g$，斜面对质点系的支持力 N，质点 m 因具有加速度 a 而添加的假设力 ma，如图所示。

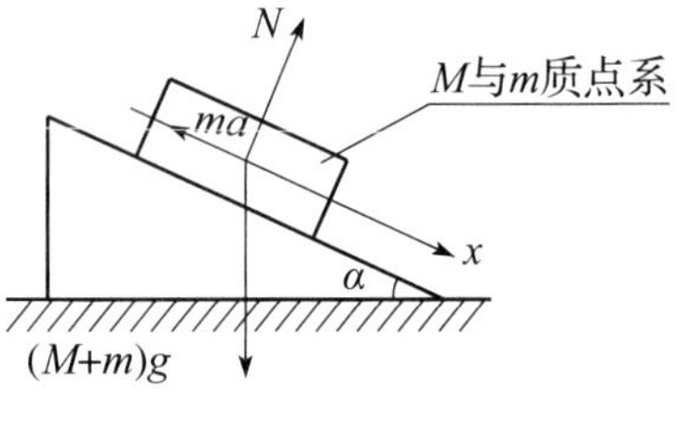

在沿斜面即 x 方向上，有：$(M+m)g\sin\alpha-ma=0$

即：$a=\dfrac{M+m}{m}g\sin\alpha$

例2 如图(a)所示，一质量为 M 的楔形木块C放在水平桌面上，它的顶角为90°，两底角为 α 和 β；楔形木块两直角边接触面是光滑的，A、B为两个位于斜面上质

量均为 m 的小木块。首先将 A、B 置于顶部，在外力作用下系统静止，现同时将 A、B 松开，让其沿斜面下滑，发现楔形木块静止不动，这时楔形木块对水平桌面的压力和地面对楔形木块的摩擦力分别为多大？

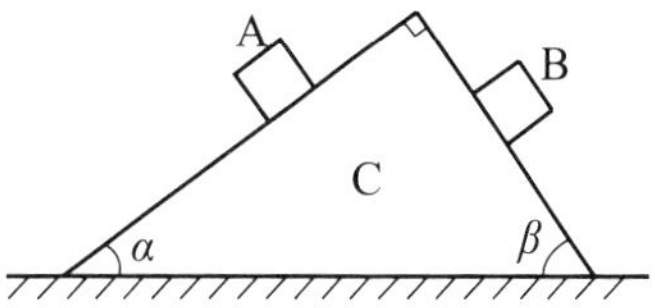

(a)

【解析】

解法 1 质点系的牛顿第二定律

以三个物体为研究对象，作受力分析，只受三个物体的总重力 $(2m+M)g$，设支持力为 N，地面对楔形的摩擦力为 f，方向向左。如图(b)，A 物体沿楔形下滑的加速度为 $a_A=g\sin\alpha$，B 物体下滑的加速度为 $a_B=g\sin\beta$。建立如图(c)所示的直角坐标系，将三物体视为一整体，x、y 方向上分别可列方程：

$$f=-ma_A\cos\alpha+ma_B\cos\beta+M\times 0$$

$$Mg+2mg-N=ma_A\sin\alpha+ma_B\sin\beta+M\times 0$$

即：

$$f=-mg\sin\alpha\cos\alpha+mg\sin\beta\cos\beta$$

$$Mg+2mg-N=mg\sin\alpha\sin\alpha+mg\sin\beta\sin\beta$$

又 $\alpha+\beta=90°$，得 $f=0$，$N=M+mg$

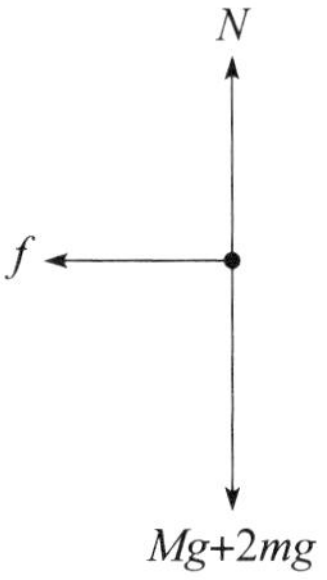

(b)

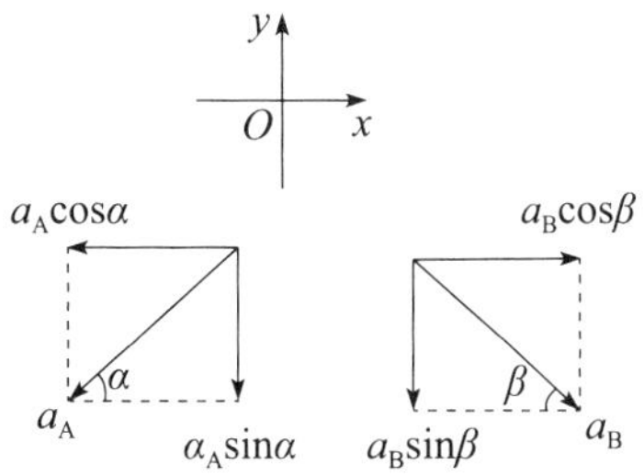

(c)

解法 2 隔离法

如图(d)和图(e)所示，分别对木块 A、B、楔形木块 C 作受力分析，则有 $N_a=mg\cos\alpha$，$N_b=mg\cos\beta$，对楔形木块 y 方向有

$$N_{地}=Mg+mg\cos\beta\sin\alpha+mg\cos\alpha\sin\beta$$

$$=Mg+mg(\sin^2\alpha+\cos^2\alpha)=Mg+mg$$

x 方向有

$$f_{地}=N'_b\cos\alpha-N'_a\cos\beta=mg\cos\beta\cos\alpha-mg\cos\alpha\cos\beta=0$$

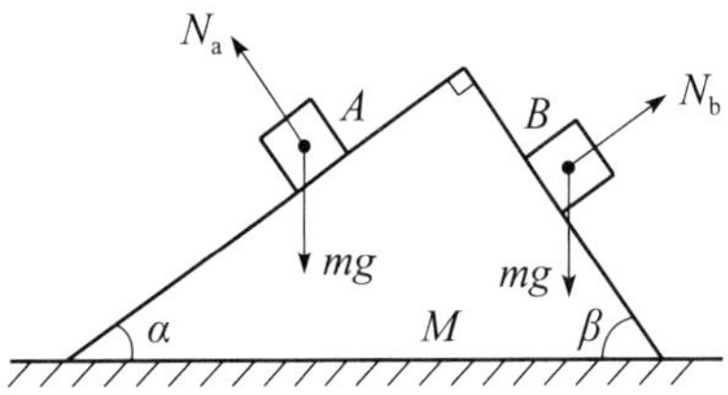

（d）

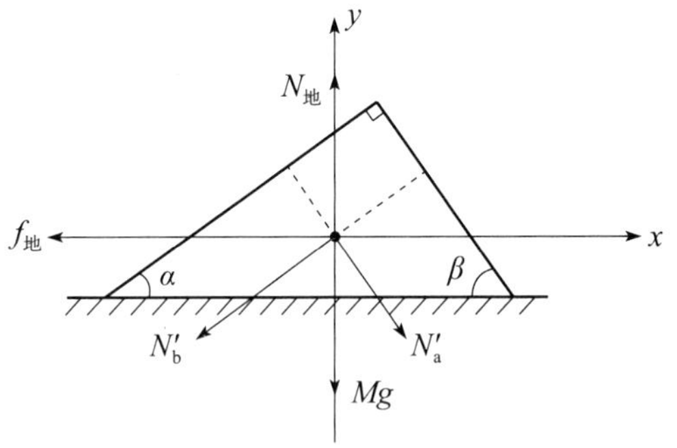

（e）

强基要点 2 质心系的牛顿运动定律

1. 质心

质量中心简称质心，指物质系统上被认为质量集中于此的一个点。与重心不同的是，质心不一定要在有重力场的系统中。同一物质系统的质心与重心不一定在同一点上。

在地球表面附近我们常用求重心的方法求质心：利用力矩和为零的平衡条件来求物体的重心位置。

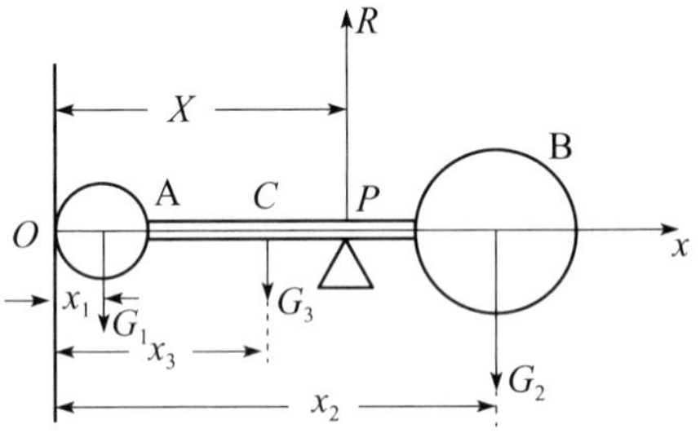

如图为由重量分别为 G_1，G_2 的两均匀圆球和重量为 G_3 的均匀杆连成的系统，设立如图坐标系，原点取在 A 球最左侧点，两球与杆的重心的坐标分别为 x_1，x_2，x_3，系统重心在 P 点，我们现在求其坐标 x。设想在 P 处给一支持力 N，令 $N=G_1+G_2+G_3$，达到平衡时有：

$$\sum M=G_1x_1+G_2x_2+G_3x_3-Nx=0$$

得 $x=\dfrac{G_1x_1+G_2x_2+G_3x_3}{N}=\dfrac{G_1x_1+G_2x_2+G_3x_3}{G_1+G_2+G_3}$

通用式为 $x_c=\dfrac{\sum m_ix_i}{\sum m_i}$

上式对时间求导得质心的速度为 $v_c=\dfrac{\sum m_iv_i}{\sum m_i}$

2. 质心系的牛顿运动定律

系统质心加速度的大小与所受的合外力大小成正比，与系统的总质量成反比，加速度的方向沿合外力的方向，内力不影响系统质心的运动。

$F=Ma_C$（F 是系统合外力，M 是系统质量，a_C 是质心加速度）

要点精例

例 3 如图所示，半径为 R、质量为 M、表面光滑的半球放在光滑的水平面上，在其顶部有一质量为 m 的小滑块，从静止开始沿球面下滑。试求小滑块脱离球面之前的轨迹。

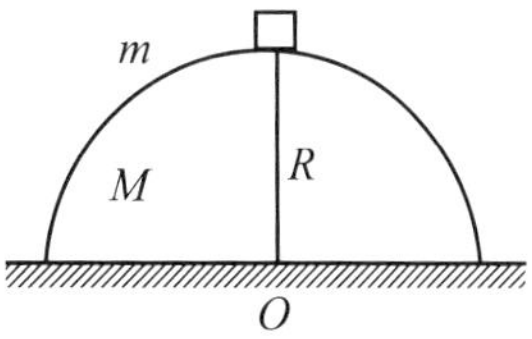

【解析】如图所示，因为水平合外力为 0，则须质心不动，质心坐标 $x_C=0$，

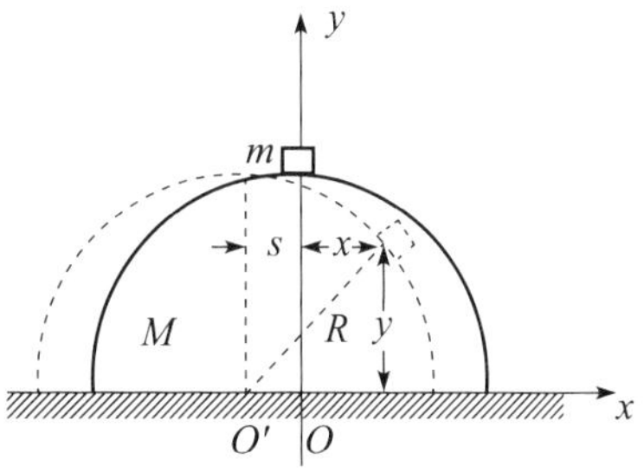

$$x_C=\frac{mx+M(-s)}{m+M}$$

得：$s=\frac{m}{M}x$

根据 $(s+x)^2+y^2=R^2$

可得 $\frac{x^2}{\left(\frac{M}{m+M}R\right)^2}+\frac{y^2}{R^2}=1$

例 4 (2017 北大)如图所示，半径为 R、质量为 M 的匀质光滑圆环上套有一个质量为 m 的小环，初始给小环一个切向的初速度 v_0，试讨论大环圆心 O 的运动及其速率。

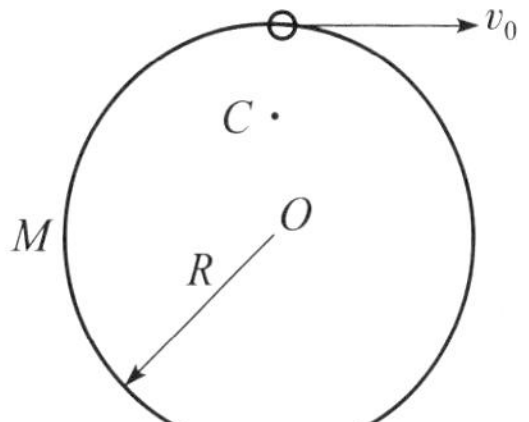

【解析】如图所示，点 C 为系统质心，距质量为 m 的小环为 $\frac{M}{M+m}R$，距 O 为 $\frac{m}{M+m}R$，无外力情况下匀速运动。

$v_c=\frac{m}{m+M}v_0$ 与质量为 m 的小环初速同向，在质心参考系中，质量为 m 的小环和圆心 O 都绕质心转动，转动角速度 $\omega=\frac{v_0}{R}$ 以初始时 O 位置为原点，质量为 m 的小环初速度方向为 x 轴，建立坐标系，则 O 的运动是 x 方向的匀速直线运动和圆周运动的叠加，坐标的参数方程表示为

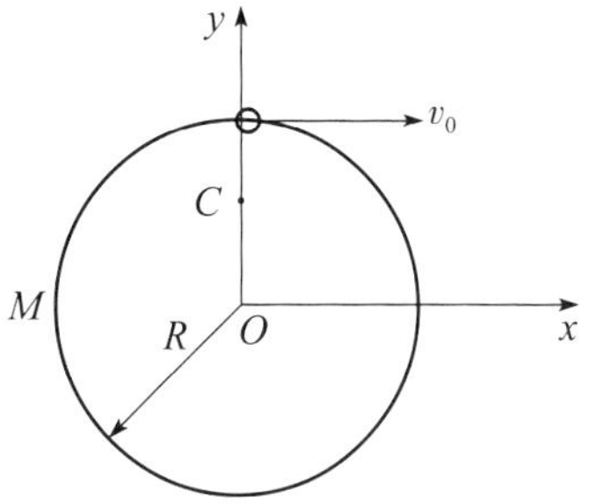

$$\begin{cases}x(t)=\frac{m}{M+m}v_0t-\frac{m}{M+m}R\sin\left(\frac{v_0}{R}t\right)\\ y(t)=\frac{m}{M+m}R\left[1-\cos\left(\frac{v_0}{R}t\right)\right]\end{cases}$$

速度分量

$$\begin{cases}v_x(t)=\frac{m}{M+m}v_0\left[1-\cos\left(\frac{v_0}{R}t\right)\right]\\ v_y(t)=\frac{m}{M+m}v_0\sin\left(\frac{v_0}{R}t\right)\end{cases}$$

强基要点 3 惯性力

参考系划分为两类：惯性参考系和非惯性参考系。

惯性参考系：牛顿运动定律成立的参考系，简称惯性系。

非惯性参考系：牛顿运动定律不能成立的参考系。

为了使非惯性系统中牛顿第二定律仍然“适用”，必须引入“惯性力”的概念，这实际上是将牛顿第二定律经适当修改后推广到非惯性系统中去。惯性力只是一种假想的力，实际上并不存在，故不可能找出它是由何物所施，因而也不可能找到它的反作用力。如何引入“惯性力”及其应用呢？

1. 加速平动的非惯性参考系

在做直线加速运动的非惯性系中，质点所受的惯性力 F' 与非惯性系的加速度 a 方向相反，且等于质点的质量 m 与非惯性系加速度大小 a 的乘积，即：$F'=-ma$（式中负号表示其指向与非惯性系的加速度 a 方向相反）。

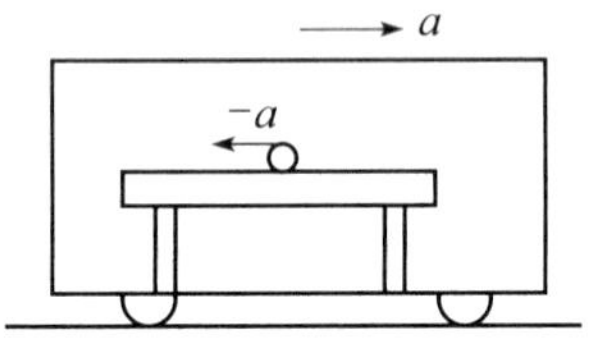

如图所示，火车和小球一起做匀加速运动，加速度为 a，以地面为参考系（惯性参考系），但实际在水平方向上受向右的摩擦力，且摩擦力提供向右的加速度。以火车为参考系观察（非惯性参考系），小球却是静止不动的，按牛顿第一定律 $F_{合}=0$，这显然是不对的，不符合牛顿定律。为了让牛顿定律成立，我们引入“惯性力”，$F'=-ma$，这样小球就有两个力在作用：向右的摩擦力，大小为 ma；向左的“惯性力”，$F'=-ma$，这样就满足 $F_{合}=0$。

因此“惯性力”，并不是物体真正受到的力，而是我们让问题好解决而引入的一个力。

要点精例

例 5 如图所示，一物块 A 放在倾角为 α 的光滑斜面 B 上，问斜面 B 必须以多大的加速度运动，才能保持 A、B 相对静止？

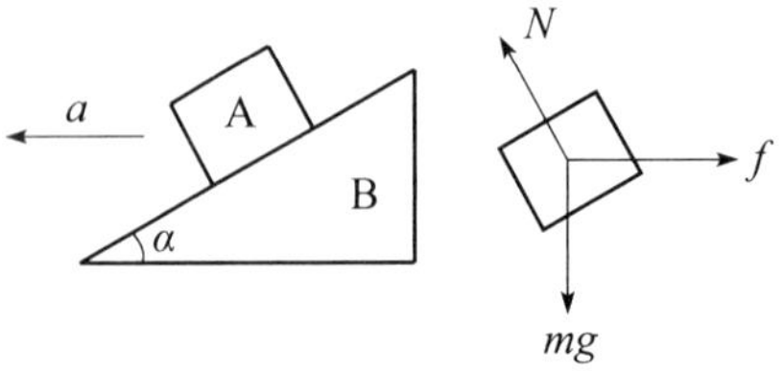

【解析】 可取 B 作为参照系，A 在此参照系中静止。因为 B 是相对地面有加速度的非惯性参照系，所以要加一个惯性力 $f=ma$，方向水平向右，a 的大小等于 B 相对地面的加速度。由受力分析图可知：

$$f=ma=mg\tan\alpha$$

所以 $a=g\tan\alpha$

例 6　(2010 清华)在光滑的水平面上有一质量为 M、倾角为 θ 的光滑斜面，其上有一质量为 m 的物块，如图所示。物块在下滑的过程中对斜面压力的大小为(　　)。

A. $\dfrac{Mmg\cos\theta}{M+m\sin\theta\cos\theta}$　　B. $\dfrac{Mmg\cos\theta}{M-m\sin\theta\cos\theta}$

C. $\dfrac{Mmg\cos\theta}{M+m\sin^2\theta}$　　D. $\dfrac{Mmg\cos\theta}{M-m\sin^2\theta}$

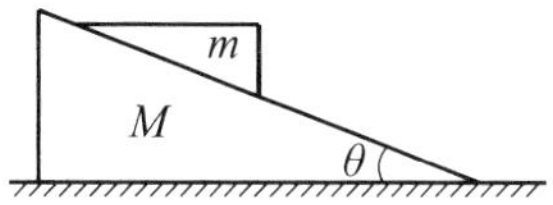

【解析】

解法 1

如图(a)所示，设物块在下滑的过程中，M 的加速度为 a_2，则对斜面作受力分析，在水平方向列牛顿运动定律方程：$N\sin\theta=Ma_2$，以 M 为参考系(非惯性参考系)，在物块中引入惯性力 ma_2，对质量为 m 的物块列垂直斜面方向上的方程：$N+ma_2\sin\theta=mg\cos\theta$，两式消除 a_2，得 $N=\dfrac{Mmg\cos\theta}{M+m\sin^2\theta}$，选 C。

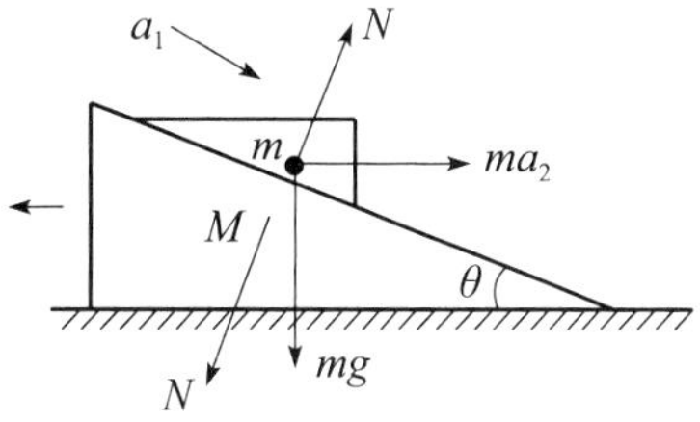

(a)

当然此式消除 N，亦可求物块下滑的过程中，M 的加速度 $a_2=\dfrac{mg\sin\theta\cos\theta}{M+m\sin^2\theta}$。

解法 2

设 m 的加速度大小为 a_1，与斜面法线之间的夹角 α，则斜面与物块组成的整体的受力分析如图(b)所示。对斜面列出水平方向的方程为：$N\sin\theta=Ma_2$

对物块列出斜面法向和切向的方程分别为：

$$mg\cdot\cos\theta-N=ma_1\cos\alpha$$

$mg\cdot\sin\theta=ma_1\sin\alpha$(此方程也可不用列)

再列出斜面法向两物体加速度之间的连接关系：$a_2\sin\theta=a_1\cos\alpha$

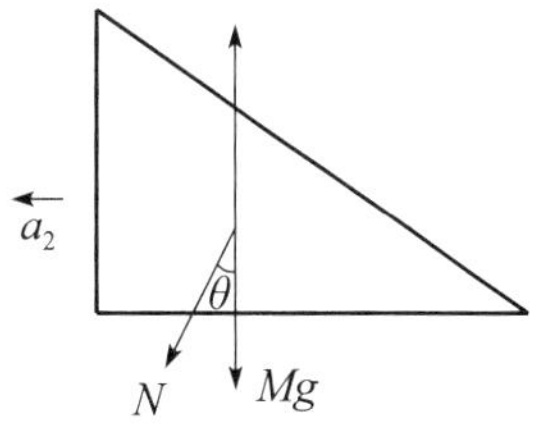

(b)

由此可得：$N=\dfrac{Mmg\cos\theta}{M+m\sin^2\theta}$，选 C。

(注：根据速度的关联关系，垂直于接触面的速度相同，由加速度 $a=\dfrac{\Delta v}{\Delta t}$ 可推出斜面法向两物体加速度相同。)

解法 3

如图(c)所示，设斜面对物块的支持力为 N，物块相对斜面的加速度为 a_1，方向沿斜面向下，斜面的加速度为 a_2，方向水平向左；则物块相对地面的加速度为：$a_x=a_1\cos\theta-a_2$，$a_y=a_1\sin\theta$

对物块考虑水平和竖直方向有：$N\sin\theta=ma_x=m(a_1\cos\theta-a_2)$；

$$mg-N\cos\theta=ma_y=ma_1\sin\theta$$

对斜面有：$N\sin\theta=Ma_2$

由此也可得：$N=\dfrac{Mmg\cos\theta}{M+m\sin^2\theta}$

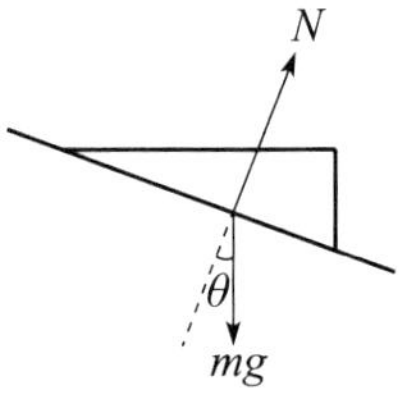

(c)

2. 转动系统中的惯性力

简称惯性离心力，这个惯性力的方向总是指向远离轴心的方向。它的大小等于物体的质量 m 与非惯性系相对于惯性系的加速度大小 a 的乘积。如果在以角速度 ω 转动的参考系中，质点到转轴的距离为 r，则：$F_{惯}=mr\omega^2$。

假若物体相对于匀速转动参照系以一定速度运动，则物体除了受惯性离心力之外，还要受到另一种惯性力的作用，这种力叫作科里奥利力，简称科氏力，这里不做进一步的讨论，自主招生也没有考过。

要点精例

例 7 如图所示，球 A 质量为 m_1，通过一根长为 l_1 的绳子连接在天花板上；球 B 质量为 m_2，通过一根长为 l_2 的绳子连接在球 A 上，瞬间给 A 一个速度 v，此时 A 与天花板，B 与 A 间的绳子拉力 T_1，T_2 分别为(　　)。

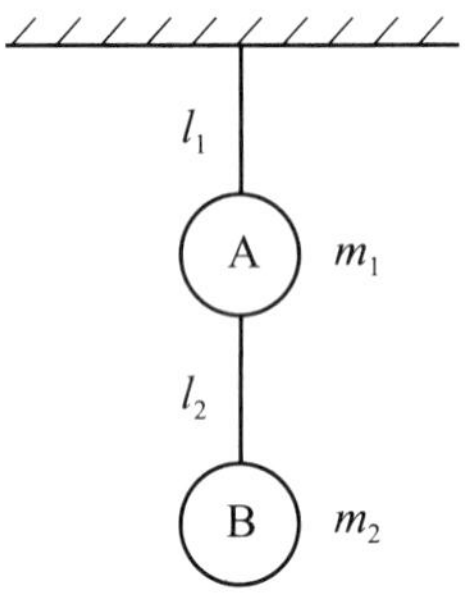

A. $T_1=m_1g+m_1\dfrac{v^2}{l_1}$，$T_2=m_2g$

B. $T_1=m_1g+m_1\dfrac{v^2}{l_1}$，$T_2=m_2g+m_2\dfrac{v^2}{l_2}$

C. $T_1=(m_1+m_2)g+m_1\dfrac{v^2}{l_1}+m_2\dfrac{v^2}{l_2}$，$T_2=m_2g+m_2\dfrac{v^2}{l_2}$

D. $T_1=(m_1+m_2)g+m_1\dfrac{v^2}{l_1}+m_2\left(\dfrac{v^2}{l_1}+\dfrac{v^2}{l_2}\right)$，$T_2=m_2g+m_2\left(\dfrac{v^2}{l_1}+\dfrac{v^2}{l_2}\right)$

【解析】 A 相对于地面，有 $a_A=\dfrac{v^2}{l_1}$；以 A 为参照系看 B，有 $a_{BA}=\dfrac{v^2}{l_2}$，所以 B 对于地面，有

$$a_B=\frac{v^2}{l_1}+\frac{v^2}{l_2}$$

$$\begin{cases}T_1-m_1g-T_2=m_1a_A\\T_2-m_2g=m_2a_B\end{cases}$$

$$T_2=m_2\left(g+\frac{v^2}{l_1}+\frac{v^2}{l_2}\right),\quad T_1=m_2\left(g+\frac{v^2}{l_1}+\frac{v^2}{l_2}\right)+m_1\left(g+\frac{v^2}{l_1}\right)$$

故选 D。

例 8 一辆质量为 m 的汽车以速度 v 在半径为 R 的水平弯道上做匀速圆周运动，汽车左、右轮相距为 d，重心离地高度为 h，车轮与路面之间的静摩擦因数 μ_0。问：

(1) 汽车内外轮各承受多少支持力?

(2) 汽车能安全行驶的最大速度是多少?

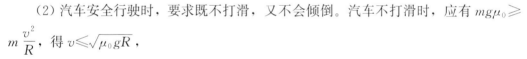

【解析】(1) 汽车左转弯行驶时受力情况如图所示，图中 f_1、f_2 分别为汽车内、外轮受到的摩擦力。假如选一个和汽车一起做圆周运动的参照系，则汽车是静止不动的，但必须在汽车的质心处加上一个惯性离心力 f，其大小为 $ma=m\dfrac{v^2}{R}$，方向沿半径方向向外，以内轮着地点 A 为转轴，由合力矩为零，可列出 $mg\dfrac{d}{2}+fh=N_2d$

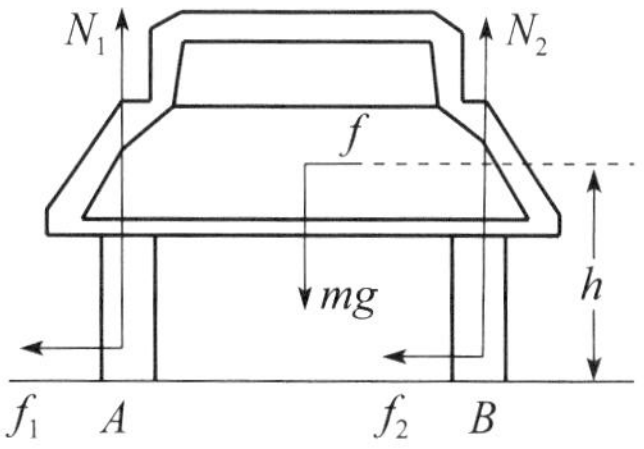

将 $f=m\dfrac{v^2}{R}$代入得 $N_2=\dfrac{1}{2}mg+\dfrac{mv^2h}{Rd}$

由竖直方向受力平衡可得 $N_1=mg-N_2=\dfrac{1}{2}mg-\dfrac{mv^2h}{Rd}$

(2) 汽车安全行驶时，要求既不打滑，又不会倾倒。汽车不打滑时，应有 $mg\mu_0\geqslant m\dfrac{v^2}{R}$，得 $v\leqslant\sqrt{\mu_0 gR}$，

故汽车不向外侧滑动的最大速度：$v_{\max1}=\sqrt{\mu_0 Rg}$。

汽车不倾倒的条件是 $N_1\geqslant 0$，即$\dfrac{1}{2}mg-\dfrac{mv^2h}{Rd}\geqslant 0$，得 $v\leqslant\sqrt{\dfrac{dRg}{2h}}$，

故汽车安全行驶的最大速度：$v_{\max2}=\dfrac{\sqrt{dRg}}{2h}$。

从 $v_{\max1}$ 和 $v_{\max2}$ 的结果可以看出，汽车轮胎与地面之间的静摩擦因数 μ_0 越大，左、右轮间距离越宽，车身重心越低，汽车的行驶越稳定。

强基要点 4 相关加速度

对于由几个物体组成的连接体的运动，要分析各个物体的加速度，可以通过分析各个物体的速度关系来入手，而速度关系则可以通过位移关系入手。如图所示，物体 m_1 的位移与物体 m_2 的位移之比$\dfrac{\Delta s_1}{\Delta s_2}=\dfrac{2}{1}$，故相应速度之比为：

$$\frac{v_1}{v_2}=\frac{2}{1}$$

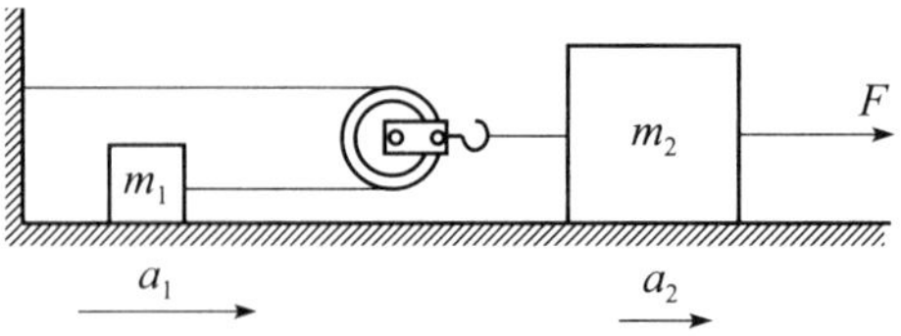

相应加速度之比：

$$\frac{a_1}{a_2}=\frac{2}{1}$$

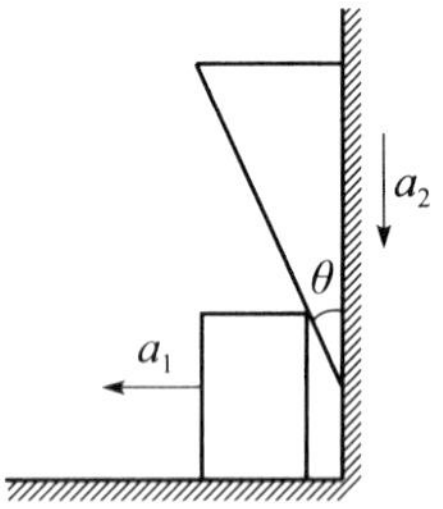

如右图，由“相关速度”知识可得：

$$\frac{v_1}{v_2}=\tan\theta$$

于是可以得到：

$$\frac{a_1}{a_2}=\tan\theta$$

运用相对运动知识分析相关加速度问题，也是一条好的思路。如图，设 $m_1>m_2+m_3$，$m_2<m_3$，我们以地球为参照物，三者的加速度见图示，为了找出三个加速度大小的关系，我们设由于 m_2 和 m_3 的运动，使绳有沿动滑轮边沿的加速度 a'，根据相对运动规律有：

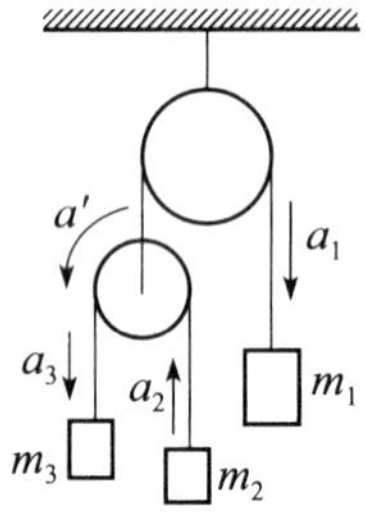

$$a_2=a_{2地}=a_{2轮}+a_{轮地}=a'+a_1$$
$$a_3=a_{3地}=a_{3轮}+a_{轮地}=a'-a_1$$

两式相减消去 a'，得到三个加速度之间的关系式为：

$$a_2-a_3=2a_1$$

要点精例

例 9 在如图所示的系统里，绳十分轻且不可伸长，滑轮均可沿水平方向运动，滑轮和物体相连的三根杆都为水平轻杆。质量为 M 和 $2M$ 的物体开始维持不动，后释放。求质量为 m 的物体开始以多大的加速度运动。系统里各处摩擦均不计，并设质量为 m 的物体只能在竖直方向运动。

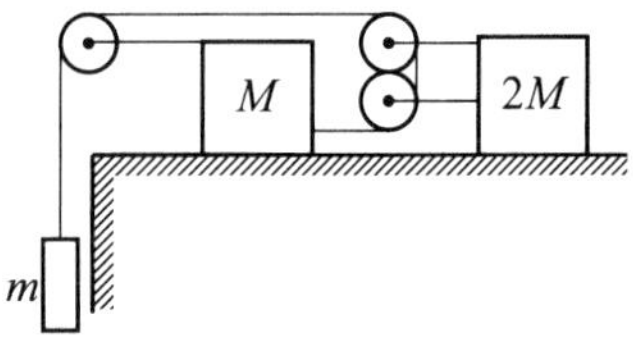

【解析】 T 表示绳中的张力(同一根绳各处张力相等)，于是质量为 M 的物体的加速度方向向右、大小等于

$$a_1=2\frac{T}{M}$$

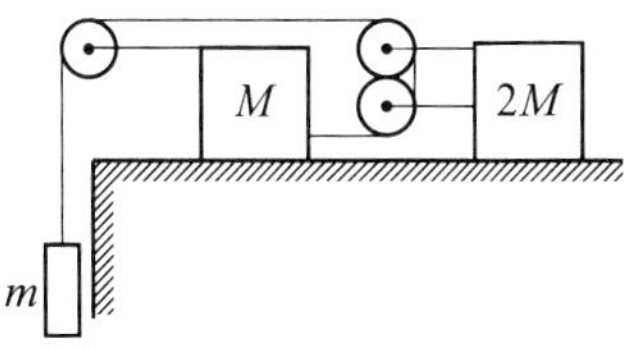

质量为 $2M$ 的物体的加速度方向向左、大小等于

$$a_2=\frac{2T}{2M}$$

从释放质量为 m 的物体起经过一小段时间后，物体移动很小，于是可以认为，系有质量为 m 的绳暂为竖直的且此物加速度方向向下，对它列出运动方程

$$mg-T=ma_3$$

a_3 与其他两物体加速度的关系为

$$a_3=2a_1+2a_2=\frac{4T}{M}+\frac{4T}{2M}=\frac{6T}{M}$$

由此得到所求加速度

$$a_3=\frac{g}{1+M/(6m)}$$

例10 如图所示，在光滑的水平面上，质量为 M 的角形通过两个滑轮与墙和质量为 m 的木块连接。木块与角形的内表面接触。绕过固定在墙上的滑轮的线被水平拉直。一开始，将系统固定为静止状态，再进行释放。求角形的加速度 a。滑轮是轻质的，系统中没有摩擦。

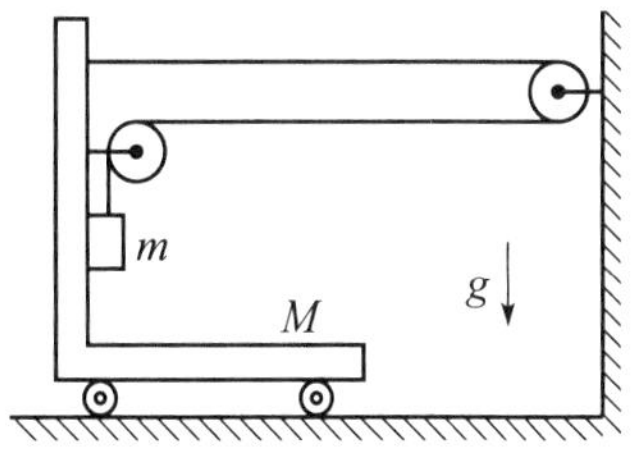

【解析】

解法1

令绳中张力为 T，角形和木块构成的系统水平方向上有

$$2T=(m+M)a$$

对木块而言，在竖直方向由牛顿第二定律可得

$$mg-T=ma_y$$

由几何约束可得

$$a_y=2a$$

联立解得

$$a=\frac{2m}{5m+M}g$$

解法 2

当车由静止开始前进 x 时，由几何约束，物块下降了 $2x$，令系统水平方向的速度为 v，同样由几何约束可得木块竖直方向的速度为 $2v$。根据能量守恒可得

$$mg\cdot 2x=\frac{1}{2}Mv^2+\frac{1}{2}m\left[v^2+(2v)^2\right]$$

又考虑到

$$v^2=2ax$$

解得

$$a=\frac{2m}{5m+M}g$$

例 11 （2016 北大）两个质量为 m 的斜劈和一个质量为 $4m$、半径为 R 的球在外力作用下保持如图所示的静止状态，忽略所有摩擦，然后某时刻撤去外力，求球掉到平面上所需要的时间。

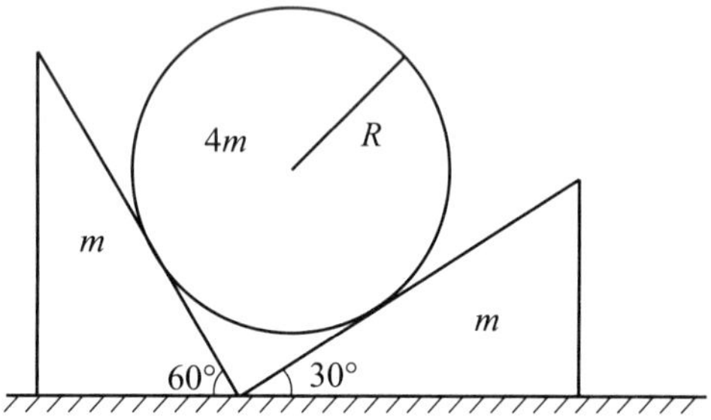

【解析】左边的斜劈用下标 1 标记，右边的斜劈用下标 2 标记。设球的加速度沿左、右两个斜劈斜面的法向分解分别为 a_1 和 a_2，与左、右斜面的挤压力分别为 N_1 和 N_2。

由于物体接触，左斜劈的加速度为$\frac{a_1}{\cos 30^\circ}$，右斜劈的加速度为$\frac{a_2}{\cos 60^\circ}$，即

$$N_1\cos 30^\circ=m\frac{a_1}{\cos 30^\circ},\quad N_2\cos 60^\circ=m\frac{a_2}{\cos 60^\circ} \qquad ①$$

对于球

$$4mg\sin 30^\circ-N_1=4ma_1,\quad 4mg\sin 60^\circ-N_2=4ma_2 \qquad ②$$

联立①②，解得 $a_1=\frac{3}{8}g$，$a_2=\frac{\sqrt{3}}{4}g$，则球在竖直方向的分加速度为 $a_1\sin 30^\circ+a_2\sin 60^\circ=\frac{9}{16}g$。

可求得，球最低处距地面为$\frac{\sqrt{3}-1}{2}R$，则时间为

$$t=\sqrt{\frac{2\cdot\frac{\sqrt{3}-1}{2}R}{\frac{9}{16}g}}=\frac{4}{3}\sqrt{(\sqrt{3}-1)\frac{R}{g}}$$

强基练习

1. (2019 清华领军)如图所示，一小球上方通过一根绳 a 悬挂在天花板上，下端与一根相同的绳 b 相连。现在绳 b 的下端施加竖直向下的拉力，(　　)。

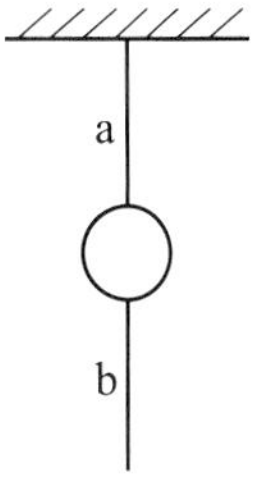

A. 若拉力缓慢加大，则绳 a 会更容易断裂

B. 若拉力缓慢加大，则绳 b 会更容易断裂

C. 若拉力瞬间加大，则绳 a 会更容易断裂

D. 若拉力瞬间加大，则绳 b 会更容易断裂

2. (2016 清华领军)如图所示，水平细绳与一弹簧作用于小球使其处于静止，若剪断细绳，则在剪断细绳的一瞬间，(　　)。

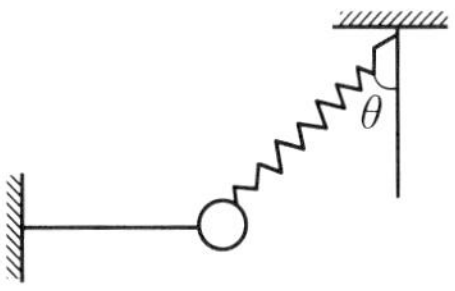

A. 小球竖直方向加速度为 0

B. 小球水平方向加速度为 0

C. 弹簧弹力为 $mg\cos\theta$

D. 弹簧弹力为 $\dfrac{mg}{\cos\theta}$

3. (2019 清华夏令营)如图所示，质量分别为 m_1、m_2 的两物体在平行于光滑斜面的力 F_1 和 F_2 的作用下向上加速运动，则两物体间的弹力大小为(　　)。

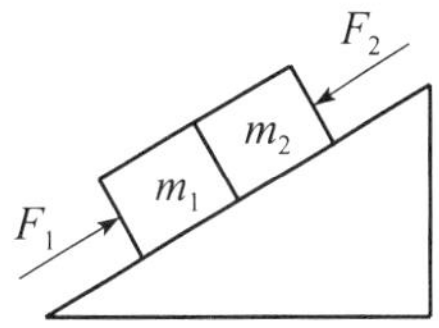

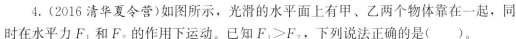

A. 0　　　　B. $\dfrac{F_1m_2+F_2m_1}{m_1+m_2}$

C. $\dfrac{F_1m_1+F_2m_2}{m_1+m_2}$　　　　D. 无法判断

4. (2016 清华夏令营)如图所示，光滑的水平面上有甲、乙两个物体靠在一起，同时在水平力 F_1 和 F_2 的作用下运动。已知 $F_1>F_2$，下列说法正确的是(　　)。

A. 如果撤去 F_1，甲的加速度一定会减小

B. 如果撤去 F_2，甲的加速度一定会减小

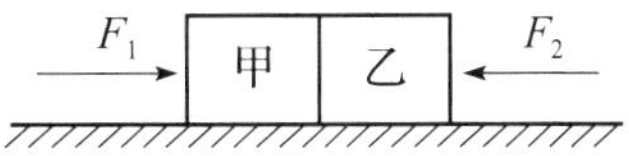

C. 如果撤去 F_2，乙的加速度一定会增大

D. 如果撤去 F_1，乙对甲的作用力一定减小

5. (2010 复旦)如图所示，M 为定滑轮，一根细绳跨过 M，一端系着一物体 C，另一端系着一动滑轮 N，动滑轮两侧分别悬挂着 A、B 两物体，已知 B 物体的质量 $m_B=3\text{kg}$，不计滑轮和绳的质量及一切摩擦，若要使 C 物体保持平衡，则 C 物体的质量可能为(　　)。

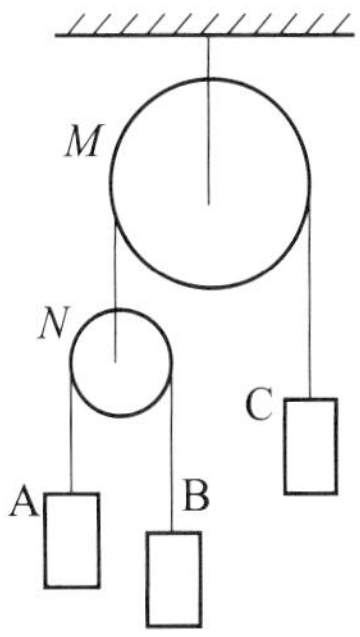

A. 3kg　　　　B. 6kg

C. 12kg　　　　D. 18kg

6. 设有一个质量为 $2m$ 的弹丸，从地面斜抛出去，如果没有爆炸，则射程为 s，如果它飞行到最高点处爆炸成质量相等的两块碎片。其中一块碎片竖直自由下落，另一块碎片水平抛出，它们同时落地。试问第二块碎片落地点在何处？

7. (2009 清华)如图所示，三物体 A、B、C 的质量分别为 m_1、m_2、m_3，按图示方式放置在光滑水平面上，斜劈的倾斜角为 θ，B 物体上表面水平，现加一个水平向右的力 F 在斜劈上。

(1) 若三物体间无相对滑动，求 A、B 间与 B、C 间的摩擦力；

(2) 如果 A、B 间与 B、C 间动摩擦因数相同，则若 F 逐渐增大，问 A、B 间先滑动还是 B、C 间先滑动？

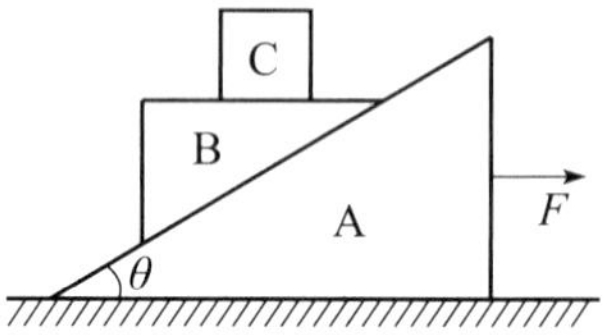

8. (2011 北大)如图所示，AC 为光滑竖直杆，ABC 为构成直角的光滑 L 形直轨道，B 处有一小圆弧连接可使小球顺利转弯，并且 A，B，C 三点正好是圆上三点，而 AC 正好为该圆的直径，如果套在杆上的小球自 A 点静止释放，分别沿 AB、BC 轨道和 AC 直轨道运动到 C 点，如果沿 AB、BC 轨道运动的时间是沿 AC 直轨道运动所用时间的 1.5 倍，求 α 的值。

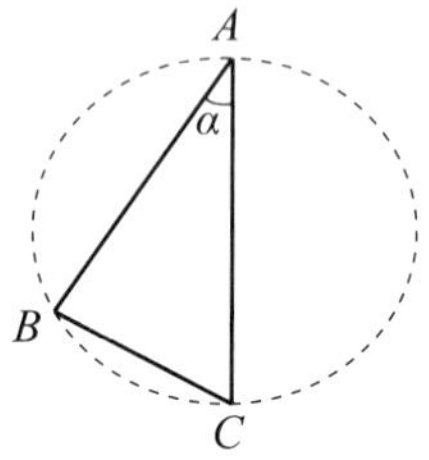

9. (2016 北大博雅)两个质量为 m 的斜劈和一个质量为 $4m$、半径为 r 的球在外力作用下保持如图所示的静止状态，忽略所有摩擦，然后某时刻撤去外力，求球掉到平面上所需要的时间。

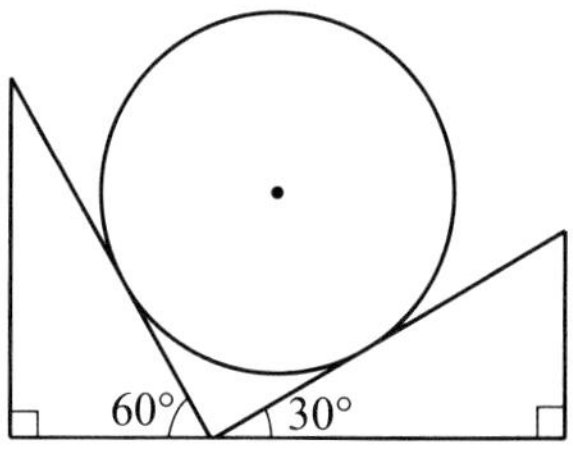

10. (2017 清华)如图所示，木块 a、b 完全相同，木板 1、2 长度相同，质量分别为 m_1、m_2。木板与木块之间的摩擦因数为 μ_1，木板与地面之间摩擦因数为 μ_2。先用 F_1、F_2 分别作用在 a、b 上，直至木块脱离木板，此时 a、b 相对地面位移分别为 s_1、s_2，速度为 v_1、v_2。

(1) 若 $m_1=m_2$，且 $F_1>F_2$，比较 s_1，s_2 以及 v_1，v_2 大小；

(2) 若 $m_1<m_2$，且 $F_1>F_2$，比较 s_1，s_2 以及 v_1，v_2 大小。

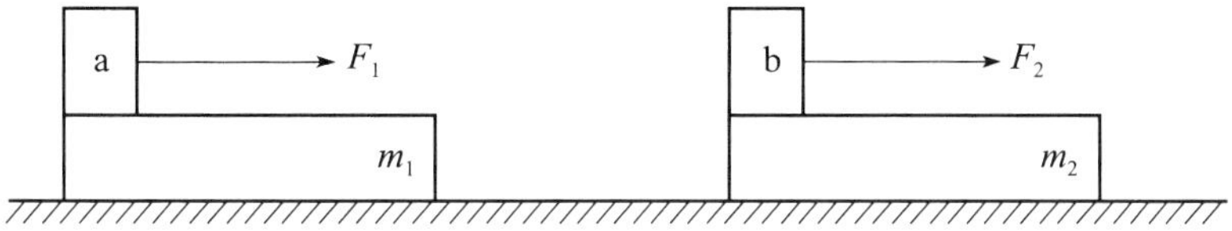

11. (2014 清华)如图所示的传送带装置，与水平面的夹角为 θ，且 $\tan\theta=\dfrac{3}{4}$。传送带的速度为 $v=4\text{m/s}$，摩擦因数 $\mu=\dfrac{5}{4}$，将一个质量 m 为 4kg 的小物块轻轻地放置在装置的底部，已知传送带装置的底部到顶部之间的距离 $L=20\text{m}$。(重力加速度 g 取 10m/s^2)

(1) 求物块从传送带底部运动到顶部的时间 t；

(2) 求此过程中传送带对物块所做的功。

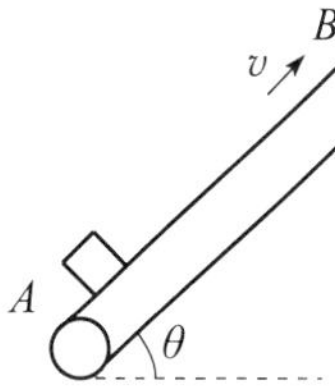

12. (2014 北大)如图所示，一个质量为 $2m$ 的球和一个质量为 m 的球，用长度为 $2R$ 的轻杆连在一起，两个球都限制在半径为 R 的光滑圆形竖直轨道上，轨道固定于地面。初始时刻，轻杆竖直，且质量为 $2m$ 的球在上方；此时，受扰动两球开始运动。问：

(1) 当质量为 $2m$ 的球运动到轨道最低点时，速度为多少？

(2) 在(1) 的情况下，求轨道对两球组成的系统的力。

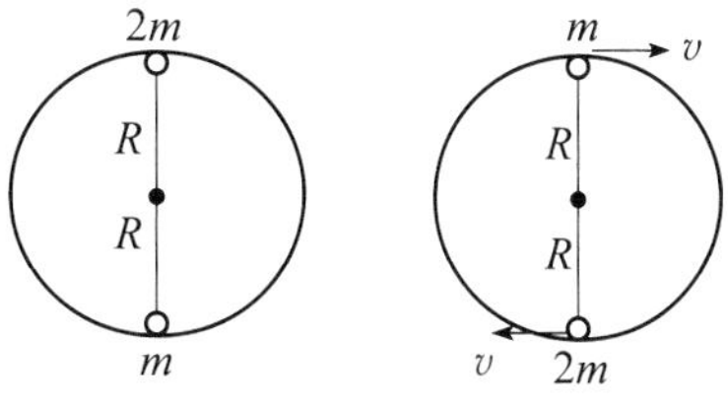

参考答案

1. AD 【解析】若拉力缓慢加大，绳 a 承受的力，除了拉力还有小球的重力，而绳 b 只受到拉力，所以绳 a 会更容易断裂，A 选项正确。若拉力瞬间加大，小球由于惯性还没来得及去绷紧绳 a，则绳 b 会更容易断裂，所以 D 选项正确。

2. AD 【解析】剪断细绳的一瞬间，弹簧弹力不变，仍为$\frac{mg}{\cos\theta}$。此时重力和弹簧弹力的合力水平向右，小球水平方向加速度为 $g\tan\theta$。所以 A、D 选项正确。

3. B 【解析】根据牛顿第二定律，有

$$F_1-F_2-(m_1+m_2)g\sin\theta=(m_1+m_2)a$$

对 m_2，根据牛顿第二定律，有

$$N-F_2-m_2g\sin\theta=m_2a$$

解得

$$N=\frac{F_1m_2+F_2m_1}{m_1+m_2}$$

所以 B 选项正确。

4. CD 【解析】撤去某个外力之前，根据牛顿第二定律，有

$$a=\frac{F_1-F_2}{m_1+m_2}$$

对甲物体，根据牛顿第二定律，有

$$F_1-F=m_1a$$

解得

$$F=\frac{m_2F_1+m_1F_2}{m_1+m_2}$$

如果撤去 F_1，根据牛顿第二定律，有

$$a'=\frac{F_2}{m_1+m_2}$$

由于 F_1-F_2 与 F_2 的大小关系无法确定，因此甲的加速度不一定减小，所以 A 选项错误。

对甲物体，根据牛顿第二定律，有

$$F'=m_1a'=\frac{m_1F_2}{m_1+m_2}$$

$F'<F$，D选项正确。

如果撤去 F_2，根据牛顿第二定律，有

$$a''=\frac{F_1}{m_1+m_2}$$

$a''>a$，B选项错误，C选项正确。

5. AB 【解析】设物体A的质量为 m_A，如果A物体向下运动，则B物体向上运动，A物体受两个力的作用，设绳子拉力大小为 T，

则对A物体有：$m_Ag-T=m_Aa$，对B物体有：$T=m_Bg=m_Ba$，

两式联立得：$a=\frac{(m_A-m_B)g}{m_A+m_B}$，$T=\frac{2m_Am_Bg}{m_A+m_B}$。

对C物体处于平衡状态，有 $m_Cg=2T=\frac{4m_Am_Bg}{m_A+m_B}$，得 $m_C=\frac{4m_Am_B}{m_A+m_B}$。

因为 $0<m_A<\infty$，得 $0<m_C<4m_B$，$0<m_C<12\text{kg}$，选AB。

6. **解**：考虑弹丸为一系统，空气阻力略去不计。爆炸前后弹丸的质心的运动轨迹都在同一抛物线上。如取第一块碎片的落地点为坐标原点，水平向右为坐标轴的正方向，设 m_1 和 m_2 为两个碎片的质量，且 $m_1=m_2=m$；x_1 和 x_2 为两块碎片落地点距原点的距离，x_C 为弹丸质心距坐标原点的距离。由假设可知 $x_1=0$，于是

$$x_C=\frac{m_1x_1+m_2x_2}{m_1+m_2}$$

由于 $x_1=0$，$m_1=m_2=m$，由上式可得

$$x_2=2x_C=s$$

即第二块碎片的落地点的水平距离为碎片质心与第一块碎片水平距离的两倍。

7. **解**：(1) 整体考虑，系统共同的加速度 $a=\frac{F}{m_1+m_2+m_3}$，故B、C间的摩擦力 $f_{BC}=m_3a=\frac{m_3F}{m_1+m_2+m_3}$。

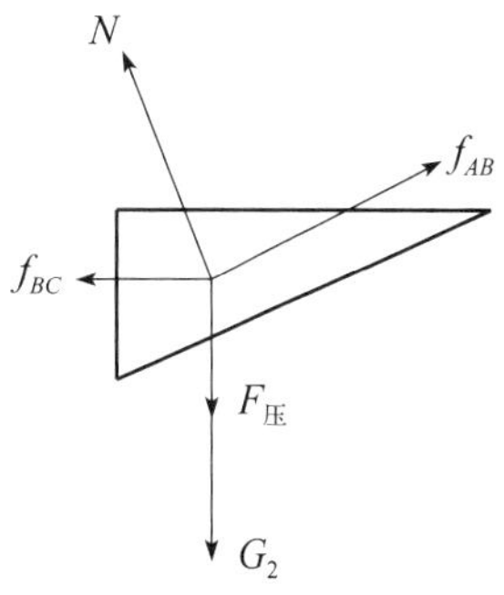

隔离B进行分析如图所示，则有：

在水平方向：$f_{AB}\cos\theta-N\sin\theta-f_{BC}=m_2a$

在竖直方向：$(m_2+m_3)g=f_{AB}\sin\theta+N\cos\theta$

解得：$f_{AB}=(m_2+m_3)\left(g\sin\theta+\frac{F}{m_1+m_2+m_3}\cos\theta\right)$。

也可将B、C视为一整体，$f_{AB}-(m_2+m_3)g\sin\theta=(m_2+m_3)a\cos\theta$，

代入 a，同样可得 $f_{AB}=(m_2+m_3)\left(g\sin\theta+\frac{F}{m_1+m_2+m_3}\cos\theta\right)$

(2) F 逐渐增大，a 逐渐增大，使B、C间滑动的临界加速度为 $a=\mu g$；此时，对

应 $f_{AB}=(m_2+m_3)(g\sin\theta+\mu g\cos\theta)>(m_2+m_3)\mu g\cos\theta$，说明 A、B 间的最大静摩擦力不足以满足对应的摩擦力要求，故 A 与 B 间先滑。

8. **解**：设圆的半径为 R，小球沿 AC 轨道做自由落体运动，则有

$$AC=\frac{1}{2}gt_{AC}^2$$

解得

$$t_{AC}=\sqrt{\frac{2AC}{g}}=2\sqrt{\frac{R}{g}}$$

小球沿 AB 轨道做匀加速直线运动，加速度 $a_{AB}=g\cos\alpha$，$AB=2R\cos\alpha$。则有

$$AB=\frac{1}{2}a_{AB}t_{AB}^2$$

解得

$$t_{AB}=\sqrt{\frac{2AB}{a_{AB}}}=2\sqrt{\frac{R}{g}}$$

根据题意，有

$$t_{AB}+t_{BC}=1.5t_{AC}$$

所以

$$t_{BC}=1.5t_{AC}-t_{AB}=\sqrt{\frac{R}{g}}$$

小球沿 BC 轨道做匀加速直线运动，在 B 点的速度 $v_B=a_{AB}t_{AB}=2\sqrt{gR}\cos\alpha$，加速度 $a_{BC}=g\sin\alpha$，$BC=2R\sin\alpha$，则有

$$BC=v_Bt_{BC}+\frac{1}{2}a_{BC}t_{BC}^2$$

代入可得

$$\tan\alpha=\frac{4}{3}$$

所以

$$\alpha=53°$$

9. **解**：左边的斜劈用下标 1 标记，右边的斜劈用下标 2 标记。设球的加速度在垂直两个斜劈方向上的投影分别为 a_1、a_2，与左右斜劈间的弹力分别为 N_1、N_2。

由于物体接触，左斜劈的加速度为$\frac{a_1}{\cos 30°}$，右斜劈的加速度为$\frac{a_2}{\cos 60°}$。对左、右斜

劈，根据牛顿第二定律，有

$$N_1\cos 30^\circ=m\ \frac{a_1}{\cos 30^\circ} \qquad ①$$

$$N_2\cos 60^\circ=m\ \frac{a_2}{\cos 60^\circ} \qquad ②$$

对球，根据牛顿第二定律，有

$$4mg\sin 30^\circ-N_1=4ma_1 \qquad ③$$

$$4mg\sin 60^\circ-N_2=4ma_2 \qquad ④$$

联立①②③④式，得

$$a_1=\frac{3}{8}g,\quad a_2=\frac{\sqrt{3}}{4}g$$

球在竖直向下的加速度分量为

$$a_y=a_1\cos 60^\circ+a_2\cos 30^\circ=\frac{9}{16}g$$

球最低处距地面的距离为

$$h=\frac{\sqrt{3}-1}{2}r$$

所以球掉到平面上所需要的时间为

$$t=\sqrt{\frac{2h}{a_y}}=\frac{4}{3}\sqrt{\frac{(\sqrt{3}-1)r}{g}}$$

10. **解**：(1) ①设木块与木板之间的摩擦力不足以使木板运动起来，则只有木块在木板上运动，$s_1=s_2$，木块 a 的加速度比较大，所以 $v_1>v_2$。②木板相对地面有运动，两个木块的加速度大小一样，均是$\frac{\mu_1 m_a g-\mu_2(m_a+m_1)g}{m_1}$，设为 a'。设木块 a 的加速度为 a_A，木块 b 的加速度为 a_B，则对于 a 满足$\frac{1}{2}(a_A-a')t_1^2=L$，$S_1=\frac{1}{2}a_A t_1^2$ 可以得到 $s_1=\frac{L}{1-\frac{a'}{a_A}}$。对于 b 同理，由于 a 受到拉力较大，所以加速度比较大，所以 $s_1<s_2$。而速度满足

$$v_1=a_A t_1=a_A\sqrt{\frac{2L}{a_A-a'}},\quad v_2=a_B t_2=a_B\sqrt{\frac{2L}{a_B-a'}}$$

若速度相等，$a'=\frac{a_A a_B}{a_A+a_B}$；当 $a'<\frac{a_A a_B}{a_A+a_B}$，$v_1>v_2$；当 $a'>\frac{a_A a_B}{a_A+a_B}$，$v_1<v_2$。

(2) ①若木板相对地面无运动，仍有 $s_1=s_2$，$v_1>v_2$。

②若木板相对地面有运动，和(1)中分析相同，得到 $s_1=\dfrac{L}{1-\dfrac{a_1'}{a_A}}$，$s_2=\dfrac{L}{1-\dfrac{a_2'}{a_B}}$，可以看出取决于 $\dfrac{a_2'}{a_B}$ 和 $\dfrac{a_1'}{a_A}$ 的相对关系，即拉力 F 和质量的关系。

$$(\mu_1-\mu_2)\left(\frac{F_2}{m_1}-\frac{F_1}{m_2}\right)+\frac{\mu_2}{M}(F_1-F_2)+\mu_1(\mu_1-\mu_2)Mg\left(\frac{1}{m_2}-\frac{1}{m_h}\right)>0,\quad s_1>s_2$$

$$(\mu_1-\mu_2)\left(\frac{F_2}{m_1}-\frac{F_1}{m_2}\right)+\frac{\mu_2}{M}(F_1-F_2)+\mu_1(\mu_1-\mu_2)Mg\left(\frac{1}{m_2}-\frac{1}{m_h}\right)=0,\quad s_1=s_2$$

$$(\mu_1-\mu_2)\left(\frac{F_2}{m_1}-\frac{F_1}{m_2}\right)+\frac{\mu_2}{M}(F_1-F_2)+\mu_1(\mu_1-\mu_2)Mg\left(\frac{1}{m_2}-\frac{1}{m_h}\right)<0,\quad s_1<s_2$$

同理，对于速度，利用(1)中结果，有：若 $\dfrac{a_A^2}{a_A-a_1'}>\dfrac{a_B^2}{a_A-a_2'}$，则 $v_1>v_2$；若 $\dfrac{a_A^2}{a_A-a_1'}=\dfrac{a_B^2}{a_A-a_2'}$，$v_1=v_2$；$\dfrac{a_A^2}{a_A-a_1'}<\dfrac{a_B^2}{a_A-a_2'}$，$v_1<v_2$。

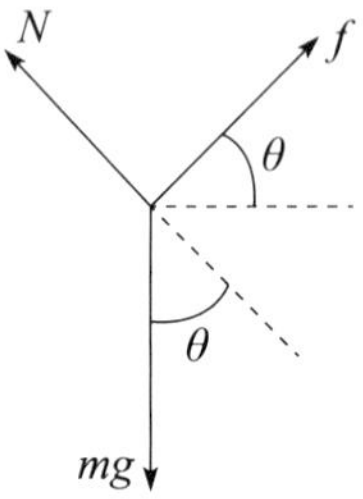

11. **解**：(1) 如图所示，对物块作受力分析。垂直斜面方向受力平衡：$N=mg\cos\theta=\dfrac{4}{5}mg$

则摩擦力 f_1 为：$f_1=\mu N=\dfrac{5}{4}\cdot\dfrac{4}{5}mg=mg$

平行斜面方向做匀加速运动：$ma=f_1-mg\sin\theta=mg-\dfrac{3}{5}mg=\dfrac{2}{5}mg$

则 $a=\dfrac{2}{5}g=4\text{m/s}^2$，且方向沿传送带向上，

运动的物块速度与传送带速度相同时，经过的时间为：$t_1=\dfrac{v}{a}=1\text{s}$

运动的距离为：$s_1=\dfrac{1}{2}at_1^2=2\text{m}$

剩下的距离为 $s_2=L-s_1=18\text{m}$，之后物块与传送带一起做匀速运动，则 $t_2=\dfrac{s_2}{v}=4.5\text{s}$，故 $t=t_1+t_2=5.5\text{s}$

(2) 方法 1：由第(1)问可知，在物块加速过程中摩擦力为 $f_1=mg=40\text{N}$

此时摩擦力对物块做功 $W_1=\dfrac{1}{2}f_1a_1t_1^2=80\text{J}$

匀速过程中摩擦力满足：$f_2=mg\sin\theta=\dfrac{3}{5}mg=24\text{N}$

则传送带做功 $W_2=f_2s_2=432\text{J}$

则总做功 $W=W_1+W_2=512\text{J}$

方法 2:

用功能原理，传送带对物块所做的功为物块获得的机械能(动能与重力势能)，则:

$$W=\frac{1}{2}mv^2+mgL\sin\theta=512\text{J}$$

12. **解**：方法 1：由机械能守恒，有：$2mgR-mgR=mgR-2mgR+\frac{1}{2}(m+2m)v^2$

解得：$v=2\sqrt{\frac{gR}{3}}$

如图所示，质心 C 的位置为两球的质量的平均处，质量为两球质量和，质心 C 到圆心的距离 $R_C=\frac{R}{3}$。

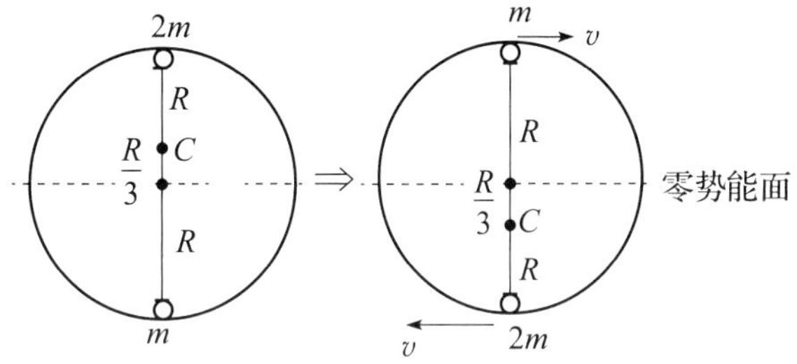

则质心的速度为所在处杆的线速度：$v_C=\frac{v}{R}R_C=\frac{v}{3}$

于是有 $F=m_Ca_C=3m\cdot\frac{v_C^2}{R_C}=3m\frac{v^2}{9}\cdot\frac{3}{R}=\frac{mv^2}{R}$

将 $v=2\sqrt{\frac{gR}{3}}$ 代入，得 $F_{合}=\frac{m}{R}\cdot\frac{4}{3}gR=\frac{4}{3}mg$，方向竖直向上，又 $F_{合}=F-3mg$ 得 $F=\frac{4}{3}mg+3mg=\frac{13}{3}mg$。

方法 2：质点系牛顿第二定律

将两个小球与轻杆视为一个整体如右图，系统受重力 $3mg$、桶的支持力 N，

由质点系牛顿第二定律 $3mg-N=m\frac{v^2}{R}-2m\frac{(2v)^2}{R}$，得 $N=\frac{13}{3}mg$。

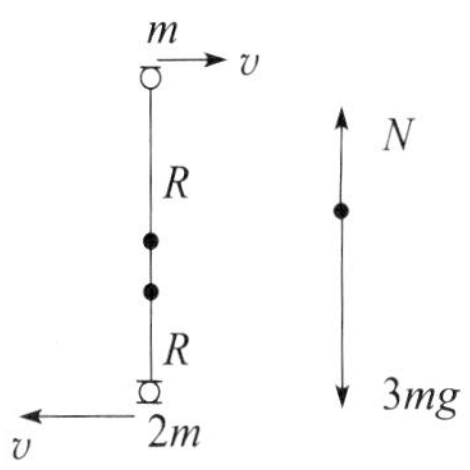

第 4 讲 曲线运动

强基要点 1 运动的合成与分解

运动的合成和分解是一种解决复杂实际物理问题的重要思想方法，本质是矢量的合成与分解的一种，一般包括位移、速度、加速度等的合成与分解。

主要特点：(1) 独立性：各个分运动有互不相干的性质，即各个方向上的运动与其他方向的运动存在与否无关；(2) 等效性：分运动与合运动效果相同；(3) 等时性：各分运动等时且与合运动等时。

问题种类：(1) 直线运动之间的合成问题；(2) 直线运动和圆周运动的合成问题；(3) 直线运动和振动的合成问题；(4) 速度分解类问题。

基本思路：处理复杂运动问题的关键是搞清物体的运动由哪些基本运动形式组成，涉及的基本运动主要有匀速直线运动、匀变速直线、圆周运动和简谐运动等。分解时一般将物体的运动分解到互相垂直的两个方向上。首先可以考虑分运动为直线运动的情况，如果物体受到恒力作用，则往往将运动沿恒力方向和垂直恒力方向进行分解，如在某一方向上有周期性运动特征的可以考虑分解为圆周运动和简谐运动。

要点精例

例 1 (2016 北大) 如图所示，有一等距螺旋线轨道，截面半径为 R，螺距 $H=2\pi R$。一质量为 m 的小球在轨道上匀速下滑，忽略一切摩擦。

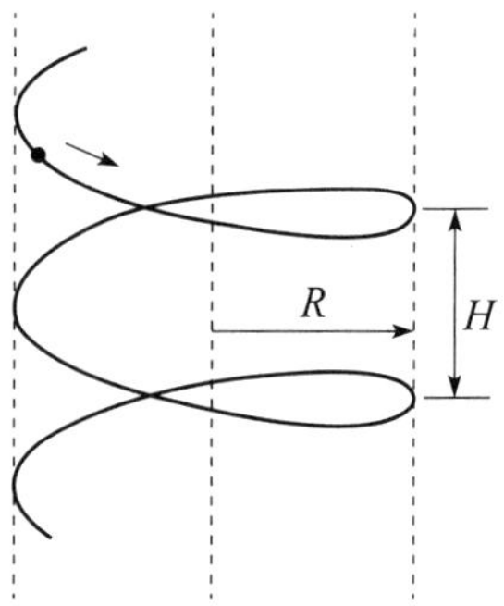

(1) 为使小球匀速下滑，可对小球施加一个沿轨道切向的力 T，求 T 的大小；

(2) 在(1)的条件下，若小球速度为 v，求轨道对小球的支持力 N。

【解析】 将物体的运动分解成水平圆周运动和竖直方向匀加速运动。

(1) 螺线各处与竖直方向的夹角为 45°，$T=mg\sin45°=\dfrac{\sqrt{2}}{2}mg$。

(2) N 有一部分与重力抵消，$N_1=mg\cos45°=\dfrac{\sqrt{2}}{2}mg$。

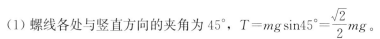

另一部分提供水平分运动的向心力 $N_2=m\cdot\frac{(v\cdot\cos45°)^2}{R}=\frac{mv^2}{2R}$，合力 $N=\sqrt{N_1^2+N_2^2}=m\sqrt{\frac{1}{2}g^2+\frac{v^4}{4R^2}}$。

例 2 (2006 东南大学自招)通信战士为了检修位于河中央的固定通信设施，乘动力小船赴目的地。河的宽度为 d，小船以相对河水恒定的速度 u 在河中航行。河水的流速与河岸的距离成正比，河岸处的河水流速为 0，河中央处的河水流速为 v。为了用最短的时间到达目的地，小船从河岸处船头垂直指向正对岸出发，求：

(1) 小船经多少时间到达目的地(设小船的长度远小于河的宽度)；

(2) 小船出发点距目的地上游的距离是多少。

【解析】(1) 在垂直于河岸方向上，小船做匀速运动，则小船到达目的地的最短时间为 $t_{\min}=\frac{d}{2u}$。

(2) 以出发点为坐标原点，建立如图所示坐标系。

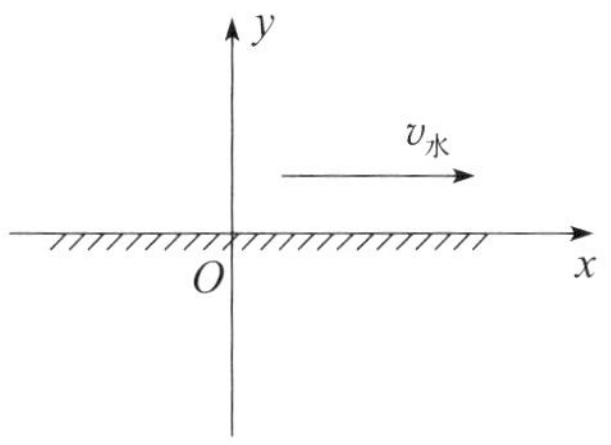

由题知，河水流速 $v_水=ky\left(0\leqslant y\leqslant\frac{d}{2}\right)$。

当 $y=0$ 时，$v_水=0$；当 $y=\frac{d}{2}$时，$v_水=v$。

所以 $k=\frac{2v}{d}$，$v_水=\frac{2vy}{d}$。

小船沿河岸方向的分速度为 $v_x=v_水=\frac{2vy}{d}=\frac{2vut}{d}$。

可见，小船在沿河岸方向上做的是初速度为零的匀加速运动，在 $t_{\min}$ 时间内，小船在河岸方向上的位移为：$x=\frac{0+v}{2}t_{\min}=\frac{vd}{4u}$。小船必须从目的地上游$\frac{vd}{4u}$处出发。

强基要点 2 斜抛运动

1. 斜抛运动的分解方法

(1) 一般将它分解为水平方向上的匀速直线运动，竖直方向上的竖直上抛运动。

(2) 以抛出速度方向的匀速直线运动，竖直方向的自由落体运动。

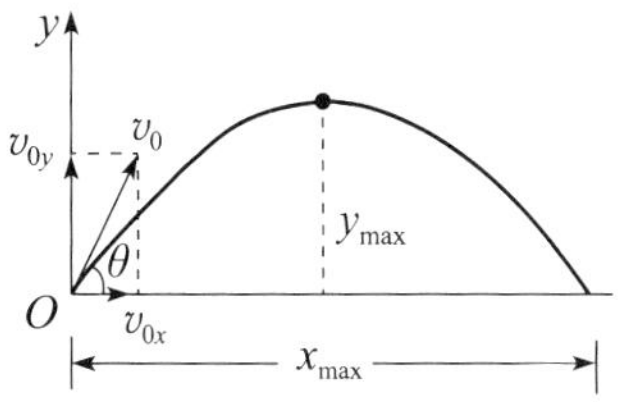

建立一个直角坐标系，将坐标系的原点选择在物体的抛出点处，物体运动的轨迹如图所示，将运动看成一个水平方向沿 x 轴正方向运动，竖直方向沿 y 轴的正方向运动。物体抛出的初速度与 x 轴正方向之间的夹角为抛射角，用 θ 表示，在这个坐标系中物体被抛出的初速

度 v_0 可以沿水平方向分解为 $v_{0x}=v_0\cos\theta$，沿竖直方向分解为 $v_{0y}=v_0\sin\theta$，物体在水平方向没有受到任何外力的作用，做匀速直线运动；在竖直方向上只受到竖直向下的重力作用，做竖直上抛运动。

2. 斜抛运动的物体的射高和射程

斜抛运动还可以看成沿初速度的方向和竖直方向的两个运动的合成，竖直方向没有初速度，只受重力作用，做自由落体运动。沿初速度方向没有受到外力作用，做匀速直线运动，速度为 v_0。

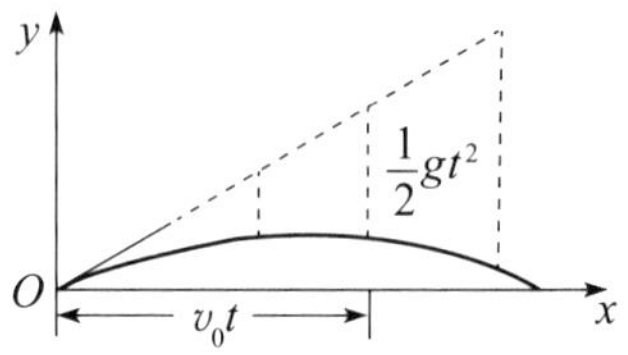

将斜抛运动进行分解，如图所示，可以看出斜向上抛出的小球，如果抛出点和落地点在同一水平面上，小球有一个最大高度 y_{max} 和最远距离 x_{max}。物体从抛出点到落地点的水平距离称为射程 $s=x_{max}$，物体能到达的最大高度称为射高 $h=y_{max}$，物体从抛出点到落地点的时间称为飞行时间 t。将初速度分解为水平方向 $v_{0x}=v_0\cos\theta$，竖直方向 $v_{0y}=v_0\sin\theta$。从竖直方向看：$2gh=v_0^2\sin^2\theta$，可以得到射高：$h=\frac{v_0^2\sin^2\theta}{2g}$。物体上升和下降的运动过程对称，时间相同(为飞行时间的一半)，$g\frac{t}{2}=v_0\sin\theta$，可以得到飞行时间：$t=\frac{2v_0\sin\theta}{g}$。从水平方向看：$s=v_0\cos\theta t=\frac{v_0^2\sin2\theta}{g}$。物体做斜抛运动时，如果落地点和抛出点在同一水平面上时，末速度和初速度大小相等，末速度与水平面的夹角和初速度与水平面的夹角相同。

在处理斜抛运动时还可以这样分解，沿初速度方向做匀速运动，竖直方向做自由落体运动，例如：已知 v_0，与水平夹角为 θ，斜面倾角为 α_0，如图(a)所示，则花多少时间打到斜面上？

沿原速度和竖直方向分解有，如图(b)所示，

$$\frac{v_0t}{\sin(90^\circ+\alpha_0)}=\frac{gt^2/2}{\sin(\theta-\alpha_0)}\Rightarrow\frac{v_0}{\cos\alpha_0}=\frac{gt/2}{\sin(\theta-\alpha_0)}$$，这样就可求时间了。

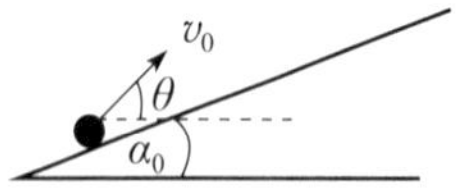

(a)

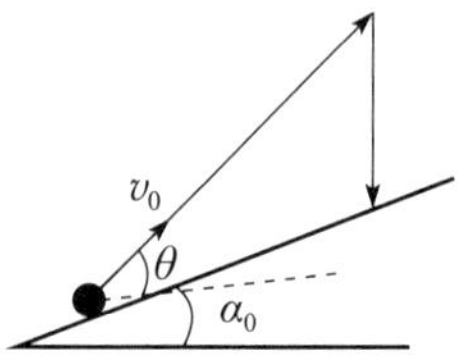

(b)

要点精例

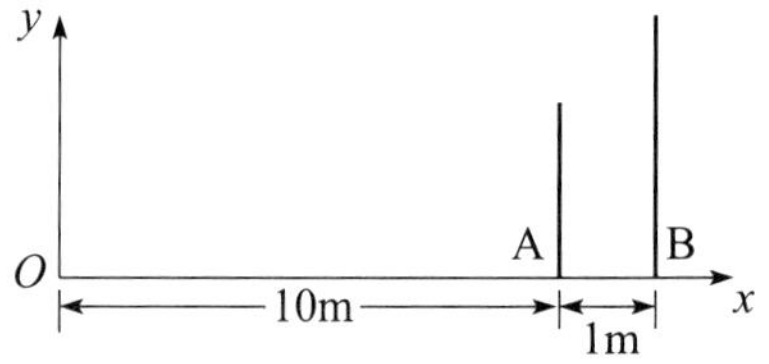

例 3 (2017 清华)如图所示，距 O 点 10m 处有一堵 2m 高的墙，同方向 11m 处有一堵 3m 高的墙，今将一小球(可看作质点)从点 O 处斜抛，正

好落在两墙之间，求斜抛速度的可能值。

【解析】 设小球抛出的速度大小为 v，方向与 x 轴夹角为 θ，则小球运动的坐标与时间关系为

$$x=vt\cos\theta$$

$$y=vt\sin\theta-\frac{1}{2}gt^2$$

因此小球的轨迹为

$$y=x\tan\theta-\frac{gx^2(1+\tan^2\theta)}{2v^2}$$

由于小球正好落在两墙之间，当小球运动至 $x=10\text{m}$ 处，即至墙 A 时，应有 $y\geqslant 2\text{m}$，当小球运动至 $x=11\text{m}$ 处，即至墙 B 时，应有 $y\leqslant 3\text{m}$。

此外，小球可能会与墙 B 碰撞后再落入两墙之间。小球与墙 B 碰撞，垂直于墙 B 的速度反向，平行于墙 B 的速度不变，因而碰撞后的轨迹将与碰撞未发生的轨迹关于墙 B 对称。因此小球运动至 $x=13\text{m}$ 处，即碰撞后运动到墙 A 时，应有 $y\leqslant 2\text{m}$。

因此

$$10\tan\theta-\frac{g\times 10^2(1+\tan^2\theta)}{2v^2}\geqslant 2$$

$$11\tan\theta-\frac{g\times 11^2(1+\tan^2\theta)}{2v^2}\leqslant 3$$

$$12\tan\theta-\frac{g\times 12^2(1+\tan^2\theta)}{2v^2}\leqslant 2$$

整理即有

$$v^2\geqslant\frac{g\times 10^2(1+\tan^2\theta)}{2(10\tan\theta-2)}$$

$$v^2\leqslant\frac{g\times 11^2(1+\tan^2\theta)}{2(11\tan\theta-3)}$$

$$v^2\leqslant\frac{g\times 12^2(1+\tan^2\theta)}{2(12\tan\theta-2)}$$

其中，$\theta\in\left(0,\ \frac{\pi}{2}\right)$，即 $\tan\theta\in(0,\ +\infty)$。

令 $f(x)=\frac{1+x^2}{5x-1}$，则 $f'(x)=\frac{5x^2-2x-5}{(5x-1)^2}$，因此可得 $x=\frac{1\pm\sqrt{26}}{5}$ 时，$f'(x)=0$，且 $x=\frac{1+\sqrt{26}}{5}$ 为极小值点。因此

$$\frac{g\times10^2(1+\tan^2\theta)}{2(10\tan\theta-2)}\geqslant\frac{g\times10^2\left[1+\left(\frac{1+\sqrt{26}}{5}\right)^2\right]}{2\left(10\times\frac{1+\sqrt{26}}{5}-2\right)}=119.54\text{m}^2/\text{s}^2$$

所以

$$v^2\geqslant119.54\text{m}^2/\text{s}^2,\quad v\geqslant10.93\text{m/s}$$

又因为 $\theta\to\frac{\pi}{2}$，$\tan\theta\to+\infty$时，有

$$\frac{g\times11^2(1+\tan^2\theta)}{2(11\tan\theta-3)}\to+\infty,\quad \frac{g\times12^2(1+\tan^2\theta)}{2(12\tan\theta-2)}\to+\infty$$

因此 v^2 没有上限，即 v 没有上限。所以，斜抛速度的可能值为 $v\geqslant10.93\text{m/s}$。

求 $f(x)=\frac{1+x^2}{5x-1}$的极值。

令 $x-\frac{1}{5}=t$。

$$f(x)=\frac{1+x^2}{5x-1}=\frac{1+\left(x-\frac{1}{5}+\frac{1}{5}\right)^2}{5\left(x-\frac{1}{5}\right)}=\frac{1+\left(t+\frac{1}{5}\right)^2}{5t}=\frac{26}{125t}+\frac{t}{5}+\frac{2}{25}$$

当$\frac{26}{125t}=\frac{t}{5}$，即 $t^2=\frac{26}{25}$。

$$\left(x-\frac{1}{5}\right)^2=\frac{26}{25}$$

所以 $x=\frac{1+\sqrt{26}}{5}$时，有极大值。

例 4 如图所示，在高为 h 的山顶向平地放炮。若炮弹出口速度大小为 v_0，问：v_0 与水平方向夹角 α 为多大时，水平射程最远？

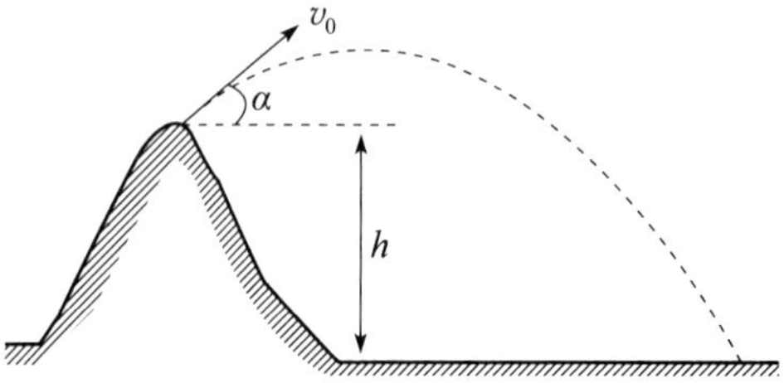

【解析】 将炮弹的运动分解为沿初速度 v_0 方向上的匀速直线运动和竖直向下的自由落体运动，其位移分别为 v_0t 和$\frac{1}{2}gt^2$，由图可得

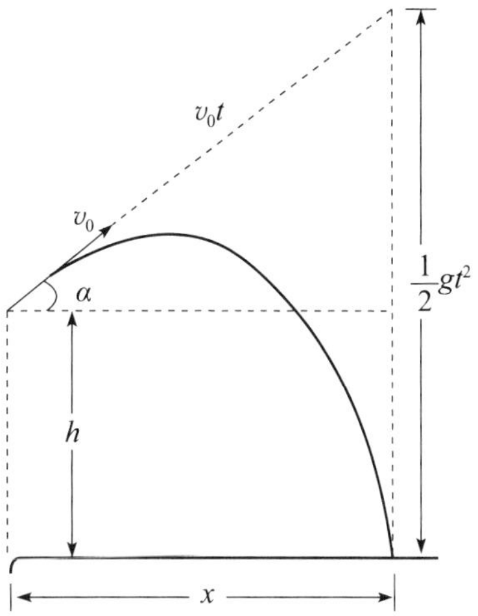

$$x^2=(v_0t)^2-\left(\frac{1}{2}gt^2-h\right)^2$$

$$=-\frac{1}{4}g^2t^4+(v_0^2+gh)t^2-h^2$$

当 $t^2=\frac{2v_0^2+2hg}{g^2}$时，$x^2$ 有极值，即 x 有极值。再将 t 的数值代入

$$-h=v_0\sin\alpha t-\frac{1}{2}gt^2,$$

得 $\alpha=\arcsin\frac{v_0}{\sqrt{2v_0^2+2gh}}$。

强基要点 3 变速圆周运动

把轨道的切线和法线也作为坐标系来看，则叫自然坐标系。

我们在研究圆周运动的时候，也是分解成切向和径向两个方向来研究。如果在变速圆周运动中，物体受到的合外力一般不指向圆心，这时合外力可以分解在法线(半径方向)和切线两个方向上。在法线方向有 $F_n=m\frac{v^2}{R}=mR\omega^2$ 充当向心力(即 $F_n=F_{向}$)，产生的法向加速度 a_n 只改变速度的方向；切向分力 $F_\tau=ma_\tau$ 产生的切向加速度 a_τ 只改变速度的大小。也就是说，F_n 是合力 F 的一个分力，有 $F_n<F_{合}$，且满足 $F_{合}=\sqrt{F_n^2+F_\tau^2}$。

我们来看这样一个问题。一根长度为 l 的轻绳，一端固定在天花板上 O 点，另一端系一个质量为 m 的小球。O 点离地面的高度为 h。将小球拉至轻绳呈水平伸直状态后释放(如图)，小球下落过程中轻绳被拉断，恰好落到 O 点正下方的地面上。求轻绳能够承受的最大拉力。

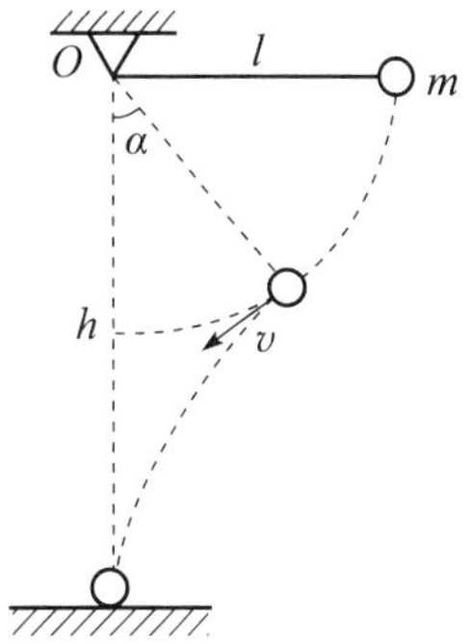

假设轻绳拉断的瞬间和竖直方向的夹角为 α，此时小球受到重力和绳子的拉力的作用，将重力进行切向和法向的分解，其法向分力

$$F_n=mg\cdot\cos\alpha$$

应用机械能守恒，有：$\frac{1}{2}m\cdot v^2=mg\cdot l\cdot\cos\alpha$

在径向应用牛顿第二定律，有：$T-F_n=T-mg\cdot\cos\alpha=m\cdot\frac{v^2}{l}$

再用斜抛运动的方程：$v\cdot\cos\alpha\cdot t=l\cdot\sin\alpha$，$v\cdot\sin\alpha\cdot t+\frac{1}{2}g\cdot t^2=h-l\cdot\cos\alpha$

由以上方程可以解出 v、t、α 和 T 四个未知数，这个问题中，我们只关心法向问题。

要点精例

例 5 (2006 上海交大)两质量均为 m 的小球穿在一光滑圆环上，并由一不可伸长的轻绳相连，圆环竖直放置，在如图所示位置由静止释放。试问释放瞬间绳中张力为多少？

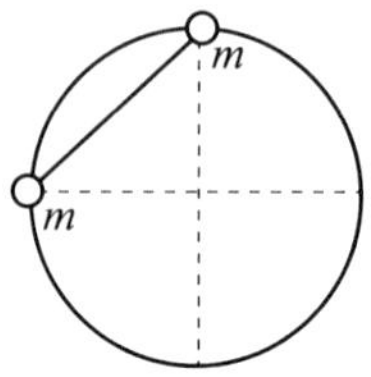

【解析】 如题图所示位置处，顶端小球受重力、绳的拉力、环的弹力(竖直方向)作用，左端小球也受这三个力作用，只是弹力沿半径方向即为水平方向。释放瞬间的切向加速度相等，相应的切向分力也相等，故

$$T\cos45^\circ=mg-T\sin45^\circ$$

解得：$T=\frac{\sqrt{2}mg}{2}$

例 6 (2017 清华)一货车转弯半径为 20m，两轮间距离为 2m，货车的重心高度为 2m，求转弯时的速度最大是多少。

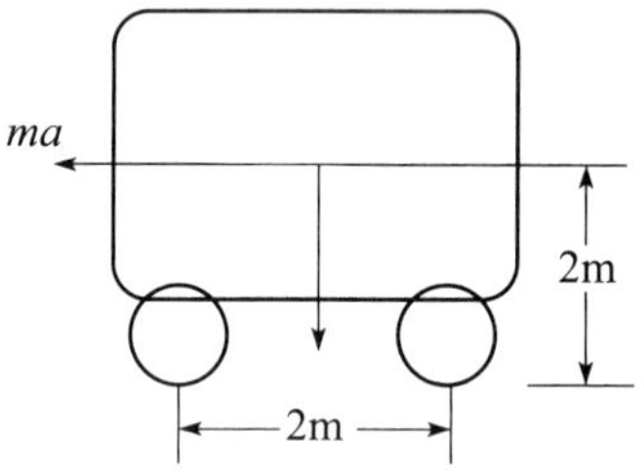

【解析】 如图所示，记 $l=1\text{m}$，$h=2\text{m}$，$R=20\text{m}$，对左轮与地面接触点列力矩平衡方程

$$mgl=m\frac{v^2}{R}h$$

即

$$v=\sqrt{\frac{glR}{h}}=10\text{m/s}$$

例 7 (2019 清华)如图所示，一圆盘离地高度为 h，半径为 R，边缘放置一质量为 m 的物体，与圆盘动摩擦因数为 μ，圆盘转动角速度 $\omega=kt$，求：

(1) 物体飞出圆盘时经过的时间；

(2) 物体飞出圆盘时，圆盘转过的角度及摩擦力做的功；

(3) 物体落地点与圆盘中心的水平距离。

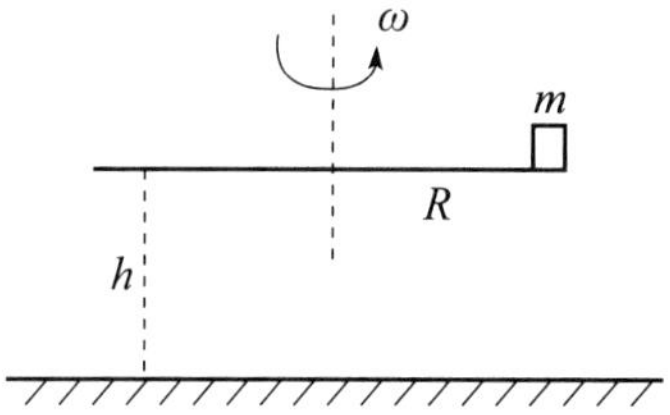

【解析】 物体在脱离圆盘之前，其加速度由两个正交分量构成，即向心加速度 ω^2R 和切向加速度 kR，为了维持这样的加速度，需要圆盘给物体提供对应的摩擦力，当摩

擦力无法维持加速度时，物体将脱离圆盘做平抛运动，这种情况也有可能发生在初始时刻。

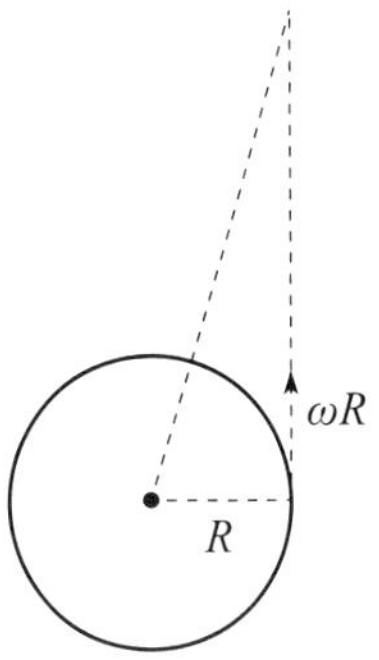

(1) 物体所受最大静摩擦力为

$$f_m = \mu mg$$

物体在脱离圆盘前的实际受力大小为

$$F = ma = m\sqrt{a_n^2 + a_r^2} = m\sqrt{(\omega^2 R)^2 + (kR)^2}$$

其中 $\omega = kt$，可见，F 随时间单调递增，当 F 的最小值大于 f_m 时，物体在初始时刻即掉落，对应 $\mu g \leqslant kR$，$t = 0$。

在 $\mu g > kR$ 的情形下，物体脱离圆盘时，$F = f_m$，代入 $\omega = kt$，可以解得

$$t = \left(\frac{\mu^2 g^2}{R^2 k^4} - \frac{1}{k^2}\right)^{\frac{1}{4}}$$

(2) 若 $\mu g \leqslant kR$，有 $t = 0$，$\omega = 0$，$\theta = 0$；

若 $\mu g > kR$，有

$$\theta = \frac{1}{2}kt^2 = \frac{1}{2}\left(\frac{\mu^2 g^2}{R^2 k^2} - 1\right)^{\frac{1}{2}}$$

$$W = \frac{1}{2}m(\omega R)^2 = \theta mkR^2 = \frac{mkR^2}{2}\left(\frac{\mu^2 g^2}{R^2 k^2} - 1\right)^{\frac{1}{2}}$$

(3) 若 $\mu g \leqslant kR$，水平距离 $d = R$。若 $\mu g > kR$，相当于物体从圆盘边缘平抛有

$$d = \sqrt{R^2 + (vT)^2}$$

其中抛射初速度 $v = \omega R = ktR$，T 为落地时间，$T = \sqrt{\frac{2h}{g}}$，联立解得

$$d = \sqrt{R^2 + \frac{2hkR^2}{g}\left(\frac{\mu^2 g^2}{R^2 k^2} - 1\right)^{\frac{1}{2}}}$$

强基要点 4 一般曲线运动

在一般的曲线运动中仍有法向力 $F_n = ma_n = m\frac{v^2}{R} = mR\omega^2$，式中 R 为研究处曲线的曲率半径，即在该处附近取一段无限小的曲线，并视为圆弧，R 为该圆弧的曲率半径，即为研究处曲线的曲率半径。

要点精例

例 8 (2020 北大)一质点以匀速率做平面运动，从如图所示的轨迹图中可知，质点加速度最大的点是(　　)。

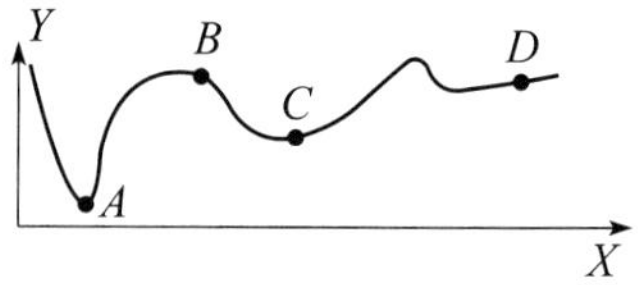

A. A　　　　B. B

C. C　　　　D. D

【解析】从轨迹图中易知 A 处曲率半径最小，而质点速率恒定，由加速度 $a_n=\frac{v^2}{r}$ 可知质点在 A 点加速度最大，故选 A。

例 9 (2011 中科大自招)如图所示，汽车以恒定速率 v_0 沿倾角为 α 的斜坡上行，并且用长为 L 的轻绳拉位于水平路面上、质量为 m 的小车。求当轻绳与水平面成 α 角时绳中的张力。不计小车与路面间的摩擦力。

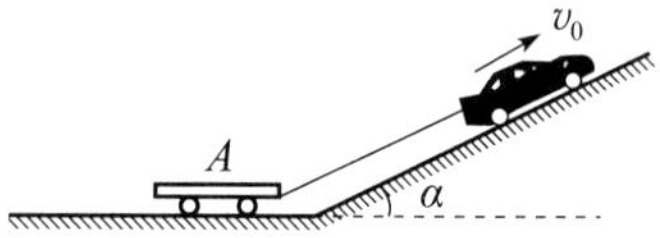

【解析】

解法 1　变换参考系

以汽车为参考系，当轻绳与水平面成 α 角时，小车以速度 $v_1=v_0\tan\alpha$ 沿半径为 L 的圆周运动，见图。其向心加速度为：$a_n=\frac{v_1^2}{L}=\frac{v_0^2\tan^2\alpha}{L}$

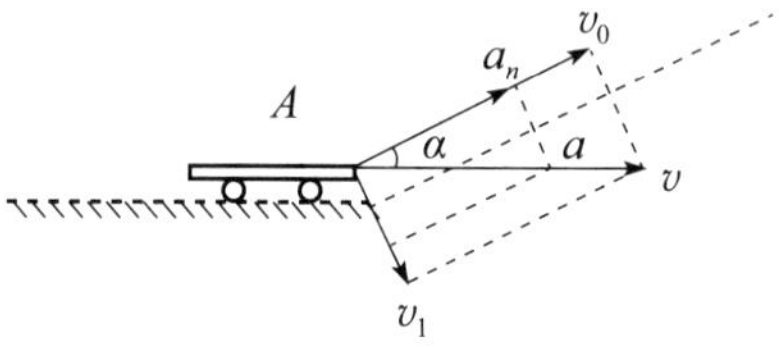

设小车的加速度为 a，则 $a_n=a\cos\alpha$，$a=\frac{a_n}{\cos\alpha}=\frac{v_0^2\tan^2\alpha}{L\cos\alpha}$

对小车，由牛顿第二定律，有：$T\cos\alpha=ma$，得：$T=m\frac{v_0^2\tan^2\alpha}{L\cos^2\alpha}$

解法 2　求导法

当轻绳与水平面成 α 角时，小车的速度为：$v=\frac{v_0}{\cos\alpha}$，

小车的加速度为 $a=\frac{\mathrm{d}v}{\mathrm{d}t}=\frac{v_0\sin\alpha}{\cos^2\alpha}\cdot\frac{\mathrm{d}\alpha}{\mathrm{d}t}$。

而 $\frac{\mathrm{d}\alpha}{\mathrm{d}t}=\omega=\frac{v_1}{L}=\frac{v_0\tan\alpha}{L}$，所以 $a=\frac{v_0^2\tan^2\alpha}{L\cos\alpha}$。

对小车，由牛顿第二定律，有：$T\cos\alpha=ma$，

得：$T=ma=\frac{v_0^2\tan^2\alpha}{L\cos^2\alpha}$。

例 10 (2010 南开大学)如图(a)所示，长为 L 的细绳一端固定，另一端系一小球，当小球在最低点时，给球一个 $v_0=2\sqrt{gL}$ 的水平初速度，试求小球所能到达的最大

高度。

【解析】因为$\sqrt{2gL}<v_0<\sqrt{5gL}$，所以球向上运动超过 B 点，但不能达 C 点，即小球在 BC 之间的某点脱离圆弧，然后做斜抛运动。

设小球在图(a)中 D 点脱离圆弧，对应细绳与水平夹角为 θ，则小球在 D 点受力分析如图(b)所示，沿轨迹的切向 τ、法向 n 分别建坐标，然后将重力 G 沿 τ、n 分解为 G_τ 和 G_n 分量，T 为绳子张力。

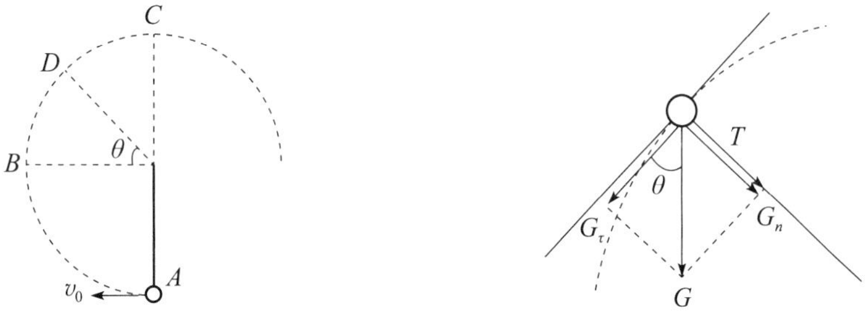

(a)　　　　(b)

法向动力学方程为：$T+G_n=T+G\sin\theta=m\dfrac{v_D^2}{L}$

脱离时绳子的张力 T 为零，所以 $G\sin\theta=m\dfrac{v_D^2}{L}$　　①

$A\to D$ 过程中，小球机械能守恒，取 A 处为零势能面。

$$\frac{1}{2}mv_0^2+0=mg(L+L\sin\theta)+\frac{1}{2}mv_D^2 \quad ②$$

代入 v_0 值解①②两式得：$\theta=\arcsin\dfrac{2}{3}$，$v_D=\sqrt{\dfrac{2}{3}gL}$。

小球脱离 D 点后将以 v_D 为初速度做斜上抛运动，它所能到达的最大高度可以用两种方法求得。

解法 1 运动学方法

先求小球斜抛的最大高度 $h_m=\dfrac{(v_D\cos\theta)^2}{2g}=\dfrac{v_D^2(1-\sin^2\theta)}{2g}$。

代入 θ 和 v_D 的值得 $h_m=\dfrac{5}{27}L$，小球相对 A 的总高度 $H_m=L+L\sin\theta+h_m=\dfrac{50}{27}L$。

解法 2 能量的方法

小球在斜抛的最高点仍具有 v_D 的水平分量，即 $v_D\sin\theta=\dfrac{2}{3}\sqrt{\dfrac{2}{3}gL}$。小球由 A 到最高点的过程满足机械能守恒，取 A 处为零势能面。

$\dfrac{1}{2}mv_0^2+0=\dfrac{1}{2}m(v_D\sin\theta)^2+mgH_m$，容易得到：$H_m=\dfrac{50}{27}L$。

强基练习

1. (2017 北大夏令营)如图所示，以一定的初速度 v_0 斜向上抛出一个铅球，空气阻力可忽略不计，若铅球落地时的水平位移 s 最大，则抛射角 θ(　　)。

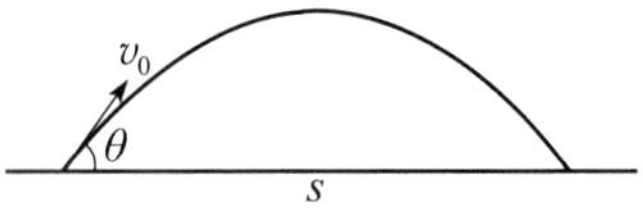

A. 大于 45°　　　　B. 等于 45°

C. 小于 45°　　　　D. 无法确定

2. (2017 中科大)如图所示，一个半径为 R 的实心圆盘，其中心轴与竖直方向呈夹角 θ。开始时，圆盘静止，其上表面覆盖着一层灰尘，没有掉落。现将圆盘绕其中心轴旋转，其角速度从零缓慢增加至角速度 ω，此时圆盘表面上的灰尘有 75% 被甩掉。设灰尘与圆盘面的静摩擦因数为 μ，重力加速度为 g，则 ω 的值为________。

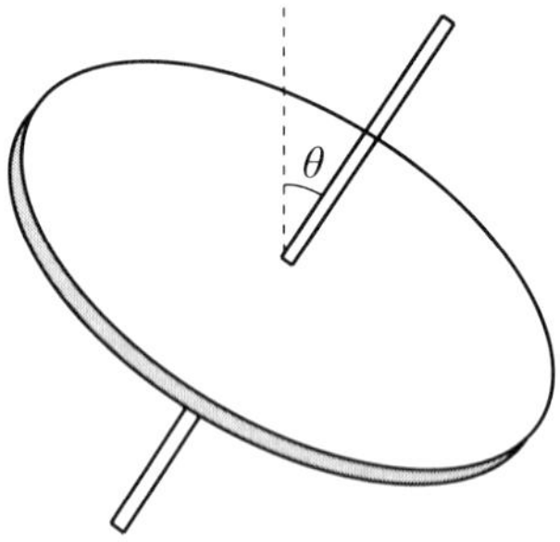

3. (2015 北大夏令营)如图所示，每边长都为 a 的三角形面板在水平直线上朝一个方向不停地做无滑动的翻滚。每次翻滚都是绕着右侧着地顶点(例如图中的 A 点)转动，转动角速度为常量 ω，当一条边(例如 AB 边)着地时，又会立即绕着另一个右侧着地顶点(例如 B 点)继续做上述匀角速度旋转。如此继续下去，三角形面板的每一个顶点在翻滚的一个周期过程中，其平均速率记为 $\overline{v}$，对该三角形面板的这种运动，下面表述正确的是(　　)。

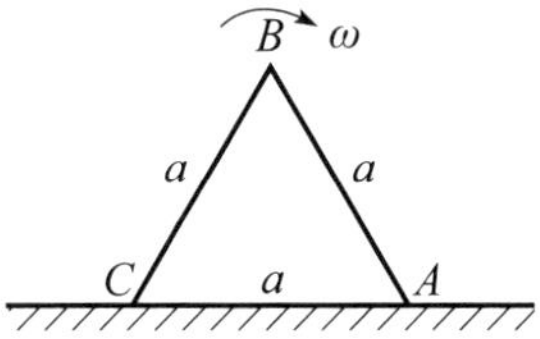

A. $\overline{v}=\omega a$，且为三角形面板上所有点各自平均速率的共同值

B. $\overline{v}=\dfrac{2}{3}\omega a$，且为三角形面板上所有点各自平均速率的最大值

C. 三角形面板上应有一个点做匀速率曲线运动，其速率为$\dfrac{\sqrt{3}}{3}\omega a$

D. 三角形面板上应有一个点做匀速率曲线运动，其速率为$\dfrac{1}{3}\omega a$

4. m 为在水平传送带上被传送的小物体(可视为质点)，A 为终端皮带轮，如图所示。已知皮带轮半径为 r，传送带与皮带轮间不会打滑，当 m 可被水平抛出时，A 轮每秒的转数最少是(　　)。

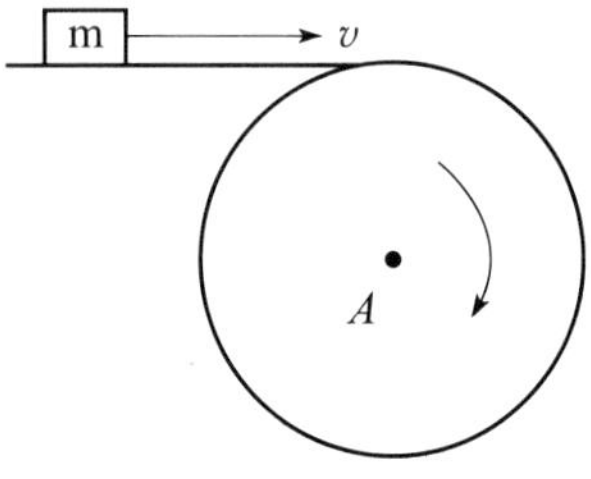

A. $\dfrac{1}{2\pi}\sqrt{\dfrac{g}{r}}$　　　　B. $\sqrt{\dfrac{g}{r}}$

C. $\sqrt{gr}$　　　　D. $\dfrac{1}{2\pi}\sqrt{gr}$

5. (2019 北大夏令营)只考虑水滴和雨伞相对静止的情况，伞的边缘有水滴飞出时，(　　)。

A. 在地面参考系中，水滴飞出方向沿伞面切向

B. 在地面参考系中，水滴飞出方向沿伞面法向

C. 在雨伞参考系中，水滴飞出方向沿切向

D. 在雨伞参考系中，水滴飞出方向不沿法向

6. 如图所示，一个圆柱形容器内壁是光滑的，圆柱高为 h，直径为 d，一小球从圆柱顶端 A_1 处沿直径方向水平射出，在 B_1 处和器壁发生无能量损失的碰撞后被反弹回来，如此往复反弹整数次后落到容器底部。设水平射出的初速度为 v，求小球弹射的次数。

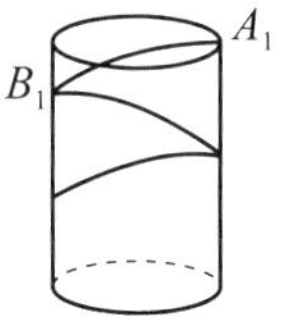

7. 抛体运动在各类体育运动项目中很常见，如乒乓球运动，如图所示。现讨论乒乓球发球问题，设球台长 $2L$、网高 h，乒乓球反弹前后水平分速度不变，竖直分速度大小不变、方向相反，且不考虑乒乓球的旋转和空气阻力。(设重力加速度为 g)

(1) 若球在球台边缘 O 点正上方高度为 h_1 处以速度 v_1 水平发出，落在球台的 P_1 点(如图实线所示)，求 P_1 点距 O 点的距离 x_1；

(2) 若球在 O 点正上方以速度 v_2 水平发出，恰好在最高点时越过球网落在球台的 P_2 点(如图虚线所示)，求 v_2 的大小；

(3) 若球在 O 点正上方水平发出后，球经反弹恰好越过球网且刚好落在对方球台边缘 P_3 处，求发球点距 O 点的高度 h_3。

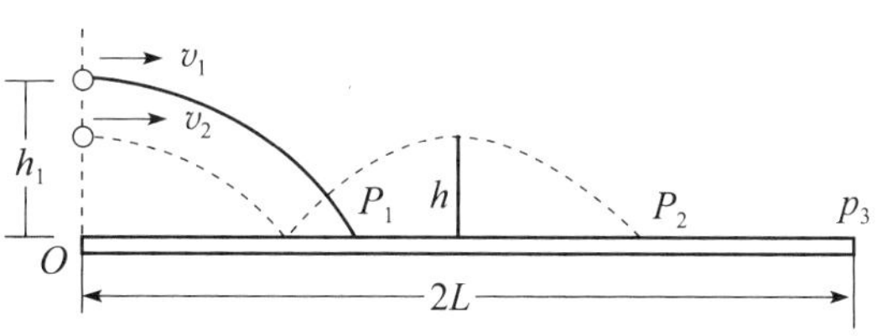

8.（2013 卓越联盟）如图所示，滑雪运动员从初始滑道（光滑）上下降 45m 后起跳，起跳角度与水平面夹角为 30°，且起跳不损失动能。降落滑道可看作一个倾斜角为 30°的斜面，求运动员在空中飞行的时间，以及落地后的速度与斜面的夹角。（本题中重力加速度 g 取 10m/s^2）

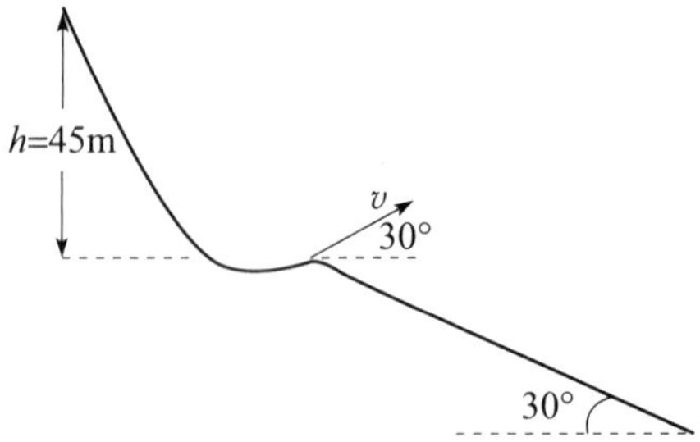

9. 长为 $2b$ 的轻绳，两端各系一个质量为 m 的小球，中央系一个质量为 M 的小球，三球均静止于大的光滑水平桌面上，绳处于拉直状态，三球在一直线上（如图）。现给中间的小球一个瞬时的冲击，使它获得水平速度 v，v 的方向与绳垂直。求：

（1）中间小球刚受冲击后的瞬间绳中的张力；

（2）在两端的小球发生碰撞前的瞬间绳中的张力。

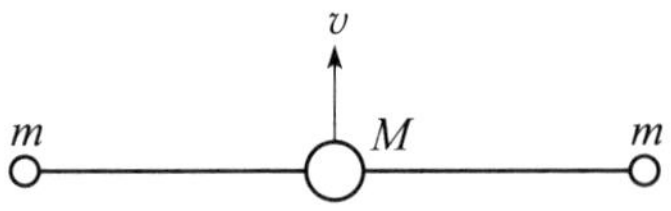

10.（2012 清华）如图所示，小球从台阶上以一定初速度水平抛出，恰落到第一级台阶边缘，反弹后再次落下，0.3s 后恰落至第 3 级台阶边界，已知每级台阶宽度及高度均为 18cm，g 取 10m/s^2。且小球反弹时水平速度不变，竖直速度反向，但变为原速度的 $\frac{1}{4}$。

（1）求小球抛出时的高度及距第一级台阶边缘的水平距离；

（2）问小球是否会落到第 5 级台阶上？说明理由。

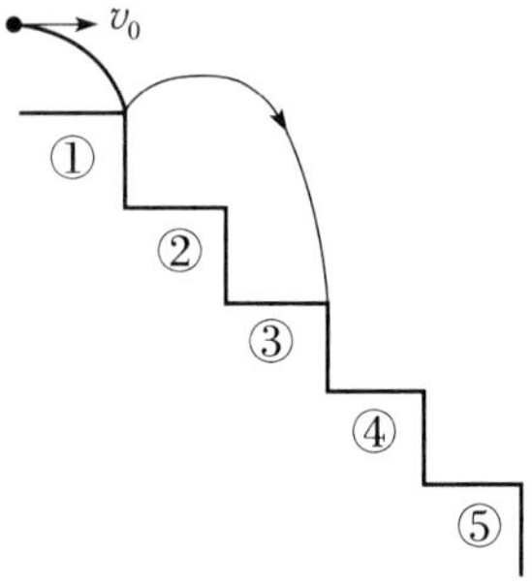

11.（第 31 届全国预赛）一圆盘沿顺时针方向绕过圆盘中心 O，并与盘面垂直的固定水平转轴以匀角速度 $\omega=4.43\text{rad/s}$ 转动。圆盘半径 $r=1\text{m}$，圆盘正上方有一水平天花板。设圆盘边缘各处始终有水滴被甩出，现发现天花板上只有一点处有水滴。重力加速度 g 取 9.8m/s^2。求：

（1）天花板相对于圆盘中心轴 O 点的高度；

（2）天花板上有水滴的那一点的位置坐标。

12.（2019 清华）如图所示，有一根 1m 长的刚性绳，一端固定在点 O，另一端拴着一个质量为 $m=1\text{kg}$ 的大小可忽略不计的小球，点 O 下方 0.8m 处的点 O' 有一颗钉子。初始时小球在点 O 上方 0.2m 处，现将小球以 $v_0=2\text{m/s}$ 的水平初速度抛出，问：

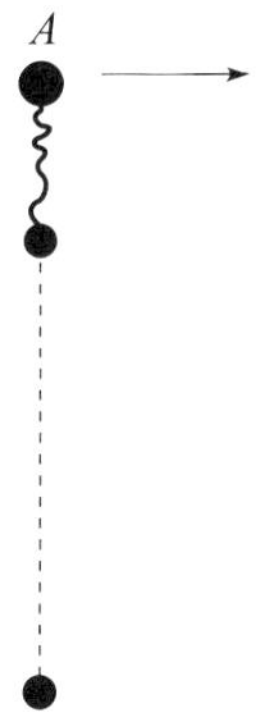

（1）何时绳子伸直？

（2）小球到达最低点的速度是多少？

（3）小球到达最低点后再次到达的最高点在何处？（g 取 10m/s^2）

参考答案

1. B 【解析】铅球落地时的水平位移

$$s=v_0\cos\theta\cdot t=v_0\cos\theta\cdot\frac{2v_0\sin\theta}{g}=\frac{v_0^2\sin2\theta}{g}$$

当 $\theta=45°$时，水平位移最大。所以 B 选项正确。

2. $\sqrt{\dfrac{2g(\mu\cos\theta-\sin\theta)}{R}}$ 【解析】由于灰尘随圆盘做圆周运动，其向心力由灰尘受到的指向圆心的合力提供，在最下端时指向圆心的合力最小。当 75% 的灰尘被甩掉时，剩余灰尘所在圆的半径 $r=\dfrac{R}{2}$，如答图所示。根据牛顿第二定律，有

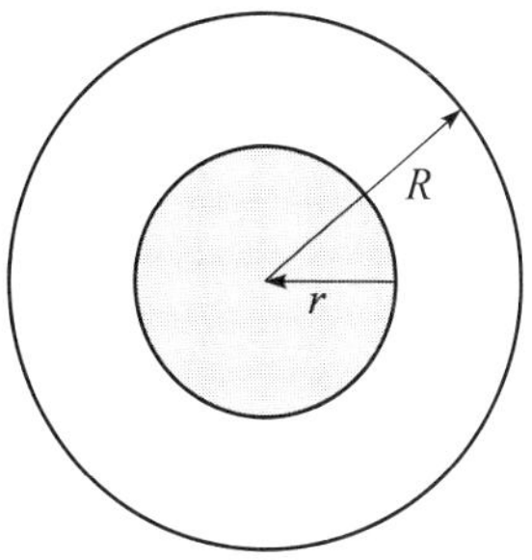

$$\mu mg\cos\theta - mg\sin\theta = m\omega^2 r$$

解得

$$\omega = \sqrt{\frac{2g(\mu\cos\theta - \sin\theta)}{R}}$$

3. BC 【解析】三角板的每一个顶点在翻滚的一个周期过程中，经过的路程为 $\frac{4}{3}\pi a$，平均速率 $\bar{v} = \frac{\frac{4}{3}\pi a}{T} = \frac{\frac{4}{3}\pi a}{\frac{2\pi}{\omega}} = \frac{2}{3}\omega a$。在三角板上任取一点，它到三个顶点的距离分别为 r_A，r_B，r_C，该点在一个周期内经过的路程为 $s = \frac{2}{3}\pi(r_A + r_B + r_C)$。根据几何知识，有 $r_A + r_B + r_C \leqslant 2a$，故 $s \leqslant \frac{4}{3}\pi a$，即顶点通过的路程最大，平均速率最大，B选项正确。三角板的几何中心到三个顶点的距离均为 $\frac{\sqrt{3}}{3}a$，故该点速率不变，为 $\frac{\sqrt{3}}{3}\omega a$，C选项正确。

4. A 【解析】当物体 m 恰好能被水平抛出时只受重力的作用，支持力 $F_N = 0$。则在最高点：$mg = m\frac{v^2}{r}$，$v = \sqrt{gr}$。而 $v = 2\pi n \cdot r$，则 $n = \frac{v}{2\pi r} = \frac{1}{2\pi}\sqrt{\frac{g}{r}}$。

5. A 【解析】v_A、v_B 是时间间隔 Δt 前后的速度，为了求出相对速度 $\Delta v = v_A - v_B$，我们移动 v_A，把它们的起点放在一起，如答图所示。当 $\Delta t \to 0$ 时，Δv 的方向沿半径向外，即在雨伞参考系中，水滴飞出方向沿伞面法向。A选项正确。

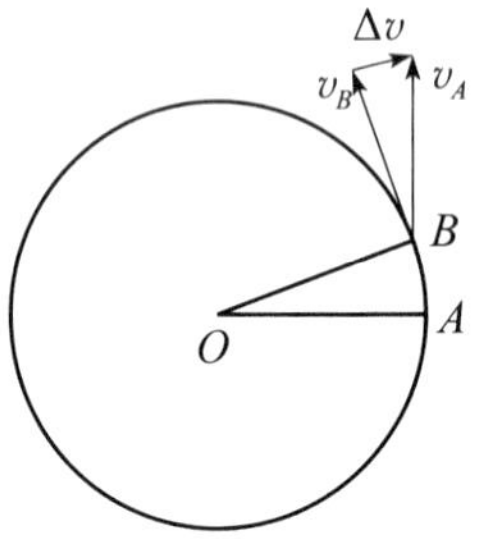

6. **解**：小球每次碰后的运动可视为碰前运动的延续，求出水平射程即是小球在容器中心水平方向运动的总路程，除以 d 即为次数。

下落时间 $t = \sqrt{\frac{2h}{g}}$，总路程 $s = vt = v\sqrt{\frac{2h}{g}}$，所以小球弹射的次数 $n = \frac{s}{d} = \frac{v}{d}\sqrt{\frac{2h}{g}}$，须取整 $n = \left[\frac{v}{d}\sqrt{\frac{2h}{g}}\right]$。

7. **解**：(1) 设发球时飞行时间为 t_1，如图(a)，根据平抛运动

$$h_1 = \frac{1}{2}gt_1^2 \quad ①$$

$$x_1 = v_1 t_1 \quad ②$$

解得 $x_1 = v_1\sqrt{\frac{2h_1}{g}}$ ③

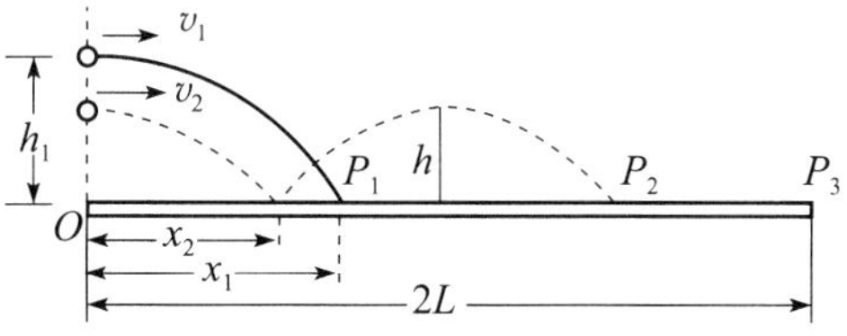

（a）

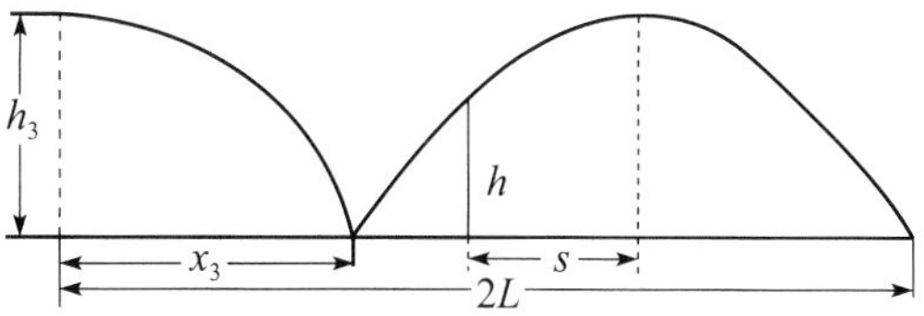

（b）

(2) 水平三段应是对称的，如图(b)所示

$v_2\sqrt{\dfrac{2h}{g}}=\dfrac{L}{2}$ 解得 $v_2=\dfrac{L}{2}\sqrt{\dfrac{g}{2h}}$

(3) 如图(b)所示，$v\sqrt{\dfrac{2h_3}{g}}=\dfrac{2L}{3}$，$v\sqrt{\dfrac{2(h_3-h)}{g}}=L-\dfrac{2L}{3}$可得 $h_3=\dfrac{4h}{3}$

点评：本题主要是对图的理解，对运动过程的理解及推论的应用。

8. **解：**从初始滑道下降后的末速度为：$v=\sqrt{2gh}=\sqrt{2\times10\times45}=30\text{m/s}$

把 v 分解到左图中的 x 与 y 两个方向(即沿斜面向下及垂直斜面向上)上，如图(a)所示，则：$v_x=v\cdot\cos60°=\dfrac{1}{2}v$，$v_y=v\cdot\sin60°=\dfrac{\sqrt{3}}{2}v$

加速度也做同样分解 $g_x=g\cdot\sin30°=\dfrac{1}{2}g$；$g_y=g\cdot\cos30°=\dfrac{\sqrt{3}}{2}g$

y 方向相当于一个竖直上抛运动，则：$t=\dfrac{2v_y}{g_y}=\dfrac{\sqrt{3}v}{\frac{\sqrt{3}}{2}g}=\dfrac{2v}{g}=6\text{s}$

落到斜面上时速度的 x 分量和 y 分量分别为

$$v_x'=v_x+g_xt=\frac{1}{2}v+\frac{1}{2}gt=45\text{m/s};\quad v_y'=-v_y=-15\sqrt{3}\,\text{m/s}$$

(负号表示方向与 v_y 相反)

如图(b)所示，θ 为落地时的速度方向与斜面的夹角，则：

$$\tan\theta=\frac{|v_y'|}{v_x'}=\frac{15\sqrt{3}}{45}=\frac{\sqrt{3}}{3}\Rightarrow\theta=30°$$

即落地后的速度方向与斜面的夹角为 30°。

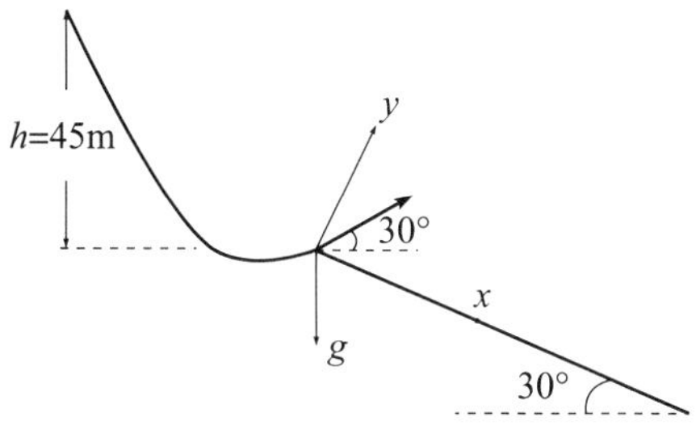

(a)

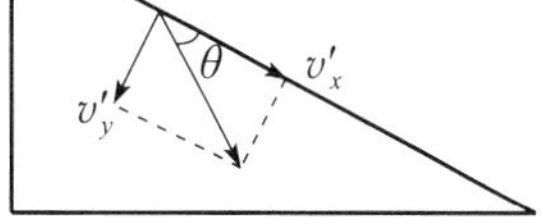

(b)

9. **解**：(1) 中间小球受冲击后的瞬间，两边小球在中间小球的参照系中做圆周运动，速度为 v，因为两边绳子在一直线上，所以中间小球的瞬时加速度为零。

此时绳上的张力 $T_1=m\cdot\dfrac{v^2}{b}$

(2) 由于桌面是水平光滑的，因此由三个小球组成的系统动量和能量都守恒，设两边小球碰撞前的瞬间，绳中的张力为 T_2，中间小球相对桌面的加速度为 a_M，方向与原来的 v 反向，由牛顿第二定律，a_m 与原来的 v 同向，那么 $a_M=\dfrac{2T_2}{M}$。

设此时沿绳方向的速度为 v_y(三个小球相同)，两边小球垂直于绳方向的速度为 v_x(如图)，在中间小球参照系里，两边小球做圆周运动，其向心加速度为 $a_r=\dfrac{v_x^2}{b}$。

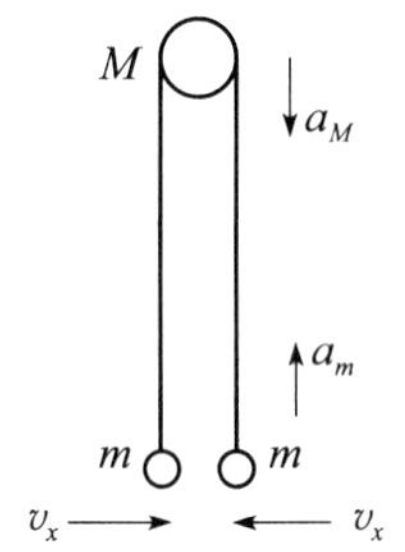

因为中间小球此时是一个非惯性系，所以在分析两边小球时要加惯性力，即

$$T_2+ma_M=m\frac{v_x^2}{b}$$

将 $a_M=\dfrac{2T_2}{M}$代入，得 $T_2+m\dfrac{2T_2}{M^2}=m\dfrac{v_x^2}{b}$

可解得　$T_2=\dfrac{M}{M+2m}\cdot m\dfrac{v_x^2}{b}$

由机械能守恒定律有　$\dfrac{1}{2}M\cdot v^2=\dfrac{1}{2}M\cdot v_y^2+2\times\dfrac{1}{2}m(v_x^2+v_y^2)$

由动量守恒定律有　$M\cdot v=(M+2m)v_y$

由以上两式可解得　$v_x^2=\dfrac{Mv^2}{M+2m}$

将 v_x^2 代入 T_2 的表达式，即得　$T_2=\dfrac{M^2mv^2}{(M+2m)^2b}$

10. **解**：(1) 因小球从第一级台阶边缘反弹后再次落下经 0.3s 恰落至第 3 级台阶边缘，故在水平方向上有：$0.36=v_0t$，解得：$v_0=1.2\text{m/s}$

在竖直方向上有：$-0.36=v_yt-\dfrac{1}{2}gt^2$，其中 $v_y=\dfrac{\sqrt{2gh}}{4}$，解得：$h=0.072\text{m}$

因小球从开始至第一级台阶边缘的下落时间为 $t_0=\sqrt{\dfrac{2h}{g}}=0.12\text{s}$，故水平距离：$x=v_0t_0=0.144\text{m}$。

(2) 如图所示，考虑第一次反弹与第二次反弹的速度大小，$v_y=\dfrac{\sqrt{2gh}}{4}=0.3\text{m/s}$，$v_y'=\dfrac{\sqrt{v_y^2+2g\times 2h}}{4}=0.675\text{m/s}$。以第 3 级台阶边界为原点建立直角坐标系如图所示，

由第二次反弹后有：$x=v_0t$，$y=-v'_yt+\frac{1}{2}gt^2$

得到第二次反弹后小球运动的轨迹方程为：$y=-0.5625x+3.47x^2$

①令 $x=0.18\text{m}$，得 $y=0.1123\text{m}$，$y<0.18\text{m}$，说明小球不会撞到台阶④。

②令 $x=0.36\text{m}$，得 $y=0.2472\text{m}$，$y<0.36\text{m}$，说明小球不会撞到台阶⑤。

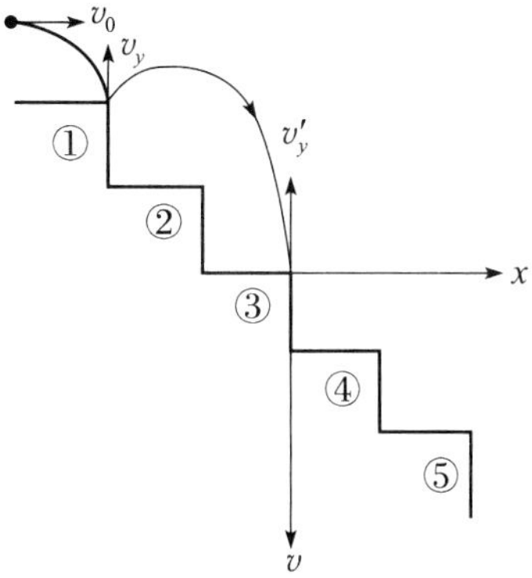

11. **解**：(1) 如答图所示，在圆盘所在平面内建立平面直角坐标系，盘心 O 为原点，x 轴正方向为水平向右，y 轴正方向为竖直向上。

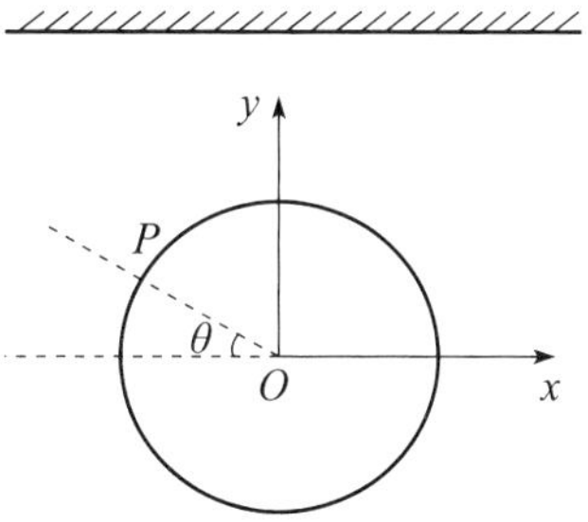

天花板上只有一点处有水，该点是所有水滴运动轨迹的最高点，只有第二象限的圆盘边缘甩出的水滴才能到达这一最高点，水滴甩出时的初速度大小是恒定的，为

$$v_0=\omega r$$

其 x 和 y 分量分别为

$$v_{0x}=v_0\sin\theta,\quad v_{0y}=v_0\cos\theta$$

取水滴从 P 点甩出时为计时零点，P 在 $t=0$ 时的初始坐标为

$$x_0=-r\cos\theta,\quad y_0=r\sin\theta$$

水滴的 x，y 坐标与 t 的关系式为

$$x=x_0+v_{0x}t,\quad y=y_0+v_{0y}t-\frac{1}{2}gt^2$$

现在求 θ 的各种可能取值中 y 的最大值。对某一特定的 θ 值，x_0、y_0、v_{0x}、v_{0y} 均为固定值，先针对这个固定值，求 $y-y_0=v_{0y}t-\frac{1}{2}gt^2$ 的最大值，即求斜抛运动的“最大射高”。从而

$$(y-y_0)_{\max}=\left(v_{0y}t-\frac{1}{2}gt^2\right)_{\max}=\frac{v_{0y}^2}{2g}$$

对应的

$$y_{\max}=y_0+\frac{v_{0y}^2}{2g}=r\sin\theta+\frac{(\omega r\cos\theta)^2}{2g}$$

$$=r\sin\theta+\frac{(\omega r)^2}{2g}(1-\sin^2\theta)$$

$$=\frac{(\omega r)^2}{2g}-\left[\frac{(\omega r)^2}{2g}\sin^2\theta-r\sin\theta\right]$$

$$=\frac{(\omega r)^2}{2g}+\frac{g}{2\omega^2}-\left[\frac{\omega r\sin\theta}{\sqrt{2g}}-\sqrt{\frac{g}{2}}\cdot\frac{1}{\omega}\right]^2$$

这说明不同的 θ 值对应不同的 y 的最大值。只有含 θ 的平方项[即上式最后的(…)]为零时，才是这些“最大射高”中的最大值。由此得到天花板的高度为

$$y_{\max}=\frac{(\omega r)^2}{2g}+\frac{g}{2\omega^2}=1.25\text{m}$$

(2) 当水滴能打到天花板时，有

$$\frac{\omega r\sin\theta}{\sqrt{2g}}=\sqrt{\frac{g}{2}}\cdot\frac{1}{\omega}$$

可得

$$\sin\theta=\frac{g}{\omega^2 r}=0.5$$

即 $\theta=30°$

斜抛水滴到达最高点的时间为

$$t=\frac{v_{0y}}{g}=\frac{\omega r\cos\cdot\theta}{g}$$

水滴在天花板上的 x 位置坐标为

$$x=x_0+v_{0x}t=-r\cos\theta+\omega r\sin\theta\cdot\frac{\omega r\cos\theta}{g}=-r\cos\theta+\frac{(\omega r)^2\sin2\theta}{2g}=0$$

所以，y 轴与天花板的交点为天花板上有水的那一点的位置，其坐标值为(0，1.25m)。

12. **解**：先分析小球运动。小球抛出后绳子处于松弛状态，小球只受重力，做平抛运动，直到某一时刻绳子伸直，这是第一阶段。

此后，小球受绳子的牵连做圆周运动，直到碰到钉子，此为第二阶段。

碰到钉子后，小球会继续做圆周运动，但是可能会存在某一时刻绳子又松弛(圆周运动的绳模型)，这一阶段为第三阶段。

绳子再次松弛后，小球做斜抛运动，这是第四阶段。

以上就是小球抛出去后大致的物理图像，在动手解题前应当先考虑清楚。

(1) 如图所示，绳子平抛到点 B 时第一次伸直，有

$$\left(\frac{1}{2}gt^2-\overline{AO}\right)^2+(v_0t)^2=L^2$$

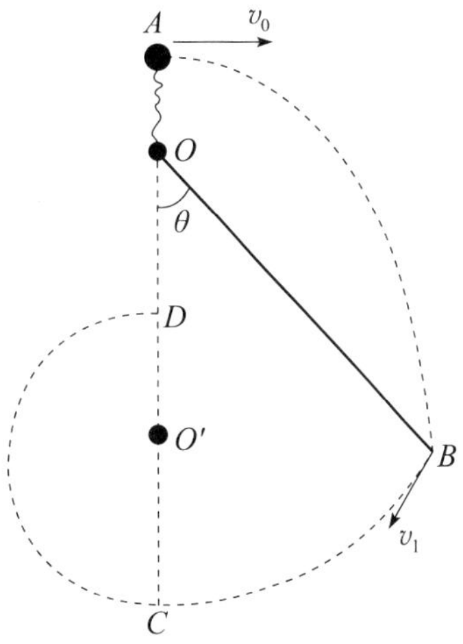

其中，L 为绳长，由上式解得 $t=0.4\text{s}$。

(2) 绳子绷直后，小球在垂直于绳方向速度不变，有

$$\tan\theta=\frac{v_0t}{\frac{1}{2}gt^2-\overline{AO}}=\frac{4}{3}$$

$$v_1=gt\sin\theta-v_0\cos\theta=2\text{m/s}$$

则到达最低点时速度为

$$v_2=\sqrt{v_1^2+2gL(1-\cos\theta)}=2\sqrt{3}\,\text{m/s}$$

(3) 圆周运动到达最高点的临界速度为 $u=\sqrt{g\overline{O'C}}=\sqrt{2}\,\text{m/s}$。

若小球能运动到最高点，在最高点处速度为

$$v_3=\sqrt{v_2^2-2g\overline{CD}}=2\text{m/s}$$

则 $v_3>u$，则小球能到达圆周最高点 D。

综上，小球能到达的最高点为 O 下方 0.6m 处，在最低点绳会碰钉子，但不会有能量损失。

第 5 讲 功和能

强基要点 1 功的计算

常用计算功的方法：

(1) 公式法：$W=Fl\cos\theta$。

(2) 图像法：用 $F-l$ 图像的“面积”来表示功的大小，如图所示。

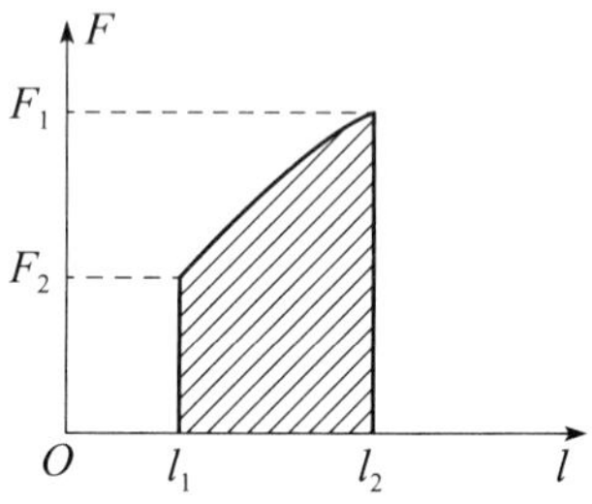

(3) 微元法：$W=\Sigma F_i \Delta l_i \cos\theta_i$。

(4) 平均值法：线性变化的力可用平均值法 $W=\overline{F}s\cos\theta$。

(5) 功能原理法。

(6) 利用功率 $W=Pt$。

功是标量，有正、负。

外力对物体的总功或合外力对物体所做的功等于各个力对物体所做功的代数和。

要点精例

例 1 (2008 复旦，功能原理法)面积很大的水池，水深为 h，水面上浮着一正方体木块。木块边长为 a，密度为水的$\frac{1}{2}$，质量为 m。开始时，木块静止，有一半没入水中，如图所示。现用力 F 将木块缓慢地压到池底，不计水的阻力，试求：

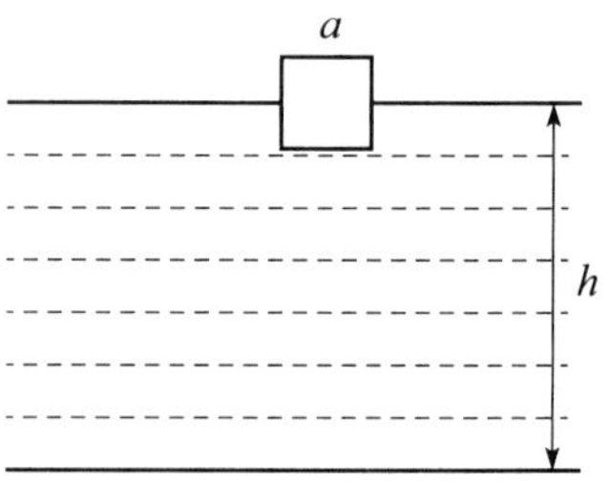

(1) 从木块刚好完全没入水中到停在池底的过程中，池水势能的改变量；

(2) 从开始到木块刚好完全没入水的过程中，力 F 所做的功。

【解析】(1) 图甲中木块从 1 移到 2，相当于使同体积的水从 2 移到 1，所以池水势能的改变量等于这部分水在位置 1 和位置 2 的势能之差。因为木块的质量为 m，所以与木块同体积的水的质量为 $2m$。故池水势能的改变量 $\Delta E=2mg\left(h-\frac{a}{2}\right)-2mg\cdot\frac{a}{2}=2mg(h-a)$。

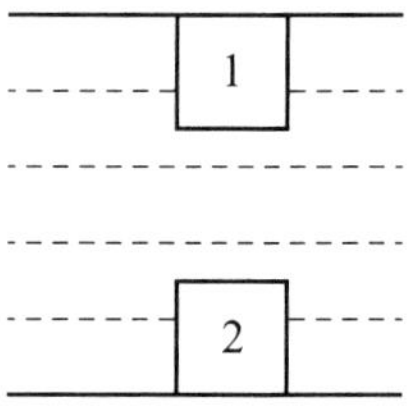

甲

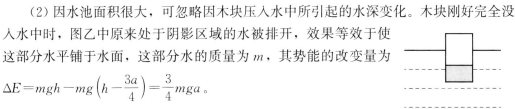

(2) 因水池面积很大，可忽略因木块压入水中所引起的水深变化。木块刚好完全没入水中时，图乙中原来处于阴影区域的水被排开，效果等效于使这部分水平铺于水面，这部分水的质量为 m，其势能的改变量为 $\Delta E=mgh-mg\left(h-\frac{3a}{4}\right)=\frac{3}{4}mga$。

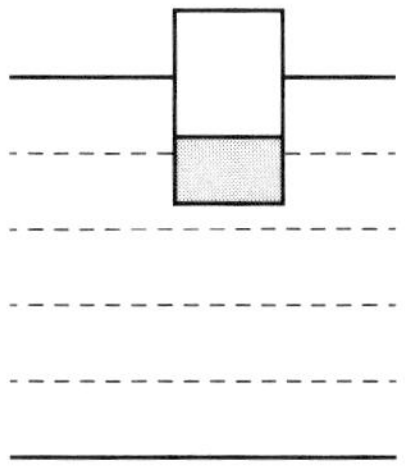
乙

木块势能的改变量为 $\Delta E_{木}=mg\left(h-\frac{a}{2}\right)-mgh=-\frac{1}{2}mga$

力 F 所做的功 $W=\Delta E_{水}+\Delta E_{木}=\frac{1}{4}mga$

例 2 (2008 东南大学自招，图像法)一根质量 $m=2\text{kg}$ 的均匀链长度 $L=2\text{m}$，自然地堆放在光滑的水平桌面上，现用力 F 竖直向上以速度 $v=6\text{m/s}$ 匀速提起此链条的一端，求该链条全部提起时，拉力做的功。

【解析】 设在极小的时间间隔 Δt 内，有质量 Δm 的链条被从水平桌面提起，速度由 0 增大到 v，则 $\Delta m=\frac{m}{L}\cdot v\Delta t$。

设 Δm 上面的部分链条对 Δm 作用力为 F_N，则

$$(F_N-\Delta mg)\Delta t=\Delta m\cdot v$$

得 $\left(F_N-\frac{m}{L}v\Delta t\right)\Delta t=\frac{m}{L}v^2\Delta t$

略去高阶小量，得 $F_N=\frac{mv^2}{L}$

链条被提高 h 时，拉力等于被提起部分重力与 F_N 之和，即

$$F=\frac{mg}{L}\cdot h+\frac{mv^2}{L}$$

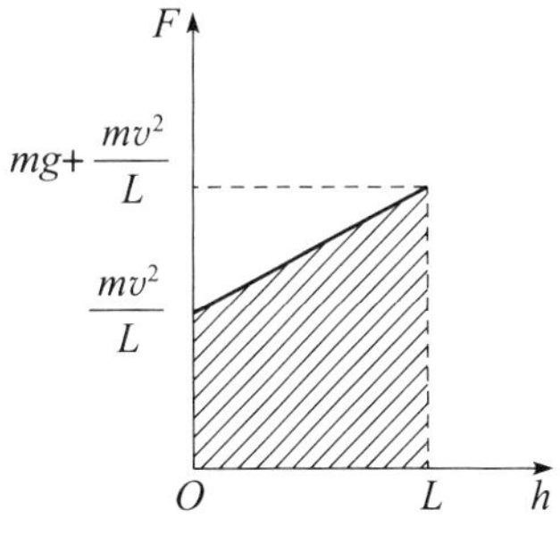

则可知拉力 F 是提起高度 h 的线性函数，如图所示，过程中 F 所做的功的大小为图线下的面积，即：$W=\frac{1}{2}\left(mg+\frac{2mv^2}{L}\right)L=mv^2+mg\ \frac{L}{2}=92\text{J}$。

强基要点 2 功率的计算

作用于物体的力在单位时间内所做的功称为功率，表达式为 $P=\frac{W}{t}$。

求瞬时功率，取时间 $\Delta t\to 0$，则为 $P=\lim\limits_{\Delta t\to 0}\frac{\Delta W}{\Delta t}=\lim\limits_{\Delta t\to 0}\frac{F\Delta l\cos\theta}{\Delta t}=F\cdot v\cos\theta$。

式中 v 为某时刻的瞬时速度，θ 为此刻 v 与 F 方向的夹角。

要点精例

例 3 （2018 北大博雅）如图所示，用跨过光滑定滑轮的缆绳将海面上一艘失去动力的小船沿直线拖向岸边。已知拖动缆绳的力大小恒为 F，小船的质量为 m，经过 A 点时的速度为 v_0，此时小船与滑轮之间的绳长为 l_0，绳与水平面的夹角为 θ_0，经过 B 点时，绳与水平面的夹角为 θ。小船受到的阻力以及缆绳质量忽略不计。求：

(1) 小船经过 B 点时的加速度；

(2) 小船经过 B 点时的速度；

(3) 小船经过 B 点时，拖动缆绳的力的功率。

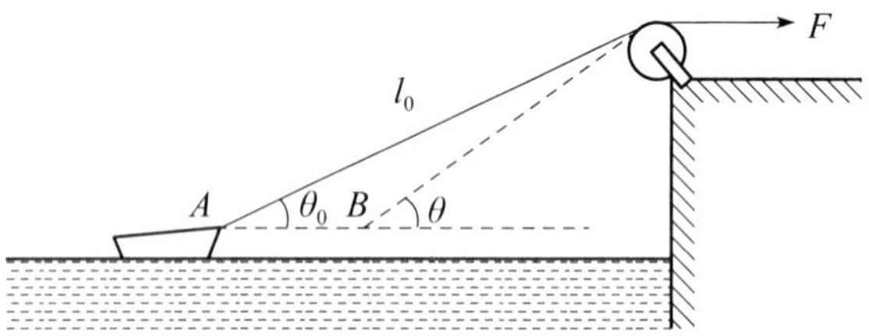

【解析】(1) 根据牛顿第二定律，有

$$a=\frac{F\cos\theta}{m}$$

(2) 根据动能定理，有

$$F\left(l_0-l_0\frac{\sin\theta_0}{\sin\theta}\right)=\frac{1}{2}mv^2-\frac{1}{2}mv_0^2$$

解得

$$v=\sqrt{v_0^2+\frac{2Fl_0}{m}\left(1-\frac{\sin\theta_0}{\sin\theta}\right)}$$

(3) $P=Fv\cos\theta=F\cos\theta\sqrt{v_0^2+\frac{2Fl_0}{m}\left(1-\frac{\sin\theta_0}{\sin\theta}\right)}$

例 4 （2011 中科大自招）如图(a)所示，一质量为 m 的小球，系在长为 L 的轻线上悬于 O 点。将轻线拉直使小球于 O 点同一高度的 A 处无初速度释放。求小球下落至最低点 B 的过程中，小球所受重力的最大功率。

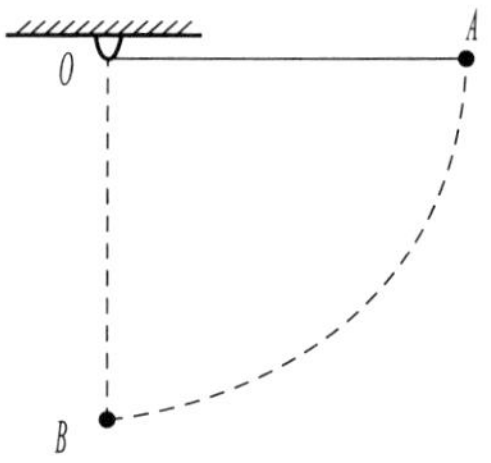

(a)

【解析】

解法 1 物理方法

小球所受重力的功率为 $p=mgv_y$，式中 v_y 为小球速度的竖直分速度的大小。小球

在 A 点和 B 点，速度的竖直分量均为零。中间过程小球速度的竖直分量不为零，因此过程中小球速度的竖直分量先增大后减小，速度的竖直分量必有最大值。

当线的拉力 T 在竖直方向的分量恰好等于小球重力时，小球在竖直方向的加速度为零，小球速度的竖直分量最大。设此时线与水平方向夹角为 θ，小球速度为 v，则由机械能守恒，有 $mgL\sin\theta=\frac{1}{2}mv^2$。

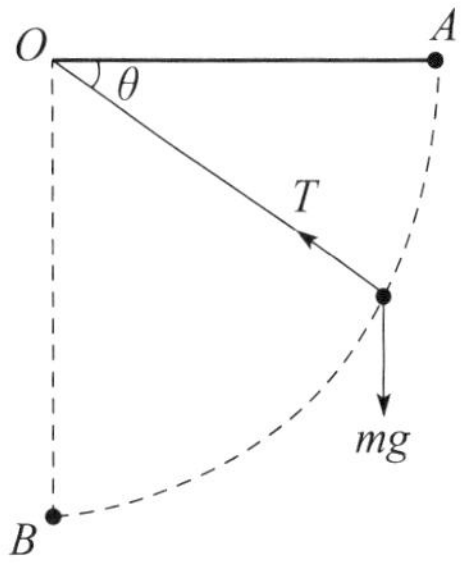

（b）

由牛顿第二定律，有：$T-mg\sin\theta=m\frac{v^2}{L}$，

且有：$T\sin\theta=mg$。

联立上面三式可得：$\sin^2\theta=\frac{1}{3}(0<\theta<90^\circ)$，

得 $\sin\theta=\frac{\sqrt{3}}{3}$，$\cos\theta=\sqrt{\frac{2}{3}}$，

即当 $\theta=\arcsin\frac{\sqrt{3}}{3}$ 时，小球重力的功率最大，为 $P_{\max}=mgv\cos\theta=\frac{2mg}{3}\sqrt{\sqrt{3}gL}$。

解法 2　利用导数

设小球下摆运动到某点 P，设 OP 与竖直方向的夹角为 θ 角，速度为 v，根据机械能守恒定律有：$mgL\sin\theta=\frac{1}{2}mv^2\Rightarrow v=\sqrt{2gL\sin\theta}$

重力的瞬时功率为

$$P=mgv\cos\theta=mg\sqrt{2gL\sin\theta}\cos\theta=mg\sqrt{2gL\sin\theta\cos^2\theta}$$

令 $\sin\theta=x$

$$y=\sin\theta\cos^2\theta=\sin\theta(1-\sin^2\theta)=x(1-x^2)=x-x^3$$

$\frac{\mathrm{d}y}{\mathrm{d}x}=1-3x^2=0$ 时，y 最大，

当 $\sin\theta=\frac{\sqrt{3}}{3}$ 时，重力的功率最大，$P_{\max}=2mg\sqrt{\frac{gL}{3\sqrt{3}}}=\frac{2mg}{3}\sqrt{\sqrt{3}gL}$

强基要点 3　质点系的动能定理

质点系的动能定理是指质点系动能的增量等于所有外力的功和内力的功的代数和。

公式：$W_{外}+W_{内}=E_{k2}-E_{k1}$

当质点系内有保守力作用和非保守力作用时，内力所做的功为 $W_{内}=W_{保}+W_{非保}$。

保守力：凡做功与路径无关的力称为保守力。常见的有：重力、引力、电场力。

非保守力：凡做功与路径有关的力称为非保守力。常见的有：摩擦力。

保守力做功等于势能增量的负值，即 $W_{保}=-\Delta E_P=E_{P1}-E_{P2}$

于是得到

$$W_{外}+W_{非保}+E_{P1}-E_{P2}=E_{k2}-E_{k1}$$

$$W_{外}+W_{非保}=(E_{k2}+E_{P2})-(E_{k1}+E_{P1})$$

用 E 表示势能与动能之和，称为系统机械能，结果得到 $W_{外}+W_{非保}=E_2-E_1$

结论：合外力功与合内力功之和等于系统动能的增量，称此为系统的动能定理。

功能原理适用于分析既有外力做功，又有内部非保守力做功的物体系。

要点精例

例 5 (2009 清华)固定在竖直平面内的一个半圆形光滑轨道，轨道半径为 R，轨道两端在同一水平高度上，其中一端有小定滑轮(其大小可忽略)，两小物体质量分别为 m_1 和 m_2，用较长的轻细线跨过滑轮连接在一起，如图(a)所示。若要求小物体 m_1 从光滑半圆轨道上端沿轨道由静止开始滑下，试问：

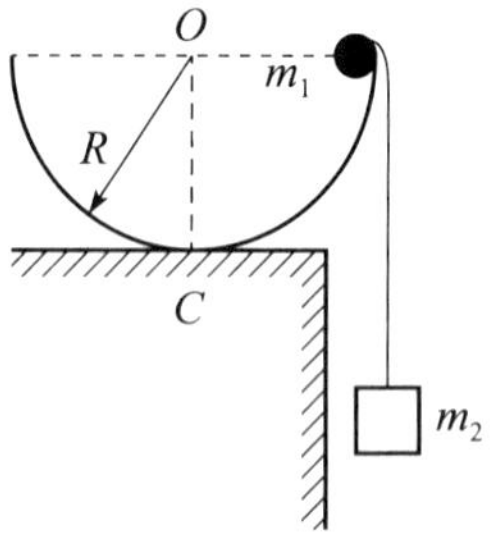

(a)

(1) m_1 满足什么条件可以使它下滑到轨道最低点 C?

(2) m_1 下滑到 C 点时速度多大?

【解析】(1) 小物体 m_1 沿轨道下滑时，m_2 竖直向上运动，由于 m_1 做圆周运动，m_2 做直线运动，因此 m_1 和 m_2 的速度大小不同。在 m_1 通过轨道最低点 C 时，其速度 v_1 沿水平向左，由运动的合成知识可知，小物体 m_1 与 m_2 在此时运动速度大小的关系为 $v_1=\dfrac{v_2}{\cos\theta}$。如图(b)所示，其中 $\theta=45°$，在 m_1 下降到最低点 C 时，m_1 的高度下降了 R，而它的位移为 $\sqrt{2}R$，因此 m_2 的高度升高了 $\sqrt{2}R$。

此过程中，m_1、m_2 系统只有重力对其做功，机械能总量不变，有 $\Delta E_P+\Delta E_k=0$，即

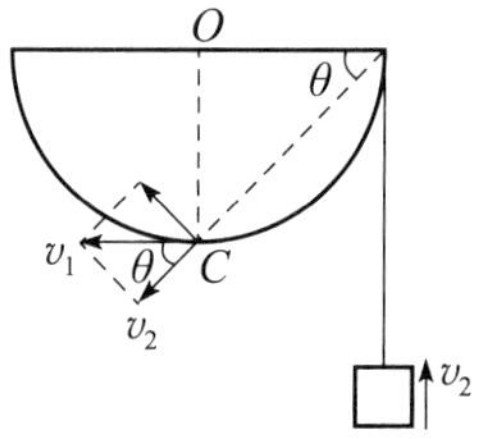

(b)

$$m_1gR-\sqrt{2}m_2gR=\frac{1}{2}m_1v_1^2+\frac{1}{2}m_2v_2^2$$

解得：$v_1=2\sqrt{\dfrac{(m_1-\sqrt{2}m_2)gR}{2m_1+m_2}}$。

若要 m_1 能够沿半圆轨道下滑到最低点 C，要求小物体的质量满足 $m_1\geqslant\sqrt{2}m_2$。

(2) 当满足上述条件时，小物体 m_1 下滑到 C 的速度为 $v_1=2\sqrt{\dfrac{(m_1-\sqrt{2}m_2)gR}{2m_1+m_2}}$。

例 6 (2009 南京大学)如图所示，一轻绳吊着粗细均匀的棒，棒下端离地面高 H，上端套着一个细环。棒和环的质量均为 m，相互间最大静摩擦力等于滑动摩擦力 $kmg(k>1)$。断开轻绳，棒和环自由下落。假设棒足够长，与地面发生碰撞时，触地时间极短，无动能损失。棒在整个运动过程中始终保持竖直，空气阻力不计。试求：

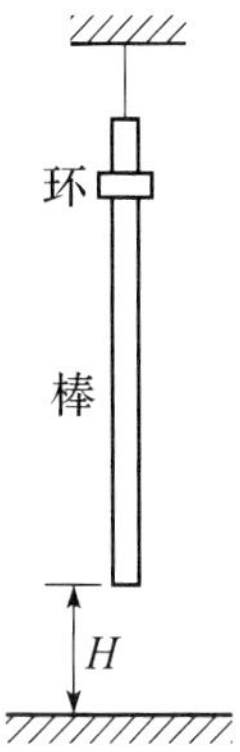

(1) 从断开轻绳到棒与地面第二次碰撞的瞬间，棒运动的路程 s；

(2) 从断开轻绳到棒和环都静止，摩擦力对环及棒做的总功 W。

【解析】(1) 设棒第一次上升过程中，球的加速度为 $a_{环}$，由牛顿第二定律得：$kmg-mg=ma_{环}$

解得：$a_{环}=(k-1)g$，方向竖直向上。

设棒第一次落地的速度为 v_1，由机械能守恒得：$\frac{1}{2}\times 2mv_1^2=2mgH$

解得：$v_1=\sqrt{2gH}$

设棒弹起后的加速度为 $a_{棒}$，由牛顿第二定律得：$a_{棒}=-(k+1)g$

棒第一次弹起的最大高度为：$H_1=\frac{-v_1^2}{2a_{棒}}$

解得：$H_1=\frac{H}{k+1}$

棒运动的路程为：$s=H+2H_1=\frac{k+3}{k+1}H$

(2) 解法一：设棒第一次弹起经过 t_1 时间，与环达到相同速度 v_1'，两物的加速度不变。

环的速度：$v_1'=-v_1+a_{环}t_1$，棒的速度：$v_1'=v_1+a_{棒}t_1$

环的位移：$h_{环1}=-v_1t_1+\frac{1}{2}a_{环}t_1^2$，棒的位移：$h_{棒1}=v_1t_1+\frac{1}{2}a_{棒}t_1$

环第一次相对棒的位移为 $x_1=h_{环1}-h_{棒1}=-\frac{2H}{k}$

棒、环一起下落至地：$v_2^2-v_1'^2=2gh_{棒1}$

解得：$v_2=\sqrt{\frac{2gH}{k}}$

同理，环第二次相对棒的位移为 $x_2=h_{环2}-h_{棒2}=-\frac{2H}{k^2}$

…

$x_n=-\frac{2H}{k^n}$

环相对棒的总位移为：$x=x_1+x_2+\cdots+x_n$

摩擦力对棒及环做的总功为：$W=kmgx=-\frac{2kmgH}{k-1}$

解法二：设环相对棒的滑动距离为 l，根据能量守恒有：$mgH+mg(H+l)=kmgl$

解得：$W=-\dfrac{2kmgH}{k-1}$

强基要点 4 弹簧和弹性势能

1. 弹簧的串、并联

串联时：假设弹簧受拉力 F，则：弹簧 1 伸长 $x_1=\dfrac{F}{k_1}$，弹簧 2 伸长 $x_2=\dfrac{F}{k_2}$，则总伸长 $x=x_1+x_1=\dfrac{F}{k_1}+\dfrac{F}{k_2}=\dfrac{F}{k}$，新的劲度系数$\dfrac{1}{k}=\dfrac{1}{k_1}+\dfrac{1}{k_2}$；

并联时：假设两根弹簧都伸长 x，则：受力 $F=k_1x+k_2x=kx$，新的劲度系数 $k=k_1+k_2$。

2. 弹性势能

弹簧的弹力做功，可先求得 $\overline{F}=\dfrac{1}{2}k(x_1+x_2)$，再求出弹力做功 $W=\overline{F}(x_2-x_1)=\dfrac{1}{2}kx_2^2-\dfrac{1}{2}kx_1^2$。

则弹簧的弹性势能 $E_p=\dfrac{1}{2}kx^2$，x 为相对原长的变化量。

例 7 (2019 北大)已知两根弹簧，一根劲度系数为 k，一根为 $2k$，如图 1、图 2 连接后，劲度系数分别为(　　)。

A. $\dfrac{2}{3}k$，$3k$　　B. $3k$，$\dfrac{2}{3}k$　　C. $2k$，$3k$　　D. $3k$，$3k$

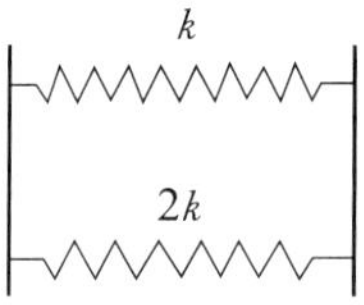

图1

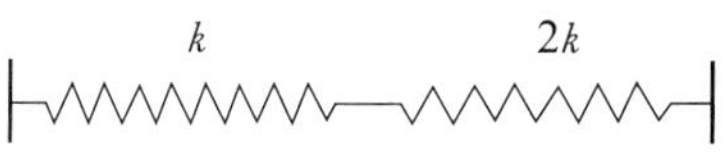

图2

【解析】 此为两个弹簧的串并联问题，并联的等效劲度系数为 $k+2k=3k$；串联的劲度系数为$\dfrac{1}{\dfrac{1}{k}+\dfrac{1}{2k}}=\dfrac{2}{3}k$。故选 B。

例 8 如图所示，有一种跳跳板由跳杆、踏板、弹簧组成。一同学正常站在上面时，弹簧被压缩长度为 x_0，然后人向下做功，使弹簧压缩长度变为 $3x_0$，之后在弹簧作用下人向上弹起。压缩长度恢复至 x_0 时，人瞬间抓住杆，一起向上自由运动，接着再自由下落，落回地面后人再向下做功至弹簧的压缩长度变为 $3x_0$，再重新弹起，然后以上述这种方式往复运动。已知人和跳杆的质量分别为 M 和 m，求：

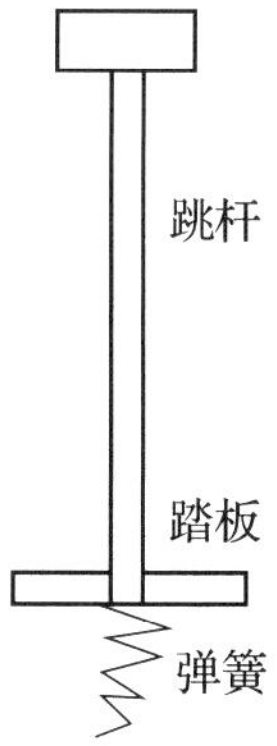

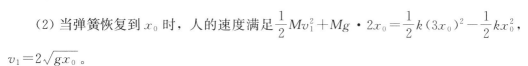

(1) 人从正常状态首次将弹簧压缩至 $3x_0$ 处做的功；

(2) 每次往复运动需要补充的能量。

【解析】(1) 弹簧的劲度系数 $k=\dfrac{Mg}{x_0}$，那么人做功为

$$W=\frac{1}{2}k(3x_0)^2-\frac{1}{2}kx_0^2=4Mgx_0$$

(2) 当弹簧恢复到 x_0 时，人的速度满足 $\dfrac{1}{2}Mv_1^2+Mg\cdot 2x_0=\dfrac{1}{2}k(3x_0)^2-\dfrac{1}{2}kx_0^2$，$v_1=2\sqrt{gx_0}$。

然后人抓住杆，两者达到的共同速度：$Mv_1=(M+m)v_2\Rightarrow v_2=\dfrac{M}{M+m}\cdot 2\sqrt{gx_0}$。

落下后，需要补充能量 $E=\dfrac{1}{2}Mv_1^2-\dfrac{1}{2}(M+m)v_2^2=\dfrac{Mmv_1^2}{2(M+m)}=\dfrac{2Mmgx_0}{M+m}$。

例 9 (2019 清华夏令营)如图所示，一正三角形光滑框架 ABC 的边长为 l，在 AB、AC 边中点 M、N 处各有一轻质圆环，一弹性绳连接 MN，在 MN 中点处挂一质量为 m 的物体。若整个过程中弹性绳始终在弹性限度内，且弹性系数为 k，则自由释放 m 后，其速度的最大值是多少？

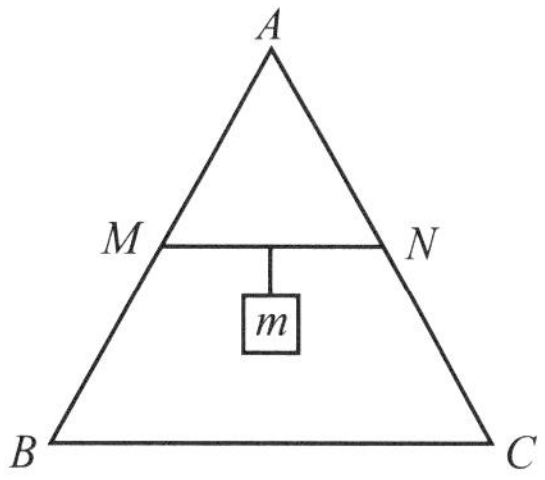

【解析】首先，因为圆环和框架间是光滑接触，所以自物块释放后，由于环不计质量，因此环受绳力一定垂直框架，我们可以认为弹性绳左、右两段将分别与框架的两斜边垂直(即在竖直方向的夹角为 60°)，弹性绳的总长度 x 也将等于物块悬挂点与三角形顶点的距离。物块的速度达到最大时，其合力应当为零，可以得到

$$2k\left(x-\frac{l}{2}\right)\cos 60^\circ=mg$$

由机械能守恒定律可知

$$\frac{1}{2}mv^2+\frac{1}{2}k\left(x-\frac{l}{2}\right)^2=mg\left(x-\frac{\sqrt{3}}{4}l\right)$$

联立解得

$$v=\sqrt{\frac{2-\sqrt{3}}{2}gl+\frac{mg^2}{k}}$$

例 10 劲度系数为 k 的轻质弹簧水平放置，左端固定，右端连接一个质量为 m 的木块(如图)。开始时木块静止平衡于某一位置，木块与水平面之间的动摩擦因数为 μ，然后加一个水平向右的恒力作用于木块上。问：(1) 要保证在任何情况下都能拉动木块，此恒力 F 不得小于多少？(2) 用这个力 F 拉木块，当木块的速度再次为零时，弹簧可能的伸长量是多少？

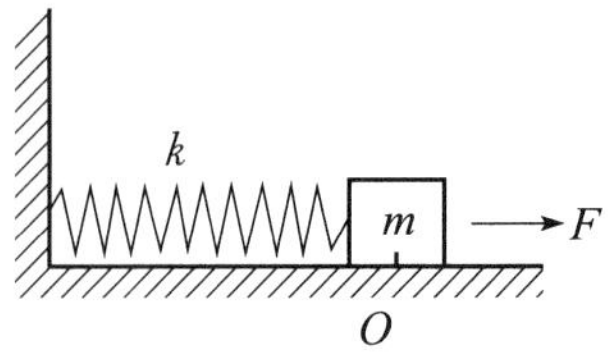

【解析】(1) 题目告知"开始时木块静止平衡于某一位置"，并未指明确切的位置，也就是说，木块在该位置时所受的静摩擦力和弹簧的形变量都不清楚，因此要考虑各种情况。如果弹簧自然伸展时，木块在 O 点，那么当木块在 O 点右方时，所受的弹簧的作用力向右。因为木块初始状态是静止的，所以弹簧的拉力不能大于木块所受的最大静摩擦力 μmg。要将木块向右拉动，还需要克服一个向左的静摩擦力 μmg，所以只要 $F \geqslant 2\mu mg$，即可保证在任何情况下都能拉动木块。

(2) 设物体的初始位置为 x_0，在向右的恒力 F 作用下，物体到 x 处的速度再次为零，在此过程中，外部有力 F 做功，内部有非保守力 f 做功，木块的动能增量为零，所以根据物体系的功能原理有

$$F(x-x_0)-\mu mg(x-x_0)=\frac{1}{2}kx^2-\frac{1}{2}kx_0^2$$

可得

$$x=\frac{2(F-\mu mg)}{k}-x_0$$

因为木块一开始静止，所以要求

$$-\frac{\mu mg}{k} \leqslant x_0 \leqslant \frac{\mu mg}{k}$$

可见，当木块再次静止时，弹簧可能的伸长量是

$$\frac{\mu mg}{k} \leqslant x \leqslant \frac{3\mu mg}{k}$$

强基练习

1. (2011 华约联盟)如图所示，水流以和水平面成角度 α 冲入到水平放置的水槽中，则从左面流出的水量和从右面流出的水量的比值可能为(　　)。

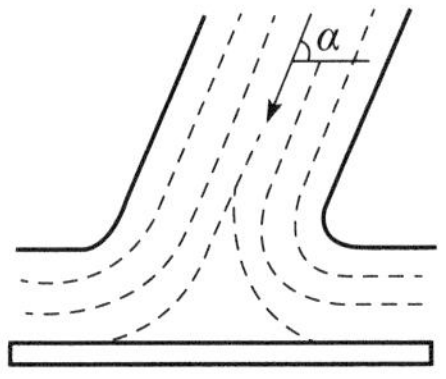

A. $1+2\sin^2\alpha$　　B. $1+2\tan^2\alpha$

C. $1+2\cos^2\alpha$　　D. $1+2\cot^2\alpha$

2.(2017 清华领军)质量为 m 的小球从距轻质弹簧上端 h 处自由下落，已知重力加速度为 g，弹簧的劲度系数为 k，小球在运动过程中的最大动能 $E_{\max}$ 为(　　)。

A. $mgh+\frac{m^2g^2}{k}$　　B. $mgh-\frac{m^2g^2}{k}$

C. $mgh+\frac{m^2g^2}{2k}$　　D. $mgh-\frac{m^2g^2}{2k}$

3. 将一个静止物体轻轻放在以速度 v 运转的传送带上，两者摩擦因数为 μ，最终物体速度达到 v。设 F 为传送带受的牵引力，f_M、f_m 分别为传送带、物块所受摩擦力。下列说法中正确的是(　　)。

A. F 做的功等于物体增加的动能

B. F 做的功与 f_M 做的功之和为零

C. F 做的功与 f_m 做的功之和等于物体增加的动能

D. f_m 做的功等于物体增加的动能

4.(2017 清华)如图所示，用橡皮筋将一小球悬挂在小车的架子上，系统处于平衡状态。现使小车从静止开始向左加速，加速度从零开始逐渐增大到某一值，然后保持此值，小球稳定地偏移竖直方向某一角度 θ(橡皮筋在弹性限度内)，与稳定在竖直位置时相似，小球的高度(　　)。

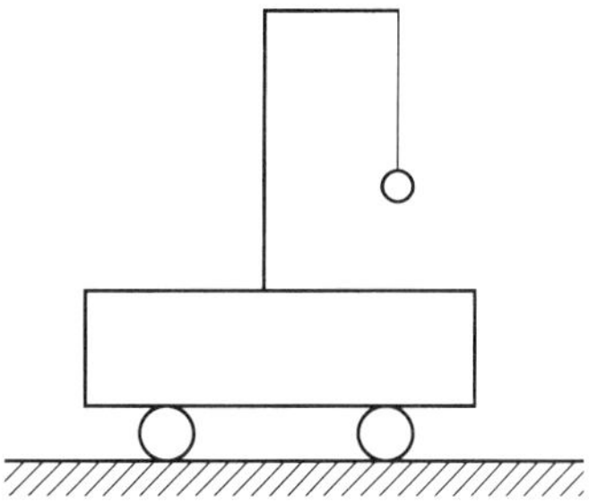

A. 一定升高

B. 一定降低

C. 保持不变

D. 升高或降低由橡皮筋的劲度系数决定

5.(2011 华约联盟样题)如图所示，刚性细直棒长为 $2l$，质量不计，其一端 O 用光滑铰链与固定轴连接，在细棒的中点固定一个质量为 $4m$ 的小球 A，在细棒的另一端固定一个质量为 m 的小球 B。将棒置于水平位置由静止开始释放，棒与球组成的系统将在竖直平面内做无摩擦的转动，则该系统在由水平位置转至竖直位置的过程中，(　　)。

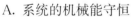

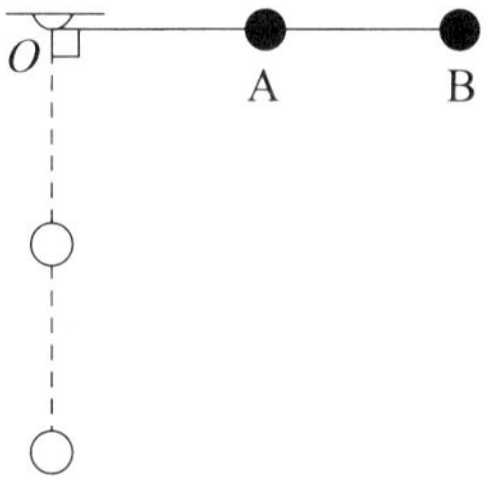

A. 系统的机械能守恒

B. 棒对 A、B 两球都不做功

C. A 球通过棒对 B 球做正功

D. B 球通过棒对 A 球做正功

6.(2007 北大)长为 $6L$、质量为 $6m$ 的匀质绳置于特制的水平桌面上，绳的一端悬垂于桌边外，另一端系有一个可视为质量为 M 的木块，如图所示。木块在 AB 段与桌面无摩擦，在 BE 段与桌面有摩擦，匀质绳与桌面的摩擦可忽略。初始时刻用手按住木块使其停在 A 处，绳处于绷紧状态，$\overline{AB}=\overline{BC}=\overline{CD}=\overline{DE}=L$，放手后，木块最终停在 C 处，桌面距地面高度大于 $6L$。

(1) 求木块刚滑至 B 点时的速度 v_B 和木块与 BE 的动摩擦因数 μ；

(2) 若木块在 BE 段与桌面的动摩擦因数变为 $\mu'=\dfrac{21m}{4M}$，则木块最终停在何处？

(3) 是否存在一个 μ 值，能使木块从 A 处释放后，最终停在 E 处，且不再运动？若能，求出该 μ 值；若不能，简要说明理由。

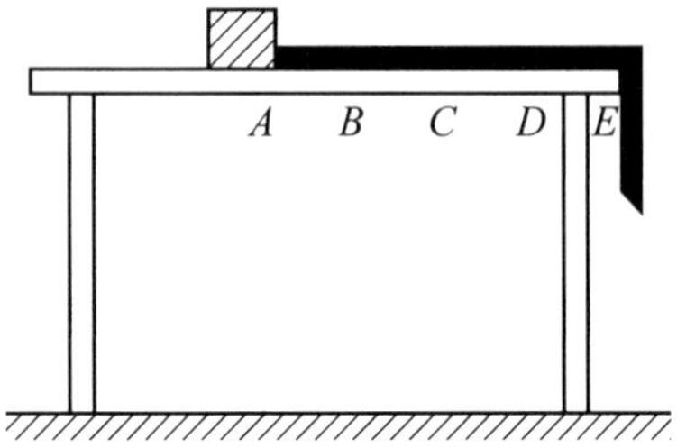

7. (2013 清华)(1) 质量约 1t 的汽车在 10s 内由静止加速到 60km/h，如果不计阻力，发动机的平均输出功率约为多大？

(2) 汽车速度较大时，空气阻力不能忽略。将汽车简化为横截面积为 1m^2 的长方体，并以此模型估算汽车以 60km/h 行驶时为克服空气阻力所增加的功率。(已知空气密度 $\rho=1.3\text{kg/m}^3$)

(3) 数据表明，上述汽车所受阻力与速度平方的关系如图所示。假定除空气阻力外，汽车行驶所受的其他阻力与速度无关，估计其他阻力的大小。

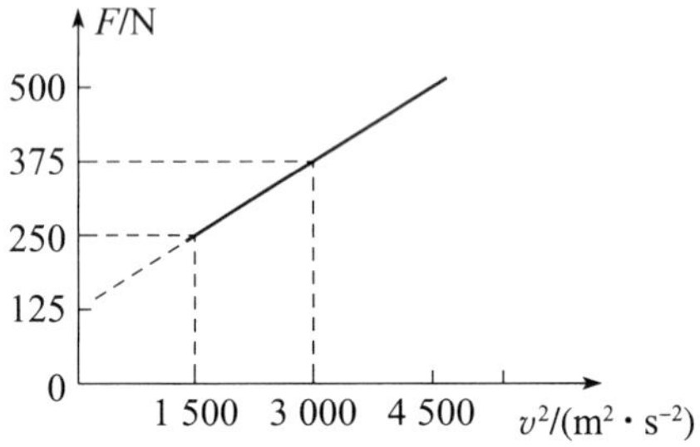

8. (2017 清华)如图所示，过山车长为 L，前方有圆形轨道，半径为 $R(L>2\pi R)$，重力加速度为 g。试求过山车在平地上初速度至少为多少，才能保证在轨道上不会掉下来。

9. (2009 同济)一根长为 h 的细线，上端固定于 O 点，下端悬挂着一个质点小球，现给小球一个水平初速度 v_0，其大小为$\sqrt{\dfrac{7gh}{2}}$，如图所示。

(1) 小球转过多大角度时开始不做圆周运动？

(2) 证明小球恰能击中最低点(初始点)。

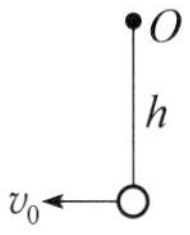

10. (2017 清华)质量为 m 的小球从距轻质弹簧上端 h 处自由下落，弹簧的弹性系数为 k，求小球在运动过程中的最大动能$(E_k)_{max}$。已知重力加速度为 g。

11. (2017 清华)竖直向上抛一个物体，物体能达到的最高点距抛出点 H。已知空气阻力恒定，判断上升过程中，重力势能与动能相等位置在$\dfrac{H}{2}$的上方还是下方。

参考答案

1. D 【解析】作为选择题，可以用特值分析法处理，取 $\alpha=90^\circ$，由对称性易知比值应为 1，对照 4 个选项，只有 C、D 正确。再取 $\alpha=0^\circ$，显然只有向左流出的水而没有向右流出的水，即比值应为无穷大，故选 D。

2. C 【解析】当小球动能最大时，有

$$mg=kx \quad ①$$

根据机械能守恒定律，有

$$mg(h+x)=E_{max}+\frac{1}{2}kx^2 \quad ②$$

联立①②式，得

$$E_{max}=mgh+\frac{m^2g^2}{2k}$$

所以 C 选项正确。

3. BD 【解析】有 $F=-f_M=f_m$ 其中 F、f_M 是作用在传送带上，f_m 作用在物块上。地面系中，容易看出 F 与 f_M 做功大小相同 $W=Fv\Delta t$。

物体动能增量等于 f_m 做功，为 $W'=\frac{1}{2}f_m a\Delta t^2=\frac{1}{2}f_m v\Delta t=\frac{1}{2}W$。

4. A 【解析】当小车未加速时，小球自由竖直悬挂，设弹簧伸长量为 x_1，则满足弹簧张力等于小球重力 $mg=kx_1$。设弹簧长为 l，则最初小球高度在结点以下 $l+\frac{mg}{k}$ 处。当小车加速并达到稳定之后，设橡皮筋伸长量为 x_2，由惯性系中竖直方向平衡：$kx_2\cos\theta=mg$，小球的竖直高度在结点以下$(l+x_2)\cos\theta=l\cos\theta+\frac{mg}{k}<l+\frac{mg}{k}$处，所以小球的高度一定是升高的。

5. AC 【解析】A、B 两球和杆构成的系统因只有重力做功，故系统的机械能守恒。

由 $4mgl+mg\cdot 2l=\frac{1}{2}mv_B^2+\frac{1}{2}\times 4m\left(\frac{v_B}{2}\right)^2$ 得 $v_B^2=6gl$

对 B 球而言有：$mg\cdot 2l+W=\frac{1}{2}mv_B^2$ 得 $W=mgl$。选 A、C。

当然，定性判断也可方便求得结果。因为如果 A、B 两球各自通过长为 l、$2l$ 的直棒与 O 处转轴相连后由水平位置摆下，显然 B 球摆得较慢，这表明 A 球会通过杆对 B 球做正功。

6. **解**：(1) 木块从 A 运动到 B 点，设桌面为零势能面，由机械能守恒定律得：

$$-2mgL=-3mg\times\frac{3L}{2}+\frac{(M+6m)v_B^2}{2}$$

即得：$v_B=\sqrt{\frac{5m}{M+6m}gL}$

木块从 A 到 C 点，由功能原理得：

$$-2mgL-(-4mg\times 2L)=\mu MgL$$

即 $\mu=\frac{6m}{M}$

(2) 由功能原理得：$-2mgL+\left(3+\frac{x}{L}\right)mg\left(\frac{3L+x}{2}\right)=\mu' Mgx$

解得：$x=2L$ 和 $x=2.5L$（当 $x=2.5L$ 时，下垂绳的重力大于木块与桌面的摩擦力，不符合题意，故舍去）

(3) 木块要停在 E 处须满足 $\mu''Mg \geqslant 6mg$，即 $\mu'' \geqslant \frac{6m}{M}$。

而要木块滑到 E 点须满足 $6mg \cdot 3L - 2mgL = \mu''Mg \cdot 3L$。

即 $\mu'' = \frac{16m}{3M}$。

与前面求得的结果矛盾，故没有满足要求的 μ 值。

7. **解**：(1) 根据动能定理，发动机的平均输出功率为

$$P = \frac{Fs}{t} = \frac{\frac{1}{2}mv^2}{t} = 1.4 \times 10^4\,\mathrm{W}$$

(2) 假设汽车的截面积为 S，当汽车以一定速度运动时，将推动前方的空气使之获得相应的速度，则在 Δt 时间内，车前方以 S 为底、$v\Delta t$ 为高的柱形空气获得的动能为

$$\Delta E_{\mathrm{k}} = \frac{1}{2}\Delta m v^2 = \frac{1}{2}\rho S v \Delta t \cdot v^2$$

为使该空气柱在 Δt 时间内获得上述动能，车需要的功率为

$$P = \frac{\Delta E_{\mathrm{k}}}{\Delta t} = \frac{1}{2}\rho S v^3$$

根据已知条件，车的截面积为 $1\mathrm{m}^2$，代入上式解得

$$P = 3 \times 10^3\,\mathrm{W}$$

(3) 当汽车匀速运动时，牵引力与阻力平衡，由题图可知 $F = kv^2 + f$，式中 F 为牵引力，f 为除空气阻力外的其他阻力之和，得 $f = 125\mathrm{N}$。

或由题意可知当汽车速度趋近于零时，所受的空气阻力也趋近于零，此时所受的总阻力即为其他阻力总的大小，由题图可知该值约为 $f = 125\mathrm{N}$。

8. **解**：显然，当过山车的中心位于轨道最高点时，或者速度最小时，过山车处于瞬间的平衡状态，设车中心的拉力为 T，取一半分析受力，如图(a)所示。

设过山车线密度为 λ，T 的效果是抵消在圆弧上的过山车的重力沿轨道切向的分力之和，即

$$T = \sum \lambda \Delta l \cdot g\sin\theta = \lambda g \sum \Delta l \sin\theta = \lambda g \cdot 2R$$

最后一步用到了投影，再分析轨道顶端附近的过山车端如图(b)所示，临界情况下，该处无压力。

$$2T \cdot \Delta\theta + \lambda \cdot 2R\Delta\theta \cdot g = \lambda \cdot 2R\Delta\theta \cdot \frac{v^2}{R} \Rightarrow v = \sqrt{3Rg}$$

其中 v 是此时过山车的速度。

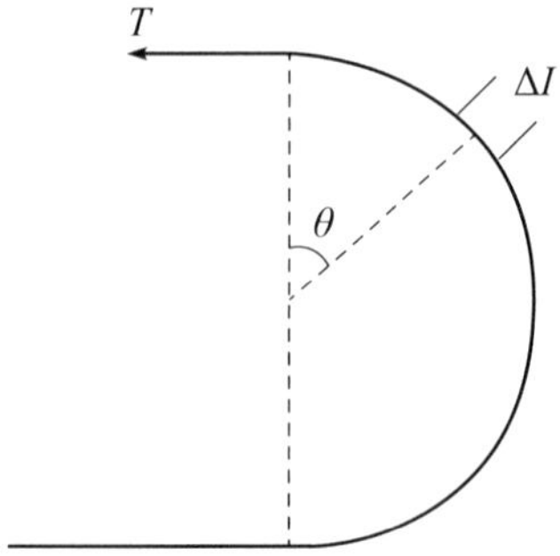

(a)

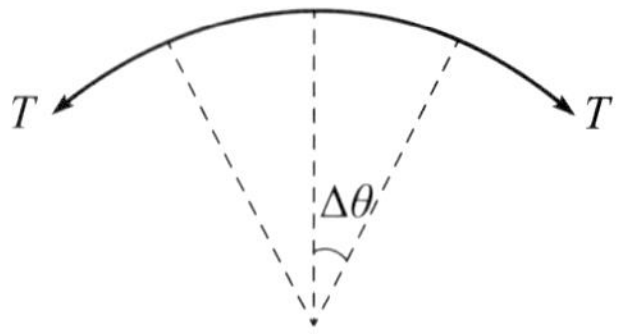

(b)

由机械能守恒可以换算到初速度 v_0，即

$$\frac{1}{2}\lambda L\cdot v_0^2=\frac{1}{2}\lambda L\cdot v^2+2\lambda\pi Rg\cdot R\Rightarrow v_0=\sqrt{Rg\left(3+\frac{4\pi R}{L}\right)}$$

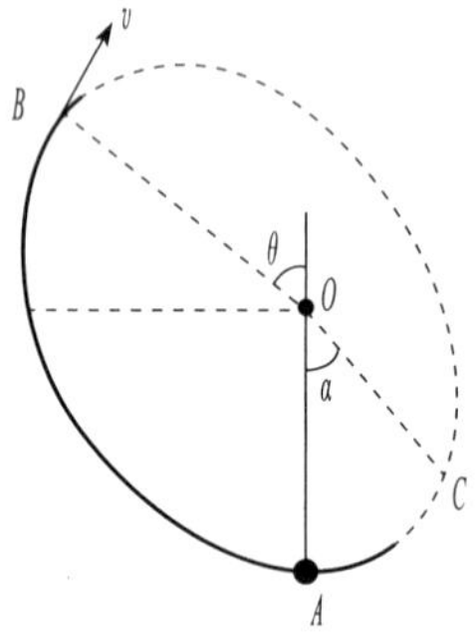

9. **解**：(1) 设小球转到如图所示的 B 点位置时线拉力刚好为零，则以后将脱离圆轨道做斜上抛运动，小球从 A 到 B 满足：$\frac{1}{2}mv_0^2=\frac{1}{2}mv^2+mgh(1+\cos\theta)$

在 B 点有：$mg\cos\theta=\frac{mv^2}{h}$，解得：$\theta=60°$，$v=\sqrt{\frac{gh}{2}}$，故小球转过 120°时不做圆周运动。

(2) 设小球运动时间 t 后到圆周上的 C 点，此时线刚要张紧，设 OC 与竖直方向夹角为 α，则有：

$$v\cos\theta\cdot t=h\sin\theta+h\sin\alpha$$

$$-(h\cos\theta+h\cos\alpha)=v\sin\theta\cdot t-\frac{1}{2}gt^2$$

解得：$\alpha=0°$，即小球做斜抛运动后恰能击中最低点 A。

10. **解**：小球还没有与弹簧接触时做自由落体运动，与弹簧接触后，开始时重力仍比弹簧的弹力大，即做加速运动，重力与弹簧弹力相等时为临界点，之后做减速运动。因此小球的动能最大即速度最大时，重力与弹簧弹力相等，设此时弹簧压缩 Δh，小球动能为 E_k，则

$$mg=k\Delta h$$

又由能量守恒有

$$mg(h+\Delta h)=\frac{1}{2}k\Delta h^2+E_k$$

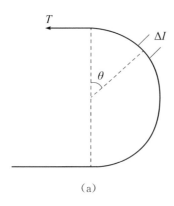

所以

$$E_k = mg(h + \Delta h) - \frac{1}{2}k\Delta h^2 = mg\left(h + \frac{mg}{k}\right) - \frac{1}{2}k\left(\frac{mg}{k}\right)^2 = mgh + \frac{m^2g^2}{2k}$$

所以

$$(E_k)_{max} = mgh + \frac{m^2g^2}{2k}$$

11. 由于空气阻力和重力都大小恒定，因而在上半段路程和下半段路程做功相同。整个上升过程是动能转化为重力势能和空气阻力做负功，在前半段路程和后半段路程，动能减少量相同。在$\frac{H}{2}$处，动能减少一半，一部分转化为重力势能，一部分被空气阻力消耗，所以动能等于重力势能的点应该在$\frac{H}{2}$的上方。

第 6 讲 天体运动

强基要点 1 万有引力

(1) 定义：宇宙间的一切物体都是互相吸引的，两个物体间的引力大小，跟它们的质量的乘积成正比，跟它们的距离的平方成反比。

(2) 公式：$F=G\frac{m_1m_2}{r^2}$，其中 $G=6.67\times10^{-11}\,\mathrm{N\cdot m^2/kg^2}$，称为万有引力常量。

(3) 适用条件：严格地说，公式只适用于质点间的相互作用，当两个物体间的距离远远大于物体本身的大小时，公式也可近似使用，但此时 r 应为两物体质心间的距离。对于均匀的球体，r 是两球心间的距离。

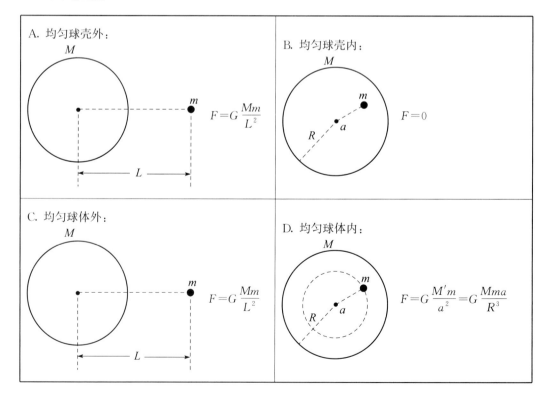

(4) 推论：

A. 均匀球壳外：

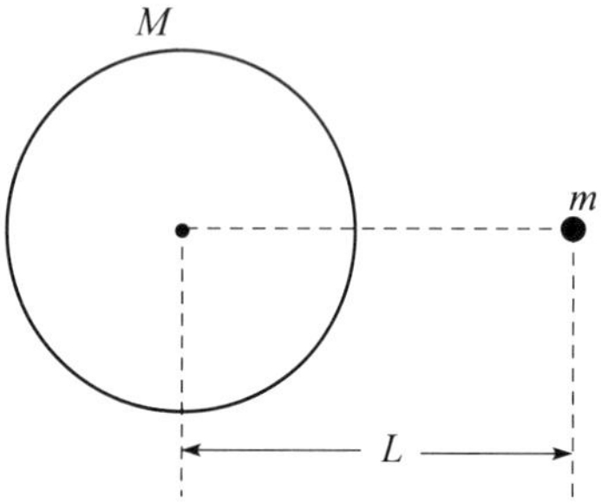

$F=G\frac{Mm}{L^2}$

B. 均匀球壳内：

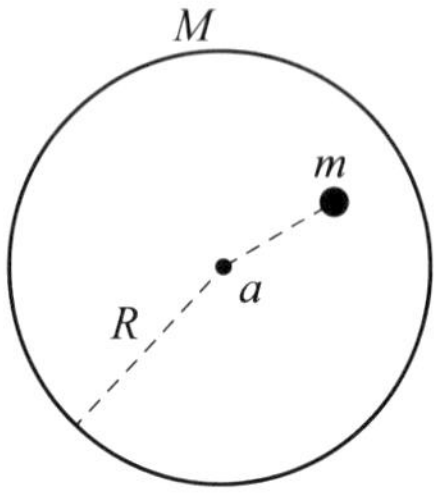

$F=0$

C. 均匀球体外：

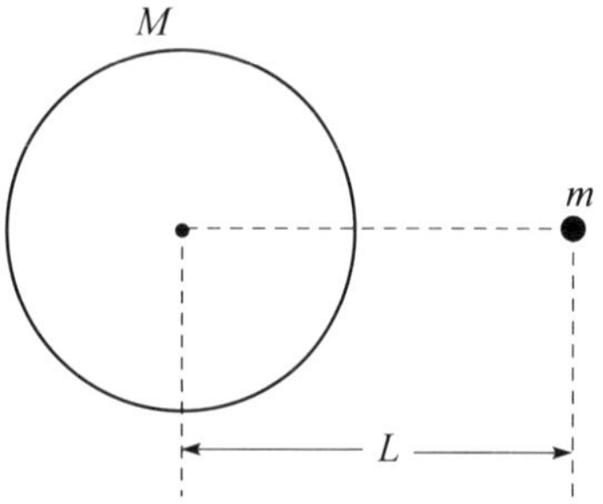

$F=G\frac{Mm}{L^2}$

D. 均匀球体内：

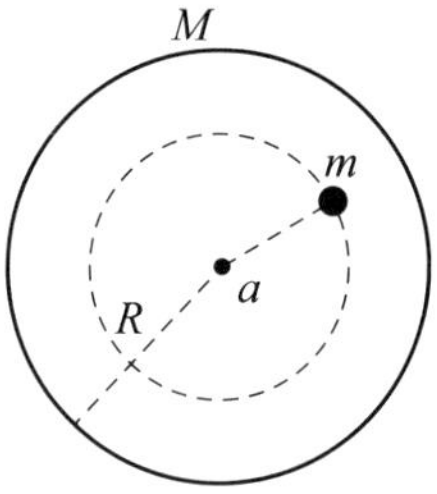

$F=G\frac{M'm}{a^2}=G\frac{Mma}{R^3}$

现在证明推论B：如图，设想在一均匀球壳内的任一点A处置一质量为m的质点，在球面上取任一极小的面元ΔS_1，以r_1表示ΔS_1与A点的距离，且设此均匀球面每单位面积的质量为σ，则面元ΔS_1的质量$\Delta m_1=\sigma\Delta S_1$，它对$A$处质点的引力为

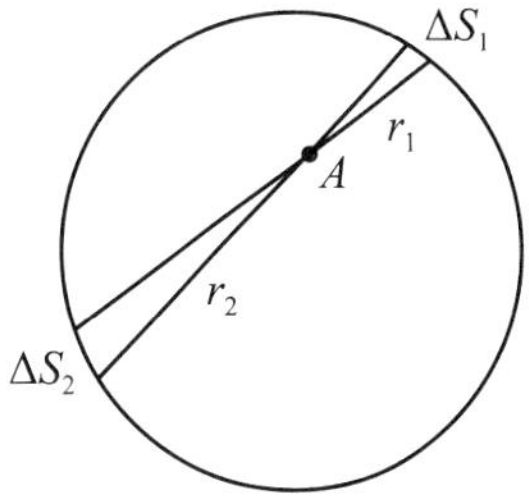

$$\Delta F_1=\frac{Gm\Delta m_1}{r_1^2}=\frac{G\sigma m\Delta S_1}{r_1^2} \quad ①$$

又设想将ΔS_1边界上各点与A点的连线延长分别与ΔS_1对面的球壳相交而围成面元ΔS_2，设A与ΔS_2的距离为r_2，由于ΔS_1和ΔS_2都很小，可以把它们看成是一个平面图形，显然可以想象到它们是相似图形，因而其面积与边长的平方成比例，而其边长又与该处到A点的距离成比例，故有

$$\frac{\Delta S_1}{\Delta S_2}=\frac{r_1^2}{r_2^2} \quad ②$$

则面元ΔS_2对A处质点的引力为

$$\Delta F_2=\frac{Gm\Delta m_2}{r_2^2}=\frac{G\sigma m\Delta S_2}{r_2^2} \quad ③$$

由①②③式可得$\Delta F_2=\Delta F_1$。

注意到ΔS_2与ΔS_1对A处质点的引力方向相反，即ΔF_2与ΔF_1的方向相反，则其合力为零。显然，整个球面可以分成无数对像ΔS_1和ΔS_2这样的小面元，而每对小面元对A处质点的引力的合力都是零，则整个球壳对A处质点的引力也是零，即一均匀球壳对其内任一点处质点的引力都是零。

有了推论B再去推导推论D就简单了，将质点A位置半径为r的球外面的部分看作是一个厚球壳，或看作是由无数个薄球壳组成，每个薄球壳对质点的合力为0，只需考虑半径为r的球的质量相等且位于球心的质点对质点A的吸引。

【注】 由于万有引力$F=G\frac{m_1m_2}{r^2}$与库仑定律$F=k\frac{Qq}{r^2}$形式相同，则这些推论在库仑力中也适用。

要点精例

例1 (2009中科大)新发现一行星，其星球半径为6400km，且由通常的水形成的海洋覆盖着它的所有表面，海洋的深度为10km。学者们对该行星进行探查时发现，当把试验用的样品浸入行星海洋的不同深度时，各处的自由落体加速度以相当高的精确度保持不变，试求这个行星表面处的自由落体加速度。已知万有引力常数$G=6.67\times10^{-11}\mathrm{N\cdot m^2/kg^2}$。

【解析】

解法1

如图所示，以 R 表示此星球(包括水层)的半径，M 表示其质量，h 表示其表层海洋的深度，r 表示海洋内任一点 A 到星球中心 O 的距离，R_0 表示除表层海洋外星球内层的半径。则有 $R\geqslant r\geqslant R_0$，且 $R_0+h=R$，以 $\rho_水$ 表示水的密度，则此星球表层海洋中水的总质量为

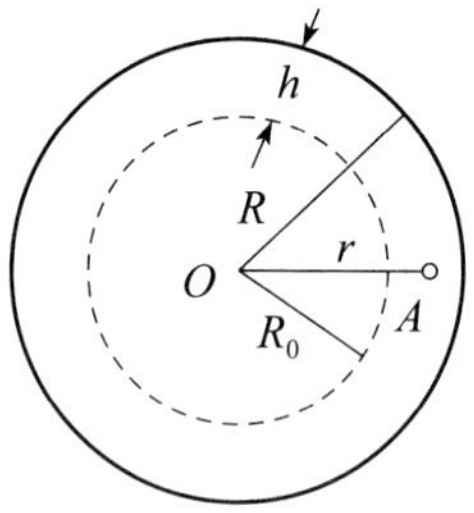

$$m=\left(\frac{4}{3}\pi R^3-\frac{4}{3}\pi R_0^3\right)\rho_水$$

$$=\frac{4}{3}\pi\rho_水(3R^2h-3Rh^2+h^3) \qquad ①$$

由于 $R\gg h$，故①式可略去其中 h 的高次项，得

$$m=4\pi\rho_水 R^2h \qquad ②$$

根据均匀球体表面处重力加速度的公式，可得此星球表层海洋的底面和星球表面处的重力加速度分别为

$$g_底=\frac{G(M-m)}{R_0^2}$$

$$g_表=\frac{GM}{R^2}$$

依题述有 $g_表=g_底$，即

$$\frac{M}{R^2}=\frac{M-m}{R_0^2}=\frac{M-m}{(R-h)^2}$$

整理上式可解得

$$M=\frac{R^2m}{2Rh-h^2} \qquad ③$$

由于 $R\gg h$，故近似取 $2Rh-h^2\approx 2Rh$，则

$$M\approx\frac{Rm}{2h} \qquad ④$$

由④和②式得此星球表面的重力加速度为

$$g_表=\frac{GM}{R^2}=2\pi G\rho_水 R_0 \qquad ⑤$$

以 $G=6.67\times10^{-11}\mathrm{N\cdot m^2/kg^2}$、$\rho_水=1.0\times10^3\mathrm{kg/m^3}$、$R=6.4\times10^6\mathrm{m}$ 代入⑤

式，得

$$g_{表}=2.7\mathrm{m/s^2}$$

解法 2

设行星的内层(即半径为 R_0 的球体部分)的平均密度为 $\rho=\rho_{水}+\rho_0$，则可将该半径为 R_0 的球体视为由一个均匀的水球(密度为 $\rho_{水}$、半径为 R_0)和一个密度为 ρ_0、半径为 R_0 的球叠加而成。因而在水球壳层内的重力加速度应由这两个球分别产生的重力加速度叠加而成。

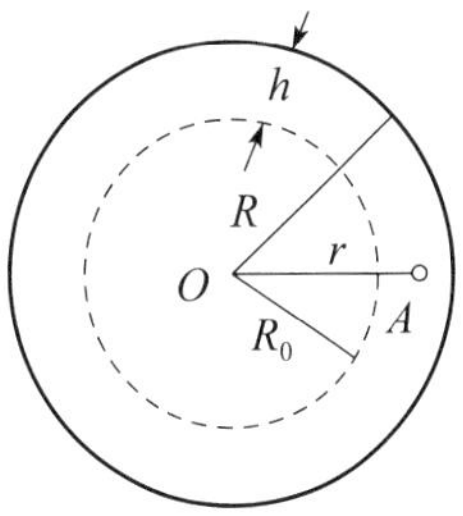

如图所示，对于水球壳层中的任一点 A，以 g_1 表示上述水球在该处形成的重力加速度，则有

$$g_1=\frac{\frac{4}{3}\pi G\rho_{水}r^3}{r^2}=\frac{4}{3}\pi G\rho_{水}r$$

由上式可见，g_1 随 r 的增加而增加。当 r 增加为 $r+\Delta r$ 时，g_1 的增加量为

$$\Delta g_1=\frac{4}{3}\pi G\rho_{水}(r+\Delta r)-\frac{4}{3}\pi G\rho_{水}r=\frac{4}{3}\pi G\rho_{水}\Delta r$$

又以 g_0 表示上述的密度为 ρ_0 的球在 A 点产生的重力加速度，则有

$$g_0=\frac{\frac{4}{3}\pi G\rho_0 R_0^3}{r^2}$$

由上式可见，g_0 随 r 的增加而减小，当 r 增加为 $r+\Delta r$ 时，g_0 的增加量为 $\Delta g_0=-\frac{8\pi G\rho_0 R_0^3}{3r^3}\Delta r$，为一负值，表明其实际上是减小。

由于要求在水层内重力加速度 g 为恒量，即 $g=g_1+g_0$，不随 r 变化而变化，应有

$$\Delta g_1+\Delta g_0=0,$$

即 $$\frac{4}{3}\pi G\rho_{水}\Delta r-\frac{8\pi G\rho_0 R_0^3}{3r^3}\Delta r=0,$$

近似取 $r=R_0$，则得 $\rho_0=\frac{1}{2}\rho_{水}$

因此，行星内层半径为 R_0 部分的密度为

$$\rho=\rho_{水}+\rho_0=\frac{3}{2}\rho_{水}$$

依题意，行星表面处的重力加速度等于行星内外两层分界面处的重力加速度，其

值为

$$g=2\pi G\rho R_0=2.7\text{m/s}^2$$

例 2 (2019 清华夏令营)一近地卫星的运行周期为 T_0，地球的自转周期为 T，则地球的平均密度与地球不至于因自转而瓦解的最小密度之比为(　　)。

A. $\dfrac{T_0}{T}$　　B. $\dfrac{T}{T_0}$　　C. $\dfrac{T_0^2}{T^2}$　　D. $\dfrac{T^2}{T_0^2}$

【解析】 对近地卫星，有

$$G\frac{Mm}{R^2}=m\left(\frac{2\pi}{T_0}\right)^2R \quad ①$$

$$M=\rho_1\cdot\frac{4}{3}\pi R^3 \quad ②$$

联立①②式，得

$$\rho_1=\frac{3\pi}{GT_0^2}$$

考虑地球赤道处一小块物质 m_0，只有当它受到的万有引力大于或等于它随地球一起旋转所需的向心力时，地球才不会瓦解，则有

$$G\frac{Mm_0}{R^2}=m_0\left(\frac{2\pi}{T}\right)^2R \quad ③$$

$$M=\rho_2\cdot\frac{4}{3}\pi R^3 \quad ④$$

联立③④式，得

$$\rho_2=\frac{3\pi}{GT^2}$$

所以

$$\frac{\rho_1}{\rho_2}=\frac{T^2}{T_0^2}$$

故 D 选项正确。

强基要点 2 补偿法求引力

补偿法就是在与原问题和物理规律不相违背的前提下，适当补充一些物理条件，从而求解物理问题的方法。在求解万有引力、质心、电势、感应电动势等基本物理量的问题或复杂的运动问题时可用此法。

要点精例

例 3 将一个半径为 R 的铅球，从中挖出一个半径为 $\frac{R}{2}$ 的球形空腔，并将挖出部分重新熔铸成球，放在大球外侧，如图所示，如果铅的密度为 ρ，求两球之间的万有引力。

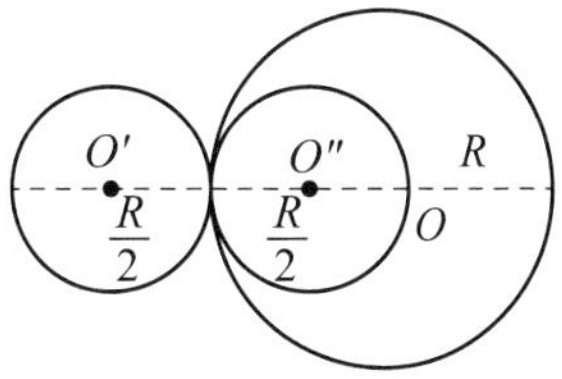

【解析】万有引力定律 $F=G\frac{Mm}{R^2}$ 只适用于两质点间的相互作用或两均匀球体间的相互作用，对质量分布不均匀或形状不规则的物体间的相互作用不适用。

设想将从大球中挖出的小球补回去，使大球成为一个完整的球，则外面小球和完整大球间的万有引力 F_1 可求，外面小球和内部补充的小球间的万有引力 F_2 也可求。根据叠加原理，外面小球与大球剩余部分间的万有引力等于外面小球和完整大球间的万有引力 F_1 减去外面小球和内部补充小球间的万有引力 F_2。

$$F_1=G\frac{Mm}{\left(R+\frac{R}{2}\right)^2}=G\frac{\frac{4}{3}\pi R^3\rho\times\frac{4}{3}\pi\left(\frac{R}{2}\right)^3\rho}{\left(\frac{3R}{2}\right)^2}=\frac{8\pi^2\rho^2GR^4}{81}$$

$$F_2=G\frac{Mm}{R^2}=G\frac{\frac{4}{3}\pi\left(\frac{R}{2}\right)^3\rho\times\frac{4}{3}\pi\left(\frac{R}{2}\right)^3\rho}{R^2}=\frac{\pi^2\rho^2GR^4}{36}$$

$$F=F_1-F_2=\frac{23\pi^2\rho^2GR^4}{324}$$

例 4 如图所示，一个质量为 M 的匀质实心球，半径为 R。如果从球上挖去一个直径为 R 的球，放在相距为 d 的地方。求下列两种情况下，两球之间的引力分别是多大：

(1) 从球的正中心挖去；

(2) 从与球面相切处挖去。

并指出在什么条件下，两种计算结果相同。

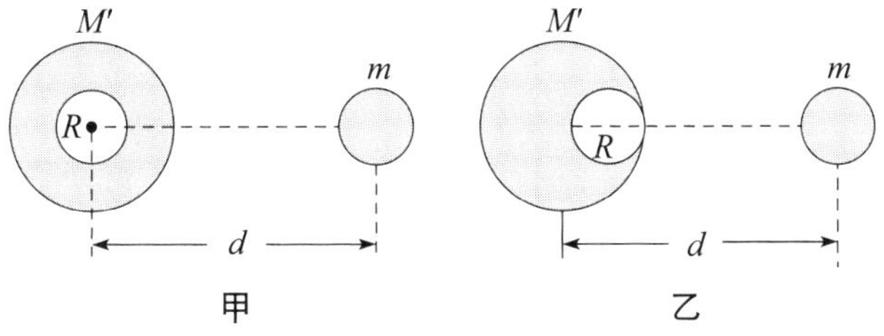

【解析】所求万有引力可由均质实心球与 m 间的万有引力减去所挖去的小球与 m

间万有引力求得。

根据匀质球的质量与其半径的关系 $M=\frac{4}{3}\pi R^3\rho\propto R^3$，两部分的质量分别为

$$m=\frac{M}{8},\quad M'=\frac{7M}{8}$$

(1) 如图甲所示，根据万有引力定律，这时两球之间的引力为

$$F_1=G\frac{M'm}{d^2}=\frac{7}{64}G\frac{M^2}{d^2}$$

(2) 如图乙所示，在这种情况下，不能直接用万有引力公式计算。为此，可利用等效割补法，先将 M' 转化为理想模型，即用同样的材料将其填补为实心球 M，这时，两者之间的引力为

$$F=G\frac{Mm}{d^2}=\frac{GM^2}{8d^2}$$

由于填补空心球而增加的引力为

$$\Delta F=G\frac{mm}{\left(d-\frac{R}{2}\right)^2}=\frac{1}{64}G\frac{M^2}{\left(d-\frac{R}{2}\right)^2},$$

因此，M' 与 m 之间的引力为

$$F_2=F-\Delta F=\frac{1}{8}GM^2\left[\frac{1}{d^2}-\frac{1}{8\left(d-\frac{R}{2}\right)^2}\right],$$

当 d 远大于 R 时，M' 可以视为质点。这时，引力变为

$$F_2=\frac{1}{8}GM^2\left(\frac{1}{d^2}-\frac{1}{8d^2}\right)=\frac{7}{64}G\frac{M^2}{d^2}=F_1。$$

即这时两种计算结果相同。

强基要点 3 开普勒三定律

开普勒根据前人积累的行星运动观察资料，总结出关于行星运动的三定律——开普勒三定律。

第一定律：行星围绕太阳的运动轨道为椭圆，太阳在椭圆的一个焦点上。

第二定律：行星与太阳的连线在相等时间内扫过相等的面积。

下面举一个例子详加说明：

为用数学式子表述第二定律，设径矢 r 在 Δt 时间内扫过的面积为 ΔA，则面积速度为 $\Delta A/\Delta t$，可知

$$\Delta A=\frac{1}{2}r\Delta r\sin\theta$$

故面积速度为

$$\frac{\Delta A}{\Delta t}=\frac{1}{2}r\sin\theta\frac{\Delta r}{\Delta t}=\frac{1}{2}r\sin\theta v=C(\text{常数})$$

式中 v 为行星运动的线速度，θ 为径矢 r 与速度 v 方向之间的夹角。当行星位于椭圆轨道的近日点或远日点时，速度 v 的方向与径矢 r 的方向垂直，即 $\theta=90°$，故

$$\frac{\Delta A}{\Delta t}=\frac{1}{2}r_{近}v_{近}=\frac{1}{2}r_{远}v_{远}$$

第三定律：各行星绕太阳运动的周期平方与轨道半长轴立方的比值相同，即

$$\frac{T^2}{a^3}=k$$

开普勒定律不仅适用于行星绕太阳的运动，也适用于卫星绕行星的运动。

当半长轴 a 与半短轴 b 相等时，椭圆成为圆。由开普勒第二定律可知，圆轨道运动必为匀速圆周运动，万有引力提供向心力。

要点精例

例 5 一小球从离地面高度恰为地球半径 R 处落下，空气阻力不计，试估算小球下落的时间(R 取 6400km)。

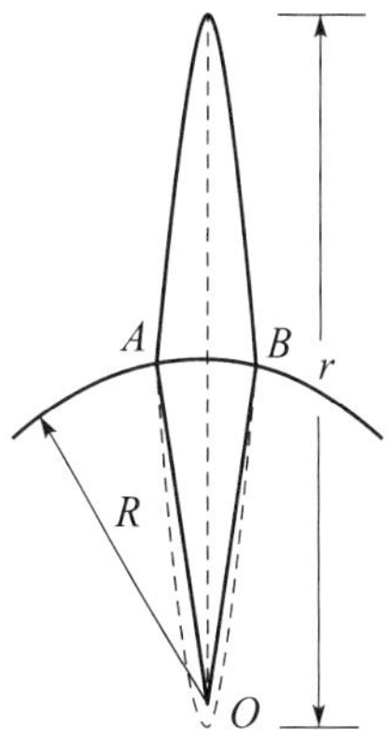

【解析】 把小球的运动看成是短轴极短的椭圆运动，长轴为 $a=\frac{r}{2}=R$ 的扁椭圆，半短轴为 b。

由开普勒第三定律可知，其周期为 T，也就是人造卫星以第一宇宙速度绕地球运转的周期，所以

$$T=2\pi\sqrt{\frac{R}{g}}$$

小球在空中下落时间为 t，它在时间 t 内与地心连线扫过的面积为

$$S=\frac{\pi ab}{4}+\frac{ab}{2}=\frac{(2+\pi)ab}{4}$$

式中的 ab 为图中三角形 OAB 的面积。小球在时间 T 内与地心连线所扫过的面积为

$$S_0=\pi ab$$

由开普勒第二定律有：$\frac{S}{t}=\frac{S_0}{T}$

将以上关系式代入后得：$t=\frac{(\pi+2)}{2}\sqrt{\frac{R}{g}}=2.1\times10^3\ \text{s}$

强基要点 4 天体运动中的能量问题

万有引力做功：质量为 m_1 的质点在另一质量为 m_2 的质点的作用下由相对距离 r_1 运动至相对距离 r_2 的过程中，引力所做功为：$W=-\int_{r_1}^{r_2}\frac{Gm_1m_2}{r^2}\mathrm{d}r=-Gm_1m_2\left(\frac{1}{r_1}-\frac{1}{r_2}\right)=\frac{Gm_1m_2}{r_2}-\frac{Gm_1m_2}{r_1}$。

万有引力势能：取两物体间距无穷远为零势，$E_p=-\frac{Gm_1m_2}{r}$。

要点精例

例 6 （2014 华约联盟）已知地球半径为 R_0，地球表面重力加速度为 g，地球自转周期为 T_0。质量分别为 m_1 和 m_2、相距为 r 的两个物体之间的万有引力势能为 $E_\mathrm{p}=-\frac{Gm_1m_2}{r}$。求：

(1) 地球同步卫星在轨道上运行速度 v_C；

(2) 在赤道上竖直发射该同步卫星的最小速度 v_L。

【解析】(1) 以 M 表示地球的质量，m 表示同步卫星的质量，m'表示地球表面处某一物体的质量，r 表示同步卫星的轨道半径。根据万有引力定律和牛顿第二定律，有

$$G\frac{Mm'}{R_0^2}=m'g \quad ①$$

$$G\frac{Mm}{r^2}=m\left(\frac{2\pi}{T_0}\right)^2r \quad ②$$

联立①②式，得

$$r=\sqrt[3]{\frac{gR_0^2T_0^2}{4\pi^2}}$$

则地球同步卫星在轨道上运行的速度为

$$v_C=\omega r=\frac{2\pi}{T_0}r=\frac{2\pi}{T_0}\sqrt[3]{\frac{gR_0^2T_0^2}{4\pi^2}}=\sqrt[3]{\frac{2\pi gR_0^2}{T_0}}$$

(2) 根据机械能守恒定律，有

$$\frac{1}{2}mv_L^2-G\frac{Mm}{R_0}=\frac{1}{2}mv_C^2-G\frac{Mm}{r}$$

解得

$$v_L=\sqrt{2gR_0-\left(\frac{2\pi gR_0^2}{T_0}\right)^{\frac{2}{3}}}$$

例 7 (第 29 届全国预赛) 一质量 $m=3000\text{kg}$ 的人造卫星在离地面的高度 $H=180\text{km}$ 的高空绕地球做圆周运动，那里的重力加速度 $g=9.3\text{m/s}^2$。由于受到空气阻力的作用，在一年的时间内，人造卫星的高度要下降 $\Delta H=0.5\text{km}$。已知物体在密度为 ρ 的流体中以速度 v 运动时受到的阻力 F 可表示为 $F=\frac{1}{2}\rho ACv^2$，式中 A 是物体的最大横截面积，C 是拖曳系数，与物体的形状有关。当卫星在高空中运行时，可认为卫星的拖曳系数 $C=1$，取卫星的最大横截面积 $A=6.0\text{m}^2$。已知地球的半径 $R_0=6400\text{km}$。试由以上数据估算卫星所在处的大气密度。

【解析】 卫星在半径为 r 的圆周上运动时，有

$$G\frac{Mm}{r^2}=m\frac{v^2}{r}$$

则卫星的动能为

$$E_\text{k}=\frac{1}{2}mv^2=\frac{GMm}{2r}$$

卫星的势能为

$$E_\text{p}=-G\frac{Mm}{r}$$

卫星的机械能为

$$E=E_\text{k}+E_\text{p}=\frac{GMm}{2r}-G\frac{Mm}{r}=-\frac{GMm}{2r}$$

卫星一年前的轨道半径 $R_1=R_0+H$，一年后的轨道半径 $R_2=R_0+H-\Delta H$。故在此过程中卫星机械能的变化量为

$$\Delta E=-\frac{GMm}{2}\left(\frac{1}{R_2}-\frac{1}{R_1}\right)=-\frac{GMm}{2}\frac{\Delta H}{R_1R_2}\approx-\frac{1}{2}\frac{GMm}{R_1^2}\Delta H=-\frac{1}{2}mg\Delta H$$

由于一年内卫星轨道半径的变化很小，故在计算阻力做功时，可近似认为卫星在这一年内的速度大小不变，则有

$$mg=m\frac{v^2}{R_1}$$

解得

$$v=\sqrt{gR_1}$$

根据功能关系，有

$$-Fvt=\Delta E$$

即

$$-\frac{1}{2}\rho ACv^3t=-\frac{1}{2}mg\Delta H$$

解得

$$\rho=\frac{m\Delta H}{ACR_1t\sqrt{gR_1}}=1.54\times10^{-13}\text{kg/m}^3$$

例 8 (2017 清华)某火星探测器在火星上空 H 处以速率 v_0 做匀速圆周运动，某时刻火箭发动机点火，给探测器径向速度 αv_0(α 很小)指向火星。已知探测器不会撞上火星，火星半径为 R，喷气质量可忽略。

(1) 求探测器离火星的最大高度与最小高度；

(2) 求新轨道运动的周期。

【解析】(1) $GM=(R+H)v_0^2$

设轨道距火星表面的最值为 h，对应探测器速度为 v，则由开普勒第二定律及机械能守恒得

$$\begin{cases}v_0\cdot(R+H)=v\cdot(R+h)\\ \frac{1}{2}m(v_0^2+\alpha_0^2v_0^2)-\frac{GMm}{R+H}=\frac{1}{2}mv^2-\frac{GMm}{R+H}\end{cases}\Rightarrow h_1=\frac{H-\alpha R}{1+\alpha}\text{或}h_2=\frac{H+\alpha R}{1-\alpha}$$

分别对应最小值和最大值。

(2) 椭圆的长轴 $a=\frac{2R+h_1+h_2}{2}=\frac{H+R}{1-\alpha^2}$，又由开普勒第三定律$\frac{a^3}{T^2}=\frac{GM}{4\pi^2}$，得

$$T=2\pi\sqrt{\frac{a^3}{GM}}=2\pi\frac{R+H}{v_0}(1-\alpha^2)^{-\frac{3}{2}}\approx2\pi\frac{R+H}{v_0}\left(1+\frac{3}{2}\alpha^2\right)$$

例 9 (2016 清华夏令营)现有质量均为 m、间距为 r 的两个小球。若两个小球能相距无穷远，速度需要满足什么条件？$\left(\text{两个质量分别为 } m_1\text{、}m_2 \text{ 的质点相距 } r \text{ 时，其间万有引力势能 } E_p=-G\frac{m_1m_2}{r}\right)$

(1) 一小球固定，另一小球以速度 v_1 沿两球连线方向离开；

(2) 两小球同时以速度 v_2 朝相反方向运动；

(3) 一小球静止，另一小球以速度 v_3 垂直两球连线运动(如下图)。

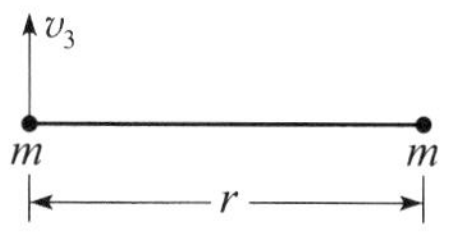

【解析】(1) 根据机械能守恒定律，有

$$\frac{1}{2}mv_1^2-G\frac{m^2}{r}\geqslant 0$$

解得

$$v_1\geqslant\sqrt{\frac{2Gm}{r}}$$

(2) 根据机械能守恒定律，有

$$\frac{1}{2}mv_2^2\times 2-G\frac{m^2}{r}\geqslant 0$$

解得

$$v_2\geqslant\sqrt{\frac{Gm}{r}}$$

(3) 两个小球组成的系统不受外力，故质心做匀速直线运动，质心速度为 $v_C=\frac{1}{2}v_3$。如答图所示。以质心为惯性参考系，两个小球的初速度均为 $\frac{1}{2}v_3$，方向相反。在以后的运动过程中，两个质点的速度总是等值反向。在质心系中，两个质点能相距无穷远的最小速度为零，则有

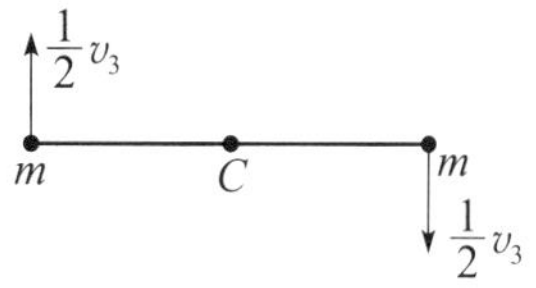

$$\frac{1}{2}m\left(\frac{1}{2}v_3\right)^2\times 2-G\frac{m^2}{r}\geqslant 0$$

解得

$$v_3\geqslant 2\sqrt{\frac{Gm}{r}}$$

例 10　如图所示，质量为 m 的飞行器绕中心在 O 点、质量为 M 的天体做半径为 R 的圆周运动。已知 m 在天体 M 周围的引力势能表达式为 $E_p=-G\frac{Mm}{r}$，其中 r 为飞行器到 O 点的距离。

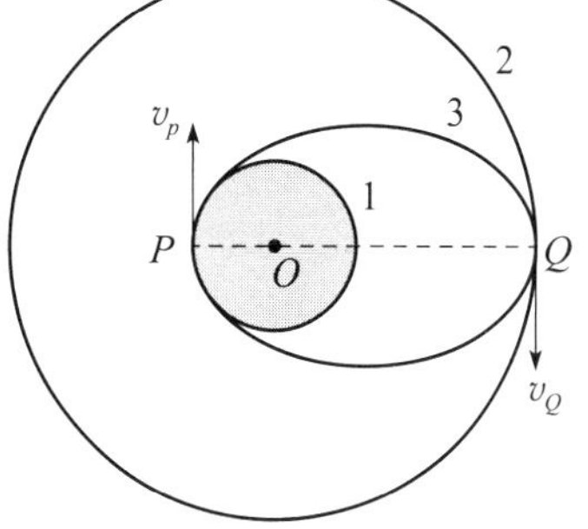

(1) 当飞行器经过 P 点时点火加速，变轨到椭圆轨道 3 上运动，最远点 Q 与 O 点的距离为 $3R$，则从轨道 1 转移到轨道 3 上，在 P 点需要获取多少动能？

(2) 求飞行器在轨道 3 上经过 P 点的速度 v_P 和经过 Q 点的速度 v_Q。

【解析】我们先来证明飞行器在椭圆轨道上运动的机械能为 $E=-G\dfrac{Mm}{2a}$，式中 a 为椭圆的半长轴。

如答图所示，v_1、v_2 分别为飞行器在近地点和远地点的速度，r_1、r_2 分别为近地点和远地点到地心的距离。根据机械能守恒定律，有

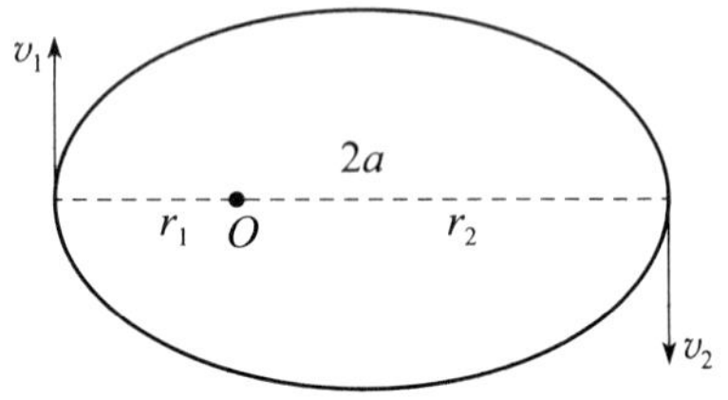

$$\frac{1}{2}mv_1^2-\frac{GMm}{r_1}=\frac{1}{2}mv_2^2-\frac{GMm}{r_2} \quad ①$$

根据开普勒第二定律，有

$$r_1v_1=r_2v_2 \quad ②$$

将②式中的 v_2 代入①式，整理得

$$\frac{1}{2}mv_1^2\left(1-\frac{r_1^2}{r_2^2}\right)=\frac{GMm}{r_1r_2}(r_2-r_1) \quad ③$$

而

$$r_1+r_2=2a \quad ④$$

联立③④式，化简得

$$\frac{1}{2}mv_1^2=\frac{GMm}{2a}\cdot\frac{r_2}{r_1}$$

所以飞行器的机械能为

$$E=\frac{1}{2}mv_1^2-\frac{GMm}{r_1}=\frac{GMm}{2a}\cdot\frac{r_2}{r_1}-\frac{GMm}{r_1}=-\frac{GMm}{2a}$$

(1) 飞行器在轨道 1 上做圆周运动，万有引力提供向心力，有

$$G\frac{Mm}{R^2}=m\frac{v^2}{R}$$

则飞行器的动能为

$$E_k=\frac{1}{2}mv^2=\frac{GMm}{2R}$$

飞行器的势能为

$$E_p=-\frac{GMm}{R}$$

飞行器的机械能为

$$E_1=E_k+E_p=\frac{GMm}{2R}-\frac{GMm}{R}=-\frac{GMm}{2R}$$

飞行器在轨道 3 上做椭圆运动的机械能为

$$E_3=-\frac{GMm}{4R}$$

所以飞行器从轨道 1 转移到轨道 3 上，在 P 点需要获取的动能为

$$\Delta E_k=E_3-E_1=\frac{GMm}{4R}$$

(2) 飞行器在轨道 3 上经过 P 点的速度 v_P 和经过 Q 点的速度 v_Q 满足

$$\frac{1}{2}mv_P^2-\frac{GMm}{R}=\frac{1}{2}mv_Q^2-\frac{GMm}{3R}=-\frac{GMm}{4R}$$

解得

$$v_P=\sqrt{\frac{3GM}{2R}},\quad v_Q=\sqrt{\frac{GM}{6R}}$$

强基要点 5 宇宙速度

1. 第一宇宙速度(v_1)

航天器沿地球表面做圆周运动时必须具备的速度，叫作第一宇宙速度，也叫环绕速度。

按照力学理论可以由 $G\frac{Mm}{R_{地}^2}=m\frac{v_1^2}{R_{地}}$ 得出 $v_1=\sqrt{\frac{GM}{R_{地}}}$ 即 $v=\sqrt{gR_{地}}$，计算出 $v_1=7.9\text{km/s}$。

2. 第二宇宙速度(v_2)

脱离地球的引力场成为围绕太阳运行的人造行星，这个速度就叫作第二宇宙速度，亦称逃逸速度。

物体从地面到无限远处，机械能守恒，动能为 0，引力热能为 0。

$$\frac{1}{2}mv_2^2+\left(-G\frac{Mm}{R_{地}}\right)=0+0 \quad 得 \quad v_2=\sqrt{\frac{2Mm}{R_{地}}}=\sqrt{2}v_1=11.2\text{km/s}$$

3. 第三宇宙速度(v_3)

从地球表面发射航天器，飞出太阳系，到浩瀚的银河系中漫游所需要的最小速度，就叫作第三宇宙速度，也叫脱离速度。

(1) 地球轨道上太阳的逃逸速度，由上述第二宇宙速度公式 $v_2'=\sqrt{\frac{2GM_s}{r}}$，代入 M_s 为太阳质量，r 为地球轨道半径，即可得 $v_2'=42.1\text{km/s}$。

(2) 地球的公转速度为 29.8km/s，如果航天器发射时的速度方向与地球公转速度方向一致，则可以节约大量能源，可以用最小的速度发射，所以有 $v'=42.1-29.8=12.3\text{km/s}$。$v'$ 为航天器的剩余速度，为航天器克服地球引力后，所需的剩余能量。

(3) 航天器克服地球引力所消耗的能量加上剩余能量等于航天器的初始动能，即

$$\frac{1}{2}mv_2^2+\frac{1}{2}mv'^2=\frac{1}{2}mv_3^2 \quad 得 \quad v_3=\sqrt{v_2^2+v'^2}=16.7\text{km/s}$$

要点精例

例 11 (2017 北大)在广袤的宇宙中，存在着这样一颗不断自转着的行星，质量为 M、均匀分布、半径为 R，在其上的未知生命对于重量的变化非常敏感，有一个热爱旅行的未知生命感受到他在赤道上的重量恰巧为在极地重量的 99%，现在这个未知生命希望能够发射一枚卫星，求：

(1) 该星球极点处的逃逸速度；

(2) 如果使得发射所需的能量最小，应该在何处以怎样的速度发射？

【解析】(1) $\frac{1}{2}mv^2-\frac{GMm}{R}=0\Rightarrow v=\sqrt{\frac{2GM}{R}}$

(2) 由题意，$\frac{GMm}{R^2}\times 99\%=\frac{GMm}{R^2}-m\frac{v^2}{R}$，即赤道处的线速度 $v=\frac{1}{10}\sqrt{\frac{GM}{R}}$，则应在赤道上，沿 v 方向，相对表面以 $\left(\sqrt{2}-\frac{1}{10}\right)\sqrt{\frac{GM}{R}}$ 的初速度发射。

强基要点 6 二体问题

有质量分别为 m_1、m_2，相距为 r 的两星体，在万有引力作用下绕它们的质心 C 做圆周运动，我们来求运动周期：

设两星体绕质心转动的角速度为 ω，m_1、m_2 与质心距离为 r_1、r_2，由牛顿定律，$G\frac{m_1m_2}{r^2}=m_1r_1\omega^2$ 和 $G\frac{m_1m_2}{r^2}=m_2r_2\omega^2$

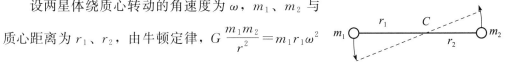

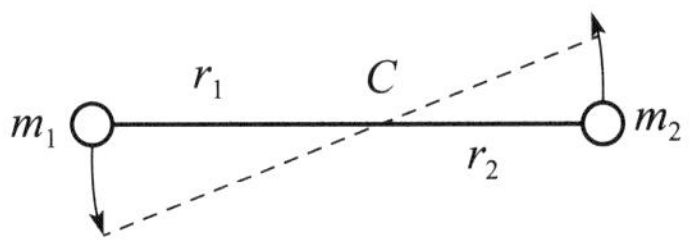

由质心的意义，有 $r_1=\frac{m_2}{m_1+m_2}r$，$r_2=\frac{m_1}{m_1+m_2}r$

代入以上二式得 $G\frac{m_1m_2}{r^2}=m_1\frac{m_2}{m_1+m_2}r\omega^2$

由此解得 $\omega=\sqrt{G\frac{m_1+m_2}{r^3}}$，$T=\frac{2\pi}{\omega}=2\pi\sqrt{\frac{r^3}{G(m_1+m_2)}}$

以上讨论是在质心静止系中进行的。但质心处并无星体，对实际观察来说，在相对一个星体静止的参照系中讨论更方便，也就是说，讨论两星体的相对运动更方便。

为此，我们来看上面式子 $G\frac{m_1m_2}{r^2}=m_1\frac{m_2}{m_1+m_2}r\omega^2$

若令 $\mu=\frac{m_2m_1}{m_1+m_2}$，则变为 $G\frac{m_1m_2}{r^2}=\mu r\omega^2$

这正是一个星体 m_1 绕另一星体 m_2 做相对运动的运动方程。这就是说，只要将一个星体 m_1 的质量换成 μ，它相对另一星体 m_2 的运动仍满足牛顿定律。同样，将 m_2 的质量换成 μ，它相对另一星体 m_1 的运动也满足牛顿定律。尽管其视为静止的星体并非静止在惯性系中。我们定义的 μ 称为折合质量或约化质量。

要点精例

例 12 （2014 北大）两个质点的质量都是 m，它们之间只有引力作用，初速度 v_0，速度方向互相垂直，其中一个质点的速度 v_0 指向另一个质点，初始距离 l_0。求：如果两个质点能够运动到相距无穷远，v_0 要满足的条件。$\left(\text{引力势能 } E=-G\frac{Mm}{r}\right)$

【解析】

解法 1

质心速度大小 $|v_c|=\frac{|m_1v_1+m_2v_2|}{m_1+m_2}=\frac{\sqrt{2}}{2}v_0$，方向沿两个质点对地速度的角平分线。

因此两个质点相对于质心系的速度为 $v_{1c}=\frac{\sqrt{2}}{2}v_0$；$v_{2c}=\frac{\sqrt{2}}{2}v_0$。

要使得恰好能够运动到无穷远，需使得在无穷远处势能为 0 的情况下，动能大于或等于 0。

那么在质心系中能量守恒

$$\frac{1}{2}m_1v_{1c}^2+\frac{1}{2}m_2v_{2c}^2-G\frac{m_1m_2}{l_0}\geqslant 0$$

解得 $v_0\geqslant\sqrt{\frac{2Gm}{l_0}}$

解法 2

取质点 1 为参考系，那么对于质点 2，在此参考系中速度 $u=\sqrt{2}v_0$，引入约化质量

$\mu=\frac{m_1m_2}{m_1+m_2}=\frac{1}{2}m$。

在质点 1 参考系中，如果质点 2 的机械能为 0，就可以使得当质点 2 运动到无穷远处时，势能为 0，动能也为 0，实际上质点 2 相对于质点 1 沿抛物线运动。

那么机械能 $E=E_k+E_p=\frac{1}{2}\mu\cdot u^2-G\frac{m_1m_2}{l_0}\geqslant 0$，解得 $v_0\geqslant\sqrt{\frac{2GM}{l_0}}$。

例 13 （2017 清华）卫星离地心距离为 r_1，速度为 v_1 做匀速圆周运动，加速度为 a_1。紧贴地球赤道上的物体绕地球运动速度为 v_2，加速度为 a_2，地球半径为 R，求 $\frac{a_1}{a_2}$，$\frac{v_1}{v_2}$。

【解析】 由万有引力定律提供向心力可知卫星满足：$\frac{GMm}{r_1^2}=ma_1=m\frac{v_1^2}{r_1}$，贴地球表面运动的物体的圆周运动也由万有引力提供向心力：$\frac{GMm}{R^2}=ma_2=m\frac{v_2^2}{R}$，则 $\frac{a_1}{a_2}=\frac{R^2}{r_1^2}$，$\frac{v_1}{v_2}=\sqrt{\frac{R}{r_1}}$。

强基练习

1. （2012 北大）两质量相同的卫星绕地球做匀速周运动，运动半径之比 $r_1:r_2=1:2$，则关于两卫星的下列说法正确的是（　　）。

A. 向心加速度之比为 $a_1:a_2=1:2$　　B. 线速度之比为 $v_1:v_2=2:1$

C. 动能之比为 $E_{k1}:E_{k2}=2:1$　　D. 运动周期之比为 $T_1:T_2=1:2$

2. （2016 清华夏令营）地球同步卫星的轨道半径为 r，运动速度为 v_1，向心加速度为 a_1；地球赤道上的物体随地球自转的速度为 v_2，向心加速度为 a_2，地球半径为 R。下列说法正确的是（　　）。

A. $\frac{v_1}{v_2}=\frac{r}{R}$　　B. $\frac{v_1}{v_2}=\sqrt{\frac{r}{R}}$　　C. $\frac{a_1}{a_2}=\frac{r}{R}$　　D. $\frac{a_1}{a_2}=\sqrt{\frac{r}{R}}$

3. （2013 卓越联盟）如图所示，卫星远离地球做圆周运动的半径为 R，现设法使卫星通过两次变轨Ⅰ→Ⅱ→Ⅲ，由远地卫星变为近地卫星，近地卫星做圆周运动的半径为 r。下列说法正确的是（　　）。

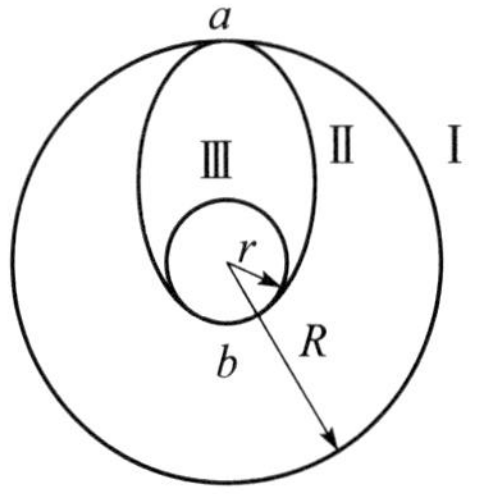

A. 卫星经过Ⅰ轨道上的 a 点时线速度大小 $v=\sqrt{\frac{GM}{R}}$

B. 卫星经过Ⅱ轨道上的 a 点时线速度大小 $v=\sqrt{\frac{GM}{R}}$

C. 卫星经过Ⅲ轨道上的 b 点时向心加速度大小 $a=\frac{GM}{r^2}$

D. 卫星经过Ⅱ轨道上的 b 点时向心加速度大小 $a=\frac{GM}{r^2}$

4.（2017 清华领军）已知地球半径 $R_e=6400\text{km}$，卫星在距赤道上空 $h=20000\text{km}$ 运行，那么，在赤道上的人能观察到此卫星的最长时间间隙约为（　　）。

A. 42100s　　B. 38200s　　C. 34700s　　D. 20800s

5.（2018 清华领军）地球质量大约是月球质量的 81 倍，地月距离约为 38 万千米，两者中心连线上有一个被称作“拉格朗日点”的位置，一飞行器处于该点，在几乎不消耗燃料的情况下与月球同步绕地球做圆周运动，则这个点到地球的距离约为（　　）。

A. 3.8 万千米　　B. 5.8 万千米　　C. 32 万千米　　D. 34 万千米

6.（2012 中科大）我国于 2011 年发射的“天宫一号”目标飞行器与“神舟八号”飞船顺利实现了对接。在对接过程中，“天宫一号”与“神舟八号”的相对速度非常小，可以认为具有相同速率，它们的运动可以看作绕地球的匀速圆周运动。设“神舟八号”的质量为 m，对接处距离地球中心为 r，地球的半径为 R，地球表面处的重力加速度为 g，不考虑地球自转的影响，“神舟八号”在对接时（　　）。

A. 向心加速度为 $\dfrac{gR}{r}$　　B. 角速度为 $\sqrt{\dfrac{gR^2}{r^3}}$

C. 周期为 $2\pi\sqrt{\dfrac{r^3}{gR^2}}$　　D. 动能为 $\dfrac{mgR^2}{2r}$

7.（2017 中科大）假设地球为质量均匀分布的球体。已知地球表面的重力加速度在两极处的大小为 g_0，在赤道处的大小为 g，地球半径为 R，则地球自转的周期 T 为________。

8.（第 35 届全国预赛）两颗人造地球卫星 A 和 B 都在同一平面内的圆轨道上运行，绕向相同，卫星 A 的轨道半径为 r。某时刻，B 恰好在 A 的正上方 h 高处，$h \ll r$。A 运行一周时，B 在 A 的后方，且 A、B 对地心的张角为________；经过时间________，B 又重新在 A 的正上方。已知地球半径为 R，重力加速度为 g。

9.（2019 北大）已知地球表面的重力加速度 g 取 10m/s^2，地球半径 $R=6.4\times10^6\text{m}$，则地球同步卫星的轨道半径 $r=$________。若受太阳风影响，卫星的周期改变了 1.0s，那么地面控制站会对卫星的轨道半径进行调整，使它继续正常运行，则 r 的改变量为________。

10.（2019 中科大）银河系的半径约为 $R=5\times10^4$ 光年，可见物质总质量约为太阳质量的 2100 亿倍，是地球质量 M_E 的 $\alpha=7\times10^{16}$ 倍。太阳在银河系的一条旋臂上，离银心约 $R_0=2.64\times10^4$ 光年，约为地球半径 r_E 的 $\beta=4\times10^{13}$ 倍。

(1) 不妨把银河系看作一个质量均匀分布的球，计算太阳绕银心旋转的线速度。

(2) 已知太阳绕银心旋转一周约 $T=2.5$ 亿年，问：太阳绕银心旋转的实际平均速度多大？

(3) 实际上太阳转得快可以用银河内存在暗物质来解释。假定暗物质也均匀分布，计算银河系暗物质密度与可见物质密度之比。

11. 质量为 m 的人造地球卫星，在圆轨道上运行。运行中受到大小恒为 f 的微弱阻力作用。以 r 表示卫星轨道的平均半径，M 表示地球质量，求卫星在旋转一周的过程中，试求：

(1) 轨道半径的改变量 Δr；

(2) 卫星动能的改变量 ΔE_k。

12. (2010 华约联盟)如图所示，卫星携带一探测器在半径为 $3R$(R 为地球半径)的圆轨道上绕地球飞行。在 a 点，卫星上的辅助动力装置短暂工作后，将探测器沿运动方向射出(设辅助动力装置喷出的气体质量可忽略)。若探测器恰能完全脱离地球的引力，而卫星沿新的椭圆轨道运动，其近地点 b 距地心的距离为 nR(n 略小于 3)，求卫星与探测器的质量比。(质量分别为 M，m 的两个质点相距为 r 时的引力势能为 $-\dfrac{GMm}{r}$，式中 G 为引力常量)

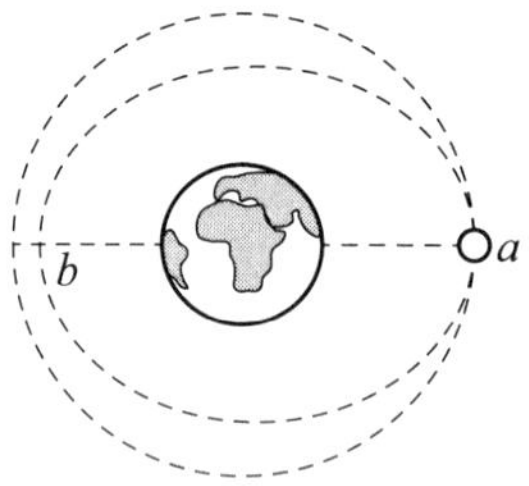

参考答案

1. C 【解析】因卫星绕地球做匀速圆周运动，故有 $G\dfrac{Mm}{r^2}=ma=m\dfrac{v^2}{r}=mr\left(\dfrac{2\pi}{T}\right)^2=\dfrac{2E_R}{r}$，故可推知：$a_n\propto\dfrac{1}{r^2}$；$v\propto\sqrt{\dfrac{1}{r}}$；$E_R\propto\dfrac{1}{r}$；$T\propto\sqrt{r^3}$。

本题的答案为选项 C。

2. AC 【解析】因为地球同步卫星和地球赤道上的物体的角速度相同，由 $v_1=\omega r$，$v_2=\omega R$ 可得 $\dfrac{v_1}{v_2}=\dfrac{r}{R}$，A 选项正确。由 $a_1=\omega^2 r$，$a_2=\omega^2 R$ 可得 $\dfrac{a_1}{a_2}=\dfrac{r}{R}$，C 选项正确。

3. ACD 【解析】卫星在Ⅰ轨道上做圆周运动，有 $G\dfrac{Mm}{R^2}=m\dfrac{v^2}{R}$，解得 $v=$

$\sqrt{\frac{GM}{R}}$，A 选项正确。卫星经过Ⅱ轨道上的 a 点时线速度大小 $v<\sqrt{\frac{GM}{R}}$，B 选项错误。卫星经过Ⅱ轨道和Ⅲ轨道上的 b 点时，有 $G\frac{Mm}{r^2}=ma$，解得 $a=\frac{GM}{r^2}$，C，D 选项正确。

4. C 【解析】假设地球自转方向为顺时针方向。以角速度较小的人为参考系，把它看作静止不动，角速度较大的卫星相对于人以角速度 $\omega_{相对}=\omega-\omega_e=\frac{2\pi}{T}-\frac{2\pi}{T_e}$ 转动。如答图所示，在赤道上的人能观察到此卫星的最长时间间隙内，卫星相对于人转过的角度满足

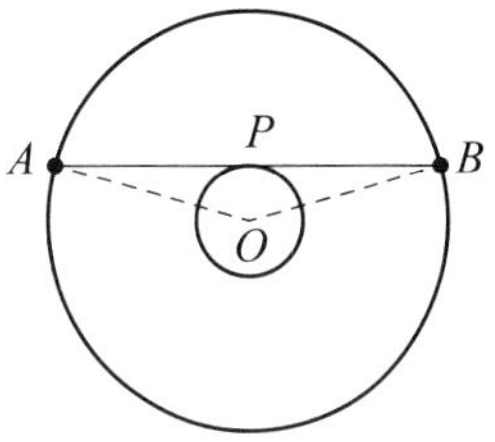

$$\theta_{相对}=\omega_{相对}t$$

即

$$\angle AOB=\left(\frac{2\pi}{T}-\frac{2\pi}{T_e}\right)t \quad ①$$

其中

$$\angle AOB=2\arccos\frac{R_e}{R_e+h} \quad ②$$

根据万有引力定律和牛顿定律，有

$$G\frac{M_e m}{(R_e+h)^2}=m\left(\frac{2\pi}{T}\right)^2(R_e+h) \quad ③$$

$$G\frac{M_e m_0}{R_e^2}=m_0 g \quad ④$$

联立①②③④式，得

$$t\approx 34653\text{s}$$

C 选项正确。

5. C 【解析】以 M 表示地球的质量，m 表示月球的质量，m_0 表示飞行器的质量，r 表示地月距离，x 表示飞行器到月球的距离，ω 表示月球公转的角速度。根据万有引力定律和牛顿第二定律，有

$$G\frac{Mm_0}{(r-x)^2}-G\frac{mm_0}{x^2}=m_0\omega^2(r-x) \quad ①$$

$$G\frac{Mm}{r^2}=m\omega^2 r \quad ②$$

联立①②式，得

$$\frac{GM}{r^2\left(1-\frac{x}{r}\right)^2}-\frac{Gm}{x^2}=\frac{GM}{r^2}\left(1-\frac{x}{r}\right)$$

由于$\frac{x}{r}\ll 1$，则$\left(1-\frac{x}{r}\right)^{-2}\approx 1+\frac{2x}{r}$，即

$$\frac{M}{r^2}\left(1+\frac{2x}{r}-1+\frac{x}{r}\right)\approx\frac{m}{x^2}$$

$$\frac{M}{r^2}\cdot\frac{3x}{r}\approx\frac{m}{x^2}$$

解得

$$x\approx\left(\frac{m}{3M}\right)^{\frac{1}{3}}r$$

所以，飞行器与地球的距离为

$$r-x=r\left[1-\left(\frac{m}{3M}\right)^{\frac{1}{3}}\right]\approx 3.2\times 10^5\,\text{km}$$

故 C 选项正确。

6. BCD 【解析】因“神舟八号”绕地球做匀速圆周运动，故有 $mg'=ma_n=m\omega^2r=mr\left(\frac{2\pi}{T}\right)^2=\frac{2E_K}{r}$，其中，$g'=\frac{R^2}{r^2}g$，故可推知：$a_n=\frac{R^2}{r^2}g$；$\omega=\sqrt{\frac{gR^2}{r^3}}$；$T=2\pi\sqrt{\frac{r^3}{gR^2}}$；$E_K=\frac{mgR^2}{2r}$，可判断选项 B，C，D 正确。

7. $2\pi\sqrt{\frac{R}{g_0-g}}$ 【解析】以 M 表示地球质量，m 表示物体质量，根据万有引力与重力的关系，有

$$G\frac{Mm}{R^2}=mg_0 \qquad ①$$

$$G\frac{Mm}{R^2}=mg+m\left(\frac{2\pi}{T}\right)^2R \qquad ②$$

联立①②式，得

$$T=2\pi\sqrt{\frac{R}{g_0-g}}$$

8. $\frac{3\pi h}{r}$ $\frac{4\pi}{3hR}\sqrt{\frac{r^5}{g}}$ 【解析】由题意知

$$\omega_A=\sqrt{\frac{GM}{r^3}}=\sqrt{\frac{gR^2}{r^3}}$$

$$\omega_B=\sqrt{\frac{GM}{(r+h)^3}}=\sqrt{\frac{gR^2}{(r+h)^3}}$$

A 运行一周的时间为$\frac{2\pi}{\omega_A}$，此时 B 转过的角度为 $\omega_B\cdot\frac{2\pi}{\omega_A}$，故 A、B 对地心的张角为

$$\theta=2\pi-\omega_B\cdot\frac{2\pi}{\omega_A}=2\pi\left(1-\frac{\omega_B}{\omega_A}\right)=2\pi\left[1-\left(\frac{r}{r+h}\right)^{\frac{3}{2}}\right]$$

$$=2\pi\left[1-\left(1-\frac{h}{r+h}\right)^{\frac{3}{2}}\right]\approx2\pi\left[1-\left(1-\frac{3}{2}\cdot\frac{h}{r+h}\right)\right]$$

$$=\frac{3\pi h}{r+h}\approx\frac{3\pi h}{r}$$

当 B 又重新在 A 的正上方时，有

$$(\omega_A-\omega_B)t=2\pi$$

所以

$$t=\frac{2\pi}{\omega_A-\omega_B}=\frac{2\pi}{\theta\cdot\frac{\omega_A}{2\pi}}=\frac{4\pi}{3hR}\sqrt{\frac{r^5}{g}}$$

9. 4.24×10^7 m　327m　**【解析】**以 M 表示地球质量，m 表示卫星质量，m_0 表示地球表面一物体质量，则有

$$G\frac{Mm}{r^2}=m\left(\frac{2\pi}{T}\right)^2r \quad ①$$

$$G\frac{Mm_0}{R^2}=m_0g \quad ②$$

联立①②式，得

$$r=\sqrt[3]{\frac{gR^2T^2}{4\pi^2}}=4.24\times10^7\text{ m}$$

根据开普勒第三定律，有

$$\frac{r^3}{T^2}=C(C\text{ 为常数})$$

即

$$r^3=CT^2$$

取对数并整理，得

$$3\ln r=2\ln T+\ln C$$

从而

$$3\frac{\Delta r}{r}=2\frac{\Delta T}{T}$$

解得

$$\Delta r=327\mathrm{m}$$

10. **解**：(1) 设可见物质的总质量为 M，太阳轨道内可见物质的质量为 M_1，则有

$$G\frac{M_S M_1}{R_0^2}=M_S\frac{v'^2}{R_0} \quad ①$$

$$\frac{M_1}{M}=\left(\frac{R_0}{R}\right)^3 \quad ②$$

联立①②式，得

$$v'=\sqrt{\frac{\alpha\left(\frac{R_0}{R}\right)^3}{\beta}}v_1$$

其中地球第一宇宙速度 $v_1=7.9\mathrm{km/s}$。代入数据，得到理论上太阳绕银心的旋转速度

$$v'\approx 126\mathrm{km/s}$$

(2) 太阳绕银心旋转的实际平均速度

$$v=\frac{2\pi R_0}{T}\approx 200\mathrm{km/s}$$

(3) 银河系中可能存在暗物质，它对太阳也有引力作用，设太阳轨道内暗物质的质量为 M_2，则有

$$G\frac{M_S(M_1+M_2)}{R_0^2}=M_S\frac{v^2}{R_0}$$

可得

$$v=\sqrt{\frac{G(M_1+M_2)}{R_0}}$$

从而银河系暗物质密度与可见物质密度之比为

$$\frac{\rho_2}{\rho_1}=\frac{M_2}{M_1}=\frac{M_2+M_1-M_1}{M_1}$$

$=\left(\frac{v}{v'}\right)^2-1=\left(\frac{200}{126}\right)^2-1\approx1.5$

11. **解**：(1) 因人造地球卫星沿圆形轨道运动，则 $G\frac{Mm}{r_0^2}=m\frac{v^2}{r_0}$，则 $E_k=\frac{1}{2}mv^2=\frac{GMm}{2r_0}$，所以卫星的机械能为 $E=\frac{GMm}{2r_0}-\frac{GMm}{r_0}=-\frac{GMm}{2r_0}$。

设卫星旋转一周轨道半径改变量为 Δr，则对应机械能改变量为

$$\Delta E=-\frac{GMm}{2(r+\Delta r)}+\frac{GMm}{2r}=\frac{GMm}{2}\left(\frac{1}{r}-\frac{1}{r+\Delta r}\right),\quad \frac{1}{r}-\frac{1}{r+\Delta r}=\frac{\Delta r}{r(r+\Delta r)}\approx\frac{\Delta r}{r^2}$$

$$\Delta E=\frac{GMm}{2r^2}\Delta r$$

根据功能原理：$W=\Delta E$，即 $-2\pi rf=\frac{GMm}{2r^2}\Delta r$

$\Delta r=-\frac{4\pi r^3 f}{GMm}$，负号表示轨道半径减小。

(2) 卫星动能的改变量为：

$$\Delta E_k=\frac{GMm}{2(r+\Delta r)}-\frac{GMm}{2r}$$
$$=\frac{GMm}{2}\left(\frac{1}{r+\Delta r}-\frac{1}{r}\right)\approx\frac{GMm}{2r^2}\Delta r=-\frac{GMm}{2r^2}\times\left(-\frac{4\pi r^3 f}{GMm}\right)=2\pi rf$$

12. **解**：设地球质量为 M，卫星质量为 m，探测器质量为 m'，当卫星与探测器一起绕地球做圆周运动时，根据万有引力定律和牛顿第二定律，有

$$\frac{GM(m+m')}{(3R)^2}=(m+m')\frac{v^2}{3R}\qquad ①$$

解得

$$v=\sqrt{\frac{GM}{3R}}\qquad ②$$

设分离后探测器的速度为 v'，探测器恰能完全脱离地球的引力，则它到达无穷远处时速度为零，根据机械能守恒定律，有

$$\frac{1}{2}m'v'^2-\frac{GMm'}{3R}=0\qquad ③$$

解得

$$v'=\sqrt{\frac{2GM}{3R}}=\sqrt{2}v\qquad ④$$

设分离后卫星在近地点的速度为 v_a，在远地点的速度为 v_b，根据机械能守恒定律，有

$$\frac{1}{2}mv_a^2-\frac{GMm}{3R}=\frac{1}{2}mv_b^2-\frac{GMm}{nR} \quad ⑤$$

根据开普勒第二定律，有

$$3Rv_a=nRv_b \quad ⑥$$

联立②⑤⑥式，得

$$v_a=\sqrt{\frac{2n}{3+n}}v \quad ⑦$$

根据分离前后动量守恒，有

$$(m+m')v=mv_a+m'v' \quad ⑧$$

联立④⑦⑧式，得

$$\frac{m}{m'}=\frac{\sqrt{2}-1}{1-\sqrt{\frac{2n}{3+n}}}$$

第 7 讲 动量和动量定理

强基要点 1 动量和动量定理

(1) **动量**：在牛顿定律建立以前，人们为了度量物体做机械运动的“运动量”，引入了动量的概念。当时在研究碰撞和打击问题时认识到：物体的质量和速度越大，其“运动量”就越大。

(2) **冲量**：要使原来静止的物体获得某一速度，可以用较大的力作用较短的时间或用较小的力作用较长的时间，只要力 F 和力作用的时间 Δt 的乘积相同，所产生的改变这个物体的速度效果就一样，在物理学中把 $F\Delta t$ 叫作冲量。$\int_{t_1}^{t_2}\vec{F}\mathrm{d}t$ 称为在 $t_1 \sim t_2$ 时间内力 $\vec{F}$ 对质点的冲量，记为 $\vec{I}=\int_{t_1}^{t_2}\vec{F}\mathrm{d}t$ 。

(3) 质点动量定理：$F\Delta t=mv_1-mv_0$ 或 $F\Delta t=\Delta p$

即合外力的冲量等于物体动量的增量，这就是质点动量定理。

实质是牛顿第二定律的另一种形式

$$\vec{F}=\frac{\mathrm{d}}{\mathrm{d}t}(m\vec{v}) \quad 由此有 \ \vec{F}\mathrm{d}t=\mathrm{d}(m\vec{v})$$

积分形式：$\int_{t_1}^{t_2}\vec{F}\mathrm{d}t=\int_{\vec{p}_1}^{\vec{p}_2}\mathrm{d}\vec{P}=\vec{p}_2-\vec{p}_1$

分量式为：

$$F_x\Delta t=mv_{tx}-mv_{0x} \quad F_y\Delta t=mv_{ty}-mv_{0y}$$

要点精例

例 1 (2019 清华领军)如图所示，质量远小于木板的子弹第一次击中木板的中点，第二次击中木板的右端点。关于木板升起的高度，下列描述正确的是(　　)。

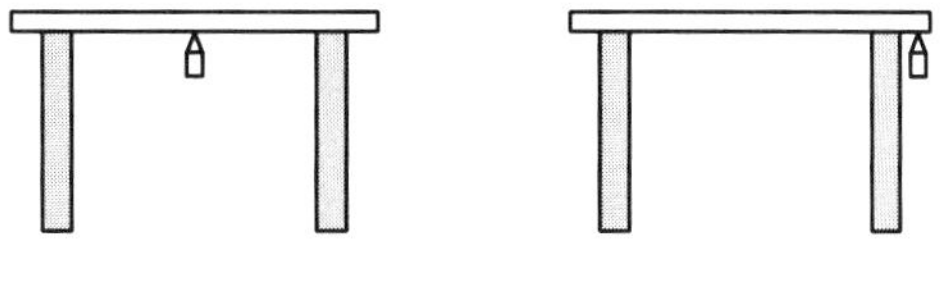

A. 两次质心上升的高度相同

B. 第一次质心上升的高度大

C. 第二次质心上升的高度大

D. 第二次木板将绕质心匀速转动

【解析】两次子弹提供的冲量相同，但第二次还有左侧桌腿的冲量，故第二次木板质心速度大，上升的高度大。所以 C 选项正确。

例 2 (2016 清华)现有一轻质绳拉动小球在水平面内做匀速圆周运动，如图所示。小球质量为 m，速率为 v，重力加速度为 g，轻绳与竖直方向的夹角为 θ。求小球运动半周的过程中拉力的冲量。

【解析】小球的受力如答图所示。根据牛顿第二定律，有

$$mg\tan\theta = ma = m\frac{2\pi}{T}v$$

小球运动半周的过程中，合力的冲量为 $2mv$，重力的冲量为 $mg\cdot\frac{T}{2}=m\pi v\cot\theta$，所以拉力的冲量为 $mv\sqrt{4+\pi^2\cot^2\theta}$。

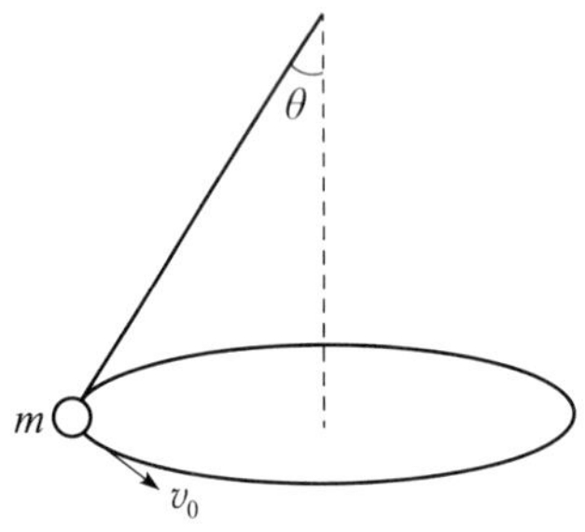

题图

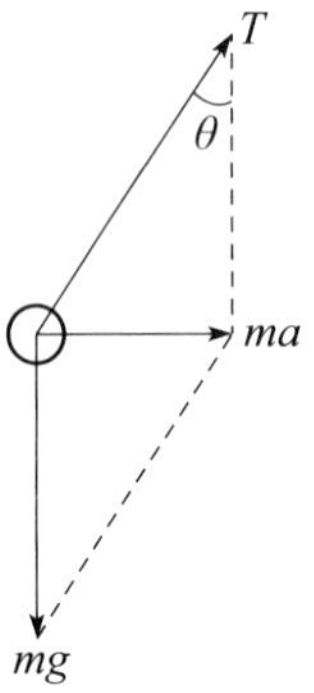

答图

例 3 如图所示，传送带向上传送砂石。料斗给传送带供砂石的进料速度为 μ(kg/s)，两轮间传送带长为 l，倾角为 α，主动轮半径为 R。问：为使传送带匀速向上传送砂石，发动机的最小转矩是多少？设砂石的初始速度为零，而砂石沿传送带滑动的长度足够小，从而可认为传送带上的砂石相对于传送带是静止的。

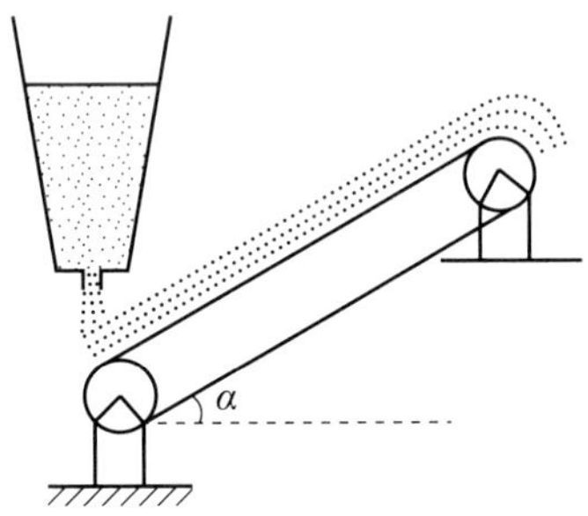

【解析】主动轮匀速转动，则可使载砂部分的传送带匀速移动。故发动机作用于主动轮(连同包于其上的一段传送带)的转矩 M 应与主动轮附近传送带中的张力 T_1 的力矩 T_1R 平衡，如图(a)所示。而考虑到载砂石部分的传送带匀速运动，故张力在数值上等于两个力数值之和，如图(b)所示。一个力是带上砂石(设质量为 m)所受重力的下滑分力为

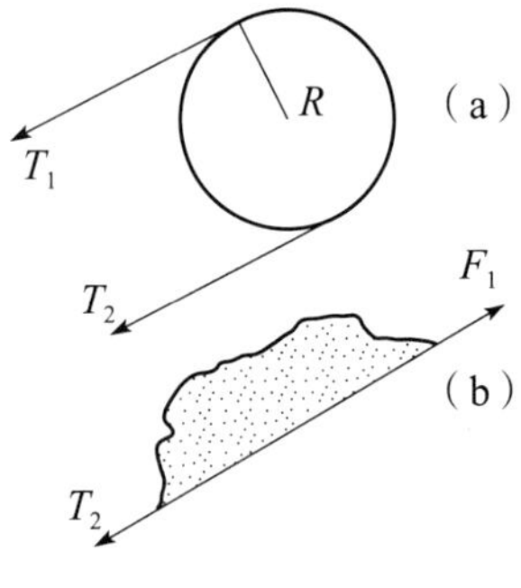

$$F_1 = mg\sin\alpha$$

另一个力 $F_2=\frac{\Delta p}{\Delta t}$

由于在时间间隔 Δt 内，向传送带输入了质量为 $\Delta m=\mu\Delta t$ 的静止砂石，传送带则需向其提供 $\Delta p=\Delta m v$ 的动量，以使其很快达到速度 v。传送带上砂石总质量 m 不变，因为在同样时间 Δt 内，还有长为 $v\Delta t$ 的一段传送带上的砂石被卸下，由 $\mu\Delta t=\frac{mv\Delta t}{l}$ 导出 $m=\frac{\mu l}{v}$，将所求各量代入力矩平衡方程，解得转矩

$$M=(F_1+F_2)R=\left(mg\sin\alpha+\frac{v\Delta m}{\Delta t}\right)R=\left(\frac{\mu gl\sin\alpha}{v}+\mu v\right)R$$

$$=\mu R\sqrt{gl\sin\alpha}\left(\frac{\sqrt{gl\sin\alpha}}{v}+\frac{v}{\sqrt{gl\sin\alpha}}\right)$$

括号内相加的两个正项之积为常数，故当它们相等时，它们的和最小，即当 $v=\sqrt{gl\sin\alpha}$，括号内值最小，故 $M_{\min}=2\mu R\sqrt{gl\sin\alpha}$。

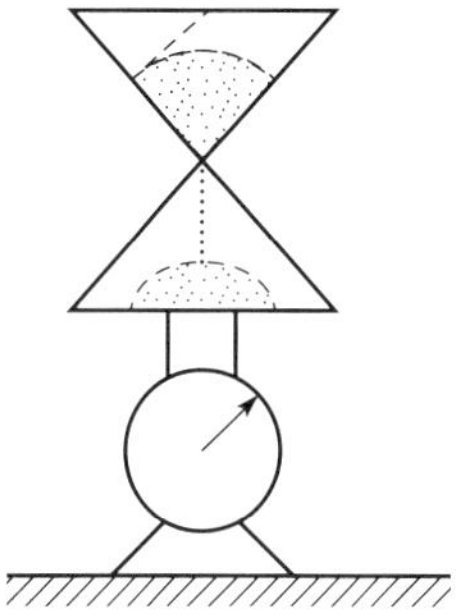

例 4 (2012 清华)如图所示，一个沙漏(古代的一种计时器)置于一个盘秤上，初始时瓶中的所有沙子都放在上面的容器中，瓶的质量为 M，瓶中的沙子质量为 m。在 $t=0$ 时，沙子开始释放流入下面的容器，沙子以质量变化率 $\lambda=\frac{\Delta m}{\Delta t}$ 离开上面的容器，试画出一个图(并定性标明)，给出在 $t>0$ 的全部时间内秤的读数。

【解析】 沙子开始下落直至落到底部之前，由于沙漏上部的沙子不断减少，故盘秤的读数不断减小，取整体(在空中那部分沙子除外)来研究，易得

$$W_1=(M+m)g-\lambda t_1 g$$

其中 $0\leqslant t\leqslant t_1\leqslant\sqrt{\frac{2h}{g}}$

从开始有沙子下落到沙子全部离开上容器那一瞬时为止，取一极短时间，沙子对盘秤的冲力为 F(由于沙子落至底部时有一定速度)，则根据动量定理得

$$F\Delta t=\Delta mv$$

其中 $v=\sqrt{2gh}$，$\Delta m=\lambda\Delta t$

解得 $F=\lambda\sqrt{2gh}$

所以，盘秤的读数为

$$W_2=[(M+m)g-\lambda t_1 g]+\lambda\sqrt{2gh}=(M+m)g$$

其中 $t_1<t<t_2=\dfrac{m}{\lambda}$

沙子刚全部离开上面容器直到全部到达下面容器底部为止，盘秤的读数为

$$W_3=W_2+\lambda(t-t_2)g=W_2+\lambda\Delta tg$$

其中 $t_2<t\leqslant t_3=t_1+t_2$，$0\leqslant\Delta t\leqslant t_1$

沙子全部到达底部以后，盘秤的读数为

$$W_4=(M+m)g$$

其中 $t\geqslant t_1+t_2=t_3$

以上过程表明盘秤的读数与时间的关系如图所示。

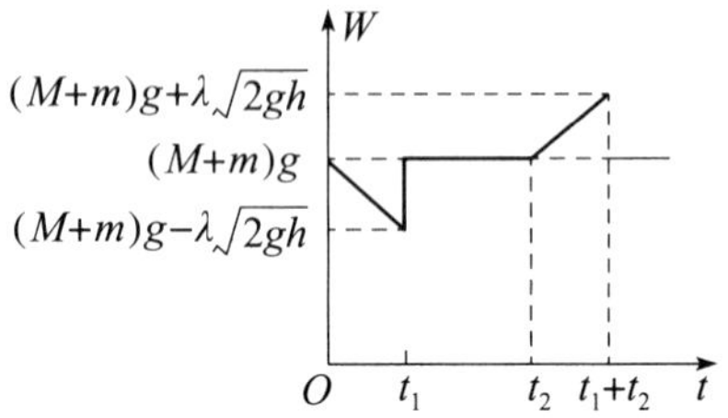

强基要点 2 质点系的动量定理

几个概念：系统(指一组质点)；内力(系统内质点间作用力)；外力(系统外物体对系统内质点作用力)。

设系统含 n 个质点，第 i 个质点的质量和速度分别为 m_i、$\vec{v}_i$，对于第 i 个质点受合内力为 $\vec{F}_{i内}$，受合外力为 $\vec{F}_{i外}$，由牛顿第二定律有

$$\vec{F}_{i外}+\vec{F}_{i内}=\frac{\mathrm{d}(m_i\vec{v}_i)}{\mathrm{d}t}$$

对上式求和，有

$$\sum_{i=1}^{n}\vec{F}_{i外}+\sum_{i=1}^{n}\vec{F}_{i内}=\sum_{i=1}^{n}\frac{\mathrm{d}(m_i\vec{v}_i)}{\mathrm{d}t}=\frac{\mathrm{d}}{\mathrm{d}t}\sum_{i=1}^{n}(m_i\vec{v}_i)$$

因为内力是一对作用力与反作用力组成，故 $\vec{F}_{合内力}=0$，有

$$\vec{F}_{合外力}=\frac{\mathrm{d}\vec{P}}{\mathrm{d}t}$$

结论：系统受的合外力等于系统动量的变化，这就是质点系的动量定理。

上式可表示如下

$$\int_{t_1}^{t_2}\vec{F}_{合外力}\,\mathrm{d}t=\int_{\vec{p}_1}^{\vec{p}_2}\mathrm{d}\vec{P}=\vec{p}_2-\vec{p}_1$$

即 $\vec{I}_{合外力冲量}=\vec{p}_2-\vec{p}_1$

结论：系统受合外力冲量等于系统动量的增量，这也是质点系动量定理的又一表述。

例 5 （第29届全国预赛）如图所示，两物块叠放在一起，下面物块位于光滑水平桌面上，其质量为 m，上面物块的质量为 M，两物块之间的动摩擦因数为 μ。现从静止出发对下面物块施以随时间 t 变化的水平推力 $F=\gamma t$，γ 为一常量，则从力开始作用到两物块刚发生相对运动所经过的时间等于________，此时物块的速度等于________。

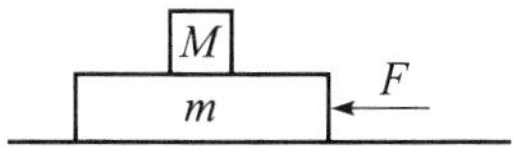

【解析】 以 M，m 整体为研究对象，根据牛顿第二定律，有

$$\gamma t=(M+m)a \quad ①$$

以 M 为研究对象，根据牛顿第二定律，有

$$\mu Mg=Ma \quad ②$$

联立①②式，得

$$t=\frac{\mu g(M+m)}{\gamma} \quad ③$$

以 M，m 整体为研究对象，根据动量定理，有

$$\frac{\gamma t}{2}\cdot t=(M+m)v \quad ④$$

联立③④式，得

$$v=\frac{\mu^2 g^2(M+m)}{2\gamma}$$

例 6 质量分别为 m_1，m_2 和 m_3 的三个质点 A、B、C 位于光滑的水平桌面上，用已拉直的不可伸长的柔软细绳 AB 和 BC 连接。$\angle ABC=\pi-\alpha$，α 为锐角，如图所示。现有一冲量为 J 的瞬时冲击力沿 BC 方向作用于质点 C，求质点 A 开始运动时的速度。

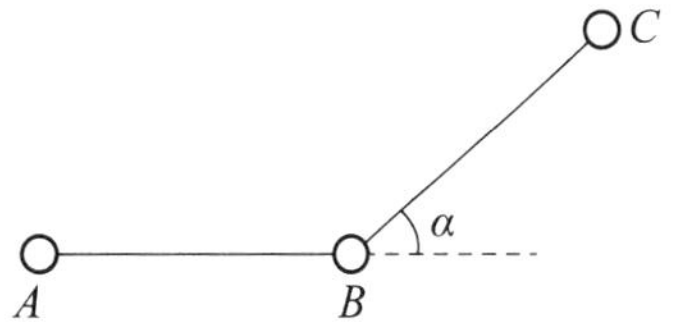

【解析】 设该系统受冲击力作用后，三个质点 A、B、C 的速度分别为 v_1、v_2、v_3。

根据质点系动量定理，有

$$\overline{J}=m_1\vec{v}_1+m_2\vec{v}_2+m_3\vec{v}_3$$

对于软绳来说，作用力方向一定是沿绳的，所以 v_1 沿 AB 方向，v_3 沿 BC 方向，设 v_2 的方向与 BC 成 β 角，如答图所示。

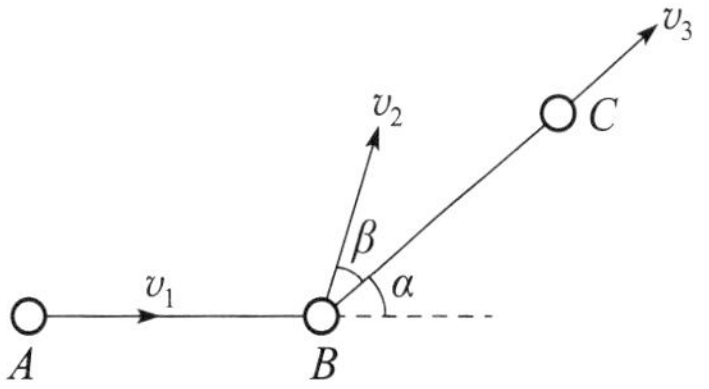

沿 BC 方向，有

$$J=m_1v_1\cos\alpha+m_2v_2\cos\beta+m_3v_3$$

垂直于 BC 方向，有

$$0=-m_1v_1\sin\alpha+m_2v_2\sin\beta$$

由于绳不可伸长，则有

$$v_1=v_2\cos(\alpha+\beta)$$
$$v_3=v_2\cos\beta$$

联立得

$$v_1=\frac{Jm_2\cos\alpha}{m_2(m_1+m_2+m_3)+m_1m_3\sin^2\alpha}$$

强基要点 3 动量守恒定律

$$\int_{t_1}^{t_2}\vec{F}_{合外力}\,\mathrm{d}t=\int_{\vec{p}_1}^{\vec{p}_2}\mathrm{d}\vec{P}=\vec{p}_2-\vec{p}_1$$

式中，若合外力等于0，则系统的末动量 $\vec{p}_2$ 等于系统的初动量 $\vec{p}_1$，即 $\vec{p}_2=\vec{p}_1$

即 $m_1v_1+m_2v_2+\cdots+m_nv_n=m_1v_1'+m_2v_2'+\cdots+m_nv_n'$

注意：(1) 动量守恒条件：$\vec{F}_{合外力}=0$，惯性系，非惯性系需引入惯性系力。

(2) 动量守恒是指系统的总动量守恒，而不是指个别物体的动量守恒。

(3) 内力能改变系统动能而不能改变系统动量。

(4) $\vec{F}_{合外力}\neq 0$ 时，若 $\vec{F}_{合外力}$ 在某一方向上的分量为零，则在该方向上系统的动量分量守恒。若内力远大于外力时，我们仍可以把它当作合外力为零进行处理，动量守恒定律成立。如遇到碰撞、爆炸等时间极短的问题时，可忽略外力的冲量，系统动量近似认为守恒。

(5) 动量守恒是指 $\vec{p}=$常矢量(不随时间变化)，此时要求 $\vec{F}_{合外力}\equiv 0$。

(6) 动量守恒是自然界的普遍规律之一。

要点精例

例 7 (2019 中科大)如图所示，光滑水平面上有一辆质量为 $2m$ 的小车，车上左右两端分别站着甲、乙两人，他们的质量都是 m，开始两个人和车一起以速度 v_0 向右匀速运动。某一时刻，站在车右端的乙先以相对于地面向右的速度 u 跳离小车，然后站在车左端的甲以相对于地面向左的速度 u 跳离小车。两人都离开小车后，小车的速度将是(　　)。

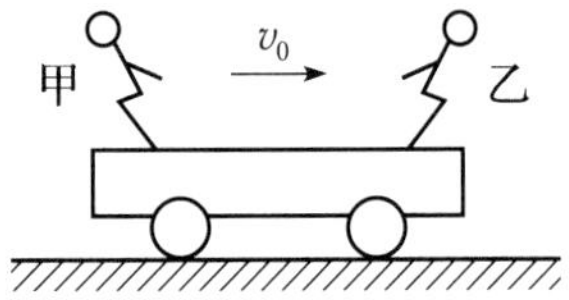

A. v_0　　B. $2v_0$　　C. 大于 v_0 小于 $2v_0$　　D. 大于 $2v_0$

【解析】 取水平向右的方向为正方向，根据动量守恒定律，有

$$4mv_0=mu-mu+2mv,$$

解得 $v=2v_0$。所以B选项正确。

例 8 (2017 清华)A、B两滑块在同一光滑的水平直导轨上相向运动发生碰撞(碰撞时间极短)。用闪光照相闪光4次摄得的闪光照片如图所示。已知闪光的时间间隔为 Δt，而闪光本身持续时间极短。在这4次闪光的瞬间，A、B两滑块均在0~80cm刻度范围内，且第一次闪光时，滑块A恰好通过 $x=55$cm处，滑块B恰好通过 $x=70$cm处，则(　　)。

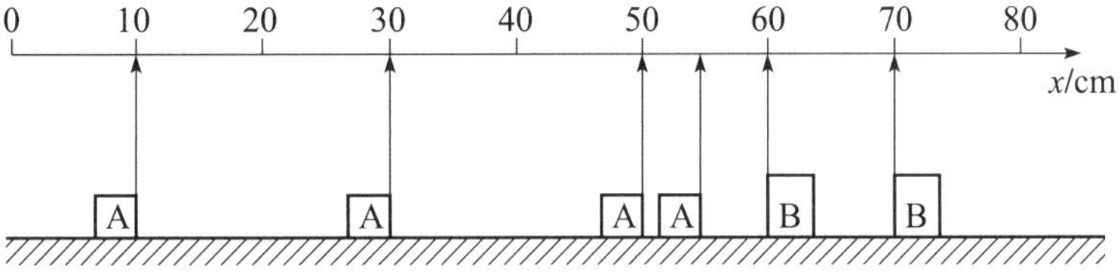

A. 碰撞一定发生在 $x=60$cm处　　B. 第一次闪光到发生碰撞的时间为 $\frac{\Delta t}{2}$

C. 两滑块的质量之比 $\frac{m_A}{m_B}$ 等于2∶1　　D. 两滑块的质量之比 $\frac{m_A}{m_B}$ 等于2∶3

【解析】由图可知，第2、3、4次闪光时B未发生移动，则碰撞后B静止，故碰撞发生在 $x=60$cm处。所以A选项正确。

碰撞后A向左做匀速运动，设其速率为 v'_A，则 $v'_A\Delta t=20$cm。发生碰撞到第二次闪光时A向左运动了10cm，时间为 t'，$v'_At'=10$cm。第一次闪光到发生碰撞的时间为 t，则 $t+t'=\Delta t$，解得 $t=\frac{\Delta t}{2}$。所以B选项正确。

碰撞前A的速率为 $v_A=\frac{5}{\frac{\Delta t}{2}}=\frac{10}{\Delta t}$，B的速率为 $v_B=\frac{10}{\frac{\Delta t}{2}}=\frac{20}{\Delta t}$。取向左为正方向，根据动量守恒定律，有 $-m_Av_A+m_Bv_B=m_Av'_A$，即 $-m_A\cdot\frac{10}{\Delta t}+m_B\cdot\frac{20}{\Delta t}=m_A\cdot\frac{20}{\Delta t}$，可得 $\frac{m_A}{m_B}=\frac{2}{3}$。所以D选项正确。答案：ABD

例 9 (2009 浙大)一质量为 m_0、以速率 v_0 运动的粒子，碰到一质量为 $2m_0$ 的静止粒子。结果，质量为 m_0 的粒子偏转了45°，并具有末速度 $\frac{v_0}{2}$，求质量为 $2m_0$ 的粒子偏转后的速率和方向。

【解析】设 m_0 碰撞前的运动方向为 x 轴正方向，根据动量守恒定律，有

$$m_0v_0=m_0\frac{v_0}{2}\cos45°+2m_0v_x$$

$$m_0\frac{v_0}{2}\sin45^\circ=2m_0v_y$$

联立，得

$$v_x=\frac{v_0}{2}\left(1-\frac{\sqrt{2}}{4}\right),\quad v_y=\frac{\sqrt{2}}{8}v_0$$

所以速率为

$$v=\sqrt{v_x^2+v_y^2}=\frac{\sqrt{5-2\sqrt{2}}}{4}v_0$$

速率的方向与 x 轴夹角为

$$\theta=\arcsin\frac{v_y}{v}=\arcsin\frac{\sqrt{2}}{2\sqrt{5-2\sqrt{2}}}\approx28.67^\circ$$

例 10 （2008 东南大学）如图所示，竖直平面内有一光滑圆弧形轨道，O 为最低点，A、B 两点距 O 点的高度分别为 h 和 $4h$，现从 A 点释放一质量为 M 的大物体，且每隔适当的时间从 B 点释放一质量为 m 的小物体，它们和大物体碰撞后都结为一体，已知 $M=100m$。

(1) 若每当大物体向右运动到 O 点时，都有一个小物体与之碰撞，问：碰撞多少次后大物体的速度最小？

(2) 若每当大物体运动到 O 点时，都有一个小物体与之碰撞，问：碰撞 50 次后，大物体运动的最大高度为 h 的几分之几？

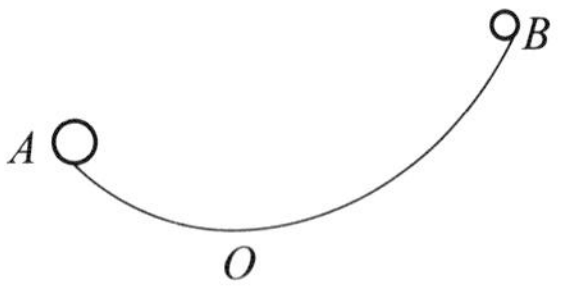

【解析】(1) 设由 A、B 释放的物体沿圆弧形轨道运动到 O 点时速度大小分别为 v_A、v_B。根据机械能守恒定律，有

$$Mgh=\frac{1}{2}Mv_A^2$$

$$mg\cdot4h=\frac{1}{2}mv_B^2$$

解得

$$v_A=\sqrt{2gh},\quad v_B=2\sqrt{2gh}$$

设 n 次碰撞后大物体的速度最小，根据动量守恒定律，有

$$Mv_A-nmv_B=(M+nm)v_{\min}$$

当 $Mv_A-nmv_B=0$ 时，大物体速度最小，解得 $n=50$ 次。

(2) 第1次碰撞，有

$$Mv_A-mv_B=(M+m)v_1$$

第2次碰撞，有

$$(M+m)v_1+mv_B=(M+2m)v_2$$

第3次碰撞，有

$$(M+2m)v_2+mv_B=(M+3m)v_3$$

第4次碰撞，有

$$(M+3m)v_3+mv_B=(M+4m)v_4$$

……

第50次碰撞，有

$$(M+49m)v_{49}+mv_B=(M+50m)v_{50}$$

以上各式相加，得

$$Mv_A=(M+50m)v_{50}$$

解得

$$v_{50}=\frac{M}{M+50m}v_A=\frac{2}{3}v_A$$

根据机械能守恒定律，有

$$(M+50m)gh'=\frac{1}{2}(M+50m)v_{50}^2$$

解得

$$h'=\frac{4}{9}h$$

强基要点 4 动量守恒定律的推广——质心的运动

由质心的运动定理 $F=Ma_C$（F 是系统合外力，M 是系统质量，a_C 质心加速度）。

若 $F=0$ 得 $a_C=0$，质心将静止或均速运动，质心的速度为 $v_C=\frac{\sum m_iv_i}{\sum m_i}$，系统动量守恒。

如果一个质点系的质心在某一个外力作用下做某种运动，那么内力也不能改变质心的这种运动。比如某一物体原来做抛体运动，如果突然被炸成两块，那么这两块物体的质心仍然继续做原来的抛体运动。

如果一个质量为 m_A 的半圆形槽 A 原来静止在水平面上，槽半径为 R。将一个质量为 m_B 的滑块 B 由静止释放[图(a)]，若不计一切摩擦，问 A 的最大位移为多少？

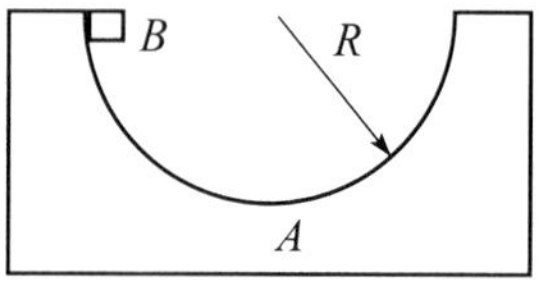

(a)

由于 A 做的是较复杂的变加速运动，因此很难用牛顿定律来解。由水平方向动量守恒和机械能守恒，可知 B 一定能到达槽 A 右边的最高端，而且这一瞬间 A、B 相对静止。因为 A、B 组成的体系原来在水平方向的动量为零，所以它的质心位置应该不变，初始状态 A、B 的质心距离圆槽最低点的水平距离为：

$$s=\frac{m_B}{m_A+m_B}\cdot R$$

所以 B 滑到槽 A 的右边最高端时[图(b)]，A 的位移为：$2s=\dfrac{2m_B}{m_A+m_B}\cdot R$

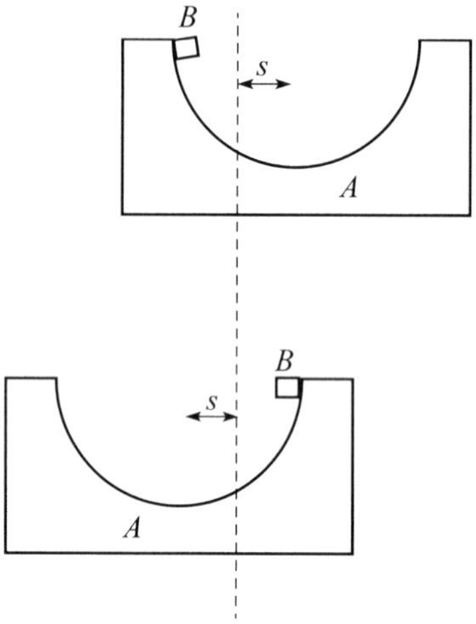

(b)

要点精例

例 11 (2009 上海交大)如图所示，在长为 L 的轻杆的两端分别固定两个线度可忽略的、质量为 m 和 M 的小球，$M=3m$，竖直放置于光滑的平面上。如果受到空气扰动的影响，系统将倾倒。在 M 落地的瞬间，M 的速度 v_M 的大小为________。该过程中系统的质心相对于小球 m 的位移大小为________。

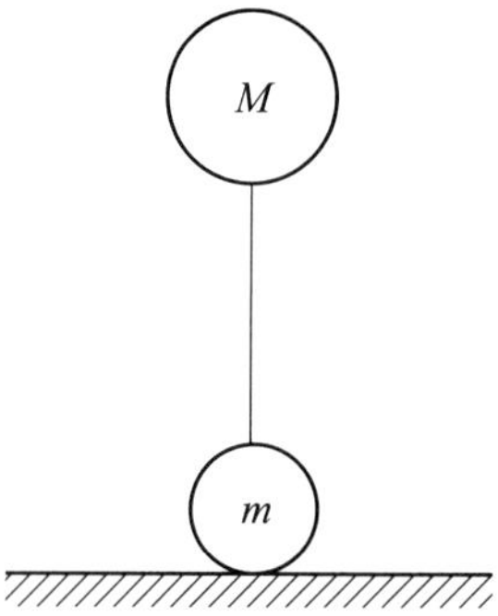

【解析】 水平方向动量守恒，在 M 落地的瞬间无质心水平速度，$mv_{mx}+Mv_{Mx}=0$，

因杆不可伸缩，故有 $v_{mx}=v_{Mx}=0$，

由能量守恒 $MgL=\frac{1}{2}Mv_{My}^2$，

联合解得：$v_M=v_{My}=\sqrt{2gL}$，方向竖直向下。

由人船模型可知，$s_M=\dfrac{M}{M+m}L=\dfrac{3}{4}L$，故质心相对于小球 m 的位移大小为 $\dfrac{3}{4}L$。

例 12 (2008 浙大)质量为 1kg 的箱子静止在光滑水平面上，箱子内侧的两壁间距为 $L=1$m，另一质量也为 1kg 且可视为质点的物体从箱子中央以 $v_0=5$m/s 的速度开始运动，如图所示。已知物体与箱底的动摩擦因数为 0.05，物体与箱壁间发生的是完全弹性碰撞。试求：

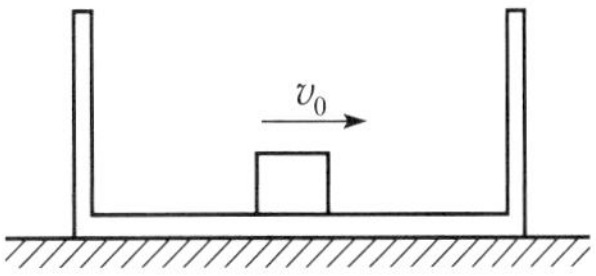

(1) 物体可与箱壁发生多少次碰撞。

(2) 物体从开始运动到与箱子相对静止的这段时间内，箱子在水平面上的位移是多少。

【解析】(1) 将物体和箱子作为一个系统，由于在水平方向系统不受任何外力作用，因此在物体与箱子运动及碰撞的整个过程中系统的动量守恒。又由于物体与箱壁发生完全弹性碰撞，因此从物体开始运动到与箱子相对静止的过程中，系统损失的机械能全部用来克服滑动摩擦力做功而转变为系统的内能。

设物体与箱子相对静止时的共同速度为 v，

根据动量守恒定律 $mv_0=2mv$，

能量守恒定律 $\mu mg\cdot s_{相对}=\frac{1}{2}mv_0^2-\frac{1}{2}\cdot 2mv^2$。

可得 $s_{相对}=\frac{v_0^2}{4\mu g}=12.5\text{m}$。

所以，物体和箱壁可发生 12 次碰撞，且物体最后停在箱底和前壁接触处(最后只接触，并不发生碰撞)。

(2) 方法一：

对物体在箱子中的各段运动，以 v_0 方向为正方向，利用动量定理并进行矢量叠加可得 $-\mu mgt=mv-mv_0$，可得 $t=\frac{v_0}{2\mu g}=5\text{s}$。

由于物体和箱子组成的系统不受外力作用，其质心将做匀速直线运动，其速度为

$$v_C=\frac{\sum_{i=1}^{n}m_iv_i}{M}=\frac{mv_0}{2m}=2.5\text{m/s}。$$

在时间 t 内质心的位移为 $x_C=v_Ct=12.5\text{m}$。

由于初态时质心在箱底的中央位置，末态时质心在箱底中央前 0.25m 处，因此箱子的位移 $x=x_C-0.25\text{m}=12.25\text{m}$。

方法二：

①物理过程：物体向右做匀减速运动，箱子同时向右做匀加速运动，两者加速度大小都是 $a=\frac{f}{m}=\frac{\mu mg}{m}=0.5\text{m/s}^2$，物体与箱子会在箱子右壁发生第一次碰撞，分析知碰撞后速度交换，物体向右做匀加速运动，箱子向右做匀减速运动，两者会在箱子左壁发生第二次碰撞，速度交换。以此类推，多次碰撞后，最后两者相对静止。

②建立“$v-t$”坐标系：分别作出两个物体运动图像，如下图。

③分析及结论：经过 12 次碰撞后，两者达到共同速度 $v_{共}=\frac{v_0}{2}=2.5\text{m/s}$。从图中还可看出，任一斜线可视为匀变速直线运动，因此物体从开始运动到与箱子相对静止的时间 $t=\frac{\Delta v}{a}=\frac{2.5}{0.5}=5\text{s}$。

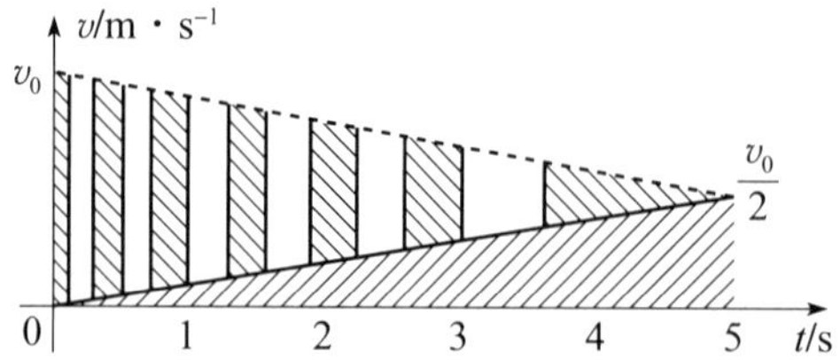

强基要点 5 碰撞

质量为 m_1 和 m_2 的两个物块，在直线上发生对心碰撞，碰撞前后速度分别为 v_{10} 和 v_{20} 及 v_1 和 v_2，碰撞前后速度在一条直线上，由动量守恒定律得到 $m_1v_{10}+m_2v_{20}=m_1v_1+m_2v_2$。

碰撞又可分类为下列几种：

1. 弹性碰撞

在碰撞过程中没有机械能损失的碰撞称为弹性碰撞，由动能守恒有

$$\frac{1}{2}m_1v_{10}^2+\frac{1}{2}m_2v_{20}^2=\frac{1}{2}m_1v_1^2+\frac{1}{2}m_2v_2^2$$

结合动量守恒解得

$$v_1=\frac{m_1-m_2}{m_1+m_2}v_{10}+\frac{2m_2}{m_1+m_2}v_{20} \quad v_2=\frac{2m_2}{m_1+m_2}v_{10}+\frac{m_2-m_1}{m_1+m_2}v_{20}$$

对上述结果可作如下讨论：

(1) $m_1=m_2$，则 $v_1=v_{20}$，$v_2=v_{10}$，即 m_1 和 m_2 交换速度。

(2) 若 $m_1\gg m_2$，且有 $v_{20}=0$，则 $v_1\approx v_{10}$，$v_2\approx 2v_{10}$，即质量大的物块速度几乎不变，小物块以二倍于大物块速度运动。

(3) 若 $m_1\ll m_2$，且 $v_{20}=0$，则 $v_1=-v_{10}$，$v_2\approx 0$，则质量大的物块几乎不动，而质量小的物块以原速率反弹。

2. 完全非弹性碰撞

两物相碰黏合在一起或具有相同速度，被称为完全非弹性碰撞，在完全非弹性碰撞中，系统动量守恒，损失机械能最大。

$$m_1v_{10}+m_2v_{20}=(m_1+m_2)v \quad 得 \quad v=\frac{m_1v_{10}+m_2v_{20}}{m_1+m_2}$$

碰撞过程中损失的机械能为

$$\Delta E=\frac{1}{2}m_1v_{10}^2+\frac{1}{2}m_2v_{20}^2-\frac{1}{2}(m_1+m_2)v^2$$
$$=\frac{1}{2}\left(\frac{m_1m_2}{m_1+m_2}\right)(v_{10}-v_{20})^2$$

3. 一般非弹性碰撞

一般非弹性碰撞是指碰撞后两物分开，速度 $v_1\neq v_2$，且碰撞过程中有机械损失，但比完全非弹性碰撞损失机械能要小。物理学中用恢复系数来表征碰撞性质。恢复系数 e 定义为

$$e=\frac{v_2-v_1}{v_{10}-v_{20}}$$

(1) 弹性碰撞：$e=1$。

(2) 完全非弹性碰撞：$v_2=v_1$，$e=0$。

(3) 一般非弹性碰撞：$0<e<1$。

4. 斜碰

两物碰撞前后不在一条直线上，属于斜碰，如图所示。

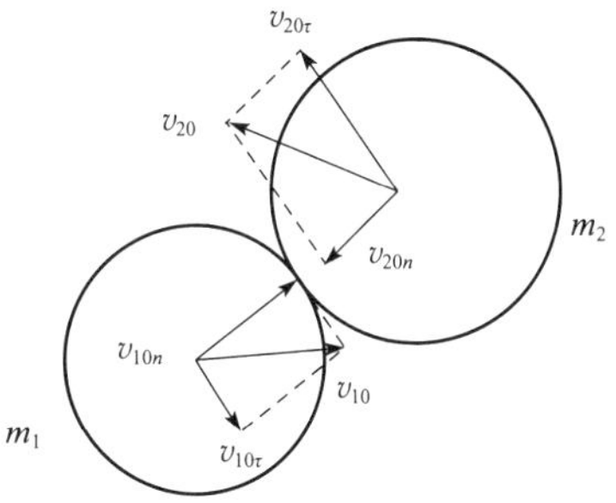

设两物间的恢复系数为 e，设碰撞前 m_1、m_2 速度为 v_{10}、v_{20}，其法向、切向分量分别为 v_{10n}、v_{20n}、$v_{10\tau}$、$v_{20\tau}$，碰后分离速度 v_1、v_2，法向、切向速度分量 v_{1n}、v_{2n}、v_{1t}、v_{2t}，则有

$$e=\frac{v_{2n}-v_{1n}}{v_{10n}-v_{20n}}$$

若两物接触处光滑，则应有 m_1、m_2 切向速度分量不变 $v_{1t}=v_{10\tau}$、$v_{2\tau}=v_{20\tau}$。

若两物接触处有切向摩擦，这一摩擦力大小正比于法向正碰力，也是很大的力，它提供的切向冲量便不可忽略。

要点精例

例13 (2011 复旦)如图所示，一根光滑水平杆上串有 5 个完全相同的弹性钢珠子，相隔一定距离放置，现设想同时给 5 个珠子以任意的速度使它们移动，则钢珠子之间最多可碰撞(　　)次。

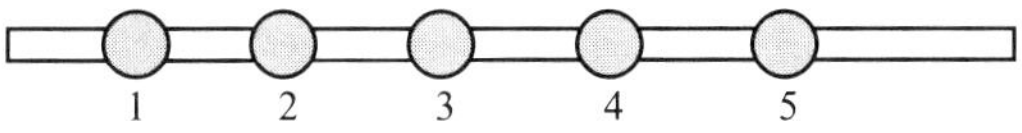

A. 6　　B. 8　　C. 10　　D. 12

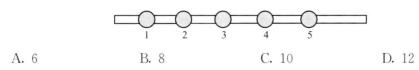

【解析】如图所示，设杆上有 5 个钢珠子，完全相同的钢珠子之间发生弹性碰撞，则碰后速度交换，同时因各球速度各不相同，间距也不确定，最多的碰撞次数对应

4 最先和 5 碰，以后 3 再碰 4，碰后 4 的速度可能还比 5 的速度要大些，故它还会再次碰 5 球，依次类推，这样 4 球碰 5 球最多有 4 次，3 球碰 4 球最多有 3 次，2 球碰 3 球最多有 2 次，1 球碰 2 球最多有 1 次，故钢球之间的碰撞次数最多为 10 次。故选项 C 正确。

例 14 （2016 清华领军）如图所示，两物块重叠放置，从距地面 $h=5\text{m}$ 高的地方静止释放，假定所有碰撞均为弹性碰撞，B 碰地后静止，A 弹起的高度为 h'，那么（　　）。

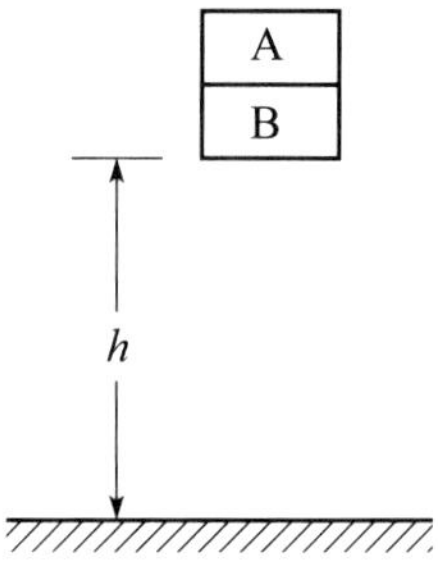

A. $h'=20\text{m}$　　　　B. $h'=10\text{m}$

C. $m_A=3m_B$　　　　D. $m_A=2m_B$

【解析】 根据机械能守恒定律和动量守恒定律，有

$$(m_A+m_B)gh=m_Agh' \quad ①$$

$$m_B\sqrt{2gh}-m_A\sqrt{2gh}=m_A\sqrt{2gh'} \quad ②$$

联立①②式，得

$$h'=20\text{m},\quad m_B=3m_A$$

所以 A 选项正确。

例 15 （2009 北大）光滑的水平桌面上放着一个半径为 R、内壁光滑的固定圆环，质量分别为 m、$2m$、m 的小球 A、B、C 在圆环内侧的初始位置和初始速度均在图中示出，注意此时 B 球静止。假设球间发生的碰撞都是弹性的，试问经多长时间，A、B、C 又第一次恢复到如图所示的位置和运动状态？

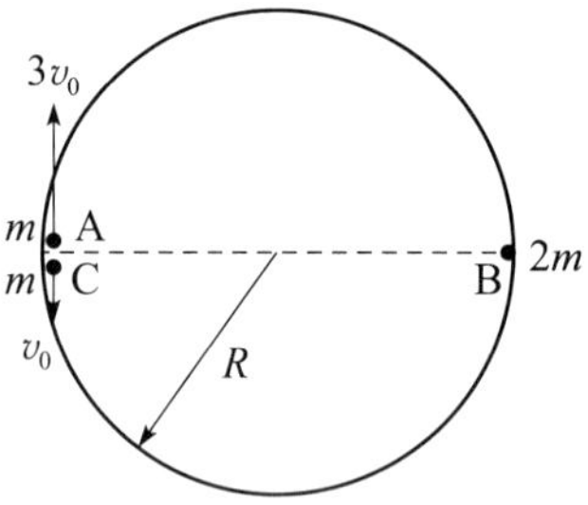

【解析】 设两碰撞是弹性的，碰撞时动量守恒、能量守恒，且碰撞后前方物体的速度要大于后方物体的速度（或者后方物体反向运动），可得：

$$v_1=\frac{(m_1-m_2)v_{10}+2m_2v_{20}}{m_1+m_2},\quad v_2=\frac{2m_1v_{10}+(m_2-m_1)v_{20}}{m_1+m_2}$$

建立如图所示坐标系：规定逆时针方向为角 θ 正方向、初始时刻为计时起点。

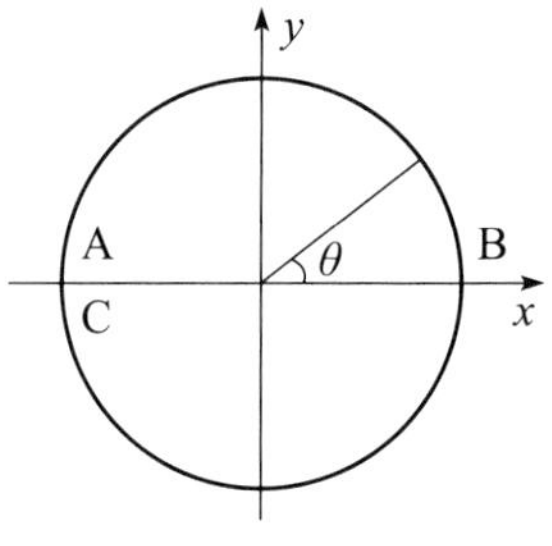

则当 $t_1=\dfrac{\pi R}{3v_0}$ 时，A 与 B 在 $\theta=0$ 处相碰，得：

$v_{A1}=-v_0$，$v_{B1}=2v_0$，此时，C 在 $\theta_1=-\dfrac{2\pi}{3}$ 处。

当 $t_2=t_1+\dfrac{\frac{2}{3}\pi R}{3v_0}=t_1+\dfrac{2\pi R}{9v_0}=\dfrac{5\pi R}{9v_0}$ 时，B 与 C 在 $\theta_2=-\dfrac{4}{9}\pi$ 处相碰，

得：$v_{C2}=3v_0$，$v_{B2}=0$，此时，A 在 $\theta_2=\frac{2}{9}\pi$ 处，经过 $t_3=t_2+\frac{\frac{5}{9}\pi R+\frac{7}{9}\pi R}{4v_0}=t_2+\frac{\pi R}{3v_0}=\frac{8\pi R}{9v_0}$时，A 与 C 在 $\theta_3=\frac{5}{9}\pi$ 相碰，结果得：$v_{C3}=-v_0$，$v_{A2}=3v_0$，此时 B 在 $\theta_{B3}=-\frac{4}{9}\pi$ 处，A、C 与 B 在一条直线上，相对位置与初始情况相同，此时的系统状态相对于最初状态顺时针转动了 $\theta'=\frac{4}{9}\pi$ 弧度。

要使三球回到原位需要 n 个上述过程，有 $n=\frac{2k\pi}{\theta'}=\frac{2k\pi}{\frac{4\pi}{9}}=\frac{9k}{2}$，$k$ 取 2 时，$n=9$，即经过时间 $t=nt_3=\frac{8\pi R}{v_0}$，三个球回到初始状态。

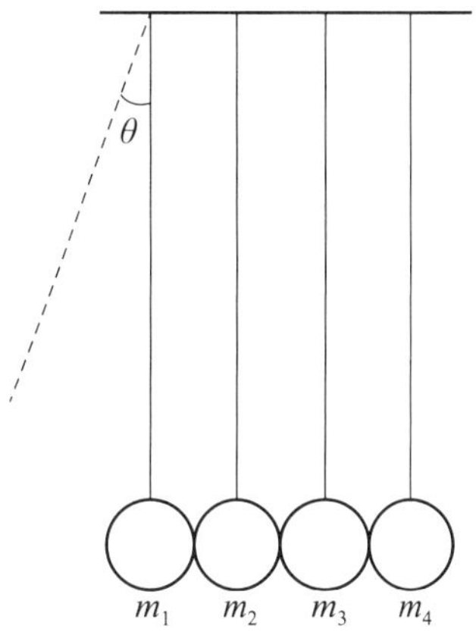

例 16 如图所示，用长同为 l 的细绳悬挂四个小球，质量依次满足 $m_1\gg m_2\gg m_3\gg m_4$。将第一个小球如图拉起一定角度后释放，试问最后一个小球开始运动时速度为多少？

【解析】 第一球碰撞前速度为 $v_1=\sqrt{2gl(1-\cos\theta)}$，带动第二球的速度 $v_2=2v_1$；第二球碰第三球，带动第三球的速度 $v_3=2v_2$；进而第四球的速度 $v_4=2v_3=8v_1=8\sqrt{2gl(1-\cos\theta)}$。

例 17 （2014 中科大）如图质量分别为 m_1 和 m_2，半径均为 r 的两个球发生弹性斜碰，已知碰撞前 m_2 静止，m_1 速度水平向右，大小为 v。碰撞瞬间，球心连线与 m_1 速度方向夹角为 30°。

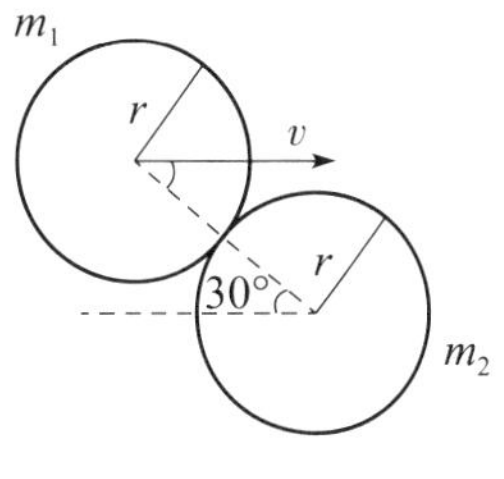

(1) 求碰撞之后两球的速度；

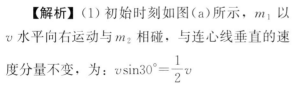

(2) 现考虑一个光子和一个静止电子发生碰撞，光子出射方向与入射方向夹角(散射角)为 θ，求光子在碰撞前后波长的改变量。已知电子的质量为 m，普朗克常数为 h，光速为 c。

【解析】 (1) 初始时刻如图(a)所示，m_1 以 v 水平向右运动与 m_2 相碰，与连心线垂直的速度分量不变，为：$v\sin30°=\frac{1}{2}v$

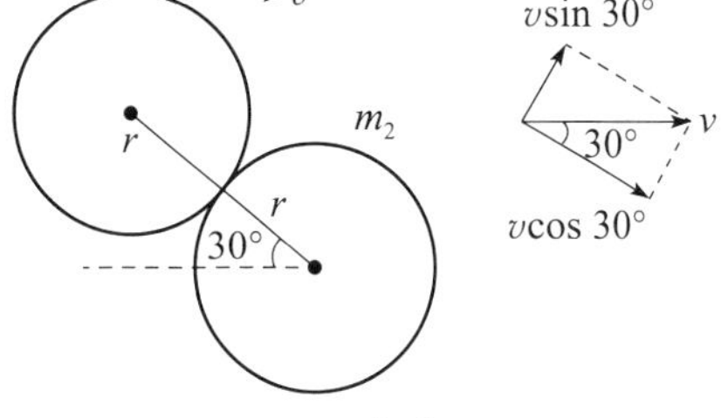

(a)

与连心线平行方向为对心碰撞，设 u_1 和 u_2 为在连心线方向上的碰后速度，则由动量守恒和动能守恒分别有：

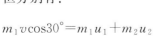

$$m_1v\cos30°=m_1u_1+m_2u_2$$

$$\frac{1}{2}m_1(v\cos30°)^2=\frac{1}{2}m_1u_1^2+\frac{1}{2}m_2u_2^2$$

（或者可以把动能守恒方程换为恢复系数 $e=1$，即 $e=\frac{u_2-u_1}{v\cos30°}=1$）整理，可得：

$$\begin{cases}u_1=\frac{\sqrt{3}(m_1-m_2)}{2(m_1+m_2)}v\\u_2=\frac{\sqrt{3}m_1}{m_1+m_2}v\end{cases}$$

对于第一个小球还有垂直于连心线的速度，则总的速度为：

$$v_1=\sqrt{(v\sin30°)^2+u_1^2}=\sqrt{\frac{1}{4}v^2+\frac{3(m_1-m_2)^2}{4(m_1+m_2)^2}v^2}=\frac{\sqrt{m_1^2+m_2^2-m_1m_2}}{m_1+m_2}v$$

$$v_2=u_2=\frac{\sqrt{3}m_1}{m_1+m_2}v$$

碰后见图(b)。

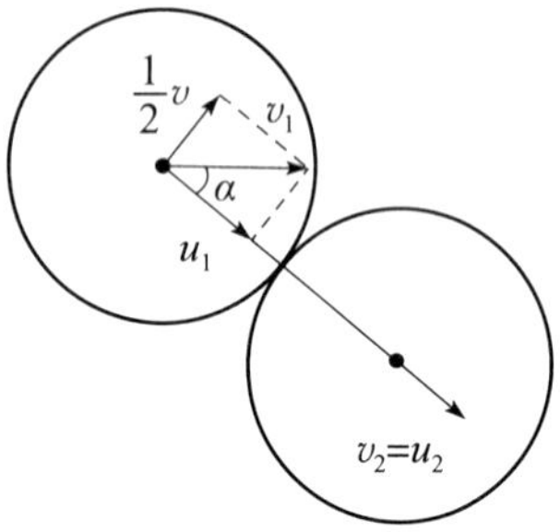

(b)

v_1 与连心线之间的夹角 α 满足：

$$\tan\alpha=\frac{\frac{1}{2}v}{u_1}=\frac{v}{2u_1}=\frac{m_1+m_2}{\sqrt{3}(m_1-m_2)}$$

(2) 本题即为康普顿散射，动量如图(c)所示。

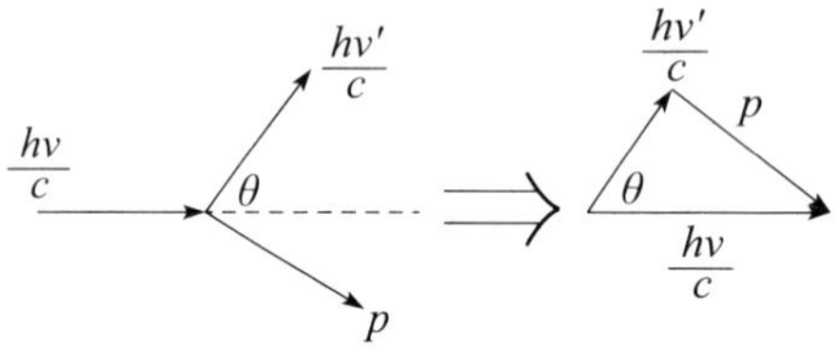

(c)

p 为碰后电子动量，ν与ν'为光子的频率，λ 与 λ' 为光子的波长，则：

动量守恒：$p^2=\left(\frac{h\nu'}{c}\right)^2+\left(\frac{h\nu}{c}\right)^2-2\frac{h\nu'}{c}\cdot\frac{h\nu}{c}\cos\theta$

能量守恒：$h\nu+E_0=h\nu'+\sqrt{E_0^2+p^2c^2}$

$$[h(\nu-\nu')+E_0]^2=E_0^2+p^2c^2$$

$$h^2(\nu-\nu')^2+E_0^2+2h(\nu-\nu')E_0=E_0^2+p^2c^2$$

$$h^2(\nu-\nu')^2+2h(\nu-\nu')E_0=h^2\nu'^2+h^2\nu^2-2h^2\nu'\nu\cos\theta$$

$$h^2\nu^2+h^2\nu'^2-2h^2\nu\nu'+2h(\nu-\nu')E_0=h^2\nu'^2+h^2\nu^2-2h^2\nu'\nu\cos\theta$$

$$-2h^2\nu\nu'+2h(\nu-\nu')E_0=-2h^2\nu'\nu\cos\theta$$

$$-h^2\nu\nu'+(\nu-\nu')E_0=-h^2\nu'\nu\cos\theta$$

$$(\nu-\nu')E_0=h^2\nu'\nu(1-\cos\theta)$$

$$\left(\frac{c}{\lambda}-\frac{c}{\lambda'}\right)E_0=h\frac{c}{\lambda'}\cdot\frac{c}{\lambda}(1-\cos\theta)$$

$$(\lambda'-\lambda)E_0=hc(1-\cos\theta)$$

$$(\lambda'-\lambda)=\frac{hc(1-\cos\theta)}{E_0}=\frac{h}{mc}(1-\cos\theta)$$

强基要点 6 动量与能量综合

动量、能量思想是贯穿整个物理学的基本思想，应用动量和能量的观点求解问题，是力学三条主线中的两条主线的结合部，是中学物理中涉及面最广、灵活性最大、综合性最强、内容最丰富的部分，以两大定律与两大定理为核心构筑了力学体系，能够渗透到中学物理大部分章节与知识点中。

要点精例

例18 （2017 清华）在光滑水平面上有 3 个物块，$m_A=0.1\text{kg}$，$m_B=0.2\text{kg}$，$m_C=0.3\text{kg}$，A 与 B 之间有弹簧相连如图所示，初始时弹簧被压缩，长度为 $L=0.1\text{m}$。释放弹簧，A 的 $v-t$ 图像如下图所示。

（1）求 B 物块最大速度；

（2）求当弹簧第一次伸长到 $L=0.4\text{m}$ 时，B 物块的位移；

（3）某时刻给 C 以 $v=1\text{m/s}$ 的初速度，C 与 A 发生弹性碰撞。此后与 A 粘在一起，求此后弹簧最大弹性势能的取值范围。

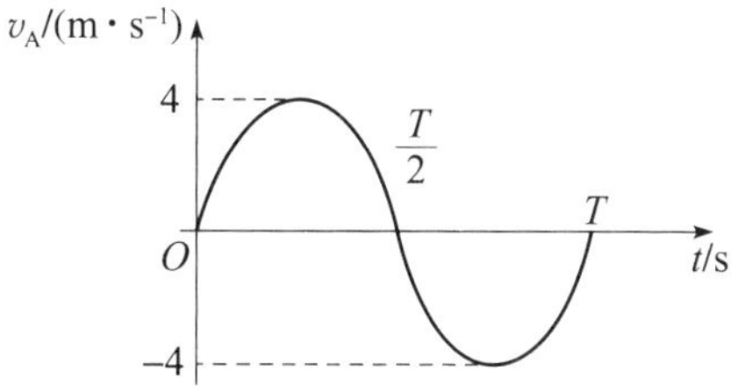

【解析】（1）当 v_A 达到最大值，v_B 也处于最大值，对弹簧系统有

$$m_Av_A=m_Bv_B$$

则 $(v_B)_{max}=2\text{m/s}$

（2）$m_Av_A=m_Bv_B\Rightarrow m_A\Delta x_A=m_B\Delta x_B$，又因为 $\Delta x_A+\Delta x_B=0.3\text{m}$，得 $\Delta x_B=0.1\text{m}$

（3）由完全非弹性碰撞损失的系统动能 $\Delta E_k=\frac{1}{2}\frac{m_Am_C}{m_A+m_C}\Delta v^2$，其中 Δv 是碰撞瞬间 A 和 C 的速度差，由题意 $0\text{m/s}\leqslant|\Delta v|\leqslant 5\text{m/s}$，则 $\Delta E_k\leqslant 0.9375\text{J}$。

系统整体运动（质心）动能为

$$E'_k=\frac{1}{2}(m_A+m_B+m_C)\left(\frac{m_Cv_C}{m_A+m_B+m_C}\right)^2=0.075\text{J}$$

这部分动能在碰撞过程中保持不变。

可以变化的动能

$$E''_k=\frac{1}{2}m_A(v_A)^2_{max}+\frac{1}{2}m_B(v_B)^2_{max}+\frac{1}{2}m_Cv_C^2-E'_k$$
$$=1.275\text{J}$$

则弹性势能$(E_p)_{max}=E''_k-\Delta E_k\in[0.3375\text{J}，1.275\text{J}]$

例 19 (2016 清华夏令营)弹跳杆运动是一项广受欢迎的运动，某种弹跳杆的结构如图(a)所示，一根弹簧套在 T 形跳杆上，弹簧的下端固定在跳杆的底部，上端固定在一个套在跳杆上的脚踏板底部，一质量为 M 的小孩站在该种弹跳杆的脚踏板上，当他和跳杆处于竖直静止状态时，弹簧的压缩量为 x_0。从此刻起小孩做了一系列预备动作，使弹簧达到最大压缩量 $3x_0$，如图(b)①所示；此后他开始进入正式的运动阶段，在正式运动阶段，小孩先保持稳定姿态竖直上升，在弹簧恢复原长时，小孩抓住跳杆，使得他和弹跳杆瞬间达到共同速度，如图(b)②所示；紧接着他保持稳定姿态竖直上升到最大高度，如图(b)③所示；然后自由下落。跳杆下端触地(不反弹)的同时小孩采取动作，使弹簧最大压缩量再次达到 $3x_0$；此后又保持稳定姿态竖直上升……重复上述过程。小孩运动的全过程中弹簧始终处于弹性限度内。已知跳杆的质量为 m，重力加速度为 g。空气阻力、弹簧和脚踏板的质量以及弹簧和脚踏板与跳杆间的摩擦均可忽略不计。

(1) 求弹跳杆中弹簧的劲度系数 k，并在图(c)中画出该弹簧弹力 F 的大小随弹簧压缩量 x 变化的示意图；

(2) 借助弹簧弹力的大小 F 随弹簧压缩量 x 变化的 $F-x$ 图像可以确定弹力做功的规律，在此基础上，求在如图(b)所示的过程中，小孩在上升阶段的最大速率；

(3) 求在如图(b)所示的过程中，弹跳杆下端离地的最大高度。

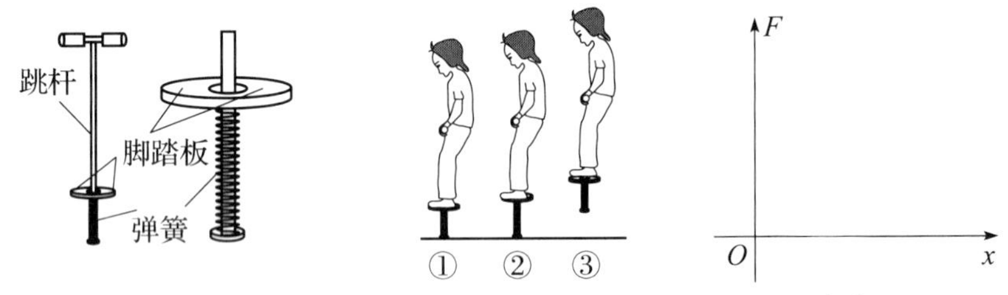

(a)　　(b)　　(c)

【解析】(1) 小孩处于静止状态时，根据平衡条件，有

$$Mg=kx_0$$

解得

$$k=\frac{Mg}{x_0}$$

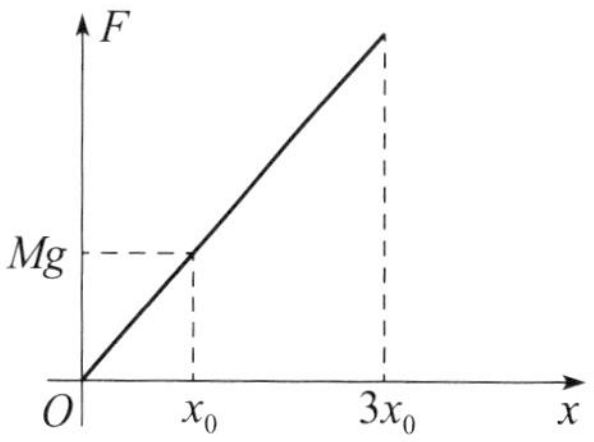

$F-x$ 图像如右图所示。

(2) 图(b)①状态弹簧的弹性势能为

$$E_{p1}=\frac{1}{2}k(3x_0)^2$$

从题图(b)①至题图(b)②的过程，小孩先做加速运动后做减速运动，当弹簧弹力与重力等大时小孩向上运动的速度最大，设其最大速度为 v_{max}。此时弹簧压缩量为 x_0，弹簧的弹性势能为

$$E_{p2}=\frac{1}{2}kx_0^2$$

从题图(b)①至小孩向上运动速度达到最大的过程中，小孩和弹簧组成的系统机械能守恒，有

$$\frac{1}{2}k(3x_0)^2-\frac{1}{2}kx_0^2=Mg(3x_0-x_0)+\frac{1}{2}Mv_{max}^2$$

解得

$$v_{max}=2\sqrt{gx_0}$$

(3) 从题图(b)①状态至弹簧长度为原长的过程中，小孩和弹簧组成的系统机械能守恒。设小孩在弹簧长度为原长时的速度为 v_0，则有

$$\frac{1}{2}k(3x_0)^2=Mg\cdot 3x_0+\frac{1}{2}Mv_0^2$$

小孩迅速抓住跳杆的瞬间，内力远大于外力，小孩和弹跳杆组成的系统动量守恒。设小孩和弹跳杆共同速度为 v_1，规定竖直向上方向为正，有

$$Mv_0=(M+m)v_1$$

小孩和弹跳杆一起竖直上升至最高点，小孩和弹跳杆组成的系统机械能守恒，有

$$\frac{1}{2}(M+m)v_1^2=(M+m)gh_{max}$$

解得

$$h_{max}=\frac{3M^2x_0}{2(M+m)^2}$$

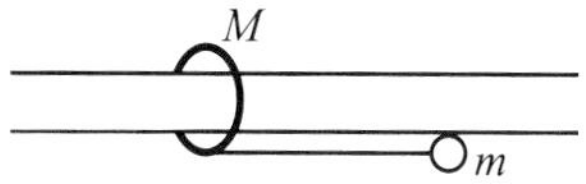

例20 (2009西安交大)如图所示，质量为 $2m$ 的小环套在水平光滑的固定细杆上，并用长 L 的轻线与质量为

m 的小球相连。今将轻线沿水平拉直，使小球从与环等高处由静止开始释放，试问当轻线与水平杆夹角为 θ 时线中张力 T 为多大?

【解析】设线与水平杆夹角为 θ 时，环的加速度为 a_0，速度为 u，小球水平方向的速度为 v_x，竖直方向的速度为 v_y，如图(a)所示，由水平方向动量守恒，得 $v_x=2u$ ①

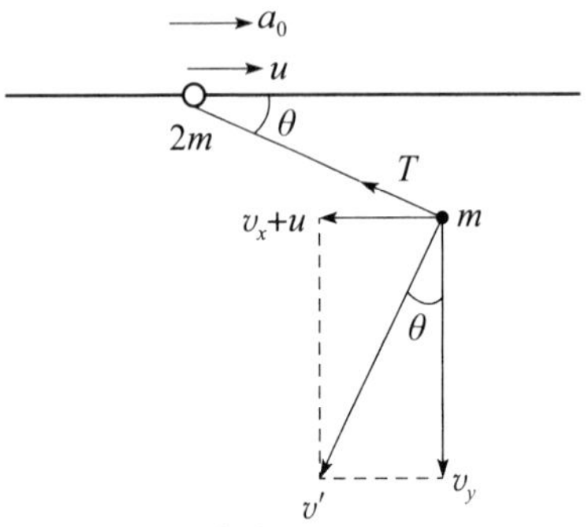

(a)

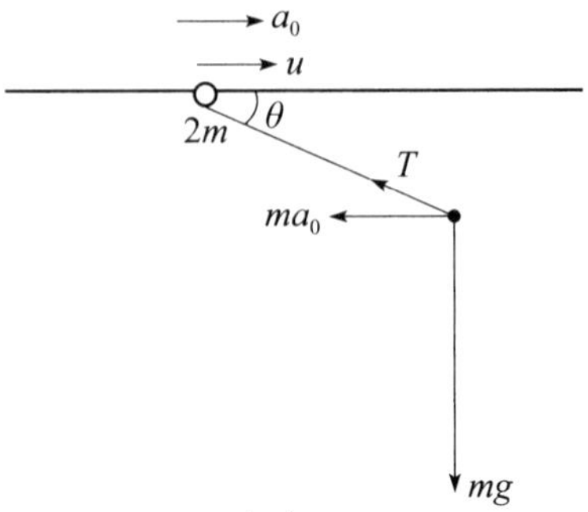

(b)

由系统机械能守恒，有 $\frac{1}{2}m(v_x^2+v_y^2)+\frac{1}{2}(2m)u^2=mgL\sin\theta$ ②

小球相对环做圆周运动，其相对环的速度与线垂直，有

$v_x+u=v_y\tan\theta$ ③

联立上面的式子，可得：$v_x^2=\frac{8gL\sin\theta}{3(2+3\cot^2\theta)}$,

$v_y=\frac{3}{2}v_x\cot\theta$，$u=\frac{1}{2}v_x$

此时小球相对于环的速度为 v'，有

$$v'^2=(v_x+u)^2+v_y^2=\frac{6gL}{(2+3\cot^2\theta)\sin^2\theta}=\frac{6gL\sin\theta}{2+\cos^2\theta} \quad ④$$

以环为参考系，这是非惯性系，考虑惯性力，小球受力如图(b)所示，由牛顿第二定律，有

$$T+ma_0\cos\theta-mg\sin\theta=\frac{mv'^2}{L} \quad ⑤$$

以细杆为参考系，环在拉力的水平分力作用下加速，由牛顿第二定律，有 $T\cos\theta=2ma_0$ ⑥

联立④⑤⑥，得 $T=\frac{2(8+\cos^2\theta)mg}{(2+\cos^2\theta)^2}\sin\theta$

强基练习

1. (2011 复旦)太空飞船在宇宙空间中飞行时，会遇到太空尘埃的碰撞而受到阻碍作用，设单位体积的太空均匀分布尘埃 n 颗，每颗平均质量为 m，尘埃的速度可忽略。

飞船的横截面积为 S，与尘埃碰撞后，将尘埃完全黏附住。当飞船维持恒定的速率 v 飞行时，飞船引擎需提供的平均推力为(　　)。

A. $\frac{nmSv^2}{2}$　　B. $nmSv^2$　　C. $\frac{3nmSv^2}{2}$　　D. $\frac{nmSv^2}{3}$

2. (2014 复旦)质量为 m 的铁锤竖直下落，打在木桩上后静止。设打击时间为 Δt，碰前铁锤速度为 v，则在打击时间内，铁锤对木桩的平均打击力为(　　)。

A. $\frac{2mv}{\Delta t}$　　B. $\frac{mv}{\Delta t}$　　C. $m\left(\frac{v}{\Delta t}+g\right)$　　D. $m\left(\frac{v}{\Delta t}-g\right)$

3. (2011 复旦)质量为 m 的炮弹以一定的初速度发射，其在水平地面上的射程为 d。若当炮弹飞行到最高点时炸裂成质量相等的两块，其中一块自由下落，则另一块的射程为(　　)。

A. $1.5d$　　B. $2d$　　C. d　　D. $3d$

4. 质量为 m_A 的 A 球，以某一速度沿光滑水平面向静止的 B 球运动，并与 B 球发生弹性正碰。假设 B 球的质量 m_B 可选取为不同的值，则(　　)。

A. 当 $m_B=m_A$ 时，碰后 B 球的速度最大

B. 当 $m_B=m_A$ 时，碰后 B 球的动能最大

C. 在保持 $m_B>m_A$ 的条件下，m_B 越小，碰后 B 球的速度越大

D. 在保持 $m_B<m_A$ 的条件下，m_B 越大，碰后 B 球的动量越大

5. 如图所示，小球 m 的质量远小于大球 M，小球放于大球上，下落后弹起，高度为 h_2，若小球直接在相同高度释放，则弹起高度为 h_1，则有(　　)。

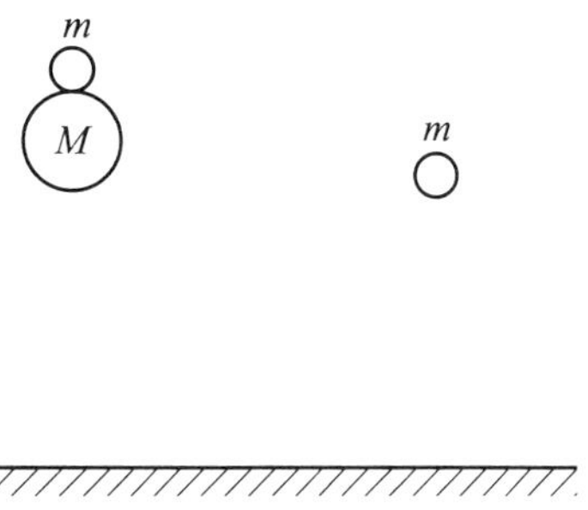

A. 地软时，$h_2\approx h_1$

B. 地软时，$h_2\gg h_1$

C. 地硬时，$h_2\approx h_1$

D. 地硬时，$h_2\approx 3h_1$

E. 地硬时，$h_2\approx 9h_1$

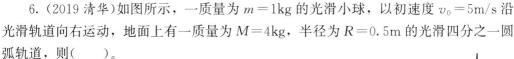

6. (2019 清华)如图所示，一质量为 $m=1$kg 的光滑小球，以初速度 $v_0=5$m/s 沿光滑轨道向右运动，地面上有一质量为 $M=4$kg，半径为 $R=0.5$m 的光滑四分之一圆弧轨道，则(　　)。

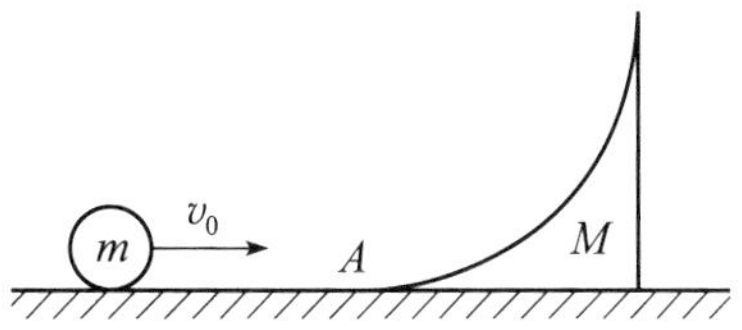

A. 小球到达最高点时速度为 1m/s

B. 小球到达最高点时重力势能增加 6J

C. 小球上升后不能再回到轨道

D. 小球回到 A 点时速度为 3.5m/s

7. (2013 清华)如图所示，光滑水平桌面上的球 1、2、3、4 是完全相同的弹性小球，球 2、3、4 静止，球 1 以速度 v_0 正对着球 2 撞去，球 1、2 的球心连线正好过球 3、4

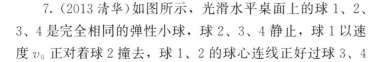

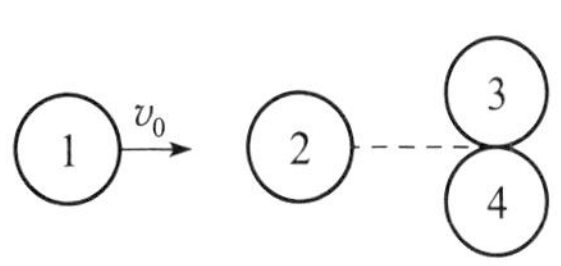

的切点，则碰撞之后静止的是球________，运动的球中速度最小的是球________。

8. 如图所示，一条河道在某处有 60°的弯折，已知水流速度为 5m/s，流量为 1000kg/s，那么在弯折处，河流对岸的冲击力大小为多少？

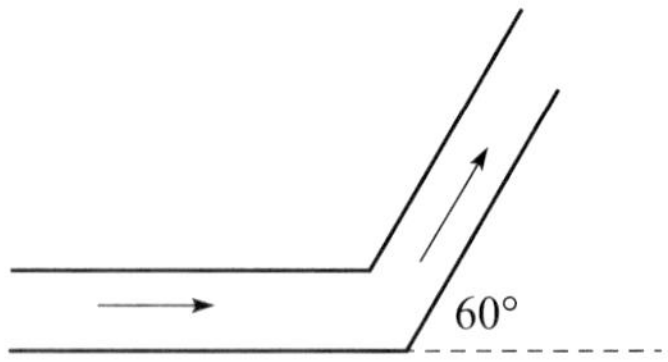

9. 如图所示，四个完全一样的球，质量均为 m，用轻绳(无弹性)连接。4 球以初速度 v 向左运动。

(1) 若 1 球与 4 球之间为完全弹性碰撞，求碰后各球的运动状态；

(2) 什么条件下，碰撞前后机械能损失最大？并求损失量。

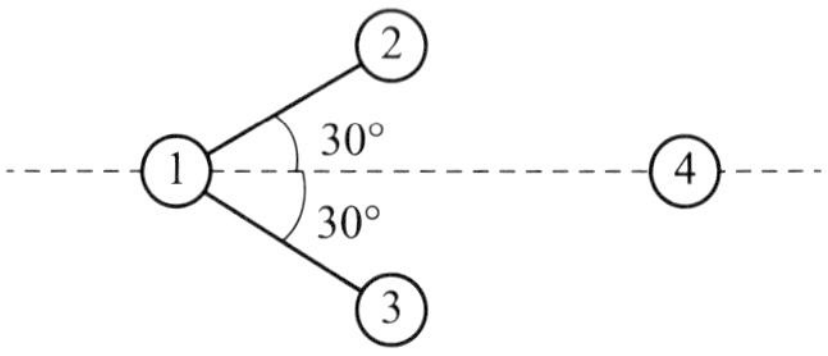

10. (2019 中科大)如图所示，质量 $m=1\text{kg}$ 的物块静止放置在斜面长 $L=3.0\text{m}$，高 $h=1.5\text{m}$ 的固定斜面的左端，物块与斜面间的动摩擦因数 $\mu=\dfrac{\sqrt{3}}{15}$。短时间内给物块一个沿斜面向上的恒力使物块滑向斜面顶端。已知该恒力对物块的冲量 $I=10\text{N}\cdot\text{s}$。求：

(1) 物块到达顶端的速度随恒力作用时间变化的规律；

(2) 物块到达顶端时速度的最大值。

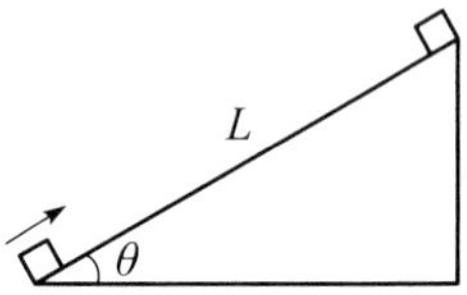

11. (2013 北大)质量为 M、半径为 R 的匀质水平圆盘静止在水平地面上，圆盘与地面间无摩擦。圆盘中心处有一只质量为 m 的小青蛙(可处理成质点)，小青蛙将从静止跳出圆盘。为解答表述一致，将青蛙跳起后瞬间相对地面的水平分速度记为 v_x，竖直向上的分速度记为 v_y，合成的初始速度大小记为 v，将圆盘后退的速度记为 u。

(1) 设青蛙跳起后落地点在落地时的圆盘外。

①对给定的 v_x，可取不同的 v_y，试导出跳起过程中青蛙所做功 W 的取值范围，答案中可包含的参量为 M、R、m、g(重力加速度)和 v_x。

②将①问所得 W 取值范围的下限记为 W_0，不同的 v_x 对应不同的 W_0 值，试导出其中最小者 $W_{\min}$，答案中可包含的参量为 M、R、m 和 g。

(2) 如果在原圆盘边紧挨着另外一个相同的静止空圆盘，青蛙从原圆盘中心跳起后瞬间，相对地面速度的方向与水平方向夹角为45°，青蛙跳起后恰好能落在空圆盘的中心，跳起过程中青蛙所做的功记为 W'，试求 W' 与②问所得 $W_{\min}$ 间的比值 $\gamma=\dfrac{W'}{W_{\min}}$，答案中可包含的参量为 M 和 m。

12. (2011 北约联盟)水平面上停着一质量为 $2m$ 的小车，小车与水平面间摩擦可忽略。有几个队员和一个队长列队前行，队长押后，每名队员的质量都为 m。当队员和队长发现前面小车时，都以相同速率 v_0 跑步，每名队员在接近小车时又以 $2v_0$ 速度跑着上车坐下，队长却因跑步速度没有改变而恰好未能上车。

(1) 问共有几名队员?

(2) 后来队长速率变化为比 $\dfrac{v_0}{2}$ 略大，队员一个个以相对车速 u 和车同方向跳下，结果队长恰能上车，问队员总共消耗多少内能?

13. (2011 北大)如图所示，三个小球 A、B、C 静止放在光滑水平桌面上，B 在 A、C 之间，如果各球之间的碰撞均为完全弹性正碰，现使 A 球以速度 v_0 碰撞 B 球，B 球又撞击 C 球，如果 A、C 两球的质量 m_1、m_3 确定，则 B 球的质量 m_2 为多少时可使 C 球获得的速度最大?

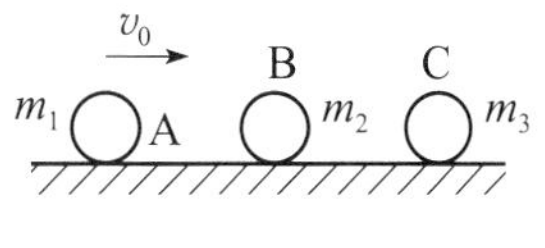

14. (2013 中科大)如图所示，可视为质点的三个物块 A、B、C 质量分别为 m_1、m_2、m_3，三物块间有两根轻质弹簧 a、b，其原长均为 L_0，劲度系数分别为 k_a、k_b。a 的两端与物块连接，b 的两端与物块只接触不连接。a、b 被压缩一段距离后，分别由质量可忽略不计的硬质轻杆锁定，此时 b 的长度为 L，整个装置竖直置于水平地面上，重力加速度为 g，不计空气阻力。

(1) 现解开对 a 的锁定，若当 B 达到最高点时，A 对地面压力恰为零，求此时 C 距地面的高度 H；

(2) 在 B 到达最高点的瞬间，解除 a 与 B 的连接并撤走 A 与 a，同时解除对 b 的锁定。设 b 恢复形变时间极短，此过程中弹力冲量远大于重力冲量，求 C 的最大速度的大小；

(3) 求 C 自 b 解锁瞬间至恢复原长时上升的高度 h。

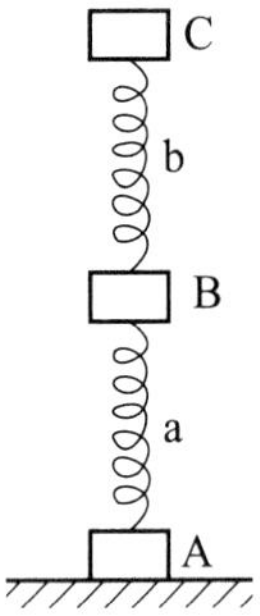

15. (2005 同济)如图所示，小球 K 的质量 $m=0.4$kg，在水平外力 F 的作用下，从光滑水平面上的 A 点由静止开始向 B 点运动。到达 B 点时突然撤去外力 F，小球 K 随即冲上半径 $R=0.4$m 的四分之一光滑圆弧曲面的小车，小车即沿光滑水平面 PQ 运动。设开始时平面 AB 与圆弧 CD 相切，A、B、C 三点在同一水平线上。令 AB 连线为 x 轴，且 $AB=d=64$cm，小球 K 在 AB 上运动时，动量随位移 x 的变化关系为 $p=1.6\sqrt{x}$ kg·m/s，小车质量 $M=3.6$kg，不计能量损耗。

(1) 判断小球 K 能否到达 D 点。若能，试计算此时小车和小球 K 的速度各为多少。

(2) 小球 K 能否第二次通过 C 点？试分析说明。若能，请计算小球 K 第二次通过 C 点时，小车和小球的速度。

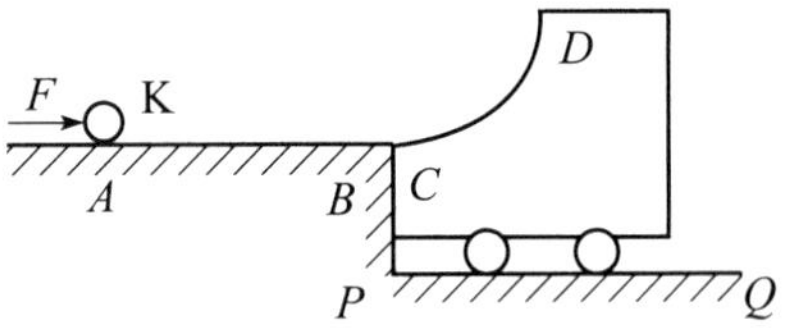

16. (2007 天津大学)一理想的弹性水平转台绕通过其中心 O 的竖直轴以恒定角速度转动，一小物块自圆台上方某足够高处自由落下，落在圆台上 A 点，弹起后再次下落，落点为圆台上 B 点。已知 O、A、B 三点共线，且 $OA=AB=R$，物块与圆台的接触面为水平面，动摩擦因数为 μ，不计空气阻力，物块线度远小于 R，求圆台角速度的最小值。

参考答案

1. B 【解析】以飞船为参考系，选一和飞船横截面积相等的圆柱模型进行研究，则该圆柱模型内的太空尘埃相对于飞船做匀速直线运动，在 t 时间内，有长 $x=vt$，横截面积为 S 的体积为 $V=vtS$ 的尘埃柱碰到飞船，在这个空间分布的尘埃颗粒数为 $N=nSvt$，尘埃的总质量为 $M=Nm=nmSvt$。根据动量定理：$Ft=Mv=nmSv^2t$，所以 $F=nmSv^2$。故B正确。

2. C 【解析】规定竖直向下为正方向，根据动量定理，有

$$(mg-F)\Delta t=0-mv$$

解得

$$F=m\left(\frac{v}{\Delta t}+g\right)$$

所以C选项正确。

3. A 【解析】设炮弹在最高点时的速度为 v_0，则 $v_0t=\frac{d}{2}$。炮弹在最高点炸裂时动量守恒，有 $mv_0=\frac{m}{2}v$，解得 $v=2v_0$。炸裂后另一块做平抛运动，水平位移为 $x=vt=2v_0t=d$，所以另一块的射程为 $0.5d+d=1.5d$。故A选项正确。

4. BCD 【解析】根据动量守恒定律和机械能守恒定律，有

$$m_Av_0=m_Av_A+m_Bv_B \quad ①$$

$$\frac{1}{2}m_Av_0^2=\frac{1}{2}m_Av_A^2+\frac{1}{2}m_Bv_B^2 \quad ②$$

联立①②式，得

$$v_A=\frac{m_A-m_B}{m_A+m_B}v_0,\quad v_B=\frac{2m_A}{m_A+m_B}v_0$$

当 $m_B \ll m_A$ 时，碰后B球的速度最大，为 $2v_0$。A选项错误。

碰后B球的动能为

$$E_{kB}=\frac{1}{2}m_Bv_B^2=\frac{2m_A^2m_B}{(m_A+m_B)^2}v_0^2=\frac{2m_A^2}{\frac{m_A^2}{m_B}+m_B+2m_A}v_0^2\leqslant\frac{1}{2}m_Av_0^2$$

当且仅当 $m_B=m_A$ 时，等号成立。B选项正确。

在保持 $m_B>m_A$ 的条件下，m_B 越小，v_B 越大。C选项正确。

碰后B球的动量为

$$p_B = m_B v_B = \frac{2m_A m_B}{m_A + m_B} v_0 = \frac{2m_A}{\frac{m_A}{m_B} + 1} v_0$$

在保持 $m_B < m_A$ 的条件下，m_B 越大，p_B 越大。D 选项正确。

5. BE 【解析】设小球弹起初速度分别为 v_1 和 v_2，v_2 对应弹起高度 h_2，v_1 对应弹起高度 h_1。若地硬，则为完全弹性碰撞，大球反弹后与小球发生碰撞，相对速度为 $2v_1$，$v_2 = 3v_1$，则有 $h_2 \approx 9h_1$；若地软，则为完全非弹性碰撞，小球落地后速度即降为零，$v_1 \approx 0$，则有 $h_2 \gg h_1$。

6. A 【解析】假设小球到达轨道顶点后飞出，最终到达最高点。小球飞出轨道后与轨道在水平方向共速，根据动量守恒定律，有

$$mv_0 = (m+M)v$$

解得

$$v = 1\text{m/s}$$

所以 A 选项正确。

根据机械能守恒定律，有

$$\Delta E_p = \frac{1}{2}mv_0^2 - \frac{1}{2}(m+M)v^2 = 10\text{J}$$

所以 B 选项错误。

由重力势能增量知，小球到达的最高点在轨道外，由于小球与轨道在水平方向共速，故之后小球将落回轨道，C 选项错误。

小球与轨道的整个作用过程可看作是一次弹性碰撞，则 $v_1 = \frac{m-M}{m+M}v_0 = -3\text{m/s}$，D 选项错误。

7. 2　1 【解析】球 1 与球 2 碰撞后交换速度，球 1 速度变为 0，球 2 速度变为 v_0，球 2 与球 3、球 4 碰撞过程中，球 2 对球 3、球 4 的作用力分别沿球 2、球 3 和球 2、球 4 的连心线，故碰撞后，球 3、球 4 速度方向与球 2 入射方向分别在两边成 30°角，速度大小均为 v_3，而球 2 碰撞后的速度为 v_2。取球 2 入射方向为正方向，球 2、球 3、球 4 组成一个系统，该系统不受外力，根据动量守恒定律，有

$$mv_0 = mv_2 + 2mv_3\cos 30° \quad ①$$

整个碰撞过程中系统机械能守恒，有

$$\frac{1}{2}mv_0^2 = \frac{1}{2}mv_2^2 + 2\times\frac{1}{2}mv_3^2 \quad ②$$

联立①②式，得

$$v_2=-\frac{1}{5}v_0,\quad v_3=\frac{2\sqrt{3}}{5}v_0$$

负号表示球 2 会反向运动，与球 1 碰撞后再次交换速度，则碰撞之后静止的是球 2，运动的球中速度最小的是球 1。

8. 解法一：记 $v=5\text{m/s}$，$\eta=1000\text{kg/s}$，Δt 时间内，经过弯折的质量 $\Delta m=\eta\Delta t$，动量改变为 $\Delta p=\Delta mv\cdot 2\sin30^\circ=\eta v\Delta t$，由动量定理 $F\Delta t=\Delta p$，

解得 $F=\eta v=5000\text{N}$。

解法二：(矢量图法)

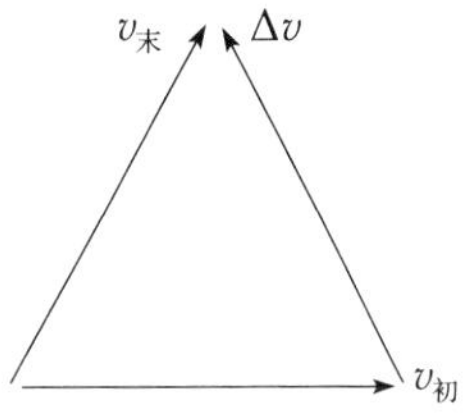

如图所示，$F\cdot\Delta t=m\Delta v$，所以 $F=5000\text{N}$。

9. **解**：(1) 设球 1 速度为 v_1(向左)，球 2、球 3 速度相同设为 v_2(沿绳指向 1)，球 4 速度为 v_4(向右)。

由球 1、球 2 沿绳速度相等 $v_1\cos30^\circ=v_2$，整体动量守恒 $mv=mv_1+2mv_2\cos30^\circ-mv_4$。

弹性碰撞恢复系数为 1 得 $v=v_1+v_4$，解得

$$\begin{cases}v_1=\dfrac{4}{7}v\\[2ex] v_2=\dfrac{2\sqrt{3}}{7}v\\[2ex] v_4=\dfrac{3}{7}v\end{cases}$$

(2) 动能损失最大时，即发生完全非弹性碰撞，碰后 $v_1=v_4$(向左)。

由动量守恒 $mv=mv_1+2mv_2\cos30^\circ+mv_4$，由球 1、球 2 沿绳速度相等 $v_1\cos30^\circ=v_2$，解得

$$\begin{cases}v_1=v_4=\dfrac{2}{7}v\\[2ex] v_2=\dfrac{\sqrt{3}}{7}v\end{cases}$$

动能损失为

$$\Delta E_k=\frac{1}{2}mv^2-\left(2\cdot\frac{1}{2}mv_1^2+2\cdot\frac{1}{2}v_2^2\right)=\frac{5}{14}mv^2$$

10. **解**：(1) 设恒力 F 作用的时间为 t，物块获得的速度为 v_1，通过的位移为 s，撤去恒力后物块在斜面上滑动的位移为 $L-s$，到顶端的速度为 v_2。

对恒力 F 作用的阶段，有

$$I-(mg\sin\theta+\mu mg\cos\theta)t=mv_1 \quad ①$$

$$s=\frac{v_1}{2}t \quad ②$$

其中

$$\sin\theta=\frac{h}{L} \quad ③$$

撤去 F 后的滑动过程，有

$$mg\sin\theta+\mu mg\cos\theta=ma \quad ④$$

$$v_2^2-v_1^2=-2a(L-s) \quad ⑤$$

联立①②③③④⑤式，得

$$v_2=\sqrt{\left(\frac{I}{m}\right)^2-2gL(\sin\theta+\mu\cos\theta)-\frac{gI(\sin\theta+\mu\cos\theta)}{m}t} \quad ⑥$$

（2）当恒力 F 很大时，t 很小。由⑥式可得 v_2 的最大值($t\to0$ 的极限值)为

$$v_{2\text{m}}=\sqrt{\left(\frac{I}{m}\right)^2-2gL(\sin\theta+\mu\cos\theta)}=8\text{m/s}$$

11. **解**：(1) 跳起过程中青蛙所做功为

$$W=\frac{1}{2}Mu^2+\frac{1}{2}m(v_x^2+v_y^2) \quad ①$$

根据水平方向动量守恒，有

$$mv_x=Mu \quad ②$$

以圆盘为参考系，青蛙跳起后在水平方向的相对速度 $v_{相对}=v_x+u$，而青蛙的落地点在圆盘外，青蛙在水平方向的相对位移满足 $x_{相对}\geqslant R$，又 $x_{相对}=v_{相对}t=(v_x+u)\dfrac{2v_y}{g}$，则 $(v_x+u)\dfrac{2v_y}{g}\geqslant R$，所以

$$v_y\geqslant\frac{gR}{2(v_x+u)} \quad ③$$

联立①②③式，得

$$W\geqslant\frac{m(M+m)}{2M}v_x^2+\frac{mM^2g^2R^2}{8(M+m)^2v_x^2}$$

W 取值范围的下限为

$$W_0=\frac{m(M+m)}{2M}v_x^2+\frac{mM^2g^2R^2}{8(M+m)^2v_x^2}$$

由均值不等式，得

$$W_0\geqslant 2\sqrt{\frac{m(M+m)}{2M}v_x^2\cdot\frac{mM^2g^2R^2}{8(M+m)^2v_x^2}}=\frac{1}{2}m\sqrt{\frac{M}{M+m}}gR$$

所以

$$W_{\min}=\frac{1}{2}m\sqrt{\frac{M}{M+m}}gR$$

（2）若青蛙跳起后瞬间合成的初始速度大小记为 v，v 与水平方向夹角 $\theta=45°$。青蛙做斜上抛运动，落在紧邻空圆盘的中心，水平位移

$$2R=\frac{2v^2\sin\theta\cos\theta}{g}=\frac{v^2\sin 2\theta}{g}$$

可得

$$v=\sqrt{\frac{2gR}{\sin 2\theta}}=\sqrt{2gR}$$

起跳前、后水平方向动量守恒，满足 $mv\cos\theta=Mu$，可得

$$u=\frac{mv\cos\theta}{M}=\frac{m}{M}\sqrt{gR}$$

跳起过程中青蛙所做功为

$$W=\frac{1}{2}Mu^2+\frac{1}{2}mv^2=\frac{mgR}{M}\left(\frac{m}{2}+M\right)$$

所以

$$\gamma=\frac{W'}{W_{\min}}=\frac{(m+2M)}{M}\sqrt{\frac{M+m}{M}}$$

12. **解：**（1）队员一个个跳上小车的过程中系统动量守恒，临界情况对应 N 个队员跳上车后车速度为 v_0，则 $N\cdot m\cdot 2v_0=(Nm+2m)v_0$，得 $N=2$。

（2）第 1 个队员跳下后车的速度变为 v_1，则

$$(2m+2m)v_0=(2m+m)v_1+m(v_1+u)$$

第 2 个队员跳下后车的速度变为 $\frac{v_0}{2}$，则

$$3mv_1=2m\cdot\left(\frac{v_0}{2}\right)+m\left(\frac{v_0}{2}+u\right)$$

解得：$u=\frac{6v_0}{7}$，$v_1=\frac{11v_0}{14}$

此过程中，队员总共消耗内能为：

$$W=\frac{1}{2}\times 3mv_1^2+\frac{1}{2}m(v_1+u)^2-\frac{1}{2}\times 4mv_0^2+\frac{1}{2}\times 2m\left(\frac{v_0}{2}\right)^2+\frac{1}{2}m\left(\frac{v_0}{2}+u\right)^2$$
$$-\frac{1}{2}\times 3mv_1^2=\frac{51}{98}mv_0^2$$

13. **解**：设碰撞后A球与B球的速度分别为v_1和v_2，根据动量守恒定律和机械能守恒定律，有

$$m_1v_0=m_1v_1+m_2v_2 \quad ①$$

$$\frac{1}{2}m_1v_0^2=\frac{1}{2}m_1v_1^2+\frac{1}{2}m_2v_2^2 \quad ②$$

联立①②式，得

$$v_2=\frac{2m_1}{m_1+m_2}v_0$$

同理可得，B球与C球碰撞后，C球的速度

$$v_3=\frac{2m_2}{m_2+m_3}v_2=\frac{2m_2}{m_2+m_3}\cdot\frac{2m_1}{m_1+m_2}v_0$$

而

$$\frac{4m_1m_2}{m_2^2+(m_1+m_3)m_2+m_1m_3}v_0=\frac{4m_1}{m_2+(m_1+m_3)+\frac{m_1m_3}{m_2}}v_0$$

由均值不等式，得

$$m_2+\frac{m_1m_3}{m_2}\geqslant 2\sqrt{m_2\cdot\frac{m_1m_3}{m_2}}=2\sqrt{m_1m_3}$$

上式取等号的条件为

$$m_2=\frac{m_1m_3}{m_2}$$

由此得

$$m_2=\sqrt{m_1m_3}$$

14. **解**：(1) 当B达到最高点时，A对地面压力恰为零，则弹簧a处于伸长状态，设伸长量为x_a，根据胡克定律，有

$k_a x_a = m_1 g$

解得

$$x_a = \frac{m_1 g}{k_a}$$

此时C距地面的高度为

$$H = L + L_0 + x_a = L + L_0 + \frac{m_1 g}{k_a}$$

(2) 弹簧b恢复形变时间极短，此过程中弹力冲量远大于重力冲量，即弹力远大于重力，因此可忽略重力，物块B、C和弹簧b组成的系统所受合力为零，动量守恒(类比爆炸模型)。当弹簧b恢复原长时，物块B、C的速度最大，分别为v_2、v_3，取竖直向上为正方向，根据动量守恒定律，有

$$m_3 v_3 - m_2 v_2 = 0 \quad ①$$

根据机械能守恒定律，有

$$\frac{1}{2}k_b(L_0 - L)^2 = \frac{1}{2}m_2 v_2^2 + \frac{1}{2}m_3 v_3^2 \quad ②$$

联立①②式，得

$$v_3 = \sqrt{\frac{m_2 k_b}{m_3(m_2 + m_3)}}(L_0 - L)$$

(3) 当弹簧b恢复原长时，C上升的高度为h，B下降的高度为h'，取竖直向上为正方向，根据平均动量守恒，有

$$m_3 h - m_2 h' = 0 \quad ③$$

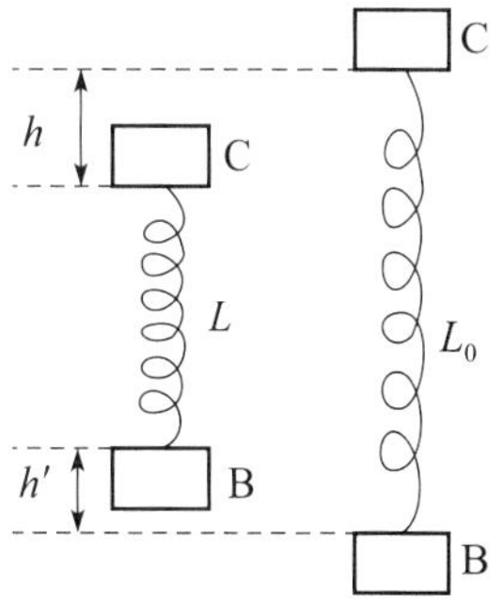

如答图所示，根据几何关系，有

$$h + h' = L_0 - L \quad ④$$

联立③④式，得

$$h = \frac{m_2}{m_2 + m_3}(L_0 - L)$$

15. **解**：(1) 设小球到达B点时的速度为v_B，

根据$p = 1.6\sqrt{x} = mv$，

有$v_B = \frac{1.6\sqrt{x}}{m} = \frac{1.6\sqrt{0.64}}{0.4}$ m/s $= 3.2$ m/s。

设小球在C点的速度为v_0，小球刚好达到D点而相对于小车静止时，M和m相

对于地的速度为 u，

根据动量守恒定律 $mv_0=(M+m)u$，

机械能守恒定律 $\frac{1}{2}mv_0^2=\frac{1}{2}(M+m)u^2+mgR$。

得 $v_0=\sqrt{\frac{2(M+m)gR}{M}}=2.98\mathrm{m/s}$。

由 $v_B=3.2\mathrm{m/s}$ 大于 $v_0=2.98\mathrm{m/s}$ 可知，小球能达到 D 点且将越过 D 点。

设小球到达 D 点时，小车和小球的水平速度为 v_D，小球在竖直方向的速度为 $v_\perp$，根据动量守恒定律和机械能守恒定律有

$$mv_B=(M+m)v_D$$

$$\frac{1}{2}mv_B^2=\frac{1}{2}m(v_D^2+v_\perp^2)+\frac{1}{2}Mv_D^2+mgR$$

联立求解可得 $v_D=\frac{mv_B}{M+m}=0.32\mathrm{m/s}$，

$$v_\perp=\sqrt{v_B^2-2gR-\frac{(M+m)v_D^2}{M}}\approx 1.17\mathrm{m/s}。$$

所以小球到达 D 点的速度为 $v=\sqrt{v_D^2+v_\perp^2}=1.22\mathrm{m/s}$，其方向与水平方向的夹角 θ 应满足 $\tan\theta=\frac{v_\perp}{v_D}=3.66$。

(2) 小球一定能再次通过 C 点，因为达到 D 点时，小球和小车具有相同的水平速度，小球在脱离小车后做相对于小车的竖直上抛运动(相对于地是斜上抛运动)，即小车上的 D 点在小球离开小车后这段时间内始终处于小球的正下方，所以小球返回时必然重新落在小车的 D 点上，然后再沿圆弧滑下，最终由 C 点离开小车。设小球第二次通过 C 点时，小车和小球的速度分别为 v_1 和 v_2，根据动量守恒定律和机械能守恒定律有

$$mv_B=Mv_1+mv_2$$

$$\frac{1}{2}mv_B^2=\frac{1}{2}Mv_1^2+\frac{1}{2}mv_2^2$$

由以上两式解得 $v_1=\frac{2mv_B}{M+m}=0.64\mathrm{m/s}$，$v_2=\frac{m-M}{M+m}v_B=-2.56\mathrm{m/s}$，

其中 v_2 为负，说明小球离开小车后向左运动。

16. **解**：由于台面上与物块接触的点有水平速度，而物块的水平速度为零，故物块与台面接触时，二者之间有滑动摩擦力作用，将使物体获得一定的水平速度。如果碰撞结束前，物块已达到与台面接触点相等的水平速度，则摩擦力提前消失，否则在碰撞过程中一直有摩擦力作用。

(1) 若摩擦力提前消失，即物块的水平速度 $v_x=\omega R$。

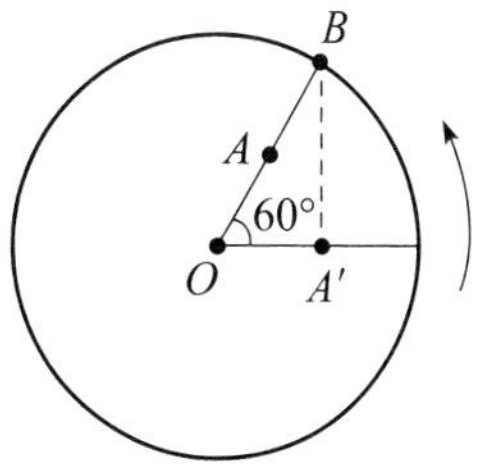

作出示意图(见图)，可知在物块两落点之间台面转过的角度为 $2k\pi+\frac{\pi}{3}(k=0,1,2\cdots)$，而物块的水平速度为 $v_x=\omega R$，

则有 $t=\frac{\overline{A'B}}{v_x}=\frac{\sqrt{3}R}{\omega R}$，又有 $t=\frac{\theta}{\omega}=\frac{2k\pi+\frac{\pi}{3}}{\omega}(k=0,1,2\cdots)$，

k 无整数解，这种情况不可能出现。

(2) 若在碰撞过程中一直有摩擦力作用，即水平速度 $v_x<\omega R$。

则水平方向上有 $mv_x=ft=\mu Nt$

竖直方向上有 $2mv_y=Nt$

得：$v_x=2\mu v_y$

$$t=\frac{2v_y}{g}=\frac{\sqrt{3}R}{v_x}=\frac{2k\pi+\frac{\pi}{3}}{\omega},\ k=0,1,2\cdots$$

$$\omega=\left(2k+\frac{1}{3}\right)\pi\frac{v_x}{\sqrt{3}R}$$

由于 $v_x<\omega R$，故 $\left(2k+\frac{1}{3}\right)\pi>\sqrt{3}$，则 $k>0.11$。

当 $k=1$ 时，ω 取最小值，且 $\omega_{\min}=\frac{7\pi}{3}\sqrt{\frac{\mu g}{\sqrt{3}R}}$。

第 8 讲* 刚体动力学和角动量

强基要点 1 刚体运动学和动力学

刚体是指在运动中和受力作用后，形状和大小不变，而且内部各点的相对位置不变的物体。绝对刚体实际上是不存在的，只是一种理想模型，因为任何物体在受力作用后，都或多或少地变形，如果变形的程度相对于物体本身几何尺寸来说极为微小，在研究物体运动时变形就可以忽略不计。把许多固体视为刚体，所得到的结果在工程上一般已有足够的准确度。

1. 对刚体运动的分类

(1) 平动：刚体内任何一条给定直线在刚体运动过程中方向不变。所有点的运动相同。

(2) 定轴转动：刚体中所有点都绕一固定直线做圆周运动。

(3) 刚体的平面运动：这种运动可分解为质心的平动和以质心为轴的转动。

(4) 刚体的空间运动：这种运动可分解为平动、轴的运动、绕轴的转动。

2. 角量和线量的关系

$$S=\theta r,\quad v=\omega r,\quad a_{\tau}=\beta r,\quad a_{n}=\omega^{2} r=\frac{v^{2}}{r}$$

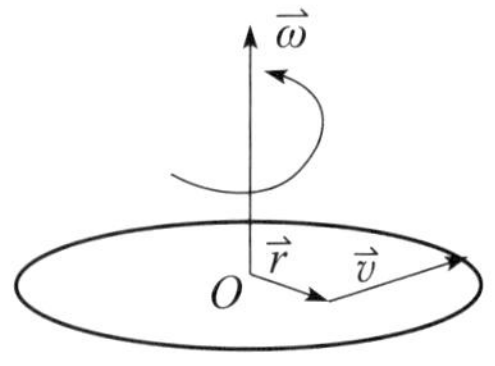

规定：$\vec{\omega}$ 方向与刚体转动方向成右手螺旋关系，于是 $\vec{\omega}$ 的方向与转轴平等。

由于：$\vec{\beta}=\dfrac{\Delta\vec{\omega}}{\Delta t}$，因此角加速度的方向也在转轴上。

若以 $\vec{\omega}$ 为正方向，β 为正表示加速，β 为负表示减速。

3. 刚体定轴转动定律

刚体定轴转动定律，是指刚体所受的对于某定轴的合外力矩等于刚体对此定轴的转动惯量与刚体在此合外力矩作用下所获得的角加速度的乘积，$M=J\beta$。

* 此章节为选学内容。

质点的直线运动	刚体的定轴转动
位移：s	角位移：θ
速度 v：$v=\lim\limits_{\Delta t\to 0}\dfrac{\Delta s}{\Delta t}$	角速度 ω：$\omega=\lim\limits_{\Delta t\to 0}\dfrac{\Delta\theta}{\Delta t}$
加速度 a：$a=\lim\limits_{\Delta t\to 0}\dfrac{\Delta v}{\Delta t}$	角加速度 β：$\beta=\lim\limits_{\Delta t\to 0}\dfrac{\Delta\omega}{\Delta t}$
匀速直线运动：$s=vt$	匀角速转动：$\theta=\omega t$
匀变速直线运动：$v_1=v_0+at$ $s=v_0t+\frac{1}{2}at^2$ $v_t^2-v_0^2=2as$	匀变速转动：$\omega_t=\omega_0+\beta t$ $\theta=\omega_0t+\frac{1}{2}\beta t^2$ $\omega_t^2-\omega_0^2=2\beta\theta$
牛顿第二定律：$F=ma$	转动定律：$M=J\beta$

要点精例

例 1 如图所示的装置叫作阿特伍德(Atwood)机，用一细绳跨过定滑轮，而在绳的两端各悬质量为 m_1 和 m_2 的物体，其中 $m_1>m_2$，求它们的加速度及绳两端的张力 T_1 和 T_2。设绳不可伸长，质量可忽略，它与滑轮之间无相对滑动；滑轮的半径为 R，质量为 m，且分布均匀。

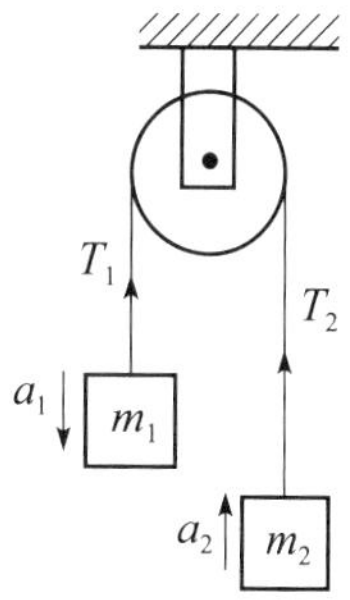

【解析】 分别隔离 m_1、m_2 和滑轮，如图，对 m_1 和 m_2 有：

$$m_1g-T_1=m_1a_1$$
$$T_2-m_2g=m_2a_2$$

对滑轮，外力矩为$(T_1-T_2)R$，转动惯量 $I=\frac{1}{2}mR^2$，故有：

$$(T_1-T_2)R=I\beta=\frac{1}{2}mR^2\beta$$

因为绳子不可伸长，且不打滑，所以 $a_1=a_2=R\beta$。

上述方程联立求解可得：$a_1=a_2=\dfrac{2(m_1-m_2)}{m+2(m_1+m_2)}g$

$$T_1=\frac{(m+4m_2)m_1}{m+2(m_1+m_2)}g$$
$$T_2=\frac{(m+4m_1)m_2}{m+2(m_1+m_2)}g$$

例 2 一根长度为 $3l$ 的轻杆上固定质量分别为 m_1 和 m_2 的两个重物，它们之间的距离以及分别到轻杆两端的距离相等。用两根竖直的绳子系在轻杆的两端，使杆水平放置且保持平衡状态，如图所示，试求当右端的绳子被剪断时，左端绳子的拉力 T。

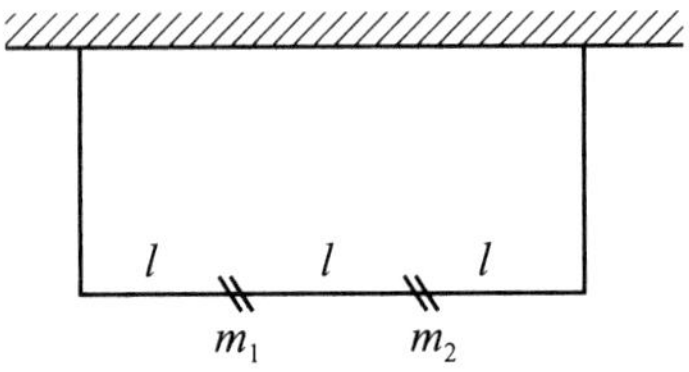

【解析】

解法 1

如图所示，绳子被剪断的瞬间，虽然两重物的运动速度为 0，但两重物的加速度都不为零，并且两重物的加速度方向一定为竖直向下，设左端绳子与杆的结点为 O，因为重物的运动速度为零，故重物对 O 点的向心加速度为零。当右端绳子被剪断的瞬间，杆的平动和转动方程(对轻杆其所受的合力矩必为 0，否则其加速度为无穷大)可分别列为

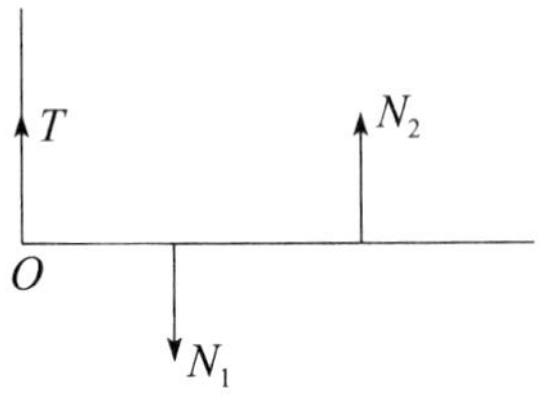

$$-T+N_1-N_2=0$$
$$N_1 l=2N_2 l$$

左、右两端绳子剪断瞬间，两个重物的加速度沿竖直方向，并且相互关系为

$$a_2=2a_1$$

分别列出此时两重物的运动方程

$$m_1 g-N_1'=m_1 a_1$$
$$m_2 g+N_2'=m_2 a_2$$

式中 N_1' 和 N_2' 分别是杆对两重物的反作用力。因而

$$N_1'=N_1,\quad N_2'=N_2$$

因此得到 $T=\dfrac{m_1 m_2}{m_1+4m_2}g$

解法 2

由质心运动定律：

$$m_1 g+m_2 g-T=(m_1+m_2)a_C$$

由转动定律：$M=I\beta=m_1 gl+m_2 g\cdot 2l$

$$I=m_1 l^2+m_2\cdot(2l)^2$$
$$a_1=l\beta$$
$$a_2=2l\beta$$

$$a_C=\frac{m_1a_1+m_2a_2}{m_1+m_2}$$

由以上各式可得：$T=\frac{m_1m_2}{m_1+4m_2}g$

例 3 如图所示，质量为 m 的均质杆用轻绳 AB、DE 悬挂，静止时杆水平，两绳竖直，现剪断绳 DE，问刚剪断 DE 的瞬间，AB 绳拉力为多大？

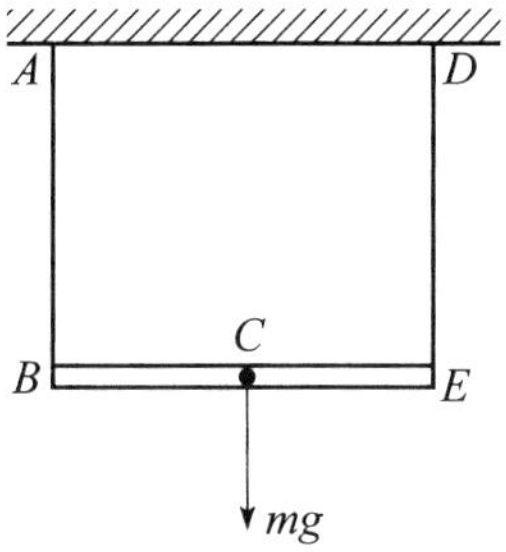

【解析】

解法 1

刚剪断 DE 绳时，杆绕 B 端转动，可由转动定律得出角加速度，再得到质心加速度，根据质心运动定理可得到绳的拉力。

设 DE 断后瞬间，杆绕 B 端转动角加速度为β，杆长为 L，由转动定律，有

$$\beta=\frac{mg\cdot\frac{1}{2}L}{\frac{1}{3}mL^2}=\frac{3g}{2L}$$

杆的质心加速度为

$$a_C=\beta\cdot\frac{L}{2}=\frac{3}{4}g$$

设绳对杆拉力为 T，由质心运动定理有

$$mg-T=ma_C$$

得 $T=mg-ma_C=\frac{1}{4}mg$

解法 2

刚剪断 DE 绳时，杆的转动可看成绕 B 端转动，也可看成随质心 C 的平动，即分别以 B 和质心 C 为基点，杆的转动角速度相同，由转动定律有

$$\frac{M_B}{I_B}=\frac{M_C}{I_C}$$

即 $\dfrac{mg\cdot\dfrac{L}{2}}{\dfrac{1}{3}mL^2}=\dfrac{T\cdot\left(\dfrac{L}{2}\right)}{\dfrac{1}{12}mL^2}$

得 $T=\dfrac{1}{4}mg$

例 4 如图所示，斜面体质量为 M，其斜面倾角为 θ，放在光滑水平面上，另一质量为 m、半径为 R 的均质圆柱体沿粗糙斜面向下做纯滚动，求斜面体的加速度。

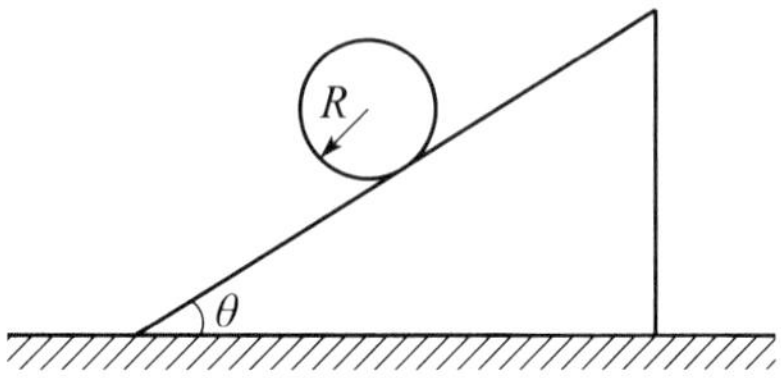

【解析】斜面体受力如图(a)所示，设其加速度为 a，有

$$ma=N\sin\theta-f\cos\theta$$

以斜面体为参考系，圆柱体受力如图(b)所示，由质心运动定理，沿斜面方向有

$$ma_C=mg\sin\theta+F^*\cos\theta-f$$

式中 F^* 为惯性力，$F^*=ma$。

由转动定律，圆柱体的角加速度为

$$\beta=\frac{fR}{\frac{1}{2}mR^2}=\frac{2f}{mR}$$

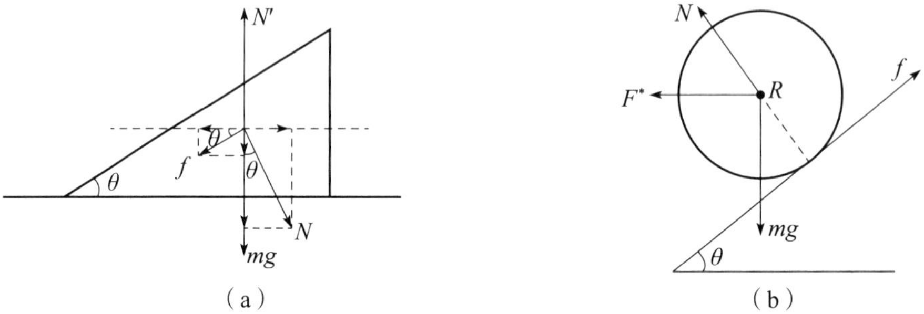

（a）　　　　（b）

强基要点 2 转动动能　转动惯量　转动定律

转动动能：$E_k=\sum_i\frac{1}{2}m_iv_i^2=\sum_i\frac{1}{2}m_ir_i^2\omega^2=\frac{1}{2}(\sum_i m_ir_i^2)\omega^2=\frac{1}{2}J\omega^2$

转动惯量 J：描述转动惯性大小的物理量，单位：$kg\cdot m^2$。

对于质量为离散型分布的刚体：$J=\sum_i m_ir_i^2$；对于质量为连续型分布的刚体：

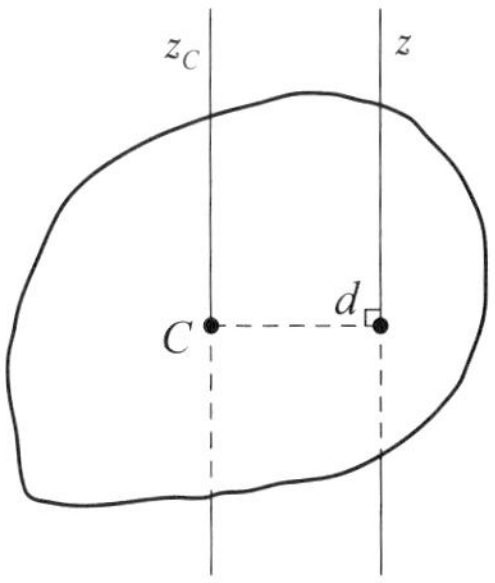

$J=\int_M r^2\mathrm{d}m$。

(1) J 由三个因素决定：质量的大小、质量的分布、转轴的位置。

(2) 平行轴定理：对不同的转轴，刚体的转动惯量不同。如果几个轴相互平行，其中的一个轴过质心，如图所示，刚体对此轴的转动惯量 J_O。若用 J_C 表示刚体对通过质心转轴的转动惯量，对另一个与此平行并相距为 d 的定轴的转动惯量则为 $J_O=J_C+md^2$。

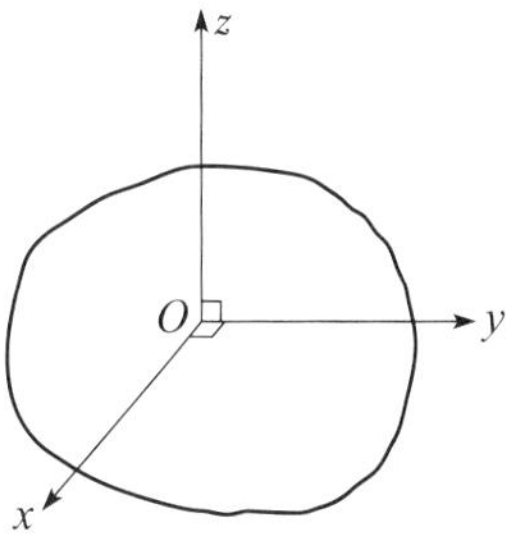

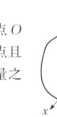

垂直轴定理：无穷小厚度的薄板对于通过板面上某点 O 且垂直板面的转轴 z 的转动惯量 J_z 等于薄板对通过 O 点且在板平面内互相垂直的两转轴(x 轴和 y 轴)的转动惯量之和：$J_z=J_x+J_y$。

(3) 两类运动对比。

质点的直线运动	刚体的定轴转动
动能定理：$Fs=\frac{1}{2}mv_t^2-\frac{1}{2}mv_0^2$	转动动能定理：$M\theta=\frac{1}{2}J\omega_t^2-\frac{1}{2}J\omega_0^2$
动量守恒定律：$\sum mv=$恒量	角动量守恒定律：$\sum J\omega=$恒量

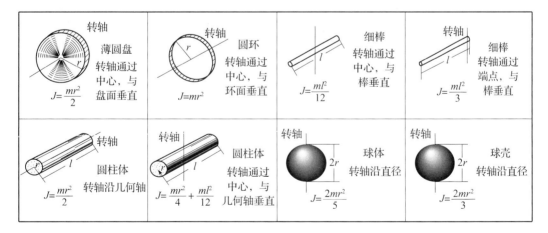

(4) 常见物体的转动惯量。

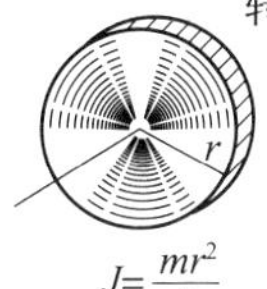 转轴 薄圆盘 转轴通过中心，与盘面垂直 $J=\frac{mr^2}{2}$	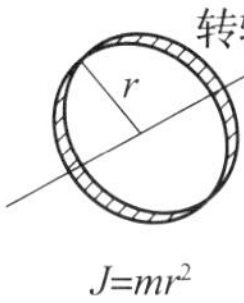 转轴 圆环 转轴通过中心，与环面垂直 $J=mr^2$	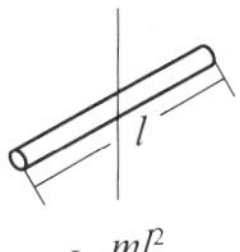 细棒 转轴通过中心，与棒垂直 $J=\frac{ml^2}{12}$	 转轴 细棒 转轴通过端点，与棒垂直 $J=\frac{ml^2}{3}$
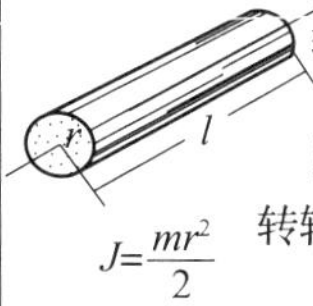 转轴 圆柱体 转轴沿几何轴 $J=\frac{mr^2}{2}$	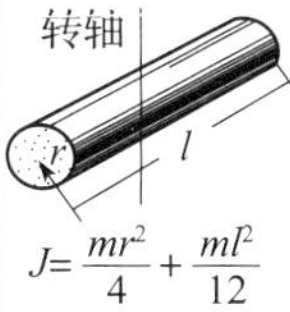 转轴 圆柱体 转轴通过中心，与几何轴垂直 $J=\frac{mr^2}{4}+\frac{ml^2}{12}$	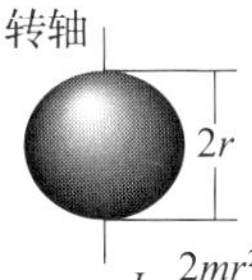 转轴 球体 转轴沿直径 $J=\frac{2mr^2}{5}$	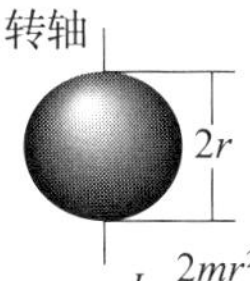 转轴 球壳 转轴沿直径 $J=\frac{2mr^2}{3}$

要点精例

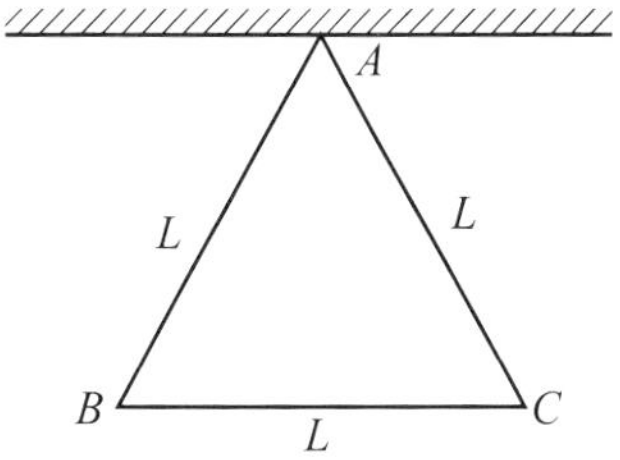

例 5 如图所示，三角架 ABC 由三根质量均为 m、长度均为 L 的均质杆构成，求此三角架对通过 A 点并垂直于三角架所在平面的轴的转动惯量。

【解析】转动惯量为标量，三角架对 A 轴的转动惯量等于三根杆分别对 A 轴的转动惯量之和，AB 与 AC 对 A 轴转动惯量均为 $\frac{1}{3}mL^2$，BC 杆对 A 轴的转动惯量可由平行轴定理求得。

BC 杆质心离 A 轴的距离为 $r=\frac{\sqrt{3}}{2}L$。由平行轴定理，BC 杆对 A 轴的转动惯量为

$$I'=\frac{1}{12}mL^2+mr^2=\frac{5}{6}mL^2$$

三角架对轴 A 的转动惯量为

$$I=2\times\frac{1}{3}mL^2+\frac{5}{6}mL^2=\frac{3}{2}mL^2$$

例 6 求质量为 m、边长为 a 的均质立方体绕其对角线的转动惯量 I。

【解析】分析转动惯量的量纲可知，均匀立方体绕对角线的转动惯量必与立方体质量和边长平方的乘积成正比，可设为 $I=kma^2$，式中 k 为待定系数。

将此立方体均分为边长为 $\frac{a}{2}$ 的 8 个小立方体，每个小立方体的质量均为 $\frac{m}{8}$，每个小立方体绕自身对角线转轴的转动惯量应为

$$I'=k\left(\frac{m}{8}\right)\left(\frac{a}{2}\right)^2=\frac{k}{32}ma^2$$

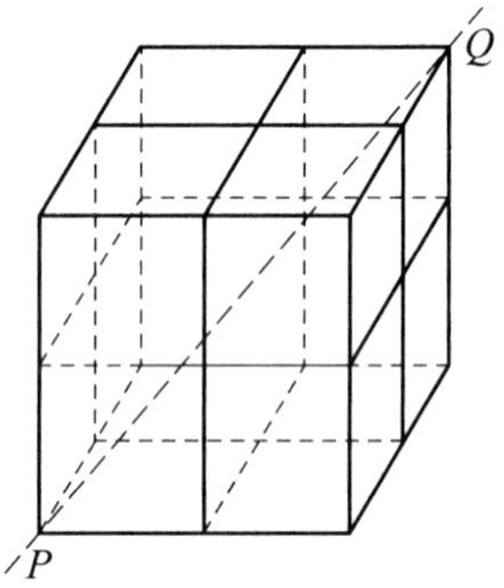

如图所示，在 8 个小立方体中，有两个小立方体的对角线转轴就是大立方体的对角线 PQ，另外 6 个小立方体的对角线都与 PQ 平行，其间距离由几何知识可算出

$$d=\frac{\sqrt{6}}{6}a$$

由平行轴定理，这 6 个小立方体对 PQ 轴的转动惯量均为

$$I''=I'+\left(\frac{m}{8}\right)d^2=\frac{k}{32}ma^2+\frac{1}{48}ma^2$$

整个立方体绕 PQ 的转动惯量应为各小立方体绕 PQ 轴的转动惯量之和，即

$$I=2I'+6I''$$

即 $kma^2=2\times\frac{k}{32}ma^2+6\times\left(\frac{k}{32}ma^2+\frac{1}{48}ma^2\right)$

解得

$$k=\frac{1}{6}$$

故 $I=kma^2=\frac{1}{6}ma^2$

例 7 如图所示，求系统的加速度 a。设两边绳子的张力为 T_1 和 T_2，中间绳子的张力为 T_3。

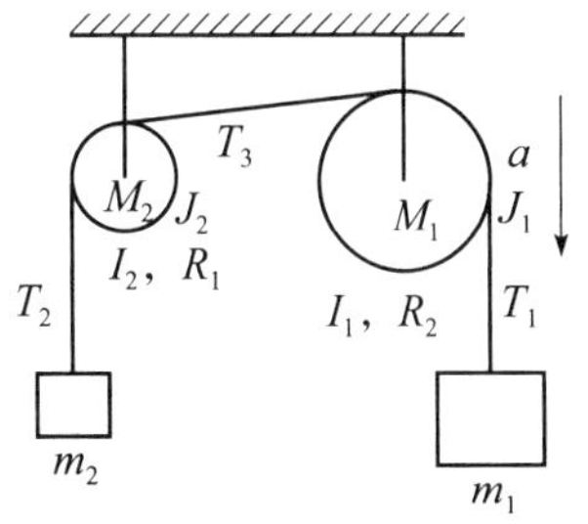

【解析】 对 m_1：$m_1g-T_1=m_1a$ 对 m_2：$T_2-m_2g=m_2a$

对转盘 I_1：$T_1R_1-T_3R_1=J_1\beta_1=J_1\frac{a}{R_1}$

对转盘 I_2：$T_3R_2-T_2R_2=J_2\beta_2=J_2\frac{a}{R_2}$

$J_1=\frac{1}{2}M_1R_1^2$，$J_2=\frac{1}{2}M_2R_2^2$

解得 $a=\frac{2(m_1-m_2)g}{2(m_1+m_2)+M_1+M_2}$

例 8 如图所示，将长为 L 的均质细杆的一段平放在桌面上，杆与桌边垂直，杆伸出桌外部分长度为 $\frac{2}{3}L$。将杆自静止释放，当杆与水平面夹角为 θ 时，杆开始相对桌边缘滑动，求杆与桌边的摩擦因数。

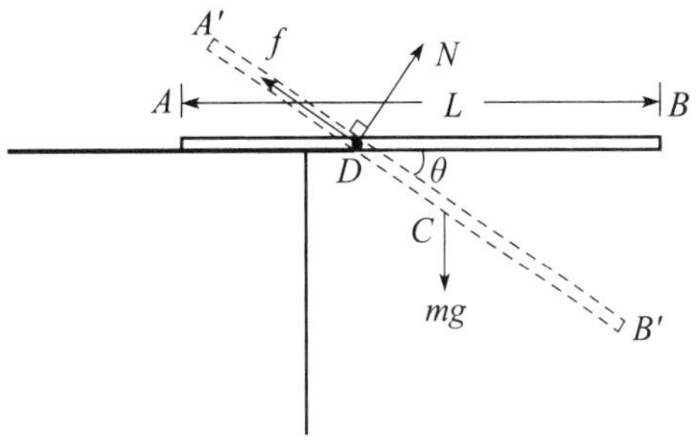

【解析】 当杆与水平面成 θ 角时，设质心速度为 v_C，转动角速度为 ω，由图知，杆的质心 C 离桌边缘 D 点的距离为 $b=\frac{L}{2}-\frac{L}{3}=\frac{L}{6}$。由机械能守恒，有

$$\frac{1}{2}mv_C^2+\frac{1}{2}\cdot\frac{1}{12}mL^2\cdot\omega^2=mgb\sin\theta \quad ①$$

因杆与桌边接触点为杆的瞬心，故

$$v_C=b\omega \quad ②$$

由①②得 $v_C^2=\frac{1}{12}gL\sin\theta$ ③

设桌边对杆支持力为 N，摩擦力为 f，此时杆转动角加速度为 β，以 D 为轴，由转动定律，得

$$\beta=\frac{mg\cos\theta\cdot b}{\frac{1}{12}mL^2+mb^2}=\frac{3g\cos\theta}{2L} \quad ④$$

杆的质心绕 D 做圆周运动的切向加速度为

$$a_\tau=\beta b=\frac{g\cos\theta}{4L} \quad ⑤$$

由质心运动定理有

$$\begin{cases} mg\cos\theta - N = ma_{\tau} & ⑥ \\ f - mg\sin\theta = \dfrac{mv_C^2}{b} & ⑦ \end{cases}$$

由⑥⑦分别得

$$N=\frac{3}{4}mg\cos\theta$$

$$f=\frac{3}{2}mg\sin\theta$$

杆与桌边缘摩擦因数为 $\mu=\dfrac{f}{N}=2\tan\theta$。

强基要点 3 角动量

1. 角动量的定义

定义：$\vec{L}=J\vec{\omega}$，称 $\vec{L}$ 为刚体角动量(或动量矩)。

说明：$\vec{L}$ 为矢量方向，大小：$L=J\omega$，与 $\vec{\omega}$ 同向。

2. 冲量矩

转动定律：$\vec{M}=\dfrac{\Delta(J\vec{\omega})}{\Delta t}=\dfrac{\Delta\vec{L}}{\Delta t}\Rightarrow\vec{M}\Delta t=\Delta\vec{L}$

求和：$\sum\vec{M}\Delta t=\vec{L}_2-\vec{L}_1=J_2\vec{\omega}_2-J_1\vec{\omega}_1$

定义：$\sum\vec{M}\Delta t$ 为 $\vec{M}$ 在 t_1-t_2 内对刚体的冲量矩。

说明：(1) 冲量矩是矢量；

(2) 冲量矩是力矩的时间积累效应。

3. 角动量定理

由上知，$\sum\vec{M}\Delta t=J_2\vec{\omega}_2-J_1\vec{\omega}_1$。

即：合外力矩对刚体的冲量矩等于刚体角动量增量，称此为角动量(或动量矩)定理。

4. 角动量守恒定律

已知 $\vec{M}=\dfrac{d\vec{L}}{dt}$，当 $\vec{M}=0$ 时，$\dfrac{d\vec{L}}{dt}=0$ 有 $\vec{L}=J\vec{\omega}=$常矢。

即：当合外力矩 $\vec{M}\equiv 0$ 时，刚体角动量守恒，称此为角动量守恒定律。

说明：(1) 角动量守恒条件是某一过程中 $\vec{M}\equiv 0$。

(2) $\vec{L}=J\vec{\omega}$ 不变 $\begin{cases}\text{(a) } J\text{、}\vec{\omega} \text{ 均不变} \\ \text{(b) } J\text{、}\vec{\omega} \text{ 均变，但 } J\vec{\omega} \text{ 不变}\end{cases}$

(3) 角动量守恒定律、动量守恒定律和能量守恒定律是自然界中的普遍规律，不仅适用于宏观物体的机械运动，而且也适用于原子、原子核和基本粒子(如电子、中子、原子、光子……)等微观粒子的运动。

例 9　一圆盘正绕垂直于盘面的水平光滑固定轴 O 转动，如图射来两个质量相同、速度相同、方向相反并在一条直线上的子弹，子弹射入圆盘并且留在盘内，则子弹射入后的瞬间，圆盘的角速度 ω(　　)。

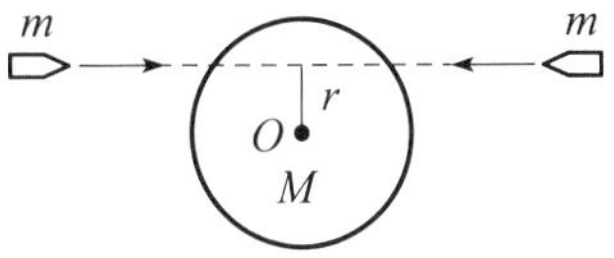

A. 增大　　B. 不变　　C. 减小　　D. 不能确定

【解析】以 O 为轴，两个子弹和圆盘系统合力矩为零，角动量守恒，但因为子弹射入圆盘并且留在盘内，圆盘转动惯量增大，圆盘的角速度 ω 会变小，故答案为 C。

例 10　(2020 清华强基)有一根质量为 M、长度为 $2L$ 的匀质杆，可绕过其中心 O 的光滑固定轴旋转。现有两个质量均为 m 的子弹，以初速度 v 沿相反的方向从杆的两端垂直于杆入射并很快穿出，穿出时子弹速度仍垂直于杆，大小为原来的一半，则此时杆的角速度为(　　)。

A. $\dfrac{mv}{ML}$　　B. $\dfrac{3mv}{ML}$　　C. $\dfrac{6mv}{ML}$　　D. $\dfrac{12mv}{ML}$

【解析】杆绕轴 O 的转动惯量 $I=2\cdot\dfrac{1}{3}\cdot\dfrac{1}{2}ML^2=\dfrac{1}{3}ML^2$。对子弹而言有：$-ft=m\cdot\dfrac{v}{2}-mv=-\dfrac{1}{2}mv$，对杆由角动量定理得：$2fLt=I\omega=\dfrac{1}{3}ML^2\omega$，得 $\omega=\dfrac{3mv}{ML}$。选 B。

例 11　质量为 m 的小球系于细绳的一端，绳的另一端系在一根竖直放置的细铁钉上，如图所示。小球被约束在水平面内绕细棒旋转，某时刻角速度为 ω_1，细绳的长度为 r_1，当旋转了若干圈后，由于细绳绕在铁钉上，绳长变为 r_2，求此时小球绕铁钉旋转的角速度 ω_2。

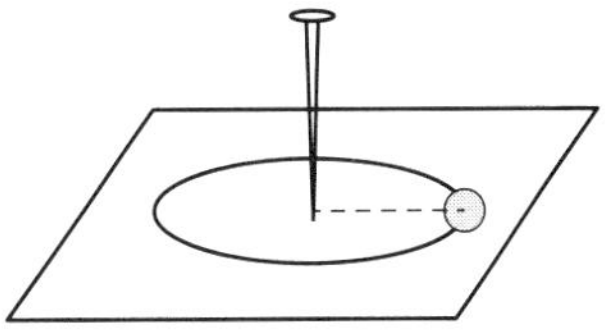

【解析】在小球绕铁钉做圆周运动的过程中，小球受到三个力的作用，绳子的张力 T，沿绳子并指向铁钉；小球所受的重力 G，竖直向下；水平面对小球的支持力 N，竖直向上。张力 T 与绳子平行，不产生力矩，支持力 N 与重力 G 平衡，它们所产生的力矩始终等于零，故小球对细棒的角动量是守恒的，根据质点对轴的角动量守恒定律，应有：

$$r_1mv_1=r_2mv_2$$

式中，v_1 是半径为 r_1 时小球的线速度，v_2 是半径为 r_2 时小球的线速度。

又　$v_1=\omega_1 r_1$，$v_2=\omega_2 r_2$

可以得到：$\omega_2=\left(\dfrac{r_1}{r_2}\right)^2\omega_1$

可见，由于细绳越转越短，$r_2<r_1$，小球的角速度必定越转越大，即 $\omega_2>\omega_1$。

强基要点 4 滚动摩擦力

1. 圆柱体无滑滚动

若滚动圆柱体边缘上各点与支撑面接触的瞬时，与支撑面无相对滑动，则称圆柱体做无滑滚动。圆柱体边缘在与支撑面接触时，相对于支撑面的瞬时速度为零。

以支撑面为参考系，以圆柱体中心轴上的一点 C 为参考点，则圆柱体的质心速度 v_C 和角速度 ω 及圆柱半径之间满足关系：$v_C=r\omega$。

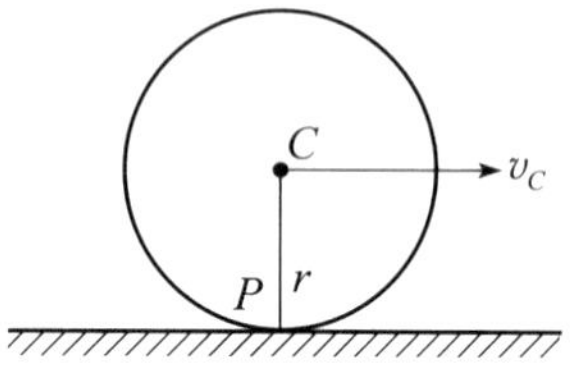

进一步推出刚体相对支撑面的质心加速度 a_C 与刚体角加速度 β 之间满足的关系为：$a_C=r\beta$。

2. 刚体纯滚动时的静摩擦的大小与方向的判断方法

一质量为 m、半径为 R 的匀质实心圆柱体，受一水平向右的力 F 的作用下，在水平面上做纯滚动，力 F 的作用线到质心转轴的垂直距离为 r。

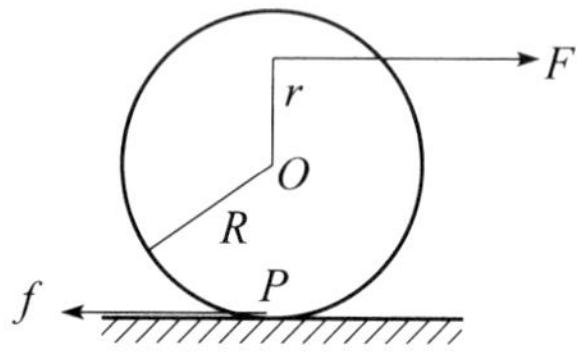

分析：由牛顿第二定律 $F-f=ma$

刚体转动定理 $Fr+fR=J\beta$，其中 $J=\dfrac{1}{2}mR^2$

而 $a=R\beta$，联立解得：$f=\dfrac{R-2r}{3R}F$

说明：刚体纯滚动时的静摩擦力的大小不仅同拉力 F 有关，还与圆柱体的半径 R 以及圆心到水平力 F 作用线的垂直距离 r 有关。当 R、r 为定值时，静摩擦力同水平外力 F 成正比。

讨论：

(1) 当 $F=0$，$f=0$ 时，圆柱体不受静摩擦力，圆柱体靠惯性运动。

(2) 当 $r>\dfrac{R}{2}$，$f<0$ 时，圆柱体受静摩擦力同它的运动方向相同，方向向右。

(3) 当 $-R<r<\dfrac{R}{2}$，$f>0$ 时，圆柱体受静摩擦力同它的运动方向相反，方向向左。

(4) 当 $r=\dfrac{R}{2}$，$f=0$ 时，圆柱体不受静摩擦力。

由此可知，刚体纯滚动时，静摩擦的大小与方向要视情况来定，基本方法是列动力学方程求解。

3. 刚体有滑滚动时摩擦力方向的确定

当刚体在滚动中有滑动运动时，摩擦力实为滑动摩擦力，方向与“相对运动”的方向相反。

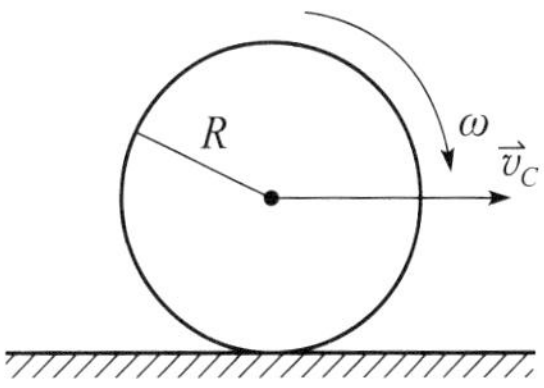

设有一底面半径为 R 的均匀圆柱体，质心的平动速度为 v_C，绕质心转动的角速度为 ω，如图所示。

讨论：

(1) 如果 $R\omega > v_C$，则圆柱体最低点有与 v_C 方向相反的滑动。滑动摩擦力 f 方向与相对运动方向相反，则 f 方向与 v_C 相同；大小由滑动摩擦力公式得 $f=\mu N$。

(2) 如果 $R\omega < v_C$，则圆柱体最低点有与 v_C 方向相同的滑动。滑动摩擦力 f 方向与相对运动方向相反，则 f 方向与 v_C 相反；大小由滑动摩擦力公式得 $f=\mu N$。

(3) 如果 $R\omega = v_C$，则圆柱体最低点有与 v_C 方向没有相对滑动，即纯滚动，没有相对运动，如果有摩擦力，实为静摩擦力。

要点精例

例 12 (2020 清华强基)有一质量为 m、半径为 R 的匀质圆柱体，初始时自转角速度为 ω_0，它被轻轻放置在动摩擦因数为 μ 的水平面上，则圆柱体达到纯滚动所需的时间为(　　)。

A. $\dfrac{\omega_0 R}{g\mu}$　　B. $\dfrac{\omega_0 R}{2g\mu}$　　C. $\dfrac{\omega_0 R}{3g\mu}$　　D. $\dfrac{\omega_0 R}{4g\mu}$

【解析】 盘顺时针转动时着地点速度向左，会受向右摩擦力 μmg 作用，其平动加速度 $a=\mu g$。达纯滚动时盘中心速度 v 和转动角速度满足 $v=\omega R$，即 $\mu g t=\omega R$。盘转动惯量 $I=\dfrac{1}{2}mR^2$，由角动量定理得：$-\mu mgRt=I\omega-I\omega_0$，解得 $\omega=\dfrac{1}{3}\omega_0$，圆柱体达到纯滚动所需的时间为 $t=\dfrac{\omega_0 R}{3g\mu}$。选 C。

强基练习

1. 两个均质圆盘 A 和 B 密度分别为 ρ_A 和 ρ_B，若 $\rho_A > \rho_B$，但两圆盘的质量与厚度相同，如两盘对通过盘心垂直于盘面轴的转动惯量各为 J_A 和 J_B，则(　　)。

A. $J_A > J_B$　　B. $J_B > J_A$

C. $J_A = J_B$　　D. J_A、J_B 哪个大，不能确定

2. (2008 清华)一均匀细棒质量为 M，置于光滑水平面上，在棒的两个端点各蹲着一只质量为 m 的青蛙，若两青蛙以相同的速率，相同对地仰角，各向不同一侧同时起跳，以使细棒在水平面上旋转，而当两青蛙下落时刚好能各落在棒的另一端点，求 $\dfrac{m}{M}$

的取值范围。（设青蛙从起跳到再落到杆上时，杆还未转过一圈。）

3. 如图所示，质量为 m、半径为 r 的均质球置于粗糙的水平桌面上，球与桌面的摩擦系数为 μ，球在水平冲力作用下获得一平动初速度 v_0，问球经过多少距离后变为纯滚动？纯滚动时质心的速率为多大？

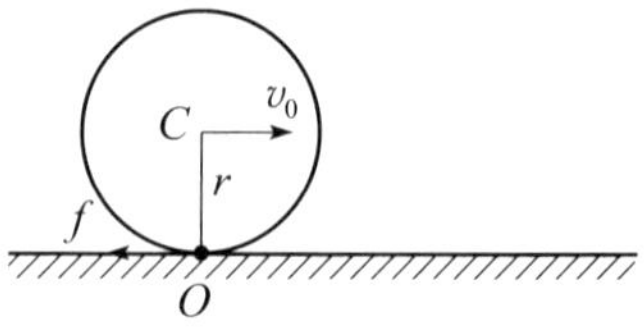

4. 如图所示，半径为 r 的均质小球沿半径为 R 的大球的顶部由静止开始受微小扰动而无滑动地滚下，大球固定不动，求小球开始脱离大球时的角度 φ。

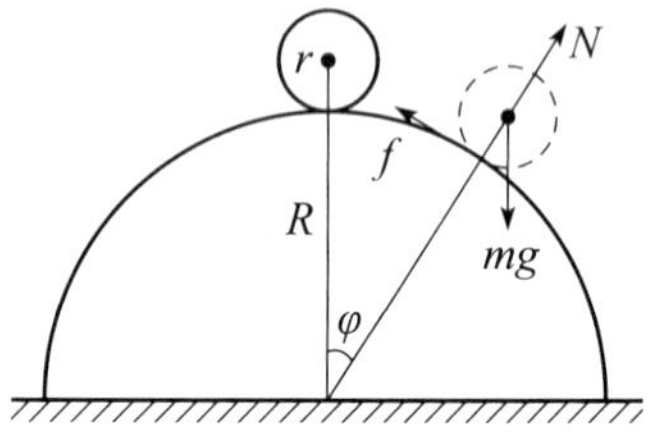

5. 半径为 r 的圆环 A 沿着半径为 R 的固定圆环 B 的外侧做纯滚动，A 的环心 O 绕着 B 的环心做圆周运动的角速度为 ω_θ。试求：

(1) A 环绕着环心 O 转动的角速度 ω_φ；

(2) A 环的瞬心 M 加速度的向心分量 $\vec{a}_{Mn}$ 和切向分量 $\vec{a}_{M\tau}$。

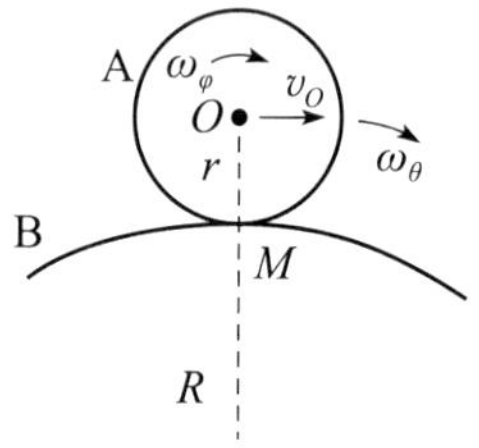

参考答案

1. C 【解析】刚体转动惯量 $J=\sum_i m_i r_i^2$，质量厚度一样，那么密度和半径的二次方成反比，而转动惯量与质量和半径的积成正比，所以选 C。

2. **解**：设青蛙起跳速度为 v，仰角为 α，起跳点与落地点对棒中心 O 的张角为 θ，棒长 $2l$，则应有：

$$v\cos\alpha\cdot 2\frac{v\sin\alpha}{g}=2l\sin\frac{\theta}{2} \qquad ①$$

青蛙起跳后使棒获得角速度 ω，系统角动量守恒。（提示：角动量在经典力学中表示为到原点的位移和动量的叉乘，公式 $L=r\times mv$，角动量守恒定律是指系统所受合外力矩为零时系统的角动量保持不变。）

于是有：

$$2mv\cos\alpha\cdot\cos\frac{\theta}{2}\cdot l=\frac{1}{3}Ml^2\omega \qquad ②$$

在青蛙起跳至落地过程中，棒转过$(\pi-\theta)$角，于是有 $\omega\cdot\frac{2v\sin\alpha}{g}=\pi-\theta$ ③

由②③式消去 ω，再与①式联立得 $6\frac{m}{M}\sin\theta=\pi-\theta$ ④

由图(b)看出，欲使超越方程④在 $\theta<\pi$ 时有解，必须使 $\left|\left.\frac{\mathrm{d}}{\mathrm{d}\theta}\left(6\frac{m}{M}\sin\theta\right)\right|_{\theta=\pi}\right|>1$

由此得 $\frac{m}{M}>\frac{1}{6}$ ⑤

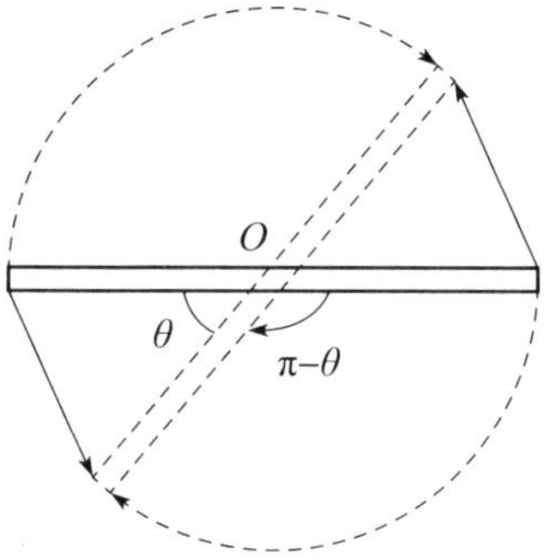

(a)

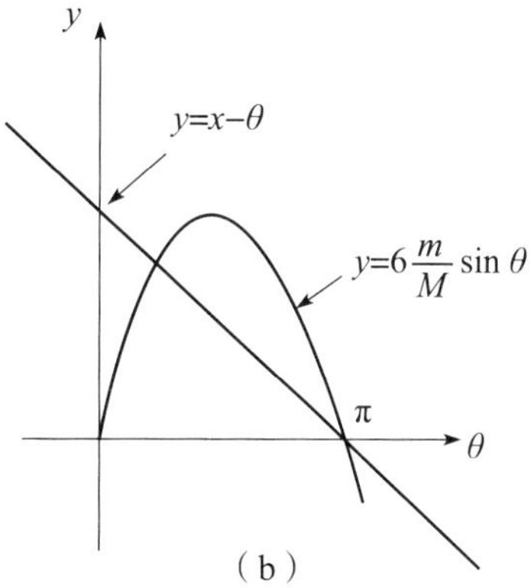

(b)

在青蛙跳跃过程中，棒也可转过 $\pi-\theta+2k\pi(k\geqslant1)$，从而得出

$$6\frac{m}{M}\sin\theta=\pi-\theta+2k\pi \qquad ⑥$$

这将要求$\frac{m}{M}$比$\frac{1}{6}$大得多，结果仍与⑤式相容。

3. **解**：球在受冲击后水平方向只受摩擦力 $f=\mu mg$ 的作用，可得质心的动力学方程

$$-\mu mg=ma_C \qquad ①$$

及转动方程

$$\mu mgr=J\beta \qquad ②$$

由①式得 $a_C=-\mu g$，则

$$v_C=v_0-\mu gt$$

由②式得 $\beta=\frac{\mu mgr}{J}=\frac{\mu mgr}{\frac{2}{5}mr^2}=\frac{5}{2}\frac{\mu g}{r}$，则

$$\omega=\beta t=\frac{5}{2}\frac{\mu g}{r}t$$

可见，v_C 逐渐减小，ω 逐渐增大。经过时间 t 后，运动满足纯滚动条件，$v_C=\omega r$，即

$$v_0-\mu gt=\frac{5}{2}\mu gt$$

解得

$$t=\frac{2v_0}{7\mu g}$$

质心在 t 时间内共经过的距离为

$$s=v_0t+\frac{1}{2}a_Ct^2=\frac{12}{49}\frac{v_0^2}{\mu g}$$

纯滚动时质心的速率为

$$v_C=v_0-\mu gt=\frac{5}{7}v_0$$

4. **解**：小球在滚下的过程中机械能守恒：

$$mg(r+R)(1-\cos\varphi)=\frac{1}{2}mv_C^2+\frac{1}{2}J\omega^2$$

由约束条件得

$$v_C=\omega r$$

在大球上滚过角度 φ 后的位置，小球受重力 mg、支持力 N 和摩擦力 f 三个力的作用，小球质心的动力学方程为

$$mg\cos\varphi-N=\frac{mv_C^2}{\gamma+R}$$

刚脱离时刻

$$N=0$$

联立以上四式解得

$$\cos\varphi=\frac{10}{17}$$

故脱离时的角位置

$$\varphi=\arccos\frac{10}{17}$$

5. **解**：(1) 如图(a)所示，圆环 A 沿着半径为 R 的固定圆环 B 的外侧做纯滚动，有

$$v_O=(R+r)\omega_\theta$$

相对瞬心 M，有

$$v_O=r\omega_\varphi$$

联立以上两式可得

$$\omega_\varphi=\frac{R+r}{r}\omega_\theta$$

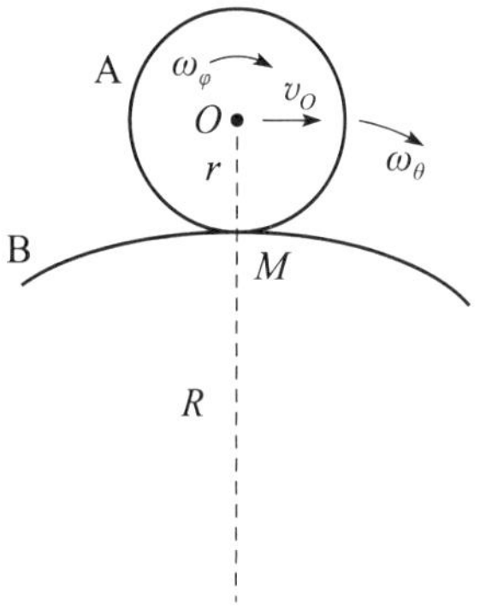

(a)

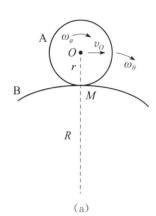

(2) 瞬心 M 的加速度 $\vec{a}_M$，可分解为 O 的加速度 $\vec{a}_O$ 与 M 相对于 O 的加速度 $\vec{a}'_M$，如图(b)所示，有

$$\vec{a}_{Mn}=\vec{a}_{On}+\vec{a}'_{Mn},$$

$$\vec{a}_{On}:\begin{cases}\text{方向:向下}\\ \text{大小:}a_{On}=(R+r)\omega_\theta^2\end{cases}$$

$$\vec{a}'_{Mn}:\begin{cases}\text{方向:向上}\\ \text{大小:}a'_{Mn}=r\omega_\varphi^2\end{cases}$$

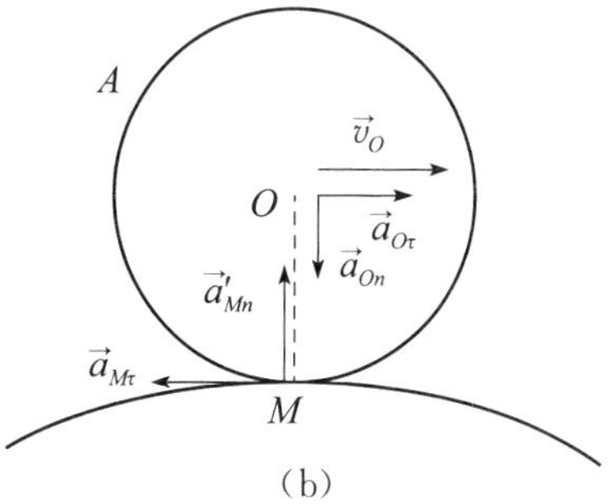

(b)

即得

$$\vec{a}_{Mn}:\begin{cases}\text{方向:向上}\\ \text{大小:}a_{On}=\dfrac{R}{r}(R+r)\omega_\theta^2\end{cases}$$

切向方向有

$$\vec{a}_{M\tau}=\vec{a}_{O\tau}+\vec{a}'_{M\tau}$$

$$\vec{a}_{O\tau}:\begin{cases}\text{方向:向右}\\ \text{大小:}a_{O\tau}=(R+r)\dfrac{d\omega_\theta}{dt}\end{cases}\quad \vec{a}'_{M\tau}:\begin{cases}\text{方向:向左}\\ \text{大小:}a'_{M\tau}=r\dfrac{d\omega_\varphi}{dt}=(R+r)\dfrac{d\omega_\theta}{dt}\end{cases}$$

即得

$$a_{M\tau}=0$$

第 9 讲 机械振动和机械波

强基要点 1 简谐运动的动力学问题

1. 简谐振动

如果一个物体受到的回复力 F 与它偏离平衡位置的位移 x 大小成正比，方向相反。即满足 $F=-kx$ 的关系，那么这个物体的运动就定义为简谐振动。

根据牛顿第二定律，物体的加速度 $a=\frac{F}{m}=-\frac{kx}{m}$。

2. 参考圆

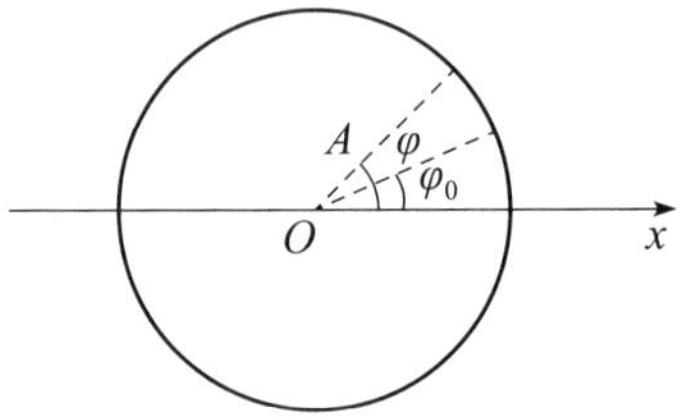

由于简谐振动是变加速运动，讨论起来极不方便。为此，可引入一个连续的匀速圆周运动，因为它在任一直径上的分运动为简谐振动，以平衡位置 O 为圆心，以振幅 A 为半径作圆，这圆就称为参考圆。如图所示，设有一质点在参考圆上以角速度 ω 做匀速圆周运动，它在开始时与 O 的连线跟 x 轴夹角为 φ_0，那么在时刻 t，参考圆上的质点与 O 的连线跟 x 的夹角就成为 $\varphi=\omega t+\varphi_0$，它在 x 轴上的投影点的坐标

$$x=A\cos(\omega t+\varphi_0) \quad ①$$

这就是简谐振动方程，式中 φ_0 是 $t=0$ 时的相位，称为初相；$\omega t+\varphi_0$ 是 t 时刻的相位。

参考圆上的质点的线速度为 $A\omega$，其方向与参考圆相切，这个线速度在 x 轴上的投影是

$$v=-A\omega\cos(\omega t+\varphi_0) \quad ②$$

这也就是简谐振动的速度。

参考圆上的质点的加速度为 $A\omega^2$，其方向指向圆心，它在 x 轴上的投影是

$$a=-A\omega^2\cos(\omega t+\varphi_0) \quad ③$$

这也就是简谐振动的加速度。

由公式①②可得 $a=-\omega^2 x$

由牛顿第二定律，简谐振动的加速度为 $a=\frac{F}{m}=-\frac{k}{m}x$

因此有 $\omega^2=\dfrac{k}{m}$

简谐振动的周期 T 也就是参考圆上质点的运动周期，所以 $T=\dfrac{2\pi}{\omega}=2\pi\sqrt{\dfrac{m}{k}}$

由①②两式得 $x^2+\dfrac{v^2}{\omega^2}=A^2$ 任意一状态，只要知道四个物理量的其中 3 个就能求出第四个。

3. 简谐振动的判据

物体的受力或运动，满足下列条件之一者，其运动即为简谐运动，也求出了周期：

(1) 物体运动中所受回复力应满足 $F=-kx$；

(2) 物体的运动加速度满足 $a=-\omega^2 x$；

(3) 物体的运动方程可以表示为 $x=A\cos(\omega t+\varphi_0)$。

事实上，上述的三个条件并不是互相独立的。其中条件(1)是基本的，由它可以导出另外两个条件。

如图是一个振动装置，两根弹簧通过细线相连，不计所有摩擦和滑轮质量，当 m 向下偏离平衡位置 Δx 时，松手，求 m 的振动周期。

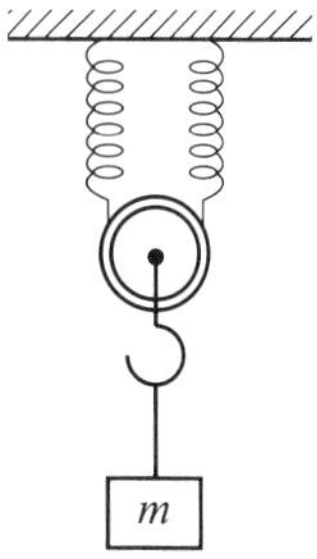

当 m 向下偏离平衡位置 Δx 时，弹簧组伸长了 $2\Delta x$，增加的弹力为

$$F=2\Delta xk=2\Delta x\ \frac{k_1k_2}{k_1+k_2}$$

m 受到的合外力

$$\sum F=2\times 2\Delta x\ \frac{k_1k_2}{k_1+k_2}=\frac{4k_1k_2}{k_1+k_2}\Delta x$$

所以 m 的振动周期

$$T=2\pi\sqrt{\frac{m(k_1+k_2)}{4k_1k_2}}$$

要点精例

例 1 (2018 北大)如图(a)所示，一质量为 M 的物块两侧由两个劲度系数均为 k 的弹簧相连，另一端连在墙上，则物块微扰后简谐周期 $T_1=$________；如图(b)所示，若在物块下加两个质量为 m 的轮，此时 T_2 ________ T_1(选填“>”“<”或“=”)。

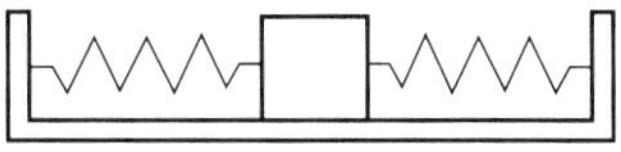

(a)

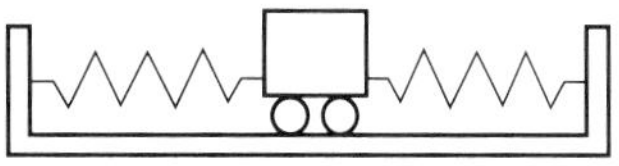

(b)

【答案】$2\pi\sqrt{\dfrac{M}{2k}}$　>

【解析】物块两端都有劲度系数为 k 的弹簧，等效于一个劲度系数为 $2k$ 的弹簧，则振动周期为 $T_1=2\pi\sqrt{\dfrac{M}{2k}}$；物块质量增大，周期变长 $T_2>T_1$，但由于轮子存在滚动，$T_2\neq 2\pi\sqrt{\dfrac{M+2m}{2k}}$。

例 2 (2018 清华)如图所示，一根劲度系数为 k 的轻弹簧一端固定在天花板，另一端拴一个质量为 m_1 的小块，m_1 下面用细绳连一个 m_2 的小块，系统处于平衡，以下说法正确的是(　　)。

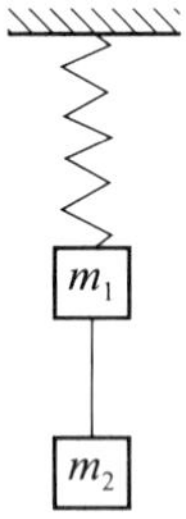

A. 下拉后放手，m_1 做简谐振动

B. 下拉后放手，m_2 做简谐振动

C. 剪断细绳后，m_1 振幅为$\dfrac{m_2 g}{k}$

D. 剪断细绳后，m_1 最大速度为$\dfrac{m_2 g}{\sqrt{km_1}}$

【答案】CD

【解析】下拉后，两者可能做不完整的简谐振动：若下拉的幅度过大，超过$\dfrac{(m_1+m_2)g}{k}$会使得当物块达到最上端时，弹簧从拉力变为弹力，使绳松弛，这时原简谐振动就被破坏；剪断细绳后，平衡位置移动了$\dfrac{m_2 g}{k}$，则 m_1 做简谐振动的振幅为$\dfrac{m_2 g}{k}$；而最大速度为振幅×角频率，即$\dfrac{m_2 g}{k}\cdot\sqrt{\dfrac{k}{m_1}}=\dfrac{m_2 g}{km_1}$。故选项 C、D 正确。

例 3 (2017 北大)如图所示，在地面相距 $2d$ 位置固定两个相同的转轮，两转轮转速相同，一匀质长木板放置在两转轮之上，对称放置，与两转轮之间有相同的摩擦因数 μ。

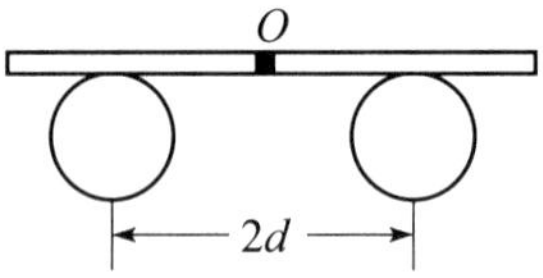

(1) 若左轮顺时针旋转，右轮逆时针旋转，试讨论木板向右微小位移后的运动情况；

(2) 若左、右转轮方向与(1)中相反，试讨论木板向右微小位移后的运动情况。

【解析】(1) 木板受力如图所示。

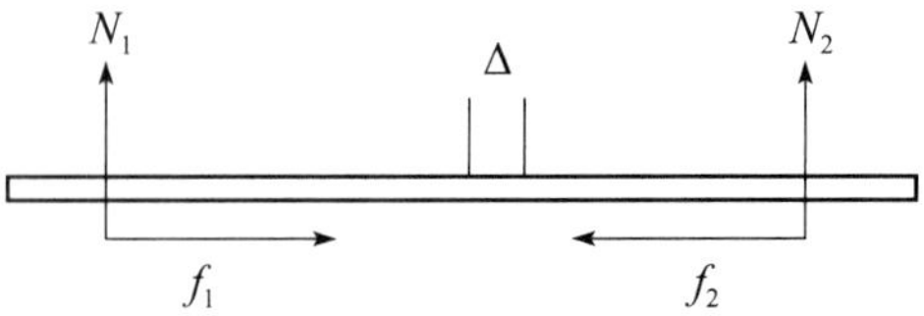

若木板向右位移 Δ，则有力矩平衡方程

$$N_1\cdot 2d=mg\cdot(d-\Delta),\quad N_2\cdot 2d=mg\cdot(d+\Delta)$$

$$N_1=\frac{d-\Delta}{2d}mg,\quad N_2=\frac{d+\Delta}{2d}mg$$

则木板受力

$$F=f_1-f_2=\mu(N_1-N_2)=-\frac{mg}{d}\Delta$$

是线性回复力，那么之后木板会开始做一维的简谐振动，周期为 $2\pi\sqrt{\frac{d}{g}}$。

(2) 与第一种情况相反(如图)。

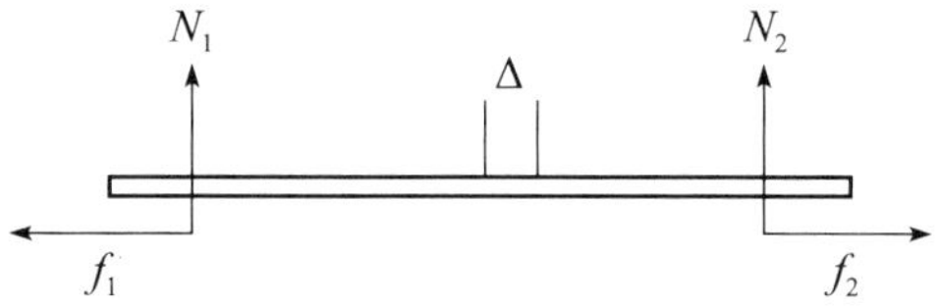

木板受力 $F=f_2-f_1=\frac{mg}{d}\Delta$，即远离原位置，加速远离转轮中心。

例 4 (2016 清华)已知弹簧振子简谐振动的周期公式为：$T=2\pi\sqrt{\frac{m}{k}}$，其中 m 为振子质量，k 为振动系统的回复力系数。请回答以下内容：

(1) 如右图所示，A 和 B 两个小球可以视作质点，质量分别为 M_A 和 M_B，用长为 L 的轻杆相连接，求连接体的质心位置。

(2) 如右图，一个弹簧的劲度系数为 k，长度为 L，则其 $\frac{1}{N}$ 段的劲度系数为多少？

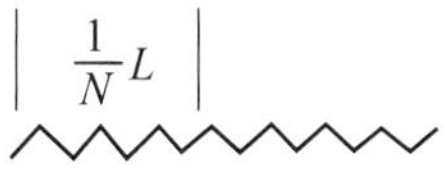

(3) 用一弹簧连接两小球 A 和 B，A 固定时 B 的振动频率为 f_B，B 固定时 A 的振动频率为 f_A，弹簧固有振动周期为 T。问将系统置于水平面上时，两端都不固定的情形下其振动频率为多少？

【解析】(1)

解法 1

由两球到质心距离 $r_A:r_B=M_B:M_A$。

又由 $r_A+r_B=L$，故 $r_A=\frac{M_BL}{M_A+M_B}$。

解法 2

也可直接代入质心公式，以 A 为坐标质点，则质心位置 $x=\frac{M_BL}{M_A+M_B}$。

(2) 看作 N 段弹簧串联，有 $k'=Nk$。

(3) 设劲度系数为 k，考虑弹簧的等效振动质量，$T=2\pi\sqrt{\frac{m'}{k}}\Rightarrow m'=\frac{T^2}{4\pi^2}k$。

又因为

$$f_B=\frac{1}{2\pi\sqrt{\frac{M_B+m'}{k}}},\quad f_A=\frac{1}{2\pi\sqrt{\frac{M_A+m'}{k}}}$$

则

$$M_A=\frac{k}{4\pi^2}\left(\frac{1}{f_A^2}-T^2\right),\quad M_B=\frac{k}{4\pi^2}\left(\frac{1}{f_B^2}-T^2\right)$$

把其中一个作为参考系，另一个的质量变为折合质量

$$\mu=\frac{M_AM_B}{M_A+M_B}=\frac{k}{4\pi^2}\frac{\left(\frac{1}{f_A^2}-T^2\right)\left(\frac{1}{f_B^2}-T^2\right)}{\frac{1}{f_A^2}+\frac{1}{f_B^2}-2T^2}$$

则振动频率为

$$f=\frac{1}{2\pi\sqrt{\frac{\mu+m'}{k}}}=\sqrt{\frac{\frac{1}{f_A^2}+\frac{1}{f_B^2}-2T^2}{\frac{1}{f_A^2}\cdot\frac{1}{f_B^2}-T^4}}$$

强基要点 2 简谐振动的能量

一水平弹簧振子，弹簧振子的能量是振子的动能和弹簧的弹性势能的总和。在振动过程中，振子的瞬时动能为：

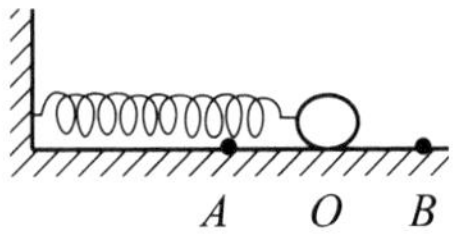

$$E_K=\frac{1}{2}mv^2=\frac{1}{2}mA^2\omega^2\sin^2(\omega t+\varphi)$$

振子的瞬时弹性势能为：

$$E_p=\frac{1}{2}kx^2=\frac{1}{2}m\omega^2A^2\cos^2(\omega t+\varphi)$$

振子的总能量为：

$$E=E_K+E_p=\frac{1}{2}m\omega^2A^2=\frac{1}{2}kA^2$$

其中 $k=m\omega^2$。

这提供了求振子频率的另一种方法，这种方法不涉及振子所受的力，在力不易求得时较为方便，将势能写成位移的函数，即 $E_p=\frac{1}{2}kx^2$，$k=\frac{2E_p}{x^2}$。另有 $\omega=\sqrt{\frac{k}{m}}=\sqrt{\frac{2E_p}{mx^2}}$，也可用总能量和振幅表示为 $\omega=\sqrt{\frac{2E}{mA^2}}$。

要点精例

例 5　(2017 北大)如图所示，在光滑的水平面上，有一个物块 A 连在弹簧上做简谐振动，某时刻从高度 h 处释放另一物块 B，恰好落在物块 A 上，与物块 A 发生粘连，则(　　)。

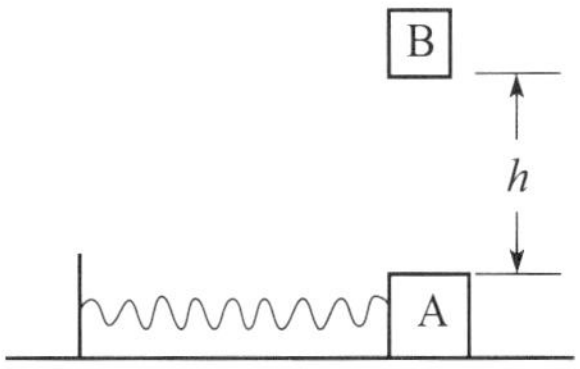

A. 振动能量与振幅均减小

B. 振动能量可能不变，振幅可能不变

C. 振动能量可能减弱，振幅可能减小

D. 振动能量与振幅均不变

【答案】 BC

【解析】 当 A 在振幅位置时，B 与 A 发生粘连，振动能量不变，振幅不变；在其他位置发生粘连，这是完全非弹性碰撞，动能减小，振动能量和振幅都减小。

例 6　(2017 北大)如图，一长为 L 的轻杆一端固定在天花板上，可以自由摆动，两个质量均为 m 的小球，分别固定在杆的中点和杆的自由端。试求该变形摆的摆动周期。

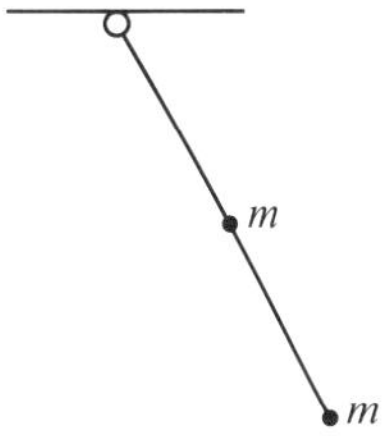

【解析】 设摆角为 θ_0，那么当轻杆竖直时，角速度 ω 满足

$$mg\frac{L}{2}(1-\cos\theta_0)+mgL(1-\cos\theta_0)=\frac{1}{2}m\left(\frac{\omega L}{2}\right)^2+\frac{1}{2}m(\omega L)^2$$

解得 $\omega=\sqrt{\frac{12g}{5L}(1-\cos\theta_0)}$

相较于单摆，摆角为 θ_0 的单摆在最低处的 $\omega_0=\sqrt{2\frac{g}{L}(1-\cos\theta_0)}$，周期 $T_0=2\pi\sqrt{\frac{L}{g}}$，则

$$\frac{T}{T_0}=\frac{\omega_0}{\omega}$$

得 $T=2\pi\sqrt{\frac{5L}{6g}}$

强基要点 3 单摆

单摆在摆角小于 5°时可近似地看作是一个简谐振动，振动的周期为 $T=2\pi\sqrt{\frac{m}{k}}=2\pi\sqrt{\frac{l}{g}}$。

1. 异型单摆

异型单摆中，l 和 g 的含义以及值会发生变化。

(1) 等效重力加速度 g'：等于摆球相对静止在平衡位置时，指向圆心的弹力与摆球质量的比值。

在加速上升和加速下降的升降机中有一单摆，当摆球相对静止在平衡位置时，绳子中张力为 $m(g\pm a)$，因此该单摆的等效重力加速度为 $g'=g\pm a$，周期为 $T=2\pi\sqrt{\frac{l}{g\pm a}}$，也可引入惯性力解。

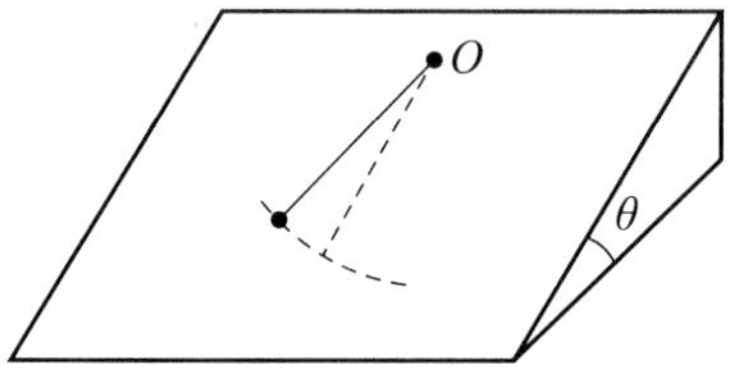

再如右图所示，在倾角为 θ 的光滑斜面上有一单摆，当摆球相对静止在平衡位置时，绳中张力为 $mg\sin\theta$，因此单摆的等效重力加速度为 $g'=g\sin\theta$，周期为 $T=2\pi\sqrt{\frac{l}{g\sin\theta}}$。

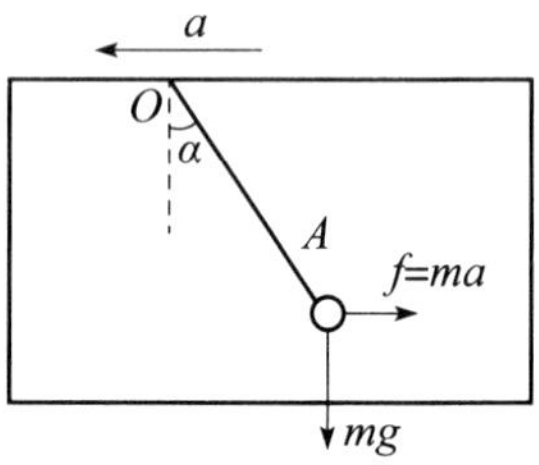

一节车厢中悬挂一个摆长为 l 的单摆，车厢以加速度 a 在水平地面上运动(如右图)。由于小球 m 相对车厢受到一个惯性力 $f=ma$，因此它可以“平衡”在 OA 位置，$\tan\alpha=\frac{a}{g}$，此单摆可以在车厢中以 OA 为中心做简谐振动。当小球相对静止在平衡位置 A 处时，绳中张力为 $m\sqrt{a^2+g^2}$，等效重力加速度 $g'=\sqrt{a^2+g^2}$，单摆的周期 $T=2\pi\sqrt{\frac{l}{\sqrt{a^2+g^2}}}$。

(2) 等效摆长 l'。

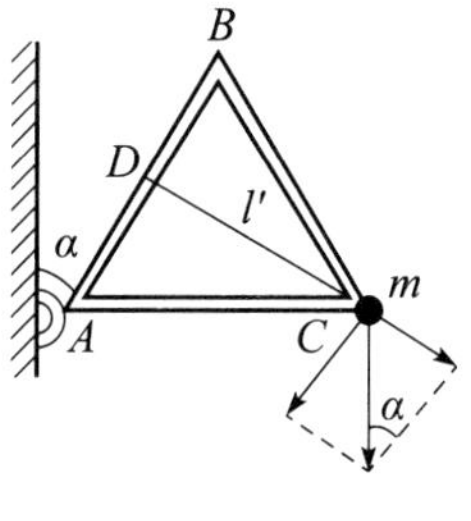

单摆的等效摆长并不一定是摆球到悬点的距离，而是指摆球的圆弧轨迹的半径。

如图所示，摆球 m 固定在边长为 L、质量可忽略的等边三角形支架 ABC 的顶角 C 上，三角支架可围绕固定的 AB 边自由转动，AB 边与竖直方向成 α 角。

当 m 做小角度摆动时，实际上是围绕 AB 的中点 D 运动，

故等效摆长

$$l'=L\cos 30°=\frac{\sqrt{3}}{2}L$$

正因为 m 绕 D 点摆动，当它静止在平衡位置时，指向 D 点的弹力为 $mg\sin\alpha$，等效重力加速度为 $g\sin\alpha$，所以此异型摆的周期

$$T=2\pi\sqrt{\frac{l'}{g'}}=2\pi\sqrt{\frac{\sqrt{3}L}{2g\sin\alpha}}$$

2. 非惯性参考系中的单摆

如图所示，一质量为 M 的车厢放在水平光滑地面上，车厢中悬有一个摆长为 l、摆球的质量为 m 的单摆。当摆球来回摆动时，车厢也将做往复运动，悬点不固定。

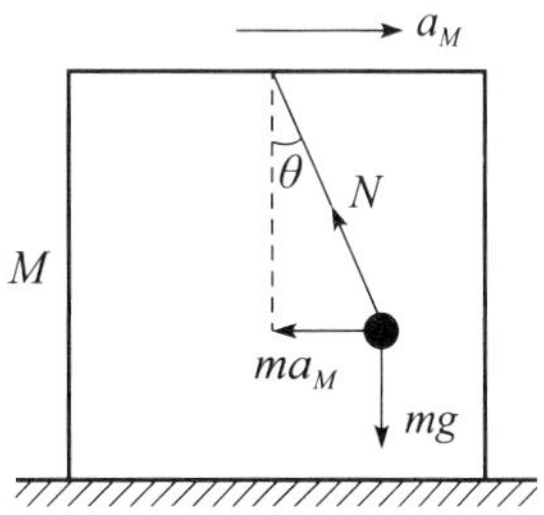

取车厢为非惯性系，摆球受到重力 mg，摆线拉力 N 和惯性力 ma_M 的作用，如图分析摆球

$$N=mg\cos\theta-ma_M\sin\theta \qquad ①（忽略摆球向心力）$$

回复力 $F=mg\sin\theta+ma_M\cos\theta$　②

分析车厢：

$$N\sin\theta=Ma_M \qquad ③$$

因为 θ 很小，所以可认为 $\sin\theta=\theta$，$\cos\theta=1$，

则由①③式可得

$$a_M=\frac{m}{M}g\theta$$

把它代入②

$$F=mg\left(1+\frac{m}{M}\right)\theta$$

摆球偏离平衡位置的位移 $x=\theta l$，

所以　$F=\dfrac{mg(M+m)}{Ml}x$

因此摆球做简谐振动，周期

$$T=2\pi\sqrt{\frac{Ml}{(M+m)g}}$$

由周期表达式可知：当 $M\gg m$ 时，$T=2\pi\sqrt{\dfrac{l}{g}}$，因为此时 M 基本不动，一般情况

下，$T<2\pi\sqrt{\dfrac{l}{g}}$。

要点精例

例 7 (2017 北大)如图所示，在光滑水平面上有一个小车向右以 v 做匀速直线运动，车内小球拉离竖直方向很小的角 θ。K 先生在小车内，L 先生在小车外的地面上，则(　　)。

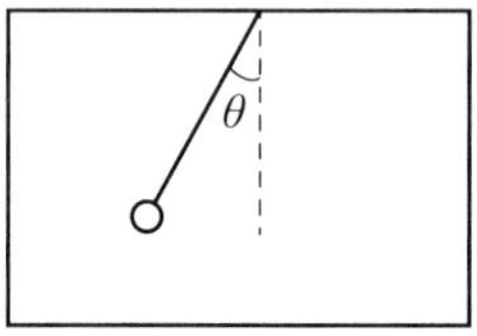

A. K 先生看到小球做简谐振动

B. L 先生看到小球做简谐振动，且振动周期与 K 先生看到的相同

C. L 先生看到小球做简谐振动，但振动周期与 K 先生看到的不同

D. L 先生看到小球不做简谐振动

【答案】 AD

【解析】 以 K 先生为参照系，小球做小角度单摆摆动，近似看作简谐振动。以 L 先生为参照系，小球不做往复运动，因此不做简谐振动。

例 8 (2019 清华)如图所示，光滑斜面倾角为 θ，质量很大的小车在斜面上自由滑下，车上吊有一小球，绳长为 R。则小球做微小振动的振动周期为(　　)。

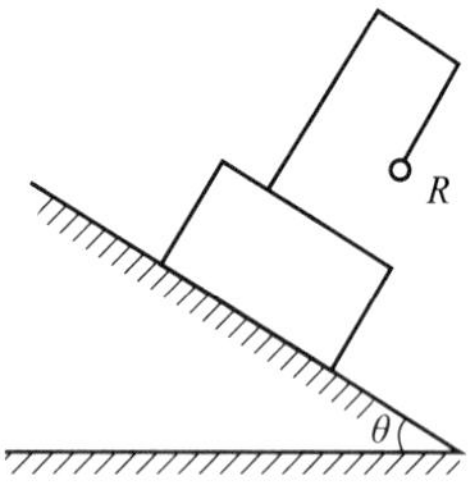

A. $2\pi\sqrt{\dfrac{R}{g}}$　　B. $2\pi\sqrt{\dfrac{R}{g\cos\theta}}$

C. $2\pi\sqrt{\dfrac{2R}{g}}$　　D. $2\pi\sqrt{\dfrac{2R}{g\cos\theta}}$

【答案】 B

【解析】 在小车参考系(非惯性系)中引入平移惯性力，得到等效的重力加速度，再应用单摆模型求出结果。即等效 $g'=g\cos\theta$，所以 $T=2\pi\sqrt{\dfrac{R}{g'}}=2\pi\sqrt{\dfrac{R}{g\cos\theta}}$。

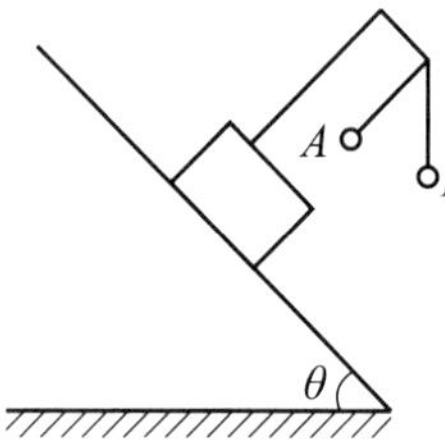

注：如图所示，平衡位置为 A，而不是 B。

例 9 (2011 卓越联盟)如图所示，两段不可伸长细绳的一端分别系于两竖直杆上的 A、B 两点，另一端与质量为 m 的小球 D 相连。已知 A、B 两点高度相差 h，$\angle CAB=\angle BAD=37°$，$\angle ADB=90°$，重力加速度为 g。现使小球发生微小摆动，则小球摆动的周期为(　　)。

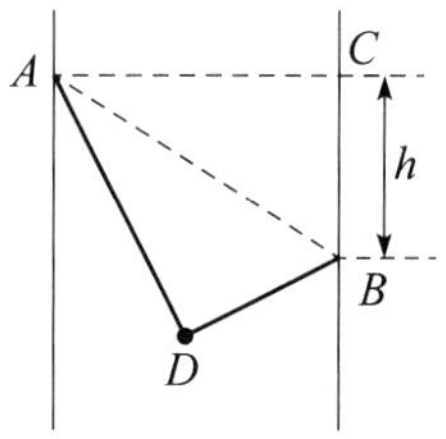

A. $\pi\sqrt{\dfrac{17h}{3g}}$　　B. $\dfrac{\pi}{2}\sqrt{\dfrac{85h}{3g}}$

C. $\pi\sqrt{\dfrac{h}{g}}$　　　　D. $2\pi\sqrt{\dfrac{h}{g}}$

【答案】D

【解析】根据题设条件，可得$\triangle CAB\cong\triangle DAB$，则 $BD=BC=h$。过 D 点向 AB 作垂线，交 AB 于 E 点，如答图所示，DE 即为等效单摆的摆长，其长度为

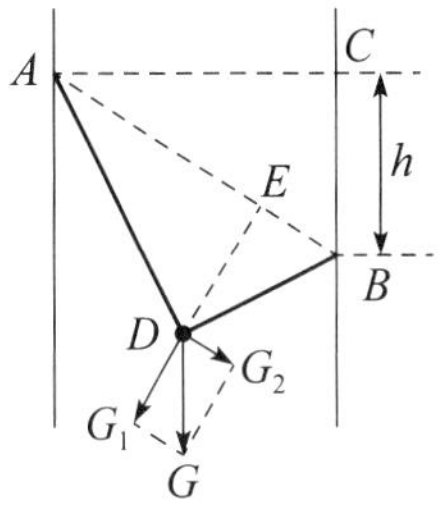

$$L'=BD\cos\angle BDE=h\cos37°$$

摆球在平衡位置时，把摆球的重力 G 分解为与 AB 垂直的分力 G_1 和与 AB 平行的分力 G_2，则 $G_1=G\cos37°$，等效重力加速度为

$$g'=\frac{G_1}{m}=g\cos37°$$

故摆球微小摆动时的周期为

$$T=2\pi\sqrt{\frac{L'}{g'}}=2\pi\sqrt{\frac{h}{g}}$$

所以D选项正确。

强基要点 4 刚体的振动

1. 复摆

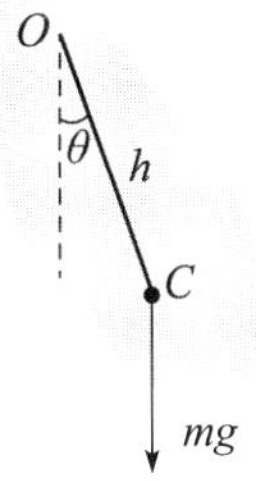

复摆指绕不过质心的水平固定轴转动的刚体的振动。

当 $\sin\theta\doteq\theta$ 时，$-mgh\theta=J\dfrac{\mathrm{d}^2\theta}{\mathrm{d}t^2}$，$\omega^2=\dfrac{mgh}{J}$则$\dfrac{\mathrm{d}^2\theta}{\mathrm{d}t^2}+\omega^2\theta=0$

结论：复摆的小角度摆动振动是简谐振动。

2. 刚体的振动

刚体的振动主要用能量等方法解。

要点精例

例10 如图所示，均质杆 AB 长为 L，质量为 m，其 A 端用光滑铰链接在墙壁上，其 B 端用一劲度系数为 k 的轻弹簧悬挂，平衡时，杆水平而弹簧竖直，求此杆做上下的微小振动时的振动周期。

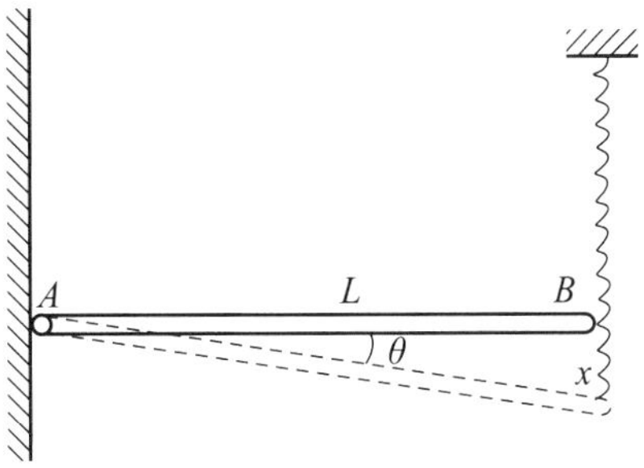

【解析】当杆水平时，设弹簧伸长量为 x_0，由平衡条件，有

$$mg \cdot \frac{L}{2} = kx_0 \cdot L$$

当杆 B 端偏离平衡位置一微小位移 x 时，不妨以 B 端向下偏移作为 x 的正方向，弹簧伸长量为 $x_0 + x$。

分析 AB 杆所受力矩，由转动定律有

$$\beta = \frac{mg \cdot \frac{L}{2} - k(x + x_0)L}{\frac{1}{3}mL^2} = -\frac{3kx}{mL}$$

由图中关系可知，$\frac{x}{L} \approx \theta$，故有

$$\beta = -\frac{3k}{m}\theta = -\omega^2\theta$$

由此式可看出杆绕 A 端转动的角加速度大小与角位移 θ 成正比，方向与角位移相反，故为简谐运动。

周期为 $T = \frac{2\pi}{\omega} = 2\pi\sqrt{\frac{m}{3k}}$。

例 11 （2017 清华）如图，圆柱体 M，弹簧连接在 M 的转动轴上（圆柱体可绕转动轴转动）。压缩弹簧后放手，圆柱体纯滚动，问圆柱体的运动是否为简谐振动？如果是，周期为多少？已知弹簧弹性系数为 k，重力加速度为 g。

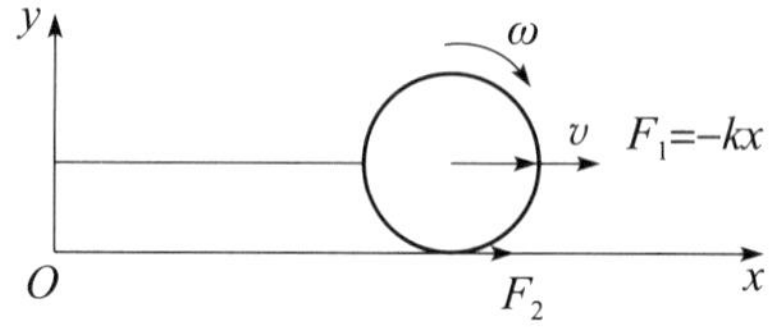

【解析】

解法 1

如图建立坐标轴，以弹簧原长处为坐标零点，则当圆柱体位于 x 位置时，受到弹簧弹力作用 $F_1 = -kx$，并且由于弹簧弹力导致与地面的滑动趋势而受到静摩擦力 F_2，方向设为 x 正向。

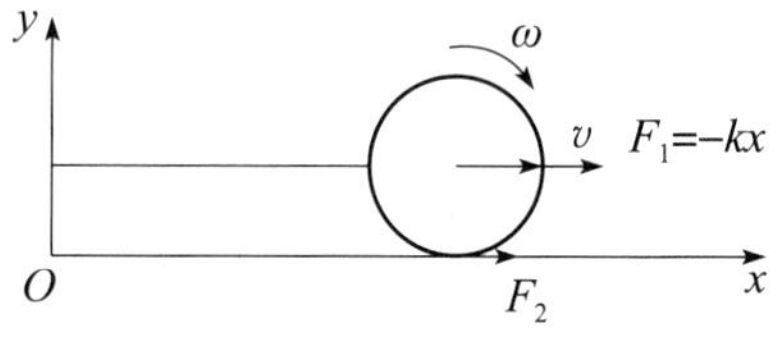

由于圆柱体纯滚动有

$$v = \omega R, \quad \alpha = \beta R$$

又有圆柱体加速度和角加速度分别为

$$\alpha = \frac{F_1 + F_2}{m}, \quad \beta = \frac{-F_2 R}{I} = \frac{-F_2 R}{\frac{1}{2}mR^2} = -\frac{2F_2}{mR}$$

因此

$$\frac{F_1+F_2}{m}=-\frac{2F_2}{m}$$

即 $F_2=-\frac{1}{3}F_1=\frac{1}{3}kx$

则圆柱体受力为

$$F=F_1+F_2=-\frac{2}{3}kx$$

由圆柱体的受力形式知其运动是简谐振动，周期为

$$T=2\pi\sqrt{\frac{m}{\frac{2}{3}k}}=2\pi\sqrt{\frac{3m}{2k}}$$

解法2　能量法

$$\begin{aligned}E&=\frac{1}{2}kx^2+\frac{1}{2}mv^2+\frac{1}{2}J\omega^2\\&=\frac{1}{2}kx^2+\frac{1}{2}mv^2+\frac{1}{2}mk^2\cdot\frac{r^2}{k^2}\\&=\frac{1}{2}kx^2+\frac{3}{4}mv^2\end{aligned}$$

类似于：$E=\frac{1}{2}kx^2+\frac{1}{2}mv^2$，其周期 $T=2\pi\sqrt{\frac{m}{k}}$

所以 $T'=2\pi\sqrt{\frac{\frac{3}{2}m}{k}}=2\pi\sqrt{\frac{3m}{2k}}$

强基要点 5　波的叠加和干涉

波的叠加原理：当空间存在两个(或两个以上)振源发出的波时，空间任一点的扰动是各个波在该点产生的扰动的矢量和。

波的干涉：当有频率相同、振动方向相同的两列波在空间叠加时，会出现某些地方振动增强，某些地方振动减弱的现象。

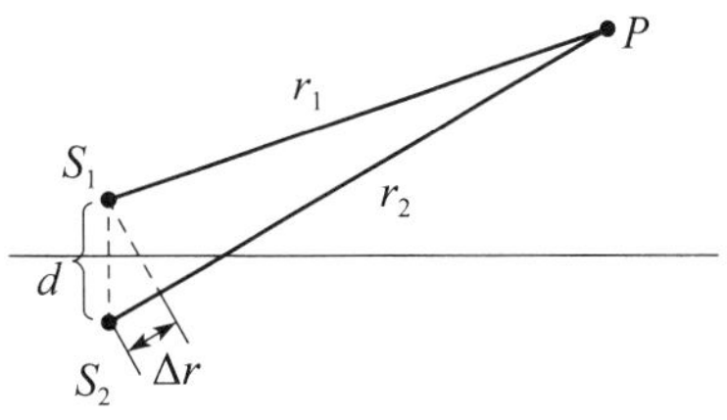

设有两列相干波自振源 S_1、S_2 发出，两振源的相位相同，空间任一点 P 至 S_1 的距离为 r_1，至 S_2 的距离为 r_2(如图)，则两列波在 P 点产生的振

动的相位差为

$$\Delta\varphi=2\pi\frac{r_2-r_1}{\lambda}$$

当 $\Delta\varphi=2\pi k$（k 为整数），即当波程差 $\Delta r=r_2-r_1=2k\cdot\frac{\lambda}{2}$时，$P$ 点的合振动加强；

当 $\Delta\varphi=(2k+1)\pi$，即当波程差 $\Delta r=r_2-r_1=(2k+1)\frac{\lambda}{2}$时，$P$ 点的合振动减弱，可见 P 点振动的强弱由波程差 $\Delta r=r_2-r_1$ 决定，是 P 点位置的函数。当某一点距离两同相位波源的波程差等于零或者是波长的整数倍时，该点振动的合振幅最大，即其振动总是加强的；当某一点距离两同位波源的波程差等于半波长或半波长的奇数倍时，该点振动的合振幅最小，即其振动总是削弱的。

要点精例

例 12 （2013 清华夏令营）如图所示，波源 S_1 在绳的左端发出一个时间跨度为 T_1、振幅为 A_1 的三角波 a；同时，波源 S_2 在绳的右端发出一个时间跨度为 T_2、振幅为 A_2 的三角波 b。已知 $T_1>T_2$，左右两波沿绳的传播速度均为 v，P 点为两波源连线的中点。下列说法正确的是（　　）。

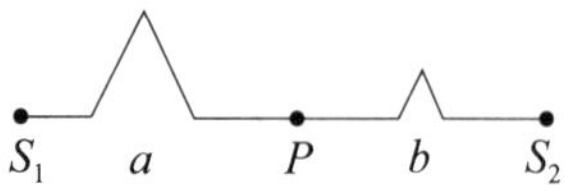

A. 两列波在 P 点叠加时，P 点的位移最大可达 A_1+A_2

B. a 波的波峰到达 S_2 时，b 波的波峰尚未到达 S_1

C. 两列波波峰相遇的位置在 P 点的左侧

D. 要使两列波的波峰在 P 点相遇，两列波发出的时间差为$\frac{T_1-T_2}{8}$

【答案】 C

【解析】 两波同时由波源发出，且波速相等，因此两波的波前同时到 P 点。波前到达 P 点后，波峰传到 P 点所需时间分别为$\frac{T_1}{2}$和$\frac{T_2}{2}$，由于 $T_1>T_2$，故 a 波的波峰将晚于 b 波的波峰到达 P 点，两列波波峰将在 P 点左侧相遇，可见 P 点的最大位移不可能达 A_1+A_2，C 选项正确，A 选项错误。要使两列波的波峰在 P 点相遇，两列波发出的时间差为$\frac{T_1-T_2}{2}$，D 选项错误。当 a 波的波峰到达 S_2 时，b 波的波峰已经到达 S_1，B 选项错误。

例 13 （2014 卓越联盟）如图所示，两波源 S_1、S_2 位于 x 轴上，其中 S_1 位于原点，S_2 与 S_1 相距两倍波长，两波源的振动规律均为 $A\sin\omega t$，产生的简谐横波在 xOy 平面中传播，图中实线表示波峰，虚线表示波谷。y 轴上 a 点距原点为 1.5 倍波长，则两列

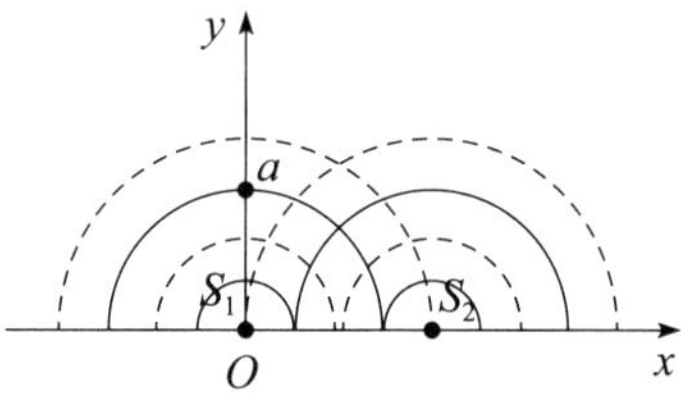

波在 a 点叠加后，该点的简谐运动的(　　)。

A. 振幅为 A　　B. 振幅为 $2A$　　C. 圆频率为 ω　　D. 圆频率为 2ω

【答案】BC

【解析】a 点到两波源的波程差为

$$\Delta x=S_2a-S_1a=\sqrt{(1.5\lambda)^2+(2\lambda)^2}-1.5\lambda=\lambda$$

所以 a 点的振动加强点，振幅加倍，频率不变。B、C 选项正确。

例 14 (2012 清华保送)在离海平面高 200m 的悬崖上有一个雷达，可以发射波长为 5m 的无线电波，若在离悬崖 20km 且离海面 125m 上方处接收到的电磁波信号最强。现有一架飞机在离悬崖 20km 处从接近海平面处开始竖直向上飞行，则其在另一处离海平面最近处接收到的信号又最强的点距海平面________ m。

【解析】如图所示，从雷达 A 处直接发射无线电波和通过海平面反射的无线电波在 B 处相遇，如果两者的光程差为波长的整数倍，则发生相长干涉，即信号最强，但必须注意在海平面处反射的无线电路会有半波损失(波从波疏介质射向波密介质时反射过程中，反射波在离开反射点时的振动方向相对于入射波到达入射点时的振动相差半个周期，这种现象叫作半波损失)，题中给出的离海平面 125m 上方处接收到的电磁波信号最强即为光程差为 0 对应的情形，即

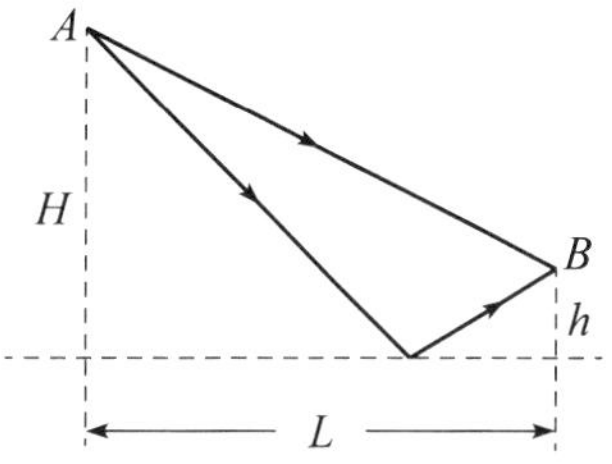

$$\sqrt{L^2+(H+h)^2}-\sqrt{L^2+(H-h)^2}\approx\frac{2Hh}{\sqrt{L^2+H^2}}\approx\frac{2Hh}{L}=\frac{\lambda}{2},$$

而下一个信号最强的点则对应光程差为 $\frac{3}{2}\lambda$ 的情形，即 $\sqrt{L^2+(H+h')^2}-\sqrt{L^2+(H-h')^2}\approx\frac{2Hh'}{\sqrt{L^2+H^2}}\approx\frac{2Hh'}{L}=\frac{3\lambda}{2}$，解得：$h'=375\text{m}$。

强基要点 6 波动方程

如图所示，一列横波以速度 v 沿 x 轴正方向传播，设波源 O 点的振动方程为：$y=A\cos(\omega t+\varphi_0)$。

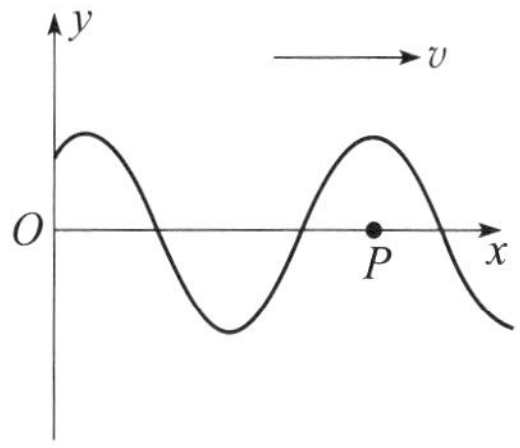

在 x 轴上任意点 P 的振动比 O 点滞后时间 $t_p=\frac{x}{v}$，即当 O 点相位为 $(\omega t+\varphi_0)$ 时，P 点的相位为 $\left[\omega\left(t-\frac{x}{v}\right)+\varphi_0\right]$，由 $\omega=2\pi f$，$v=\lambda f$，$f=\frac{1}{T}$，P 点振动方程为

$$y=A\cos\left[\omega\left(t-\frac{x}{v}\right)+\varphi_0\right]=A\cos\left(2\pi ft+\varphi_0-\frac{2\pi x}{\lambda}\right)=A\cos\left(\frac{2\pi}{T}t+\varphi_0-\frac{2\pi x}{\lambda}\right)$$

这就是波动方程，它可以描述平面简谐波的传播方向上任意点的振动规律。当波向 x 轴负方向传播时，上式只需改变 v 的正负号。

要点精例

例 15 （2010 华约联盟）如图所示，在 xOy 平面内有一列沿 x 轴传播的简谐横波，频率为 2.5Hz。在 $t=0$ 时，P 点位于平衡位置，且速度方向向下，Q 点位于平衡位置下方的最大位移处，则在 $t=0.35$s 时，P、Q 两质点的（　　）。

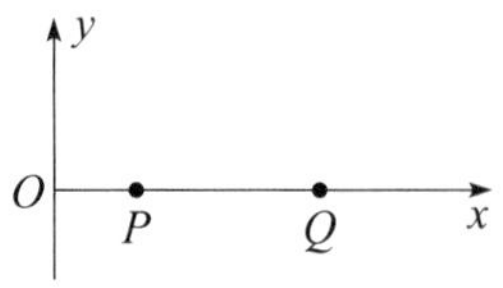

A. 位移大小相等，方向相反　　B. 速度大小相等，方向相同

C. 速度大小相等，方向相反　　D. 加速度大小相等，方向相反

【答案】 ABD

【解析】 由 $T=\frac{1}{f}$ 得周期 $T=0.4$s，若波沿 x 轴正方向传播，在 $t=0$ 时的波形如答图中的实线所示。当 $t=0.35\text{s}=\frac{7}{8}T$ 时，波传播了 $\frac{7}{8}\lambda$，将波形图沿 x 轴正方向平移 $\frac{7}{8}\lambda$ 与沿 x 轴负方向平移 $\frac{1}{8}\lambda$ 得到的结果一样，如答图中的虚线所示，可得 A、B、D 选项正确。若波沿 x 轴负方向传播，答案不变。

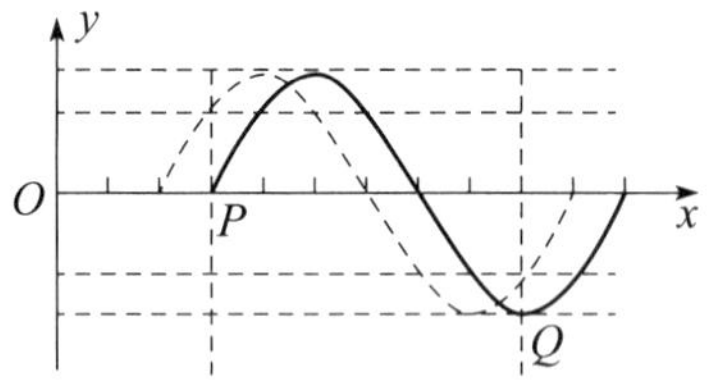

例 16 （2012 复旦千分考）一平面简谐波平行于 x 轴传播，波速为 v，在 P 点的振动表达式为 $y=A\cos\omega t$，按图示坐标，其波动表达式为（　　）。

A. $y=A\cos\left(\omega t-\frac{\omega}{v}x\right)$

B. $y=A\cos\left[\omega t+\frac{\omega}{v}(x+l)\right]$

C. $y=A\cos\left[\omega t-\frac{\omega}{v}(x-l)\right]$

D. $y=A\cos\left[\omega t+\frac{\omega}{v}(x-l)\right]$

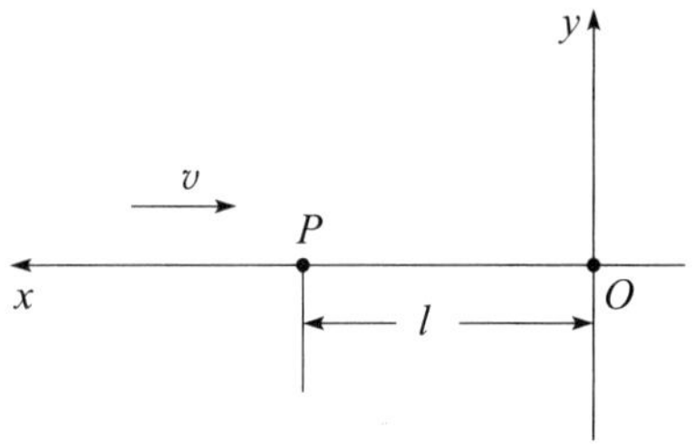

【答案】 D

【解析】 沿传播方向观察，x 轴上的质点仿效 P 点的振动，但滞后一定的时间。因 P 点的振动表达式为 $y=A\cos\omega t$，故波振动表达为 $y=A\cos\omega\left(t-\frac{l-x}{v}\right)=A\cos\left[\omega t+\frac{\omega}{v}(x-l)\right]$。

强基要点 7 多普勒效应的计算

多普勒效应：波源或观察者或两者相对于介质运动，那么观察者接收到的频率和波源发出的频率不相同，这种现象叫作多普勒效应。

设发射源于该介质中的原始发射频率为 f，观察者接收的频率为 f'，波在该介质中的行进速度为 u，观察者移动速度为 v_o，波源相对介质的速度为 v_s。

(1) 波源不动，观察者相对介质以速度 v_0 运动。多普勒效应示意图如下图所示。

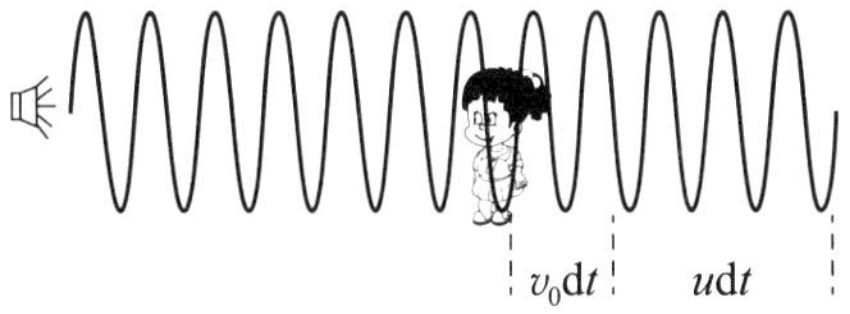

观察者接收的频率

$$f'=\frac{u+v_o}{u}f \cdots\cdots\cdots\cdots \text{观察者向波源运动}$$

$$f'=\frac{u-v_o}{u}f \cdots\cdots\cdots\cdots \text{观察者远离波源}$$

(2) 观察者不动，波源相对介质以速度 v_s 运动。多普勒效应示意图如下图所示。

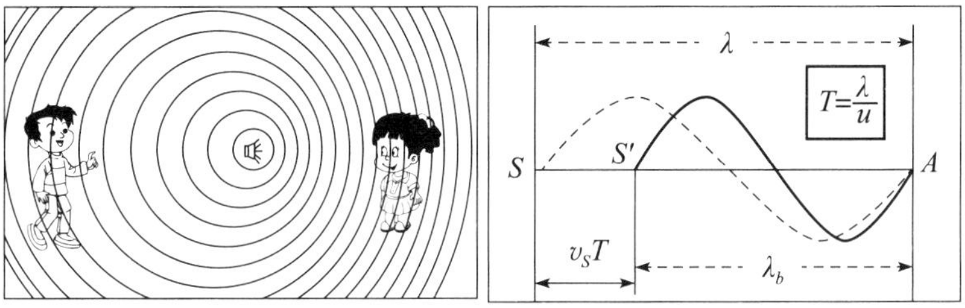

$$T'=\frac{\lambda-v_s T}{u}=\frac{\lambda_b}{u} \quad f'=\frac{1}{T'}=\frac{u}{\lambda-v_s T}$$

观察者接收的频率

$$f'=\frac{u}{u-v_s}f \cdots\cdots\cdots\cdots \text{波源向观察者运动}$$

$$f'=\frac{u}{u+v_s}f \cdots\cdots\cdots\cdots \text{波源远离观察者}$$

(3) 波源与观察者同时相对介质运动(v_s，v_0)。

$$f'=\frac{u\pm v_0}{u\mp v_s}f$$

v_0：观察者向波源运动为正，远离为负；v_s：波源向观察者运动为负，远离为正。

(4) 若波源与观察者不沿二者连线运动，只需将速度投影到二者连线上即可。

(5) 当 $v_s \gg u$ 时，前面的结论将失去意义，所有波前将聚集在一个圆锥面上，波的能量高度集中形成冲击波或激波，如核爆炸、超音速飞行等。

要点精例

例 17 (2017 清华领军)一辆警车以 13.9m/s 的速度向前行驶，对正在警车前方的汽车用设备进行探测，测试仪发出声波的频率为 10Hz，接收频率为 8.2Hz。空气中声速取 330m/s，则前车的速度约为(　　)。

A. 32.1m/s　　B. 36.5m/s　　C. 40.2m/s　　D. 46.3m/s

【答案】 D

【解析】 设警车的速度为 v_1，前车的速度为 v_2，声速为 u，则前车接收到的声波频率为

$$f_1=\frac{u-v_2}{u-v_1}f_0$$

前车将此频率向警车反射回去，警车接收到的频率为

$$f_2=\frac{u+v_1}{u+v_2}f_1$$

从而

$$f_2=\frac{(u+v_1)(u-v_2)}{(u+v_2)(u-v_1)}f_0$$

解得

$$v_2=46.3\text{m/s}$$

例 18 (2019 清华夏令营)一辆汽车以 20m/s 的速度向前行驶，在与之平行的高速铁路上迎面开过来一趟鸣笛的动车。交错之后，汽车上的人听到的鸣笛声比交错前降低了一个八度，即频率减半。空气中声速取 340m/s，则动车速度是(　　)。

A. 60.0m/s　　B. 95.2m/s　　C. 113.3m/s　　D. 150.0m/s

【答案】 B

【解析】 设汽车的速度为 v_1，动车的速度为 v_2，声速为 u，声源频率为 f，交错前，有

$$f_1=\frac{u+v_1}{u-v_2}f \quad ①$$

交错后，有

$$f_2=\frac{u-v_1}{u+v_2}f \quad ②$$

其中

$$f_2=\frac{1}{2}f_1 \quad ③$$

联立①②③式，得

$$v_2=95.2\mathrm{m/s}$$

例19 (2016北大夏令营)两辆汽车A与B，在$t=0$时刻从十字路口O处分别以速度v_A和v_B沿水平的、相互正交的公路匀速前进，如图所示。汽车A持续地以固定的频率v_0鸣笛，求在任意时刻t汽车B的司机所检测到的笛声频率。已知声速为u，且$u>v_A$，$u>v_B$。

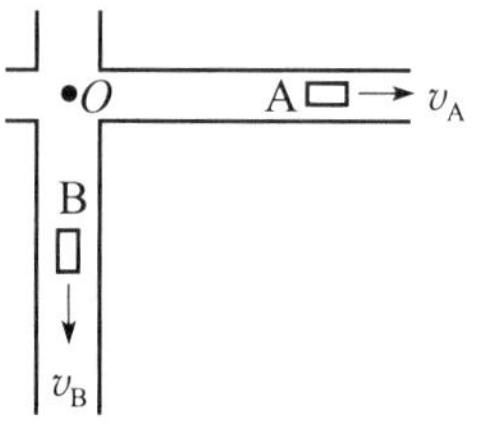

【解析】 如答图所示，O点为作为声源的汽车A和作为接收器的汽车B的出发点，开始它们之间的距离为0。当A和B向着互相垂直的方向运动时，声音从A传到B需要时间，设t_1时刻声源发出的声音到t_2时刻传到接收器，根据勾股定理，有

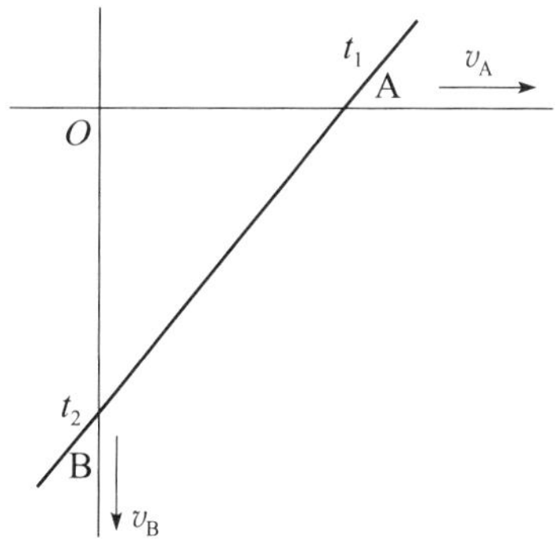

$$(v_At_1)^2+(v_Bt_2)^2=[u(t_2-t_1)]^2$$

整理，得

$$(u^2-v_A^2)t_1^2-2u^2t_1t_2+(u^2-v_B^2)t_2^2=0$$

整理成t_1、t_2的比值形式，有

$$(u^2-v_A^2)\left(\frac{t_1}{t_2}\right)^2-2u^2\frac{t_1}{t_2}+(u^2-v_B^2)=0$$

解得

$$\frac{t_1}{t_2}=\frac{u^2\pm\sqrt{u^2(v_A^2+v_B^2)-v_A^2v_B^2}}{u^2-v_A^2}$$

因为收到声音的时刻要滞后于发声的时刻，所以有$t_1<t_2$，其比值小于1。则有

$$\frac{t_1}{t_2}=\frac{u^2-\sqrt{u^2(v_A^2+v_B^2)-v_A^2v_B^2}}{u^2-v_A^2}$$

由于$0\sim t_1$内声源发声的次数等于$0\sim t_2$内接收器接收到声音的次数，根据频率与时间的关系，有

$$f_0t_1=ft_2$$

解得

$$f=\frac{t_1}{t_2}f_0=\frac{u^2-\sqrt{u^2(v_A^2+v_B^2)-v_A^2v_B^2}}{u^2-v_A^2}f_0$$

强基练习

1.（2013 复旦）振子由两根相同的并联轻弹簧提供回复力，振动周期为 T，若将两根弹簧改为串联，则周期变为（　　）。

A. $\frac{T}{2}$　　B. $\frac{T}{\sqrt{2}}$　　C. $\sqrt{2}T$　　D. $2T$

2.（2011 华约联盟）一质点沿直线做简谐振动，相继通过距离为 16cm 的两点 A 和 B，历时 1s，并且在 A、B 两点处具有相同的速率，再经过 1s，质点第二次通过 B 点，该质点运动的周期和振幅分别为（　　）。

A. 3s，$8\sqrt{3}$cm　　B. 3s，$8\sqrt{2}$cm　　C. 4s，$8\sqrt{3}$cm　　D. 4s，$8\sqrt{2}$cm

3.（2011 复旦）一个装满水的塑料桶用绳子悬挂在固定点上摆动。若水桶是漏的，则随着水的流失，其周期将（　　）。

A. 总是变大　　B. 总是变小　　C. 先变小后变大　　D. 先变大后变小

4.（2016 清华领军）在质量均匀分布的星球（近似为球体）的北极和南极打一条竖直贯通的通道，一小球从北极由静止释放进入该通道，小球运动过程中不与通道发生碰撞，则小球做________运动。

5.（2012 卓越联盟）A、B 为一列简谐横波上的两个质点，它们在传播方向上相距 20m，当 A 在波峰时，B 恰在平衡位置。经过 2s 再观察，A 恰在波谷，B 仍在平衡位置，则该波的（　　）。

A. 最大波长是 80m　　B. 波长可能是 $\frac{40}{3}$m

C. 最小频率是 0.25Hz　　D. 最小波速是 20m/s

6.（2019 清华领军）如图所示，一观察者位于波源和反射屏之间，三者在同一直线上，波源和反射屏的速率均为 v_s，方向相反，观察者的速率为 v_r，方向向右。已知波源频率为 f，波速为 u，介质静止，则观察者测出的拍频 Δf 为（　　）。

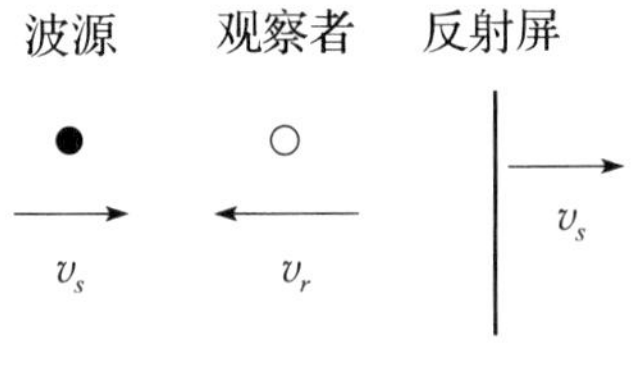

A. $\frac{2u|v_r-v_s|}{(u-v_s)^2}f$　　B. $\frac{2u(v_r+v_s)}{(u-v_s)^2}f$　　C. $\frac{2u|v_r-v_s|}{(u+v_s)^2}f$　　D. $\frac{2u(v_r+v_s)}{(u+v_s)^2}f$

7.（2012 华约联盟）如图所示，一简谐横波沿 x 轴正方向传播，图中实线为 $t=0$ 时刻的波形图，虚线为 $t=0.286$s 时刻的波形图。该波的周期 T 和波长 λ 可能正确的是（　　）。

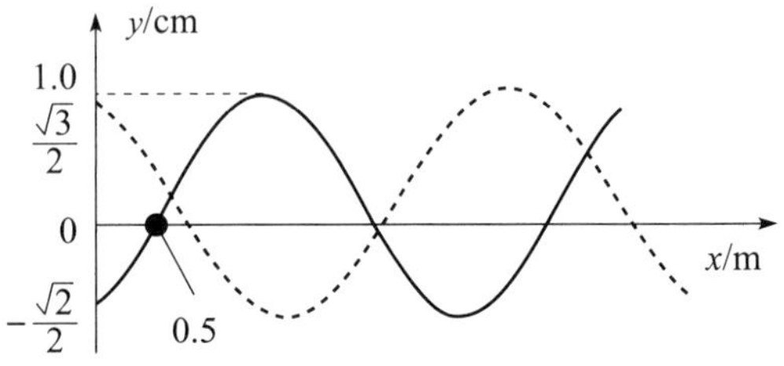

A. 0.528s，2m

B. 0.528s，4m

C. 0.624s，2m

D. 0.624s，4m

8.（2017 北大夏令营）金字塔形（正四棱锥形）的冰山浮在海水中，平衡时塔尖离水面高度为 h，冰的密度记为 ρ_1，海水密度记为 ρ_2，有 $\rho_1<\rho_2$。略去运动方向上所有阻力，试求：

（1）冰山自身高度 H；

（2）冰山在平衡位置附近做竖直方向小幅振动的周期 T。

9.（2016 清华夏令营）一轻弹簧两端固定连着两个小球 A、B。若将小球 B 固定，测得小球 A 的振动频率为 f_A；若将小球 A 固定，测得小球 B 的振动频率为 f_B。现将此系统自由地平放在光滑水平面上，求此系统的自由振动频率。

10.（第 34 届全国预赛）如图所示，两劲度系数均为 k 的同样的轻弹性绳的上端固定在一水平面上，下端悬挂一质量为 m 的小物块。平衡时，轻弹性绳与水平面的夹角为 α_0，弹性绳长度为 l_0。现将小物块向下拉一段微小的距离后从静止释放。

（1）证明小物块做简谐运动；

（2）若 $k=0.50\text{N/m}$，$m=50\text{g}$，$\alpha_0=30°$，$l_0=2.0\text{m}$，重力加速度 g 取 9.8m/s^2，求小物块做简谐运动的周期 T；

（3）当小物块下拉的距离为 0.010m 时，写出此后该小物块相对于平衡位置的偏离随时间变化的方程。已知：当 $x\ll 1$ 时，$\frac{1}{1+x}\approx 1-x$，$\sqrt{1+x}\approx 1+\frac{1}{2}x$。

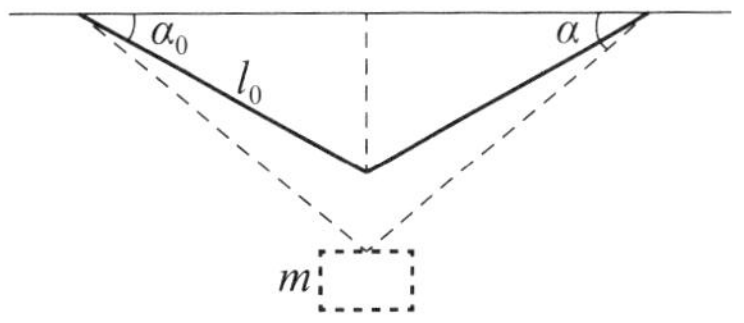

11.（2019 北大）如图所示，劲度系数为 k 的弹簧，左端固定在墙上，右端与质量为 m 的物块相连。

（1）将物块从平衡位置向右移动 A_0 后放手，若物块经过一个周期后停下，求摩擦因数 μ 的取值范围（将物块相邻两次经过点 O 所需的时间称为一个周期，O 为原长位置）；

(2) 其余条件不变，若物块经过两个周期停下，求 μ 的范围。

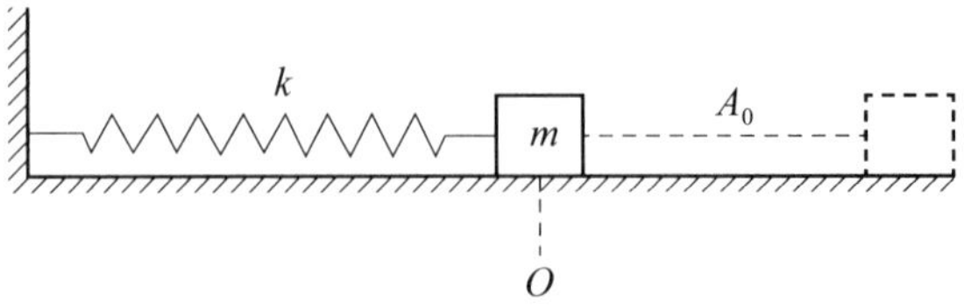

参考答案

1. D 【解析】设弹簧的劲度系数为 k，两根弹簧并联后的劲度系数为 $2k$，则振子的振动周期

$$T=2\pi\sqrt{\frac{m}{2k}}$$

若将两根弹簧改为串联，串联后的劲度系数为 $\frac{k}{2}$，则振子的振动周期

$$T'=2\pi\sqrt{\frac{m}{\frac{k}{2}}}=2T$$

2. D 【解析】根据题意知 A、B 两点关于平衡位置 O 对称。根据对称性可知质点从 O 到 B 的时间和从 B 到 C 的时间均为 0.5s，所以周期为 4s。从质点经过平衡位置 O 开始计时，则简谐运动的方程为 $x=A\sin\left(\frac{2\pi}{T}t\right)=A\sin\left(\frac{\pi}{2}t\right)$，当 $t=0.5\text{s}$ 时，质点通过 B 点，$x=8\text{cm}$，代入方程解得 $A=8\sqrt{2}\,\text{cm}$。所以 D 选项正确。

3. D 【解析】将水桶的摆动看作单摆，则其周期取决于摆长，摆长等于悬点到桶和水的合重心的距离。随着水的流失，重心先下降后上升，故摆长先增大后减小，根据单摆的周期公式 $T=2\pi\sqrt{\frac{l}{g}}$ 得周期先变大后变小。所以 D 选项正确。

4. 简谐 【解析】设星球质量为 M，半径为 R，小球质量为 m。当小球运动到距球心为 r 时，小球受到的引力为

$$F=G\frac{\left(\frac{r}{R}\right)^3 Mm}{r^2}=G\frac{Mm}{R^3}r$$

所以小球做的是简谐运动。

5. AC 【解析】A、B 两点间的距离为四分之一波长的奇数倍，有

$$(2n+1)\frac{\lambda}{4}=20$$

解得

$$\lambda=\frac{80}{2n+1}$$

当 $n=0$ 时，最大波长是 80m，A 选项正确。

A 点从波峰到波谷（B 点从平衡位置到平衡位置）的时间为半个周期的奇数倍，有

$$(2m+1)\frac{T}{2}=2$$

解得

$$f=\frac{1}{T}=\frac{2m+1}{4}$$

当 $m=0$ 时，最小频率是 0.25Hz，C 选项正确。

波速 $v=\lambda f$，当波长和频率都取最小值时，波速最小，由于波长无最小值，故波速也无最小值，D 选项错误。故选 AC。

6. A **【解析】**观察者直接接收到波源发出波的频率为

$$f_1=\frac{u+v_r}{u-v_s}f$$

反射屏直接接收到波源发出波的频率为

$$f'=\frac{u+v_s}{u-v_s}f$$

观察者接收到反射屏发出波的频率为

$$f_2=\frac{u-v_r}{u-v_s}f'=\frac{(u-v_r)(u+v_s)}{(u-v_s)^2}f$$

观察者测出的频率差为

$$\Delta f=|f_1-f_2|=\frac{2u|v_r-v_s|}{(u-v_s)^2}f$$

所以 A 选项正确。

7. B **【解析】**设波动方程为 $y=A\cos\left(\frac{2\pi}{T}t-\frac{2\pi}{\lambda}x+\varphi_0\right)$。由 $t=0$ 时刻的波形图可知，$x=0$ 处质点的位移为$-\frac{\sqrt{2}}{2}$cm，$x=0.5$m 处质点的位移为 0，代入波动方程，有

$$-\frac{\sqrt{2}}{2}=\cos\varphi_0$$

$$0=\cos\left(-\frac{\pi}{\lambda}+\varphi_0\right)$$

解得

$$\varphi_0=\frac{3}{4}\pi,\quad \lambda=4\mathrm{m}$$

由 $t=0.286\mathrm{s}$ 时刻的波形图可知，$x=0$ 处质点的位移为$\frac{\sqrt{3}}{2}\mathrm{cm}$，代入波动方程，有

$$\frac{\sqrt{3}}{2}=\cos\left(\frac{2\pi}{T}\times 0.286+\frac{3}{4}\pi\right)$$

解得

$$T=0.528\mathrm{s}$$

B 选项正确。

8. **解**：(1) 设冰山的正方形底面边长为 a，则

$$G=\frac{1}{3}\rho_1 a^2 Hg \qquad ①$$

冰山排开海水的体积为

$$V=\frac{1}{3}a^2\left(H-\frac{h^3}{H^2}\right)$$

冰山所受浮力为

$$F_{浮}=\rho_2 gV=\frac{1}{3}\rho_2 a^2\left(H-\frac{h^3}{H^2}\right)g \qquad ②$$

平衡时，有

$$F_{浮}=G \qquad ③$$

联立①②③式，得

$$H=h\sqrt[3]{\frac{\rho_2}{\rho_2-\rho_1}}$$

(2) 设冰山从平衡位置向下偏移量为 y，则浮力为

$$F'_{浮}=\frac{1}{3}\rho_2 a^2\left[H-\frac{(h-y)^3}{H^2}\right]g\approx\frac{1}{3}\rho_2 a^2\left(H-\frac{h^3}{H^2}+\frac{3h^2}{H^2}y\right)g$$

回复力为

$$F'=G-F'_{浮}=-\frac{\rho_2 a^2 h^2 g}{H^2}y=-ky$$

得回复力系数 $k=\frac{\rho_2 a^2 h^2 g}{H^2}$，又冰山质量 $m=\frac{1}{3}\rho_1 a^2 H$，故冰山的振动周期为

$$T=2\pi\sqrt{\frac{m}{k}}=2\pi\sqrt{\frac{\rho_1 h}{3(\rho_2-\rho_1)g}}$$

9. **解：** 当系统在光滑水平面上振动时，所受合力为零，故系统动量守恒，且系统动量为零。所以该系统的质心静止不动，质心两边相当于两个“独立”的弹簧振子，即质心左边相当于一个由原长为 l_1 的弹簧与小球A组成的弹簧振子，质心右边相当于一个由原长为 l_2 的弹簧与小球B组成的弹簧振子。根据质心位置公式，有

$$m_1 l_1=m_2 l_2 \quad ①$$

设长为 l_1 的那段弹簧的劲度系数为 k_1，长为 l_2 的那段弹簧的劲度系数为 k_2，当原长为 l 的整根弹簧伸长量为 x 时，长为 l_1 的那段弹簧伸长 $\frac{x}{l}l_1$，长为 l_2 的那段弹簧伸长 $\frac{x}{l}l_2$，根据弹簧上弹力处处相等，有

$$k_1\frac{x}{l}l_1=k_2\frac{x}{l}l_2 \quad ②$$

两段弹簧串联，有

$$\frac{1}{k}=\frac{1}{k_1}+\frac{1}{k_2} \quad ③$$

联立①②③式，得

$$k_1=\frac{m_1+m_2}{m_2}k,\quad k_2=\frac{m_1+m_2}{m_1}k$$

所以系统的自由振动频率为

$$\begin{aligned}f&=\frac{1}{2\pi}\sqrt{\frac{k_1}{m_1}}=\frac{1}{2\pi}\sqrt{\frac{k_2}{m_2}}\\&=\frac{1}{2\pi}\sqrt{\frac{m_1+m_2}{m_1 m_2}k}\\&=\sqrt{\frac{1}{(2\pi)^2}\left(\frac{1}{m_1}+\frac{1}{m_2}\right)k}\\&=\sqrt{f_A^2+f_B^2}\end{aligned}$$

10. **解：** (1) 取小物块的平衡位置为原点 O，y 轴的正方向竖直向下，如答图所示。

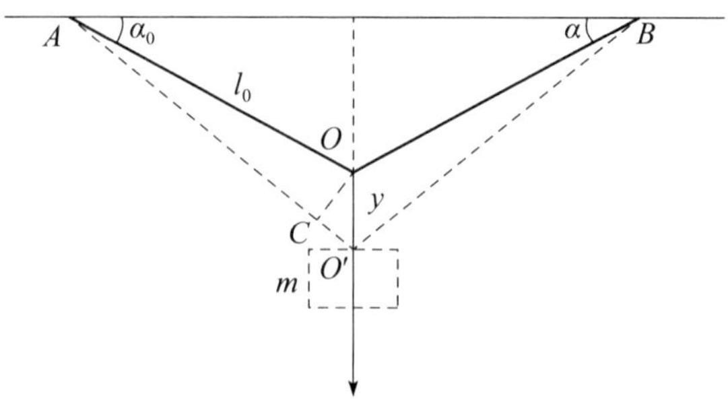

过 O 作 $OC\perp AO'$ 于点 C，因为 y 极小，所以 $\angle OAC$ 极小，故 $\angle AOC\approx 90°$，即 $\angle COO'\approx\alpha_0$，则有

$$l=l_0+y\sin\alpha_0 \quad ①$$

$$\sin\alpha=\frac{l_0\sin\alpha_0+y}{l}=\frac{l_0\sin\alpha_0+y}{l_0+y\sin\alpha_0} \quad ②$$

设弹性绳的原长为 L，当小物块处在平衡位置时，有

$$mg=2k(l_0-L)\sin\alpha_0 \quad ③$$

即

$$L=l_0-\frac{mg}{2k\sin\alpha_0} \quad ④$$

当小物块离开平衡位置一微小位移 y 时，回复力为

$$F_{回}=mg-2k(l-L)\sin\alpha \quad ⑤$$

联立①②④⑤式，得

$$F_{回}=\left[mgy\left(\sin\alpha_0-\frac{1}{\sin\alpha_0}\right)-2kl_0y\sin^2\alpha_0-2ky^2\sin\alpha_0\right]\frac{1}{l_0+y\sin\alpha_0}$$

分子忽略 y^2 项，分母中忽略 y 项，得

$$F_{回}=-\frac{mgy\left(\dfrac{\cos^2\alpha_0}{\sin\alpha_0}\right)+2kl_0y\sin^2\alpha_0}{l_0}=-\left(2k\sin^2\alpha_0+\frac{mg}{l_0}\frac{\cos^2\alpha_0}{\sin\alpha_0}\right)y=-ky$$

所以小物块做简谐运动。

(2) 小物块做简谐运动的周期为

$$T=2\pi\sqrt{\frac{m}{K}}=\frac{2\pi}{\sqrt{\dfrac{2k}{m}\sin^2\alpha_0+\dfrac{g}{l_0}\dfrac{\cos^2\alpha_0}{\sin\alpha_0}}}=1.8\text{s}$$

(3) 因将小物块拉开距离 0.010m 时从静止松手，故小物块做简谐运动的振幅

$A=0.010\text{m}$。

初始时，小物块的速度为零，小物块位于最大位移处，其初相位 $\varphi_0=0$，圆频率 $\omega=\frac{2\pi}{T}=3.5\text{rad/s}$。故在国际单位制中，小物块做简谐运动的方程为 $y=0.010\cos(3.5t)$。

11. **解**：(1) 由于摩擦因数的存在，使得物块在向左运动的过程中，平衡位置在点 O 右侧 $\frac{\mu mg}{k}$ 处；物块在向右运动的过程中，平衡位置在点 O 左侧 $\frac{\mu mg}{k}$ 处。

物块释放后，向左运动到的最远位置在点 O 左侧 $A_0-\frac{2\mu mg}{k}$，再向右运动到最远距离在点 O 右侧 $A_0-\frac{4\mu mg}{k}$，若刚好在点 O 停止，算完成一个周期，这种情况对应 μ 的最大值。

$$A_0-\frac{4\mu mg}{k}=0\Rightarrow\mu_{\max}=\frac{A_0k}{4mg}$$

第一次从点 O 向右移动的最远距离在点 O 右侧 $A_0-\frac{4\mu mg}{k}$，再向左运动的最远距离在点 O 左侧 $A_0-\frac{6\mu mg}{k}$，要求

$$A_0-\frac{6\mu mg}{k}=0\Rightarrow\mu>\frac{A_0k}{6mg}$$

综上，$\frac{A_0k}{6mg}<\mu\leqslant\frac{A_0k}{4mg}$

(2) 与(1)类似，μ 的最小值为物块第二次向右刚好停在点 O，即

$$A_0-\frac{8\mu mg}{k}=0\Rightarrow\mu>\frac{A_0k}{8mg}$$

μ 的最大取值为 $A_0-\frac{6\mu mg}{k}=0\Rightarrow\mu\leqslant\frac{A_0k}{6mg}$

综上，$\frac{A_0k}{8mg}<\mu\leqslant\frac{A_0k}{6mg}$

第10讲 静电场

强基要点1 电荷间的相互作用及平衡

电荷间的相互作用满足库仑定律 $F=k\dfrac{Qq}{r^2}$，应用时通常将电荷量和距离全部取正，公式用来计算大小，库仑力的方向另行判断。

若研究对象非点电荷，则可以采用微元法的思想后，同样利用库仑定律来进行求解，通常用来解决一些具有对称性的连续电荷分布的问题。

要点精例

例1 (2010华约联盟)如图所示，用等长绝缘线分别悬挂两个质量、电量都相同的带电小球A和B，两线上端固定于O点，B球固定在O点正下方。当A球静止时，两悬线夹角为θ，能保持夹角θ不变的方法是(　　)。

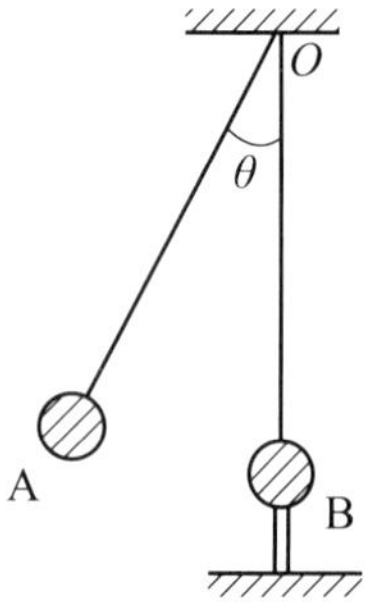

A. 同时使两悬线长度减半

B. 同时使A球的质量和电量都减半

C. 同时使两球的质量和电量都减半

D. 同时使两悬线长度和两球的电量都减半

【答案】 BD

【解析】 设两球距离为d，分析A球的受力如图所示，图中$F=\dfrac{kq_Aq_B}{d^2}$。设悬线长度为L，由相似三角形的关系可得$\dfrac{mg}{L}=\dfrac{T}{L}=\dfrac{F}{d}$，即$T=mg$。

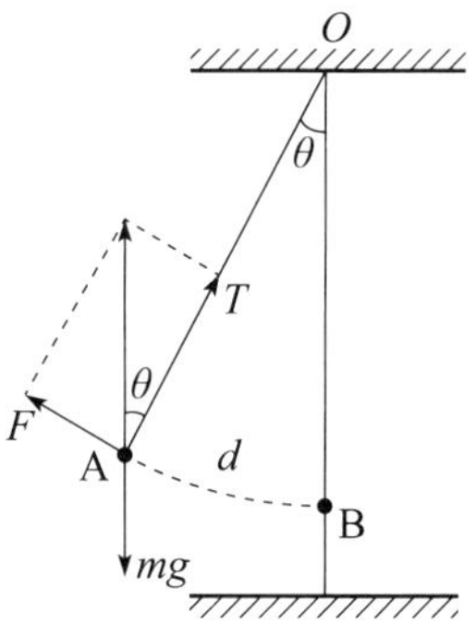

由A球的受力可知，$2mg\sin\dfrac{\theta}{2}=F=k\dfrac{q_Aq_B}{d^2}$。

同时使两悬线长度减半，则d减半，不能满足上式，A错。

同时使A球的质量和电量都减半，上式仍然能满足，B正确。

同时使两球的质量和电量都减半，不能满足上式，C错。

同时使两悬线长度和两球的电量都减半，则 d、q_1、q_2 减半，上式仍然能满足，D 正确。

例 2 (2017 北大)真空中存在着两个点电荷 q_1、q_2，其电量之和为 q，相距为 d，相互作用力为 f(吸引力为负，排斥力为正)，静电力常量为 K，请问：

(1) 要使得 q_1、q_2 有取值，以上的量需要满足怎样的关系？

(2) 在满足(1)的条件下，两点电荷的电量是多少？

【解析】

(1) $\begin{cases} q_1+q_2=q \\ q_1q_2=\dfrac{fd^2}{K} \end{cases}$，有解的条件为 $\Delta=q^2-4\dfrac{fd^2}{K}\geqslant 0$。

(2) $q_1=\dfrac{1}{2}\left(q+\sqrt{q^2-\dfrac{4fd^2}{K}}\right)$，$q_2=\dfrac{1}{2}\left(q-\sqrt{q^2-\dfrac{4fd^2}{K}}\right)$。

强基要点 2 点电荷电场与电势、电势能

点电荷产生的电场强度 $E=k\dfrac{Q}{r^2}$，其中 Q 表示电荷量的绝对值，k 为库仑常数，有些场合会用真空中的介电常数 ε_0 来表示，满足 $k=\dfrac{1}{4\pi\varepsilon_0}$。场强的方向另行判断，其叠加满足矢量运算法则。

取一试探电荷 q 从距点电荷 Q 半径为 r 处移至无穷远处，则电场力做功为 $W_{r\to\infty}=\sum k\dfrac{Qq}{r^2}\cdot\Delta r=k\dfrac{Qq}{r}$。若取无穷远处为电势零点，则 q 在半径为 r 处的电势能为 $E_p=W_{r\to\infty}=k\dfrac{Qq}{r}$，根据电势的定义 $\varphi=\dfrac{E_p}{q}$ 可得，q 在此处的电势为 $\varphi=k\dfrac{Q}{r}$。电势为标量，故电势的叠加直接采用代数和即可。

若在点电荷 Q 的电场中某位置放置一个试探电荷 q，取无穷远为势能零点，则 q 的电势能为：$E_p=\varphi q=k\dfrac{Qq}{r}$。

要点精例

例 3 (2019 清华)如图，A、B 两点有等量正电荷，$OA=OB=2L$，$OC=\dfrac{L}{2}$，$OD=L$，若将一正电荷从 C 移向 O 再移向 D，则(　　)。

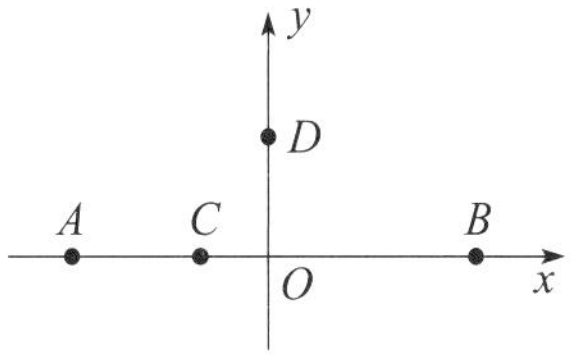

A. 电势能一直减小　B. 电势能先减小再增大

C. 电场力一直减小　D. 电场力先减小再增大再减小

【答案】A

【解析】容易判断出 AO 段电场线方向沿 x 轴正向，BO 段电场线方向沿 x 轴负向，y 轴正半轴上电场线方向沿 y 轴正向。则 C 移向 O 再移向 D 电势能一直减小。

从 A 到 O 电场力大小逐渐变小，点 O 处电场力大小为 0，在 y 轴正向电场力大小先变大再变小，最大值在 $(0, \pm\sqrt{2}L)$ 处，则从 O 到 D 应当是电场力变大。故选 A。

例 4　(2018 北大)如图所示，一均匀带电的圆环，半径为 R，总带电量为 $+Q$，则其中心 O 点的电场强度为________；在对称轴上距 O 为 x 的 A 处有一 $+q$ 的点电荷，则该点电荷受力为________。

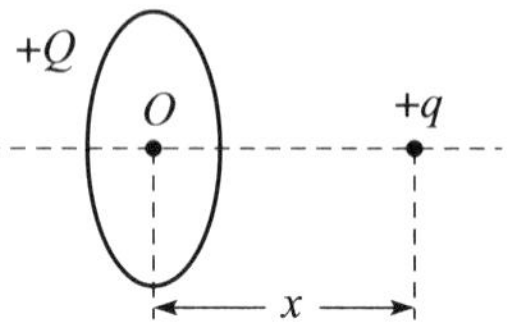

【答案】0；$k\dfrac{Qqx}{(x^2+R^2)^{\frac{3}{2}}}$

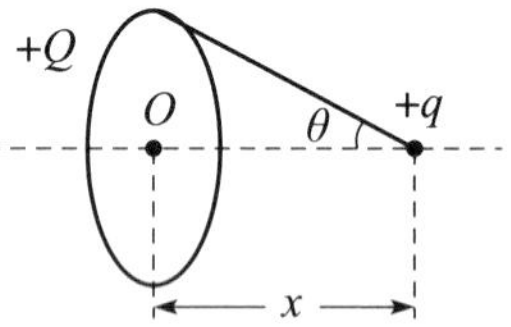

【解析】如图所示，圆环均匀带电，在圆心处的电场强度矢量和为零。带电荷量为 Δq_i，对 $+q$ 的电场力沿着水平向右的分力为 $F_i=k\dfrac{\Delta q_i q}{x^2+R^2}\cos\theta$，其中 $\cos\theta=\dfrac{x}{\sqrt{x^2+R^2}}$。

$+q$ 受力水平向右，大小为

$$F=\sum_i F_i=k\frac{\sum\limits_i \Delta q_i q}{x^2+R^2}\frac{x}{\sqrt{x^2+R^2}}=k\frac{Qqx}{(x^2+R^2)^{\frac{3}{2}}}$$

例 5　(2015 清华)均匀带电半圆环，一半正电，一半负电，电荷密度为 λ，求 P 点的场强和电势。

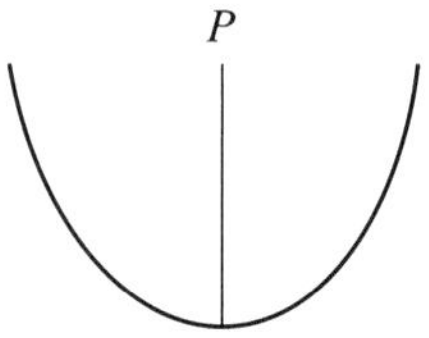

【解析】由对称性显然有电势 $\varphi=0$。

四分之一个均匀带电圆环在中心产生的场强计算如下

$$E_0=2\int_0^{\frac{\pi}{4}}\frac{k\lambda R\cos\theta\mathrm{d}\theta}{R^2}=\sqrt{2}\frac{k\lambda}{R}$$

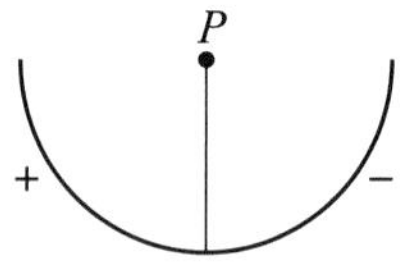

方向为斜 45°，易知此情况下场强水平叠加，竖直相消，因此

$$E=\sqrt{2}E_0=2\frac{k\lambda}{R}$$

强基要点 3　均匀带电球壳内外的电场与电势分布

由于库仑定律与万有引力定律的表达式形式类似，因此对于均匀带电球壳内外的电场，有类似于均匀质量球壳内外的万有引力场的结论。

(1) 均匀带电球壳内部的场强处处为零。

(2) 均匀带电球壳外任意一点的场强公式为 $E=k\dfrac{Q}{r^2}$。

式中 r 是壳外任意一点到球心的距离，Q 为球壳带的总电量。

(3) 球壳表面处的电场强度为球壳表面附近内外场强的平均值，即：

$$E=\frac{0+k\dfrac{Q}{R^2}}{2}=k\frac{Q}{2R^2}$$

(4) 均匀带电球壳实心导体球周围及内部的电势分布。

由于均匀带电球壳外部电场的分布与点电荷周围电场的分布完全相同，因此使用前一要点的点电荷电势公式可知，均匀带电球壳外的电势分布为 $\varphi=k\dfrac{Q}{r}(r>R)$，式中 Q 为均匀带电球壳的电量，R 为球壳的半径，r 为该点到球壳球心的距离。

对于球壳内部，由于球壳内部场强处处为零，即不允许有电场线的存在，因此均匀带电球壳及其内部均等势，研究球壳球心处的电势即可。

在球壳上任取一个微元，设其电量为 Δq，该微元在球心 O 处产生的电势 $\varphi_i=k\dfrac{\Delta q}{R}$。由电势叠加原理，可知 O 点处电势等于球壳表面各微元产生电势的代数和，即

$$\varphi=\sum\varphi_i=\sum k\frac{\Delta q}{R}=\frac{k}{R}\sum\Delta q=k\frac{Q}{R}$$

综上，均匀带电球壳内外的电势分布为：

$$\varphi=\begin{cases}k\dfrac{Q}{r} & (r\geqslant R)\\ k\dfrac{Q}{R} & (r\leqslant R)\end{cases}$$

要点精例

例 6 (2019 北大)有一半径为 0.4mm 的水滴，我们将其视为球形导体，带电量为 1.6pC。令无穷远处电势为零，则该水滴的电势为________；若有两个这样的水滴融合为一个新的球形水滴，则其电势为________。

【答案】 36V；57V

【解析】 一个水滴的电势为 $\dfrac{Kq}{r}=36\text{V}$，两水滴合成后，带电量为 $2q$，半径为 $\sqrt[3]{2}r$，则电势为 $\dfrac{2Kq}{\sqrt[3]{2}r}=57\text{V}$。

例 7 (2011 清华)一金属球壳直径为 10cm，当内部充满气体时，可承受内外 4 个

大气压差而不损坏。先使之带电确保其不会因静电力而受损，最多带电(　　)。

A. 3.3×10^{-4}C　　B. 6.6×10^{-4}C　　C. 7.9×10^{-4}C　　D. 8.5×10^{-4}C

【答案】 A

【解析】

电场平均值定理 $E=\frac{E_{内}+E_{外}}{2}=\frac{0+\frac{kQ}{r^2}}{2}=\frac{kQ}{2r^2}$，可得附加压强

$$p=\frac{E\frac{\Delta S}{4\pi r^2}Q}{\Delta S}-\frac{kQ^2}{8\pi r^2}=4p_0$$

解得

$$Q=\sqrt{\frac{32\pi r^4 p_0}{k}}\approx3.3\times10^{-4}\text{C}$$

强基要点 4 静电平衡

当导体处于静电平衡状态时，可以借助电场线分析得到以下结论：

(1) 导体内部的场强处处为零；

(2) 电荷只能分布在导体表面；

(3) 导体是一个等势体，表面是一个等势面；

(4) 导体表面附近任何一点的场强方向均与该点表面垂直。

要点精例

例 8 (2017 北大)如图所示，一个导体球壳 A 内部有一个小导体 B，下面说法中正确的是(　　)。

A. 若只有 A 带电，则 U_{AB} 都为正或为负

B. 若 B 带负电，则 U_{AB} 的正负与 A 的带电量无关

C. 若 B 不带电，则 U_{AB} 的正负与 A 的带电量无关

D. 若 B 带正电，则无论 A 带何种电荷，$U_{AB}<0$

【答案】 BD

【解析】 若 B 不带电，$U_{AB}=0$；无论 B 带正电或负电，U_{AB} 都与 A 的带电状况无关，可以通过电场线判断。

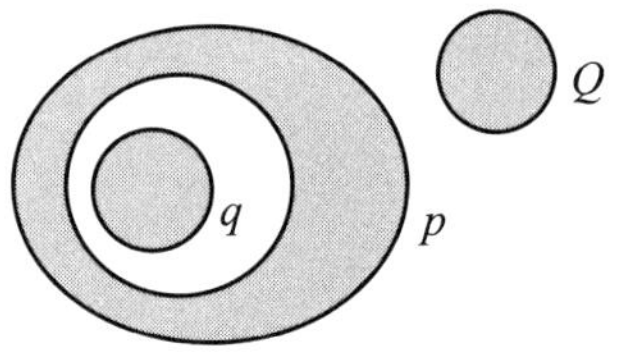

例 9 (2019 清华)如图所示，三个导体(图中涂色部分)，分别带有电荷 q、p、Q，下列说法正确的是(　　)。

A. 改变 q，不影响腔外电荷分布　　B. 移动 q，不影响腔外电荷分布

C. 改变 Q，不影响腔内电荷分布　　D. 移动 Q，不影响腔内电荷分布

E. 改变 p，不影响腔外电荷分布

【答案】BCD

【解析】根据静电屏蔽知识点，移动 q，不影响腔外电荷分布，移动 Q，不影响腔内电荷分布，改变 Q 只改变腔内电势分布而不改变电荷分布。

例10　(2012华约联盟)图中是由两块不平行的导体板组成的电容器，若使两板分别带有电量为 $+q$ 和 $-q$ 的电荷，正确反映两板间电场线分布的图是(　　)。

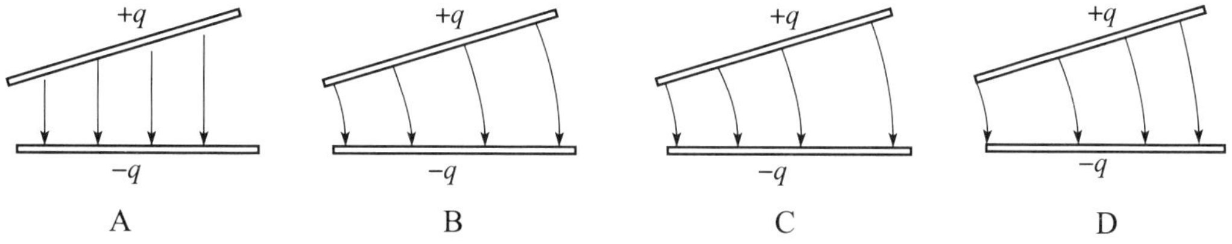

【答案】C

【解析】因导体板是等势面，电场线与等势面处处垂直，故A错，借助 $U=Ed$ 进行分析，因两板的电势差相等，距离越近，电场强度越大，电场线也就越密集，综合分析可知，选项C正确。

强基要点5　静电场的高斯定理与环路定理

1. 高斯定理

对于具有对称性的电场分布，可以采用高斯定理来求解。在电场中建立一个关于电场对称的曲面，若面上各处电场强度均与面垂直且大小相等，则以下关系成立：$E\cdot S=4\pi kq_{内}$，其中 E 为面上各处的场强大小，S 为所建立的对称面，k 为库仑常数，$q_{内}$ 表示面内所包含的静电荷量。

2. 环路定理

对于具有对称性的电场分布，存在环路定理。在电场中建立一条关于电场对称的曲线，若曲线上各处电场强度均沿着切线方向且大小相等，则以下关系成立：$E\cdot L=0$，其中 E 为曲线上各处的场强大小，L 为所建立的曲线长度。

要点精例

例11　(2015清华)电荷面密度为 σ 的无穷大平面挖去一个半径为 R 的圆形孔，求圆心正上方距离 r 处的点 A 的场强。

【解析】无穷大平面挖去一个孔所产生的电场分布，可以认为是由一个电荷面密度为

σ 的无穷大平面和一个电荷面密度为$-\sigma$、半径为 R 的圆形板所产生的电场的矢量和。

即 $\vec{E}_A=\vec{E}_1+\vec{E}_2$，其中 E_1 为无穷大平面所产生的场强，E_2 为圆板所产生的场强。

对于 E_1，建立关于平面对称且长为 $2r$ 的柱轴垂直于平面、横截面积为 ΔS 的圆柱面，根据高斯定理可得：$E_1\cdot 2\Delta S=4\pi k\cdot\sigma\Delta S$，解得：$E_1=2\pi k\sigma$；

对于 E_2，可以将其微元为多个半径逐渐增大的细环拼接而成，对于半径为 a 处宽度为 Δa 的细环，其在 r 处产生的场强为：$\Delta E_2=k\dfrac{\sigma\cdot 2\pi a\Delta a}{a^2+r^2}\cdot\dfrac{r}{\sqrt{a^2+r^2}}=k\dfrac{2\pi\sigma ra\Delta a}{(r^2+a^2)^{\frac{3}{2}}}$，对其微元求和可得：$E_2=\sum\limits_{a=0}^{R}k\dfrac{2\pi\sigma ra\Delta a}{(r^2+a^2)^{\frac{3}{2}}}=2\pi k\sigma r\left(\dfrac{1}{r}-\dfrac{1}{\sqrt{r^2+R^2}}\right)$。

代入可得：$E_A=\dfrac{2\pi k\sigma r}{\sqrt{r^2+R^2}}$，方向垂直平面向外。

强基要点 6 平行板电容器的动态分析

当电容器在进行充放电时，有两种基本情况：

(1) 电容器与电源连接，电容器两板间的电势差 U 不变；

(2) 电容器充电后与电源断开，电容器的带电量 Q 不变。

若视为理想电容器，则解决问题的依据有：

(1) 电容的定义：$C=\dfrac{Q}{U}$，适用于任意电容器；

(2) 对于平行板电容器有 $C=\dfrac{\varepsilon_r S}{4\pi kd}$，其中 ε_r 为电介质的相对介电常数，真空时值为 1，其余有电介质的场合大于 1；

(3) 对于平行板电容器，有 $E=\dfrac{U}{d}$；

(4) 对于平行板电容器，其储存的能量为 $W=\dfrac{1}{2}CU^2$。

要点精例

例 12 一个平行板电容器充电后与电源断开，负极板接地，两极板间有一正电荷(带电量很小)固定在 P 点，如图所示。以 E 表示两极板间的场强，U 表示电容器两极板间的电压，W 表示正电荷在 P 点的电势能，若保持负极板不动，将正极板移到图中虚线所示的位置，那么(　　)。

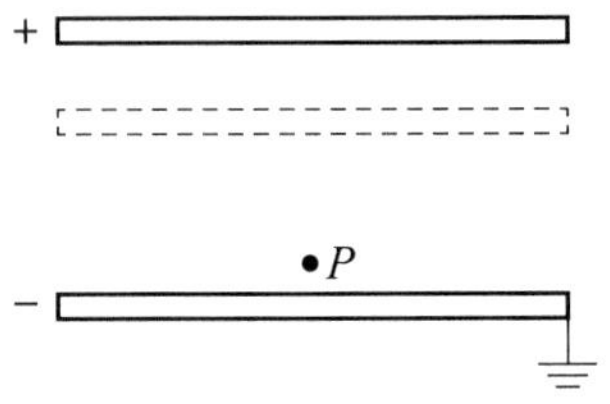

A. U 变小，E 不变　　　　B. E 变大，W 变大
C. U 变小，W 不变　　　　D. U 不变，W 不变

【答案】 AC

【解析】 当电容器与电源断开后，极板上电荷不变，改变极板间距时极板间电场强度保持不变。因此，当将正极板移到图示虚线所示的位置时，由于间距变小，电容器电压变小，另外，电荷在 P 点不动，P 点相对于负极板的距离不变，P 点的电势不变，则 W 不变。

例13 （2012 清华）一平行板电容器接在电源两端，断开电源，将其拉开一段距离，做功为 A；接通电源时，拉开相同距离，做功为 B，则 A 与 B 哪个大？

【解析】 断开电源时，两极板带电量不变，板间场强不变，极板之间的电场力 F 不变，而接通电源时，两板间电压不变，故在极板间距变大时，极板间场强 E 变小，两极板间电场力 F 变小，故 A 较大。

强基要点 7 电容的串并联

电容器的性能有两个指标：电容和耐压值。在实际应用时，当这两个指标不能满足要求时，就要将电容器串联或并联使用。

1. 串联

几个电容器，前一个的负极和后一个的正极相连，这种连接方式称为电容器的串联。充电后，根据静电平衡的结论，各电容器的电荷量相同，即 $Q_1=Q_2=\cdots=Q$；根据串联电路的规律，第一个电容器的正极与第 n 个电容器的负极之间的电压 U 为各电容器电压 U_i 之和，即 $U=\sum\limits_{i=1}^{n}U_i$，因此电容器串联可以增大耐压值。用一个电量为 Q，电压为 U 的等效电容来代替上述 n 个串联的电容器，则根据电容的定义，有

$$C=\frac{Q}{U}=\frac{Q}{U_1+U_2+\cdots+U_n}$$

整理可得

$$\frac{1}{C}=\frac{1}{C_1}+\frac{1}{C_2}+\cdots+\frac{1}{C_n}=\sum_{i=1}^{n}C_i^{-1}$$

2. 并联

把 n 个电容器的正极连在一起，负极连在一起，这种连接方式称为电容器的并联。充电后正极总电量 Q 等于各电容器正极电量 Q_i 之和，即 $Q=\sum\limits_{i=1}^{n}Q_i$；根据并联电路的规律，正极和负极之间的电压 U 等于各电容器的电压 U_i，即 $U=U_i(i=1, 2, \cdots, n)$。

用一个电量为Q、电压为U的等效电容器代替上述几个并联的电容器，则电容为

$$C=\frac{Q}{U}=\frac{\sum_{i=1}^{n}Q_i}{U}$$

$$C=C_1+C_2+\cdots+C_n=\sum_{i=1}^{n}C_i$$

综上：

(1) 电容器并联时，等效为增大面积，则电容增大。并联时的总电容为各电容之和：$C_{并}=C_1+C_2+C_3+\cdots$

(2) 电容器串联时，则电容见效，串联时的总电容为：$\frac{1}{C_{串}}=\frac{1}{C_1}+\frac{1}{C_2}+\frac{1}{C_3}+\cdots$

要点精例

例 14 （2015 北大）四块相同的正方形金属薄平板从左至右依次平行放置，任意两个相邻的平板之间的距离都相等，且平板的边长远大于平板之间的距离。平板从左至右依次编号为 1，2，3，4，如图所示。其中第 1 块带净电荷 $q_1(>0)$，第 n 块上的净电荷 $q_n=nq_1$，$n=1$，2，3，4。现将第 1 块和第 4 块板接地，忽略边缘效应。问：

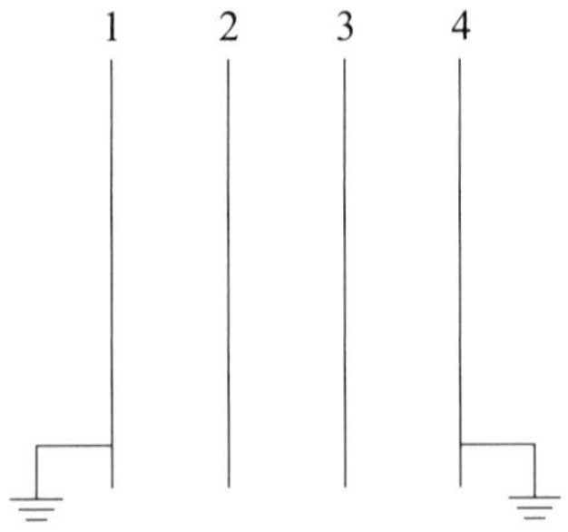

(1) 从第 1 块板和第 4 块板流入大地的电荷量 Δq_1 和 Δq_4 分别为 q_1 的多少倍？

(2) 上述两板接地后，哪块板上的电势高？求该电势的值，将其表示成两相邻板之间的电容 C 和 q_1 的函数。

【解析】(1) 1 接地后，$q_{1l}=0$，设 $q_{1r}=q_0$，则 $q_{2l}=-q_0$，$q_{2r}=2q_1+q_0$，$q_{3l}=-2q_1-q_0$，$q_{3r}=3q_1+2q_1+q_0=5q_1+q_0$，$q_{4l}=-5q_1-q_0$，$q_{4r}=0$。

因此，3 个板间电场强度分别为(取向右为正)

$$\frac{q_0}{\varepsilon_0 S},\frac{2q+q_0}{\varepsilon_0 S},\frac{5q+q_0}{\varepsilon_0 S}$$

1 与 4 之间的电势差为 $d\left(\frac{7q+3q_0}{\varepsilon_0 S}\right)=0$，所以 $q_0=-\frac{7}{3}q_1$，故

$$\Delta q_1=q_1-q_0=q_1+\frac{7}{3}q_1=\frac{10}{3}q_1$$

$$\Delta q_4=4q_1-q_{4l}=4q_1+5q_1+q_0=\frac{20}{3}q_1$$

(2) 从左至右 3 个区域中的电场分别为：负，负，正。因此，极板 3 电势最高，其

电势的值为

$$U_1=d\left(\frac{5q_1+q_0}{\varepsilon_0 S}\right)=d\ \frac{8q_1}{3\varepsilon_0 S}=\frac{8q_1}{3C}$$

例 15　(2012 北约联盟)两个相同的电容器 A 和 B 如图连接，它们的极板均水平放置。当它们都带有一定电荷量并处于静电平衡时，电容器 A 中的带电粒子恰好静止。现将电容器 B 的两极板沿水平方向移动使两极板错开，移动后两极板仍然处于水平位置，且两极板的间距不变。已知这时带电粒子的加速度大小为$\frac{1}{2}g$，求 B 的两个极板错开后正对着的面积与极板面积之比。设边缘效应可忽略。

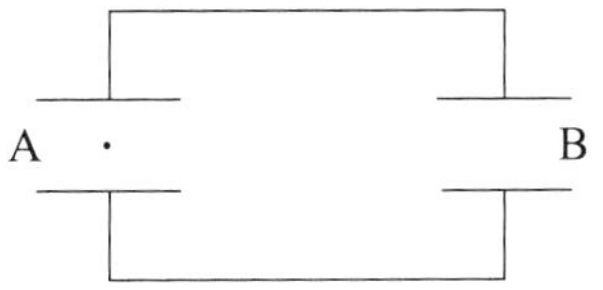

【解析】设开始时电容器 A 和 B 的电容均为 C，电压为 U，电量为 Q，板间距离为 d，则两板间的电场强度 $E=\frac{U}{d}=\frac{Q}{Cd}$。当电容器 B 的两极板错开后，B 的电容变为$\frac{C}{k}$。因电荷守恒，两电容器总电量不变，即 $Q_{总}=Q_A+Q_B=2Q$，总电容变为 $C_{总}=C+\frac{C}{k}=\frac{k+1}{k}C$；又因两电容器并联电压相同，故 $U'=\frac{Q_{总}}{C_{总}}=\frac{2Qk}{(k+1)C}$，电容器 A 中的电场强度 $E'=\frac{U'}{d}=\frac{2k}{k+1}E$。

在极板错开前带电粒子满足：$qE=mg$，当电容器 B 的两极板错开后，带电粒子满足：$qE'-mg=ma$，综合解得：$k=3$。又电容器电容与极板正对面积成正比，故 B 的两个极板错开后正对着的面积与极板面积之比为$\frac{1}{3}$。

强基要点 8　带电粒子在电场中的运动

1. 带电粒子在电场中运动的特点

一般情况下带电粒子所受的电场力远大于重力，故近似处理为只有电场力做功。由动能定理可得：$W=qU=\Delta E_k$，此式适用于任意电场，与电场是否匀强、带电粒子的运动性质、轨迹形状均无关。若初速度 $v_0=0$，则 $v=\sqrt{\frac{2qU}{m}}$。

2. 带电粒子在匀强电场中的类平抛运动

(1) 侧移量：$y=\frac{1}{2}\left(\frac{Uq}{dm}\right)\left(\frac{L}{v_0}\right)^2$

(2) 出射偏角：$\tan\alpha=\frac{v_y}{v_x}=\frac{\frac{Uq}{dm}\frac{L}{v_0}}{v_0}=\frac{UqL}{dmv_0^2}$，该方向满足推论：出射速度方向反向

延长必过水平位移的中点。

(3) 穿越电场过程的动能增量：$\Delta E_k = Eqy$。

(4) 若研究对象的重力不可忽略，则可以将重力与电场力合成后作为等效重力场进行处理。

要点精例

例 16 (2008 清华)N 个长度逐个增大的金属圆筒和一个靶，它们沿轴线排列成一串，如图所示(图中只画出了 6 个圆筒，作为示意)。各筒和靶相间地连接到频率为 f、最大电压值为 U 的正弦交流电源的两端。整个装置放在高真空容器中，圆筒的两底面中心开有小孔。现有一电荷量为 q、质量为 m 的正离子沿轴线射入圆筒，并将在圆筒间及靶间的缝隙处受到电场力的作用而加速(设圆筒内部没有电场)。缝隙的宽度很小，离子穿过缝隙的时间可以不计。

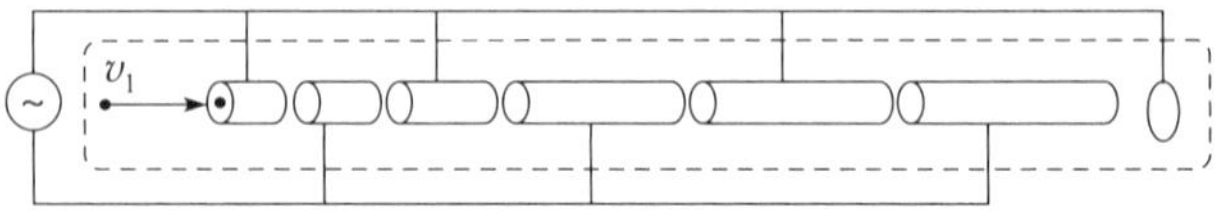

已知离子进入第一个圆筒速度为 v_1，且此时第一、二两个圆筒间的电势差 $U_1 - U_2 = -U$。为使打到靶上的离子获得最大能量，各个圆筒的长度应满足什么条件？并求出这种情况下打到靶上的离子能量。

【解析】 为使正离子获得最大能量，要求离子每次穿越缝隙时，前一个圆筒的电势比后一个高，圆筒内无电场，离子在筒内做匀速运动，设 v_n 为进入第 n 个圆筒内的速度，则有：

$$\frac{1}{2}mv_{n+1}^2 - \frac{1}{2}mv_n^2 = qU \qquad ①$$

第 n 个圆筒的长度为：

$$L_n = v_n \frac{T}{2} = \frac{v_n}{2f} \qquad ②$$

由①式得：$\frac{1}{2}mv_n^2 - \frac{1}{2}mv_1^2 = (n-1)qU$

$$v_n = \sqrt{\frac{2(n-1)qU}{m} + v_1^2} \ (n=1,2,3,\cdots,N) \qquad ③$$

将③式代入②式，得第 n 个圆筒的长度应满足的条件为：

$$L_n = \frac{v_n}{2f} = \frac{1}{2f}\sqrt{\frac{2(n-1)qU}{m} + v_1^2} \ (n=1,2,3,\cdots,N)$$

打到靶上离子的能量为：$E_N=NqU+\frac{1}{2}mv_1^2$。

例17　(2015 清华)如图所示，金属球半径为 r，从无穷远处射来一束动能为 E_k、电荷量为 $+q$ 的粒子束。粒子束的速度方向与金属球球心的距离为 $d=\frac{1}{2}r$。当粒子击中金属球后，其电荷完全被金属球吸收。求金属球电势的最大值。

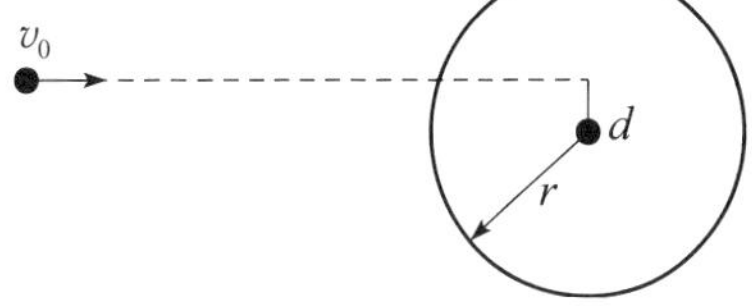

【解析】当粒子击中金属球时，金属球累积电荷导致对粒子产生阻力。临界状态为粒子恰好沿切线擦过金属球。

设粒子初速度为 v_0，金属球电势为 U 时，粒子刚好沿切线擦过，此时速度为 v。

由于粒子在运动过程中只受库仑力的有心力作用，冲量矩为零，因此角动量守恒，得 $mv_0d=mvr$。因为 $d=\frac{1}{2}r$，所以 $v=\frac{1}{2}v_0$。

又由能量关系

$$E_k=\frac{1}{2}mv_0^2=qU+\frac{1}{2}mv^2$$

得　$$qU=\frac{1}{2}mv_0^2-\frac{1}{2}mv^2=\frac{3}{4}\cdot\frac{1}{2}mv_0^2=\frac{3}{4}E_k$$

所以　$$U=\frac{3}{4q}E_k$$

强基练习

1. (2017 北大)如图所示，空间直角坐标系中，六个完全相同、均匀带电的正方形绝缘平板构成一个正方体，其中心 O 位于坐标原点，各棱方向与坐标轴平行。记与 z 轴平行的棱中点为 A，正方体与 x 轴的交点为 B，则 A、B、O 三点的电场(　　)。

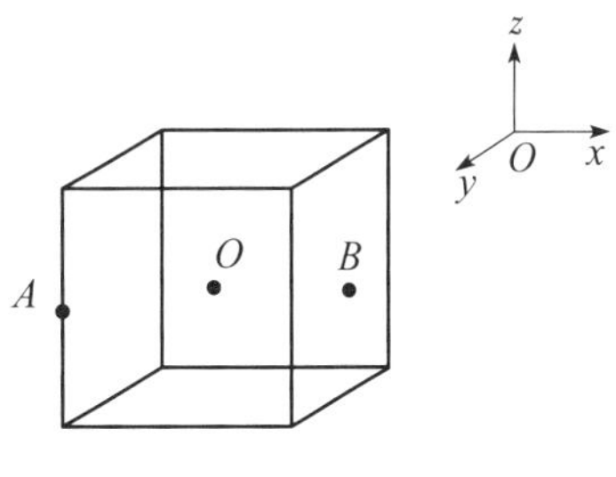

A. 全部为 0

B. 全部不为 0

C. 有两个满足至少在两个方向上的分量不为 0

D. 有一个满足恰在一个方向上的分量不为 0

2. (2014 华约联盟)在 x 轴上有两个点电荷 q_1 和 q_2 (q_1 在 q_2 的左边)。x 轴上每一点处电势随着 x 而变化的关系如图所示。当 $x=x_0$ 时，电势为 0；当 $x=x_1$ 时，电势有最小值。(点电荷产生的电场中的电势为 $U=\frac{kq}{r}$)

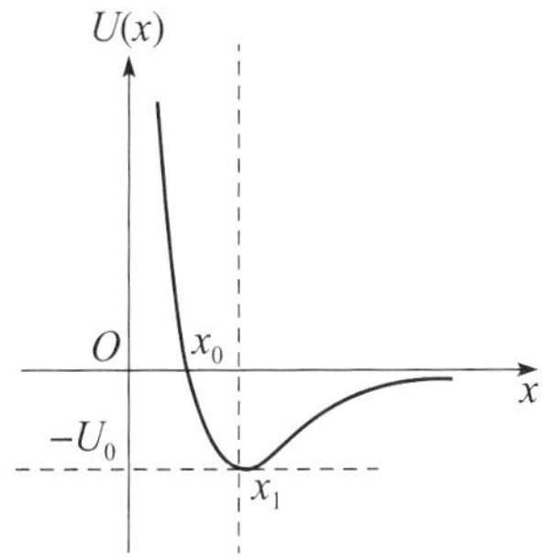

(1) 求两个电荷 q_1 和 q_2 的位置坐标；

(2) 求两个电荷的电荷量的比值$\frac{q_1}{q_2}$。

3. (2018 清华)均匀带电球壳带电量为 Q，左右半球之间的吸引力为(　　)。

A. $\frac{Q^2}{4\pi\varepsilon_0 R^2}$　　B. $\frac{Q^2}{8\pi\varepsilon_0 R^2}$　　C. $\frac{Q^2}{16\pi\varepsilon_0 R^2}$　　D. $\frac{Q^2}{32\pi\varepsilon_0 R^2}$

4. (2013 华约联盟)“顿牟掇芥”是两千多年前我国古人对摩擦起电现象的观察记录，经观察后带电的琥珀能吸起小物体。现用下述模型分析探究。在某处固定一个电荷量为 Q 的点电荷，在其正下方 h 处有一个原子，在点电荷产生的电场(场强为 E)作用下，原子的负电荷中心与正电荷中心会分开很小的距离 l，形成电偶极子。描述电偶极子特征的物理量称为电偶极矩 p，$p=ql$，这里 q 为原子核的电荷量。实验显示，$p=\alpha E$，α 为原子的极化系数，反映其极化的难易程度，被极化的原子与点电荷之间产生作用力 F。在一定条件下，原子会被点电荷“掇”上去。

(1) F 是吸引力还是排斥力？简要说明理由。

(2) 若固定点电荷的电荷量增加一倍，力 F 如何变化？即求$\frac{F(2Q)}{F(Q)}$的值。

5. (2018 北大)如图所示，A、B 为两带正电的点电荷，另有一不带电导体球壳将电荷 B 包围，那么以下说法正确的是(　　)。

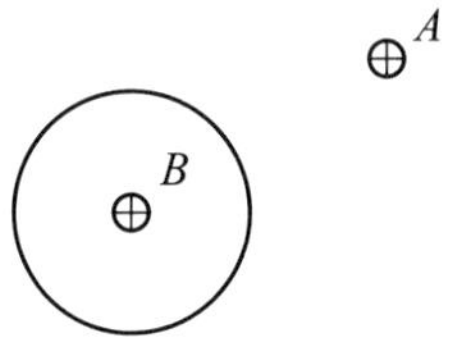

A. 将点电荷 B 与导体球壳接触，点电荷 A 受力变小

B. 将导体球壳接地，点电荷 A 受力变小

C. 在球壳内，移动点电荷 B 至任意位置，点电荷 A 受力不变

D. 将点电荷 B 移走，点电荷 A 受力不变

6. (2018 清华)如果库仑定律为立方反比的形式，以下说法正确的是(　　)。

A. 高斯定理仍然成立　　B. 静电场环路定理仍然成立

C. 存在电势的概念　　D. 存在静电屏蔽现象

E. 均匀带电的导体球壳内部电场强度处处为 0

F. 电荷只分布在导体的外表面上

7. (2019 清华)电容器两极板面积均为 1m^2，中间真空，距离 1cm，接到 200V 电源上拉开 2cm，外力做功为(　　)。

A. 1.8×10^{-5}J　　B. -1.8×10^{-5}J　　C. 8.9×10^{-6}J　　D. -8.9×10^{-6}J

8.（2017 清华）如图所示，有一电容，由三块金属板构成，中间填充相对介电常数为 ε 的介质，中间两块极板面积为 S，真空介电常量为 ε_0，求此电容的大小。

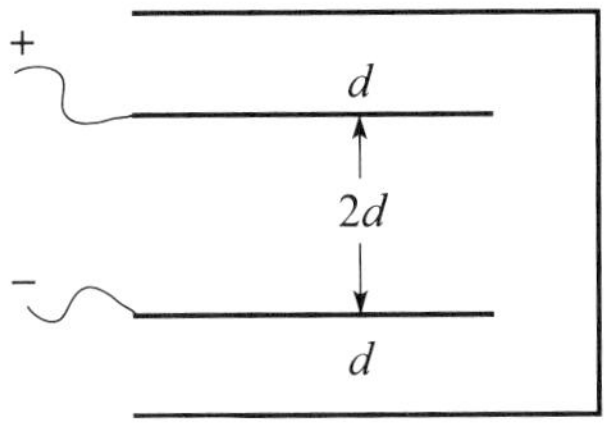

9.（2011 北约联盟）设无重力空间有匀强电场 $\boldsymbol{E}$。现有两个质量为 m 的小球，A 电量为 $q>0$，B 不带电。$t=0$ 时，两小球静止，且相距 l，$\overrightarrow{AB}$ 的方向与 $\boldsymbol{E}$ 方向相同。$t=0$ 时，A 开始受电场力而向 B 运动。A 与 B 相遇时发生第一次弹性正碰撞，A、B 无电量转移，求第 8 次正碰撞到第 9 次正碰撞之间需要的时间。

10.（2010 华约联盟）面积均为 S 的 A、B、C 三块平行极板，A 板上有小孔 K。在小孔 K 上方 h 距离处有容器 D，其中有带正电的液滴，液滴一滴一滴地从下端滴下，穿过小孔 K 后滴到 B 板上，电荷立即被平均分布。已知，空间距离尺寸如图所示，每滴液滴的电量为 q，质量为 m，相邻平行板构成的电容器电容为 $C=\dfrac{\varepsilon S}{d}$，其中介电常数为 ε，极板面积为 S。

（1）求从第几滴液滴开始不再落到 B 板上。

（2）设第 N 滴液滴刚好能落到 B 板上，则第 $N+1$ 滴液滴滴落后速度为 0 时距 A 板的距离。

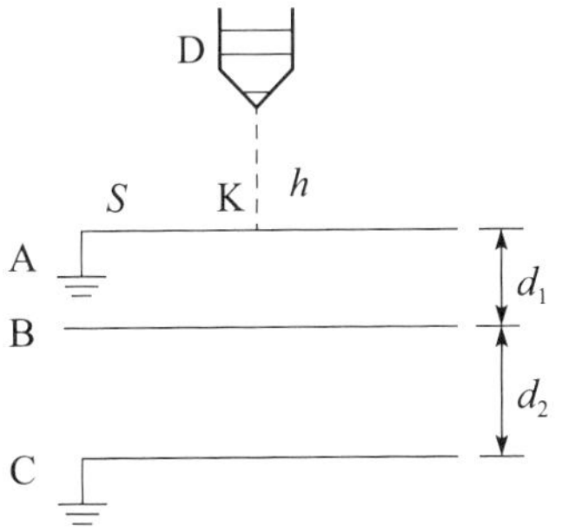

11.（2013 北约联盟）如图所示，在水平 $O-xy$ 坐标平面的第Ⅰ象限上，有一个内外半径几乎为 R、圆心位于 $x=R$、$y=0$ 处的半圆形固定细管道，坐标平面上有电场强度沿着 y 轴方向的匀强电场。带电质点 P 在管道内，从 $x=0$、$y=0$ 位置出发，在管道内无摩擦地运

动，其初始动能为 E_{k0}。P 运动到 $x=R$、$y=R$ 位置时，其动能减少了二分之一。

（1）试问 P 所带电荷是正的还是负的？为什么？

（2）P 所到位置可用位置的 x 坐标来标定，试在 $2R\geqslant x\geqslant 0$ 范围内导出 P 的动能 E_k 随 x 变化的函数。

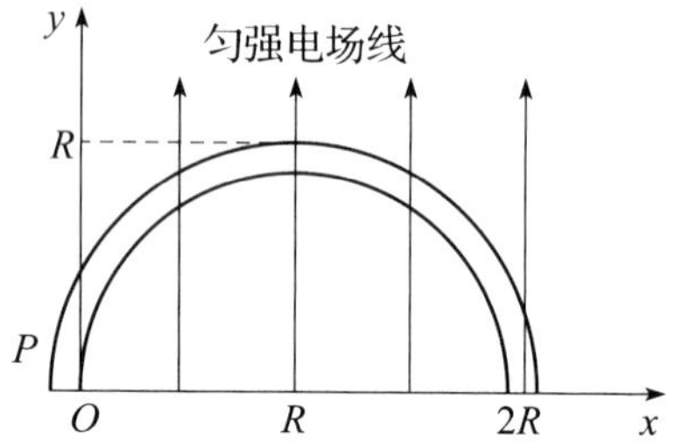

参考答案

1. D 【解析】点 O 电场强度为零，点 A 电场有 x 和 y 分量，点 B 电场只在 x 方向。

2. **解**：(1) 由于在 $x=0$ 处，电势趋于正无穷，可知在原点有一个正电荷，即 q_1 或 q_2 在 $x=0$ 处。假设 q_1 在原点，则 q_2 在正半轴，此时在正半轴一定有某处(即 q_2 所处位置)电势趋于无穷，故不成立。因此 q_2 在原点，且为正电荷，又由于总电势可以为负，则可知 $q_1<0$，设 q_1 位于$(x_2,\ 0)$，$x_2<0$，

在 $x=x_0$ 处，总电势为 0，则

$$\frac{kq_2}{x_0}+\frac{kq_1}{x_0-x_2}=0 \tag{①}$$

在 $x=x_1$ 处，电势最低点，则电场强度为 0。

$$\frac{kq_2}{x_1^2}+\frac{kq_1}{(x_1-x_2)^2}=0 \tag{②}$$

由①②可解得：

$$x_2=2x_1-\frac{x_1^2}{x_0},\quad \frac{q_1}{q_2}=-\left(1-\frac{x_1}{x_0}\right)^2$$

则两点电荷位置为 q_1：$\left(2x_1-\dfrac{x_1^2}{x_0},\ 0\right)$，$q_2$：$(0,\ 0)$；电荷量比值为$\dfrac{q_1}{q_2}=-\left(1-\dfrac{x_1}{x_0}\right)^2$

3. D 【解析】**解法一**：先考虑均匀带电薄球壳上的压强。取半径为 R、总带电量为 Q 的球壳上的小面元 ΔS，其上电荷量 $\Delta q=\dfrac{\Delta S}{4\pi R^2}Q$，球壳其他电荷对其产生的电场力为 $\Delta F=\dfrac{KQ\Delta q}{2R^2}=\dfrac{KQ^2}{8\pi R^4}\Delta S$，即球壳上压强为 $P=\dfrac{KQ^2}{8\pi R^4}$；而一半的球壳受力为 $F=$

$P \cdot \pi R^2 = \frac{KQ^2}{8R^2} = \frac{Q^2}{32\pi\varepsilon_0 R^2}$。

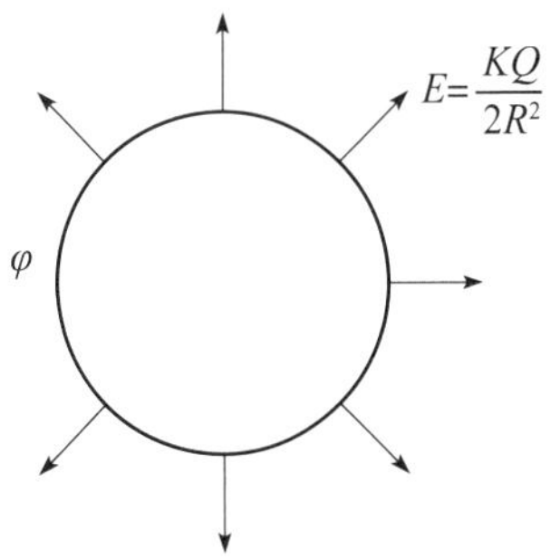

解法二：如图所示，因为金属球壳表面处场强

$$E = \frac{KQ}{2R^2}$$

则半球面受到库仑力

$$F = \pi R^2 \frac{Q}{4\pi R^2} \cdot \frac{KQ}{2R^2} = \frac{KQ^2}{8R^2} = \frac{Q^2}{32\pi\varepsilon_0 R^2}$$

4. **解**：(1) F 为吸引力，理由：当原子极化时，与 Q 异性的电荷移向 Q，而 Q 同性的电荷被排斥耐远离 Q，这样异性电荷之间的吸引力大于同性电荷的排斥力，总的效果是吸引。

(2) 设电荷 Q 带正电，如图所示。电荷 Q 与分离开距离 l 的一对异性电荷间的总作用力为

$$F = \frac{kQ(-q)}{\left(h - \frac{1}{2}\right)^2} + \frac{kQq}{\left(h + \frac{1}{2}\right)^2} = kQq \frac{-2hl}{\left(h^2 - \frac{l^2}{4}\right)^2} \approx -\frac{2kQql}{h^3} = -\frac{2kQp}{h^3}$$

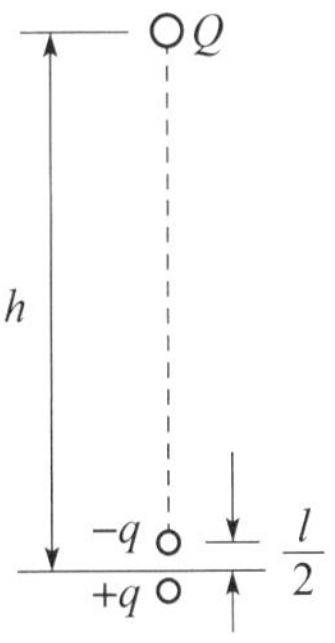

这里 $k = \frac{1}{4\pi\varepsilon_0}$，而 $p = ql$ 为原子极化形成的电偶极矩，式中负号表示吸引力。实验显示，$p = \alpha E$，而电荷 Q 在离它 h 处的原子所在地产生的电场大小为

$$E = \frac{kQ}{h^2}$$

于是，电荷 Q 与极化原子之间的作用力为

$$F = -\frac{2\alpha k^2 Q^2}{h^5}$$

它正比于固定电荷的平方，反比于距离的五次方，因此不管电荷 Q 的符号如何，均产生吸引力；当固定点电荷的电荷量增加一倍，力 F 变成 4 倍。即 $\frac{F(2Q)}{F(Q)} = 4$。

5. C 【**解析**】由静电屏蔽的相关知识，导体球壳内的点电荷对外界不产生电场，具体而言，球壳内表面感应出的负电荷与点电荷 B 的电场抵消，则点电荷 A 受力取决于球壳外表面的剩余电荷；而将导体球壳接地后，球壳电势为 0，然而不确定初始的球壳与点电荷 A 之间的电场电势关系，因此并不能判断点电荷 A 的受力大小变化。

6. BC 【**解析**】当平方反比定律不成立，高斯定理不成立，但环路感应定理仍存在，故 B、C 正确；由于高斯定理不成立，其衍生结论也不成立；如导体内部电场为 0，并不能得到电荷只分布于导体表面，故 A、D、E、F 错误。

7. C 【解析】解法一：由能量守恒可知，外力做功＋电源做功＝电容器储能的变化量，因而有

$$W+\Delta Q\cdot U=\frac{1}{2}(C'-C)U^2$$

其中，$\Delta Q=(C'-C)U$，解得 $W\approx8.9\times10^{-6}$ J。

解法二：$C_0=\frac{\varepsilon_0 S}{d_0}=0.885nF$，$C_1=\frac{\varepsilon_0 S}{d_1}=0.443nF$

电能 $E_0=\frac{1}{2}C_0U^2=1.77\times10^{-5}$ J

$$E_1=\frac{1}{2}C_1U^2=8.85\times10^{-5}\text{J}$$

$$\Delta E=-8.85\times10^{-6}\text{J}$$

$$W=-\Delta E=8.85\times10^{-6}\text{J}\approx8.9\times10^{-6}\text{J}$$

解法三：用电场平均值定理

$$F=Q\overline{E}=\frac{CU\cdot\left(\frac{U}{d}+0\right)}{2}=\frac{\varepsilon_0 SU^2}{2d^2}$$

$$W=8.85\times10^{-6}\text{J}\approx8.9\times10^{-6}\text{J}$$

8. **解**：两个厚度为 d 的电容器串联后与一个厚度为 $2d$ 的电容器并联：

$$C=\frac{\varepsilon\varepsilon_0 S}{2d}+\frac{\varepsilon\varepsilon_0 S}{d}\cdot\frac{1}{2}=\frac{\varepsilon\varepsilon_0 S}{d}$$

9. **解**：开始 A 球在电场力的作用下做匀加速直线运动，加速度为 $a=\frac{qE}{m}$，设 A 与 B 碰前的速度为 v_0，则 $v_0^2=2aL$，所需的时间 $t=\frac{v_0}{a}$。

以后与 B 球相碰，弹性碰撞后交换速度，即 A 球静止，B 球以 $v=at$ 的速度向右匀速运动，而后，A 球从静止开始，做加速度为 a 的匀加速运动，直至追上 B 球，发生第二次碰撞，再次交换速度……如此继续下去，根据以上分析，在原 S 系可以逐一计算时间间隔，并注意计算结果的规律性，即可完成本题的解答，但这样做显然比较麻烦。

在第一次碰撞后，若改取随 B 球一起运动的 S' 系，在 S' 中 B 球静止，A 球以初速 v_0 向左运动，A 球在 S 系中所受的电场力不变，所得向右加速度 a 不变，在 S' 系中的向右速度达到上述 v_0 值，因此也经时间 $t=\frac{v_0}{a}$ 降到速度零，且向左走过距离 Z，而后 A 球又在 S' 系、在时间 $t=\frac{v_0}{a}$ 向右走过距离 Z 再次与 B 球相碰。相碰前 A 球在 S' 系中

的向右速度达到 v_0，因此在 S' 系中的第二次碰撞等同于第一次，如此讨论，每次碰撞后都采取换参考系的方法可知相邻两次时间间隔相同的结论，故 $T=2\sqrt{\dfrac{2mL}{qE}}$。

10. **解**：(1) AB之间、BC之间两电容器的电容分别为 $C_1=\dfrac{\varepsilon S}{d_1}$，$C_2=\dfrac{\varepsilon S}{d_2}$，这两个电容器并联，故两板间的电势差 U_{AB} 和 U_{CB} 在同时刻大小相同。设某时刻 B 的上板带电 Q_1，下板带电 Q_2，则$\dfrac{Q_1}{C_1}=\dfrac{Q_2}{C_2}$，得$\dfrac{Q_1}{Q_2}=\dfrac{d_2}{d_1}$，而 $nq=Q_1+Q_2$，故 $Q_1=\dfrac{nd_2q}{d_1+d_2}$。

对第 $n+1$ 滴液滴而言，它刚好不能落到 B 板上的条件是 $mg(h+d_1)-\dfrac{qQ_1}{C_1}=0$，

解得：$n=\dfrac{\varepsilon Smg(h+d_1)(d_1+d_2)}{d_1d_2q^2}$。

(2) 第 N 滴液滴刚好落到 B 板上，此时 $Q_1'=\dfrac{Nd_2q}{d_1+d_2}$。

对第 $N+1$ 滴液滴而言，有 $mg(h+x)-qE_x'=0$，且 $U'=\dfrac{Q_1'}{C_1}$，$E'=\dfrac{U'}{d_1}$，

即 $E'=\dfrac{Q_1'}{\varepsilon S}=\dfrac{Nd_2q}{\varepsilon S(d_1+d_2)}$。最后得 $x=\dfrac{mgh}{qE'-mg}=\dfrac{mgh}{\dfrac{q^2Nd_2}{\varepsilon S(d_1+d_2)}-mg}$。

11. **解**：(1) P 动能减少，意味着电场力做负功，即电场力与位移方向相反，因此 P 带负电荷。

(2) 首先求出电场强度，根据动能定理，电场力做功引起动能的变化。

$$EqR=\frac{1}{2}E_{k0}$$

电场强度为：

$$Eq=\frac{E_{k0}}{2R}$$

设 P 所在位置坐标为(x, y)，

$$(x-R)^2+y^2=R^2$$
$$y=\sqrt{R^2-(x-R)^2}=\sqrt{2Rx-x^2}$$
$$E_k(x)+Eq\cdot y=E_{k0}$$
$$E_k(x)=E_{k0}-Eq\cdot y=E_{k0}-E_{k0}\frac{\sqrt{2Rx-x^2}}{2R}\ (0\leqslant x\leqslant 2R)$$

第 11 讲 恒定电流

强基要点 1 欧姆定律

欧姆定律为研究含有纯电阻或电源的电路中电流与电压、电阻之间的关系。

电流为导体中可自由移动的电荷定向移动所形成，微观上满足表达式：$I=nqSv$，其中，n 为导体中自由电荷的数密度。对于粗细均匀的导体，其电阻满足电阻定律：$R=\rho\dfrac{l}{S}$。

(1) 部分电路欧姆定律：$U=IR$，顺着电流方向流经用电器电势必定下降。

(2) 闭合电路欧姆定律：$I=\dfrac{E}{R+r}$或$E=U+Ir$，其中 E 为电源电动势，r 为电源内阻，U 为路端电压，电源可以视为理想电源与定值电阻的串联。

(3) 含源电路欧姆定律

在任意含源支路中，任意指定方向，依照以下原则可以写出含源电路的欧姆定律：

①若经电阻，则顺着电流方向电势降低，逆着电流方向电势升高；

②若经电源，则由正极到负极电势降低，由负极到正极电势升高；

例如，如图所示的含源电路中，从 A 点到 B 点，依照上述原则，可以得到以下关系：

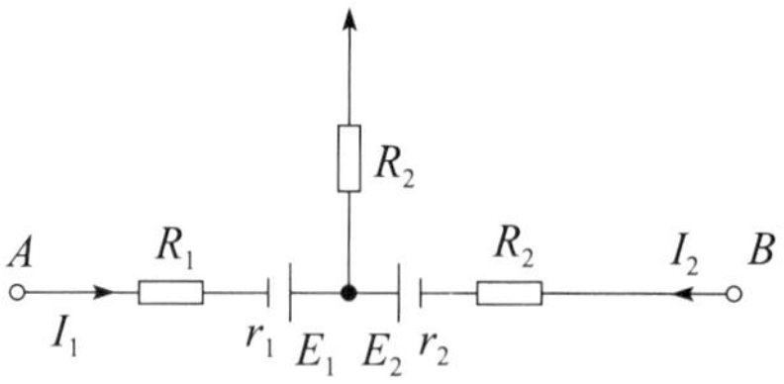

$$U_A-I_1R_1+E_1-I_1r_1-E_2+I_2r_2=U_B$$

要点精例

例 1 如图所示的电路中，R_1、R_3、R_4 为定值电阻，R_2 是滑动变阻器，闭合开关 S 后，当 R_2 的滑片向右滑动时，理想电流表和理想电压表示数变化量的大小分别为 ΔI、ΔU，下列结论正确的是(　　)。

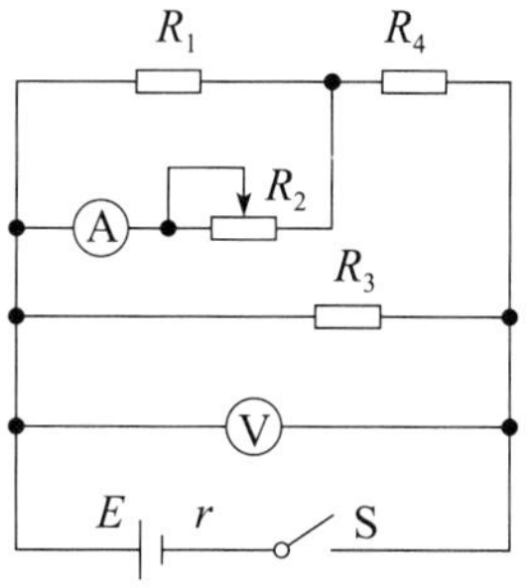

A. 电流表示数变大　　B. 电压表示数变小

C. $\dfrac{\Delta U}{\Delta I}>r$　　D. $\dfrac{\Delta U}{\Delta I}<r$

【答案】 ABD

【解析】 当 R_2 的滑片向右滑动时，R_2 的有效电阻减小，电路总电阻减小，干路电流变大，内电压变大，外电压减小，即电压表示数减小。经过 R_3 的电流减小，则通过 R_4 的电流变大，R_4 的电压变大，R_1 的电压减小，R_1 的电流减小，所以 R_2 的电流变大，电流表示数变大。AB 正确；

设干路电流为 I'，流过 R_1、R_3、R_4 的电流分别为 I_1、I_3、I_4，则有

$$I'=I_3+I_4,I_4=I_1+I$$

其变化量关系为

$$\Delta I'=\Delta I_3+\Delta I_4,\Delta I_4=\Delta I_1+\Delta I$$

根据前面电路分析可知

$$\Delta I'<\Delta I_4<\Delta I$$

根据路端电压与干路电流的关系有

$$\frac{\Delta U}{\Delta I'}=r$$

所以有

$$\frac{\Delta U}{\Delta I}<r$$

C 错误，D 正确。

故选 ABD。

例 2 (2014 华约联盟)一继电器控制电路如下图所示。电池都是电动势为 E、内阻为 r 的一号干电池；灯泡规格都一样；继电器也完全相同，其线圈的电阻值为 $12r$，小灯泡阻值为 r，仅当继电器线圈中电流大于 $I_0=\dfrac{E}{15r}$ 时，继电器才吸合；滑动变阻器电阻可调范围足够大，与变阻器相连的保护电阻阻值 $r_0=2r$。开始时电键断开，变阻器滑动头置于最左边。

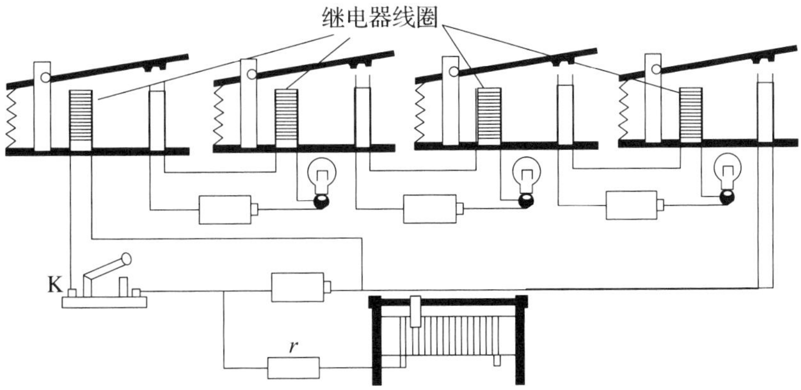

(1) 闭合电键 K 后，电路中各灯泡产生什么现象？

(2) 电键 K 保持闭合，使变阻器滑动头向右移动，在移动过程中电路中各灯泡的发光情况与(1)问相比有什么变化？

【解析】 (1) 当 K 闭合后，通过左边第一个线圈的电流为$\frac{E}{13r}>I_0$，电路内各灯泡从左到右逐一点亮；当最右边的灯泡点亮后，如果左边第一个灯泡回路中的电流小于吸合电流，则灯泡会从左到右逐一熄灭，以上过程不断循环往复。为此需考虑如图所示电路，图中 R_0 为继电器线圈电阻阻值，r_0 为限流电阻阻值，通过继电器线圈的电流为

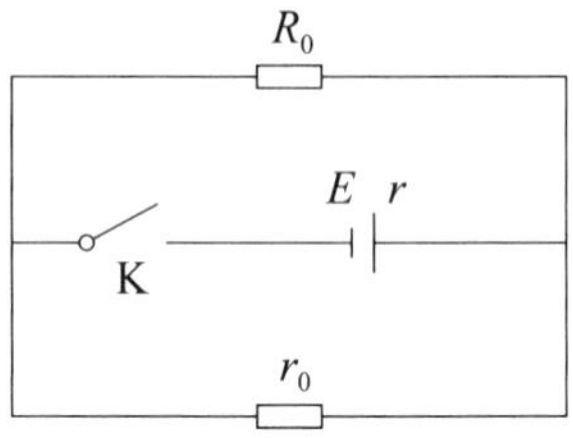

$$I=\frac{E}{r+\frac{R_0r_0}{R_0+r_0}}\frac{r}{R_0+r_0}=\frac{Er_0}{r(R_0+r_0)+R_0r_0}=\frac{E}{19r} \quad ①$$

$$I<\frac{E}{15r}=I_0 \quad ②$$

因此上述分析正确，K 合上后灯泡先从左至右逐一点亮，然后又从左至右逐一熄灭，以上过程不断循环往复。

(2) 当滑动变阻器的滑动头移动过某一位置后，继电器回路中的电流将始终大于吸合电流，故所有灯泡将不再熄灭，始终保持发光。

强基要点 2 电功、电功率、焦耳定律

电流通过电路时，电场力对电荷做的功叫作电功 W，其定义式为 $W=UIt$。单位时间内电场力所做的功叫作电功率 P，其定义式为 $P=UI$。电阻在时间 t 内所产生的焦耳热符合焦耳定律 $Q=I^2Rt$。

(1) 对于不含源的纯电阻，电功与焦耳热相等，电功率则与热功率相等，有 $W=I^2Rt=\frac{U^2}{R}t$ 和 $P=I^2R=\frac{U^2}{R}$。

(2) 对于非纯电阻电路，电功和电热的关系依据能量守恒定律求解。

(3) 对于含源的闭合电路，电源的总功率为 $P=EI=\frac{E^2}{R+r}$，电源的输出功率为 $P_{出}=UI=\frac{E^2}{R+r}\cdot R=\frac{E^2}{\frac{(R+r)^2}{R}+4r}$。显然，当 $R=r$ 时，电源的输出功率最大 $P_{max}=\frac{E^2}{4r}$，此时电源效率 $\eta=50\%$；若电源外电阻分别为 R_1、R_2 时，输出功率相等，则必有 $r^2=R_1\cdot R_2$。

要点精例

例 3 (2013 北约联盟)北京家庭采用电压为 220V 的线路供电，香港家庭采用电压为 200V 的线路供电。北京厨房内一支“220V　50W”照明用的灯泡，若改用 200V 的线路供电，使用相同的时间可以节省电能________%。如果采用 200V 供电的同时，又不减弱厨房照明亮度，则原灯泡电阻丝要换成电阻为________ Ω 的新电阻丝。

【答案】 17.4；800

【解析】 可由“220V　50W”求得电阻，$R=\frac{U^2}{P}$，$\eta=1-\frac{P_1}{P_2}=\frac{21}{121}\approx17.4\%$。由 $\frac{U_2^2}{R_2}=50\text{W}$，得 $R_2=800\Omega$。

例 4 (2012 华约联盟)电池甲和乙的电动势分别为 E_1 和 E_2，内电阻分别为 r_1 和 r_2，已知 $E_1>E_2$。若用甲、乙电池分别向某个电阻 R 供电，在这个电阻上所消耗的电功率相同。若用甲、乙电池分别向另一个电阻 R' 供电，在 R' 上消耗的电功率分别为 P_1 和 P_2，已知 $R'>R$，则(　　)。

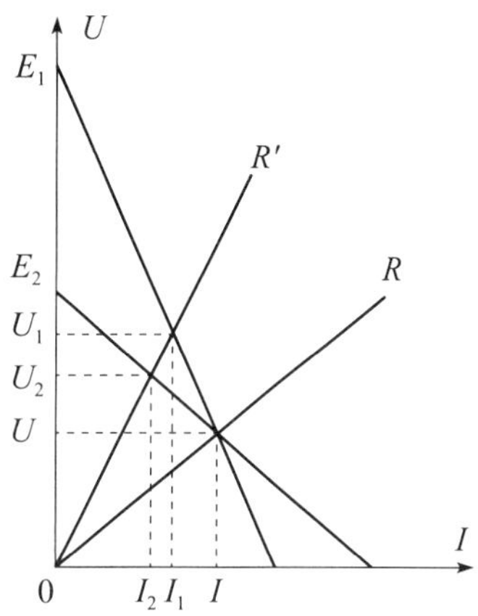

A. $r_1>r_2$，$P_1>P_2$　　B. $r_1<r_2$，$P_1<P_2$

C. $r_1>r_2$，$P_1<P_2$　　D. $r_1<r_2$，$P_1>P_2$

【答案】 A

【解析】 作出 $U-I$ 图像，如图所示，因为甲、乙电池分别向 R 供电，R 上消耗的电功率相同，则两电源的 $U-I$ 图像与 R 的 $U-I$ 图像必将交于一点，如图所示，故有 $r_1>r_2$。再作 R' 的 $U-I$ 图像，由图可知 $P_1=U_1I_1>P_2=U_2I_2$。答案为 A。

强基要点 3 基尔霍夫定律：复杂电路的分析与计算

在普通的串并联电路中，我们熟悉的电流与电压的规律，本质上是电荷守恒定律与电势差的应用。利用这两个知识，我们可以推广到复杂电流的分析与计算当中来。

(1) 若研究复杂电路中的电流规律，我们可以在电路中任意取一节点(即导线连接处)，由电荷守恒定律可得：在任一时刻流入该节点的电流强度的总和等于从该点流出的电流强度的总和，即：$\sum I_{i入}=\sum I_{j出}$。此为基尔霍夫第一定律，也称为节点定律。对于有 n 个节点的完整回路，可列出 $n-1$ 个独立的节点方程。

例如，在下图中，针对节点 P，有 $I_2+I_3=I_1$。

(2) 若研究复杂电路中的电压规律，可在电路中任意取一闭合回路，并规定绕行方向，由电势差的相关知识可得：沿着该闭合回路绕行一周，电势改变量为零，仿照含源电路欧姆定律中的符号规定方法，可得：$\sum\pm\varepsilon_i\sum(\pm I_jR_j)=0$。此为基尔霍夫第二定律，也称为回路定律，本质是含源电路欧姆定律的应用。若复杂电路包括 m 个独立回路，则可以写出 m 个独立的回路方程。

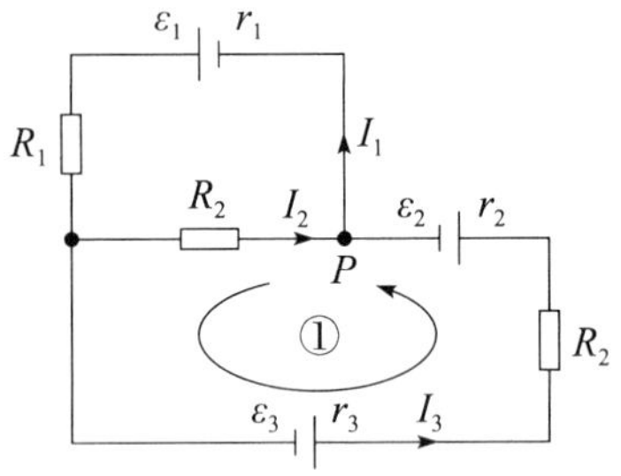

例如，在图中，针对闭合回路①，有：

$$\varepsilon_3-\varepsilon_2-I_3(r_3+R_2+r_2)+I_2R_2=0$$

要点精例

例 5 （2019 北大）如图所示的电阻网络，从 1、2 两个节点分别通入电流 I_1、I_2，已知电阻大小 R_1、R_2、R_3，请求出节点间的电压 U_{21}、U_{23}、U_{31}。

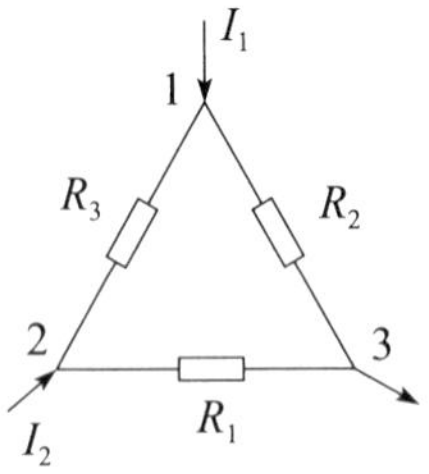

【解析】 将流经 R_3 的电流设为 I_3，正方向为从 1 到 2，则流经 R_2 至 3 的电流为 I_1-I_3，流经 R_1 至 3 的电流为 I_2+I_3，由基尔霍夫回路定律可知

$$I_3R_3+(I_2+I_3)R_1+(I_3-I_1)R_2=0$$

解得

$$I_3=\frac{I_1R_2-I_2R_1}{R_1+R_2+R_3}$$

由欧姆定律可得

$$U_{21}=-I_3R_3=\frac{(I_2R_1-I_1R_2)R_3}{R_1+R_2+R_3}$$

$$U_{23}=(I_2+I_3)R_1=\frac{(I_1R_2-I_2R_1)R_1}{R_1+R_2+R_3}+I_2R_1$$

$$U_{31}=-(I_1-I_3)R_2=\frac{(I_1R_2-I_2R_1)R_2}{R_1+R_2+R_3}-I_1R_2$$

例 6 （2016 清华）在如图所示的电路中，小灯泡规格为“6V 3W”，$R_3=4\Omega$，电源内阻为 1Ω，电压表、电流表均为理想电表。闭合开关，调节滑动变阻器阻值，使电压表示数为 0，此时灯泡正常发光，电流表的示数为 1A，则电源电动势 $E=$______，输出功率 $P=$______，$R_2=$______。

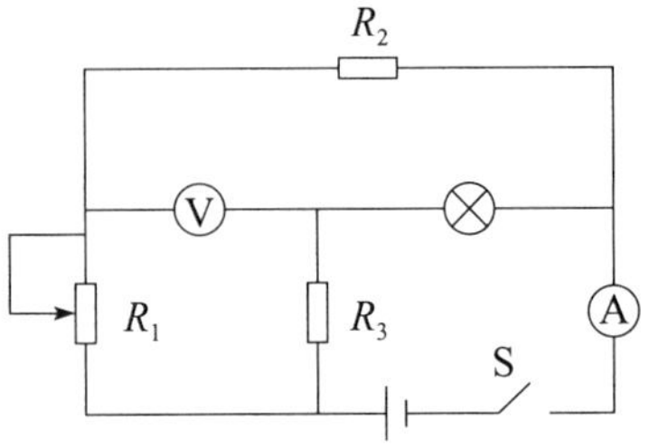

【答案】 9V；8W；12Ω

【解析】 这是个电桥。流过灯泡的电流为 0.5A，R_3 两端的电压为 2V，电源内阻上

分压 1V，故电源总电压为 9V；由 $P=IU-I^2R$，输出功率为 8W；两个支路电流都是 0.5A，R_2 两端的电压为 6V，所以其电阻为 12Ω。

强基要点 4 等效电源定理

在任意电路中，任意一个有两个引出端的部分均可称为二端网络。根据前一个要点，利用基尔霍夫第一定律可得，两个引出端的电流一进一出且大小相等。如同将电源视为电动势为 E 的理想电源与电阻为 r 的定值电阻串联一样，对于含有电源的有源二端网络，我们也可以采用同样的等效方法进行电路简化。方法有二：

(1) 戴维南定理：可以用一个电压源和电阻串联的二端网络来等效。其等效电压源的电动势等于网络的开路电压，其等效内阻等于该网络中所有电源的电动势为零时两端的等效电阻。

(2) 诺顿定理：可以用一个电流源和电阻并联的二端网络来等效。其等效电流源的电流等于网络的短路电流，其等效内阻等于该网络中所有电源的电动势为零时的等效电阻。

对于某些具有高度对称性的电路结构，可以辅以对称性原理进行电路分析和化简。而对于含有多个电源的电路，可以采用叠加原理，即：电路中的电流等于各电源单独存在时所产生的电流之和。

要点精例

例 7 (2008 北大)由 6 个未必相同的电阻和电压 $U=10$V 的直流恒压电源构成的电路如图(a)所示，其中，电源输出电流 $I_0=3$A。若如图(b)所示，在电源右侧并联一个电阻(电阻值记为 R_x)，则电源输出电流 $I=5$A。今将此电源与电阻 R_x 串联后，改接在 C、D 两点右侧，如图(c)所示。试求电源输出电流 I'。

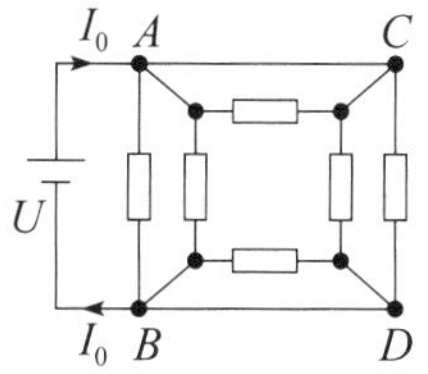

(a)

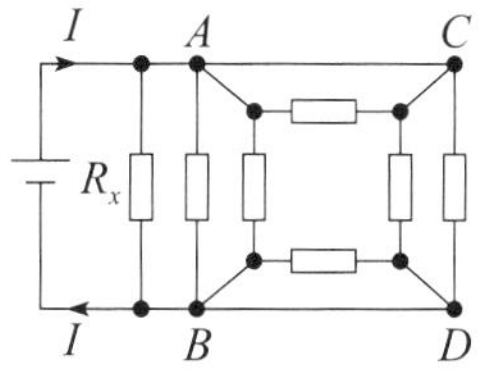

(b)

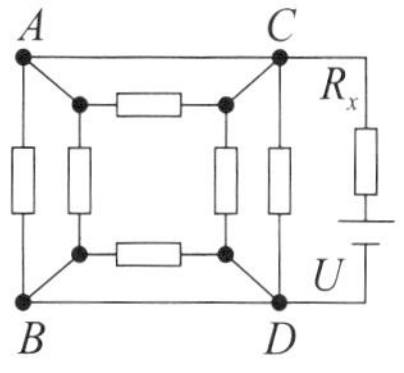

(c)

【解析】 对图(a)，由 $I_0=\dfrac{U}{R_{AB}}$，解得：$R_{AB}=\dfrac{10}{3}\Omega$。

对图(b)，由 $I=\dfrac{U}{R_{AB}}+\dfrac{U}{R_x}$，解得：$R_x=5\Omega$。

因接在 A、B 两点和接在 C、D 两点不影响等效电阻 R_{AB}，故 $R_{AB}=R_{CD}=\frac{10}{3}\Omega$，

由 $I'=\frac{U}{R_{AB}+R_x}$，解得：$I'=1.2\text{A}$。

强基要点 5 电路与力学综合问题

电路中电阻的长度与力学中的形变量对应，解决的方案就是利用力学量与电学量的相互关系，把两部分的知识联系起来。

要点精例

例 8 (2010 华约联盟)如图为一直线运动加速度测量仪的原理示意图。A 为 U 形底座，其内部放置一绝缘滑块 B；B 的两侧各有一弹簧，它们分别固连在 A 的两个内侧壁上；滑块 B 还与一阻值均匀的碳膜电阻 CD 的滑动头相连(B 与 CD 之间的摩擦及滑动头与碳膜间的摩擦均忽略不计)。电阻 CD 及其滑动头与另外的电路相连(图中未画出)。

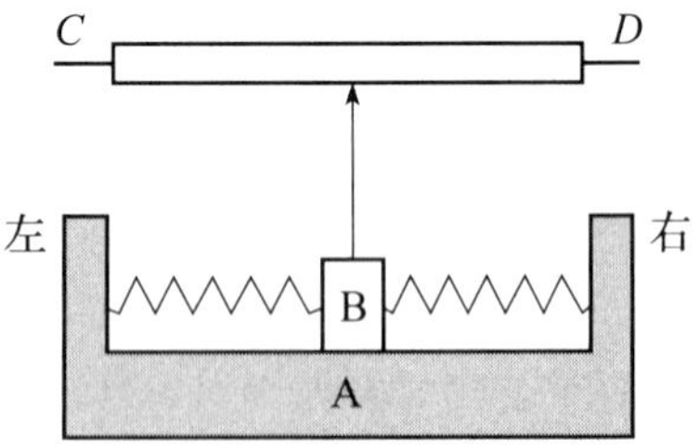

工作时将底座 A 固定在被测物体上，使弹簧及电阻 CD 均与物体的运动方向平行。当被测物体加速运动时，物块 B 将在弹簧的作用下，以同样的加速度运动。通过电路中仪表的读数，可以得知加速度的大小。

已知滑块 B 的质量为 0.60kg，两弹簧的劲度系数均为 $2.0\times10^2\text{N/m}$，CD 的全长为 9.0cm，被测物体可能达到的最大加速度为 20m/s^2(此时弹簧仍为弹性形变)；另有一电动势为 9.0V、内阻可忽略不计的直流电源，一理想指针式直流电压表及开关、导线。

设计一电路，用电路中电压表的示值反映加速度的大小。要求：

①当加速度为零时，电压表指针在表盘中央；

②当物体向左以可能达到的最大加速度加速运动时，电压表示数为满量程。(所给电压表可以满足要求)

(1) 在图中完成电路原理图。

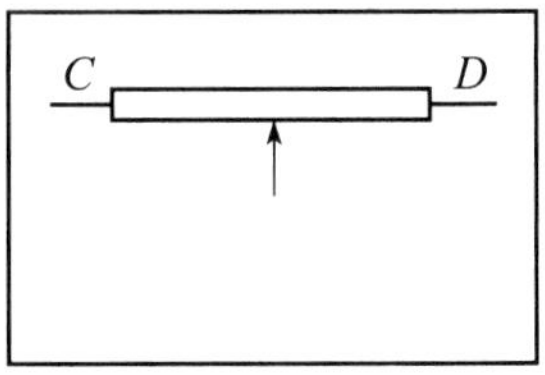

(2) 完成下列填空：(不要求有效数字)

①所给的电压表量程为________ V；

②当加速度为零时，应将滑动头调在距电阻的 C 端________ cm 处；

③当物体向左做减速运动，加速度的大小为 10m/s^2 时，电压表的示数为____ V。

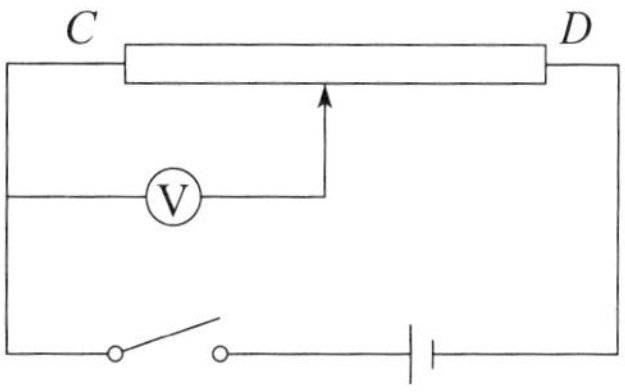

【解析】(1) 电路原理图如右图。

(2) 当加速度为零时，应将滑动头调在距电阻的 C 端 $l_0$cm 处[如图(a)]；

电压表指针在表盘中央，$U_1=\frac{U}{2}$，当物体向左以最大加速度 $a_m=20\text{m/s}^2$ 加速运动时，弹簧的形变量为 x_2[如图(b)]；

$$x_2=\frac{ma_m}{2k}=\frac{0.6\times 20}{2\times 200}=0.03\text{m}=3\text{cm}$$

此时电压表示数为满量程，$U_2=U$。

由比例关系 $\frac{E}{l}=\frac{\frac{U}{2}}{l_0}=\frac{U}{l_0+x_2}$，解得 $l_0=3.0\text{cm}$，$U=6.0\text{V}$。

当物体向左做减速运动，加速度的大小为 $a_3=10\text{m/s}^2$ 时，弹簧的变量为 x_3[如图(c)]电压表示数为 U_3，

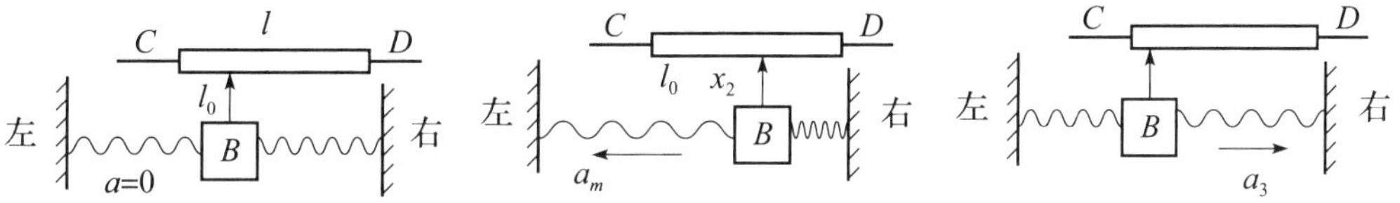

(a)　　(b)　　(c)

$$x_3=\frac{ma_3}{2k}=\frac{0.6\times 10}{2\times 200}=0.015\text{m}=1.5\text{cm}$$

$$\frac{E}{l}=\frac{U_3}{L_0-x_3}$$

解得 $U_3=1.5\text{V}$。

强基要点 6 设计型实验与创新型实验

创新型实验均在高中物理的实验基础上创新而来，只有熟练掌握高考物理范围内所要求的基础物理实验，才能从容应对。电学实验所对应的基本实验原理包括：电阻定律、欧姆定律、基尔霍夫定律等，除此之外还需重点强化基本实验器材的原理及使用方法，将实验中所体现的物理思想融会贯通后，才能进一步要求将这些思想在不同情境下进行迁移应用。

要点精例

例 9 (电桥法测电阻)如图甲所示电路称为惠斯通电桥，当通过灵敏电流计 G 的

电流 $I_g=0$ 时，电桥平衡，可以证明电桥的平衡条件为：$\frac{R_1}{R_2}=\frac{R_3}{R_4}$。图乙是实验室用惠斯通电桥测量未知电阻 R_x 的电路原理图，其中 R 是已知电阻，S是开关，G是灵敏电流计，AC 是一条粗细均匀的长直电阻丝，D 是滑动头，按下 D 时就使电流计的一端与电阻丝接通，L 是米尺。

(1) 简要说明测量 R_x 的实验步骤，并写出计算 R_x 的公式；

(2) 如果滑动触头 D 从 A 向 C 移动的整个过程中，每次按下 D 时，流过G的电流总是比前一次增大，已知A、C 间的电阻丝是导通的，那么，电路可能在哪里出现断路了？

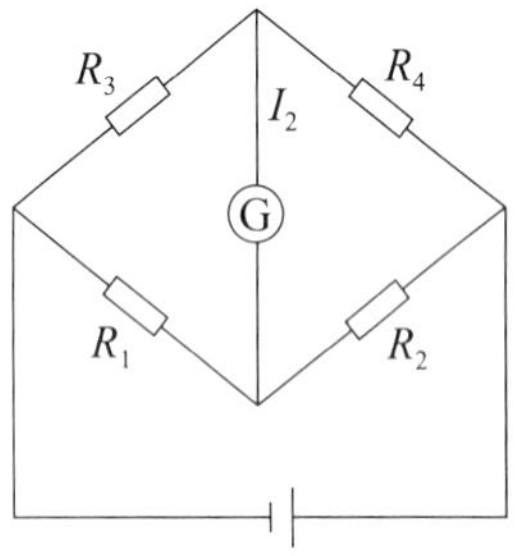

甲

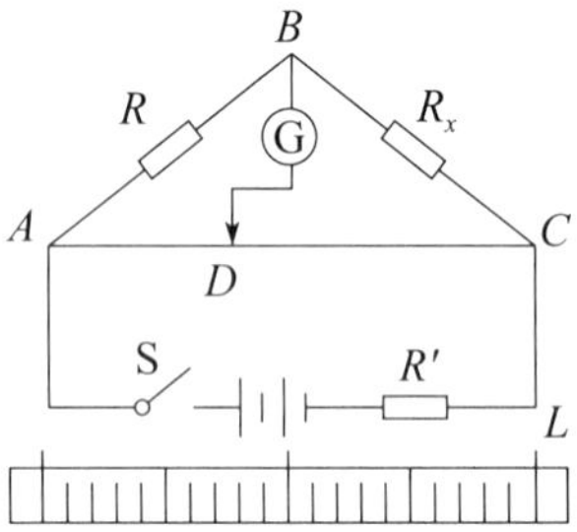

乙

【解析】(1) 闭合开关，把滑动触头放在 AC 中点附近，按下 D，观察电流表指针的偏转方向；向左或向右移动 D，直到按下 D 时，电流表指针不偏转；用刻度尺量出 AD、DC 的长度 l_1 和 l_2；根据公式 $R_x=\frac{l_2}{l_1}R$，求出 R_x 的值；

(2) 因 AC 是通路，电流计示数增大，若 AB 断路，此时电流计测 R_x 的电流，R_x 与 CD 并联，当滑动触头 D 从 A 向 C 移动的整个过程中，CD 的电压减小，则电流计示数减小，与题意不符，故 BC 断了。

例10 (补偿法测电源电动势与内阻)某同学欲测量一电池的电动势和内阻，现有如下器材可供选择：

①标准电池1(电动势 $E_1=6.0\text{V}$，内阻可以忽略)

②标准电池2(电动势 $E_2=15.0\text{V}$，内阻可以忽略)

③检流计G(量程 $10\mu\text{A}$，内阻未知)

④滑动变阻器(已知总绕线长度为 L_0，且滑片 P 移至任意位置对应的绕线长度 L 可读)

⑤定值电阻 R_0(阻值已知)

⑥单刀单掷开关三个，记为 S_1、S_2、S_3

⑦待测电池(电动势 E_x 约为6V，内阻 r_x)

⑧导线若干

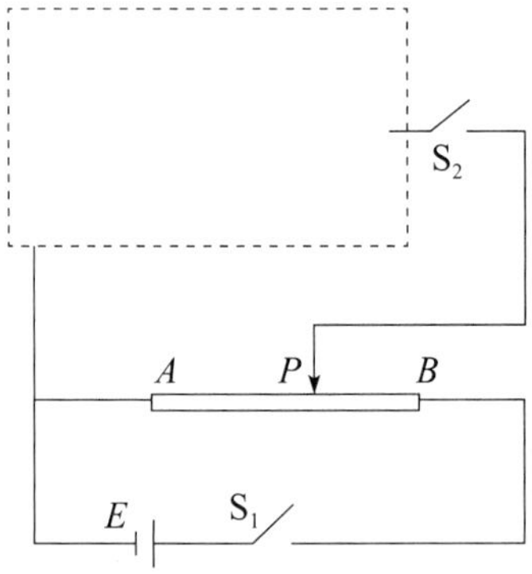

该同学设计了如右图所示的电路完成实验。两个标

准电池只能选一个使用，在图中记为 E_0。

(1) 请帮助其在虚线框内将电路图补充完整。

(2) 为了完成实验，标准电池应选择________(选填"1"或"2")。

(3) 该同学按照如下步骤完成该实验：

a. 将滑片 P 移至端 A，闭合开关 S_1

b. 保持 S_3 断开，调节滑片 P 位置，直至闭合开关 S_2 时，G 示数为 0，记录此时滑动变阻器 AP 段绕线长度 L_1

c. 保持 S_3 闭合，再调节滑片 P 位置，直至闭合开关 S_2 时，G 示数为 0，记录此时滑动变阻器 AP 段绕线长度 L_2

待测电源电动势 E_x 表达式为________，待测电源内阻 r_x 表达式为________。(用 E_0，L_0，L_1，L_2，R_0 表示)

(4) 考虑到标准电池有内阻，对上述测量结果进行误差分析。E_x 测量值________(选填"偏大"、"偏小"或"无影响")，r_x 测量值________(选填"偏大"、"偏小"或"无影响")。

【解析】(1) 设计的电路图如图所示。

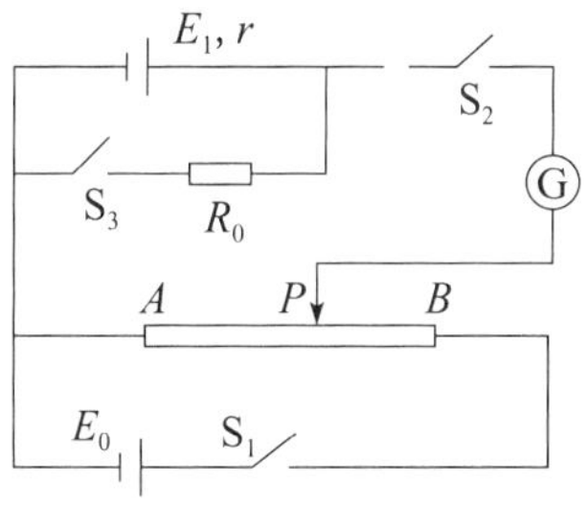

(2) 根据电路的要求，标准电池要比待测电池的电动势要大，才符合要求，所以标准电池选 2。

(3) 标准电动势提供一个电压，当 S_3 保持断开时，此时 PA 之间的电压

$$U_{PA}=\frac{L_1}{L_0}E_0$$

而在待测电动势电路中由于无电流，此时

$$U_{PA}=E_x$$

所以

$$E_x=\frac{L_1}{L_0}E_0$$

当保持 S_3 闭合时，由欧姆定律在标准电动势电路中

$$U_{P'A}=\frac{L_2}{L_0}E_0$$

在待测电动势电路中

$$U_{P'A}=\frac{R_0E_x}{R_0+r_x}$$

联立可求得

$$r_x=\frac{L_1-L_2}{L_2}R_0$$

(4) 考虑到标准电动势的内阻，则 $U<E_0$，这样电动势的测量值偏大，但内阻未受到影响。

强基练习

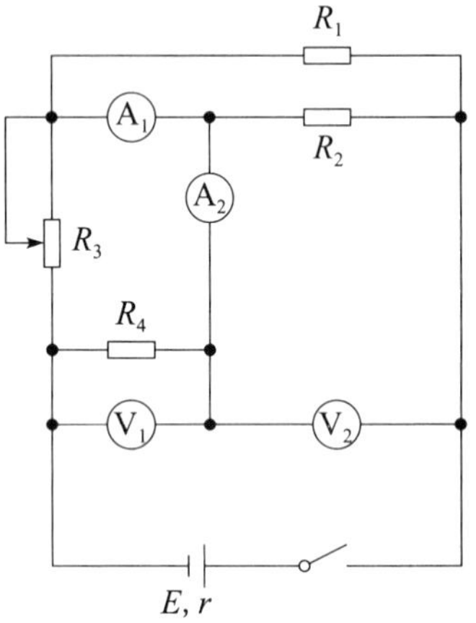

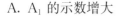

1. 如图所示，电路中滑动变阻器最大电阻值及定值电阻值均为 R，电源电动势为 E，内阻为 r，R 大于 r，将滑动变阻器滑片向下滑动，理想电压表 V_1、V_2 示数变化量的绝对值分别为 ΔU_1、ΔU_2，理想电流表 A_1、A_2 示数变化量的绝对值分别为 ΔI_1、ΔI_2，则(　　)。

A. A_1 的示数增大

B. $(\Delta U_1+\Delta U_2)$与 ΔI_1 的比值为 r

C. $(\Delta U_1+\Delta U_2)$与 ΔI_1 的比值为 R

D. ΔU_1 大于 ΔU_2

2. 在如图所示的电路中，定值电阻 $R_1=3\Omega$、$R_2=2\Omega$、$R_3=1\Omega$、$R_4=3\Omega$，电容器的电容 $C=4\mu F$，电源的电动势 $E=10V$，内阻不计。闭合开关 S_1、S_2，电路稳定后，则(　　)。

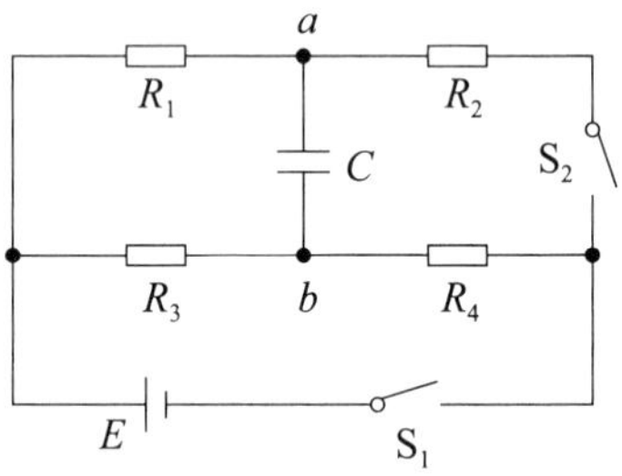

A. a、b 两点的电势差 $U_{ab}=3.5V$

B. 电容器所带电荷量为 $1.4\times10^{-6}C$

C. 断开开关 S_2，稳定后流过电阻 R_3 的电流与断开前相比将发生变化

D. 断开开关 S_2，稳定后电容器上极板所带电荷量与断开前相比的变化量为 $2.4\times10^{-5}C$

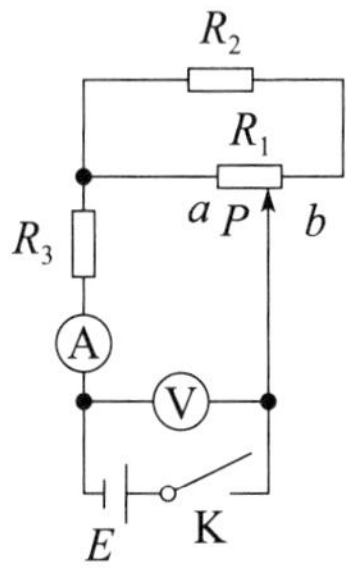

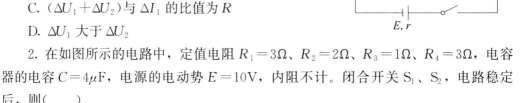

3. 某同学设计了如图所示的电路来研究电源输出功率随外电阻变化的规律。已知电源电动势 E 恒定，内电阻 $r=6\Omega$，滑动变阻器 R_1 的最大阻值为 12Ω，定值电阻 $R_2=6\Omega$，$R_3=2\Omega$，电流表和电压表均为理想电表。则当滑动变阻器的触片 P 从 a 到 b 移动的过程中，电源的输出功率的变化情况为(　　)。

A. 一直增大

B. 先增大再减小

C. 先增大再减小再增大

D. 先增大再减小再增大再减小

4. 一电路如图所示，已知 $R_1=R_2=R_3=R_4=2\Omega$，$R_5=3\Omega$，$\varepsilon_1=12V$，$\varepsilon_2=8V$，$\varepsilon_3=9V$，$r_1=r_2=r_3=1\Omega$，求 U_{ab}，U_{ad}。

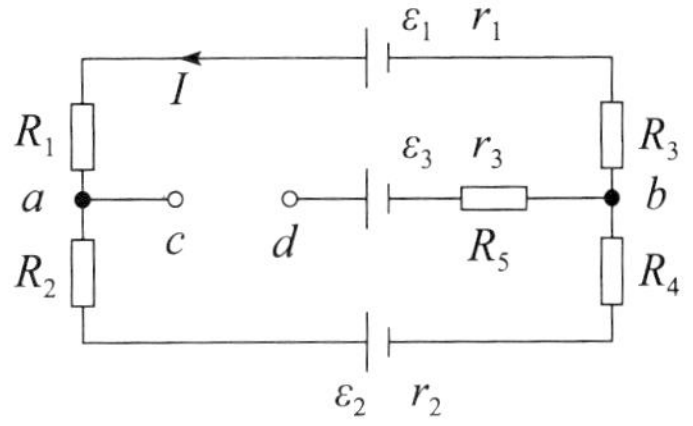

5. 将上题电路图中的 cd 短路，则 a、b 间的电势差又为多少？

6. 如图所示的电路中，$\varepsilon_1=3.0V$，$\varepsilon_2=1.0V$，$R_1=10.0\Omega$，$R_2=5.0\Omega$，$R_3=4.5\Omega$，$R_4=19.0\Omega$，$r_1=0.5\Omega$，$r_2=1.0\Omega$。

试求：(1) 从电源 ε_2 正极流出的电流 I_2；

(2) 节点 A、B 间的电流。

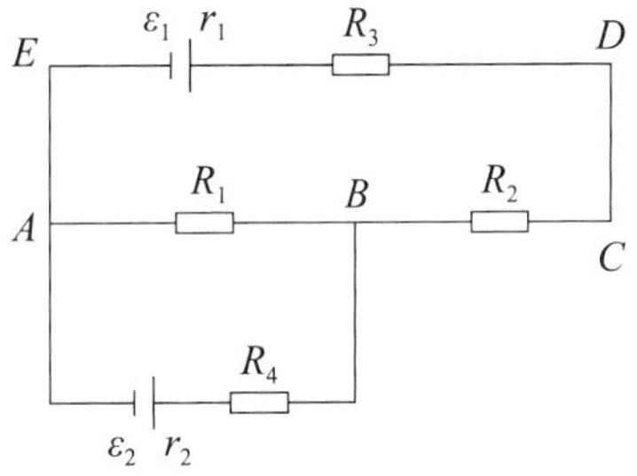

7. 如图为一种加速仪的示意图，质量为 m 的振子两端连有劲度系数均为 k 的轻弹簧，电源电动势为 E，不计内阻，滑动变阻器的总阻值为 R，有效长度为 L，系统静止时滑动触头位于滑动变阻器正中，这时电压表指针恰好在刻度盘正中。求：

(1) 系统的加速度 a(以向右为正)和电压表读数 U 的函数关系式。

(2) 将电压表刻度改为加速度刻度后，其刻度是均匀的还是不是均匀的？为什么？

(3) 若电压表指针指在满刻度的 $\frac{3}{4}$ 位置，此时系统的加速度大小和方向如何？

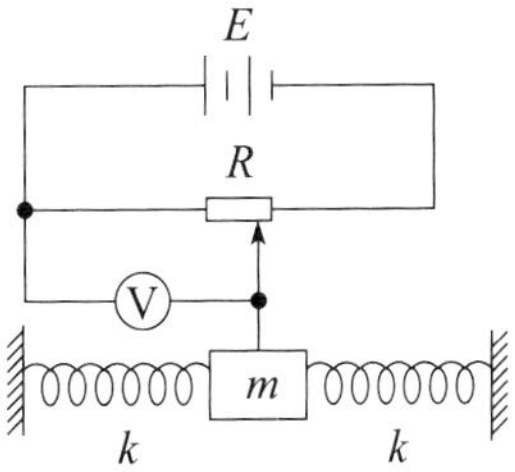

8. (2023 卓越联盟) 如图为一利用光敏电阻测量储液罐中液面高度装置的示意

图。当罐中装满液体时，液面与出液口高度差为 h，罐外有一竖直放置的管，管内一侧有沿竖直线排列的光敏电阻，另一侧有一列光强稳定的光源。液面上一浮块与一块遮光板通过定滑轮相连，遮光板可随浮块的升降在管内上下运动，光敏电阻的总长度和遮光板的总长度都为 h。当储液罐内装满液体时，遮光板的上沿与最下面的光敏电阻的下边缘等高，管内的光均匀地照射在光敏电阻上，光敏电阻和仪表相连。现要求设计一电路以利用上述装置测量液面高度。为将问题简化，假设管内只有 3 个光敏电阻 R_1、R_2、R_3，分别位于管的上端、下端和中央；它们的暗电阻均为 10kΩ，被管内光源照亮时电阻均为 1.0kΩ。给定的仪器还有：直流电源 $\mathcal{E}$(电动势为 9V，电阻不计)，3 个固定电阻，阻值分别为 $R_{10}=2.5$kΩ，$R_{20}=1.8$kΩ，$R_{30}=1.5$kΩ；电压表一块(量程为 3V，内阻可视为无穷大)，开关一个，导线若干。要求：当罐内装满液体时，电压表恰好为满量程。

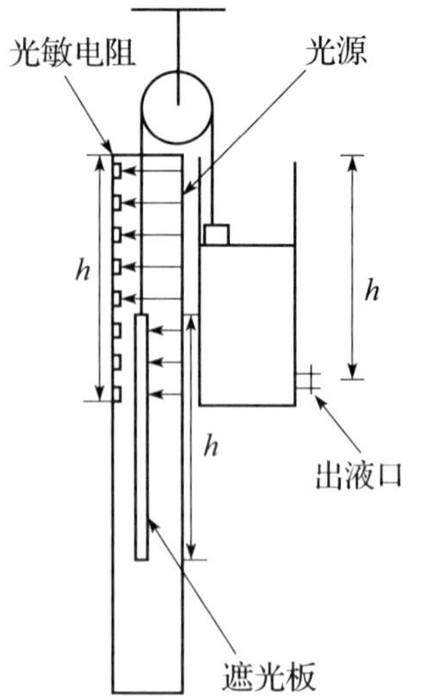

(1) 选择合适的固定电阻，画出电路图，并用题中给定的符号标明图中各元件。

(2) 完成下列填空：(结果保留两位有效数字)

①液面与出液口等高时电压表的示值为________ V。

②若管内的光强变暗，使得光敏电阻被照亮时的阻值变为 1.2kΩ，则固定电阻的阻值应变换为________ kΩ，便可达到题目要求。

9. (2012 卓越联盟)某同学设计了一个测量电阻 R_x(约为 10Ω)阻值的电路，如图所示。图中直流电流表的量程为 50μA，内阻 R_g 约为 3kΩ；电源 $E=3$V，内阻不计；R_0 为六钮电阻箱(0～99999.9Ω)；R 为滑动变阻器(0～500Ω，额定电流 1.5A)；S_1 为开关；S_2 为双刀双掷开关。

(1) 请简要写出实验步骤；

(2) 请用测量量表示出 R_x；

(3) 分析该电路的适用条件。

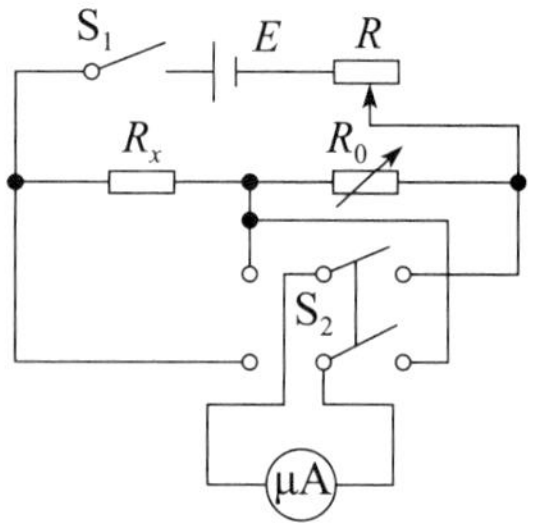

10. 某同学用以下器材接成如图甲所示的电路，并将原微安表盘改画成如图乙所示，成功地改装了一个简易的“$R\times1$k”的欧姆表，使用中发现这个欧姆表用来测量阻值在 10kΩ～20kΩ 范围内的电阻时精确度令人满意，所供器材如下：

A. $I_g=100\mu$A 的微安表一个。

B. 电动势 $E=1.5\text{V}$，内阻可忽略不计的电池。

C. 阻值调到 $14\text{k}\Omega$ 电阻箱 R 一个。

D. 红、黑测试表棒一对、导线若干。

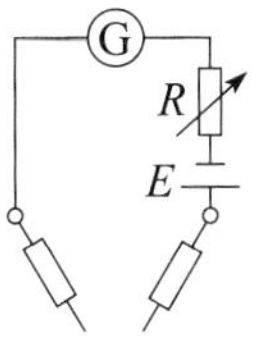

甲

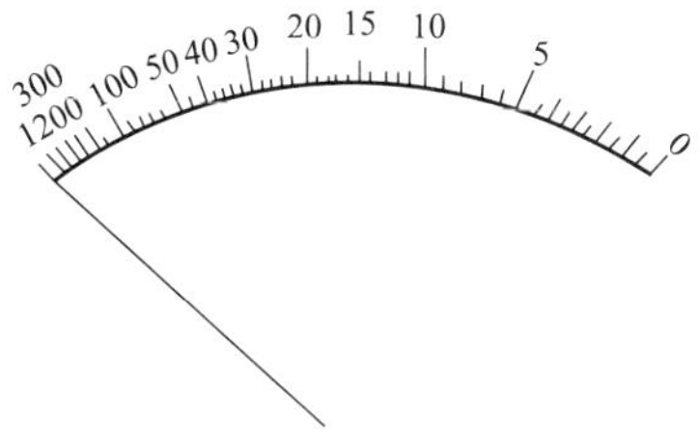

乙

(1) 原微安表的内阻 $R_g=$________。

(2) 在原电路的基础上，不换微安表和电池，表盘刻度也不改变，仅增加 1 个元件，就能改成"$R\times1\text{k}$"的欧姆表，要增加的元件是________(填器件名称)，规格为________。(保留两位有效数字)

(3) 画出改装成"$R\times1$"的欧姆表后的电路图。

11. (1) 用如图所示的电路测量未知电阻 R_x 的阻值，简要说明测量原理，并说明电压表和电流表的内阻对测量结果有何影响。

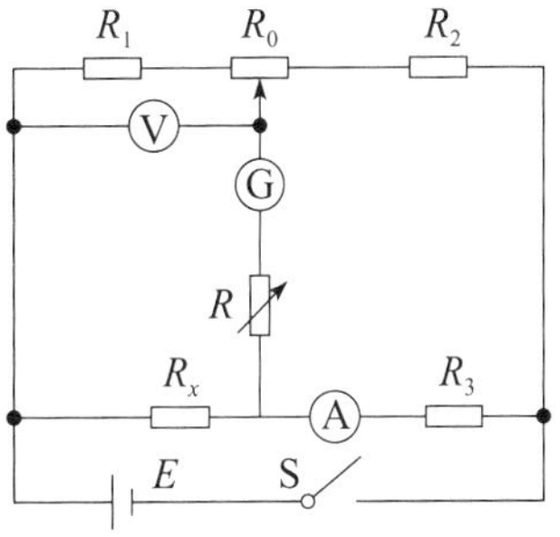

(2) 欲测量电池的电动势 E_x，可供使用的器材有：

①电动势已知的电池一只，其电动势 E_0 约 1.5V，误差 $\Delta E_0=0.0001\text{V}$；

②待测电池一只，其电动势为 E_x，且知 $0<|E_x-E_0|<45\text{mV}$；

③作为工作电源用的稳压电源 E_1(约 1.5V)一台；

④电阻箱 R_1($100\text{k}\Omega$，最小调节量 0.1Ω)一只，注意该电阻箱未经校准，仅能作为一只可变电阻使用；

⑤阻值已知的电阻一只，其阻值 R_0 约 3Ω，误差 $\Delta R_0=0.001\Omega$；

⑥量程为 15mA 的电流表一只；

⑦单刀开关一只；

⑧带有按钮 S 的检流计 G 一只，其灵敏度足够高；

⑨变阻器 R_2($0\sim10\text{k}\Omega$)一只；

⑩导线若干。

要求：设计一种能测出待测电池电动势 E_x 的电路(画出电路图)，并简述测量方法。

12. 现要对一量程为 5V 的非理想电压表在 0.3～5V 间若干点的测量误差进行检测(即求电压表的表盘示值与用某种途径得到的标准值之差 ΔU)。给定的器材有：输出电压在 0～6V 间可调的直流电源 E_1；电动势为 6V，内阻可忽略的直流电源 E_2；量程为 0.1A 的标准电流表，其内阻不可忽略；阻值为 50.0Ω 的标准电阻 R_0；滑动变阻器 R_1、R_2，阻值变化范围分别为 0～500Ω 和 0～10Ω；阻值约为 20Ω 的固定电阻 R'；带可调保护电阻的检流计；开关 3 个：S_1、S_2、S_3；导线若干。测量原理电路图如图所示。

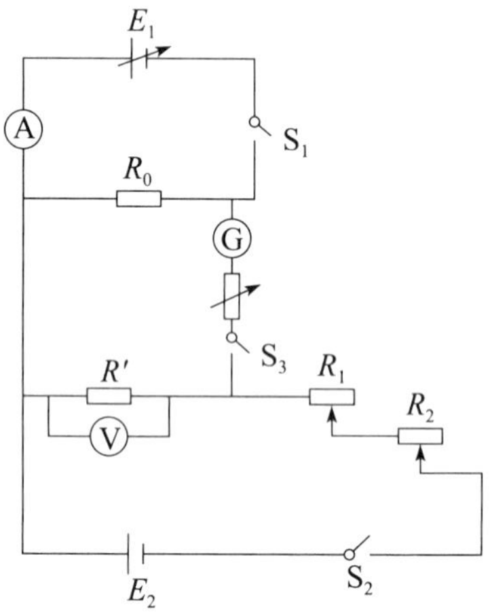

(1) 请按实验原理图写出主要实验步骤；

(2) 说明实验原理图中两个滑动变阻器的作用。

参考答案

1. ACD 【解析】滑动变阻器滑片向下滑动，滑动变阻器的有效电阻减小，电路的总电阻减小，干路电流增大，内电压增大，外电压减小。

A. 滑动变阻器滑动前，滑动变阻器电阻与所有定值电阻相等，所以电流表 A_1 无示数。滑动变阻器滑片向下滑动后，R_1 与 R_2 电阻不变，所以 U_2 变大，而

$$U_1=U-U_2$$

所以 U_1 减小，则通过电流表 A_1 的电流为

$$I_1=\frac{U_2}{R_2}-\frac{U_1}{R_4}$$

A_1 的示数增大，A 正确；

BC. 通过电流表 A_1 的电流为

$$I_1=\frac{U_2}{R_2}-\frac{U_1}{R_4}=\frac{U_2-U_1}{R}$$

所以有

$$\Delta I_1=I_1'-I_1=\frac{U_2'-U_2-(U_1'-U_1)}{R}$$

因为U_2变大，U_1减小，所以

$$\Delta U_2=U_2'-U_2,\Delta U_1=-(U_1'-U_1)$$

即

$$\Delta I_1=\frac{\Delta U_1+\Delta U_2}{R}$$

故 B 错误，C 正确；

D. 因为

$$U=U_1+U_2$$

所以

$$U_2'-U_2+(U_1'-U_1)=U'-U$$

因为外电压U减小，U_2增大，U_1减小，所以

$$\Delta U_1>\Delta U_2$$

故 D 正确。

故选 ACD。

2. D **【解析】** A. 设电源负极的电势为 0，则电源正极的电势为

$$\varphi=10\text{V}$$

又因为

$$\varphi-\varphi_a=\frac{E}{R_1+R_2}R_1$$

代入数据可解得

$$\varphi_a=4\text{V}$$

同理有

$$\varphi-\varphi_b=\frac{E}{R_3+R_4}R_3$$

解得

$\varphi_b=7.5\text{V}$

故

$U_{ab}=\varphi_a-\varphi_b=-3.5\text{V}$

故选项 A 错误；

B. 由 $Q=CU$ 可知此时电容器所带电荷量为

$Q=4\times10^{-6}\times3.5\text{C}=1.4\times10^{-5}\text{C}$

故选项 B 错误；

C. 由电路知识可知，断开开关 S_2，稳定后流过电阻 R_3 的电流与断开前相比不会发生变化，选项 C 错误；

D. 断开开关 S_2，稳定后 a 点的电势为

$\varphi_a'=10\text{V}$

b 点电势仍为

$\varphi_b'=7.5\text{V}$

故此时

$U_{ab}=\varphi_a'-\varphi_b'=2.5\text{V}$

且上极板带正电，故上极板带电荷量的变化量为

$\Delta Q=C\Delta U$

即

$\Delta Q=4\times10^{-6}\times6\text{C}=2.4\times10^{-5}\text{C}$

选项 D 正确。

故选 D。

3. C **【解析】**滑动变阻器 R_1 的右侧与 R_2 串联后与滑动变阻器 R_1 的左侧并联，当滑动变阻器的触片 P 从 a 到 b 移动的过程中，这部分的阻值变化为从 0 增加至最大，当并联两支路电阻相等时，由 4.5Ω 再减小为 4Ω，则加上 R_3 后阻值变化为 2Ω 增加至 6.5Ω 再减小为 6Ω，电源内阻为 6Ω，当外电阻与电源内阻相等时，输出功率最大，故电源的输出功率的变化为先增大再减小再增大。

故选 C。

4. **解：**$I=\dfrac{\varepsilon_1-\varepsilon_2}{R_1+R_2+R_3+R_7+2r}=0.4\text{A}$，电流方向为逆时针。

在题图中，a、b 两点间实际上有两段含源电路，我们可以任选其中一段，比如 $aR_1\varepsilon_1R_3b$ 段来应用一段含源电路的欧姆定律：$U_{ab}=\varepsilon_1-I(R_1+R_3+r_1)=10\text{V}$，且 a

点电势高于b点电势；同样，求U_{ad}时也可选择两个中的任一个，例如对下半个电路应用一段含源电路的欧姆定律：$U_{ad}=\varepsilon_2-\varepsilon_3+I(R_2+R_4+r_2)=1\text{V}$，说明$c$点电势(与$a$点相同)比$d$点高1V。

5. **解**：c、d短路后，设各支路电流为I_1、I_2、I_3，方向设定如图，若求知I_3，$U_{ab}=\varepsilon_3-I_3(R_5+r_3)$可得。但我们面对的是$I_1$、$I_2$、$I_3$三个未知电流，也就是说，我们需要根据基尔霍夫定律建立三个独立的方程，由基尔霍夫第一定律只有一个独立方程，可对a点建立方程：

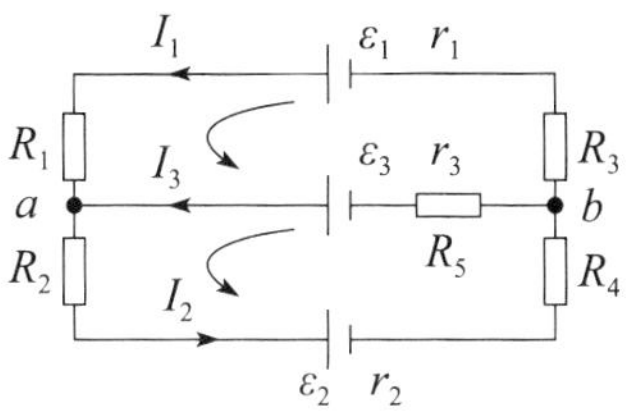

$$I_1+I_3=I_2 \quad ①$$

再由基尔霍夫第二定律，对上半个回路有

$$I_1(r_1+R_1+R_3)-\varepsilon_1+\varepsilon_3-I_3(r_3+R_5)=0 \quad ②$$

对下半个回路有

$$I_2(r_2+R_2+R_4)+\varepsilon_2-\varepsilon_3+I_3(r_3+R_5)=0 \quad ③$$

将已知数据代入得：$\begin{cases}I_1+I_3=I_2\\5I_1-4I_3=3\\5I_2+4I_3=1\end{cases}$，$I_3=-\dfrac{2}{13}\text{A}$，$I_3$方向与所设相反，故$U_{ab}=\left(9+\dfrac{8}{13}\right)\text{V}=9.62\text{V}$。

6. **解**：根据题意，在求通过ε_2电源的电流时，可将$ABCDE$部分电路等效为一个电压源，求解通过R_1的电流时，可将上下两个有源支路等效为一个电流源。

(1) 设$ABCDE$等效电压源电动势ε_0，内阻r_0，如图(a)所示，由等效电压源定理，应有

$$\varepsilon_0=\frac{R_1}{r_1+R_1+R_2+R_3}\varepsilon_1=1.5\text{V}$$

$$r_0=\frac{R_1(r_1+R_2+R_3)}{r_1+R_I+R_2+R_3}=5\Omega$$

电源ε_0、r_0与电源ε_2、r_2串联，故

$$I_2=\frac{\varepsilon_2+\varepsilon_0}{r_0+R_4+r_2}=-0.02\text{A}$$

$I_2<0$，表明电流从ε_2负极流出。

(2) 将A、B两个节点短接，构成等效电流源(I_0，r_0)，如图(b)所示，由等效电流源定理，I_0为原电路流经A、B短接后的支路电流。因为有ε_1、ε_2两电源，必须用

线性叠加原理，所谓叠加原理与力学中“力的独立作用原理”极为相似，其内容为：若电路中有多个电源，则通过任一支路的电流等于各个电动势单独存在时该支路产生的电流之和。

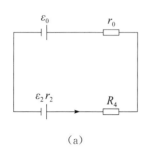

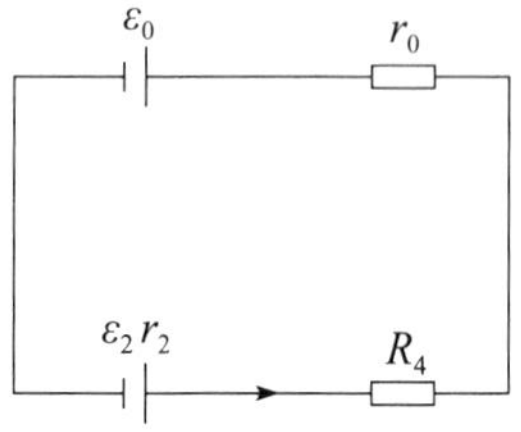

(a)

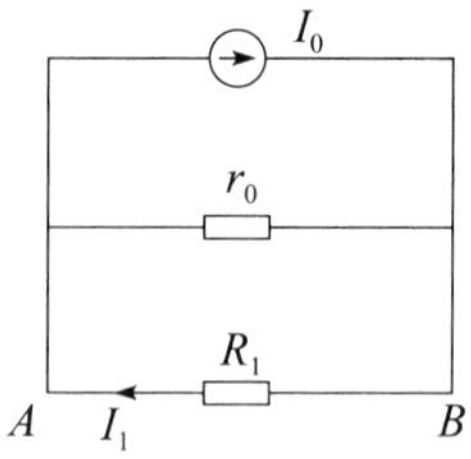

(b)

由叠加原理可得

$$I_0=\frac{\varepsilon_1}{r_1+R_3+R_2}+\frac{\varepsilon_2}{r_2+R_4}=0.35\text{A}$$

$$r_0'=\frac{(r_1+R_3+R_2)(r_2+R_4)}{r_1+R_3+R_2+r_2+R_4}=6.7\Omega$$

由 r_0' 和 R_1 的分流关系得

$$I_1=\frac{r_0'}{r_0'+R_1}I_0=0.14\text{A}$$

7. **解**：(1) 系统静止时，$\frac{U_m}{2}=\frac{E}{R}\cdot\frac{R}{2}$，即 $U_m=E$。

系统的加速度为 a（向右为正），对振子而言有向左位移 x，且 $2kx=ma$，即 $x=\frac{ma}{2k}$。

$$U=\frac{U_m}{R}\cdot\frac{R}{L}\cdot\left(\frac{L}{2}-x\right)=U_m\left(\frac{L}{2}-\frac{ma}{2kL}\right)。$$

(2) 由上式可知：$\Delta U=\frac{U_m m}{2kL}\Delta a$，故刻度是均匀的。

(3) 设 $U=\frac{3U_m}{4}$，则 $\frac{3}{4}U_m\left(\frac{1}{2}-\frac{ma}{2kL}\right)=0$，得 $a=\frac{kL}{2m}$ 即系统的加速度向左。

8. **解**：(1) 当罐内装满液体时，3 个光敏电阻均受到光照射，电阻均为 1.0kΩ。可把这 3 个光敏电阻串联后再与 $R_{30}=1.5\text{k}\Omega$ 串联，接在直流电源 $\mathcal{E}$ 两端。电压表与电阻 $R_{30}=1.5\text{k}\Omega$ 并联构成电路，这样可以使罐内装满液体时，电压表恰好为满量程，电路如图所示。

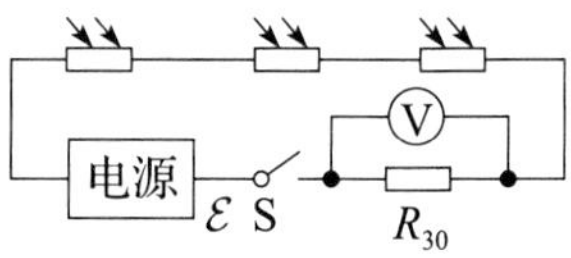

(2) ①液面与出液口等高时，3 个光敏电阻均受不到光照射，电阻均为 10kΩ。回路

中总电阻为$R=31.5\text{k}\Omega$，电流$I=\dfrac{E}{R}$，电压表的示值为$U=IR_{30}=\dfrac{9\times1.5}{31.5}\text{V}=0.43\text{V}$。

②若管内的光强变暗，使得光敏电阻被照亮时的阻值变为1.2kΩ，当罐内装满液体时，电压表恰好为满量程3V，则固定电阻的阻值应变换为1.8kΩ，便可达到题目要求。

9. **解**：(1) 实验步骤：

Ⅰ. 选择R_0的阻值略大于R_x；

Ⅱ. 闭合S_1，将S_2合向R_0一侧，调节R使电流表指针指到满偏电流$\dfrac{2}{3}$以上的刻度；

Ⅲ. 记下电流值I_0；

Ⅳ. 保持R的滑动触头位置不变；

Ⅴ. 将S_2合向R_x一侧，读出电流表读数I_1。

(2) 计算式：

$$R_x=\frac{I_1}{I_0}R_0$$

(3) 适用条件：

Ⅰ. R_x的阻值应远远小于50μA直流电流表的内阻；

Ⅱ. R_0阻值的取值应与R_x相近。

10. **解**：(1) 根据“使用中发现这个欧姆表用来测量阻值在10kΩ～20kΩ范围内的电阻时精确度令人满意”，说明测阻值在10kΩ～20kΩ的电阻时欧姆表的指针在刻度盘的中间，由此可确定此表的中值电阻，即表内总电阻约为$R_{总}=15\text{k}\Omega$(相对于欧姆表选择量程×1k挡)，当表笔短接时，电流表满偏，根据全电路欧姆定律有：

$$I_g=\frac{E}{R+R_g}$$

代入E、R、I_g的值可得

$$R_g=1\text{k}\Omega$$

(2) 要把原欧姆表改装成“$R\times1\Omega$”的欧姆表，就要减小表的内阻，依题意，显然只有并联一个电阻R'，才能使表内总电阻等于中值电阻。即并联后的总电阻$R_{并}=15\Omega$，

$$R_{并}=\frac{R'(R+R_g)}{R'+R+R_g}$$

代入R以及R_g的数值可计算得$R'\approx15\Omega$。

欧姆表调零时，需将两表笔短接，此时加在电阻R'上电压最大。因此，其额定功率P须满足

$$P \geqslant \frac{U_2}{R'} = \frac{1.5^2}{15}\text{W} = 0.15\text{W}$$

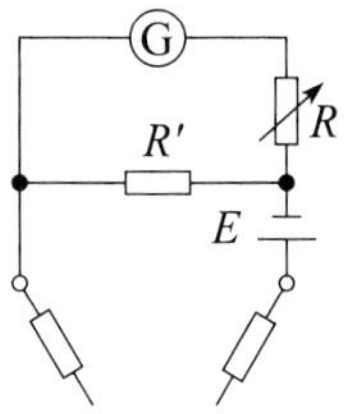

即改成“$R\times 1\Omega$”的欧姆表，要增加一个电阻，其规格为“15Ω 0.5W”。

(3) 改装成“$R\times 1\Omega$”的欧姆表后的电路如图所示。

11. **解**：(1) 由图可知，测量电路实际为一电桥电路，调节 R_0，当检流计指示为零时，电压表的度数即为 R_x 两端的电压 U，电流表的读数就是流过 R_x 的电流 I，则待测电阻

$$R_x = \frac{U}{I}$$

电流表的内阻对测量结果没有影响。

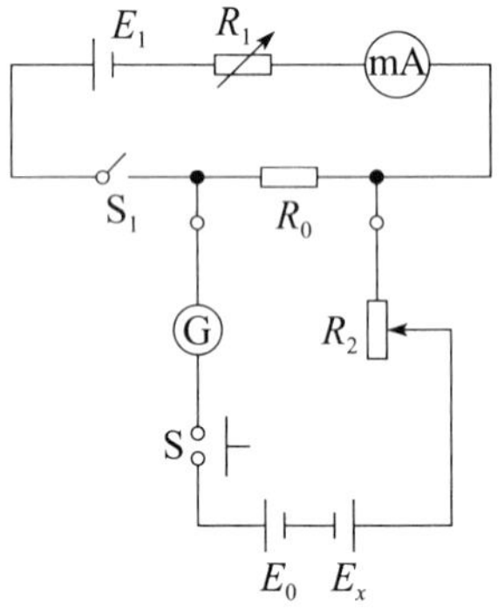

(2) 线路图如图所示，按图示线路，组成一个电位差计，图中 R_1 为电阻箱，R_2 为变阻器，E_1 为工作电源，E_0 为电动势已知的电池，E_x 为待测电池，R_0 为已知电阻。

测量方法：如调节 R_1，若 $E_0>E_x$，电位差计平衡后有：

$$E_x = E_0 - IR_0$$

若 $E_x>E_0$，则把图中 E_0 和 E_x 位置互换，接法不变，平衡后有：

$$E_x = E_0 + IR_0$$

R_x 在开始时置于最大，最后要置于 0。

12. **解**：(1) ①连接电路(略)。

②闭合 S_1，调节 E_1 的输出电压，使电流表的示数 I 在 0.06～0.1A 之间。利用公式 $U_0=IR_0$，计算出此时两端的电压 U_0。

③闭合 S_2，调节 R_1，使电压表示数尽量接近 U_0。

④将检流计的保护电阻调至最大，闭合 S_3。

⑤调节 R_1、R_2，使检流计示数减小；同时减小保护电阻数值，直至保护电阻为零时，检流计示数也为零。

⑥记下此时电压表的示值 U_1，计算 $\Delta U=U_0-U_1$。

⑦多次改变 E_1 的数值并重复步骤②～⑥。

(2) R_1 用于粗调，R_2 用于细调。

第12讲 磁场

强基要点1 安培力、磁力矩

1. 安培力

一段长为L，载有电流I的通电直导线置于磁感应强度为B的匀强磁场中，若电流I和磁感应强度B方向间的夹角为θ，则该导线受到的安培力大小为$F=BIL\sin\theta$，方向由左手定则判断，一定垂直于B、L所决定的平面。

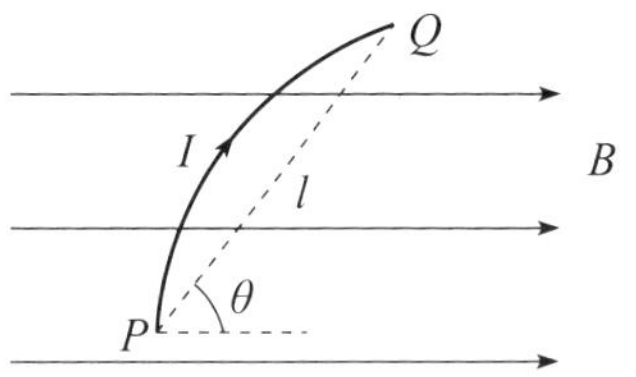

若当通电导线为任意曲线时，如图所示，可以用连接两端的直线段的长度l作为导线的等效长度，等效电流方向同原方向。

2. 磁力矩

如图所示，将一匝数为N、边长分别为L_1和L_2的矩形载流线框，放置于磁感应强度为B的匀强磁场中，线框中电流为I，线框平面与磁场方向之间的夹角为θ，ab、cd边的安培力受力情况如俯视图所示。

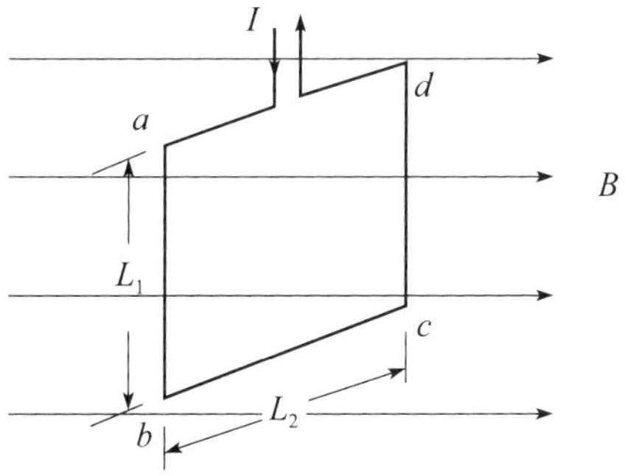

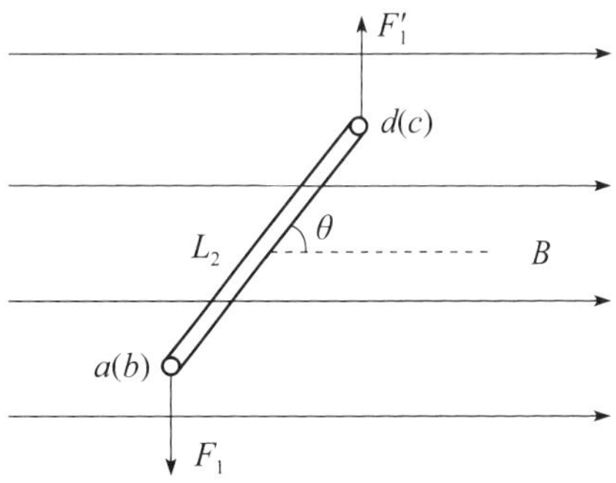

安培力F_1和F_1'大小相等，方向相反，但两力的作用线不在同一直线上，形成非共点力作用，我们将这一对相互作用力称为力偶，力偶的力臂定义为两力作用线间的垂直距离，从图中可看出该情况下的力臂为$L_2\sin\theta$。

仿照力矩的算法，作用在线圈上的磁力矩定义为：$M=F_1L_2\sin\theta=NBIL_1\cdot L_2\sin\theta$。

而L_1L_2为线圈面积S，故磁力矩为：$M=NBIS\sin\theta$。

要点精例

例 1 电磁轨道炮利用电流和磁场的作用使炮弹获得超高速度，其原理可用来研制新武器和航天运载器。电磁轨道炮示意如图，图中直流电源电动势为 E，电容器的电容为 C。两根固定于水平面内的光滑平行金属导轨间距为 l，电阻不计。炮弹可视为一质量为 m、电阻为 R 的金属棒 MN，垂直放在两导轨间处于静止状态，并与导轨良好接触。首先开关 S 接 1，使电容器完全充电。然后将 S 接至 2，导轨间存在垂直于导轨平面、磁感应强度大小为 B 的匀强磁场(图中未画出)，MN 开始向右加速运动。当 MN 上的感应电动势与电容器两极板间的电压相等时，回路中电流为零，MN 达到最大速度，之后离开导轨。求：

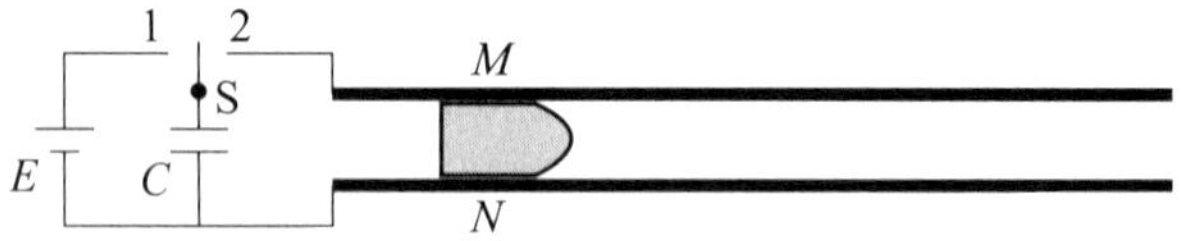

(1) 磁场的方向；

(2) MN 刚开始运动时加速度 a 的大小；

(3) MN 离开导轨后电容器上剩余的电荷量 Q 是多少。

【解析】(1) 电容器充电后上板带正电，下板带负电，放电时通过 MN 的电流由 M 到 N，欲使炮弹射出，安培力应沿导轨向右，根据左手定则可知磁场的方向垂直于导轨平面向下。

(2) 电容器完全充电后，两极板间电压为 E，根据欧姆定律，电容器刚放电时的电流：$I=\dfrac{E}{R}$

炮弹受到的安培力：$F=BIl$

根据牛顿第二定律：$F=ma$

解得加速度 $a=\dfrac{BEl}{mR}$

(3) 电容器放电前所带的电荷量 $Q_1=CE$

开关 S 接 2 后，MN 开始向右加速运动，速度达到最大值 v_m 时，MN 上的感应电动势：$E'=Blv_m$

最终电容器所带电荷量：$Q_2=CE'$

设在此过程中 MN 的平均电流为 $\overline{I}$，MN 上受到的平均安培力：$\overline{F}=B\cdot\overline{I}\cdot l$

由动量定理，有：$\overline{F}\cdot\Delta t=mv_m-0$

又：$\overline{I}\cdot\Delta t=Q_1-Q_2$

整理得：最终电容器所带电荷量 $Q_2=\dfrac{B^2l^2C^2E}{B^2l^2C+m}$

例 2 如图所示，倾角为 θ 的斜面上放一木制圆柱，其质量 $m=0.2\text{kg}$，半径为 r，长为 $L=0.1\text{m}$。圆柱上顺着轴线 OO'绕有 $N=10$ 匝线圈，线圈平面与斜面平行，斜面处于竖直向上的匀强磁场中，磁感应强度 $B=0.5\text{T}$。当通入多大的电流时，圆柱才不致往下滚动？

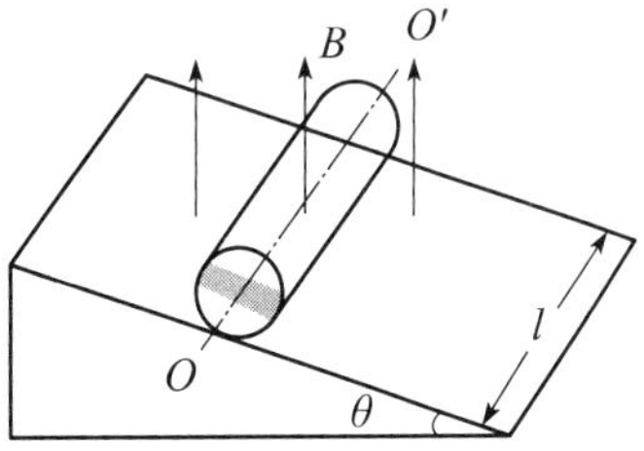

【解析】 侧视图如图所示，取接触点为轴，摩擦力矩为 0，线圈在重力矩和磁力矩的作用下平衡。

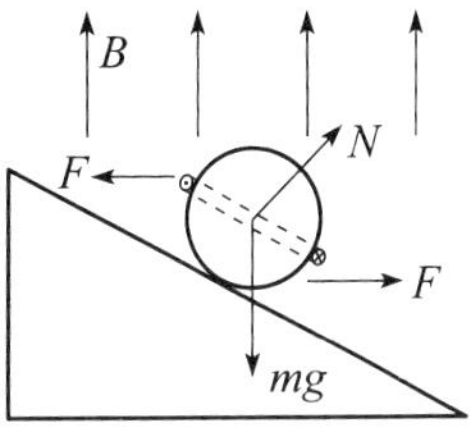

$$mgr\sin\theta=NB\cdot 2r\cdot L\sin\theta$$

得：$I=\dfrac{mg}{2NBL}=1.96\text{A}$

强基要点 2 带电粒子在磁场中的运动

电荷在磁场中运动时，所受到的磁场力为洛伦兹力，其大小满足：$f=qvB\sin\theta$，其中，θ 是 v 与 B 方向之间的夹角。由洛伦兹力的特点可知，

(1) 当 $\theta=0°$时，带电粒子不受磁场力的作用。

(2) 当 $\theta=90°$时，带电粒子做匀速圆周运动。

(3) 当 $0°<\theta<90°$时，由运动的分解可知：带电粒子的运动为速率为 $v\sin\theta$ 的匀速圆周运动与速度为 $v\cos\theta$ 的匀速直线运动的叠加，将做等距螺旋线运动，如图所示。其中：

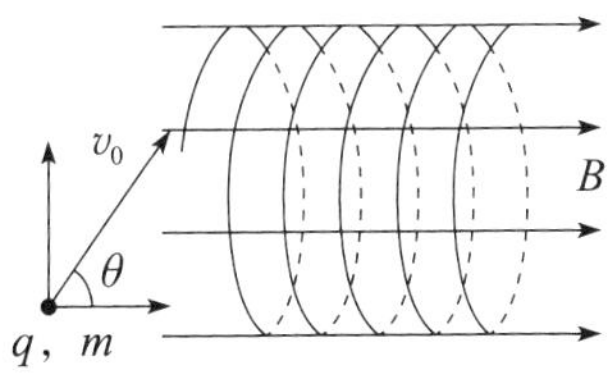

回旋半径为 $R=\dfrac{mv\sin\theta}{qB}$；

螺距为 $h=\dfrac{2\pi mv\cos\theta}{qB}$；

回旋周期为 $T=\dfrac{2\pi m}{qB}$。

要点精例

例 3 (2010 华约联盟)如图所示，圆形区域内有一垂直纸面的匀强磁场，P 为磁场边界上的一点。有无数带有同样电荷、具有同样质量的粒子在纸面内沿各个方向以同样的速率通过 P 点进入磁场。这些粒子射出边界的位置均处于边界的某一段弧上，这段圆弧的弧长是圆周长的$\dfrac{1}{3}$。将磁感应强度的大小从原来的 B_1 变

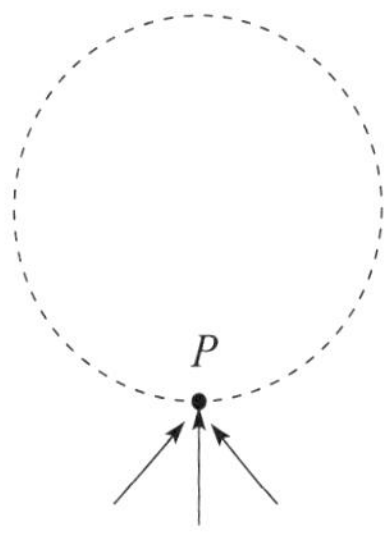

为 B_2，结果相应的弧长变为原来的一半，则$\frac{B_2}{B_1}$等于（　　）。

A. 2　　B. 3　　C. $\sqrt{2}$　　D. $\sqrt{3}$

【答案】 D

【解析】 两种情况下粒子的运动轨迹如图中的实线圆所示，则粒子做圆周运动的半径分别为：$R_1=r\cos30^\circ=\frac{\sqrt{3}r}{2}$，$R_2=r\sin30^\circ=\frac{r}{2}$，因 $R=\frac{mv}{qB}\propto\frac{1}{B}$，故$\frac{B_2}{B_1}=\frac{R_1}{R_2}=\sqrt{3}$，选 D。

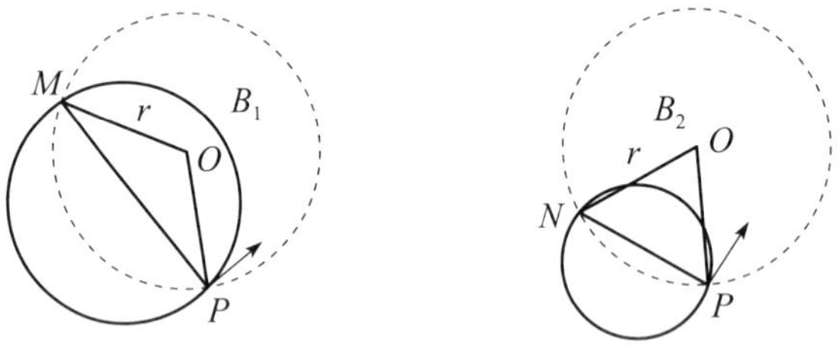

例 4 （2017 清华）如图所示，空间中有垂直于纸面向外的匀强磁场，磁感应强度为 B。有一长度为 h 的均匀玻璃管，管中有一带负电 $-q$、质量为 m 的小球，管在垂直于磁场平面，沿垂直于其轴线方向匀速运动，速率为 u。初始小球在管底相对于玻璃管静止，那么小球从管口出射后，在磁场中的运动半径为（　　）。

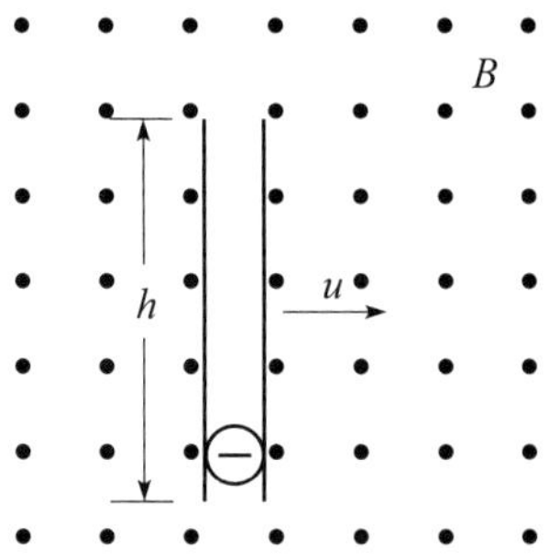

A. $\frac{mu}{qB}\sqrt{\frac{2qBh}{mu}+1}$　　B. $\frac{mu}{qB}\sqrt{\frac{2qBh}{mu}}$

C. $\frac{mu}{qB}\sqrt{\frac{qBh}{2mu}}$　　D. $\frac{mu}{qB}\sqrt{\frac{qBh}{2mu}+1}$

【答案】 A

【解析】 带电粒子受力 $F=qvB$，只考虑沿管方向的力，有 $F=qvB$，在管中，小球的加速度为 $a=\frac{quB}{m}$，出射速度 $v=\sqrt{2ah+u^2}=u\sqrt{\frac{2qBh}{um}+1}$，轨道半径 $R=\frac{mv}{qB}=\frac{mu}{qB}\sqrt{\frac{2qBh}{um}+1}$。

强基要点 3 带电粒子在复合场中的运动

带电粒子在磁场中运动时，由于洛伦兹力只改变带电粒子速度方向；而在电场中，电荷受到电场力作用可改变速度大小和方向，但电场力做功与运动路径无关。若考虑重力场的影响，可以将其与电场合成后作为等效保守场来考虑。

在处理多场叠加存在的问题时，往往可以采用运动合成与分解的方法来进行研究。

要点精例

例 5　(2017 北大)如图所示，已知空间中存在水平向左的匀强电场 $\boldsymbol{E}$ 和匀强磁场 $\boldsymbol{B}$，一电子质量为 m，电荷量为 e，以初速度 v_0、垂直于电磁场方向射入。试求：(1) 回旋周期；(2) 回旋中心轨道；(3) 电场做功的功率变化；(4) 轨道的曲率半径。

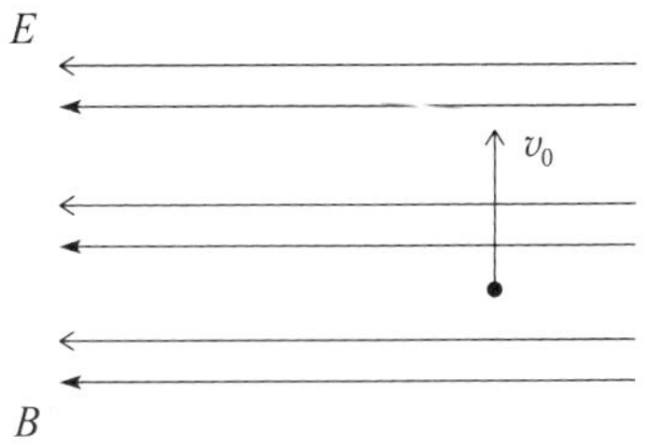

【解析】

(1) $T=\dfrac{2\pi m}{eB}$

(2) 在垂直于电磁场平面做匀速圆周运动，沿着电磁场方向做匀加速直线运动，所以回旋中心是匀加速直线运动的，$x=\dfrac{1}{2}\dfrac{Ee}{m}t^2$。

(3) 电场做功是沿电场方向分运动做功。

$$P=F\cdot v=Ee\cdot\frac{Ee}{m}t=\frac{E^2e^2}{m}t$$

(4) 曲率半径 $\rho=\dfrac{v^2}{a_n}$，v 是运动的合速度，a_n 是加速度在垂直速度方向上的分量。

$$\rho=\frac{v_0^2+\left(\dfrac{Ee}{m}t\right)^2}{\dfrac{ev_0B}{m}}=\frac{m}{ev_0B}\left[v_0^2+\left(\frac{Ee}{m}t\right)^2\right]$$

例 6　(2013 北约联盟)如图所示，在一竖直平面内有水平匀强磁场，磁感应强度 B 的方向垂直该竖直平面朝里。竖直平面中 a、b 两点在同一水平线上，两点相距 l。带电量 $q>0$，质量为 m 的质点 P，以初速度 v 从 a 对准 b 射出。略去空气阻力，不考虑 P 与地面接触的可能性，设定 q、m 和 B 均为不可改变的给定量。

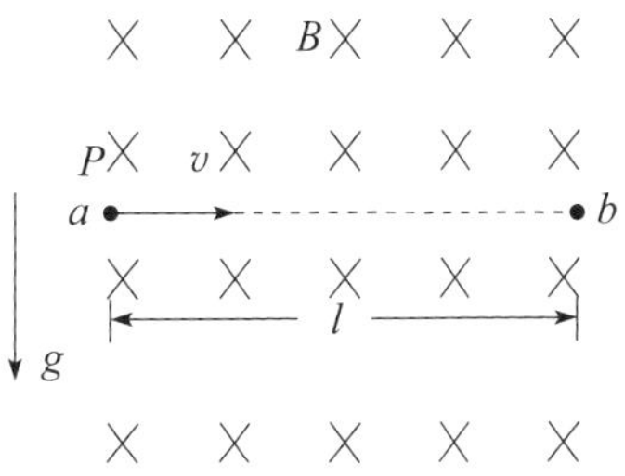

(1) 若无论 l 取什么值，均可使 P 经直线运动通过 b 点，试问 v 应取什么值?

(2) 若 v 为(1)问可取值之外的任意值，则 l 取哪些值，可使 P 必定会经过曲线运动通过 b 点?

(3) 对每一个满足(2)问要求的 l 值，计算各种可能的曲线运动对应的 P 从 a 到 b 所经过的时间。

(4) 对每一个满足(2)问要求的 l 值，试问 P 能否从 a 静止释放后也可以通过 b 点？若能，再求 P 在之后运动过程中可达到的最大运动速率 $v_{\max}$。

【解析】(1) 要使 P 经直线运动通过 b 点，必有：$mg=qvB$，

解得：$v=\dfrac{mg}{qB}$ ①

(2) 设质点速度为 $v+\Delta v$，质点所受洛伦兹力为 $q(v+\Delta v)B$，与重力合力为 $mg+q(v+\Delta v)B=q\Delta vB$，所以质点的运动可视为沿 ab 连线方向做速度为 v 的匀速直线运动和速度为 Δv 的圆周运动的合运动，要使质点通过 b 点，

$t=nT$ ②

$T=\dfrac{2\pi m}{qB}$ ③

$l=vt$ ④

联立①②③④解得：$l=\dfrac{2\pi nm^2g}{q^2B^2}$ （$n=1,2,3,4\cdots$） ⑤

(3) 由②③解得：$t=\dfrac{2\pi nm}{qB}$ （$n=1,2,3,4\cdots$）

(4) 质点 P 从 a 静止释放后的运动可视为沿水平方向速度 $v=\dfrac{mg}{qB}$ 的匀速直线运动和沿反方向的线速度 $v=\dfrac{mg}{qB}$ 的匀速圆周运动，一个周期内质点前进的距离 $L=vT=\dfrac{2\pi m^2g}{q^2B^2}$。

所以 P 从 a 静止释放后可以通过 b 点。

当质点做匀速圆周运动到最高点时运动速率最大，最大运动速率 $v_{\max}=2v=\dfrac{2mg}{qB}$。

例 7 （2014 北约联盟）如图，区域中一部分有匀强磁场，另一部分有匀强电场，方向如下图所示，一个带正电的粒子，从 A 点以速度 v 出发，射入匀强磁场，方向未知，经过 t_1 时间运动到磁场与电场交界处 B 点，此时速度方向垂直于两个场的分界线，此后粒子在电场的作用下，经过 t_2 时间从 C 点离开电场，已知磁场宽度 l_1 与电场宽度 l_2，A 与 B 点的水平距离为 d，速度 v。

(1) 求整个运动过程中粒子的最大速度；

(2) 求 $\dfrac{B}{E}$；

(3) 求 $\dfrac{t_1}{t_2}$。

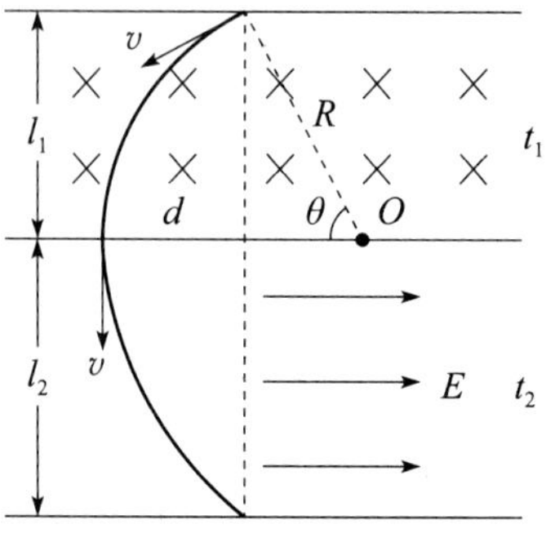

【解析】 (1) 如图所示，画出带电粒子的运动轨迹，从 A 到 B 为匀速圆周运动；进入电场后，因为刚进入电场时速度方向与两场交界垂直，受力水平向右，故粒子做类平抛运动。竖直方向为匀速直线运动，故时间 $t_2=\dfrac{l_2}{v}$。

水平方向为初速度为零的匀加速直线运动，故：

$$d=\frac{1}{2}\cdot\frac{Eq}{m}t_2^2=\frac{1}{2}\cdot\frac{Eq}{m}\cdot\left(\frac{l_2}{v}\right)^2=\frac{Eql_2^2}{2mv^2}$$

最大速度 $v_{\max}$ 出现在离开电场区域时刻，最终速度为竖直方向的速度(即初速度 v)，与水平方向速度的合成，即：

$$v_{\max}=\sqrt{v^2+\left(\frac{Eq}{m}\cdot\frac{l_2}{v}\right)^2}=\sqrt{v^2+\left(\frac{Eql_2^2}{2mv^2}\right)^2\cdot\frac{4v^2}{l_2^2}}=\sqrt{v^2+d^2\cdot\frac{4v^2}{l_2^2}}$$

则 $v_{\max}=v\sqrt{1+\frac{4d^2}{l_2^2}}$ 为所求。

(2) 设在磁场中的运动轨迹所对应圆心角为 θ，则有

$$d=R(1-\cos\theta)$$
$$l_1=R\sin\theta$$

可推出：$\cos\theta=1-\frac{d}{R}$，$\sin\theta=\frac{l_1}{R}$

于是有：$\frac{l_1^2}{R^2}+\left(1-\frac{d}{R}\right)^2=1\Rightarrow l_1^2+(R-d)^2=R^2$

当然，用勾股定理也可以得到此结果，化简得到：$l_1^2=R^2-(R-d)^2=(2R-d)d$

$$R=\frac{1}{2}\left(\frac{l_1^2}{d}+d\right)=\frac{l_1^2}{2d}+\frac{d}{2}$$

而磁场中圆周运动半径满足：$R=\frac{mv}{Bq}$，所以 $B=\frac{mv}{q\left(\frac{l_1^2}{2d}+\frac{d}{2}\right)}$

由(1)中 d 的表达式可推出：$E=\frac{2mv^2d}{ql_2^2}$

则：$\frac{B}{E}=\frac{mv}{q\left(\frac{l_1^2}{2d}+\frac{d}{2}\right)}\cdot\frac{ql_2^2}{2mv^2d}=\frac{l_2^2}{v(l_1^2+d^2)}$

(3) 在磁场中运动时间满足：$t_1=\frac{\theta R}{v}=\frac{\theta m}{Bq}=\frac{\theta m}{q}\cdot\frac{q\left(\frac{l_1^2}{2d}+\frac{d}{2}\right)}{mv}=\frac{\theta(l_1^2+d^2)}{2dv}$

圆心角满足：$\theta=\arcsin\frac{l_1}{R}=\arcsin\frac{Bql_1}{mv}=\arcsin\left(\frac{ql_1}{mv}\cdot\frac{mv}{q\left(\frac{l_1^2}{2d}+\frac{d}{2}\right)}\right)=\arcsin\frac{2dl_1}{l_1^2+d^2}$

则 $t_1=\frac{l_1^2+d^2}{2dv}\cdot\arcsin\frac{2dl_1}{l_1^2+d^2}$，又由第(1)问，$t_2=\frac{l_2}{v}$

则$\dfrac{t_1}{t_2}=\dfrac{l_1^2+d^2}{2dl_2}\cdot\arcsin\dfrac{2dl_1}{l_1^2+d^2}$

强基要点 4 电流的磁场及磁场的高斯定理与环路定理

在一些问题当中，我们需要求解恒定电流所产生的磁场，在任意情况下，我们可以通过毕奥·萨伐尔定律来进行求解：在电流中取一长为 Δl 的微元电流，则有 $\Delta B=\dfrac{\mu_0}{4\pi}\dfrac{I\Delta l\sin\theta}{r^2}$，其中 μ_0 为真空中的磁导率，r 为所求解的场点与微元电流的距离，θ 为电流方向与 r 指向场点方向的夹角，通电导体在该场点的合磁感应强度则为各微元电流在该点磁感应强度的矢量叠加。

在处理具有对称性的电流分布时，我们可以采用磁场的高斯定理与环路定理来解决问题。

(1) 磁场的高斯定理。

在存在对称性电流分布的空间中，建立一个关于电流对称的闭合曲面，若面上各处的磁感应强度均与面垂直，则有 $\sum B_iS_i=0$。

(2) 磁场的环路定理。

在存在对称性电流分布的空间中，建立一个关于电流对称的闭合曲线，若曲线上各处的磁感应强度均沿切线方向，且大小处处相等，则有 $B\cdot L=\mu_0 I$，其中 B 为曲线上各处的磁感应强度大小，L 为所建立的曲线长度，μ_0 为真空中的磁导率。若存在其他磁介质(如铁、钴、镍等铁磁性物质)，则满足 $B\cdot L=\mu_0\mu_r I$，其中 μ_r 为磁介质的相对磁导率，真空时为 1。

此外，我们定义真空中的磁场强度为 $H=\dfrac{B}{\mu_0}$，注意该概念与磁感应强度的区别。

要点精例

例 8 (2019 北大)三根导线构成棱长为 a 的正四面体的底面三角形框，A 点为正四面体的顶点。在导线框内通以所示方向电流 I，则 A 点磁感应强度大小是________，方向为________。

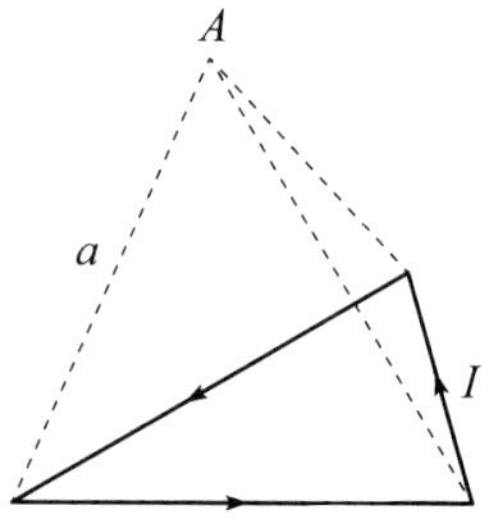

【答案】 $\dfrac{\sqrt{3}\mu_0 I}{6\pi a}$；垂直线框平面向上

【解析】 每条边对点 A 产生的磁感应强度为 $B'=\dfrac{\mu_0 I}{4\pi r}=\dfrac{\sqrt{3}\mu_0 I}{6\pi a}$，与总磁场方向夹角为 $\theta=\arcsin\dfrac{1}{3}$，则总磁场为 $B=3B'\sin\theta=\dfrac{\sqrt{3}\mu_0 I}{6\pi a}$。

例 9 (2018 清华)一个半径为 R、长为 L 的导电圆筒，通以电流 $I=2\pi Rj$，当沿圆筒轴线将其分为相同的两部分时，两部分受的力的大小为(　　)。

A. $\mu_0 j^2 LR$　　B. $\mu_0 j^2 LR^2$　　C. $2\mu_0 j^2 LR$　　D. $\pi\mu_0 j^2 LR$

【答案】 A

【解析】 先计算圆筒上的压强。取圆筒上的一条细电流，长为 L，宽为 Δl，则电流强度为 $\Delta I=j\cdot\Delta l$，其余电流在 ΔI 上产生的磁感应强度为 $B'=\frac{1}{2}\cdot\frac{\mu_0 I}{2\pi R}=\frac{1}{2}\mu_0 j$，则 ΔI 受到其他电流的磁场力为 $\Delta F=B'L\Delta I=\frac{1}{2}\mu_0 j^2 L\Delta I$，则压强为 $P=\frac{\Delta F}{L\Delta l}=\frac{1}{2}\mu_0 j^2$；对于一半的圆柱来说，受到的力为 $F=P\cdot 2RL=\mu_0 j^2 LR$。

强基练习

1. (2011 北约联盟)质量相同的小球 A、B，在运动过程中发生弹性正碰撞，则 A 的碰后速度(方向和大小)等于 B 的碰前速度，B 的碰后速度等于 A 的碰前速度。如图所示，在光滑水平绝缘桌面取为 $O-xy$ 坐标面，空间有竖直向下(图中朝里)的匀强磁场 B。

(1) $O-xy$ 平面上距 O 稍远处的小球 A，质量 m、电量 $q>0$，初速度方向如图所示，大小为 v_0。而后 A 将做匀速圆周运动，试求圆半径 R 和周期 T。

(2) 图中小球 A_1、A_2 质量也同为 m，电量也同为 q，开始时分别位于 y 轴上的 y_1、y_2($y_1>y_2$)位置，初速度方向如图所示，大小也同为 v_0。设 A_1、A_2 间可能发生的碰撞都是弹性碰撞，且不会相互转移电荷(下同)。已知而后 A_1 能到达 y_2 处，试求 y_2-y_1 的可取值。

(3) 图中小球 B 的质量也为 m，电量也同为 q，$t=0$ 时位于 x 轴上距 O 稍远的 x_1 位置，大小也为 v_0。现在给你一个质量为 m，电量为 $-q$，初速度大小为 v_0 的小球 B′。$t=0$ 时 B′的初始位置和初始速度方向由你选定，但要求在 $t=\left(k+\frac{1}{2}\right)T$ 时刻(k 为正整数)，B 球可达到 x 轴上与 x_1 相距尽可能远的 x_2($x_2>x_1$)位置，最后给出你所得的 x_2-x_1 值。

附注：解题时略去球之间的电作用力。

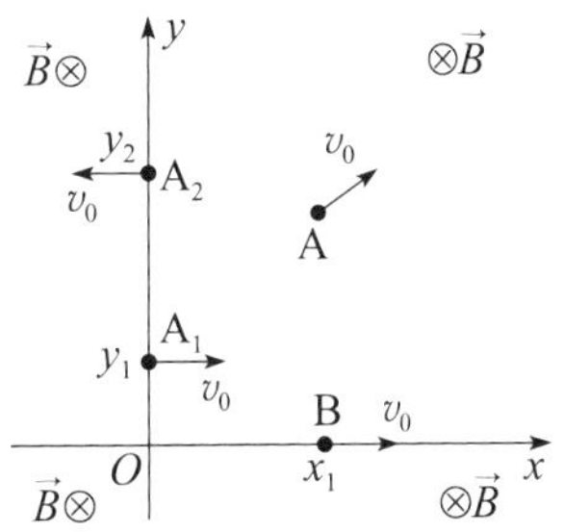

2.（2019 清华）如图所示，正△ABC 边长为 L，分布有垂直纸面向内磁场 B，以 BC 中点 O 为坐标原点建立平面坐标系，从 O 点向第一象限发射初速度为 $v=\frac{\sqrt{3}qBl}{6m}$ 的正离子，求 AB 上被打到的长度。

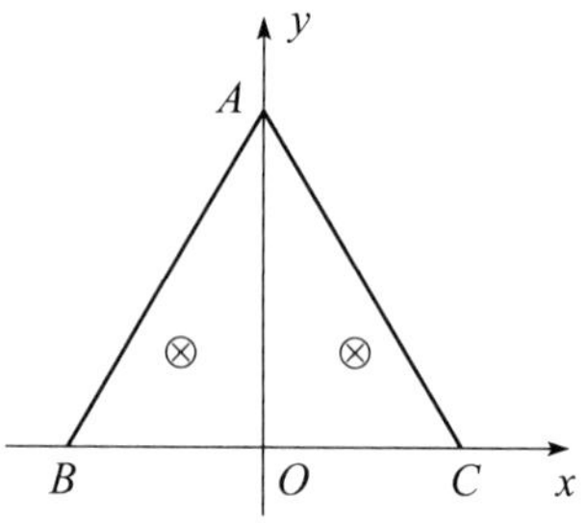

3.（2018 北大）如图所示，电子枪的加速电压为 $U=500\text{V}$，电子被加速后从 P 端沿 PA 射出，经匀强磁场偏转后经过点 M。已知 $d=PM=5\text{cm}$，$\varphi=60°$。

（1）若磁场垂直 P、A、M 三点确定的平面，求其磁感应强度；

（2）若磁场平行 PM 方向，求其磁感应强度。

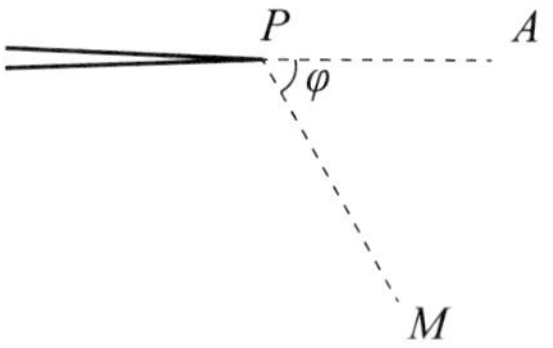

4.（2014 北约联盟）点 P 发出一个粒子，初速度为 v，垂直通过距离 O 为 d 的区域，到达点 Q。试求：

（1）这个过程中 $v_{\max}$；

（2）磁场强度和电场强度之比；

（3）粒子通过这两段过程的时间比。

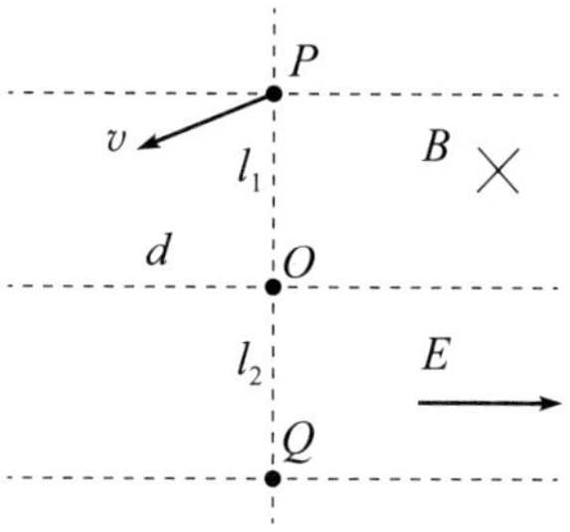

5. 如图所示，一个平行板电容器，间距为 d，电压为 U，上极板带正电，下极板带负电，有正交于电场的磁场，垂直纸面向里，下极板有一个电子(e，m)，静止释放，其运动轨迹恰与上极板相切，求：

(1) 磁场的磁感应强度大小；

(2) 当电子运行到上极板时，其轨迹的曲率半径(等效的匀速圆周运动的半径)。

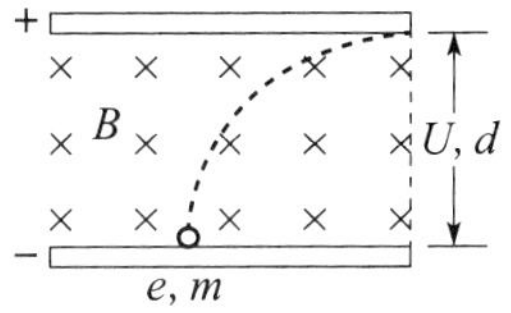

6. (2017 清华) $AB=BC=l$，间隔 2s 从 A 发射一个质量为 m 带正电的小球。空间中存在均匀变化的磁场与电场，如图所示。$t=1$s 时发射第一个小球，每个小球均击中 C，判断 $\boldsymbol{B}_0$ 方向与 $\boldsymbol{E}_0$ 方向。

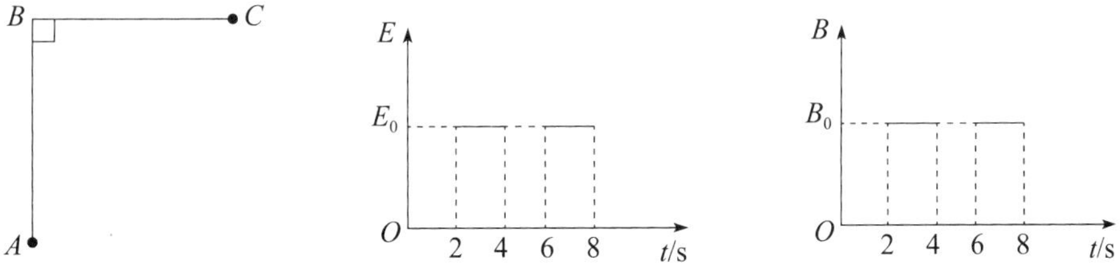

(a)　　　　(b)　　　　(c)

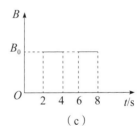

7. (2018 清华)两块相同的环形铁棒，棒半径为 r，上部各有一个长度不同的小缺口，且其长度远小于 r。环下部缠绕相同匝数的导线，导线中电流相同。下列说法中正确的是(　　)。

A. 两缺口中磁感应强度基本相同

B. 缺口中磁感应强度与棒内磁感应强度相等

C. 缺口中磁感应强度远小于棒内磁感应强度

D. 缺口中磁场强度 H 与棒内磁场强度基本相同

8.（2012 华约联盟）如图所示，在 xOy 平面内有磁感应强度为 B 的匀强磁场，其中 $x\in(0, a)$内有磁场方向垂直 xOy 平面向里，在 $x\in(a, +\infty)$内有磁场方向垂直 xOy 平面向外，在 $x\in(-\infty, 0)$内无磁场。一个带正电 q、质量为 m 的粒子(粒子重力不计)在 $x=0$ 处，以速度 v_0 沿 x 轴正方向射入磁场。

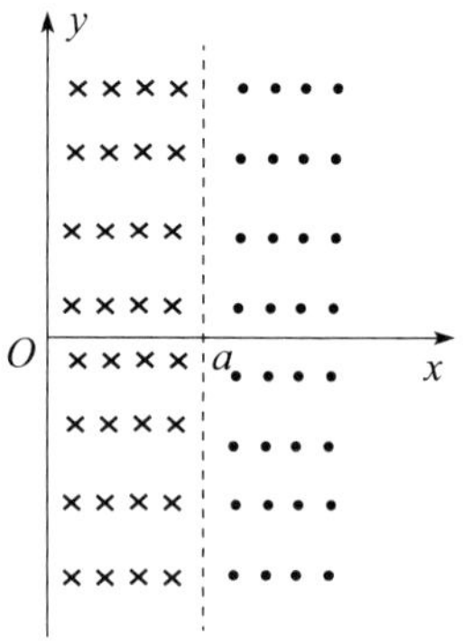

(1) 若 v_0 未知，但粒子做圆周运动的轨道半径为 $r=\sqrt{2}a$，求粒子与 x 轴的交点坐标。

(2) 若无(1)中 $r=\sqrt{2}a$ 的条件限制，粒子的初速度仍为 v_0(已知)，问：要使粒子回到原点 O，则 a 的值应满足的条件?

9. 如图所示为磁流体发电机结构示意图。利用燃烧室加热气体使之离解成为自由电子和离子组成的等离子体。等离子体以高速注入两侧有磁极的发电通道，通道上、下两侧面为电极。等离子体中的正、负电荷受磁场的作用，分别向上、下两侧偏转，则上、下两个电极间就会产生电动势。这就是磁流体发电机工作的基本原理。等离子体假设沿通道方向注入时的速率为 v_0，其电导率为 γ，发电通道中的磁场为匀强磁场，磁感应强度为 B，发电通道上、下电极面积均为 A；上、下电极的距离为 l。求磁流体发电机的最大功率。[已知等离子体中的电流密度 j 与等离子体中电场强度 E 的关系为 $j=\gamma E$，其中 E 包括电动势所对应的非静电场 E_i 和由于上、下电极的电荷积累所产生的静电场 E_e，即 $E=E_i+E_e$(矢量式)；上、下电极间的电流强度为 $I=jA$]

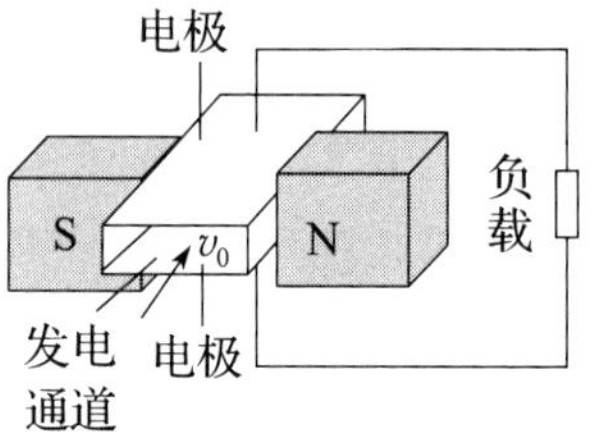

参考答案

1. **解**：(1) 带电粒子在水平面内做匀速圆周运动，

由 $qv_0B=m\frac{v_0^2}{R}$，解得 $R=\frac{mv_0}{qB}$

$$T=\frac{2\pi R}{v_0}=\frac{2\pi m}{qB}$$

(2) 分析可知只有两种情况：一种情况为两球未发生碰撞，但各自转过半圆后分别到达另一点，此时 $y_2-y_1=2R=2mv_0qB$；另一种情况为两球各自转半圆周后发生弹性正碰，速度交换后又各自转过半圆周后到达另一点，如图(a)所示，此时 $y_2-y_1=4R=4mv_0qB$。

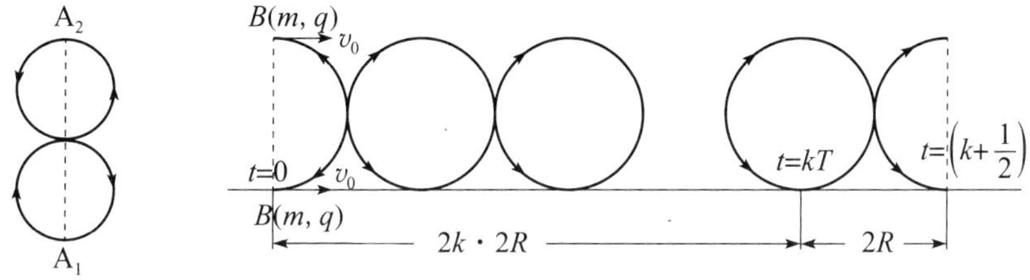

(a)　　　　(b)

(3) 分析可知，将 B′的初始位置位于 B 上方 $2R$ 处，初始速度方向与 B 相同，同时释放 B 和 B′，这样两球各自转过 $\frac{1}{4}$ 圈后正碰，以后每转过 $\frac{1}{2}$ 圈后就会正碰，经 $t=\left(k+\frac{1}{2}\right)T$ 时，B 又回到 x 轴上，如图(b)所示，故 x_2-x_1 值为 $(4k+2)R=(4k+2)mv_0qB$。

2. **解**：正离子在磁场中做逆时针旋转，旋转半径 $R=\frac{mv}{Bq}=\frac{\sqrt{3}}{6}L$，这个半径是$\triangle ABC$ 的内切圆易得所求区域的上端点到 B 的距离为$\frac{L}{2}$，而所求区域的下端点应当对应沿 y 轴正方向射出的粒子，下面我们研究这个粒子的运动如图所示。其回旋中心设为 D，则

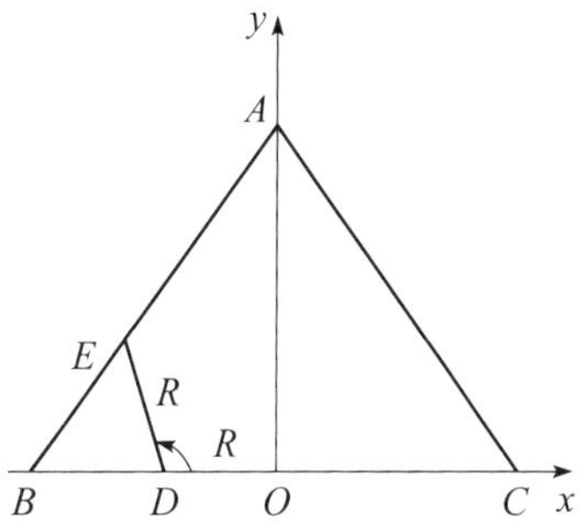

$$\overline{BD}=\overline{BO}-\overline{OD}=\frac{3-\sqrt{3}}{6}L$$

回旋中心与下端点 E 的距离等于旋转半径R，我们需要求出点 E 到点 B 的距离。已知$\angle EBD$ 为 $60°$，由余弦定理可知

$$(\overline{ED})^2=(\overline{EB})^2+(\overline{BD})^2-2\overline{EB}\cdot\overline{BD}\cos\angle EBD$$

解得

$$\overline{EB}=\frac{3-\sqrt{3}+\sqrt{-24+18\sqrt{3}}}{12}L\approx 0.32891$$

于是区域的长度为

$$(0.5-0.32891)L=0.17109L$$

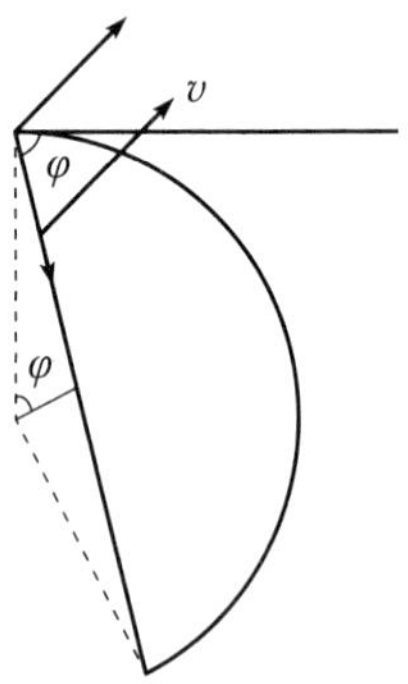

3. **解**：加速：$\frac{1}{2}mv^2=av\Rightarrow v=\sqrt{\frac{2av}{m}}$。其分析图如图所示。

(1) $\frac{d}{2\sin\varphi}=\frac{mv}{qB}\Rightarrow B=2\sin\varphi\cdot\frac{mv}{qd}=2.6\times10^{-3}\text{T}$。

(2) 螺距 $P=v_{//}\cdot T=v\cos\varphi\cdot\frac{2\pi m}{qB}=\frac{d}{n}\Rightarrow B=2\pi\cos\varphi\cdot\frac{mv}{qd}\cdot n=4.74\times10^{-3}\cdot n\cdot T$，$n=1$，2，3…

4. **解**：(1) 显然在点 O 速度最大，从 P 到 Q，由动能定理得

$$\frac{1}{2}mv_{\max}^2-\frac{1}{2}mv^2=Eq\cdot d$$

解得 $v_{\max}=\sqrt{\frac{2Eqd}{m}+v^2}$。

(2) 在磁场中运动时，对于粒子，$f=qvB=\frac{mv^2}{r}$，即 $r=\frac{mv}{qB}$。在磁场中运动时，由几何关系得 $r^2=l_1^2+(r-d)^2$，即 $r=\frac{l_1^2+d^2}{2d}$。在电场中运动时，竖直方向是匀速直线运动，水平方向是匀加速运动。对于电场中的粒子，$F=qE=ma$，即 $a=\frac{qE}{m}$；

对于粒子，$d=\frac{1}{2}at^2$，$l_2=vt$；即 $E=\frac{2dmv^2}{ql_2^2}$；那么有

$$\frac{B}{E}=\frac{\frac{mv\cdot 2d}{(l_1^2+d^2)q}}{\frac{2dmv^2}{ql_2^2}}=\frac{l_2^2}{(l_1^2+d^2)v}$$

(3) 取粒子在磁场空间中运动的轨迹对应的圆心角为 θ，那么有

$$\theta=\arcsin\frac{l_1}{r}=\arcsin\frac{2dl_1}{l_1^2+d^2}$$

在磁场空间中 $t'=\frac{\theta r}{v}$；在电场空间中 $t=\frac{l_2}{v}$；则

$$\frac{t'}{t}=\frac{\theta r}{l_2}=\frac{\arcsin\frac{2dl_1}{l_1^2+d^2}}{l_2}\cdot\frac{l_1^2+d^2}{2d}$$

5. **解**：(1) 如图所示，构造速度，向左构造速度 v，则向右也为 v。向右运动的速度 v 需使电场力与磁场力平衡，则有

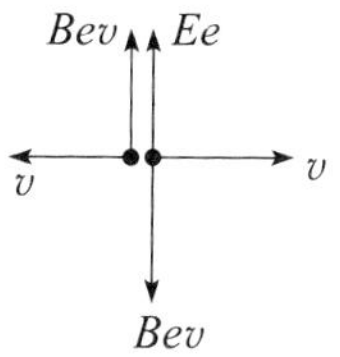

$$Bev=Ee\Rightarrow v=\frac{E}{B}=\frac{U}{Bd}$$

向左运动的速度 v 只受磁场力影响，做圆周运动，则总的运动等价于一个匀速直线运动和圆周运动的叠加，为旋轮线运动。

电子恰好不打到上极板，则圆周运动的直径等于极板间距：

$$d=2R=2\frac{mv}{Be}=\frac{2mU}{B^2ed}\Rightarrow B=\sqrt{\frac{2mU}{ed^2}}$$

(2) 如图所示，运动到顶点处的速度为圆周运动与直线运动的速度叠加，故：$v'=2v$

则受力为：$F=2Bev-Ee=Ee=\frac{Ue}{d}$

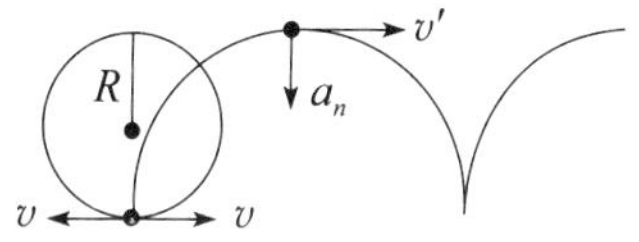

加速度为：$a_n=\frac{F}{m}=\frac{Ue}{md}$

曲率半径为：$\rho=\frac{v'^2}{a_n}=\frac{4v^2md}{Ue}=\left(\frac{U}{Bd}\right)^2\cdot\frac{4md}{Ue}=\frac{4mU}{B^2ed}$

6. **解**：$t=1\text{s}$ 时开始发射小球，空间中没有电磁场，可以到达点 C，小球的速度指向 C 即可。若有电磁场作用，小球仍能到达点 C，则小球受到洛伦兹力与电场力相抵即可。速度方向由 A 指向 C，要求 $\vec{v}\times\boldsymbol{B}$ 的方向和电场方向相反即可。

7. AB 【**解析**】由于铁磁材料的磁导率很大，铁芯有使磁感应通量集中到自己内部的作用，从而由铁棒和缺口组成的环形回路通过任一截面的磁感应通量均相同，故各处铁棒和缺口处磁感应强度相同，而由于铁磁材料磁导率很大，故铁棒内部磁场强度很小。另外，由磁路定理可知，在由铁棒和缺口组成的磁路中 $B=\frac{NI}{\frac{1}{\mu\mu_0}+\frac{2\pi r}{\mu_0}}$，而 l 远小于 r，铁磁材料的磁导率很大，所以分母中的第一项远小于第二项，即开口长度不同的环形铁棒缺口处磁感应强度基本相同。

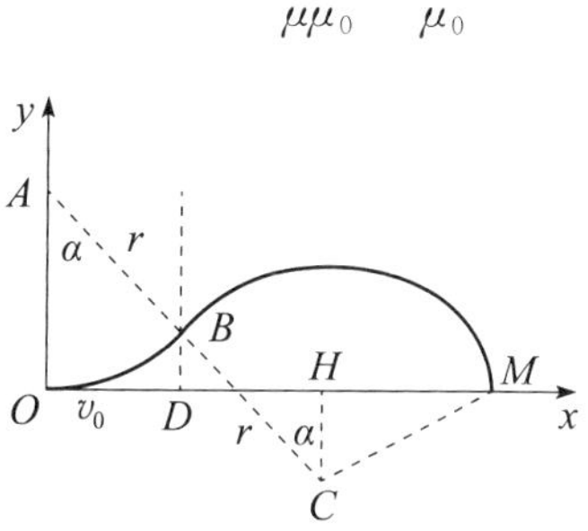

8. **解**：(1) 若粒子做圆周运动的轨道半径为 $r=\sqrt{2}a$，作出粒子运动轨迹如图。

由几何关系可得 $\alpha=45°$，则 $DH=r\cos 45°=a$，$BD=r-a=(\sqrt{2}-1)a$，$HC=a-BD=2a-\sqrt{2}a$，故 $HM=\sqrt{r^2-(HC)^2}=2\sqrt{\sqrt{2}-1}\,a$。

$x=OM=OD+DH+HM=2(1+\sqrt{\sqrt{2}-1})a$。

（2）要使粒子回到原点 O，粒子的运动必为如图所示的轨迹。因 $GF=r-r\cos\theta$，在△GEF 中，$\cos\theta=\frac{GF}{r}$，解得：$\theta=60^\circ$，又由 $a=r\sin\theta$ 可解得：$a=\frac{\sqrt{3}mv_0}{2Bq}$。

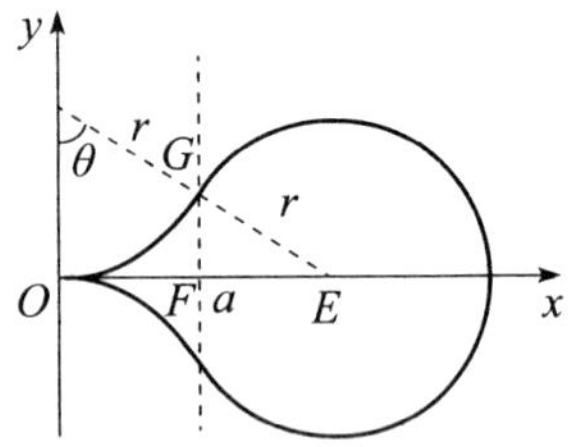

9. **解：**（1）作用在等离子体带电粒子上的洛仑兹力对应的非静电场场强 $\vec{E}_i=\vec{v}\times\vec{B}$，沿由上向下方向，由此产生上下电极间的电动势 $\varepsilon_i=vBl$。

（2）由于洛仑兹力的存在，正负电荷在上下电极间积累，则在等离子体内产生静电场 $\vec{E}_e$。总电场 $\vec{E}=\vec{E}_i+\vec{E}_e$，电极间的电流密度 $\vec{j}=\gamma\vec{E}$，电流 $I=jA=\gamma(E_i-E_e)A$。

（3）两电极间的端电压 $\Delta U=E_e l$，则发电机的输出功率 $P=I\Delta U=\gamma(E_i-E_e)E_eAl=r(vB-E_e)E_eAl$，静电场场强的大小与负载的大小有关，把功率配平方得：$P=\gamma Al\left[\left(\frac{vB}{2}\right)^2-\left(\frac{vB}{2}-E_e\right)^2\right]$，则磁流体发电机的最大功率为：$P=\gamma Al\left(\frac{vB}{2}\right)^2=\frac{1}{4}\gamma Alv^2B^2$。

第 13 讲 电磁感应和交流电

强基要点 1 动生电动势

直导线在磁场中做切割磁感线运动时所产生的感应电动势称为动生电动势。若导体棒所在平面和速度方向均与磁场方向垂直，则其大小为 $\mathcal{E}=BLv\sin\theta$，其中 θ 为 v 方向与导体棒的夹角，感应电动势的方向由右手定则判断。

(1) 若导体棒为非直线形状，则将首尾相连后视为等效直导体棒。

(2) 若长为 L 的直导体棒在磁场 B 中，绕过其延长线上某一点的固定轴以角速度 ω 匀速旋转切割磁感线，则采用中值速度作为等效的切割速度，即 $\mathcal{E}=BL\dfrac{\omega(r_{\max}+r_{\min})}{2}$，其中 $r_{\max}$ 和 $r_{\min}$ 分别为导体棒两端距离转轴处的长度。

在求解动生电动势的相关问题中，往往与电路问题相结合，注意区分动生电动势和电势差。

要点精例

例 1 (2016 清华)在水平面内，金属棒 MN 以角速度 ω 绕点 O 顺时针旋转，空间内有竖直向下的磁场，如图所示。已知 $|MO|>|NO|$，则下列说法正确的是(　　)。

A. 点 M 电势高于点 N

B. 点 M 电势低于点 N

C. 若增大 ω，则点 M、N 电势差增大

D. 若增大 B，则点 M、N 电势差增大

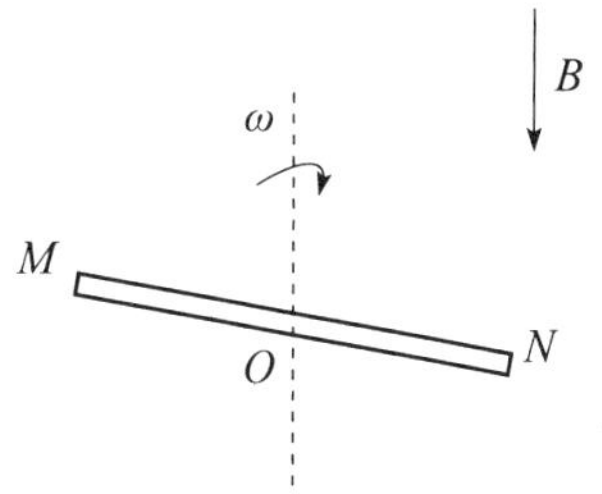

【答案】 ACD

【解析】 M、N 两点电势差为

$$U_{MN}=\varphi_M-\varphi_N=\varphi_M-\varphi_o+\varphi_o-\varphi_N$$
$$=U_{MO}-U_{No}=\frac{1}{2}B(MO^2-NO^2)\omega>0$$

A 选项正确。当 ω 或 B 增大时，U_{MN} 增大，即 C、D 选项正确。

例 2 (2012 华约联盟)如图所示，两个光滑的水平导轨间距为 l，左侧连接有阻值为 R 的电阻，磁感应强度为 B 的匀强磁场垂直穿过导轨平面，有一质量为 m 的导体

棒以初速度 v_0 向右运动。设除左边的电阻 R 外，其他电阻不计。棒向右移动最远的距离为 s，证明当棒运动到 λs 时（$0<\lambda<1$），电阻 R 上的热功率为 $P=\dfrac{B^2l^2(1-\lambda)^2v_0^2}{R}$。

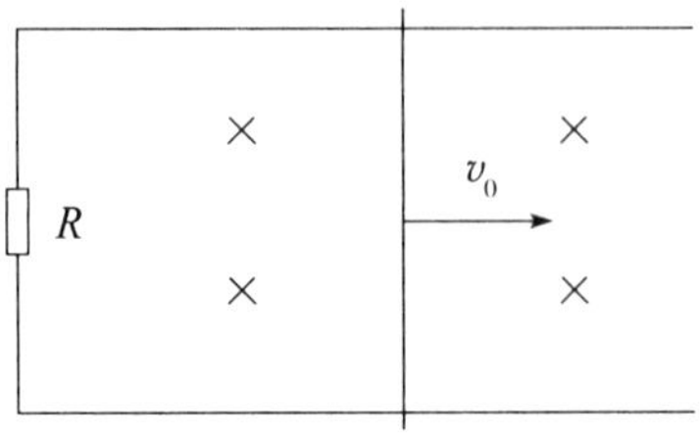

【解析】 设运动过程中任意时刻的速度为 v，运动的总位移为 x，则 $E=BLv$，而 $I=\dfrac{E}{R}$，则金属棒受到的安培力 $F=BIl=\dfrac{B^2l^2v}{R}$。

在极短的时间 Δt 内，由动量定理得 $-F\cdot\Delta t=m\cdot\Delta v$，即 $-\dfrac{B^2l^2v\Delta t}{R}=m\Delta v$，对全过程累加得 $-\dfrac{B^2l^2x}{R}=mv_0$。

当 $x'=\lambda x$ 时，$v=v_0-\dfrac{B^2l^2\lambda x}{mR}$，即 $v=(1-\lambda)v_0$。

此时安培力 $F'=\dfrac{(1-\lambda)B^2l^2v_0}{R}$，瞬时功率 $P=F'v=\dfrac{(1-\lambda)^2B^2l^2v_0^2}{R}$。

强基要点 2 感生电动势与感生电场

导体相对磁场静止，由于磁场的变化而引起导体内产生的感应电动势叫感生电动势，由法拉第电磁感应定律可得：$\mathcal{E}=n\dfrac{\Delta\Phi}{\Delta t}=nS\dfrac{\Delta B}{\Delta t}$，感应电动势的方向由楞次定律判断。

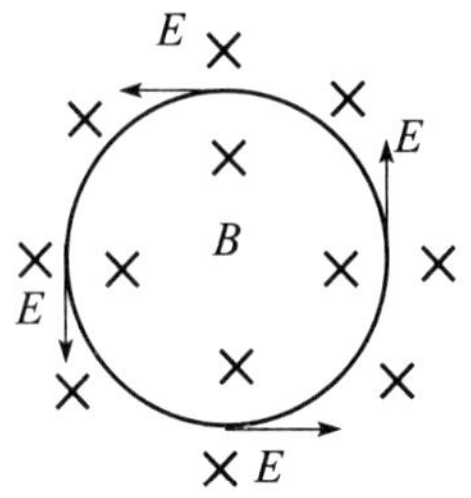

感生电动势的本质为：变化着的磁场会在其周围空间激发起感生电场，如图所示，感生电场的电场线是一系列同心圆，故也称为涡旋电场。如果有导体放入磁场中，导体中可以自由移动的电荷若受到感生电场的非静电力作用产生定向移动，就产生了感生电动势。

感生电场为非静电场，其电场线是闭合的，每一个确定半径的电场线，其电场强度大小处处相同。若研究一半径为 r 的单匝圆形闭合导线，垂直放置在变化的磁场中，根据电动势的定义可知，电动势对应电源内部非静电力对电荷做功的本领，即非静电力做功：$W_{非静电}=Eq\cdot 2\pi r=q\mathcal{E}$。

则感应电动势为：$\mathcal{E}=\dfrac{\Delta B\cdot\pi r^2}{\Delta t}$

联立上述二式可得感生电场的大小为：$E=\frac{r}{2}\cdot\frac{\Delta B}{\Delta t}$

要点精例

例 3 （2013 北约联盟）如图所示，边长为 a 的等边三角形区域内有匀强磁场，磁感应强度 $\boldsymbol{B}$ 的方向垂直于平面朝外。边长为 a 的等边三角形导体框架 ABC，在 $t=0$ 时恰好与磁场区的边界重合，而后以周期 T 绕其中心沿顺时针方向匀速旋转，于是在框架 ABC 中有感应电流。规定电流按 $A\to B\to C\to A$ 方向流动时电流强度取为正，反向流动时取为负。设框架 ABC 的总电阻为 R，则从 $t=0$ 到 $t_1=\frac{T}{6}$ 时间内平均电流强度 $\bar{I}_1=$____；从 $t=0$ 到 $t_2=\frac{T}{2}$ 时间内平均电流强度 $\bar{I}_2=$_______。

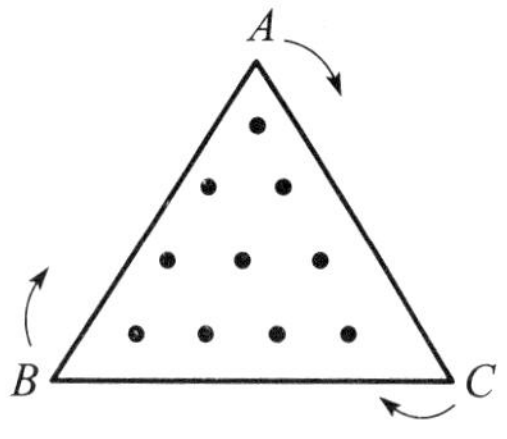

【答案】 $\frac{\sqrt{3}Ba^2}{2RT}$；$\frac{\sqrt{3}Ba^2}{6RT}$

【解析】 根据动生电动势，可得 $\bar{I}=\frac{\bar{\mathcal{E}}}{R}=\frac{B\Delta S}{tR}$，$\Delta S=\frac{\sqrt{3}}{12}a^2$，代入 t 的数据求得上述两答案。

例 4 （2016 清华）已知空间中有一环形导体，半径为 R，内部有随时间变化的磁场 $\boldsymbol{B}$，$B=kt$（k 为已知常数），如图所示。

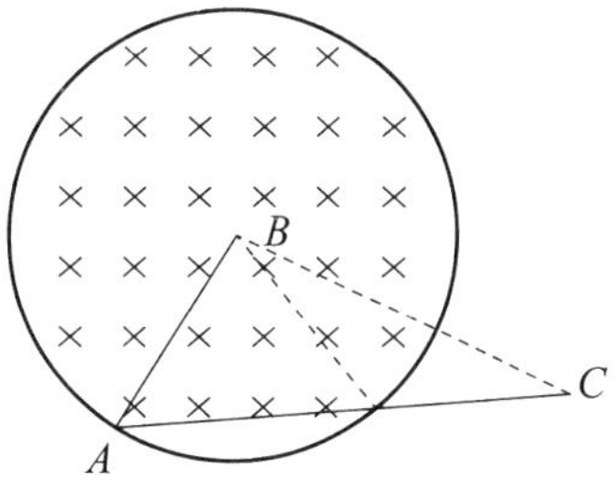

（1）求该环形导体圆心的电场强度大小；

（2）求该导体的电动势；

（3）已知导体内部有一可导电的金属杆 AB，A 在导体上，B 为环形导体圆心，另有一杆 AC 与环交于 D，且 $AD=CD=R$，求杆 AB 及 AC 产生的电动势大小。

【解析】 任意位置 r 处

$$\mathcal{E}=\frac{\Delta}{\Delta t}\cdot s=k\pi r^2$$

$$E=\frac{\mathcal{E}}{\pi r^2}=\frac{1}{2}kr$$

（1）$r=0$ 处，$E=0$。

（2）$\mathcal{E}=k\pi R^2$。

（3）$\mathcal{E}_{AB}=0$，又由 $\mathcal{E}_{AB}=\mathcal{E}_{BC}=0$，故 $\mathcal{E}_{AC}=\mathcal{E}_{\Delta ABC}=\left(\frac{\pi}{12}+\frac{\sqrt{3}}{4}\right)kR^2$。

强基要点 3 电磁感应中的动力学和能量问题

电磁感应时导体中产生的感应电流，在磁场中同样会受到安培力的作用，因此，在电磁感应现象中往往存在导体的运动现象，和前面所学的力学、运动学、电路等问题联系在一起。与此同时，电磁感应的过程也是能量转化与守恒的过程，机械能、磁场能或其他形式的能转化为电能，而感应电流所受到的安培力对导体做功，又可使得电能转化为机械能与电阻的焦耳热。

要点精例

例 5 （2017 清华）固定在水平面上的平行导轨，宽度为 L，左右各连一个电阻 R。一个电阻不计的导体棒放置在导轨上，左右连着相同的弹簧，劲度系数为 k。全空间中有垂直于导轨平面向里的匀强磁场，磁感应强度为 B。当导体棒处于中间位置的时候，两个弹簧恰好都在原长。现在将导体棒左移 x 并静止释放，观测到棒最远运动到中间位置往右 y 处。求此过程中：

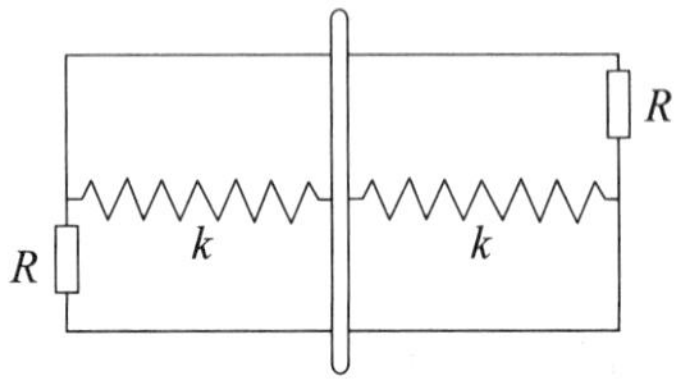

（1）每个电阻上的生热量。

（2）每个弹簧对导体棒施加的冲量。

【解析】（1）初始状态弹簧弹性势能为 $E_{p0}=2\times\frac{1}{2}kx^2=kx^2$，末态弹簧弹性势能为 $E_p=2\times\frac{1}{2}ky^2=ky^2$，则总生热量 $Q_{总}=k(x^2-y^2)$，每个电阻生热量 $Q=\frac{1}{2}Q_{总}=\frac{1}{2}k(x^2-y^2)$。

（2）该过程中，每一瞬间的安培力大小为 $F=BIL=B\times\frac{BLv}{\frac{R}{2}}\times L=\frac{2B^2L^2v}{R}$，则安培力冲量 $\Delta I=F\Delta t=\frac{2B^2L^2v}{R}\Delta t=\frac{2B^2L^2\Delta s}{R}$，那么对于全过程有 $I=\frac{2B^2L^2(x+y)}{R}$。由于导体棒动量改变量为 0，因此两个弹簧的冲量和 $I_{k总}=\frac{2B^2L^2(x+y)}{R}$，由于两个弹簧每时每刻都具有相同的弹力，因此两个弹簧冲量一样，故每个弹簧 $I_k=\frac{B^2L^2(x+y)}{R}$。

例 6 （2015 清华）如图所示，质量为 M 的足够长金属导轨 $abcd$ 放在光滑的绝缘水平面上。一电阻不计，质量为 m 的导体棒 PQ 放置在导轨上，始终与导轨接触良好，$PQbc$ 构成矩形。棒与导轨间动摩擦因数为 μ，棒左

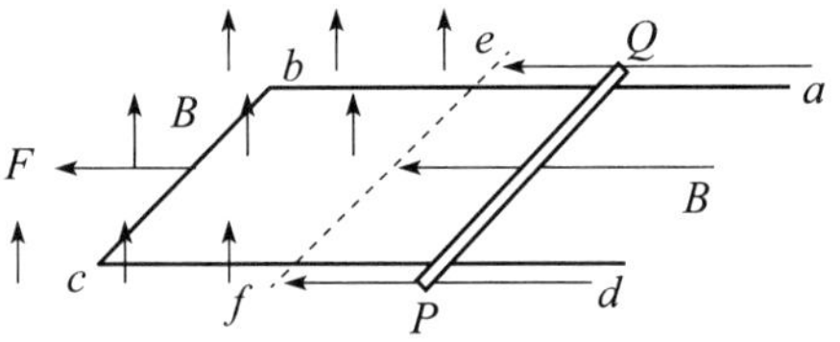

侧有两个固定于水平面的立柱。导轨 bc 段长为 L，开始时 PQ 左侧导轨的总电阻为 R，右侧导轨单位长度的电阻为 R_0。以 ef 为界，其左侧匀强磁场方向竖直向上，右侧匀强磁场水平向左，磁感应强度大小均为 B。在 $t=0$ 时，一水平向左的拉力 F 垂直作用在导轨的 bc 边上，使导轨由静止开始做匀加速直线运动，加速度为 a。

(1)求回路中感应电动势及感应电流随时间变化的表达式；

(2) 经过多长时间拉力 F 达到最大值，拉力 F 的最大值为多少?

(3) 某过程中回路产生的焦耳热为 Q，导轨克服摩擦力做功为 W，求导轨动能的增加量。

【解析】(1) 感应电动势为 $\mathcal{E}=BLv$，导轨做初速度为零的匀加速运动，$v=at$，$\mathcal{E}=BLat$，$s=\frac{1}{2}at^2$，回路中感应电流随时间变化的表达式为

$$I=\frac{BLv}{R_{总}}=\frac{BLat}{R+2R_0\left(\frac{1}{2}at^2\right)}=\frac{BLat}{R+R_0at^2}$$

(2) 导轨受外力 F，安培力 F_A，摩擦力 f。其中

$$F=BIL=\frac{B^2L^2at}{R+R_0at^2}$$

$$f=\mu F_N=\mu(mg+BIL)=\mu\left(mg+\frac{B^2L^2at}{R+R_0at^2}\right)$$

由牛顿定律

$$F-F_A-f=Ma$$

$$F=Ma+F_A+f=Ma+\mu mg+(1+\mu)\frac{B^2L^2at}{R+R_0at^2}=Ma+\mu mg+(1+\mu)\frac{B^2L^2a}{\frac{R}{t}+R_0at}$$

上式中，当 $\frac{R}{t}=R_0at$，即 $t=\sqrt{\frac{R}{aR_0}}$ 时，外力 F 取最大值，

$$F_{\max}=Ma+\mu mg+\frac{1}{2}(1+\mu)B^2L^2\sqrt{\frac{R}{aR_0}}$$

(3) 设此过程中导轨运动距离为 s，由动能定理 $W_{合}=\Delta E_k=mas$，由于摩擦力 $f=\mu(mg+F_A)$，因此摩擦力做功

$$W=\mu mgs+\mu W_A=\mu mgs+\mu Q$$

$$s=\frac{W-\mu Q}{\mu mg}$$

$$\Delta E_k=mas=\frac{ma}{\mu mg}(W-\mu Q)$$

强基要点 4 交变电流

1. 正弦式交变电流的产生

如图所示，当匝数为 N、面积为 S 的闭合矩形线圈在匀强磁场 B 中，绕垂直于磁感线的轴线做角速度为 ω 匀速转动时，闭合线圈中就有交变电流产生，若从中性面开始计时，则其瞬时值表达式为：$e=NBS\omega\cos\omega t$，其中：

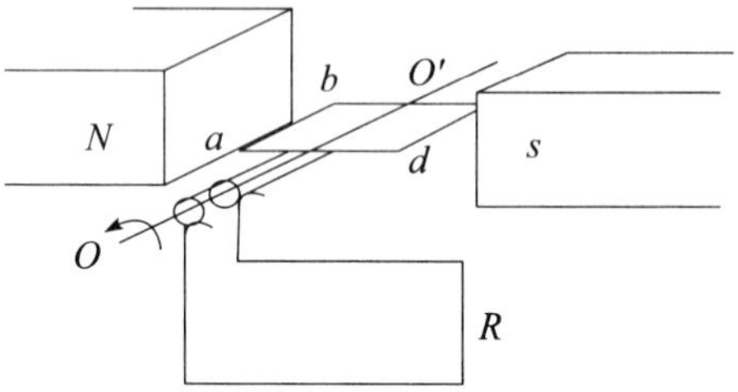

(1) 最大值：$E_m=NBS\omega$，与线框形状与转轴位置无关；

(2) 有效值：$E=\dfrac{NBS\omega}{\sqrt{2}}$；

(3) 平均值满足法拉第电磁感应定律。

对于纯电阻的交变电路以上值均符合欧姆定律。

2. 理想变压器

理想变压器符合以下特点：

(1) 忽略铁芯漏磁；

(2) 忽略线圈热效应(铜损)；

(3) 忽略铁芯涡流效应(铁损)；

(4) 忽略空载电流。

理想变压器满足如下变比关系(其中 N 为匝数)：

电压变比$\dfrac{U_1}{U_2}=\dfrac{N_1}{N_2}$

功率守恒 $P_1=P_2$

电流变比$\dfrac{I_1}{I_2}=\dfrac{N_2}{N_1}$

若为多级变压器，电压变比与功率守恒仍然成立。

要点精例

例 7 (2010 华约联盟)匀强磁场中有一长方形导线框，分别以相同的角速度绕如图所示的固定转轴旋转，用 I_a，I_b，I_c，I_d 表示四种情况下线框中电流的有效值，则(　　)。

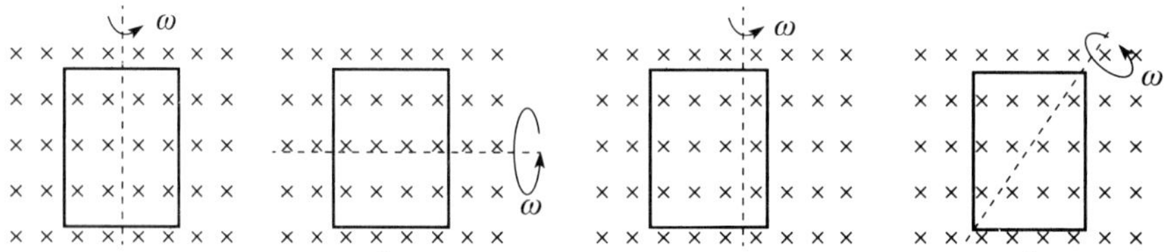

a　　*b*　　*c*　　*d*

A. $I_a=I_b$　　　　B. $I_a>I_b$　　　　C. $I_b>I_c$　　　　D. $I_c=I_d$

【答案】AD

【解析】对正弦交流电而言，最大值 $E_m=NBS\omega$，且 $E_m=\sqrt{2}E$，$I=\frac{E}{R}$得线框中电流的有效值 $I=\frac{NBS\omega}{\sqrt{2}R}$，线框中电流的有效值只与 N、B、S、ω、R 有关，与固定转轴所处的具体位置无关。选 AD。

例 8 理想变压器原、副线圈的匝数比为 1∶3，线路上分别接有三个阻值相同的定值电阻 R_1、R_2、R_3，如图所示，在 a、b 间接入正弦式交变电流，则下列说法正确的是(　　)。

A. R_1、R_2、R_3 两端的电压之比为 10∶3∶9

B. R_1、R_2、R_3 通过的电流之比为 10∶1∶9

C. R_1、R_2、R_3 的功率之比为 100∶1∶9

D. a、b 间输入功率与变压器输入功率之比为 100∶9

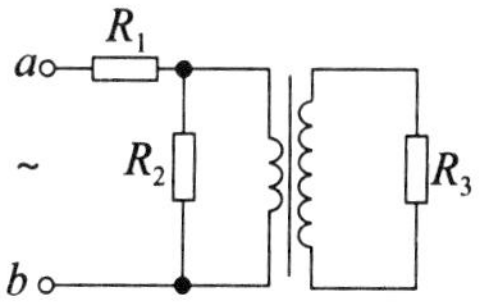

【答案】C

【解析】设三个定值电阻阻值为 R，设副线圈输出电流为 I，则输出电压为 IR，变压器原、副线圈的匝数比为 1∶3，根据变流比可知，原线圈输入电流为 $3I$；根据变压比可知，原线圈输入电压为$\frac{IR}{3}$；分析副线圈电路，电阻 R_3 两端电压为 IR，分析原线圈电路，电阻 R_2 两端电压等于原线圈两端的电压为$\frac{IR}{3}$，根据欧姆定律可知

$$I_{R_2}=\frac{I}{3}$$

则流过电阻 R_1 两端的电流

$$I_{R_1}=I_{R_2}+3I=\frac{10I}{3}$$

两端电压

$$U_{R_1}=I_{R_1}R=\frac{10IR}{3}$$

则 R_1、R_2、R_3 两端的电压之比为 10∶1∶3，R_1、R_2、R_3 通过的电流之比为 10∶1∶3，故 A、B 错误。

根据功率公式可知，R_1、R_2、R_3 的功率之比为

$$\left(\frac{10I}{3}\times\frac{10IR}{3}\right):\left(\frac{I}{3}\times\frac{IR}{3}\right):(IR\times I)=100:1:9$$

故 C 正确。

根据理想变压器的输入功率等于输出功率可知，变压器的输入功率为电阻 R_3 消耗的功率，a、b 间输入功率为三个电阻功率之和，则 a、b 间输入功率与变压器输入功率之比为 110∶9，故 D 错误。

故选 C。

强基要点 5 自感

当自感线圈中的电流发生变化时，将产生自感现象，由法拉第电磁感应定律可得，自感电动势的大小为：$\mathcal{E}_{自}=N\dfrac{\Delta\Phi_{自}}{\Delta t}=N\dfrac{\Delta B\cdot S}{\Delta t}$；设自感线圈的长度为 l，单位长度所包含的线圈匝数为 n，根据自感线圈的对称性，由磁场的环路定理可得：$B\cdot\Delta l=\mu_0\cdot n\Delta l\cdot I$。联立以上二式可得：$\mathcal{E}_{自}=nl\dfrac{\mu_0 nS\cdot\Delta I}{\Delta t}=\mu_0 n^2 lS\dfrac{\Delta I}{\Delta t}=L\dfrac{\Delta I}{\Delta t}$，其中 L 定义为该线圈的自感系数，其为完全由线圈性质所决定的物理量。

当自感线圈(亦称为电感)接入电路中时，若为直流电路，则电感只会在通路、断路或滑动变阻器移动时才会引起自感现象的产生；而接入交变电路中时，由于交变电流的大小始终在发生变化，故电感中将始终存在一个阻碍电流变化的自感电动势，交变电流的频率越高，则阻碍作用越明显。

要点精例

例 9 (2016 清华)如图所示的电路中，由直流电源、电感线圈和电阻组成，下列说法正确的是(　　)。

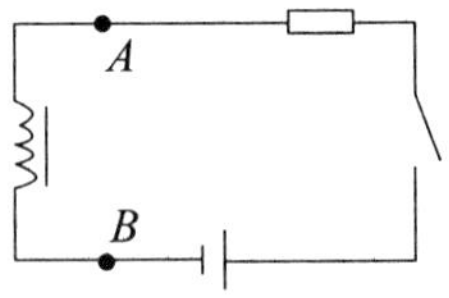

A. 突然闭合电键，点 A 电势比点 B 高

B. 闭合电键且稳定后，两点电势相等

C. 突然断开电键，点 A 电势比点 B 高

D. 突然断开电键，点 A 电势和点 B 相等

【答案】 AB

【解析】 突然闭合开关，线圈视为可变电阻外电路上电流由高电势流向低电势，故点 A 电势高。闭合一段时间后，线圈上无自感电动势，电感线圈视为导线，因此点 A、点 B 电势相等。突然断开开关，线圈上的自感电动势与电源相同，因此点 A 电势比点 B 电势低。

例 10 如图所示，自感系数分别为 L_1 和 L_2 的两个线圈，通过开关 S_1 和 S_2 接入电动势为 $\mathcal{E}$、内电阻为 r 的电源上，开始时两个开关都断开，当开关 S_1 闭合并且通过线圈 L_1 的电流达到某个值 I_0 后，开关 S_2 闭合。求在开关 S_2 闭合后，通过线圈 L_1 和 L_2 的稳定电流。线圈的电阻不计。

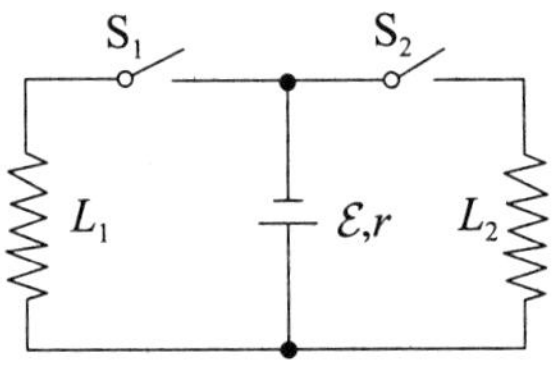

【解析】 开关 S_2 闭合瞬时，通过线圈 L_1 的电流为 I_0，

通过线圈 L_2 的电流为 0。设达到稳定时，通过两线圈的电流分别为 I_1 和 I_2，而通过电源的电流为 $\frac{\mathcal{E}}{r}$，由节点电流的基尔霍夫定律，有 $I_1+I_2=\frac{\mathcal{E}}{r}$。

在开关 S_2 闭合至电流稳定的时间内，两并联线圈上均产生自感电动势：线圈 L_1 电流从 I_0 减为 I_1，故电动势大小为 $\mathcal{E}_1=L_1\frac{I_0-I_1}{\Delta t}$，沿图中箭头所示方向电势升高；线圈 L_2 电流从 0 增为 I_2，故电动势大小为 $\mathcal{E}_2=L_2\frac{I_2}{\Delta t}$，沿图中箭头所示方向电势升高。那么对回路 $S_1S_2L_1L_1$ 应用基尔霍夫第二定律得 $\mathcal{E}_1+\mathcal{E}_2=L_1\frac{I_0-I_1}{\Delta t}+L_2\frac{I_2}{\Delta t}=0$。

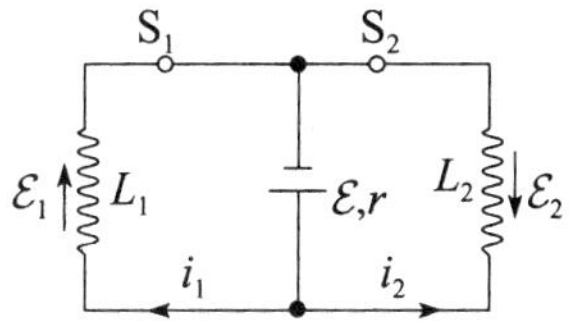

解上列两个基尔霍夫定律方程，得到两线圈中稳定电流依次为

$$I_1=\frac{L_2E+L_1L_0r}{r(L_1+L_2)},\quad I_2=\frac{L_1E-L_1I_0r}{r(L_1+L_2)}$$

强基练习

1.（2012 北约联盟）如图所示，通电直导线旁放一个金属线框，线框和导线在同一平面内。以下运动方式（　　）不能使框 $abcd$ 中产生感应电流。

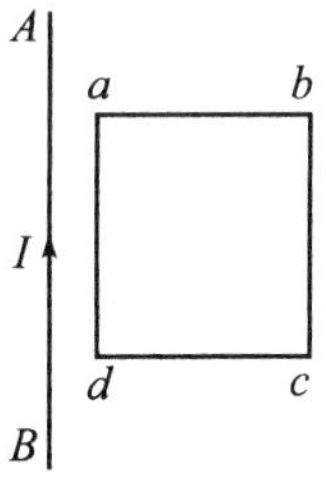

A. 线框以 AB 为轴旋转

B. 线框以 ad 边为轴旋转

C. 线框向右移动

D. 线框以 ab 边为轴旋转

2.（2017 清华）如图所示，导体棒匀速向右运动，导轨与导体棒均有电阻，单位长度阻值为 r，空间中为匀强磁场，求 $P-t$ 图像与 $I-t$ 图像。

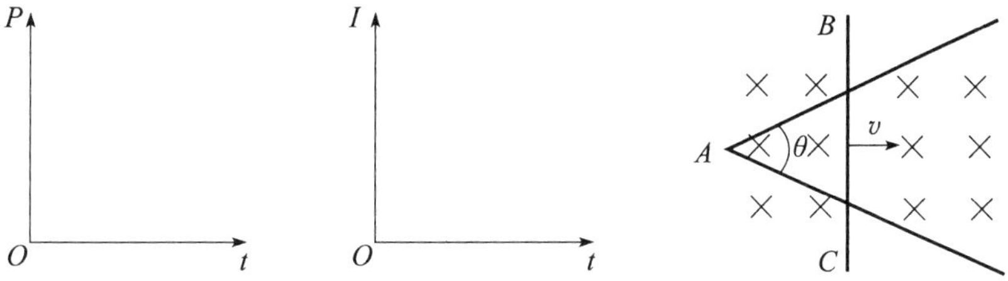

3.（2016 北大）一个通电螺线管，单位长度上的匝数为 n，长度为 L。在螺线管中有一个等腰梯形线框，且 OAB，OCD 各在一条直线上，$OB=OD=BD=l$，$OA=\frac{1}{2}OB$，通电螺线管中通有大小为 $I=kt+m$（k，t 为正的常数）的电流，某时刻产生的磁场如图所示。求：

(1) t 时刻螺线管内的磁感应强度的大小；

(2) 此时 A、B、C、D 各点的涡旋电场的大小和方向；

(3) 梯形回路各段(AB、BD、DC、CA)的感生电动势及整个回路的感生电动势(取逆时针为回路正向)；

(4) t 时刻靠近螺线管内壁 $r\approx R$ 处的能流密度 $\boldsymbol{S}$ 的大小和方向，能流密度的公式为 $\boldsymbol{S}=\boldsymbol{E}\times\boldsymbol{H}$。

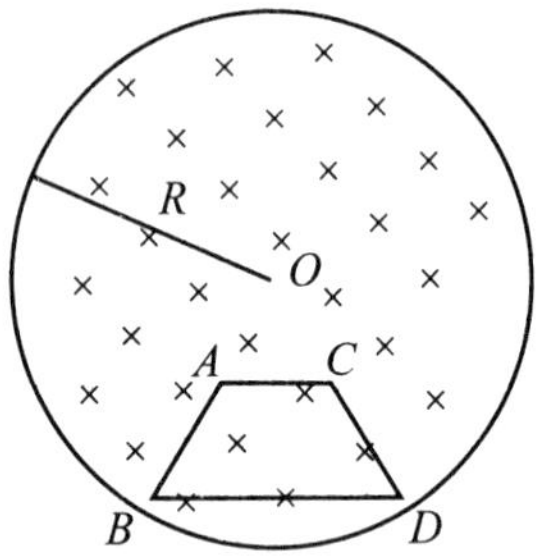

4. (2018 清华)如图所示，有两个回路 L_1、L_2，其中 L_1 为图中的小圆环，L_2 为由两根直导线与两根弧形导线构成的回路，两回路导线材质相同，大圆环内存在磁场，其磁感应强度随时间均匀增加，则(　　)。

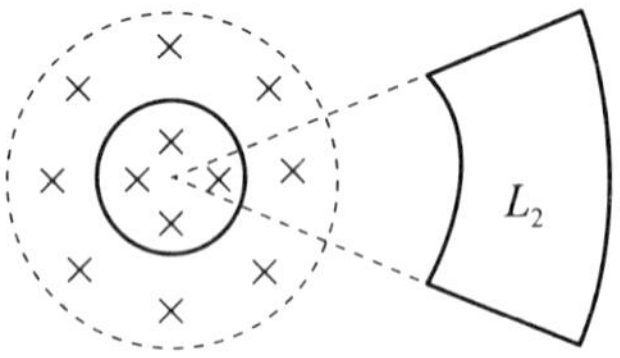

A. 回路 L_1 中有感应电流

B. 回路 L_2 中有感应电流

C. 回路 L_1 中电势处处相等

D. 回路 L_2 中产生了感应电场

5. (2017 清华)有一半径为 $2r$ 的线圈。内部磁场分布如图所示，磁感应强度大小均为 B。有一长为 $4r$ 的金属杆(横在中间)，其电阻为 R。金属杆的右半边线圈电阻为 R，左半边线圈电阻为 $2R$。当两个磁场磁感应强度从 B 缓慢变化至 0 时，求通过右半边的电荷量 q。

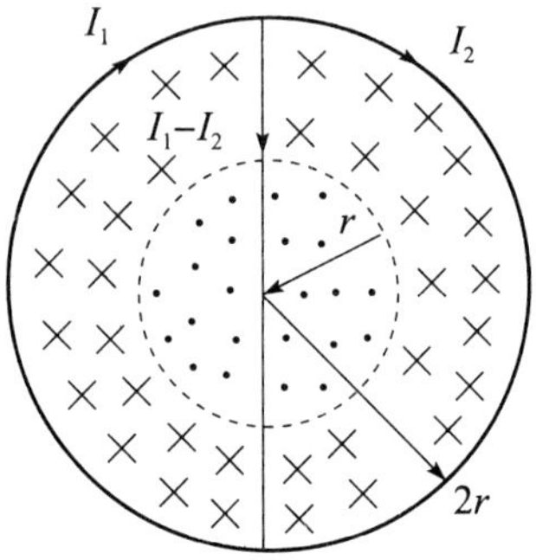

6.(2019清华)n 匝导线缠绕在半径为 R 的铁芯上，铁芯长度为 $L(L\gg R)$，相对磁导率为 μ_r，电阻率为 ρ，导线中电流随时间的变化关系为 $I=I_0\sin\omega t$，则涡流平均功率为(　　)。

(提示：有磁介质时的磁感应强度大小的计算可以类比有电介质的电容内部电场计算，原题无提示)

A. $\dfrac{\pi\mu_0^2\mu_r^2n^2\omega^2I_0^2R^4}{2\rho L}$　　B. $\dfrac{\pi\mu_0^2\mu_r^2n^2\omega^2I_0^2R^4}{4\rho L}$

C. $\dfrac{\pi\mu_0^2\mu_r^2n^2\omega^2I_0^2R^4}{8\rho L}$　　D. $\dfrac{\pi\mu_0^2\mu_r^2n^2\omega^2I_0^2R^4}{16\rho L}$

7.(2011北约联盟)如图所示，不计电阻的光滑平行轨道 EFG、PMN 构成相互垂直的 L 形，磁感应强度为 B 的匀强磁场方向与水平的 $EFMP$ 平面成 $\theta(\theta<45°)$ 角斜向上，金属棒 ab、cd 的质量均为 m，长均为 l，电阻均为 R。ab、cd 由细线通过角顶处的光滑定滑轮连接，细线质量不计，ab、cd 与轨道正交，已知重力加速度为 g。

(1) 求金属棒的最大速度 v_m；

(2) 当金属棒速度为 v 时，且 v 小于最大速度 v_m 时，求损失的机械功率 P_1 和电阻的发热功率 P_2。

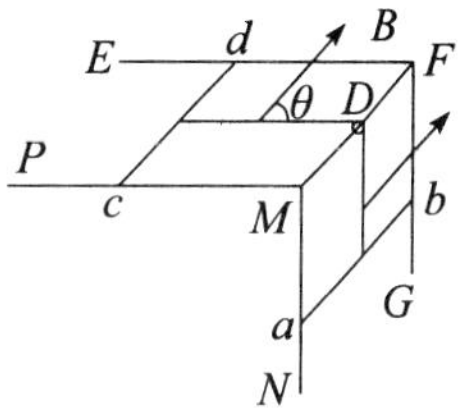

8.(2017清华)如图所示，正方形导体框从左至右运动，匀速穿过匀强磁场区。进入时速度为 $3v$，穿出时速度为 v，求进入与穿出时产生焦耳热的比值。

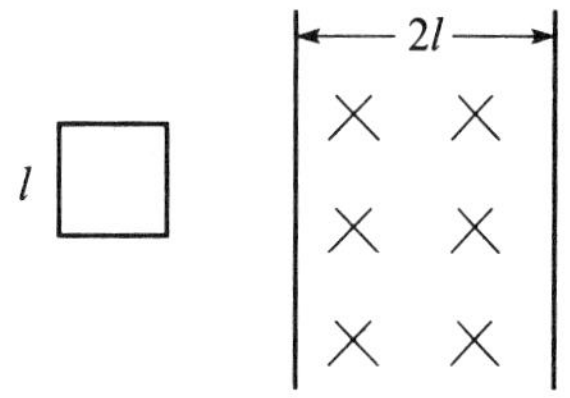

9. (2015 清华)如图所示，光滑且不计电阻的导轨上有一金属棒，金属棒电阻为 R，初速度为 $v_0=1\text{m/s}$，空间中有恒定的垂直于导轨平面的磁场，磁感应强度为 $\boldsymbol{B}$，当金属棒减速到$\frac{v_0}{10}$时，用时 1s。速度识别器最低纪录是 0.001m/s，问：总共记录的该导体棒运动时间为多少？

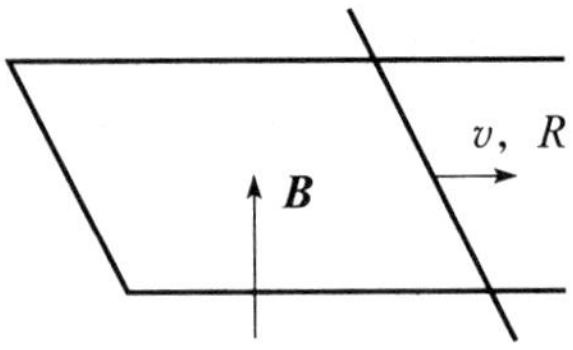

10. 心电图仪是将心肌收缩产生的脉动转化为电压脉冲的仪器，其输出部分可用一个与大电阻(40kΩ)相连的交流电源来等效，如图所示。心电图仪与一理想变压器的初级线圈相连，一扬声器(可以等效为阻值为 8Ω 的电阻)与该变压器的次级线圈相连。在等效电源的电压有效值 U_0 不变的情况下，为使扬声器获得最大功率，变压器的初级线圈和次级线圈的匝数比约为(　　)。

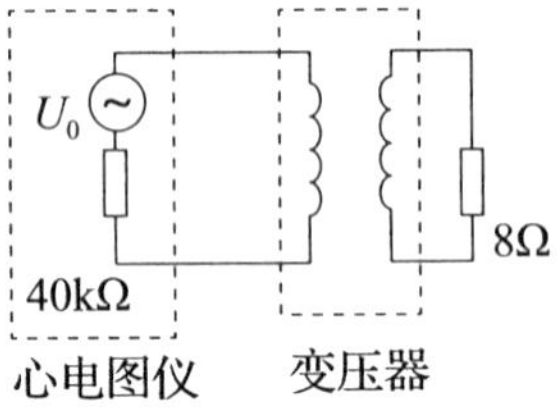

A. 1∶5000　　B. 1∶70　　C. 70∶1　　D. 5000∶1

11. 如图所示，理想变压器有两个接有电阻的独立副线圈甲、乙，其匝数分别为 n_1 和 n_2。现测得线圈甲上的电流与电压分别为 I_1 和 U_1，线圈乙上的电流为 I_2，则线圈乙上的电压 $U_2=$________，原线圈上的输入功率 $P=$________________。

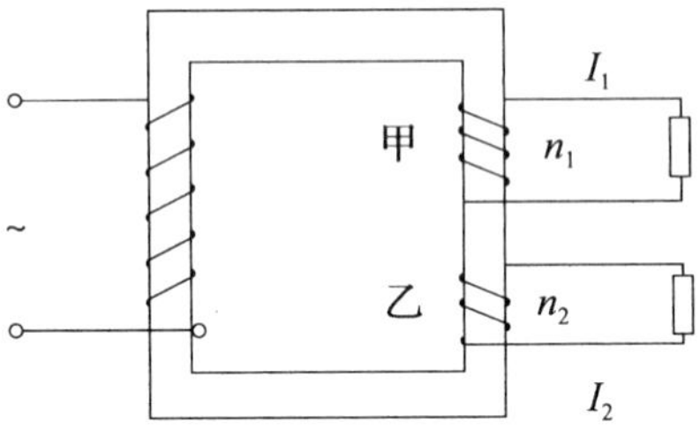

12. 电路中，已知两电阻阻值分别为 R_1、R_2，线圈自感系数 L(直流电阻不计)和电源电动势 $\mathcal{E}$(内阻不计)。

(1) 求电键 K 接通瞬间，ab 间的电压、流经 R_1 和 R_2 的电流强度以及线圈自感电动势。

(2) 求电路稳定后，电键 K 突然打开瞬间，ab 间的电压、电流以及线圈自感电动势。

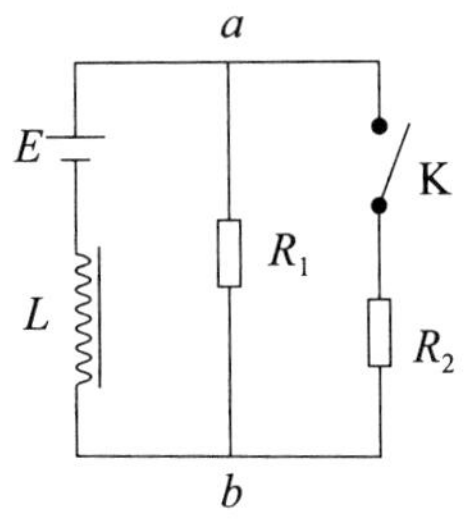

参考答案

1. A 【解析】要使框 $abcd$ 中产生感应电流，必须使框内有磁通量的变化。因通电直导线产生的磁场的磁感线的分布是以 AB 为轴的同心圆，故线框以 AB 为轴旋转，不能产生感应电流。

2. **解：**导体棒匀速向右运动，其位移满足 $x=vt$，导体棒有效长度为 $l=2x\tan\dfrac{\theta}{2}$，有效电阻总长度为 $d=l+\dfrac{2x}{\cos\dfrac{\theta}{2}}$。故其动生电动势大小为：$\mathcal{E}=Blv=2Bv^2\tan\dfrac{\theta}{2}t$，电流满足关系 $I=\dfrac{\mathcal{E}}{R}=\dfrac{Bv\sin\dfrac{\theta}{2}}{r\left(1+\sin\dfrac{\theta}{2}\right)}$，与时间 t 无关，功率 $P=I^2dr_0=\dfrac{2B^2v^3t\sin\dfrac{\theta}{2}\tan\dfrac{\theta}{2}}{r\left(1+\sin\dfrac{\theta}{2}\right)}t$。

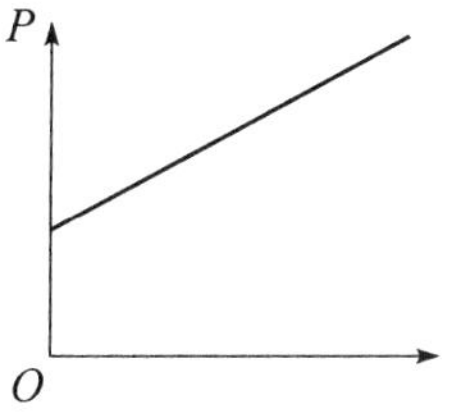

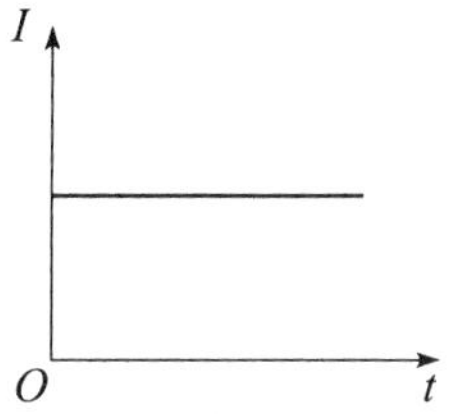

3. **解：**(1) 对于通电螺线管，其内部磁感应强度 $B=\mu_0nI=\mu_0n(kt+m)$。

(2) 距离轴线 r 的点，有 $2\pi r\cdot E=\mu_0nk\pi r^2$，得到 $E=\dfrac{1}{2}\mu_0nkr$。

故 A、C 处的电场强度大小为$\dfrac{1}{4}\mu_0nkl$，B、D 处的电场强度大小为$\dfrac{1}{2}\mu_0nkl$，方向都是逆时针。

(3) 圆心 O，在$\triangle OAC$ 中，总感生电动势为$\dfrac{\sqrt{3}}{16}\mu_0nkl^2$，又 OA、OC 边不分配电动势，故 AC 边电动势大小为$\dfrac{\sqrt{3}}{16}\mu_0nkl^2$；同理，$BD$ 边电动势大小为$\dfrac{\sqrt{3}}{4}\mu_0nkl^2$；$AB$、$CD$ 边无电动势；总电动势 $\mathcal{E}=\dfrac{3\sqrt{3}}{16}\mu_0nkl^2$。

(4) $\boldsymbol{S}=\boldsymbol{E}\times\boldsymbol{H}=\dfrac{1}{2}\mu_0nkl\cdot n(kt+m)=\dfrac{1}{2}\mu_0n^2kl(kt+m)$，方向指向 O，其中 H 称为磁场强度，在真空中有等量关系 $\boldsymbol{H}=\dfrac{\boldsymbol{B}}{\mu_0}$。

4. ACD 【解析】L_1 中有磁通量变化，有感应电流，且由于对称性，感生电动势分布均匀，因此各处电势相同；L_2 中没有磁通量改变，没有感应电流，有涡旋电场（感应电场）。

5. **解：** 磁场变化产生涡旋电场，线圈处电场 E 满足

$$E\times2\pi\times2r=\frac{\Delta\varphi}{\Delta t}=\frac{\Delta(B\times3\pi r^2-B\times\pi r^2)}{\Delta t}$$

所以

$$E=\frac{r}{2}\times\frac{\Delta B}{\Delta t}$$

如题图设计出电流分布(如答图)，对线圈左半边和金属杆列基尔霍夫定律方程

$$E\times\pi\times2r-I_1\times2R-(I_1-I_2)\times R=0$$

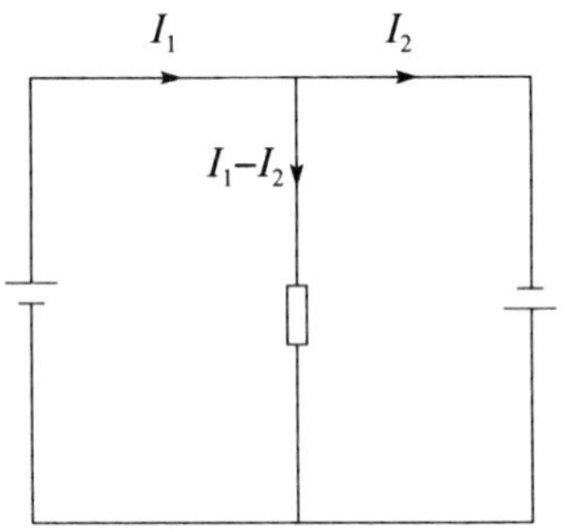

对线圈右半边和金属杆列基尔霍夫定律方程

$$E\times\pi\times2r-I_2\times2R+(I_1-I_2)\times R=0$$

联立两式得

$$I_2=\frac{8\pi rE}{5R}=\frac{4\pi r^2}{5R}\times\frac{\Delta B}{\Delta t}$$

因此通过右半边的电荷量 q 为

$$q=\sum I_2\Delta t=\sum\frac{4\pi r^2\Delta B}{5R}=\frac{4\pi r^2}{5R}\sum\Delta B=\frac{4\pi r^2B}{5R}$$

6. D 【**解析**】由 $L\gg R$ 知，铁芯内部的磁场可以看作匀强磁场，磁感应强度大小为 $B=\mu_r\mu_0\dfrac{n}{L}I=\mu_r\mu_0\dfrac{n}{L}\cdot I_0\sin\omega t$，在半径 r 处取一厚为 $\mathrm{d}r$ 的柱面，则 t 时刻柱面上产生的感生电动势大小为

$$\mathcal{E}(r,t)=\frac{\mathrm{d}(B\pi r^2)}{\mathrm{d}t}=\frac{\pi r^2\mu_r\mu_0 n\omega I_0\cos(\omega t)}{L}$$

该柱面上总电阻为 $R(r)=\dfrac{\rho\cdot2\pi r}{L\mathrm{d}r}$。

该柱面在 t 时刻产生的瞬时功率为

$$\mathrm{d}P(r,t)=\frac{\mathcal{E}^2(r,t)}{R(r)}=\frac{(\pi r^2\mu_r\mu_0 n\omega I_0)^2\cos^2(\omega t)}{L^2}\cdot\frac{L}{2\pi r\rho}\mathrm{d}r$$

考虑到$\cos^2(\omega t)$对时间的平均为$\overline{\cos^2(\omega t)}=\dfrac{1}{2}$，则 r 处厚度为 $\mathrm{d}r$ 的柱面上涡流的平均功率为

$$\mathrm{d}P(r)=\frac{(\pi r^2\mu_r\mu_0 n\omega I_0)^2}{L^2}\cdot\frac{L}{4\pi r\rho}\mathrm{d}r$$

则整个铁芯上涡流的平均功率为

$$P=\int_0^R \mathrm{d}P(r)=\int_0^R \frac{(\pi r^2\mu_r\mu_0 n\omega I_0)^2}{L^2}\cdot\frac{L}{4\pi r\rho}\mathrm{d}r=\frac{\pi\mu_r^2\mu_0^2 n^2\omega^2 I_0^2 R^4}{16\rho L}$$

7. **解**：(1)金属棒达到最大速度 v_m 时，回路 $cdFbaMc$ 中的感应电动势为：

$$\mathcal{E}=B\sin\theta\cdot lv_m-B\cos\theta\cdot lv_m=Blv_m(\sin\theta-\cos\theta)$$

回路中的电流：$I=\dfrac{\mathcal{E}}{2R}$

当两棒均做匀速运动时，棒的速度达最大值，故

由 $mg=BIl\cos\theta+BIl\sin\theta$

得：$v_m=\dfrac{2mgR}{B^2l^2(\cos\theta-\sin\theta)^2}$

(2)金属棒速度为 v 时，系统机械能损失的功率 $P_1=P_2$。

电阻的发热功率 $P_2=\dfrac{\mathcal{E}'^2}{2R}=\dfrac{B^2l^2v^2(\cos\theta-\sin\theta)^2}{2R}$

8. **解**：设磁场的磁感应强度是 B，线框的电阻为 R，以速度 u 切割磁感线时产生的电动势为 $\mathcal{E}=Blu$，电流为 $I=\dfrac{\mathcal{E}}{R}$，受到的安培力大小为 $F=BIl=\dfrac{B^2l^2u}{R}$，即 $F\mathrm{d}t=\dfrac{B^2l^2\mathrm{d}x}{R}$。对等式两边求和 $\Delta(mv)=\dfrac{B^2l^2x}{R}$，对线圈进出磁场，其位移相同，故动量改变量一样。所以在磁场中线圈的速度大小是 $2v$，产热即是线圈动能改变量。故产热比为：$\dfrac{(3v)^2-(2v)^2}{(2v)^2-v^2}=\dfrac{5}{3}$。

9. **解**：设导轨宽度为 L，t 时刻速度 v，则

$$\mathcal{E}=BLv,\quad I=\frac{\mathcal{E}}{R}=\frac{BLv}{R}$$

金属棒受力大小为 $F=-BIL=-\dfrac{B^2L^2v}{R}$，负号表示 F 方向与 v 方向相反。

由牛顿第二定律，可得

$$F=ma=m\frac{\mathrm{d}v}{\mathrm{d}t}$$

即

$$m\frac{\mathrm{d}v}{\mathrm{d}t}=-\frac{B^2L^2v}{R}$$

$$\frac{\mathrm{d}v}{\mathrm{d}t}=-\frac{B^2L^2v}{mR}$$

积分

$$\int_{v_0}^{\frac{v_0}{10}} \frac{\mathrm{d}v}{v}=\int_0^{t_1} -\frac{B^2L^2\mathrm{d}t}{mR}$$

$$\int_{v_0}^{\frac{v_0}{1000}} \frac{\mathrm{d}v}{v}=\int_0^{t_2} -\frac{B^2L^2\mathrm{d}t}{mR}$$（其中 $t_1=1\mathrm{s}$，t_2 即为要求的时间）

即

$$-\frac{B^2L^2t_1}{mR}=\ln v\Big|_{v_0}^{\frac{v_0}{10}}=\ln\frac{1}{10}=\ln 10^{-1}$$

$$-\frac{B^2L^2t_2}{mR}=\ln v\Big|_{v_0}^{\frac{v_0}{1000}}=\ln\frac{1}{1000}=3\ln 10^{-1}$$

所以 $t_2=3t_1=3\mathrm{s}$。

10. C 【解析】设变压器的初级线圈和次级线圈的匝数比为 n，把理想变压器和扬声器整体等效为一个负载电阻 R，则有：$R=\frac{U_1}{I_1}$。而 $U_1=nU_2$，$I_1=\frac{I_2}{n}$，$\frac{U_2}{I_2}=R_2$，解得：$R=n^2R_2$。为使扬声器获得最大功率，负载电阻 R 必须获得最大功率。根据电源输出最大功率条件，负载电阻 R 应该等于 R_1，即 $R_1=n^2R_2$。解得：$n=\sqrt{\frac{R_1}{R_2}}=\sqrt{5000}\approx 70$，选项 C 正确。

11. **解**：由变压器变压公式，$\frac{U}{n}=\frac{U_1}{n_1}=\frac{U_2}{n_2}$，线圈乙上的电压 $U_2=\frac{n_2}{n_1}U_1$。由理想变压器功率关系可得：原线圈上的输入功率 $P=I_1U_1+I_2U_2=I_1U_1+\frac{n_2}{n_1}U_1I_2$。

12. **解**：(1) 电键 K 接通前的稳定状态，流经 $\mathcal{E}$、L、R_1 的回路电流为

$$I_0=\frac{\mathcal{E}}{R_1}$$

电键 K 接通瞬间，由于线圈电感的存在，电流 I_0 未变，ab 间的电压为

$$U_{ab}=I_0\cdot\frac{R_1R_2}{R_1+R_2}=\frac{R_2}{R_1+R_2}\mathcal{E}$$

流经 R_1、R_2 的电流强度 I_1、I_2 分别为

$$I_1=I_0\cdot\frac{R_2}{R_1+R_2}=\frac{R_2\mathcal{E}}{R_1(R_1+R_2)},\quad I_2=I_0\cdot\frac{R_1}{R_1+R_2}=\frac{\mathcal{E}}{R_1+R_2}$$

此时线圈中的自感电动势为

$$\mathcal{E}_1=\mathcal{E}-U_{ab}=\frac{R_1}{R_1+R_2}\mathcal{E}$$

方向与 $\mathcal{E}$ 的方向相反。

注意：此时刻流经 L 的电流未变，但电流随时间的变化速率不为零。

(2) 接通电键达稳定后，流经电源的总电流强度为

$$I_0'=\frac{\mathcal{E}(R_1+R_2)}{R_1R_2}$$

电键突然打开瞬间，回路中电流未变，ab 间的电压为

$$U_{ab}'=I_0'R_1=\frac{\mathcal{E}(R_1+R_2)}{R_2}$$

此时线圈中的自感电动势为

$$\mathcal{E}_2=\frac{\mathcal{E}(R_1+R_2)}{R_2}-\mathcal{E}=\frac{R_1}{R_2}\mathcal{E}$$

方向与 $\mathcal{E}$ 方向相同。

第14讲 热学

强基要点1 理想气体状态方程

1. 实验定律

在压强不太大、温度不太低的条件下，一定量的气体的状态变化遵从以下三个实验定律：

（1）英国科学家玻意耳和法国科学家马略特各自通过实验发现，气体温度不变时，$p_1V_1=p_2V_2$ 或 $pV=$常量

（2）查理定律：气体体积不变时，$\frac{p_1}{T_1}=\frac{p_2}{T_2}$或$\frac{p}{T}=$恒量

（3）盖·吕萨克定律：气体压强不变时，$\frac{V_1}{T_1}=\frac{V_2}{T_2}$或$\frac{V}{T}=$恒量

2. 理想气体

宏观定义：严格遵守三大气体实验定律的气体。

微观特征：除了短暂的碰撞过程外，分子间的相互作用可以忽略，意味着不计分子势能；分子间的碰撞为弹性碰撞。

理想气体是一种理想模型，是实际气体在某些条件约束下的近似。如果这些条件不满足，我们称之为实际气体，可以用其他模型去归纳，如范德瓦尔斯气体、昂尼斯气体等。

3. 理想气体状态方程

一定量的理想气体，$\frac{p_1V_1}{T_1}=\frac{p_2V_2}{T_2}$或$\frac{pV}{T}=$恒量。

另一种常见的表达形式为：$pV=nRT$，也称理想气体定律或克拉伯龙方程，其中 p 代表状态参量压强，V 是体积，n 指气体物质的量，T 为绝对温度，$R=8.314\mathrm{J}\cdot\mathrm{k}^{-1}\cdot\mathrm{mol}^{-1}$ 为理想气体常数。该方程是描述理想气体在处于平衡态时，压强、体积、物质的量、温度间关系的状态方程。

理想气体状态方程可以由三个实验定律推出，也可以由理想气体的压强微观解释和温度微观解释推导得出。

4. 混合气体状态方程

如果有 n 种理想气体，分开时的状态分别为(p_1、V_1、T_1)，(p_2、V_2、T_2)，…，

（p_n、V_n、T_n），将它们混合起来后的状态为 p、V、T，那么，有

$$\frac{p_1V_1}{T}+\frac{p_2V_2}{T_2}+\cdots+\frac{p_nV_n}{T_n}=\frac{pV}{T}$$

如果是两部分气体混合后再分成的部分，则有

$$\frac{p_1V_1}{T_1}+\frac{p_2V_2}{T_2}=\frac{p_1'V_1'}{T_1'}+\frac{p_2'V_2'}{T_2'}$$

5. 道尔顿分压定律

混合气体的压强等于各组成的分压强之和。这条实验定律也只适用于理想气体。即

$$p=\sum_i p_i$$

其中每一部分的气体状态方程为

$$p_iV_i=\frac{m_i}{M_i}RT$$

混合理想气体状态方程与单一成分的理想气体状态方程形式相同，但 M 为平均摩尔质量。

$$pV=\frac{m}{M}RT$$

由于混合气体的摩尔数是各组分的摩尔数之和，因此混合气体的平均摩尔质量 M 有

$$\frac{1}{M}=\sum_i \frac{m_i}{m}\frac{1}{M_i}$$

由此可得混合气体的分压强

$$p_i=\frac{m_i}{m}\frac{M}{M_i}p$$

要点精例

例 1　(2016 清华领军)潜水员为测量某湖水深度，测得湖面气温 $t_1=27℃$，大气压强 $p=1.0\times10^5$ Pa。现将一盛有空气的试管从湖面带入，潜入湖底，整个过程管口始终向下。潜至湖底后水充满试管的一半，湖底温度 $t_2=7℃$，则湖深约为(　　)。

A. 5m　　B. 10m　　C. 15m　　D. 20m

【解析】 试管在湖面时，管内气体的压强为 $p_1=p$，体积为 V，温度为 $T_1=300$K。试管在湖底时，管内气体的压强为 $p_2=p+\rho gh$，体积为 $\frac{V}{2}$，温度为 $T_2=280$K。根据

理想气体的状态方程，有

$$\frac{p_1V}{T_1}=\frac{p_2\frac{V}{2}}{T_2}$$

解得

$$h\approx 8.7\text{m}$$

所以 B 选项正确。

例 2 (2017 清华领军)如图所示，导热管中封有长度为 $l_0$cm 的水银柱，当导热管开口向下时，其中空气柱长度为 $l_1$cm，当导热管开口向上时，其中空气柱长度为 $l_2$cm，设外界大气压强为 HcmHg，则 $\frac{l_1}{l_2}$ 为(　　)。

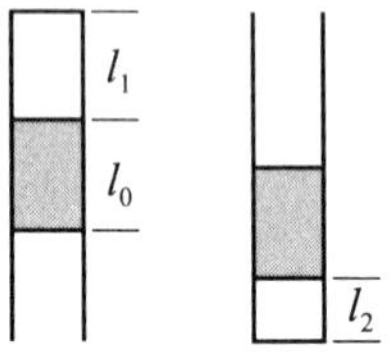

A. $\frac{H+l_0}{H-l_0}$　　B. $\left(\frac{H+l_0}{H-l_0}\right)^2$　　C. $\frac{H-l_0}{H+l_0}$　　D. $\left(\frac{H-l_0}{H+l_0}\right)^2$

【解析】根据玻意耳定律，有

$$(H-l_0)l_1S=(H+l_0)l_2S$$

解得

$$\frac{l_1}{l_2}=\frac{H+l_0}{H-l_0}$$

所以 A 选项正确。

例 3 (2016 清华领军)有一左端封闭、右端开口的均匀 U 形管，左管内有一段水银分割出两段长度相等的气柱，如图所示，现向右管缓慢注入水银，设平衡后上段气体长 l_1，下段气体长 l_2，则 l_1 与 l_2 的关系为(　　)。

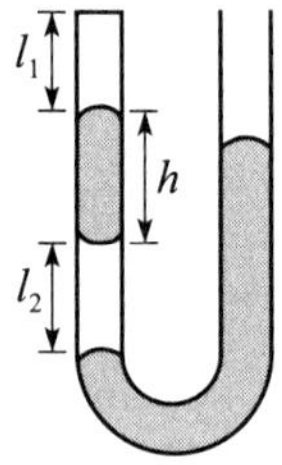

A. $l_1>l_2$　　B. $l_1=l_2$

C. $l_1<l_2$　　D. 无法确定，视注入水银的量

【解析】设左管内水银柱长为 h，玻璃管的横截面积为 S，两段气体的初始长度为 l，上段气体的初始压强为 p，平衡后的压强为 p_1。根据玻意耳定律，有

$$plS=p_1l_1S$$

$$(p+\rho gh)lS=(\rho_1+\rho gh)l_2S$$

解得

$$l_1=\frac{p}{p_1}l,l_2=\frac{p+\rho gh}{p_1+\rho gh}l$$

由$\frac{a}{b}<\frac{a+m}{b+m}$，得 $l_1<l_2$，所以C选项正确。

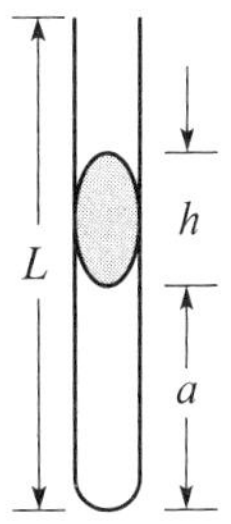

例 4　(2009 清华)如图所示，开口向上粗细均匀的玻璃管长 $L=100\text{cm}$，管内有一段高 $h=20\text{cm}$ 的水银柱，封闭着长为 $a=50\text{cm}$ 的空气柱，大气压强 $p_0=76\text{cmHg}$，温度 $t_0=27℃$，问：温度至少升到多高时，可使水银全部溢出？

【解析】开始温度升高时，气体压强不变，气体体积膨胀，水银柱上升。当水银柱升至管口后，温度再升高，水银就开始溢出，这时气体的压强随水银的溢出减小，气体的体积在不断增大，当温度达到某一温度之后。水银可全部膨胀排出。

令剩余的水银柱的高度为 x，玻璃管的截面积为 S。

气体的初始态：$p_1=p_0+hV_1=aST_1=300\text{K}$；

气体的末状态：$p_2=p_0+xV_2=(100-x)ST_2=273+t_2$。

根据理想气体状态方程：$\frac{p_1V_1}{T_1}=\frac{p_2V_2}{T_2}$，即：$\frac{(p_0+h)aS}{273+27}=\frac{(p_0+x)(100-x)S}{273+t_2}$，

代入数据得：$\frac{(76+x)(100-x)}{273+t_2}=\frac{96\times50}{300}=16$，

要使 t_2 最高，则$(76+x)(100-x)$必为最大。又因为 $76+x+100-x=176$ 为常数，所以当 $76+x=100-x$，即 $x=12\text{cm}$ 时，$(76+x)(100-x)$有最大值。

$\frac{(76+12)(100-12)}{273+t_2}=16$，$t_2=211℃$，水银全部溢出。

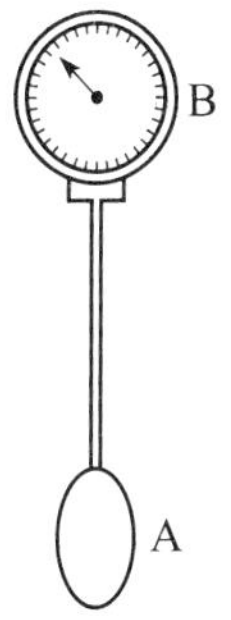

例 5　如图是一种测量低温用的气体温度计，它的下端是测温泡A，上端是压力计B，两者通过绝热毛细管相连，毛细管容积不计。操作时先把测温计在室温 T_0 下充气至大气压 p_0，然后加以密封，再将 A 浸入待测液体中，当A和待测液体达到热平衡后，B的读数为 p，已知A和B的容积分别为 V_A 和 V_B，试求待测液体的温度。

【解析】混合气体状态方程：

$$\frac{p_0(V_A+V_B)}{T_0}=\frac{pV_A}{T_A}+\frac{pV_B}{T_0}$$

解得　$T_A=\frac{pV_AT_0}{p_0(V_A+V_B)-pV_B}$

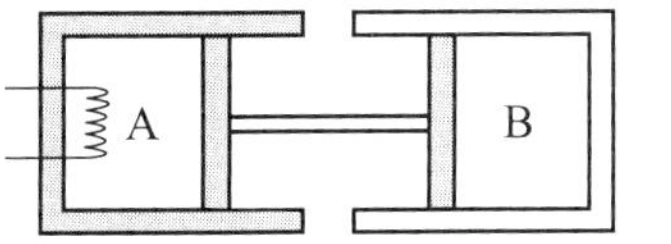

例 6　(2019 中科大)如图所示，绝热气缸A与导热气缸B均固定于地面，由刚性杆连接的绝热活塞与两气缸间均无摩擦。两气缸内装有处于平衡状态的理想气体，开始时体积均为 V_0、温度均为 T_0。缓慢加热气缸A中气体，停止加热达到稳定后，A中气体压强为原来的1.2倍。设环境温度始终保持不变，求气缸A中气体的体积 V_A 和温度 T_A。

【解析】设初态压强为 p_0，稳定后气缸 A、气缸 B 压强相等，为 $1.2p_0$。对气缸 B 中气体，根据玻意耳定律，有

$$p_0V_0=1.2p_0(2V_0-V_A),$$

解得

$$V_A=\frac{7}{6}V_0$$

对气缸 A 中气体，根据理想气体的状态方程，有

$$\frac{p_0V_0}{T_0}=\frac{1.2p_0V_A}{T_A}$$

解得

$$T_A=1.4T_0$$

例 7 （2012 北大）如图所示，气缸上部足够长，质量不计的轻活塞 A、B 的截面积分别为 $2S$ 和 S，气缸下部长为 $2l$。A、B 活塞间以长为 $\frac{7l}{4}$ 的无弹性轻质细绳相连，A 活塞上部有压强为 p_0 的大气。开始时封闭气室 M、N 中充有同样气体，且 M 的体积是 N 的 2 倍，N 中气体恰好为 1mol，且小活塞 B 位于距底部 l 处，气体温度为 T_0。现同时缓慢升高两部分封闭气体的温度至 $2T_0$，求平衡后活塞 A 与底部的距离。

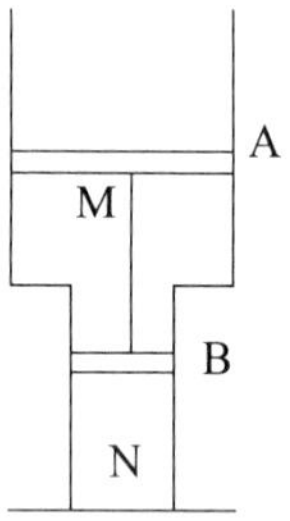

【解析】因初始时刻 $V_M=2V_N$，而 $V_N=lS$，$V_M=lS+x\cdot 2S$ 得 $x=0.5l$。这表明开始时两活塞间距为 $1.5l$，它小于 $\frac{7l}{4}$，即开始时细绳处于松弛状态，且 $p_M=p_N=p_0$。

现同时缓慢升高两部分气体的温度，两部分气体开始都做等压膨胀。设 B 能上移距离 l，线仍然未张紧，此时对应的温度 T' 满足：$\frac{lS}{T_0}=\frac{2lS}{T'}$，得 $T'=2T_0$。

此时对 M 部分气体有：$\frac{2lS}{T_0}=\frac{l'\cdot 2S}{T'}$，得 $l'=2l>\frac{7l}{4}$。

这表明在这之前线已张紧，现设想升温至 $2T_0$ 时刻 B 上移 x，且 $x<l$（M、N 两部分气体未混合），则

$$p_N(l+x)S=n_NR\cdot 2T_0=2RT_0,$$
$$p_M[(l-x)S+(7l/4-l+x)\cdot 2S]=n_MR\cdot 2T_0=4RT_0,$$

且 $p_0\cdot 2S+p_M\cdot S=p_N\cdot S+p_M\cdot 2S$，同时对初态有：$p_0lS=RT_0$，
解得

$$x=1.186l>l$$

这表明升温至 $2T_0$ 时，M、N 两部分气体已混合，则

$$p_0[2lS+(x-2l)\cdot 2S]=(n_N+n_M)R\cdot 2T_0=6RT_0$$

且 $p_0lS=n_NRT_0=RT_0$

解得 $x=4l$

强基要点 2 理想气体的内能

对于单原子分子（如 He 等）的理想气体来说，分子只有平动动能，其内能应是分子数与分子平均平动动能的乘积，即 $E=N\cdot\frac{3}{2}kT$。对于双原子分子（如 N_2、O_2）的理想气体来说，在常温下，分子运动除平动外还可以有转动，分子的平均动能为 $\frac{5}{2}kT$，其内能 $E=N\cdot\frac{5}{2}kT$。因此，理想气体的内能可以表达为 $E=N\cdot\frac{i}{2}kT=\frac{mi}{2M}RT=\frac{i}{2}pV$。

注意：$\frac{N}{N_A}=\frac{m}{M}$，$R=N_Ak$；对于单原子分子气体 $i=3$，对于双原子分子气体 $i=5$，k 是玻尔兹曼常数。

要点精例

例 8 （第 31 届全国预赛）如图所示的气缸壁是绝热的。缸内隔板 A 是导热的，它固定在缸壁上。活塞 B 是绝热的，它与缸壁的接触是光滑的，但不漏气。B 的上方为大气。A 与 B 之间以及 A 与缸底之间都盛有 $n$mol 的同种理想气体，系统在开始时处于平衡状态。现通过电炉丝 E 对气体缓慢加热，在加热过程中，A、B 之间的气体经历________过程。A 以下气体经历________过程；气体温度每上升 1K，A、B 之间的气体吸收的热量与 A 以下气体净吸收的热量之差等于________。已知普适气体常量为 R。

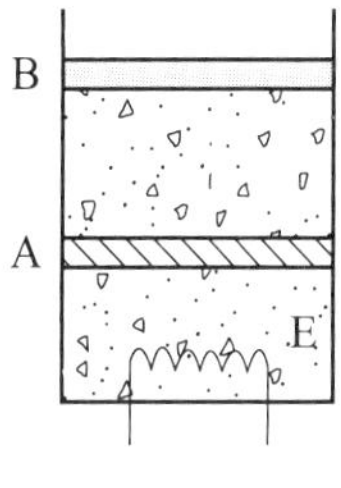

【答案】 等压；等容；nR

【解析】 对气体缓慢加热。在加热过程中，B 活塞缓慢上移，处于平衡状态，即 $mg+p_0S=p_BS$，A、B 间气体压强不变，经历等压变化，A 以下气体体积不变，经历等容变化。加热过程中，A 导热，B 绝热，则两部分气体温度相同，但 A、B 间气体除了吸热之外，还要对外做功，故 A、B 之间的气体吸收的热量与 A 以下气体净吸收的热量之差等于 A、B 间气体对外做的功，对 A、B 间气体有：

$$\frac{V_B}{T_B}=\frac{V_B'}{T_B+1}$$

得到：$\Delta V=\frac{1}{T_B}V_B$

A、B间气体对外做的功

$$W=p_B\cdot S\Delta L=p_B\cdot\Delta V=\frac{p_BV_B}{T_B}$$

结合 $p_BV_B=nRT_B$ 可解得 $W=nR$。

故A、B之间的气体吸收的热量与A以下气体净吸收的热量之差等于 nR。

强基要点 3 热力学定律

1. 改变内能的方式

改变内能有两种方式：做功和传热。

做功可以改变物体的内能。如果外界对系统做功为 W，做功前后系统的内能分别为 E_1、E_2，则有 $E_2-E_1=W$。

没有做功而使系统内能改变的过程称为热传递。它是物体之间存在温度差而发生的转移内能的过程。在热传递中被转移的内能大小称为热量，用 Q 表示。传递的热量与内能变化的关系是 $E_2-E_1=Q$。

做功和热传递都能改变系统的内能，但两者存在实质的差别。

2. 热力学第一定律

(1) 内容：一个热力学系统的内能变化量等于外界向它传递的热量与外界对它所做的功的和。

(2) 表达式：$\Delta U=Q+W$。

(3) 表达式中的正、负号法则：

物理量	W	Q	ΔU
+	外界对物体做功	物体吸收热量	内能增加
−	物体对外界做功	物体放出热量	内能减少

3. 热力学过程

(1) 等容过程。

气体等容变化时，有 $\frac{p}{T}=$恒量，而且外界对气体做功 $W=-p\Delta V=0$。根据热力学第一定律有 $\Delta U=Q$。在等容过程中，气体吸收的热量全部用于增加内能，温度升高；反之，气体放出的热量是以减小内能为代价的，温度降低。

(2) 等压过程。

气体等压变化时，有 $\frac{V}{T}=$恒量，如容器中的活塞在大气环境中无摩擦地自由移动。

根据热力学第一定律可知：气体等压膨胀时，从外界吸收的热量 Q，一部分用来增加内能，温度升高，另一部分用于对外做功；气体等压压缩时，外界对气体做的功和气体温度降低所减少的内能，都转化为向外放出的热量。

(3) 等温过程。

气体在等温过程中，有 pV=恒量。如气体在恒温装置内或者与大热源接触时所发生的变化。

理想气体的内能只与温度有关，所以理想气体在等温过程中内能不变，即 $\Delta U=0$，因此有 $Q=-W$。即气体做等温膨胀，压强减小，吸收的热量完全用来对外界做功；气体做等温压缩，压强增大，外界对气体所做的功全部转化为对外放出的热量。

(4) 绝热过程。

气体始终不与外界交换热量的过程称之为绝热过程，即 $Q=0$。例如用隔热良好的材料把容器包起来，或者由于过程进行得很快来不及和外界发生热交换，这些都可视作绝热过程。

理想气体发生绝热变化时，p、V、T 三个量会同时发生变化，仍遵循 $\frac{pV}{T}$=恒量。

绝热过程的状态方程是 $pV^{\gamma}=C$，其中 γ 是绝热指数。

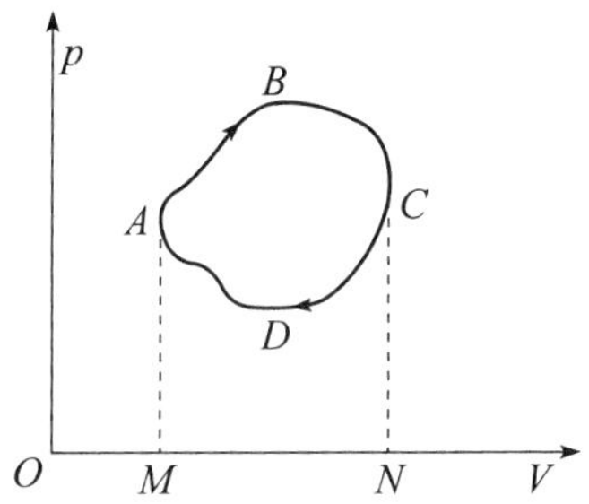

(5) 循环过程。

系统由某一状态出发，经历一系列过程又回到原来状态的过程，称为循环过程。热机循环过程在 $p-V$ 图上是一根顺时针绕向的闭合曲线(如图)。系统经过循环过程回到原来状态，因此 $\Delta U=0$。

由图可见，在 ABC 过程中，系统对外界做正功，在 CDA 过程中，外界对系统做正功。在热机循环中，系统对外界所做的总功：

W'=($p-V$ 图中循环曲线所包围的面积)，而且由热力学第一定律可知：在整个循环中系统从外界吸收的热量总和 Q_1，必然大于放出的热量总和 Q_2，而且

$$Q_1-Q_2=W'$$

热机效率表示吸收的热量有多少转化为有用的功，是热机性能的重要标志之一，效率的定义为

$$\eta=\frac{W'}{Q_1}=1-\frac{Q_2}{Q_1}<1$$

4. 热力学第二定律

表述1：不可能制成一种循环动作的热机，只从一个热源吸取热量，使之全部变为有用的功，而其他物体不发生任何变化。

表述2：热量不可能自动地从低温物体传向高温物体。

在表述1中，要特别注意“循环动作”几个字，如果工作物质进行的不是循环过程，如气体做等温膨胀，那么气体只使一个热源冷却做功而不放出热量便是可能的。

该叙述反映了热功转换的一种特殊规律，并且表述1与表述2具有等价性。

要点精例

例9 (2019中科大)恒温的水池中，有一气泡缓慢上升，在此过程中，气泡的体积会逐渐增大，不考虑气泡内气体分子势能的变化，则下列说法正确的是(　　)。

A. 气泡对外界做功，气泡内气体分子的平均动能保持不变

B. 气泡对外界做功，气泡内气体分子的平均动能减小

C. 外界对气泡做功，气泡内气体分子的平均动能保持不变

D. 外界对气泡做功，气泡内气体分子的平均动能增加

【答案】 A

【解析】 气泡体积增大，对外界做功，由于温度不变，故气体分子的平均动能保持不变。A选项正确。

例10 (2013华约联盟)自行车车胎打足气后骑着很轻快。由于慢撒气，即缓慢漏气，车胎内气压下降了四分之一。求漏掉气体占原来气体的比例 η。假设漏气过程是绝热的，一定质量的气体，在绝热过程中其压强 p 和体积 V 满足关系 $pV^{\gamma}=$常量，式中参数 γ 是与胎内气体有关的常数。

【解析】 设漏气前车胎内气压为 p、体积为 V，漏气后车胎内气压下降了四分之一，即压强变为 $\frac{3}{4}p$，体积仍为 V。假设不漏气，当气压为 $\frac{3}{4}p$ 时，体积为 V'。根据绝热过程中压强 p 和体积 V 满足的关系式，有

$$pV^{\gamma}=\frac{3}{4}pV'^{\gamma}$$

解得

$$V'=\left(\frac{4}{3}\right)^{\frac{1}{\gamma}}V$$

所以漏掉气体占原来气体的比例为

$$\eta=\frac{V'-V}{V'}=1-\left(\frac{3}{4}\right)^{\frac{1}{\gamma}}$$

例11 (2012清华保送)如图所示，AB 为一定量的理想气体的绝热线，当它以图示 $A\to B\to E\to A$ 过程变化时，下列关于气体吸热、放热的表述正确的是(　　)。

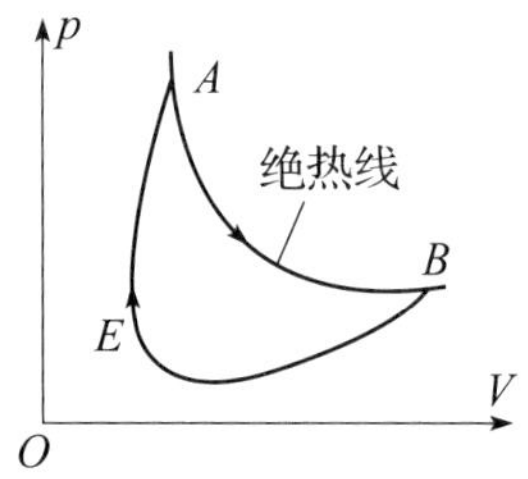

A. 始终吸热　　B. 始终放热

C. 有时吸热，有时放热，但吸热等于放热

D. 有时吸热，有时放热，但吸热大于放热

E. 有时吸热，有时放热，但吸热小于放热

【答案】D

【解析】$A\to B$ 为绝热线(绝热过程是指系统与外界没有热交换)，不吸热也不放热；$B\to E$ 的过程，外界对气体做功，温度降低，内能减小；由热力学第一定律知，此过程气体放热；$E\to A$ 的过程，气体对外界做功，温度升高，内能增加，由热力学第一定律知，此过程气体吸热，$A\to B\to E\to A$ 这一循环过程内能不变，气体对外做功(做功量等于图中的封闭面积)，故气体须吸热，故吸热大于放热。故 D 正确。

例12 (2016 清华夏令营)在研究大气现象时可把温度、压强相同的一部分气体作为研究对象，叫作气团。气团直径可达几千米。由于气团很大，其边缘部分与外界的热交换相对于整个气团的内能来说非常小，可以忽略不计。气团从地面上升到高空后温度可降低到-50℃。关于气团上升过程，下列说法正确的是(　　)。

A. 体积膨胀，对外做功，内能不变

B. 体积收缩，外界对气团做功，内能不变

C. 体积膨胀，对外做功，内能减少

D. 体积收缩，外界对气团做功，同时放热

【答案】C

【解析】气团上升过程温度降低，则气团内能减小，即 $\Delta U<0$。气团边缘部分与外界的热交换可以忽略不计，即 $Q=0$。根据热力学第一定律 $\Delta U=Q+W$，知 $W<0$，气团体积膨胀，对外做功。C 选项正确。

例13 (2016 清华领军)如图所示，一用钉销锁定的导热活塞将导热气缸分成体积相等的左右两室，开始时气体压强之比为 $p_{左}:p_{右}=5:3$，拔出钉销后活塞移动并最终保持稳定状态，外界温度恒定，则(　　)。

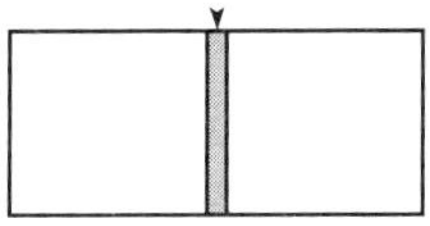

A. 稳定后左右两室体积比为 5∶3　　B. 左室气体对右室气体做功

C. 左室气体吸热　　D. 右室气体吸热

【答案】ABC

【解析】根据玻意耳定律，有

$$p_{左}V=pV_{左} \quad ①$$

$$p_{右}V=pV_{右} \quad ②$$

联立①②式，得

$$V_{左}:V_{右}=5:3$$

A 选项正确。左室气体膨胀，对右室气体做功，B 选项正确。两室气体内能不变，根据热力学第一定律 $\Delta U=Q+W$ 知，左室气体吸热，右室气体放热，C 选项正确，D 选项错误。

例14 （2019 清华领军）2mol 氢气从（T_0，V_0）状态经历热容量为 $C=2R\left(1+a\dfrac{T}{T_0}\right)$的准静态过程变为（$2T_0$，$\sqrt{2}V_0$），则内能增量 ΔU 和系统对外所做的功 W 分别为（　　）。

A. $3RT_0$，$3aRT_0-RT_0$　　　　B. $3RT_0$，$3aRT_0-3RT_0$

C. $5RT_0$，$3aRT_0-RT_0$　　　　D. $5RT_0$，$3aRT_0-3RT_0$

【答案】 D

【解析】 内能增量为

$$\Delta U=nC_V\Delta T=2\times\frac{5}{2}R\times(2T_0-T_0)=5RT_0$$

吸热为

$$Q=\int_{T_0}^{2T_0}C\mathrm{d}T=\int_{T_0}^{2T_0}2R\left(1+a\frac{T}{T_0}\right)\mathrm{d}T=2RT_0+3aRT_0$$

根据热力学第一定律，有

$$W=Q-\Delta U=3aRT_0-3RT_0$$

所以 D 选项正确。

例15 （2019 中科大）对于一定质量的气体，可能发生的过程是（　　）。

A. 等压压缩，温度降低　　　　B. 等温吸热，体积不变

C. 等容放热，内能不变　　　　D. 绝热压缩，内能不变

【答案】 A

【解析】 等压压缩 p 不变、V 减小，由盖一吕萨克定律$\dfrac{V}{T}=C$（常量），知 T 降低，A 选项正确。等温吸热 $\Delta U=0$，$Q>0$，由热力学第一定律 $\Delta U=Q+W$，知 $W<0$，气体体积增大，B 选项错误。等容放热 $W=0$，$Q<0$，由热力学第一定律 $\Delta U=Q+W$，知 $\Delta U<0$，气体内能减小，C 选项错误。绝热压缩 $Q=0$，$W>0$，由热力学第一定律 $\Delta U=Q+W$，知 $\Delta U>0$，气体内能增大，D 选项错误。

例16 （2012 复旦）如图所示，曲线 1→3 为绝热线，理想气体经历过程 1→2→3，则其内能变化 ΔE、温度变化 ΔT、体系对外做功 W 和吸收的热量 Q，（　　）。

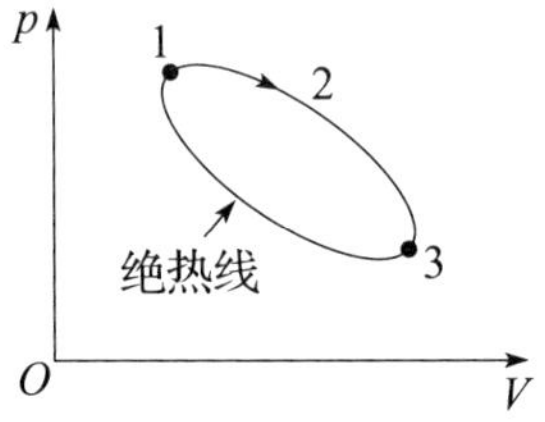

A. $\Delta T<0$，$\Delta E<0$，$W<0$，$Q>0$

B. $\Delta T<0$，$\Delta E<0$，$W>0$，$Q<0$

C. $\Delta T>0$，$\Delta E>0$，$W>0$，$Q>0$

D. $\Delta T>0$，$\Delta E>0$，$W<0$，$Q<0$

【答案】 A

【解析】 理想气体经历过程 1→2→3→1，经一个循环 $\Delta E=0$，气体对外界做功，则

$W<0$，功的数值为 $p-V$ 图上闭合曲线 1→2→3→1 所围的面积，记为 S_1。由热力学第一定律 $\Delta E=Q+W$，得 $Q>0$，由于曲线 1→3 为绝热线，因此过程 1→2→3 吸收的热量 $Q>0$。

理想气体经历过程 1→2→3，气体对外界做功，则 $W<0$，功的数值为 $p-V$ 图上曲线 1→2→3 与 V 轴所围的面积，记为 S_2，且 $S_2>S_1$。由热力学第一定律 $\Delta E=Q+W$，得 $\Delta E<0$，气体内能减小，则温度降低，$\Delta T<0$。A 选项正确。

强基要点 4 固体和液体

1. 固体的热膨胀

设一物体在某个方向的线度的长度为 l，由温度的变化 ΔT 所引起的长度的变化 Δl。由实验得知，如果 ΔT 足够小，则长度的变化 Δl 与温度的变化成正比，并且也与原来的长度 l 成正比，即 $\Delta l=al\Delta T$。式中的比例常数 a 称为线膨胀系数。对于不同的物质，a 具有不同的数值。将上式改写为 $a=\frac{\Delta l}{l}\cdot\frac{l}{\Delta T}$。所以，线膨胀系数 a 的意义是温度每改变 1K 时，其线度的相对变化。

即：$a=\frac{l_t-l_0}{l_0t}$

式中，a 的单位是 1/℃，l_0 为 0℃时固体的长度，l_t 为 t℃时固体的长度，一般金属的线膨胀系数大约在 10^{-5}/℃的数量级。
上述线膨胀系数公式，也可以写成下面形式

$$l_t=l_0(1+at)$$

如果不知道 0℃时的固体长度，但已知 t_1℃时固体的长度，则 t_2℃时的固体长度 l_2 为

$$l_1=l_0(1+at_1),\quad l_2=l_0(1+at_2)$$

于是 $l_2=\frac{l_1}{(1+at_1)}(1+at_2)\approx l_1[1+a(t_2-t_1)]$，这是线膨胀有用的近似计算公式。

2. 液体的表面张力

液体表面的各部分相互吸引的力称为表面张力，表面张力的方向与液面相切，作用在任何一部分液面上的表面张力总是与这部分液面的分界线垂直。

表面张力的大小与所研究液面和其他部分的分界线长度 L 成正比，因此可写成

$$f=\sigma L$$

式中，σ 称为表面张力系数，在国际单位制中，其单位是 N/m，表面张力系数 σ 的数值与液体的种类和温度有关。

3. 表面能

我们再从能量角度研究张力现象，由于液面有自动收缩的趋势，因此增大液体表面积需要克服表面张力做功，由图可以看出，设想使 AB 边向右移动距离 Δx，则此过程中外界克服表面张力所做的功为

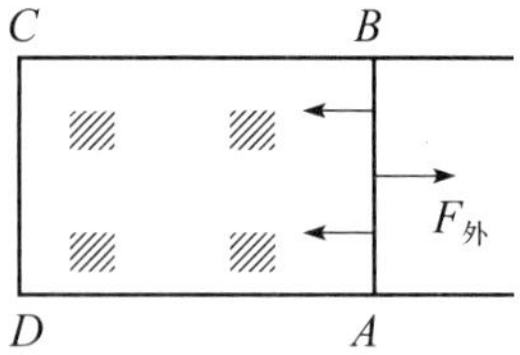

$$W=F_{外}\Delta x=2f\Delta x=\sigma\cdot 2\overline{AB}\Delta x=2\sigma\Delta S$$

式中，ΔS 表示 AB 边移动 Δx 时液膜的两个表面所增加的总面积。

要点精例

例 17 将端点相连的三根细线掷在水面上，如图所示，其中 1、2 线各长 1.5cm，3 线长 1cm，若在图中 A 点滴下某种杂质，使表面张力系数减小到原来的 0.4，求每根线的张力。然后又把该杂质滴在 B 点，求每根线的张力，已知水的面表张力系数 $\alpha=0.07\text{N/m}$。

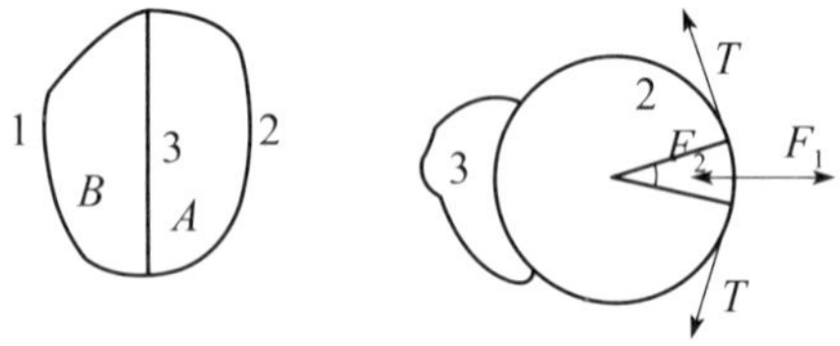

【解析】 A 中滴入杂质后，形成图形状，取圆心角为 θ 的一小段圆弧，该线段在线两侧张力和表面张力共同作用下平衡，则有 $2T\sin\dfrac{\theta}{2}=(\sigma-0.4\sigma)\theta R_1$，式中 $\sin\dfrac{\theta}{2}\approx\dfrac{\theta}{2}$，$R_1=\dfrac{2.5}{2\pi}\text{cm}$ 代入后得 $T_2=T_3=T=1.67\times10^{-4}\text{N}$，$T_1=0$。

B 中也滴入杂质后，线 3 松弛，即 $T_3'=0$，形成圆半径 $R_2=\dfrac{3}{2\pi}\text{cm}$，仿上面解法得 $T_1'=T_2'=0.6\sigma R_2=2\times10^{-4}\text{N}$。

例 18 厚度均为 $a=0.2\text{mm}$ 的钢片和青铜片，在 $T_1=293\text{K}$ 时，将它们的端点焊接起来，成为等长的平面双金属片。若钢和青铜的线膨胀系数分别为 $10^{-5}/℃$ 和 $2\times10^{-5}/℃$，当把它们的温度升高到 $T_2=393\text{K}$ 时，它们将弯成圆弧形，试求这圆弧的半径，在加热时忽略厚度的变化。

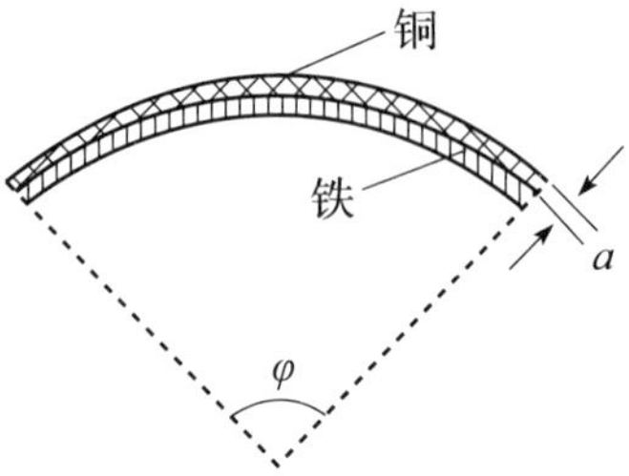

【解析】 本题可认为每一金属片的中层长度等于它加热后的长度，而与之是否弯曲无关。设弯成的圆弧半径为 r，l 为金属片原长，φ 为圆弧所对的圆心角，α_1 和 α_2 分别为钢和青铜的线膨胀系数，Δl_1 和 Δl_2 分别为钢片和青铜片温度由 T_1 升高到 T_2 时的伸长量，那么对于钢片：

$$\varphi\left(r-\frac{a}{2}\right)=l+\Delta l_1 \quad ①$$

$$\Delta l_1=l\alpha_1(T_2-T_1) \quad ②$$

对于青铜片

$$\varphi\left(r+\frac{a}{2}\right)=l+\Delta l_2 \quad ③$$

$$\Delta l_2=l\alpha_2(T_2-T_1) \quad ④$$

将②代入①、④代入③并消去 φ，代入数据后得：$r=20.03\text{cm}$。

强基要点 5 热传递

热传递的方式有三种：对流、热传导和热辐射

1. 热传导

如果导热体各点温度不随时间变化，这种导热过程称为稳定导热。在这种情况下，考虑长度为 l、横截面积为 S 的柱体，两端截面处的温度为 T_1、T_2，且 $T_1>T_2$，则热量沿着柱体长度方向传递，在 Δt 时间内通过横截面 S 所传递的热量为

$$Q=K\frac{T_1-T_2}{l}S\Delta t$$

式中，K 为物质的导热系数。

2. 热辐射

有一类物体，能在任何温度下吸收所有的电磁辐射，其表面却并不反射，这类物体称为黑体。黑体是热辐射理想的吸收体和发射体，例如太阳可近似看作黑体。黑体单位表面积的辐射功率为 J 与其温度的四次方成正比，即

$$J=\sigma T^4$$

要点精例

例19 (2017 北大夏令营)有一只孤独的变色龙，在沙漠严寒的冬日，一面正对太阳，另一面背对太阳，为了使其体温维持稳定，其颜色需要变化为(　　)。

A. 向光侧颜色深，背光侧颜色浅　　B. 向光侧颜色浅，背光侧颜色深

C. 向光侧和背光侧都要颜色深　　D. 向光侧和背光侧都要颜色浅

【答案】 A

【解析】 物体表面颜色越浅，反射热辐射的能力越强，进行热辐射的能力越差；物体表面颜色越深，反射热辐射的能力越差，进行热辐射的能力越强。严寒的冬日，向光侧颜色深是为了更好地吸收太阳能，背光侧颜色浅是为了减少向外的热辐射。A 选项正确。

例20 (2016 北大博雅)(1) 两个一样的乒乓球，一个涂黑，另一个涂白，一盏白炽灯放在两个小球的中间照明一段时间，涂________的球面更烫；

(2) 两个一样的白炽灯，同样一个涂黑一个涂白，将两个灯同时打开一段时间，涂________的白炽灯表面更烫。

【答案】 黑；白

【解析】 (1) 在相同的时间内，涂黑的乒乓球吸收更多的热量，故涂黑的乒乓球更烫。

(2) 在相同的时间内，灯泡发出的热量相同，涂黑的灯泡向四周释放更多的热量，故涂白的灯泡更烫。

例 21 (2019 中科大)一临街房间由暖气管供热，设暖气管的温度恒定。已知如果街上的温度为−20℃，测得房间的温度为 20℃；如果街上的温度为−40℃，测得房间的温度为 10℃。则房间里暖气管的温度 $T=$(　　)℃。

A. 50　　B. 60　　C. 65　　D. 70

【答案】 B

【解析】 设暖气管与室内空气的热量传递系数为 k_1，室内与户外间的热量传递系数为 k_2，两次房间的温度分别为 $T_1=20℃$，$T_1'=10℃$，街上的温度分别为 $T_2=-20℃$，$T_2'=-40℃$。根据能量守恒定律，有

$$k_1(T-T_1)=k_2(T_1-T_2) \quad ①$$

$$k_1(T-T_1')=k_2(T_1'-T_2') \quad ②$$

联立①②式，得

$$T=60℃$$

所以 B 选项正确。

例 22 (2014 华约联盟)冬天，我国一些城市实行水暖供热，户外温度为−5℃时，某房屋的室内温度为 22℃；户外温度为−15℃时，室内温度为 16.5℃。假定暖气管与室内空气、室内与户外间的热量传递均与温度差成正比。

(1) 估算该房屋内暖气管的温度；

(2) 为节省能源，对该房屋进行适当的保温改造，将室内传递至户外的热量减少 20%。在室内暖气管温度仍维持第(1)问中的温度不变，在户外温度为−15℃时，求室内温度。

【解析】 (1)设暖气管与室内空气的热量传递系数为 k_1，室内与户外间的热量传递系数为 k_2，暖气管的温度为 T_0，室内温度分别为 $T_1=22℃$，$T_1'=16.5℃$，户外温度分别为 $T_2=-5℃$，$T_2'=-15℃$。根据能量守恒定律，有

$$k_1(T_0-T_1)=k_2(T_1-T_2) \quad ①$$

$$k_1(T_0-T_1')=k_2(T_1'-T_2') \quad ②$$

联立①②式，得

$$T_0=55℃$$

(2) 设此时室内温度为 T_1''，根据能量守恒定律，有

$$k_1(T_0-T_1'')=(1-20\%)k_2(T_1''-T_2') \quad ③$$

联立①③式，得

$$T_1'' \approx 20.4℃$$

例23　(2017北大博雅)如图所示，真空中有四块完全相同且彼此靠近的大金属板A、B、C、D平行放置，表面涂黑(可看成黑体)，最外侧两块板的热力学温度各维持为T_1和T_4，且$T_1 > T_4$。当达到热稳定时，求B板的温度。

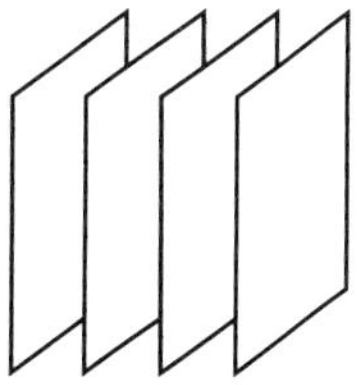

【解析】温度为T_2的B板左、右侧单位时间内单位面积上净获得的辐射热量分别为

$$Q_{B左} = \sigma(T_1^4 - T_2^4) \quad ①$$
$$Q_{B右} = \sigma(T_3^4 - T_2^4) \quad ②$$

达到热稳定时，有

$$Q_{B左} + Q_{B右} = 0 \quad ③$$

联立①②③式，得

$$T_1^4 + T_3^4 = 2T_2^4 \quad ④$$

温度为T_3的C板左、右侧单位时间内单位面积上净获得的辐射热量分别为

$$Q_{C左} = \sigma(T_2^4 - T_3^4) \quad ⑤$$
$$Q_{C右} = \sigma(T_4^4 - T_3^4) \quad ⑥$$

达到热稳定时，有

$$Q_{C左} + Q_{C右} = 0 \quad ⑦$$

联立⑤⑥⑦式，得

$$T_2^4 + T_4^4 = 2T_3^4 \quad ⑧$$

联立④⑧式，得

$$T_2 = \sqrt[4]{\frac{2T_1^4 + T_4^4}{3}}$$

强基练习

1. (2012复旦千分考)两个容器中分别盛有理想气体氧气和氮气，两者的密度相同。分子平均动能相等，则两种气体的(　　)。

A. 温度相同，氧气压强小于氮气压强

B. 温度相同，压强不相同

C. 温度相同，氧气压强大于氮气压强

D. 温度相同，压强相同

2.（2012 华约联盟）如图所示，绝热容器的气体被绝热光滑密封活塞分为两部分 A、B，已知初始状态下 A、B 两部分体积、压强、温度均相等，A 中有一电热丝对 A 部分气体加热一段时间，稳定后，(　　)。

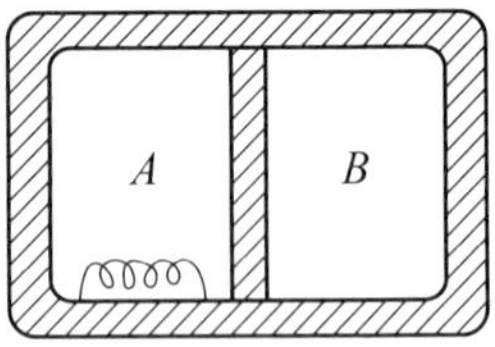

A. A 气体压强增加，体积增大，温度不变

B. B 气体的温度升高，B 中分子运动加剧

C. B 气体的体积减小，压强增大

D. A 气体的内能变化量等于 B 气体的内能变化量

3.（2007 东北大学）如图所示，绝热隔热板把绝热气缸分隔成体积相等的两部分，隔板与气缸壁光滑接触但不漏气，两部分中分别盛有等质量、同温度的同种气体，气体分子势能可忽略不计，现通过电热丝对气体加热一段时间后，各自达到新的平衡状态(气缸的形变不计)，则(　　)。

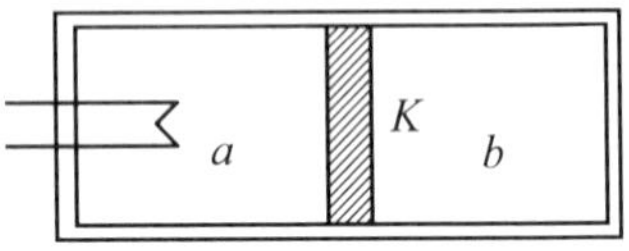

A. 气体 b 的温度变高

B. 气体 a 的压强变小

C. 气体 a 和气体 b 增加的内能相等

D. 气体 a 增加的内能大于气体 b 增加的内能

4.（2013 北约联盟）在一个绝热的竖直气缸里面放有一定质量的理想气体，绝热的活塞原来是固定的。现拆去销钉(图中未画出)，气体因膨胀把活塞及重物举高后如图所示，则在此过程中气体的(　　)。

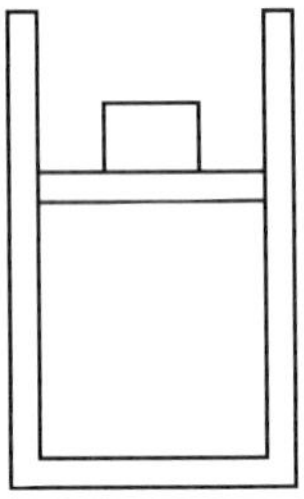

A. 压强不变，温度升高

B. 压强不变，温度降低

C. 压强减小，温度升高

D. 压强减小，温度降低

5.（2012 卓越联盟）在两端开口竖直放置的 U 形管内，两段水银封闭着长度为 L 的空气柱，a、b 两水银面的高度差为 h，现保持温度不变，则(　　)。

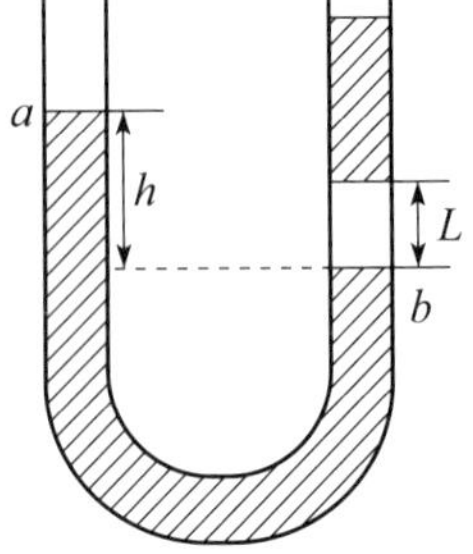

A. 若再向左管注入些水银，稳定后 h 变大

B. 若再向左管注入些水银，稳定后 h 不变

C. 若再向右管注入些水银，稳定后 h 变大

D. 若两管同时注入些水银，稳定后 h 变大

6.（2016 北大夏令营）如图所示，一个一端开口的容器和一个质量忽略不计的活塞构成一个封闭系统，该系统与外界绝热。其中一个质量不可忽略的挡板把内部空间分成两个部分，两部分有质量不同、温度相同的同种气体。系统处处无摩擦，现在把挡板缓慢抽出，此过程中不漏气，则稳定后相对初始状态，气体体积和温度的变化情况为(　　)。

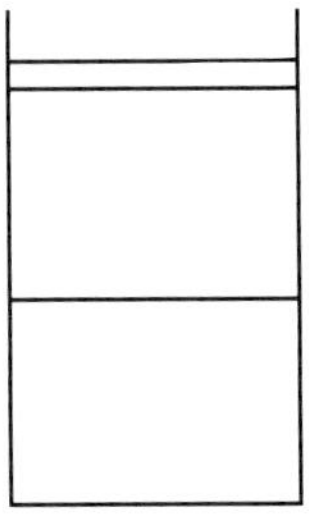

A. 温度改变，体积改变　　B. 温度不改变，体积改变

C. 温度不改变，体积不改变　　D. 温度改变，体积不改变

7.（2018 北大博雅）已知湖水深度为 50m，湖底水温为 4℃，水面温度为 17℃，大气压强为 1.0×10^5Pa。当一体积为 $1.0\times10^{-6}\text{m}^3$ 的气泡从湖底缓慢升到水面时，其体积约为（　　）。（g 取 10m/s^2，$\rho=1.0\times10^3\text{kg/m}^3$）

A. $6.3\times10^{-6}\text{m}^3$　　B. $2.8\times10^{-6}\text{m}^3$

C. $9.8\times10^{-6}\text{m}^3$　　D. $12.6\times10^{-6}\text{m}^3$

8.（2016 清华领军）潜水员为测量某湖水深度，测得湖面气温 $t_1=27$℃，大气压强 $p=1.0\times10^5$Pa。现将一盛有空气的试管从湖面带入，潜入湖底，整个过程管口始终向下。潜至湖底后水充满试管的一半，湖底温度 $t_2=7$℃，则湖深约为（　　）。

A. 5m　　B. 10m　　C. 15m　　D. 20m

9.（2017 北大夏令营）一容积为 11.2L 的真空系统已被抽到 1.3×10^{-3}Pa 的真空。为了提高其真空度，将它放在 300℃的烘箱内烘烤，使器壁释放出所吸附的气体。若烘烤后压强增为 1.33Pa，则器壁原来吸附的分子个数的数量级为（　　）。

A. 10^{19}　　B. 10^{18}　　C. 10^{17}　　D. 10^{16}

10.（2011 复旦大学）温度为 T 的气体分别装在器壁温度为 T_1 和 T_2 的容器中，其中 $T_1<T<T_2$，问气体作用在哪个容器上的压力比较大？（　　）。

A. T_1 处压力较大　　B. T_2 处压力较大

C. 一样大　　D. 不能确定

11.（2010 复旦）一圆柱形绝热容器中间有一无摩擦的活塞把容器分成体积相等的两部分。先把活塞固定，左边充入氢气，右边充入氧气，它们的质量和温度都相同，然后把活塞放松，则活塞将（　　）。

A. 向左运动　　B. 向右运动　　C. 不动　　D. 在原位置左右振动

12.（2011 华约联盟）当压强不变、温度变化量 Δt 不太大时，液体或固体在某一温度下的体膨胀系数 α 可以表示为 $\alpha=\dfrac{\Delta V}{V\Delta t}$，其中 V 为该温度时的体积，ΔV 为体积的变化量。一般来说，在常温下液体和固体的体膨胀系数分别在 $10^{-3}/K$ 量级和 $10^{-6}\sim10^{-5}/K$ 量级。图中所示的装置可以用来测量控温箱中圆筒形玻璃容器内液体的体膨胀系数，实验步骤如下：

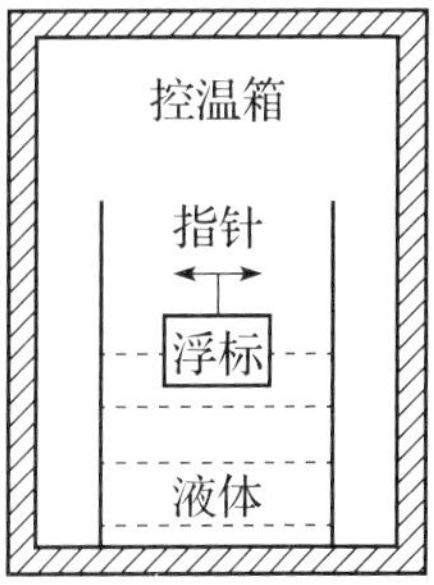

①拿掉浮标，将液体的温度调控为接近室温的某一温度 t_0，测量液柱的高度 h。

②放入浮标，保持压强不变，将液体的温度升高一不太大的量 Δt，用精密的位置传感器确定指针高度的变化量 Δh。

③利用步骤①和②中测得的数据计算液体在 t_0 时的体膨胀系数 α。

回答下列问题：

(1) 不考虑温度变化导致的液体密度变化，写出用测量量表示的 α 的表达式；

(2) 在温度升高过程中，液体密度变化会对用上面的表达式计算出的结果有什么影响？为什么？

(3) 在所用浮标为直立圆柱体时，某同学对如何减小这一影响提出以下几条建议，其中有效的是______。(填入正确选项前的字母)

A. 选用轻质材料制成的浮标　　B. 选用底面积较大的浮标

C. 选用高度较小的浮标　　D. 尽量加大液柱的高度 h

E. 尽量选用底面积大的玻璃容器

13. (2009 清华) 一根截面均匀、不变形的U形细塑料管，两臂长分别为 $l_0=20.0\text{cm}$ 和 $h_0=180.0\text{cm}$。竖直放置如图所示。管内灌有水银，长管上端开口；短管上端封闭，管内封有长 $l=10.0\text{cm}$ 的空气柱，已知长管及横管中的水银柱长度分别为 $h=60.0\text{cm}$ 和 $x=10.0\text{cm}$，大气压强 $p_0=76.0\text{cmHg}$。现将此管绕通过长管拐角点 A 且与该管所在平面相垂直的轴线沿逆时针方向缓慢地转过 180°，然后将长管的开口端迅速截去 50.0cm，求与管内封闭的空气相接触的水银面的最后位置。

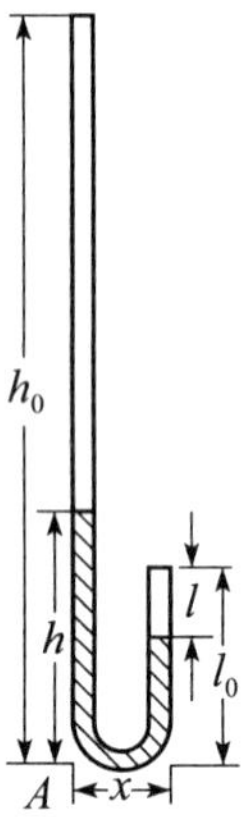

参考答案

1. A 【解析】因理想气体的分子平均动能相等，故温度相同，又因氧气和氮气的密度相同，可知氮气的单位体积内的分子数较多，对容器壁的碰撞更频繁。故氧气压强小于氮气压强。

2. BC 【解析】电热丝对 A 部分气体加热一段时间后，A 气体的温度升高，因活塞向右压缩 B 气体，将使 B 气体的体积减小，压强增大，温度升高，B 中分子运动加剧，选项 BC 正确。

3. AD 【解析】活塞右移，对气体 b 做功，内能增加，温度升高，相应压强增大，而 $p_a=p_b=p$，对 a、b 气体，$\frac{pV_a}{T_a}=\frac{pV_b}{T_b}$，因 $V_a>V_b$，得 $T_a>T_b$。选 AD。

4. D 【解析】本题考查内能相关概念，难度适中，绝热膨胀气体一定对外做功，导致其内能减少，因此温度降低。判断压强变化有三种方法：(1)膨胀前气体压强产生的支持力与销钉的压力平衡了活塞及重物的重力，膨胀后只有气体压强产生的支持力与重物重力平衡，因此压强变小。(2)或可利用理想气体状态方程 $pV=nRT$，$V\uparrow$、$T\downarrow$，则 $p\downarrow$。(3)也可利用绝热气体状态方程 $pV^\gamma=C$，$V\uparrow$，则 $p\downarrow$。

5. BCD 【解析】因被封气体的压强等于大气压再加上右边上方银柱的压强，若再向左管注入些水银，不会影响被封气体的压强，故稳定后 h 不变，B 对；若再向右管注入些水银，被封气体的压强变大。故稳定后 h 变大，故C对，同理可分析，D对。

6. A 【解析】由于活塞质量可忽略不计，故上面部分气体的压强 p_1 和大气压强 p_0 相等。由于挡板质量不可忽略，故下面部分气体的压强 p_2 大于上面部分气体的压强 p_1。抽出挡板后，两部分气体混合，假设活塞不动，由于混合平衡后气体压强大于 p_0 而小于 p_2，因此活塞将向上移动。气体膨胀，对外做功，即 $W<0$，系统与外界绝热，即 $Q=0$，由热力学第一定律 $\Delta U=Q+W$ 可知，$\Delta U<0$，即气体的内能减小，温度降低。A选项正确。

7. A 【解析】湖底压强大约为6个大气压，根据理想气体状态方程，有 $\frac{p_1V_1}{T_1}=\frac{p_2V_2}{T_2}$，即 $\frac{6.0\times10^5\times1.0\times10^{-6}}{277}=\frac{1.0\times10^5V_2}{290}$，解得 $V_2\approx6.3\times10^{-6}\text{m}^3$。A选项正确。

8. B 【解析】试管在湖面时，管内气体的压强为 $p_1=p$，体积为 V，温度为 $T_1=300\text{K}$。试管在湖底时，管内气体的压强为 $p_2=p+\rho gh$，体积为 $\frac{V}{2}$，温度为 $T_2=280\text{K}$。根据理想气体的状态方程，有

$$\frac{p_1V}{T_1}=\frac{p_2\frac{V}{2}}{T_2}$$

解得

$$h\approx8.7\text{m}$$

所以B选项正确。

9. B 【解析】烘烤后气体的压强增大了1000倍，则开始时气体的分子数可以忽略不计。设该气体在标准状况下的体积为 V_0，根据理想气体的状态方程，有

$$\frac{p_0V_0}{T_0}=\frac{pV}{T}$$

从而

$$V_0=\frac{pT_0}{p_0T}V=\frac{1.33\times273}{1.0\times10^5\times(300+273)}\times11.2\text{L}=7.10\times10^{-5}\text{L}$$

所以器壁原来吸附的分子个数为

$$N=\frac{V_0}{V_m}N_A=\frac{7.10\times10^{-5}}{22.4}\times6.02\times10^{23}=1.91\times10^{18}$$

所以B选项正确。

10. D 【解析】因为两个容器的容积大小关系不确定，所以不能确定气体压强的大小，不能确定气体作用于容器上压力的大小，故D正确。

11. B 【解析】由克拉珀龙方程 $pV=\frac{m}{M}RT$ 可知，在 m、T、V 相同情况下，因

$M_{O_2} > M_{H_2}$，故 $p_{O_2} < p_{H_2}$，所以将活塞放松后，活塞向右运动，选 B。

12. **解**：(1) 液体的体积 $V=Sh$，放入浮标后，液面上升，将液体的温度升高一个不太大的量 Δt 后，因为浮标处于悬浮状态，液体的体积变化为 $\Delta V=S\Delta h$，故体膨胀系数 $\alpha=\dfrac{\Delta h}{h\Delta t}$；

(2) 液体体积变大，温度会变小，浮标进入的深度会更深，测得的 Δh 量偏大，a 会偏大；

(3) 据上分析可知，为减小测量误差，我们应尽量选用轻质材料制成的浮标，尽量增大液体的体积，故本题答案为 ADE。

13. **解**：由图可知，当 U 形管开口向上竖直放置时空气柱的压强：$p=p_0+h-(l_0-l)$，水银柱总长度为

$$L_1=h+x+l_0-l=80\text{cm}$$

管竖直倒置，长管尚未截短，已达稳定，设此时气体柱所为 l_1' 且 $l_1'<l_0$，如图甲所示，则长管中水银柱长度为：$(h+x+l_0-l)-x-(l_0-l_1')=h-l+l_1'$，压强为

$$p_1'=p_0-(h-l+l_1')+l_0-l_1'=p_0-h+l+l_0-2l_1'$$

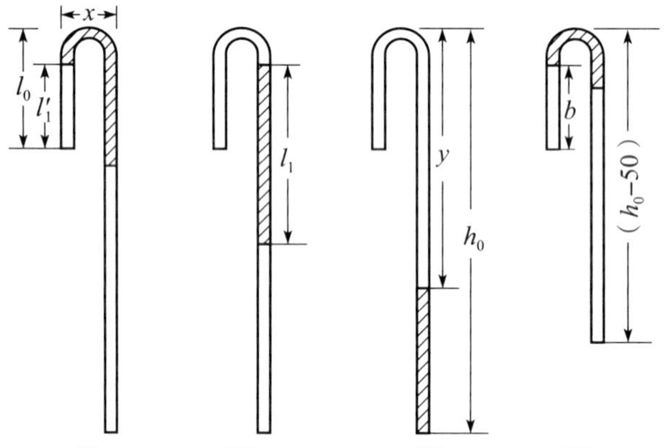

甲　　乙　　丙　　丁

利用玻意耳定律 $pl=p_1'l_1'$，即$[p_0+h-(l_0-l)]l=(p_0-h+l+l_0-2l_1')l_1'$，将 $p_0=76.0\text{cm}$ 及 h、l、l_0 等数据代入，可算得：$p_2'=p_0-l_1=76.0\text{cm}-80.0\text{cm}=-0.4\text{cm}$，气体压强不可能为负，其唯一可能是有一部分水银已从管口掉出，余下的水银柱的下端将与长管管口相齐，如图丙所示。

且易得 $y=112.8\text{cm}$，将长管截去 50cm 后，管内剩下的水银柱长度设为 a，则 $a=(h_0-y)-50\text{cm}=17.2\text{cm}$。

此时剩下的水银柱不能在原处保持平衡，外界的大气压将压它上升，在新的位置达到平衡，如图丁所示，b 为此时短管中空气柱的长度，则：

$$[p_0+h-(l_0-l)]l=\{p_0-[a-x-(l_0-b)]+(l_0-b)\}b$$

代入数据解得：$b=16.7\text{cm}$。

第15讲 光学

强基要点 1 平面镜多次成像

1. 组合面镜多次反射

两平面镜 M_1 和 M_2 的夹角为 θ，某光线 OA 与 M_1 的夹角为 α，根据平面镜成像规律，得到图的几何关系，设光线在 M_1 和 M_2 间共反射 n 次，则：

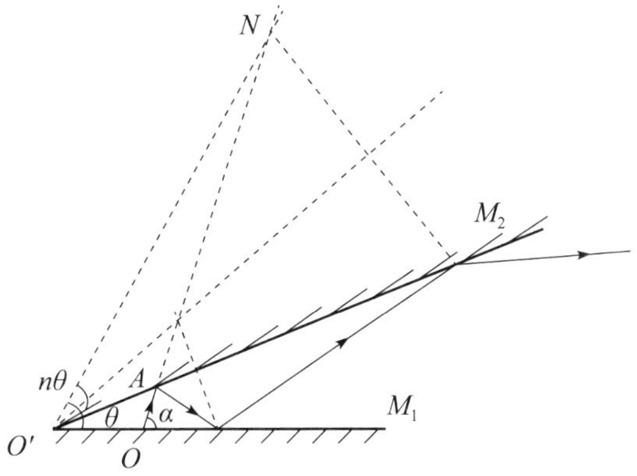

$n\theta < \alpha \leqslant (n+1)\theta$

反射总路程：

$$\frac{\overline{O'O}}{\sin(\alpha - n\theta)} = \frac{\overline{ON}}{\sin n\theta}$$

$$\overline{ON} = \frac{\sin n\theta}{\sin(\alpha - n\theta)}\overline{O'O}$$

2. 组合面镜多次成像

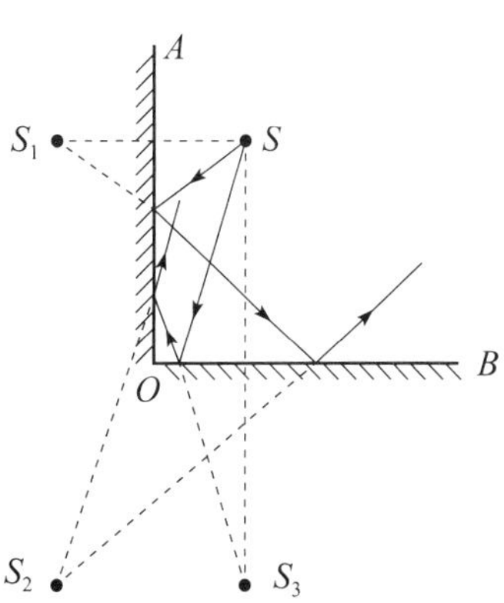

由两个以上的平面镜组成的光学系统叫作组合平面镜。射向组合平面镜的光线往往要在平面镜之间发生多次反射，因而会出现生成复像的现象。先看一种较简单的现象，两面互相垂直的平面镜（交于 O 点）镜间放一点光源 S（如图），S 发出的光线经过两个平面镜反射后形成了 S_1、S_2、S_3 三个虚像。用几何的方法不难证明：这三个虚像都位于以 O 为圆心、OS 为半径的圆上，而且 S 和 S_1、S 和 S_2、S_1 和 S_3、S_2 和 S_3 之间都以平面镜(或它们的延长线)保持着对称关系。用这个方法我们可以容易地确定较复杂的情况中复像的个数和位置。

两面平面镜 AO 和 BO 成 60°角放置(如图)，用上述规律，很容易确定像的位置：①以 O 为圆心、OS 为半径作圆；②过 S 作 AO 和 BO 的垂线与圆交于 S_1 和 S_2；③过 S_1 和 S_2 作 BO 和 AO 的垂线与圆交于 S_3 和 S_4；④过 S_3 和 S_4 作 AO 和 BO 的垂线与圆交于 S_5，$S_1 \sim S_5$ 便是 S 在两平面镜中的 5 个像。

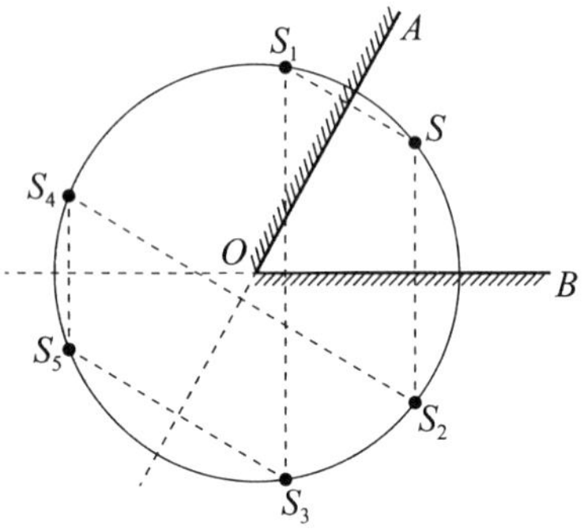

分析可得，两平面镜之间的物点经两平面镜成像的个数不但取决于两平面镜的夹角 θ，还取决于物点所在的位置，设两平面镜的夹角为 θ：

当 $\frac{2\pi}{\theta}$ 为偶数时，成像的个数 $n=\frac{2\pi}{\theta}-1$；当 $\frac{2\pi}{\theta}$ 为奇数时，在 θ 角的平分线上，物点成像的个数 $n=\frac{2\pi}{\theta}-1$，在其他区域可成像 $n=\frac{2\pi}{\theta}$ 个；若 $\frac{2\pi}{\theta}$ 不是整数，则成像个数为其整数部分与整数部分加 1 两种情况。

要点精例

例 1 (2012 北约联盟)如图所示，OA、OB 是两面镜子，夹角为 36°，观察者在两镜之间，则人从 A 镜中最多能看到________个像；从 B 镜中最多能看到________个像。

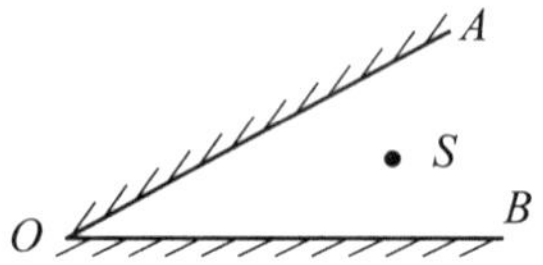

【答案】 5；5

【解析】 两平面镜共成像的个数为：$n=\frac{360°}{36°}-1=9$(个)，每个平面镜都成 5 个，只是有一个重合，所以在 A 镜和在 B 镜中最多都只能看到 5 个像。

例 2 如图所示，两镜面间夹角 $\alpha=15°$，$OA=10\text{cm}$，A 点发出的垂直于 L_2 的光线射向 L_1 后在两镜间反复反射，直到光线平行于某一镜面射出，则从 A 点开始到最后一次反射点，光线所走的路程是多少？

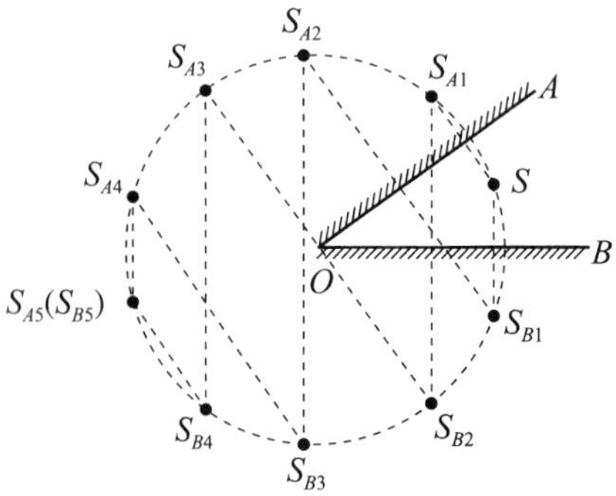

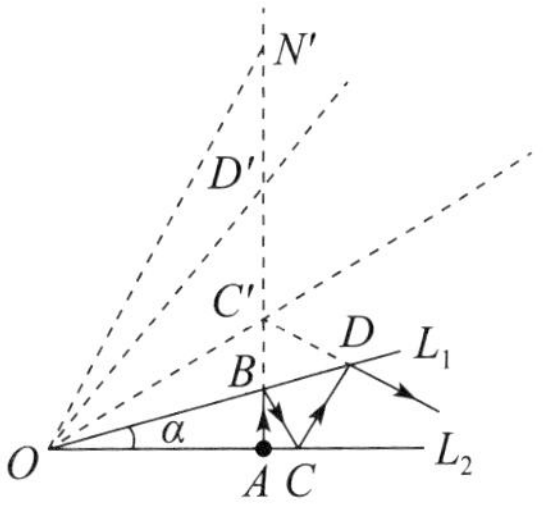

【解析】 如图所示，光线经 L_1 第一次反射的反射线为 BC，根据平面反射的对称性，$BC'=BC$，且 $\angle BOC'=\alpha$。上述 A、B、C' 均在同一直线上，因此光线在 L_1、L_2 之间的反复反射就跟光线沿 ABC' 直线传播等效。设 N' 是光线第 n 次反射的入射点，且该次反射线不再射到另一个镜面上，则 n 值应满足的关系是

$$n\alpha<90^\circ\leqslant(n+1)\alpha$$

取 $n=5$，$\angle N'OA=5\alpha=75^\circ$，则总路程为

$$AN'=OA\tan5\alpha=37.3\text{cm}$$

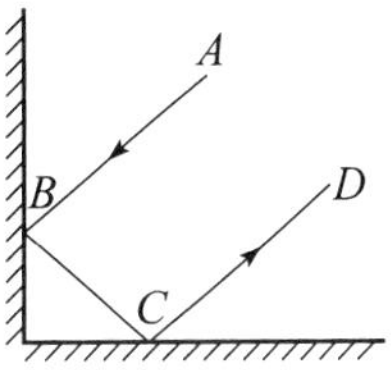

例 3 （2019 中科大）如图所示，两个平面镜成直角，入射光线 AB 经过两次反射后的反射光线为 CD。今以两面镜的交线为轴，将两镜整体逆时针转动 10°。在入射光线 AB 方向保持不变的情况下，经过两次反射后的反射光线为 $C'D'$，则 $C'D'$ 与 CD（　　）。

A. 不相交，同向平行　　B. 不相交，反向平行

C. 相交成 10° 角　　D. 相交成 20° 角

【答案】 A

【解析】 设光线 AB 的入射角为 α，由于两镜面垂直，结合几何关系，可知 $\angle ABC=2\alpha$，$\angle BCD=180^\circ-2\alpha$，因此 CD 与 AB 平行。当两镜整体逆时针转动 10°，在入射光线 AB 方向保持不变的情况下，只是上述 α 角发生了变化，两次反射后的反射光线 $C'D'$ 仍与 AB 平行。A 选项正确。

强基要点 2 光的折射

1. 折射率(绝对折射率)

$n=\dfrac{c}{v}$，其中 c 为光在真空的传播速度，v 为光在该介质中的传播速度。对任何介质都有 $n>1$，空气折射率略大于 1。

2. 折射定律

折射光线位于入射光线和法线所决定的平面内，入射光线和折射光线分别位于法线两侧，入射角的正弦和折射角的正弦的比值，对于一定的两种介质来说是一个常数。这个常数是第二种介质对第一种介质的相对折射率。

即：$\dfrac{\sin\theta_1}{\sin\theta_2}=n_{21}$，$n_{21}=\dfrac{n_2}{n_1}=\dfrac{v_1}{v_2}$。其中 θ_1 和 θ_2 分别为入射角和折射角；n_{21} 为折射光所在介质对入射光所在介质的相对折射率；n_1 和 n_2 为两种介质的绝对折射率，v_1 和 v_2 为光在两种介质中的传播速度。

上式也可表述为：$n_1\sin\theta_1=n_2\sin\theta_2$ 或 $\frac{\sin\theta_1}{v_1}=\frac{\sin\theta_2}{v_2}$

3. 全反射

全反射光从光密介质1射向光疏介质2，当入射角大于临界角 $\sin C=n_{21}=\frac{n_{疏}}{n_{密}}$ 时，光线发生全反射，即光射到两种介质面上时只有反射而没有折射的现象。

4. 视深

在水中深度为 h 处有一发光点 Q，作 OQ 垂直于水面，求射出水面折射线的延长线与 OQ 交点 Q' 的深度 h' 与入射角 i 的关系。

设水相对于空气的折射率为 n，由折射定律得 $n\sin i=\sin i'$

令 $OM=x$，则

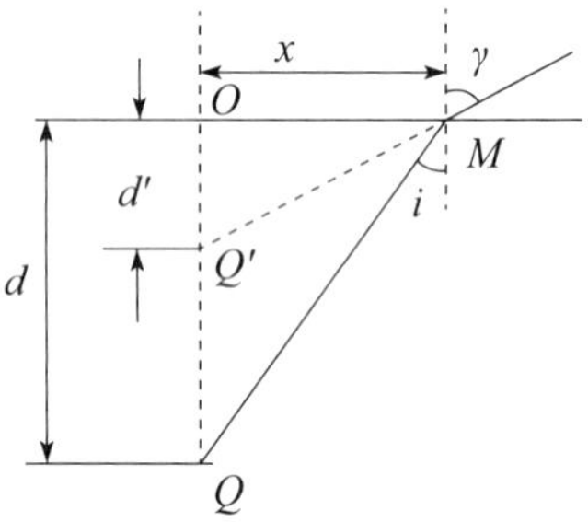

$$x=d\cdot\tan i=d'\cdot\tan i'$$

于是 $d'=d\cdot\frac{\tan i}{\tan i'}=\frac{d\sqrt{1-(n\sin i)^2}}{n\cos i}$

上式表明，由 Q 发出的不同光线，折射后的延长线不再交于同一点，但对于那些接近法线方向的光线，$i=0$，则 $\sin^2 i=0$，$\cos i=1$，于是 $d'=\frac{d}{n}$。

要点精例

例 4 （2016清华领军）一束由红、黄、绿三种单色光组成的光线从一平板玻璃砖的上表面以60°角入射，经两次折射后从玻璃砖的下表面射出，已知该玻璃对红光的折射率为1.5，则最先射出的是________。

【答案】 红光

【解析】 某单色光的光路图如答图所示。设玻璃砖的厚度为 d，则单色光穿过玻璃砖所用的时间为

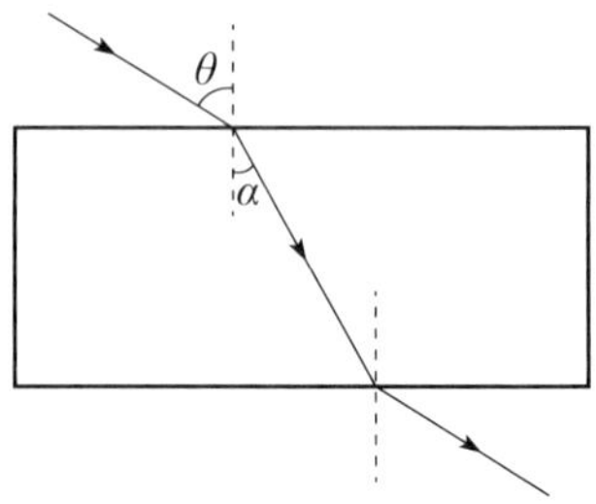

$$t=\frac{d}{v\cos\alpha} \quad ①$$

光在玻璃中的传播速度为

$$v=\frac{c}{n} \quad ②$$

根据折射定律，有

$$n=\frac{\sin\theta}{\sin\alpha} \quad ③$$

联立①②③式，得

$$t=\frac{2d\sin\theta}{c\sin2\alpha} \qquad ④$$

红、黄、绿三种单色光所对应的物理量的角标分别为1，2，3，则有

$$n_3>n_2>n_1=1.5$$

于是

$$\alpha_3<\alpha_2<\alpha_1<45^\circ$$
$$2\alpha_3<2\alpha_2<2\alpha_1<90^\circ$$
$$\sin2\alpha_3<\sin2\alpha_2<\sin2\alpha_1<1$$

由④式，得

$$t_3>t_2>t_1$$

所以最先射出的是红光。

例 5 (2019北大博雅)如图所示，一束平行光垂直于平面射入半球形透镜上，光线经过偏折后与光轴 l 相交。已知透镜的球面半径为 $R=15\text{cm}$，折射率为 $n=1.5$，那么所有折射光线与光轴 l 的交点中，距球心 O 的最大距离为________；距球心 O 的最小距离为________。

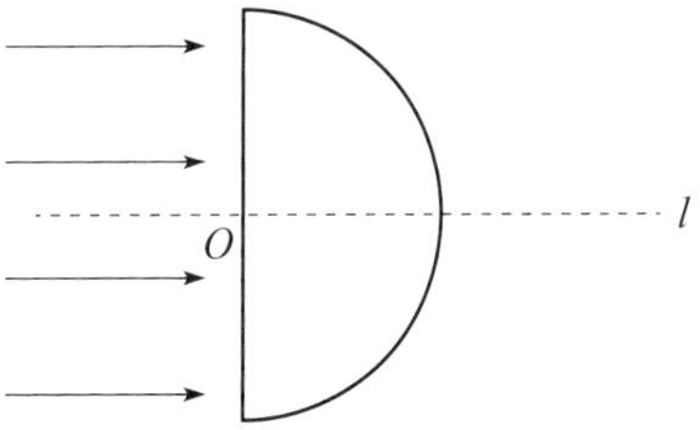

【答案】 $3R$；$\frac{3\sqrt{5}}{5}R$

【解析】 考虑一条入射角为 i 的光线，设折射角为 γ，如答图所示。根据折射定律，有

$$\frac{\sin\gamma}{\sin i}=n$$

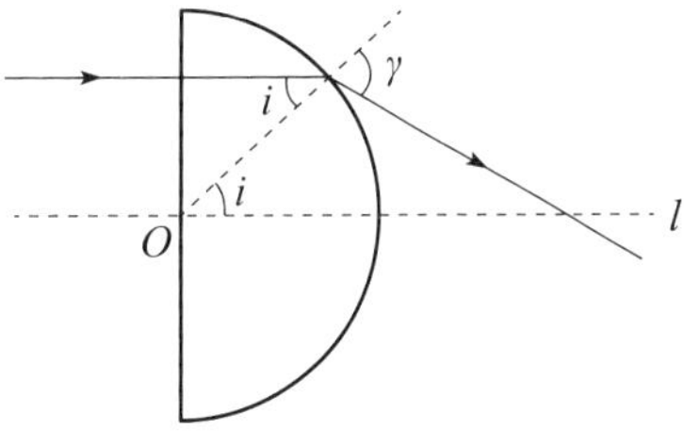

设折射光线与光轴 l 的交点到球心 O 的距离为 s，根据正弦定理，有

$$\frac{s}{\sin\gamma}=\frac{R}{\sin(\gamma-i)}$$

从而

$$s=\frac{\sin\gamma}{\sin(\gamma-i)}R=\frac{n\sin\gamma}{\sin\gamma\cos i-\cos\gamma\sin i}R=\frac{n\sin i}{n\sin i\cos i-\sqrt{1-(n\sin i)^2}\sin i}R$$

$$=\frac{1}{\cos i-\sqrt{\frac{1}{n^2}-\sin^2 i}}R=\frac{\sqrt{1-\sin^2 i}+\sqrt{\frac{1}{n^2}-\sin^2 i}}{1-\frac{1}{n^2}}R$$

可知，s 是关于 i 的减函数。当 $i=0$ 时，$s_{\max}=\dfrac{1}{1-\dfrac{1}{n}}R=3R$；

当 $i=\arcsin\dfrac{1}{n}=\arcsin\dfrac{2}{3}$ 时，$s_{\min}=\dfrac{3\sqrt{5}}{5}R$。

例 6 （2018 中科大）如图所示，直角三角形 ABC 为一透明介质制成的三棱镜的截面，$\angle A=30^\circ$，在整个 AC 面上有一束垂直于 AC 的平行光线入射，已知这种介质的折射率 $n>2$，则下列说法正确的是（　　）。

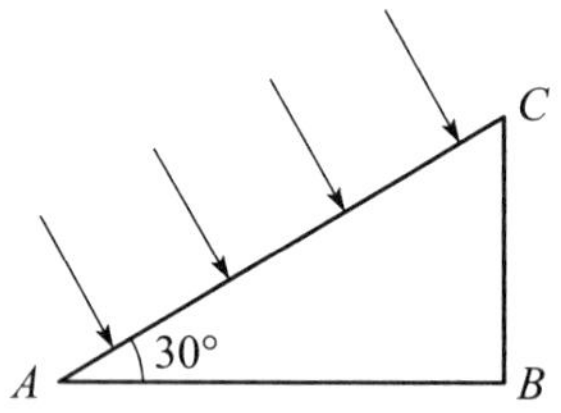

A. 不可能有光线垂直 BC 面射出

B. 一定有光线从 AB 面射出

C. 一定有光线垂直 AC 面射出

D. 从 AB 面和 BC 面射出的光线能会聚于一点

【答案】 C

【解析】 光线垂直 AC 射入后方向不变，入射至 AB、BC 面上时的入射角分别为 30°、60°。镜内光线发生全反射的临界角满足 $\sin C=\dfrac{1}{n}<\dfrac{1}{2}$，则 $C<30^\circ$。画出入射至 AB、BC 面上两条光线的光路图，如答图所示。C 选项正确。

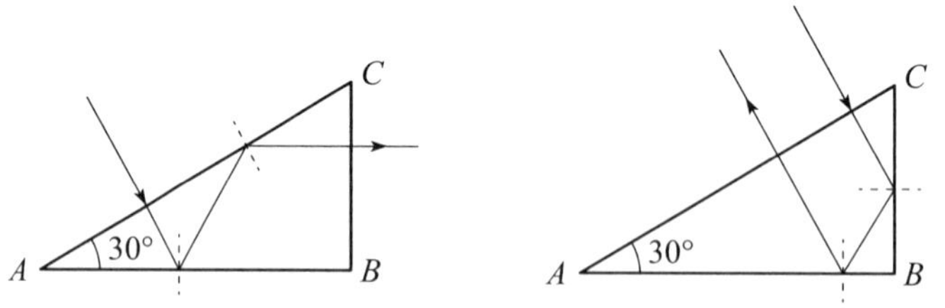

例 7 （2011 北大）如图所示，厚度分别为 d_2、d_3，折射率分别为 n_2、n_3 的无限大透明介质平板紧靠并放置于无限大透明液体中，d_2 左侧液体的折射率为 n_1，d_3 右侧液体的折射率为 n_0，点光源 S 置于左侧液体中，并到平行板前侧面的距离为 d_1，求在 d_3 右侧面上光斑的面积。已知 $n_1>n_2>n_3>n_0$。

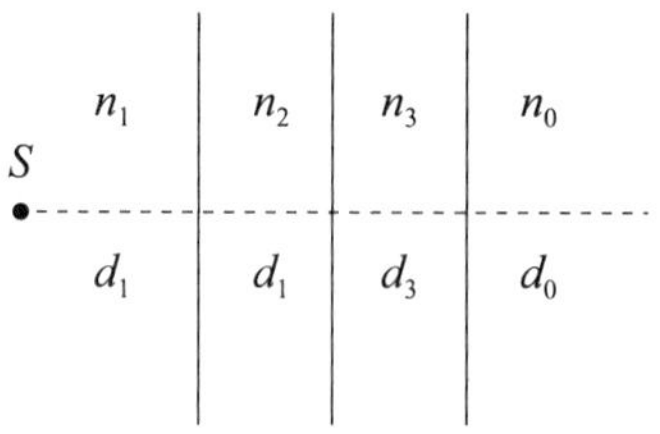

【解析】 由折射定律可知：

$$n_1\sin\theta_1=n_2\sin\theta_2=n_3\sin\theta_3=n_0\sin\theta_0$$

因 n_0 为最小，当 $\theta_0=90^\circ$时，θ_1、θ_2、θ_3 均未达到 90°。

则有：$\sin\theta_1=\dfrac{n_0}{n_1}$，$\sin\theta_2=\dfrac{n_0}{n_2}$，$\sin\theta_3=\dfrac{n_0}{n_3}$

光斑半径：$R=d_1\tan\theta_1+d_2\tan\theta_2+d_3\tan\theta_3=d_1\dfrac{n_0}{\sqrt{n_1^2-n_0^2}}+d_2\dfrac{n_0}{\sqrt{n_2^2-n_0^2}}+d_3\dfrac{n_0}{\sqrt{n_3^2-n_0^2}}$

光斑面积：$S=\pi R^2=\pi\left(d_1\frac{n_0}{\sqrt{n_1^2-n_0^2}}+d_2\frac{n_0}{\sqrt{n_2^2-n_0^2}}+d_3\frac{n_0}{\sqrt{n_3^2-n_0^2}}\right)^2$

例 8 （2012 华约联盟）如图所示，若实心玻璃管长 $l=40\text{cm}$，宽 $d=4\text{cm}$，玻璃的折射率 $n=\frac{2}{\sqrt{3}}$，光从管的左端正中心射入，则光最多可以在管中反射（　　）次。

A. 5　　B. 6　　C. 7　　D. 8

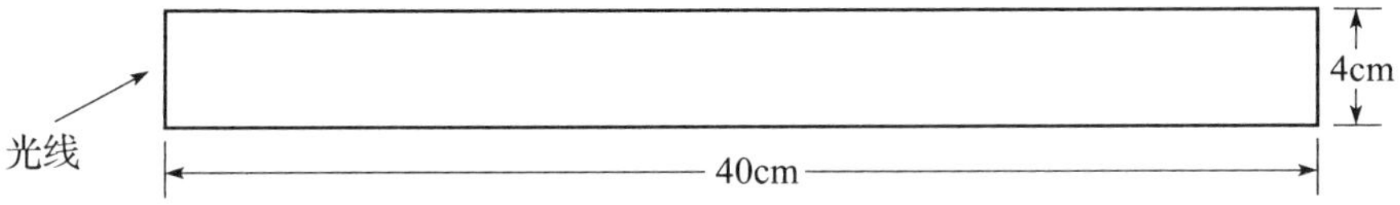

【答案】B

【解析】光在玻璃管内的入射角越小，反射的次数就越多，所以最小的入射角就是临界角，由 $\sin C=\frac{1}{n}=\frac{\sqrt{3}}{2}$，得临界角 $C=60°$。每反射一次，光在玻璃管轴线方向上前进的距离为 $x=d\tan C=4\sqrt{3}\ \text{cm}$，所以光最多可以在管中反射的次数为 $N=\frac{l}{x}\approx5.8$。$N>5.5$，说明第 6 次全反射已经发生，但光最终不是从管右端的正中心射出，故 B 选项正确。

例 9 （2015 中科大）容器中有两层液体，上层厚为 h_1，折射率为 n_1；下层液体足够厚，折射率为 n_2，已知 $n_2>n_1$，一木棒与液面法线成小角度插入容器中，其端点离液面深度为 h_1+h_2。

（1）从上面看，小木棒成什么形状？

（2）木棒端点的视像离上层液面多深？

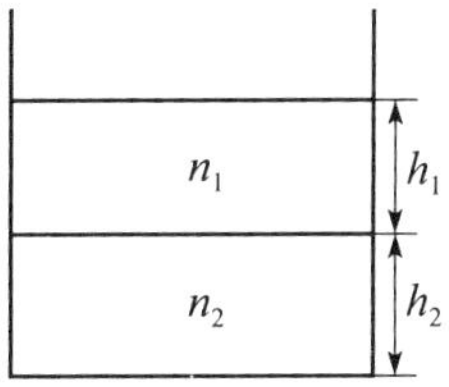

【解析】(1)从上面看，木棒成折线形，在各界面处好像折断了一样。

（2）木棒端点发出的近轴光线在各个界面所成像的位置可采用逐次成像法和视深公式处理。如答图所示，从上层液体内看，木棒端点距上层液体下表面 $h_2'=\frac{n_1}{n_2}h_2$，距上层液体上表面 $h_2''=h_2'+h_1=\frac{n_1}{n_2}h_2+h_1$，从空气中看，木棒端点距上层液体上表面 $h_1'=\frac{h_2''}{n_1}=\frac{h_1}{n_1}+\frac{h_2}{n_2}$。

例 10 （2014 南京大学）如图所示，MN 是两种介质的分界面，下方是折射率 $n=\sqrt{2}$ 的透明介质，上方是空气。P 点、P' 点、Q 点的位置及尺寸如图，且 P、B、P' 点在一直线上，在 Q 点放置一个小物体，$AB=2h$。QA、PP' 均与分界面 MN 垂直。

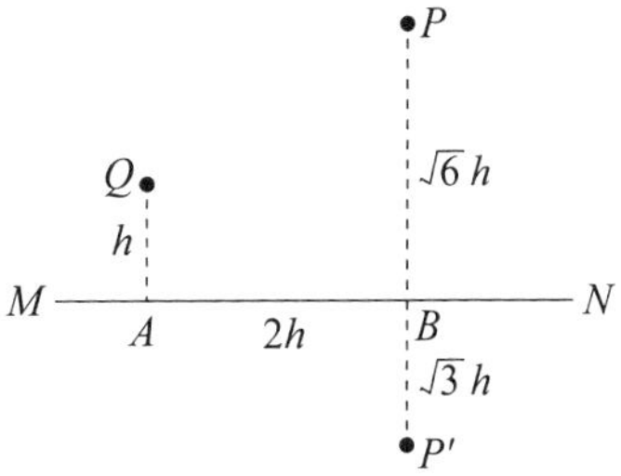

（1）若从 Q 点发出的一束光线经过 MN 面上的 O

点(图中未标出)反射后到达 P 点，请确定 O 点的位置。

(2) 若从 Q 点发出的另一束光线经过 MN 面上的 O' 点(图中未标出)进入下方透明介质，经过 P' 点。某人从 P 点观看 P' 点，求视距离。

(3) 求第(2)问中那束光线从 $Q\to O'\to P'$ 所用的时间，设真空中的光速为 c。

【解析】

(1) 如答图(a)所示，Q 点通过 MN 面所成的像为 Q' 点，连接 PQ' 交 MN 于 O 点，则 $\triangle AOQ'\backsim\triangle BOP$。设 $OA=x$，有

$$\frac{x}{h}=\frac{2h-x}{\sqrt{6}h}$$

解得

$$x=\frac{2\sqrt{6}-2}{5}h$$

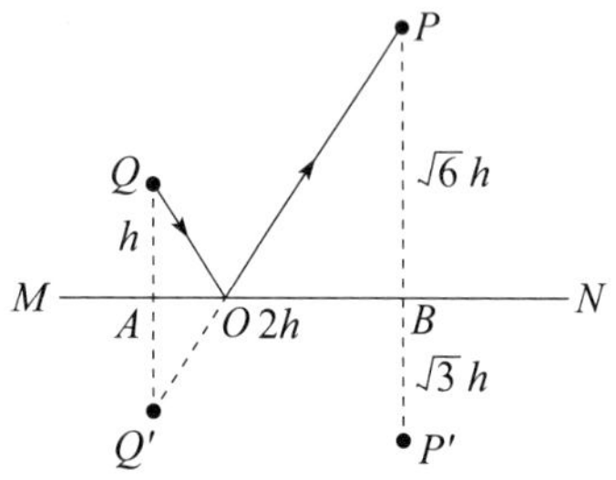

(a)

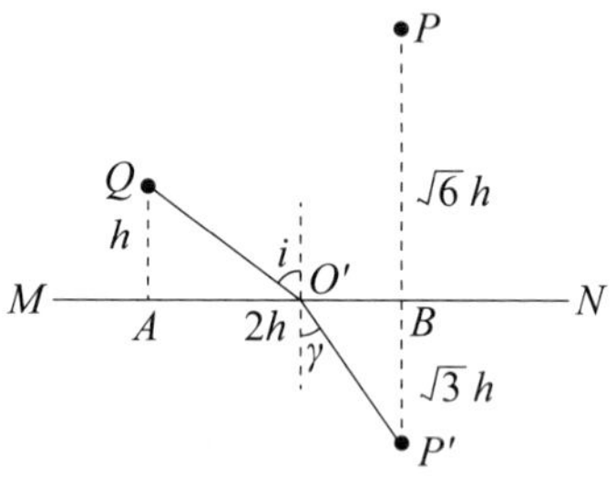

(b)

(2) 根据视深公式，可得 P' 点的视深为

$$h'=\frac{P'B}{n}=\frac{\sqrt{6}}{2}h$$

则从 P 点观看 P' 点的视距离为

$$H=PB+h'=\frac{3\sqrt{6}}{2}h$$

(3) 如答图(b)所示，作出折射光线。设 $AO'=x'$，有

$$\sin i=\frac{x'}{\sqrt{x'^2+h^2}}$$

$$\sin\gamma=\frac{2h-x'}{\sqrt{3h^2+(2h-x')^2}}$$

根据折射定律，有

$$\frac{\sin i}{\sin\gamma}=\sqrt{2}$$

可解得

$$x'=h$$

则

$$QO'=\sqrt{2}h,O'P'=2h$$

所以，光线从 $Q \to O' \to P'$ 所用时间为

$$t=\frac{QO'}{c}+\frac{O'P'}{\frac{c}{n}}=\frac{3\sqrt{2}h}{c}$$

强基要点 3 球面上的反射

1. 球面镜的焦距

球面镜的反射仍遵从反射定律，法线是球面的半径。

一束近主轴的平行光线，经凹镜反射后将会聚于主轴上一点 F（如图），这 F 点称为凹镜的焦点。一束近主轴的平行光线经凸面镜反射后将发散，反向延长可会聚于主轴上一点 F，这 F 点称为凸镜的虚焦点。焦点 F 到镜面顶点 O 之间的距离叫作球面镜的焦距 f。可以证明，球面镜焦距 f 等于球面半径 R 的一半，即

$$f=\frac{R}{2}$$

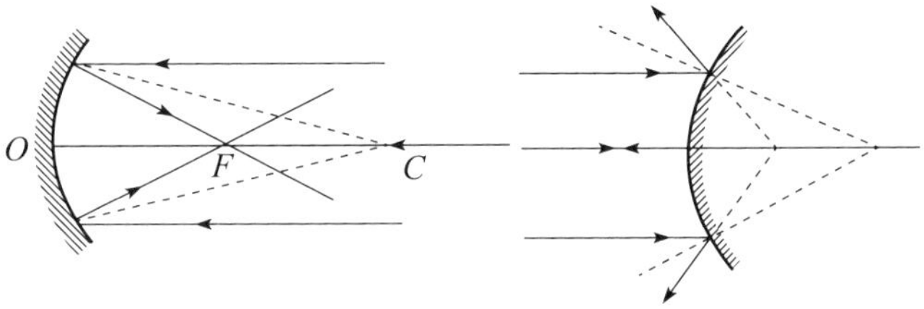

2. 球面镜成像公式

根据反射定律可以推导出球面镜的成像公式。

$$\frac{1}{u}+\frac{1}{v}=\frac{1}{f}$$

使用球面镜的成像公式时要注意：凹镜焦距 f 取正，凸镜焦距 f 取负；实物 u 取正，虚物 u 取负；实像 v 为正，虚像 v 为负。

在成像中，像长 h' 和物长 h 之比为成像放大率，用 m 表示，$m=\frac{h'}{h}=\left|\frac{v}{u}\right|$。

要点精例

例 11 如图所示，半径为 R 的凸镜和凹镜主轴相互重合放置，两镜顶点 O_1、O_2 相距 $2.6R$，现于主轴上距凹镜顶点 O_1 为 $0.6R$ 处放一点光源 S。设点光源的像只能直接射到凹镜上，问 S 经凹镜和凸镜各反射一次后所成的像在何处？

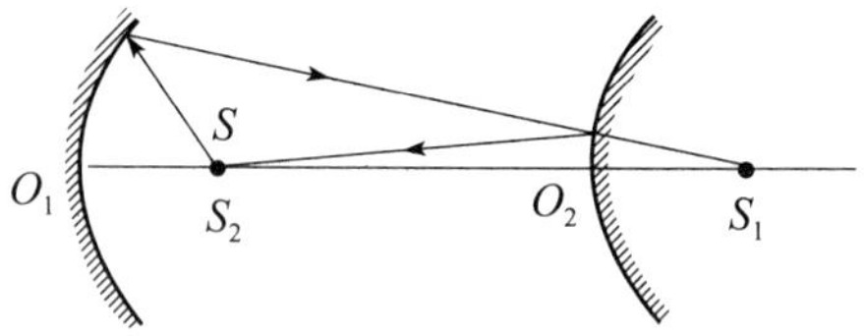

【解析】 S 在凹镜中成像，$u_1=0.6R$，$f_1=\frac{1}{2}R$

$$\frac{1}{u_1}+\frac{1}{v_1}=\frac{1}{f_1}$$

$$\frac{1}{0.6R}+\frac{1}{v_1}=\frac{2}{R}$$

可解得 $v_1=3R$，$O_1O_2=2.6R$，

根据题意：凹镜反射的光线尚未成像便又被凸镜反射，此时可将凹镜原来要成像 S_1 作为凸镜的虚物来处理，

$$u_2=(2.6R-3R)=-0.4R,f_2=-\frac{R}{2}$$

$$\frac{1}{u_2}+\frac{1}{v_2}=\frac{1}{f_2}-\frac{1}{0.4R}+\frac{1}{v_2}=-\frac{2}{R}$$

可解得 $v_2=2R$，说明凸镜所成的像 S_2 和 S 在同一位置上。

强基要点 4 薄透镜成像

1. 成像公式(高斯公式)

平面镜、球面镜和薄透镜所成像的位置，可以根据物像关系求得，最基本的公式有两个，即高斯公式和横向放大率公式：

$$\frac{1}{u}+\frac{1}{v}=\frac{1}{f}$$

放大率：$m=\left|\frac{v}{u}\right|$

说明：(1) u：物距(物到透镜的距离)；v：像距(像到透镜的距离)；f：焦距。

(2)“u、v、f”符号法则：“实”取“+”，“虚”取“−”。

即：实像像距取正值，虚像像距取负值；凸透镜焦距取正值，凹透镜焦距取负值。

2. 成像作图

(1) 三条特殊光线作图。

通过光心的光线，不改变方向；
平行主轴的光线，折射后通过焦点(或方向延长线过焦点)；
通过焦点(或延长线过焦点)的光线，折射后平行于主轴。

如下图(a)为凸透镜情形，下图(b)为凹透镜情形。

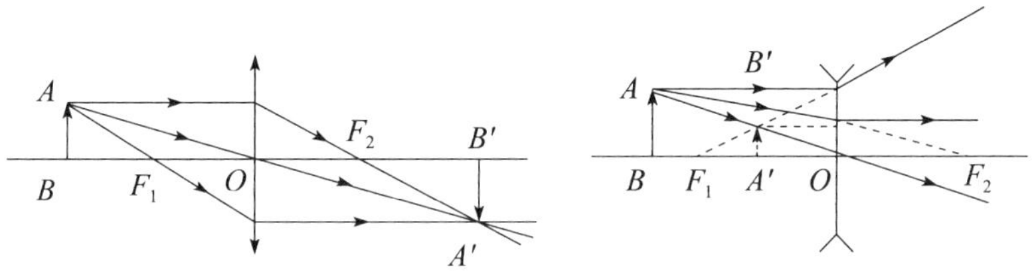

(2) 一般光线作图。

对任一光线 SA，过光心 O 作副轴 OO' 平行于 SA，SA 与焦平面 MN 交于 P 点，连线 AP 或 AP 的反向延长线即为 SA 的折射光线。下图(a)为凸透镜情形，下图(b)为凹透镜情形。

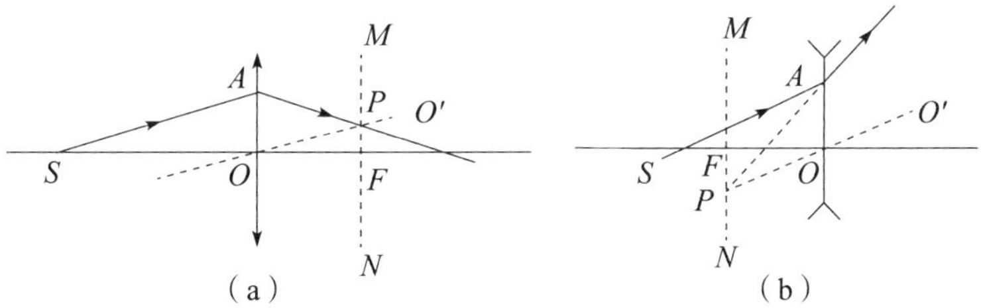

要点精例

例 12 (2014 华约联盟)暑假，小丽到叔叔的文具店帮忙。叔叔给她一个薄透镜、一支小蜡烛和一座光屏，让她测量透镜的焦距。小丽想了一下，试了几次，最后把点着的蜡烛与光屏放在较远的两边，相距 $L=1.80\text{m}$。然后把透镜从蜡烛处开始缓缓向光屏移动，直到光屏上出现一个清晰的像；接着再把透镜向前移动 $D=0.72\text{m}$，又在光屏上出现了一个清晰的像。求透镜的焦距 f。

【解析】 如答图(a)所示，第一次是放大、倒立的实像，物距为 u_1、像距为 v_1，则

$$u_1+v_1=L \qquad ①$$

根据透镜成像公式，有

$$\frac{1}{u_1}+\frac{1}{v_1}=\frac{1}{f} \qquad ②$$

如答图(b)所示，第二次是缩小、倒立的实像，物距 $u_1'=u_1+D$，像距 $v_1'=v_1-$

D。根据透镜成像公式，有

$$\frac{1}{u_1+D}+\frac{1}{v_1-D}=\frac{1}{f} \quad ③$$

联立①②③式，得

$$f=0.378\text{m}$$

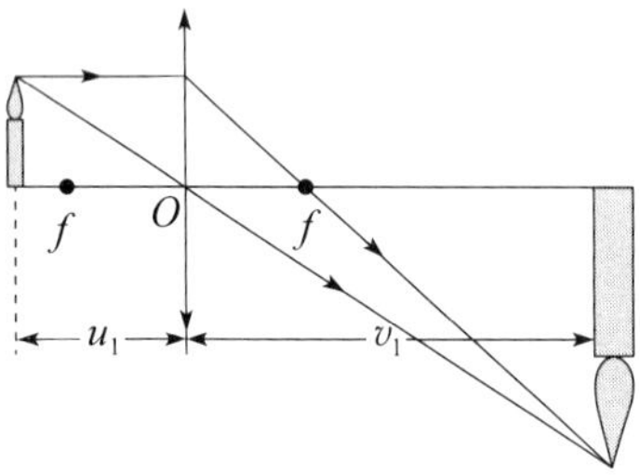

(a)

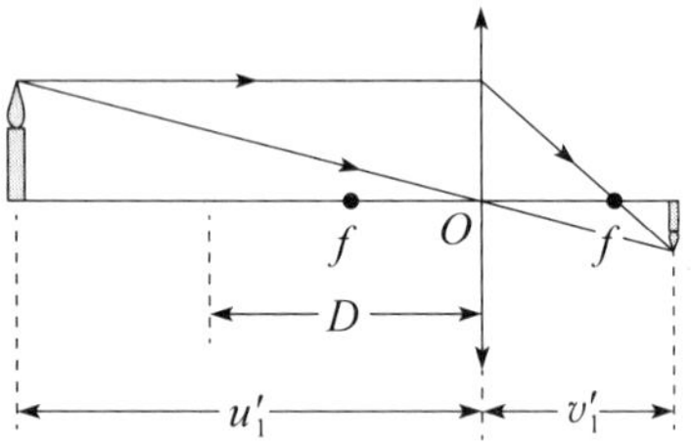

(b)

例 13 （2016 中科大）如图所示，三棱镜的顶角 α 为 60°，在三棱镜两侧对称位置上放置焦距均为 $f=30\text{cm}$ 的两个完全相同的凸透镜 L_1 和 L_2。若在前焦平面上距主光轴下方 $h=15\text{cm}$ 处放一单色光源 S，发现其像 S' 与 S 对于该光学系统是左右对称的。试求该三棱镜的折射率 n。

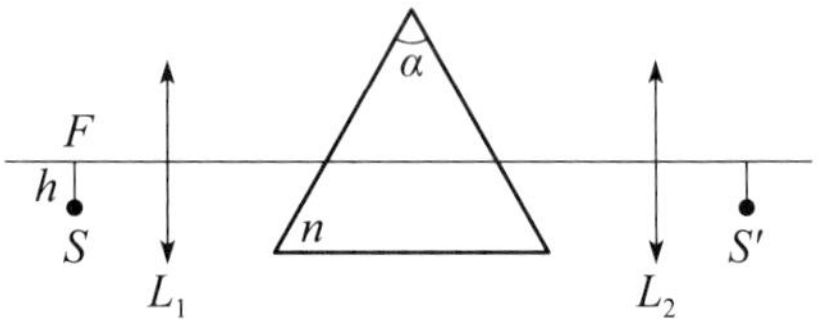

【解析】 根据对称性作出通过凸透镜光心的光线，如答图所示。根据折射定律，有

$$\pi=\frac{\sin\left(\theta+\frac{\alpha}{2}\right)}{\sin\frac{\alpha}{2}} \quad ①$$

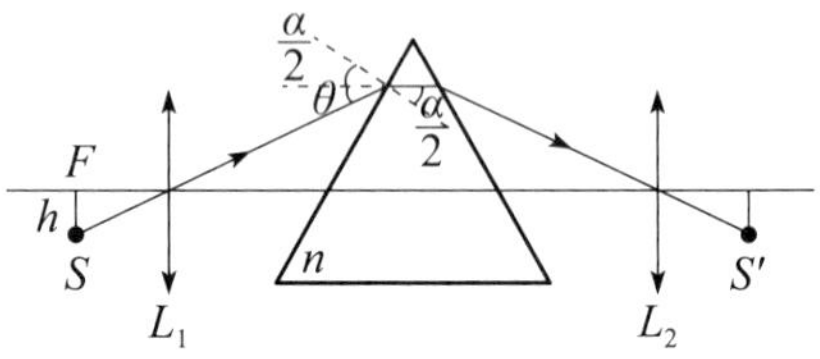

根据几何关系，有

$$\sin\theta=\frac{h}{\sqrt{h^2+f^2}} \quad ②$$

$$\cos\theta=\frac{f}{\sqrt{h^2+f^2}} \quad ③$$

联立①②③式，得

$$n=1.67$$

例 14 三个相同的理想凸透镜共轴放置，焦距均为 f，两两间距为 λf。已知对于任意左侧进入的光线，出射方向均与入射方向平行。

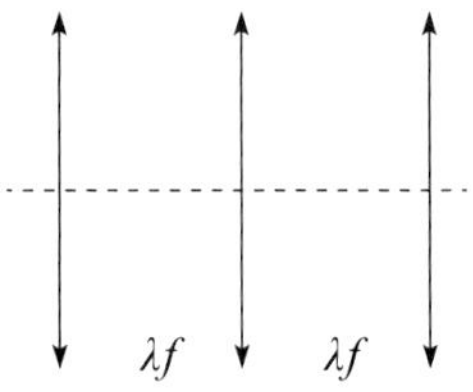

(1) 画出可能的光路图；

(2) 试求 λ 的可能取值。

【解析】考虑左侧任意进入的光线可分成若干束平行光，一束平行光经过透镜组后出射仍是原方向的平行光，且平行光经凸透镜会聚成一点，说明整个系统光路存在中心对称性，对称中心是第二个透镜中心。

为了保证对称性，系统成像过程应该为：平行光经过第一个透镜会聚一点，经过第二个透镜成像到对称点，再经第三个透镜变成平行光。因此，第一个透镜与会聚点的距离为 f；第二次成像是 $2f-2f$ 的成像，像点与第三个透镜的距离是 f，光路图如图所示。即 $\lambda=3$。

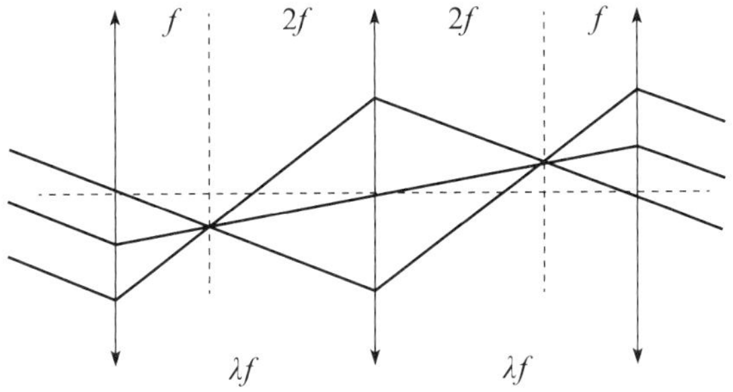

例 15 (2013 华约联盟)如图所示，半径为 R 的球面反射镜放置在焦距为 f 的凸透镜右侧，其中心位于凸透镜的光轴上，并可沿凸透镜的光轴左右调节。

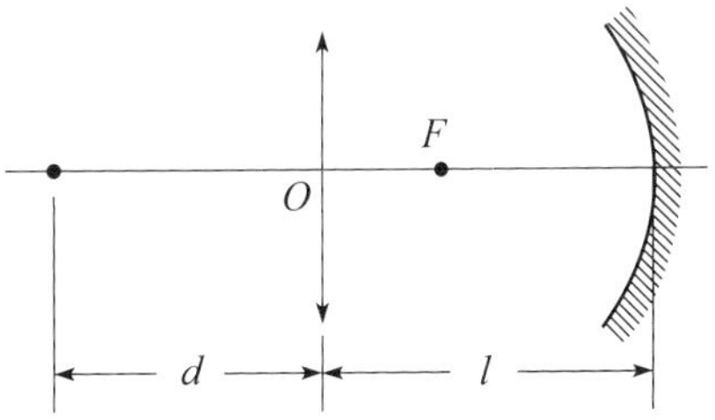

(1) 固定凸透镜与反射镜之间的距离 l，将一点光源放置于凸透镜的左侧光轴上，调节光源在光轴上的位置，使该光源的光线经凸透镜—放射镜—凸透镜后成像于点光源处，问该光源与凸透镜之间的距离 d 可能是多少？

(2) 根据(1)的结果，若固定距离 d，调节 l 以实现同样的实验目的，则 l 的调节范围是多少？

【解析】(1)可分为三种情况讨论：

第一种情况：通过调节光源与透镜的距离 $d(d>f)$，如下图(a)所示，由光源发出的任意光经透镜折射后，点光源成实像于透镜右侧光轴上的 C 点，而 C 点正好在反射

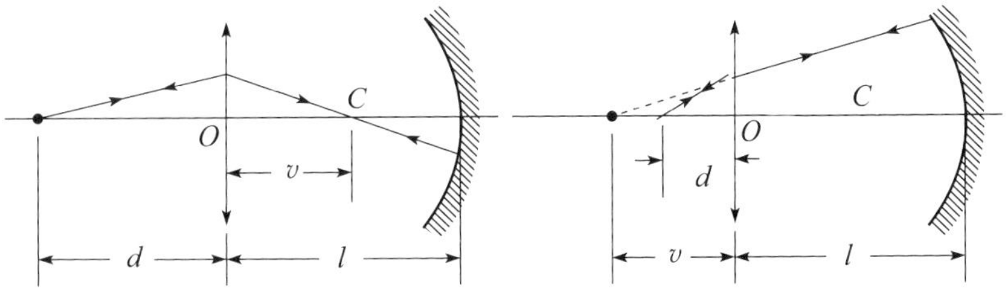

(a)　　　　(b)

镜的球心位置上，光线会沿反射镜的半径方向入射到球面镜上，并沿同一路径返回。有光路可逆，光经凸透镜折射后将会聚于光源点。

则：$v+R=l(v>0)$，结合$\frac{1}{d}+\frac{1}{v}=\frac{1}{f}$，解得：$d=\frac{f(l-R)}{l-R-f}$

第二种情况：通过调节光源与透镜的距离 $d(d<f)$，如上图(b)所示，由点光源发出的光线穿过透镜后，点光源成虚像于透镜左侧光轴上的 C 点，而 C 点正好在反射镜的球心位置上，光线会沿反射镜的半径方向入射到球面镜上，并沿同一路径返回。有光路可逆，光经凸透镜折射后将会聚于光源点。

则：$v+R=l(v<0)$，结合$\frac{1}{d}+\frac{1}{v}=\frac{1}{f}$，解得：$d=\frac{f(R-l)}{R+f-l}$

第三种情况：正好有条件 $R=l$，调节左侧光源与调节的距离 $d(d>f)$，如下图所示，由点光源发出的光线经凸透镜后，点光源成实像于调节右侧光轴上的 C 点，C 点恰好处在反射镜的对称中心，光线可被反射镜对称反射，再经凸透镜，也会聚于光源处。

则：$v=R=l$，结合$\frac{1}{d}+\frac{1}{v}=\frac{1}{f}$，解得：$d=\frac{fR}{R-f}=\frac{fl}{l-f}$

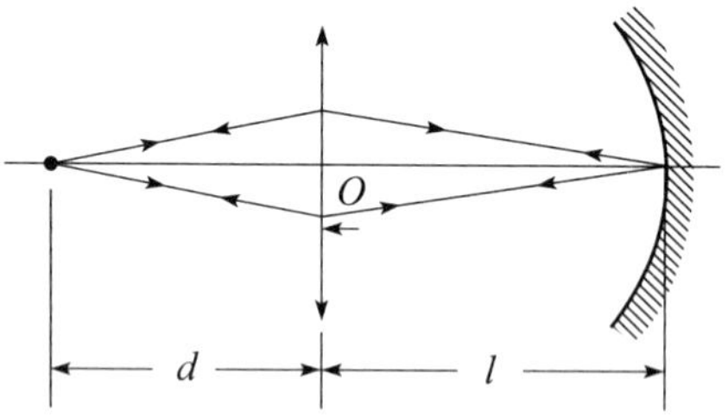

(2) 对应于(1)中的三种情况：

对应于第一种情况，即：$d=\frac{f(l-R)}{l-R-f}$，实现实验目的的 l 的调节范围是：$l>R+f$；

对应第二种情况，即：$d=\frac{f(R-l)}{R+f-l}$，实现实验目的的 l 的调节范围是：$l<R$；

对应第三种情况，即：$d=\frac{fR}{R-f}=\frac{fl}{l-f}$，实现实验目的的 l 的调节范围是：$l=R$。

强基要点 5 光程和半波损失

光在介质中传播的路程 l 与该介质的折射率 n 的乘积 nl 称为光程。在真空或空气中，$n=1$，光传播的路程就等于光程。

光由光疏介质射向光密介质，在介质的分界面上发生反射时，光的相位发生 180° 的变化，相当于有半个波长的光程差，称为半波损失。反之，当光由光密介质射向光疏介质，在介质的分界面上发生反射时，其相位不发生变化，因此没有半波损失。

要点精例

例16 （2009同济）如图所示，一束平行单色光垂直照射在薄膜上，以上、下表面反射的光束发生干涉，若薄膜的厚度为 e，且 $n_1<n_2<n_3$，λ 为入射光在折射率为 n_1 的介质中的波长，则两束反射光在相遇点的相位差为（　　）。

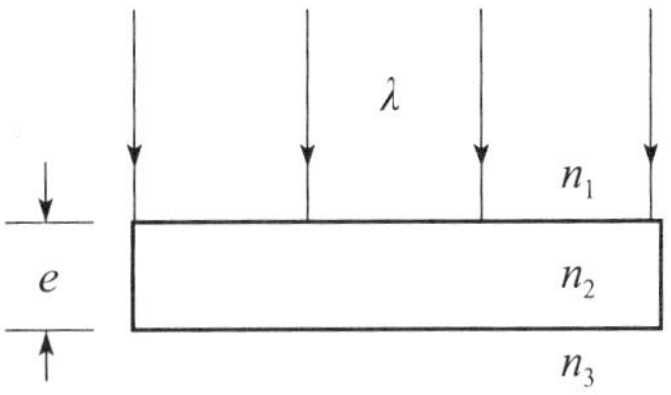

A. $\dfrac{2\pi n_2 e}{n_1\lambda}$　　B. $\dfrac{4\pi n_1 e}{n_2\lambda}+\pi$

C. $\dfrac{4\pi n_2 e}{n_1\lambda}+\pi$　　D. $\dfrac{4\pi n_2 e}{n_1\lambda}$

【答案】D

【解析】设在真空中的波长为 λ_0，由 $v=\dfrac{c}{\lambda_0}=\dfrac{v_1}{\lambda}$，且 $n_1=\dfrac{c}{v_1}$，则：$\lambda_0=n_1\lambda$，前后两个表面的反射光的光程差为 $\delta=2n_2e$，同时考虑到 $n_1<n_2$，$n_2<n_3$，在薄膜上、下表面发射时均发生半波损失（均发生180°相位变化），故相位差为 $\Delta\varphi=\dfrac{4\pi n_2 e}{n_1\lambda}$，选D。

强基要点 6 光的干涉

1. 双缝干涉

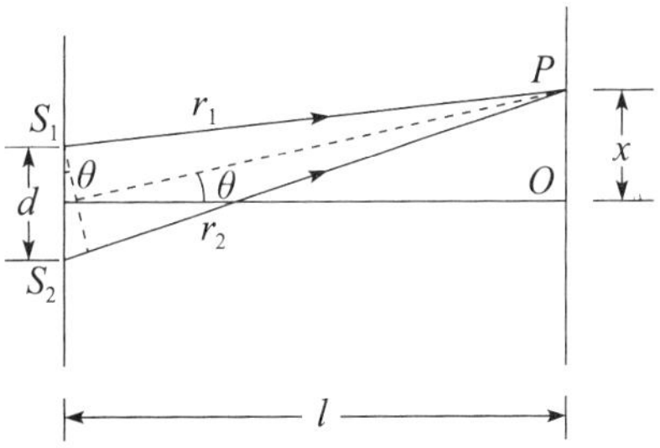

S_1 和 S_2 为双缝，相距为 d，荧光屏与双缝相距为 l。屏上距离 O 为 x 的一点 P 到双缝的距离，P 点到 A、B 的光程差为：

$$\delta=PS_2-PS_1=\frac{d}{l}x$$

若 S_1 和 S_2 为同相位光源，当 δ 为半波长的偶数倍时，两列波波峰与波峰或波谷与波谷相遇，P 为加强点（亮点）；当 δ 为半波长的奇数倍时，两列波波峰与波谷相遇，P 为减弱点（暗点）。

屏上干涉明条纹对应位置为 $x=\pm k\cdot\dfrac{l}{d}\cdot\lambda(k=0,1,2\cdots)$ 暗条纹对应位置为 $x=\pm\left(k-\dfrac{1}{2}\right)\cdot\dfrac{d}{l}\lambda(k=0,1,2\cdots)$，其中 $k=0$ 的明条纹为中央明条纹，称为零级明条纹；$k=1$，$2\cdots$ 时，分别为中央明条纹两侧的第1条、第2条……明（或暗）条纹，称为一级、二级……明（或暗）条纹，相邻两明（或暗）条纹间的距离 $\Delta x=\dfrac{l}{d}\lambda$。

2. 类双缝干涉

双缝干涉实验说明，把一个光源变成“两相干光源”即可实现光的干涉。类似装置有：

(1) 菲涅耳双面镜。

如图所示，夹角很小的两个平面镜 M_1、M_2 构成一个双面镜，点光源 S 经双面镜生成的像 S_1 和 S_2 就是两个相干光源。

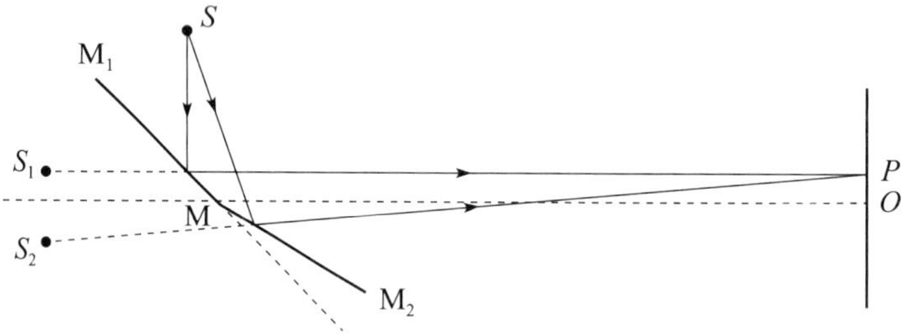

(2) 洛埃镜。

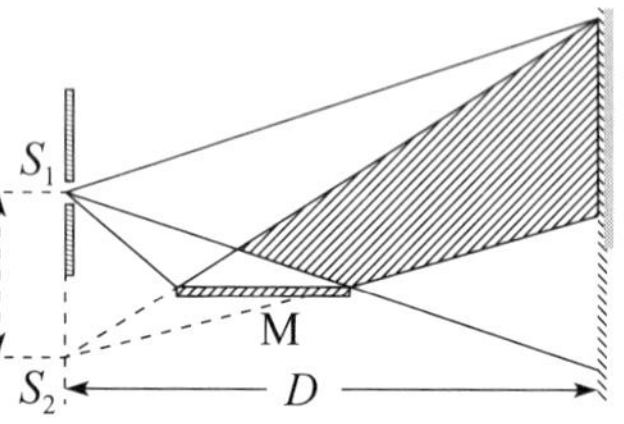

如图所示，一个与平面镜 L 距离 d 很小(数量级为 0.1mm)的点光源 S，它的一部分光线掠入射到平面镜，其反射光线与未经反射的光线叠加在屏上产生干涉条纹。

因此 S_1 和 S_2 就是相干光源。但应当注意，光线从光疏介质射入光密介质，反射光与入射光相位差 π，即发生“半波损失”，因此计算光程差时，反射光应有$\frac{\lambda}{2}$的附加光程差。

(3) 双棱镜。

如图所示，平行光垂直入射，经双棱镜上、下两半折射后，成为两束倾角均为 θ 的相干平行光。

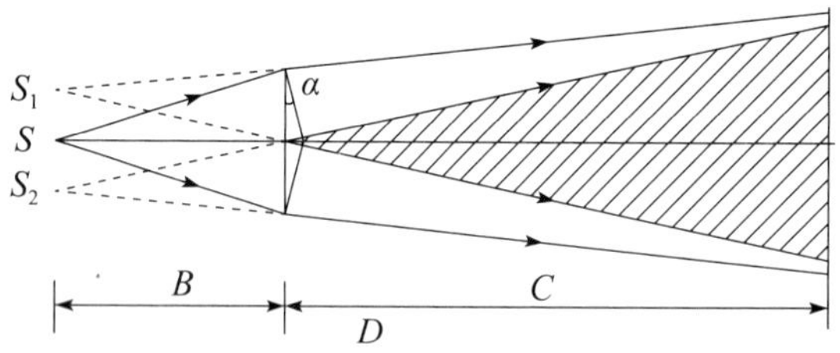

3. 薄膜干涉

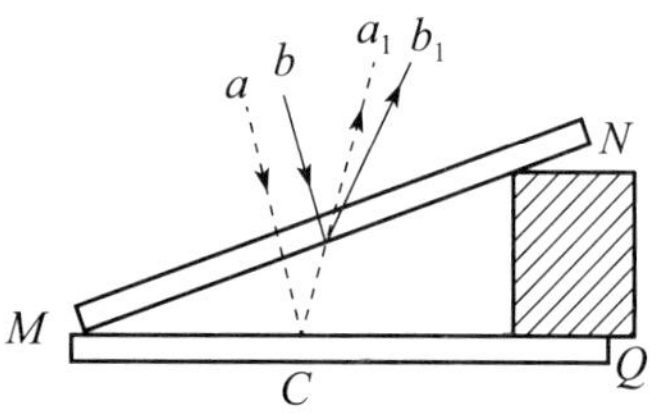

当透明薄膜的厚度与光波波长可以相比时，入射薄膜表面的光线会被薄膜的上界面与下界面分别反射，而发生干涉。

(1) 劈尖膜。

如图所示，两块平面玻璃片，一端互相叠合，另一端夹一薄纸片(为了便于说明问题和易于作图，图中纸片的厚度特别予以放大)，这时，在两玻璃片之间形成的空气薄膜称为空气劈尖。两玻璃片的交线称为棱边，在平行于棱边的线上，劈尖的厚度是相等的。

(2) 牛顿环。

在一块光平的玻璃片 B 上，放曲率半径 R 很大的平凸透镜 A，在 A、B 之间形成一劈尖形空气薄层。当平行光束垂直地射向平凸透镜时，可以观察到在透镜表面出现一组干涉条纹，这些干涉条纹是以接触点 O 为中心的同心圆环，称为牛顿环。这是由透镜下表面反射的光和平面玻璃上表面反射的光发生干涉而形成的，这也是一种等厚条纹。

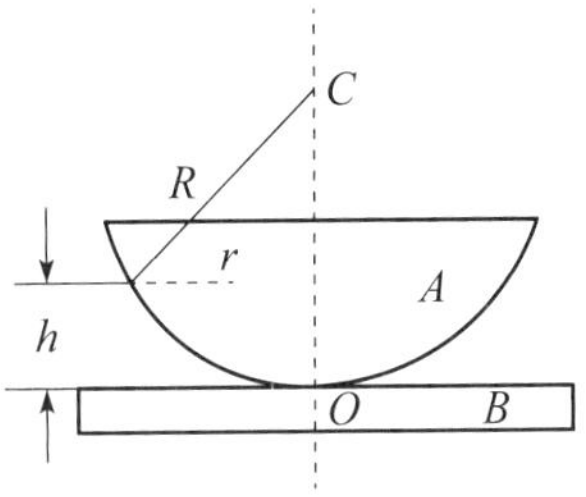

要点精例

例 17 (2019 中科大)用单色光做杨氏双缝干涉实验时，若把其中一缝遮住，则屏上( )。

A. 呈现跟原来完全相同的条纹

B. 呈现明暗相间的条纹，中央亮条纹较宽较亮

C. 呈现跟原来相同的条纹，但亮度减半

D. 没有条纹

【答案】 B

【解析】 双缝干涉的图样是明暗相间的条纹，所有条纹宽度相同且等间距。若把其中一缝遮住，属于单缝衍射，而单缝衍射的图样是明暗相间的条纹，中央亮条纹较宽较亮，越向两侧宽度越小越暗。故 B 选项正确。

例 18 (2018 北大博雅)在杨氏双缝干涉实验中，如果单色光源 S 从如图所示的中轴位置沿垂直 SO 的方向向下移动一段微小的距离。问中心干涉条纹向何方向移动？相邻明条纹的间距如何变化？( )。

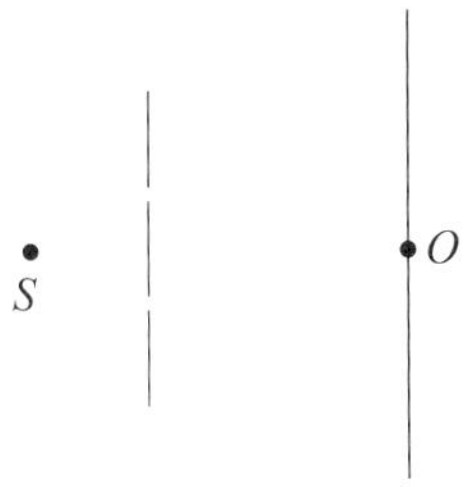

A. 相邻明条纹的间距变大，中心干涉明条纹向下移动

B. 相邻明条纹的间距不变，中心干涉明条纹向下移动

C. 相邻明条纹的间距变小，中心干涉明条纹向上移动

D. 相邻明条纹的间距不变，中心干涉明条纹向上移动

【答案】 D

【解析】 光源 S 向下移动一段微小的距离后，由 S 发出的光到达 O 点上方某点的光程差为零，故中心干涉明条纹向上移动，如答图所示。根据相邻明条纹间的距离公式 $\Delta x=\dfrac{l}{d}\lambda$ 知，

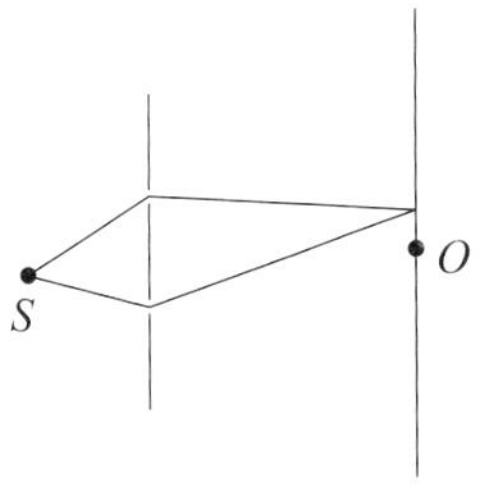

由于 l，d，λ 不变，则条纹间距不变，D 选项正确。

例 19 （2017 清华领军）杨氏双缝干涉实验中，双缝距光屏 8cm，现将光屏靠近双缝，屏上原来 3 级亮纹处依旧为亮纹，则移动的距离可能为（　　）。

A. 4.8　　B. 4　　C. 3.4　　D. 3

【答案】ABCD

【解析】杨氏双缝干涉亮条纹的位置为 $x=\frac{k\lambda l}{d}$，其中 d 为双缝间距，l 为双缝到光屏的距离，λ 为光的波长。

由题意知 $\frac{3\lambda l_0}{d}=\frac{k\lambda l}{d}$，$l<l_0$，$l_0=8\text{cm}$，从而 $l=\frac{3l_0}{k}$，$k=4$，5，6…

当 $k=4$ 时，$l=6\text{cm}$；当 $k=5$ 时，$l=4.8\text{cm}$，A 选项正确；当 $k=6$ 时，$l=4\text{cm}$，B 选项正确；当 $k=7$ 时，$l=3.4\text{cm}$，C 选项正确；当 $k=8$ 时，$l=3\text{cm}$，D 选项正确。

例 20 （2019 北大夏令营）如图所示，将一玻璃板盖在工件上，利用劈尖状空气隙的薄膜干涉可以检测精密加工工件的表面质量。使用单色光垂直照射，可通过显微镜看到干涉条纹，条纹的形状能够反映工件表面的缺陷。那么（　　）。

A. 若待测工件表面有凸出的部分，干涉条纹会向左弯曲

B. 若待测工件表面有凹陷的部分，干涉条纹会向左弯曲

C. 按压玻璃板，条纹将向左移动

D. 按压玻璃板，条纹将沿着平行于玻璃板与工件交线的方向移动

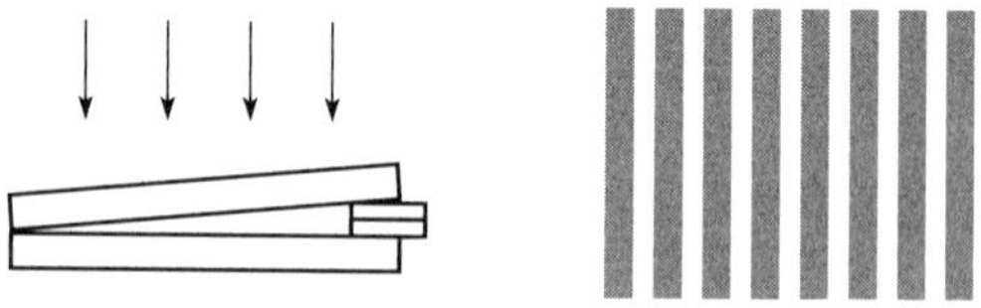

【答案】B

【解析】若待测工件表面有凸出的部分，干涉条纹会向右弯曲，A 选项错误。干涉条纹间距 $\Delta x=\frac{\lambda}{2\theta}$。按压玻璃板，$\theta$ 减小，Δx 增大，条纹将向右移动，C，D 选项错误。B 选项正确。

例 21 波长为 λ 的单色光照射下的杨氏双缝干涉实验装置中，在观察屏上可看到干涉条纹。双缝的间距为 d，双缝到观察屏的距离为 L，问：

（1）条纹的间距是多少？

（2）现将一个厚度为 l 的薄玻璃片放在上缝后面，发现条纹移动了 m 个周期，则条纹是向上还是向下移动？为什么？

（3）玻璃的折射率 n_α 是多少？

（4）再将一个折射率为 n_β 的薄云母片放在下缝后面，发现条纹恢复到未加玻璃片时的位置，则云母片的厚度 t 是多少？

【解析】(1)条纹的间距 $\Delta x=\frac{L}{d}\lambda$。

(2)因为上缝光路的光程增加，上下光路光程相等的位置即零级条纹的位置上移，同样其他条纹也上移。

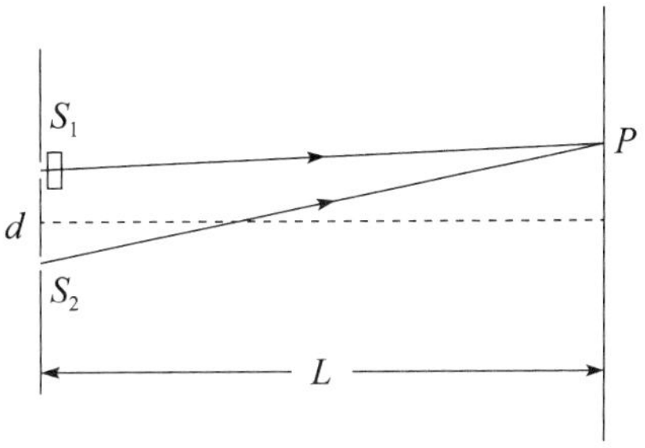

(3)光程差每改变一个波长 λ，P 处的干涉条纹就移过一级。从而

$$(n_\alpha-1)l=m\lambda$$

解得

$$n_\alpha=\frac{m\lambda}{l}+1$$

(4)由题意知，云母片引起的光程差变化应该等于玻璃片引起的光程差变化，即

$$(n_\beta-1)t=(n_\alpha-1)l$$

解得

$$t=\frac{(n_\alpha-1)l}{n_\beta-1}=\frac{m\lambda}{n_\beta-1}$$

例22　(2011同济)利用尖劈空气膜的干涉可测量微丝的直径。如图所示，取两块平面玻璃，一端互相接触，另一端夹着待测直径的微丝，微丝与接触棱平行，用单色光直接照射在玻璃上。若已知入射光波长为λ，光垂直于玻璃表面入射，测得两条相邻明纹的距离为 a，微丝到劈棱的距离为 L，求微丝的直径 D。

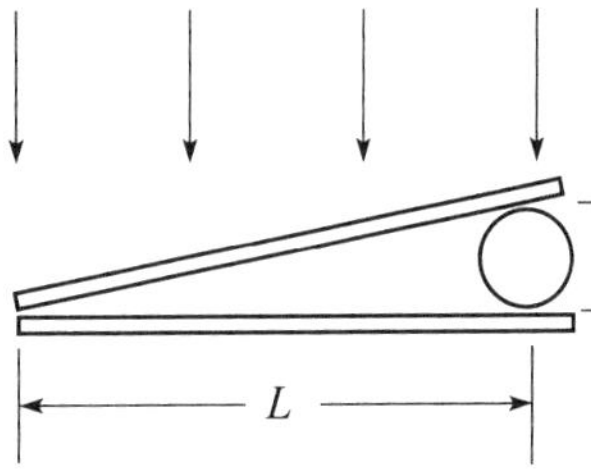

【解析】当光入射玻璃片时，在空气劈的上下两个表面引起的单色光形成相干光，上表面的反射是从玻璃射向空气时形成的，没有半波损失；而下表面的反射光是从空气射向玻璃时形成的，有半波损失。由于两玻璃片之间的夹角 θ 很小，光垂直于玻璃表面入射，可认为在空气劈的上下表面反射的光程差为：$\Delta=2d+\frac{\lambda}{2}$，式中 d 为入射位置的空气层厚度。当 $\Delta=k\lambda$ 时为相干明条纹，即：$2d+\frac{\lambda}{2}=k\lambda(k=1,2,3\cdots)$得：$d=\frac{k\lambda}{2}-\frac{\lambda}{4}$，而 $\sin\theta\approx\frac{D}{L}=\frac{d_{k+1}-d_k}{a}=\frac{\lambda}{2a}$，$D=\frac{L\lambda}{2a}$。

例23　(2008南京大学)如图所示，在洛埃镜实验中，点光源 S 在镜面上方 2mm 处，反射镜 M 位于光源与屏幕正中间，镜长 $L=40\text{cm}$，屏到光源的距离 $D=1.5\text{m}$，波长为 5000Å，试求：

(1)条纹间距；

(2)屏幕上干涉条纹的范围；

(3) 干涉条纹的间距个数。

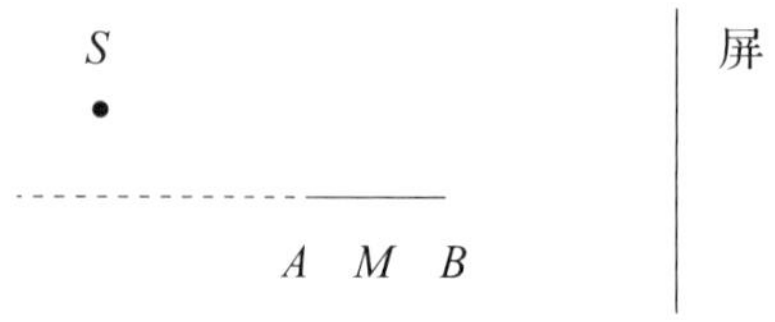

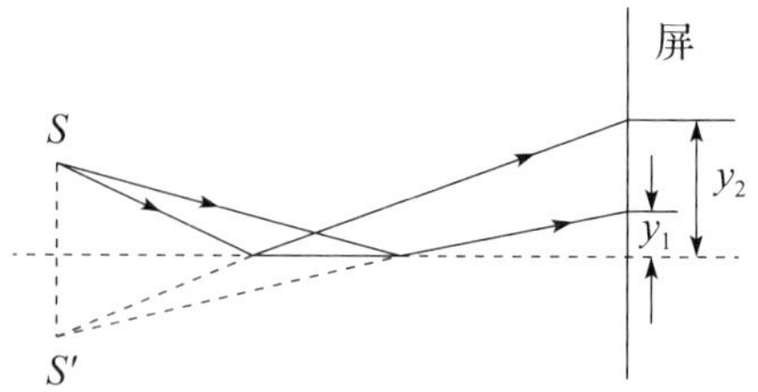

【解析】 (1)洛埃境中，点光源 S 和它在平面镜中的像 S' 构成两相干光源，故在屏上形成的条纹间距：

$$\Delta x=\frac{l\lambda}{d}=\frac{5000\times10^{-10}\times1.5}{2\times2\times10^{-3}}\text{m}=0.1875\text{mm}$$

(2) 设干涉区域的下、上端离平面镜与屏交点的距离分别为 y_1、y_2，如图所示，由相似三角形知识得：$\frac{y_1}{2}=\frac{\frac{D-L}{2}}{\frac{D-L}{2}+L}$，$\frac{y_2}{2}=\frac{\frac{D-L}{2}+L}{\frac{D-L}{2}}$，分别解得：$y_1=1.16\text{mm}$，$y_2=3.45\text{mm}$。

(3) 干涉条纹间距数为 $n=\frac{y_2-y_1}{\Delta x}=12.21$，取 $n=12$。

强基要点 7 光的粒子性

1. 光电效应

某些物质在光(包括不可见光)的照射下有电子发射出来，这就是光电效应的现象。

光子说：空间传播的光(以及其他电磁波)都是不连续的，是一份一份的，每一份叫作一个光子。光子的能量跟它的频率成正比，即 $E=h\nu$。

式中，h 为普朗克常量。

光子也是物质，它具有质量，其质量等于

$$m=\frac{E}{c^2}=\frac{h\nu}{c^2}$$

光子也具有动量，其动量等于

$$p=mc=\frac{h\nu}{c}$$

根据能量守恒定律得：

$$\frac{1}{2}mv_{\text{m}}^2=h\nu-W$$

上式称为爱因斯坦光电效应方程。式中，W 称为材料的逸出功，表示电子从物质中逸出所需要的最小能量。

某种物质产生光电效应的极限频率就由逸出功决定：$\nu_c=\dfrac{W}{h}$，不同物质电子的逸出功不同，所对应的极限频率也不同。

2. 康普顿效应

当用可见光或紫外线作为光电效应的光源时，入射的光子将全部被电子吸收。但如果用 X 射线照射物质，由于它的频率高、能量大，不会被电子全部吸收，只需交出部分能量，就可以打出光电子，光子本身频率降低，波长变长。这种光电效应现象称为康普顿效应。

当 X 射线光子与静止的电子发生碰撞时，可以用 p 表示入射光子的动量，代表散射光子的动量，mv 代表光电子的动量。依据动量守恒定律，可以用下图表示三者的矢量关系。

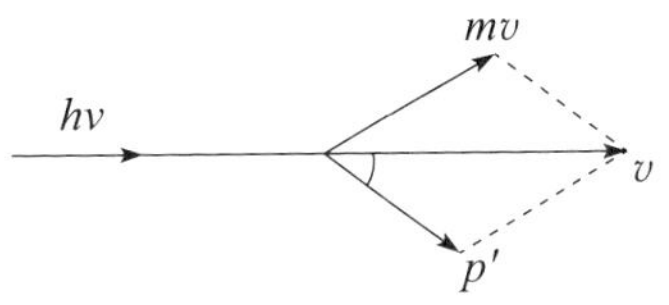

因为 $p=\dfrac{h\nu}{c}$，所以

$$(mv)^2=\left(\frac{h\nu}{c}\right)^2-\left(\frac{h\nu'}{c}\right)^2-\frac{2h^2}{c^2}\cdot\nu\nu'\cdot\cos\theta$$

由能量守恒定律得出：

$$mc^2+h\nu'=m_0c^2+h\nu$$

式中，m_0 表示静止电子的质量，m 表示运动电子的质量。

$$m=\frac{m_0}{\sqrt{1-\left(\frac{v}{c}\right)^2}}$$

联立上述各式，并将 $\lambda=\dfrac{c}{\nu}$ 代入整理得

$$\Delta\lambda=\lambda'-\lambda=\frac{h}{m_0c}\cdot(1-\cos\theta)$$

3. 光压

光压就是光子流产生的压强，从光子观点看，光压的产生是由于光子把它的动量传给物体的结果。

$$p=(1-\rho)\frac{\Phi}{c}$$ Φ 为入射光强，ρ 为壁反射系数。

4. 波粒二象性

由理论和实验所得结果证明，描述粒子特征的物理量(E，p)与描述波动特征的物理量(ν，λ)之间存在如下关系：

$$E=h\nu,\quad p=\frac{h}{\lambda}$$

事实上，这种二象性是一切物质(包括实物和场)所共有的特征。

要点精例

例 24 (2010 华约联盟)在光电效应实验中，先后用频率相同但光强不同的两束光照射同一个光电管。若实验 a 中的光强大于实验 b 中的光强，实验所得光电流 I 与光电管两端所加电压 U 之间的关系曲线分别以 a、b 表示，则下图可能正确的是(　　)。

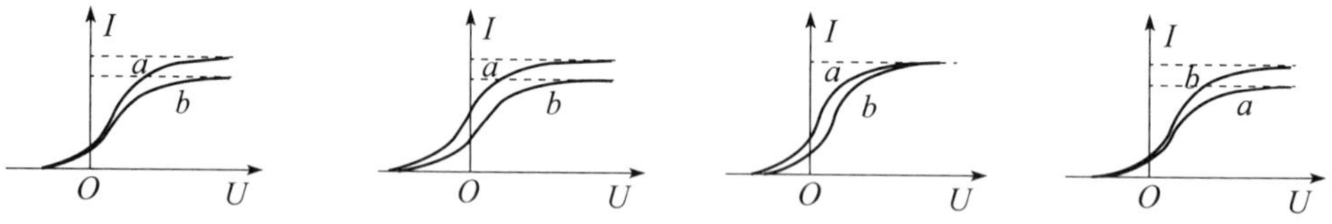

A　　　　B　　　　C　　　　D

【答案】A

【解析】由光电效应的实验规律，饱和光电流的大小与入射光的强度成正比，C、D 选项错误。由光电效应方程$\frac{1}{2}mv_m^2=hv-W_0$，$\frac{1}{2}mv_m^2=eU_c$(U_c 表示反向遏止电压)，得 $eU_c=hv-W_0$，所以 U_c 决定于入射光的频率，而图线与 U 轴的交点坐标值为反向遏止电压，B 选项错误，A 选项正确。

例 25 (2019 清华夏令营)在两种金属 a 和 b 的光电效应实验中，测量反向遏止电压 U_c 与入射光子频率 ν 的关系，下图正确的是(　　)。

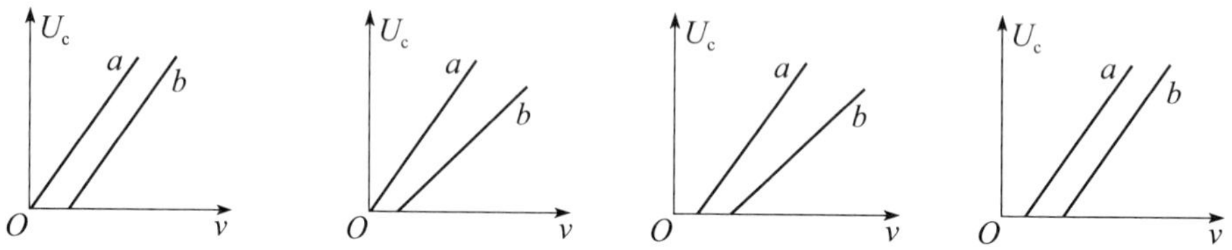

A　　　　B　　　　C　　　　D

【答案】D

【解析】发生光电效应时，光电子的最大初动能$\frac{1}{2}mv_m^2=h\nu-W_0$，而反向遏制电压和最大初动能满足 $eU_c=\frac{1}{2}mv_m^2$，联立可得 $U_c=\frac{h}{e}\nu-\frac{W_0}{e}$。D 选项正确。

例 26 (2018 中科大)在单色光的光电效应实验中，测得如图所示的实验曲线，其中横轴为加速电压 U，纵轴为光电流 I，U_c 为测得的截止电压，I_m 为测得的饱和光电流。则由此图可得到(　　)。

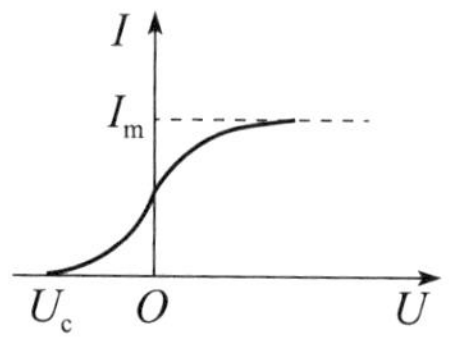

A. 单位时间内阴极发射的光电子数

B. 入射光的频率

C. 光电管阴极金属的逸出功

D. 光电子的最大初动能

【答案】AD

【解析】单位时间内阴极发射的光电子数为 $n=\frac{I_m}{e}$，A 选项正确。光电子的最大初动能为 $E_{km}=eU_c$，D 选项正确。

例 27 (2013 北大夏令营)(1)功率为 P 的光源向四周发出光子，光速为 c，光波的波长为 λ，普朗克常量为 h，求每秒发出的光子数。

(2) 在离光源 d 处有一挡板挡光，设挡板对光是完全吸收的，且挡板正对光源，求光子在挡板上产生的压强。

【解析】(1)单个光子的能量为

$$E=h\nu=h\frac{c}{\lambda}$$

光源每秒辐射的能量为 P，故每秒发出的光子数为

$$n=\frac{P}{E}=\frac{P\lambda}{hc}$$

(2) 光源发出的光子均匀分布在以光源为中心的球面上，以 d 为半径作一个球面，则单位时间内照到挡板单位面积上的光子数为

$$n'=\frac{n}{4\pi d^2}=\frac{P\lambda}{4\pi d^2 hc}$$

单个光子的动量为

$$p=\frac{h}{\lambda}$$

光压等于单位时间照到挡板单位面积上的光子动量的变化量，而挡板对光是完全吸收的，所以光压为

$$p'=\Delta p=n'p=\frac{P}{4\pi cd^2}$$

例 28 波长 $\lambda_0=0.01\text{nm}$ 的 X 射线与静止的自由电子碰撞，现在从和入射方向成 90°角的方向去观察时，散射 X 射线的波长多大？反冲电子的能量和动量分别是多大？

【解析】散射后 X 射线波长的改变量为：

$$\Delta\lambda=\lambda-\lambda_0=\frac{h}{m_0c}(1-\cos\theta)=\lambda c$$

$$\lambda=\lambda_0+\lambda c=0.0124\text{nm}$$

反冲电子获得的动能等于入射光子损失的能量

$$E_k = h\nu_0 - h\nu = hc\left(\frac{1}{\lambda_0} - \frac{1}{\lambda}\right) = 2.4\times10^4\,\text{eV}$$

如图所示，当 $\theta = 90°$时：

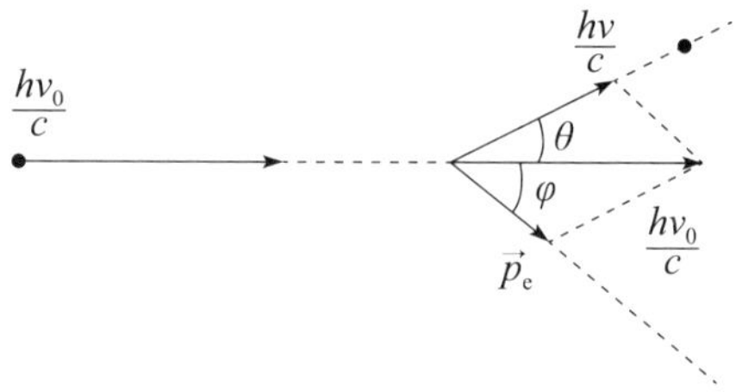

$$p_e\cos\varphi = \frac{h}{\lambda_0}$$

$$p_e\sin\varphi = \frac{h}{\lambda}$$

$$p_e = 8.5\times10^{-23}(\text{kg}\cdot\text{m}\cdot\text{s}^{-1})$$

$$\varphi = 38°44'$$

强基练习

1.（2014 卓越联盟）四分之一圆柱形的玻璃砖截面如图所示，OM、ON 为其半径，现将 OM 面置于水平桌面上，单色光束 a、b 分别从 MN 曲面和 ON 平面水平入射，只考虑 a、b 第一次到达 ON 和 MN 面的情况，则（　　）。

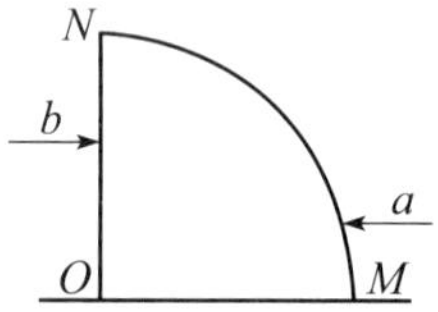

A. a 的位置越低，在到达 ON 平面时入射角越大

B. b 的位置越高，在到达 MN 曲面时入射角越大

C. a 的位置越低，在穿过玻璃砖后到达桌面位置距 O 越近

D. b 的位置越高，在穿过玻璃砖后到达桌面位置距 M 越近

2.（2017 中科大）在水面上方高 $h = 3.6\text{m}$ 处有一灯，在灯的正下方水中的潜水者看到灯的高度为 $h' =$ ________ m，水的折射率为 $\frac{4}{3}$。

3.（2012 卓越联盟）如图所示，A 和 B 两单色光以适当的角度向半圆形玻璃砖射入，出射光线从圆心 O 沿 OC 方向射出，且这两种光照射同种金属，都能发生光电效应，则下列说法正确的是（　　）。

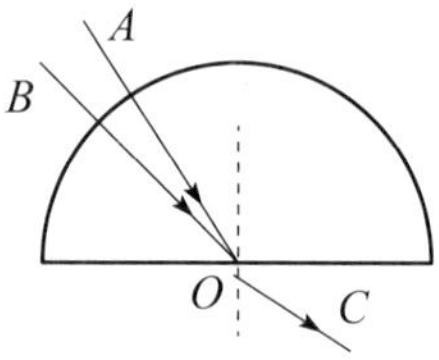

A. A 光照射该金属释放的光电子的最大初动能一定比 B 光的大

B. A 光单位时间内照射该金属释放的光电子数一定比 B 光的多

C. 分别通过同一双缝干涉装置，A 光比 B 光的相邻亮条纹间距小

D. 两光在同一介质中传播，A 光的传播速度比 B 光的传播速度大

4.（2012 华约联盟）已知波长 $\lambda = 0.45\mu\text{m}$ 的紫光垂直照在一块钢板上，有电子逸出，并且电子在场强为 $E = 10\text{V/m}$ 的电场下最远可以运动到 15cm 处，已知 $hc = 1.24\times10^{-6}\text{eV}\cdot\text{m}$，则该钢板的极限波长为（　　）。

A. $0.80\mu\text{m}$　　B. $0.90\mu\text{m}$　　C. $1.0\mu\text{m}$　　D. $1.1\mu\text{m}$

5.（2017 中科大）如图所示，一光学黑箱内有一焦距为 20cm 的凸透镜和一个焦距为 15cm 的凹透镜。设平行光入射黑箱后，出来的仍为平行光，则箱内两个透镜的距离为________。

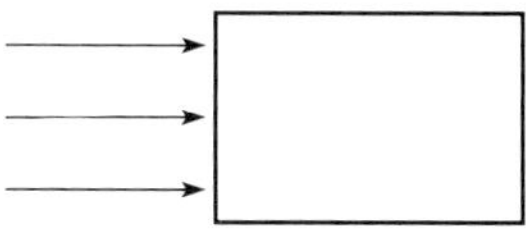

6.（第12届全国预赛）图中 L 为凸透镜，焦距 $f=30\sqrt{3}$ cm。有一单色平行光束，其方向与透镜的主光轴平行。现于透镜前方放一正三棱镜，如图所示。缓缓转动三棱镜，当入射光的入射角和出射角相等时，在透镜的焦平面上距焦点 $y=30$cm 处形成一像点，则三棱镜材料对此单色光的折射率 $n=$________。

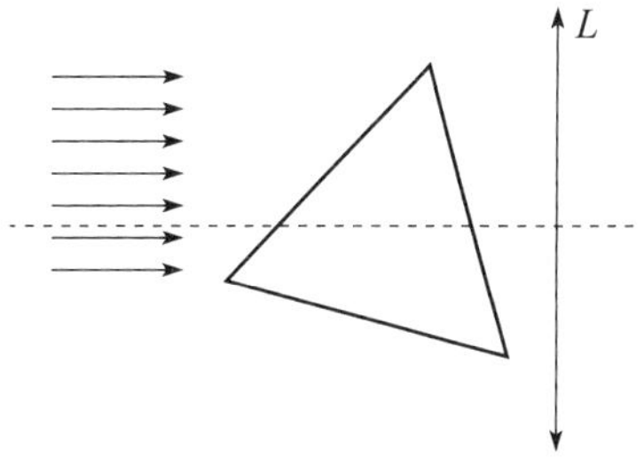

7.（2015北大夏令营）一长圆柱形光纤的切面如图所示，沿轴线方向建立 z 轴，沿半径方向建立 r 轴，光纤起始端的中心为 O，光纤折射率 $n(r)$ 沿径向线性变化，轴线处折射率 $n_1=1.3$，靠近侧面的折射率为 $n_2=1.2$，空气的折射率近似为 $n_0=1.0$。一束单色光从 O 点以入射角 $\theta_0=60°$ 入射，此时光线可以从光纤侧面出射，出射光线与光纤表面夹角为________；为了使光线在光纤内部传播，不从侧面出射，入射角应小于________。

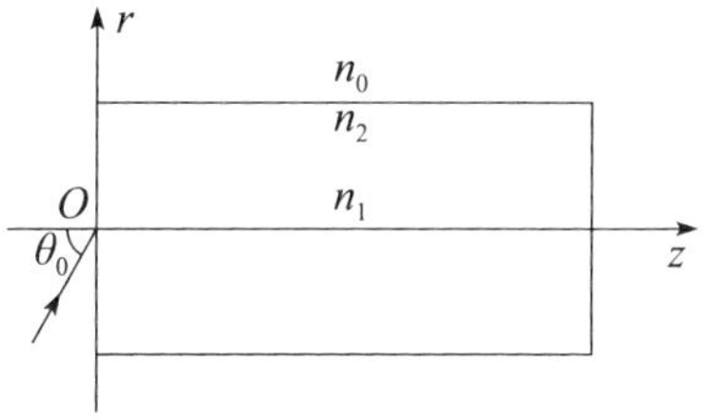

8. 如图所示，一束光线入射到空心球面上，光线与一条半径的夹角为 θ，光路如图所示。已知同心球的外、内半径分别为 $R_1=80$cm，$R_2=30$cm。

(1) 若大球外空间、两球夹层空间、小球内的折射率分别为 n_0、n_1、n_2。求证：$R_1 n_0 \sin\theta = R_2 n_2 \sin\alpha$。

(2) 若从大球面到小球面空间的折射率是渐变的，$n(r)=r\dfrac{n_0}{R_1}(R_2<r<R_1)$，式中 r 为两球夹层空间中的一点到球心的距离，$n(r)$ 为该点所在处介质的折射率，光线以 $\theta=30°$ 的入射角入射，求折射到内球的光线到球心的最近距离。

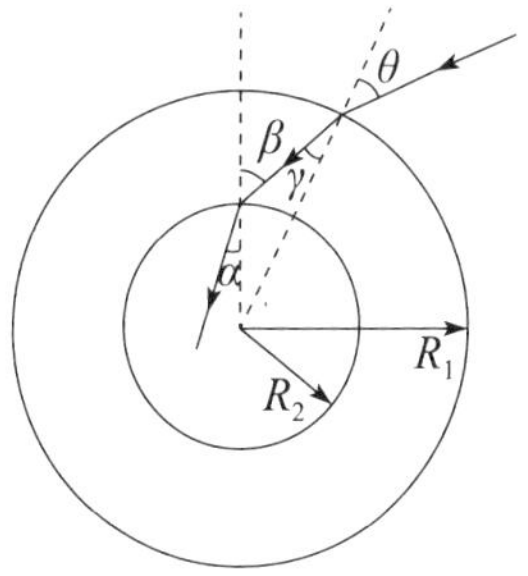

9.（2011卓越联盟）利用光的干涉可以测量待测圆柱形金属丝与标准圆柱形金属丝的直径差（约为微米量级），实验装置如图(a)所示。T_1 和 T_2 是具有标准平面的玻璃平晶，A_0 为标准金属丝，直径为 D_0；A 为待测金属丝，直径为 D；两者中心间距为 L。实验中用波长为 λ 的单色光垂直照射平晶表面，观察到的干涉条纹如图(b)所示，测得相邻条纹的间距为 Δl。

(1) 证明：$|D-D_0|=\dfrac{\lambda L}{2\Delta l}$；

(2) 若轻压 T_1 的右端，发现条纹间距变大，试由此分析 D 与 D_0 的大小关系。

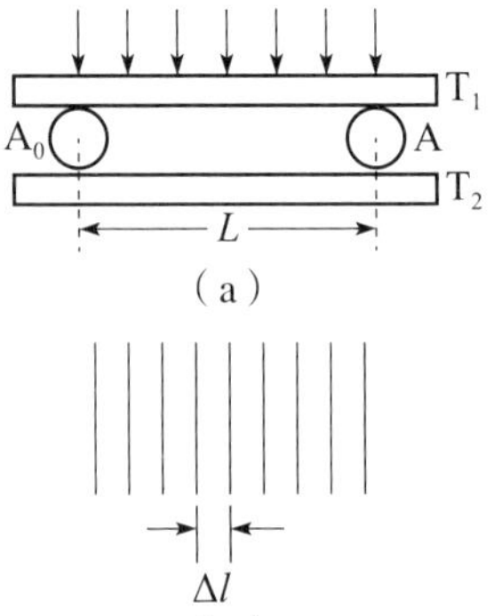

(a)
(b)

10. (2019 北大夏令营)如图所示，凸透镜的焦距为 f，物体由距离透镜 $x=3f$ 处的 A 点移至 $x=1.5f$ 处的 B 点。

(1) 设物体与其像之间的距离为 D，求 D 的变化规律；

(2) 若物体以恒定速度 u 沿主轴移动，求像的速度 v。

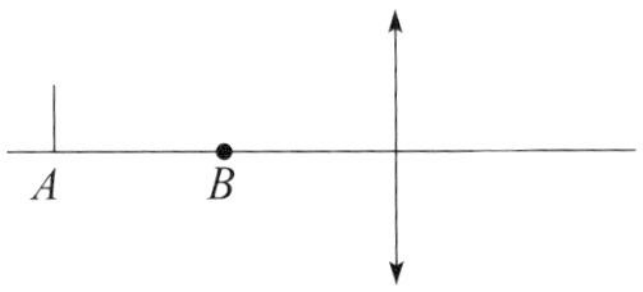

11. 将焦距 $f=25\text{cm}$ 的薄凸透镜切去宽为 a 的中央部分，再将其贴合，如图所示。在透镜一侧的光轴上放置 $\lambda=6000\text{Å}$ 的点光源，在另一侧放置垂直于光轴的观察屏。测得屏上相邻亮纹间距 $\Delta x=0.25\text{mm}$，且当屏移远或移近时(仍可见干涉条纹)，Δx 不变。

(1) 切去的宽度 a 为多少？

(2) 若透镜直径 $d=5\text{cm}$，屏幕移到何处时干涉条纹最多？最多时条纹数是多少？

(3) 屏幕移到何处时干涉条纹消失？

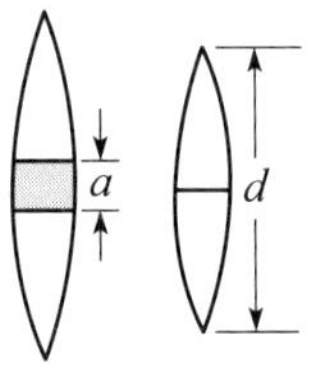

参考答案

1. BD 【解析】如答图(a)所示，a 的位置越低，在到达 ON 平面时入射角越小，A 选项错误。如答图(b)所示，b 的位置越高，在到达 MN 曲面时入射角越大，B 选项正确。如答图(c)所示，a 的位置越低，在穿过玻璃砖后到达桌面位置距 O 越远，C 选项错误。如答图(d)所示，b 的位置越高，在穿过玻璃砖后到达桌面位置距 M 越近，D 选项正确。

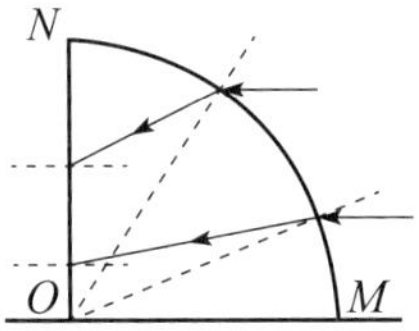

(a)

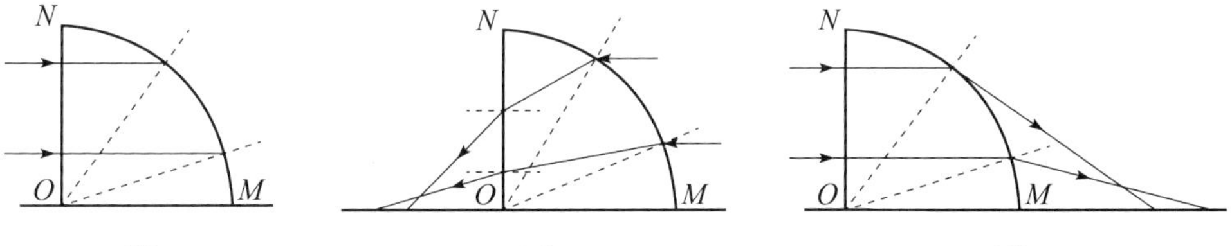

（b）　　（c）　　（d）

2. 4.8 【解析】根据视深公式，有 $h'=nh=4.8\text{m}$。

3. AC 【解析】由图可知，A 光的折射率大于 B 光的折射率，在同一种介质中传播，A 光的传播速度比 B 光传播速度小；同时，A 光的频率大于 B 光的频率，A 光的波长小于 B 光的波长。故 A 光照射该金属释放的光电子的最大初动能一定比 B 光的大；分别通过同一双缝干涉装置，A 光比 B 光的相邻亮条纹间距小。选 AC。

4. C 【解析】根据爱因斯坦的光电效应方程：$h\dfrac{c}{\lambda}=\dfrac{1}{2}mv^2+h\dfrac{c}{\lambda_0}$，电子在电场中减速过程中满足：$\dfrac{1}{2}mv_{\text{m}}^2=eEd$，代入数据得：$\lambda_0=1.0\mu\text{m}$。故选 C。

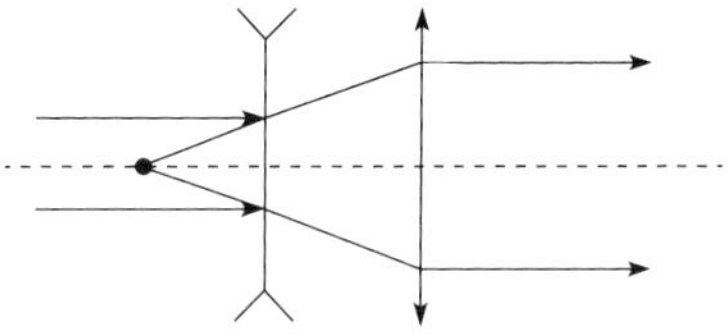

5. 5cm 【解析】两个透镜的距离为 5cm，光路图如答图所示。

6. $\sqrt{2}$ 【解析】平行光经棱镜折射后会向底边偏折，但仍然为平行光。这束平行光会聚在焦平面的副焦点上，具体位置是副光轴和焦平面的交点。所以副光轴和主光轴的夹角为

$$\theta=\arctan\frac{y}{f}=30^\circ$$

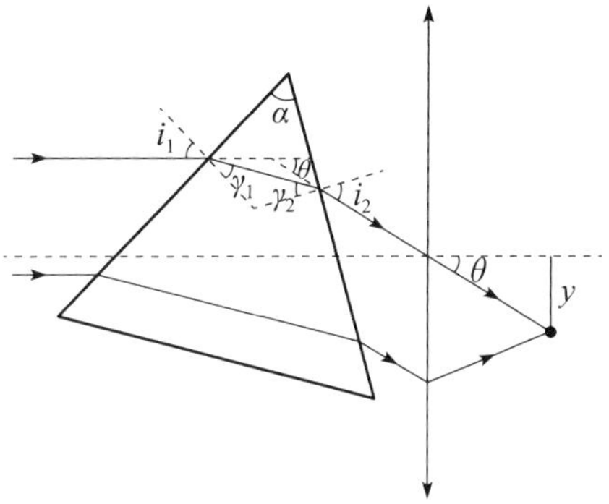

由 $i_1=i_2$，得 $\gamma_1=\gamma_2=\dfrac{\alpha}{2}=30^\circ$，则第一次折射光线平行于底边，如答图所示。从而 $\theta=2(i_1-\gamma_1)$，解得 $i_1=45^\circ$。根据折射定律，有

$$n=\frac{\sin i_1}{\sin\gamma_1}=\sqrt{2}$$

7. 14.2°　56.2° 【解析】我们先来看这样一个问题，如答图所示，三层介质相互平行，折射率分别为 n_1，n_2，n_3（$n_1>n_2>n_3$）。根据折射定律，有 $n_1\sin\theta_1=n_2\sin\theta_2=n_3\sin\theta_3$，此式可推广至多层介质。其物理意义在于，当介质中折射率沿法线变化时，光线最终的出射角度只与介质边缘处的折射率有关，而与中间复杂的变化无关。

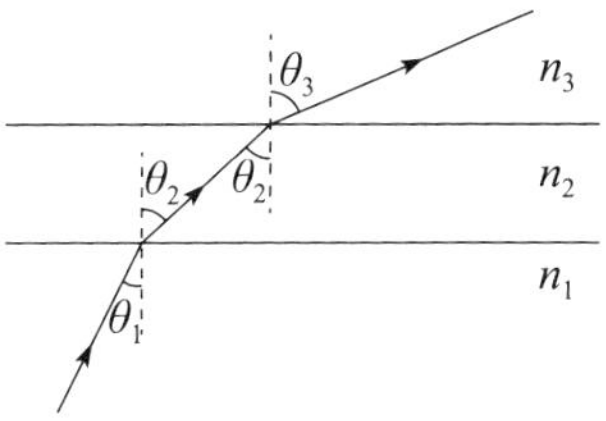

再回到本题，将光纤分割成一系列足够薄的同轴圆

柱环，每一层都可看成折射率均匀的介质。从 O 点入射的光线满足

$$n_0\sin\theta_0=n_1\sin\gamma \qquad ①$$

光线折射后再以入射角 $90°-\gamma$ 经多次折射后从侧面射出，则有

$$n_1\sin(90°-\gamma)=n_0\sin\theta \qquad ②$$

联立①②式，得

$$\theta=75.8°$$

即出射光线与光纤表面夹角为 14.2°。

若光线不从侧面出射，则光线在光纤中发生全反射。临界情况时，光线恰好在光纤侧面以 90°的折射角出射，代入数据得入射角为 56.2°。

8. **解：**(1)根据折射定律，有

$$n_0\sin\theta=n_1\sin\gamma$$
$$n_1\sin\beta=n_2\sin\alpha$$

即

$$R_1n_0\sin\theta=R_1n_1\sin\gamma \qquad ①$$
$$R_2n_1\sin\beta=R_2n_2\sin\alpha \qquad ②$$

根据正弦定理，有

$$\frac{R_2}{\sin\gamma}=\frac{R_1}{\sin(\pi-\beta)}$$

即

$$R_1\sin\gamma=R_2\sin\beta \qquad ③$$

联立①②③式，得

$$R_1n_0\sin\theta=R_2n_2\sin\alpha$$

(2) 联立①③式，得

$$R_1n_0\sin\theta=R_2n_1\sin\beta$$

由此可知，在球对称介质里传播的光线应有

$$rn(r)\sin\varphi(r)=\text{常数} \qquad ④$$

式中，r 为当前半径值，$n(r)$为该半径处对应的折射率，$\varphi(r)$为半径为 r 的球形界面上光的入射角，将 $n(r)=r\dfrac{n_0}{R_1}$代入④式，得

$$r^2 \frac{n_0}{R_1}\sin\varphi(r)=\text{常数}$$

当折射到内球的光线到球心的距离最近时，对应的入射角为90°，则有

$$R_1^2 \frac{n_0}{R_1}\sin30°=R_{\min}^2 \frac{n_0}{R_1}\sin90°$$

解得

$$R_{\min}=\frac{\sqrt{2}}{2}R_1=40\sqrt{2}\,\text{cm}$$

9. **解：**(1) 两个圆柱形金属丝的直径差约为微米量级，为了研究问题的方便，我们把差异放大，且设 $D_0<D$，如答图所示。设任意两条相邻暗条纹所在位置与 T_2 的距离分别为 d_1、d_2，则光程差满足关系式

$$2d_2-2d_1=\lambda \qquad ①$$

根据几何关系，有

$$\sin\theta=\frac{d_2-d_1}{\Delta l} \qquad ②$$

$$\tan\theta=\frac{D-D_0}{L} \qquad ③$$

而 θ 很小时，$\sin\theta\approx\tan\theta$。联立①②③式，得

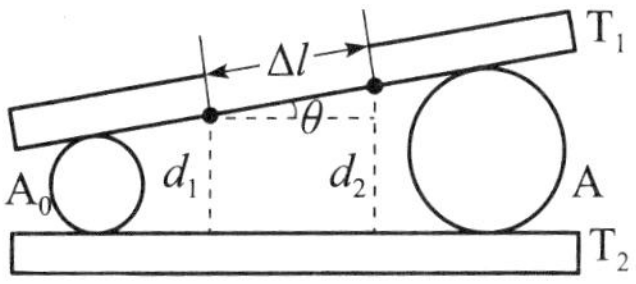

$$D-D_0=\frac{\lambda L}{2\Delta l}$$

因为实际情况 D 与 D_0 的大小不确定，所以

$$|D-D_0|=\frac{\lambda L}{2\Delta l}$$

(2) 若轻压 T_1 的右端，发现条纹间距 ΔL 变大，说明 $|D-D_0|$ 减小，D 大于 D_0。

10. **解：**(1) 设实像到透镜的距离为 y，根据透镜成像公式，有

$$\frac{1}{x}+\frac{1}{y}=\frac{1}{f}$$

可得

$$y=\frac{xf}{x-f}$$

从而

$$D=x+y=\frac{x^2}{x-f}$$

当 $x=2f$ 时，D 取极小值，在物体由距离透镜 $x=3f$ 移动到 $x=1.5f$ 的过程中，D 先减小后增大。

(2) 由 $y=\frac{xf}{x-f}$，可得

$$\frac{v}{u}=\frac{\mathrm{d}y/\mathrm{d}t}{-\mathrm{d}x/\mathrm{d}t}=-\frac{\mathrm{d}y}{\mathrm{d}x}=\frac{f^2}{(x-f)^2}$$

从而

$$v=\frac{f^2}{(x-f)^2}u$$

11. **解**：(1) 因为屏幕移远或移近条纹间距不变，所以是平行出射光干涉。可见点光源被放置在凸透镜焦平面上。出射光线与光轴的夹角 θ 就是点光源到光心的连线与光轴的夹角，有

$$\tan\theta=\frac{\frac{a}{2}}{f}=\frac{a}{2f}$$

另一方面，由

$$\Delta x=\frac{\lambda}{2\sin\theta}$$

可得

$$\theta=\arcsin\frac{\lambda}{2\Delta x}=\arcsin\frac{6000\times10^{-10}}{2\times0.25\times10^{-3}}=1.2\times10^{-3}\,\mathrm{rad}$$

所以

$$a=2f\tan\theta=2\times0.25\times\tan(1.2\times10^{-3})=6\times10^{-4}\,\mathrm{m}$$

(2) 光路图如答图所示，条纹最多处为图中虚线位置处，AB 的长度为 $\frac{d}{2}$。条纹数为

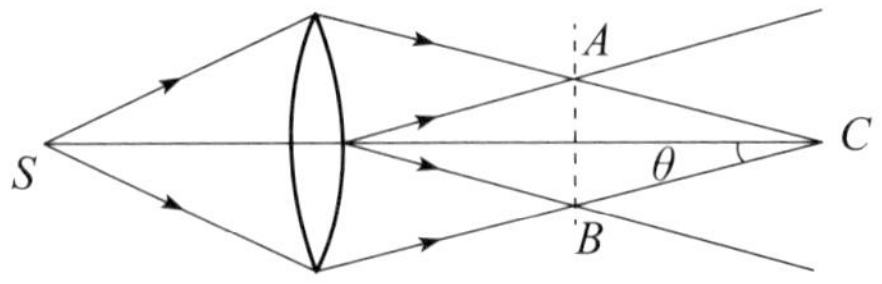

$$N=\frac{d}{2\Delta x}=\frac{50}{2\times0.25}=100$$

(3) 当屏幕移至上图中 C 处时，将离开两束平行光的重叠区域，从而看不到干涉条纹。此时屏到透镜距离为

$$l=\frac{d}{2\tan\theta}=\frac{5\times10^{-2}}{2\times\tan(1.2\times10^{-3})}\approx20.83\,\mathrm{m}$$

第16讲 原子物理

强基要点 1 原子的玻尔模型

为了解释卢瑟福原子核式结构所带来的理论困难，并对氢原子的光谱现象进行解释，玻尔提出了原子结构的模型，被称为玻尔模型。它的主要内容有：

(1) 轨道量子化：原子核外电子只能处于一系列分立的轨道上，在这些轨道上电子虽然做匀速圆周运动，但并不向外辐射能量。每一条确定的轨道具有一个确定的半径和能量状态，称为定态，而能量最低、半径最小的定态称为基态，其余的定态称为激发态。对于氢原子，基态满足 $r_1=0.53\text{Å}$，$E_1=-13.6\text{eV}$，其余激发态满足：$r_n=n^2r_1$，$E_n=\dfrac{E_1}{n^2}(n=1, 2, 3\cdots)$；

(2) 角动量量子化：原子核外绕核做匀速圆周运动的电子，其角动量也遵循量子化，满足：$mv_nr_n=\dfrac{nh}{2\pi}(n=1, 2, 3\cdots)$；

(3) 跃迁：原子在定态间跃迁时，满足 $h\nu=|E_{初}-E_{末}|$，ν为辐射或吸收光子的频率。

要点精例

例1 (2020清华)鸠占鹊巢：氢原子核外电荷若被 μ^- 粒子取代，已知它的质量是电子的207倍，电荷与电子相同，则与电子相比，其基态的能量、角动量、轨道半径分别为原先的多少倍？(　　)。

A. 207；207；1/207　　　　B. 207；1；1/207

C. 186；186；1/186　　　　D. 186；1；1/186

【答案】 D

【解析】 对基态氢原子而言，$mvr=\dfrac{h}{2\pi}$，$k\dfrac{e^2}{r^2}=m\dfrac{v^2}{r}$，解得基态半径 $r=\dfrac{h^2}{4\pi^2kme^2}$，速度 $v=\dfrac{2\pi ke^2}{h}$。相应角动量 $mvr=\dfrac{h}{2\pi}$，基态能量 $E_1=\dfrac{1}{2}mv^2-k\dfrac{e^2}{r}=-\dfrac{2m\pi^2k^2e^4}{h^2}$。故电子换成 u 子后，u 子质量 $m_u=207m_e$，电量 $e'=e$，相对应的约化质量

$m'=\dfrac{1836m_e \cdot 207m_e}{1836m_e+207m_e}=186m_e$，所以 $r'=\dfrac{r}{183}$，$E_1'=186E_1$，而角动量相同，选 D。

例 2 (2012 北约联盟)氢原子模型中，轨道的量子化条件为 $2\pi r_n=n\lambda_n(n=1, 2, 3\cdots)$，其中 r_n 为 n 级轨道半径，λ_n 为 n 级的物质波的波长，已知电子电荷量为 e，静电力常数 k，电子质量 m，普朗克常数 h。

(1) 求第 n 级的电子轨道半径 r_n；

(2) 求第 n 级的电子的运动周期；

(3) 偶电子素的量子化条件为 $2\pi(2r_n)=n\lambda_n$(偶电子素是指反电子与电子构成的体系，它们绕两点中心做圆周运动)，则求偶电子素中第 n 级的电子轨道半径 r_n。

【解析】(1) 轨道量子化的条件为 $mv_nr_n=n\cdot\dfrac{h}{2\pi}$，故 $mv_n=\dfrac{h}{\lambda_n}$(或由物质的德布罗意波长 $\lambda_n=\dfrac{h}{p}=\dfrac{h}{mv_n}$ 得：$mv_n=\dfrac{h}{\lambda_n}$)

由 $k\dfrac{e^2}{r_n^2}=m\dfrac{v_n^2}{r_n}$，得：$mv_n^2r_n=ke^2$，即：$r_n=\dfrac{n^2h^2}{4\pi^2kme^2}$，$n=1, 2\cdots$

(2) 第 n 级的电子的运动周期：$T=\dfrac{2\pi r_n}{v_n}=\dfrac{n^3h^3}{4\pi^2k^2me^4}$

(3) 由轨道量子化的条件：$2mv_nr_n=n\cdot\dfrac{h}{2\pi}$，即：$2\pi(2r_n)=n\cdot\dfrac{h}{mv_n}=n\lambda_n$

得：$\lambda_n=\dfrac{h}{mv_n}$，又由牛顿第二定律得：$k\dfrac{e^2}{(2r_n)^2}=m\dfrac{v_n^2}{r_n}$，解得：$r_n=\dfrac{n^2h^2}{4\pi^2kme^2}$

强基要点 2 氢原子光谱

1. 氢原子光谱经验公式

通过科学家的实验发现，不同的原子所发出的光谱都是不同的线状谱，各条分立的谱线均具有特定的频率和波长。

不同科学家针对氢原子光谱进行了大量的实验，并总结出一系列氢原子光谱的经验公式。(式中 R 为里德伯常量，$R=1.0967758\times10^7\ \text{m}^{-1}$)

(1) 可见光区。

巴尔末系：$\dfrac{1}{\lambda}=R\left(\dfrac{1}{2^2}-\dfrac{1}{n^2}\right)(n=3, 4, 5\cdots)$

(2) 紫外区。

赖曼系：$\dfrac{1}{\lambda}=R\left(\dfrac{1}{1^2}-\dfrac{1}{n^2}\right)(n=2, 3, 4\cdots)$

(3) 红外区。

帕邢系：$\frac{1}{\lambda}=R\left(\frac{1}{3^2}-\frac{1}{n^2}\right)$($n=4$，5，6…)

布拉开系：$\frac{1}{\lambda}=R\left(\frac{1}{4^2}-\frac{1}{n^2}\right)$($n=5$，6，7…)

普丰德系：$\frac{1}{\lambda}=R\left(\frac{1}{5^2}-\frac{1}{n^2}\right)$($n=6$，7，8…)

综上，在一般情况下：$\frac{1}{\lambda}=R\left(\frac{1}{m^2}-\frac{1}{n^2}\right)$($n=m+1$，$m+2$，$m+3$…)，对每一个$m$，$n=m+1$，$m+2$，$m+3$…，构成某一谱线系。

2. 对氢原子光谱的解释

氢原子核外电子绕核转动，库仑力提供圆周运动的向心力：$k\frac{e^2}{r_n^2}=m\frac{v_n^2}{r_n}$ ①

代入电子动能表达式可得：$E_k=\frac{1}{2}mv_n^2=k\frac{e^2}{2r_n}$

电子在原子核电场中所具有的电势能为：$E_p=-k\frac{e^2}{r_n}$

原子能级则为：$E=E_k+E_p=-k\frac{e^2}{2r_n}$ ②

根据玻尔理论的角动量量子化条件，有：$mv_nr_n=\frac{nh}{2\pi}$ ③

由①③联立可得：$r_n=\frac{h^2n^2}{4\pi^2kme^2}$ ④

将④代入②可得：$E_n=-\frac{2\pi^2k^2me^4}{h^2}\frac{1}{n^2}$ ⑤

根据跃迁公式，有：$h\nu=E_n-E_s$ ⑥

电磁波满足：$\nu=\frac{c}{\lambda}$ ⑦

将⑤⑦代入⑥可得：$h\frac{c}{\lambda}=-\frac{2\pi^2k^2me^4}{h^2}\left(\frac{1}{n^2}-\frac{1}{s^2}\right)$

整理可得：$\frac{1}{\lambda}=\frac{2\pi^2k^2me^4}{ch^3}\left(\frac{1}{s^2}-\frac{1}{n^2}\right)=R\left(\frac{1}{s^2}-\frac{1}{n^2}\right)$

定义里德伯常数$R=\frac{2\pi^2k^2me^4}{ch^3}$，则可得：$\frac{1}{\lambda}=R\left(\frac{1}{s^2}-\frac{1}{n^2}\right)$

这说明，玻尔理论可以成功地解释氢原子光谱的现象。

要点精例

例3 (2019北大)氢原子能级中，从$n=4$能级向下跃迁到$n=1$能级发出的电磁波为________。氢原子的反冲速度为________。(已知氢原子质量为 m，里德伯常数为 R_H，普朗克常数为 h)

A. 红外线；$\frac{3}{4}\frac{R_H h}{m}$　　B. 紫外线；$\frac{15}{16}\frac{R_H h}{m}$

C. 红外线；$\frac{15}{16}\frac{R_H h}{m}$　　D. 紫外线；$\frac{3}{4}\frac{R_H h}{m}$

【答案】 B

【解析】 莱曼系所有谱线均为紫外线，由里德伯公式 $\frac{1}{\lambda}=R_H\left(\frac{1}{1^2}-\frac{1}{4^2}\right)$，其中 λ 为跃迁发出的电磁波的波长，出射电磁波(光子)的动量为 $p=\frac{h}{\lambda}=\frac{15}{16}R_H h$，由动量守恒，氢原子的反向动量也为 $p=mv=\frac{15}{16}R_H h$，解得 $v=\frac{15}{16}\frac{R_H h}{m}$。

强基要点 3 原子核

1. 原子核的相关概念

(1) 线度：10^{-15} m。

(2) 组成：质子与中子，统称核子。

(3) 天然放射现象：83 号之后的元素及 83 号以前的某些同位素。

(4) 质能方程。

在原子核发生转变的过程当中，伴随着能量的释放和吸收，若转变的过程中释放(或吸收)能量，则会发生质量亏损(或质量增加)，其满足爱因斯坦质能方程：$\Delta E=\Delta m\cdot c^2$。

(5) 结合能与平均结合能。

某质量为 M 的原子核由 Z 个质子，N 个中子组成，将其“打碎”成分散的 Z 个质子和 N 个中子所需的最小能量称为结合能，其大小与将这些核子“合并”成原子核所释放出的能量，满足：$\Delta E=(Zm_p+Nm_n-M)c^2$。

定义原子核的平均结合能(亦称为比结合能)为 $\frac{\Delta E}{A}$，平均结合能越大，则原子核越稳定。

2. 衰变

α 衰变：${}_{Z}^{A}X\rightarrow{}_{Z-2}^{A-4}Y+{}_{2}^{4}\mathrm{He}$

β 衰变：${}_{Z}^{A}X\rightarrow{}_{Z+1}^{A}Y+{}_{-1}^{0}\mathrm{e}$

β^+ 衰变：${}_{Z}^{A}X\rightarrow{}_{Z-1}^{A}Y+{}_{1}^{0}\mathrm{e}$

大量原子核衰变的过程符合指数衰变率：设 $t=0$ 时，某天然放射性原子核的个数为 N_0，则 t 时刻尚未发生衰变的原子核个数 N 满足衰变定律：$N=N_0e^{-\lambda t}$，式中

$\lambda=-\frac{\Delta N}{N\Delta t}$称为衰变常数，表示原子核在单位时间内发生衰变的概率，是只与放射性元素原子核有关的常量，λ 越大，其寿命 τ 越短，它们之间的关系为：$\tau=\frac{1}{\lambda}$。

定义半衰期 T 为原子核个数从 N_0 衰变为$\frac{N_0}{2}$所需要的时间。由衰变定律可得：$\frac{N_0}{2}=N_0e^{-\lambda T}$，$\lambda=\frac{\ln 2}{T}$，整理可得：$N=N_0\left(\frac{1}{2}\right)^{\frac{t}{T}}$。半衰期也是由放射性元素原子核决定的常数，跟原子核所处的物理状态或化学状态无关。

3. 核反应

典型的核反应包括人工转变、重核裂变和轻核聚变。对于任意的核反应，反应前后遵循电荷数守恒和质量数(核子数)守恒。

定义反应能为：$Q=(m_{反应核}-m_{生成核})c^2$。若 $Q>0$，则为放能反应；若 $Q<0$，则为吸能反应。在不考虑相对论效应的条件下，反应能 Q 等于反应前后的动能改变量，即 $Q=\Delta E_k$。

要点精例

例 4 (2020 北大)已知人体中含碳百分比为 18%，自然界碳 14 的丰度为 1.2ppt，其半衰期为 5730 年。则在 70kg 的人体当中，每秒钟衰变的碳 14 原子个数为(　　)。

A. 190　　B. 1900　　C. 2900　　D. 29000

(注：ppt 表示该种原子占该总元素的存在比，即 μg/t)

【答案】 C

【解析】 令半衰期 $T_0=5730$ 年，由 $e^{-kT_0}=\frac{1}{2}$得 $k=\frac{\ln 2}{T_0}$。设碳 14 的数量为 N_0，则 $N(t)=N_0e^{-kt}$。设 $t=\Delta t=1\text{s}$，由 $\Delta N=\frac{\mathrm{d}N}{\mathrm{d}t}\cdot\Delta t=-k\Delta tN_0=-\frac{\ln 2\Delta T}{T_0}N_0$，即$\frac{\Delta N}{\Delta t}=\frac{\ln 2}{T_0}N_0$。设碳 14 的总量为 N，$N=\frac{0.18m}{M}N_A=\frac{0.18\times 70}{0.012}\times 6.02\times 10^{23}=6.321\times 10^{26}$。$N_0=1.2\ \frac{\mu g}{t}N=\frac{1.2\times 10^{-6}}{10^6}\times 6.321\times 10^{26}=7.585\times 10^{14}$，故 $\frac{\Delta N}{\Delta t}=\frac{\ln 2}{T_0}N_0=\frac{\ln 2}{5730\times 86400\times 365}\times 7.585\times 10^{14}=2909.6/\text{s}$。选 C。

例 5 (2017 北大)在物理学中，往往将能量为 $E_n=0.0253\text{eV}$ 的中子称为热中子，现用一个热中子来轰击一个${}^{10}\text{B}$核，产生了一个${}^{7}\text{Li}$ 和一个 α 粒子。已知 $m_n=1.008665u$，$m_B=10.01677u$，$m_{Li}=7.018822u$，$m_\alpha=4.001509u$，其中 $1u=931.5\text{MeV}/c^2$。

(1) 写出上述核反应的核反应方程式并指出该反应是吸能还是放能；

(2) 求出该核反应的反应热；

(3) 求生成的两个粒子的动能。

【解析】

(1) ${}^{1}n+{}^{10}B\to{}^{7}Li+{}^{4}\alpha+\Delta E$，能量变化 $\Delta E=(m_{Li}+m_{\alpha}-m_{B}-m_{n})c^{2}=-4.75437MeV$，即放能。

(2) 反应热为 4.754376MeV。

(3)

$$\begin{cases}E_{n}=E_{Li}+E_{\alpha}\\ \sqrt{2m_{n}E_{n}}=\sqrt{2m_{Li}E_{Li}}+\sqrt{2m_{\alpha}E_{\alpha}}\end{cases}\Rightarrow\begin{cases}E_{Li}=\dfrac{4\sqrt{70}+47}{121}E_{n}\\ E_{\alpha}=\dfrac{-4\sqrt{70}+74}{121}E_{n}\end{cases}\text{或}\begin{cases}E_{Li}=\dfrac{4\sqrt{70}+47}{121}E_{n}\\ E_{\alpha}=\dfrac{4\sqrt{70}+74}{121}E_{n}\end{cases}$$

强基练习

1. (2011 华约联盟)根据玻尔原子理论，当某个氢原子吸收一个光子后，(　　)。

A. 氢原子所在的能级下降　　B. 氢原子的电势能增大

C. 电子绕核运动的半径减小　　D. 电子绕核运动的动能增加

2. (2007 上海交大)有一密闭的容器，内有大量的氢原子，这些氢原子均处于基态 E_0。

(1) 设某一时刻有动能为 E_k 的电子进入该容器，并与氢原子发生碰撞，如果 E_1、E_2 分别表示氢原子的第 1、2 激发态的能量，且 $E_1-E_0<E_k<E_2-E_0$，你认为会发生什么样的物理过程？

(2) 如果把电子换成一个具有相同能量的光子，你认为会发生什么样的物理过程？

3. (2011 卓越联盟)根据玻尔原子理论，氢原子核外电子在第一条轨道和第二条轨道上运动时，(　　)。

A. 轨道半径之比为 1∶4　　B. 氢原子能量的绝对值之比为 2∶1

C. 运动周期之比为 1∶4　　D. 电子的动能之比为 1∶4

4. 某金属受到频率为 11.8×10^{14} Hz 的紫光照射时，反向截止电压为 2.86V。如果用氢原子发出的光照射该金属，则：

(1) 在氢原子的发射光谱中哪些谱系的光子可能使该金属放出光电子？

(2) 释放出光电子的最大速率是多少？

5. (2005 北大)(1) 基态 He^+ 的电离能为 $E=54.4eV$，为使处于基态的静止的 He^+ 跃迁到激发态，入射光子所需的最小能量为多少？

(2) 静止的 He^+ 从第一激发态跃迁到基态时，考虑离子的反冲，与不考虑反冲相比，发射出的光子波长相差的百分比为多少？(离子 He^+ 的能级 E_n 与 n 的关系和氢原子能级公式类似，电子电荷量的大小取 $1.60\times10^{-19}C$，质子和中子质量均为 $1.67\times10^{-27}kg$)

6. (2013 北约联盟)一个具有放射性的原子核 A 放射一个 β 粒子后变成原子核 B，原子核 B 再放射一个 α 粒子后变成原子核 C，可以肯定的是(　　)。

A. 原子核 A 比原子核 B 多 2 个中子

B. 原子核 A 比原子核 C 多 2 个中子

C. 原子核为 A 的中性原子中的电子数，比原子核为 B 的中性原子中的电子数少 1

D. 原子核为 A 的中性原子中的电子数，比原子核为 C 的中性原子中的电子数少 1

7. (2014 华约联盟)在磁场中，一静核衰变成为 a、b 两核，开始分别做圆周运动。已知 a 和 b 两核圆周运动半径和周期之比分别为 $R_a:R_b=45:1$，$T_a:T_b=90:117$。此裂变反应质量亏损为 Δm。

(1) 求 a 和 b 两核的电荷数之比 $q_a:q_b$；

(2) 求 a 和 b 两核的质量数之比 $m_a:m_b$；

(3) 求静核的质量数和电荷数；

(4) 求 a 核的动能 E_{ka}。

8. (2013 华约联盟)核聚变发电有望提供人类需要的丰富清洁能源。氢核聚变可以简化为 4 个氢核(^1_1H)聚变生成氦核(^4_2He)，并放出 2 个正电子(^0_1e)和 2 个中微子($^0_0\overline{v}_e$)。

(1) 写出氢核聚变反应方程；

(2) 计算氢聚变生成一个氦核所释放的能量；

(3) 计算 1kg 氢完全聚变所释放的能量；它相当于多少质量的煤完全燃烧放出的能量？(1kg 煤完全燃烧放出的能量约为 3.7×10^7J)

已知：$m_{({}_1^1\mathrm{H})}=1.6726216\times10^{-27}$kg，$m_{({}_2^4\mathrm{He})}=6.646477\times10^{-27}$kg，$m_{({}_1^0\mathrm{e})}=9.109382\times10^{-31}$kg，$m_{({}_0^0\bar{\nu}_\mathrm{e})}\approx0$，$c=2.99792458\times10^8$m/s。

参考答案

1. B 【解析】氢原子吸收光子后总能量增加，核外电子由低能级跃迁到高能级。因此电子绕核运动半径增大。但此过程中由于电子需要克服库仑力做功，则氢原子的电势能增大。同时由 $k\dfrac{e^2}{r^2}=m\dfrac{v^2}{r}$ 得 $E_k=\dfrac{ke^2}{2r}$，在 r 变大时，E_k 反而变小。选 B。

2. **解**：(1) 电子和氢原子碰撞，使基态的氢原子受激处于第 1 激发态，电子动能会减少，氢原子核外电子从第 1 激发态跃迁回到基态时会放出光子。

(2) 若换成光子，因氢原子核外电子只能吸收一定频率的光子，即满足 $h\nu=\Delta E$，故不会发生寿命变化。

3. A 【解析】根据玻尔理论有 $r_n=n^2r_1$，$E_n=\dfrac{E_1}{n^2}(n=1，2，3\cdots)$，可知选项 A 正确，B 选项错误；由 $k\dfrac{e^2}{r^2}=m\dfrac{v^2}{r}$，得 $E_k=\dfrac{1}{2}mv^2=\dfrac{ke^2}{2r}$，得 $v\propto\dfrac{1}{\sqrt{r}}$，结合 $T=\dfrac{2\pi r}{v}\propto r^{\frac{3}{2}}$ 分析可知，选项 C 和 D 错误。故选 A。

4. **解**：(1) 由爱因斯坦光电效应方程可算出该金属的逸出功 W，$h\nu=W+\dfrac{1}{2}mv^2$，其中光电子在 $\nu=11.8\times10^{14}$ Hz 紫光照射下的最大初动能可由反向截止电压做功表示，即：$\dfrac{1}{2}mv^2=eU$，由此可得：$W=h\nu-eU=1.93$eV。

令氢原子从较高的第 n 能级跃迁到较低的第 m 能级时辐射光子的能量为 $\Delta E=E_n-E_m$，即：$\Delta E=-13.6\left(\dfrac{1}{n^2}-\dfrac{1}{m^2}\right)$eV，能使金属发生光电效应，只要 $\Delta E\geqslant W$。

当 $m=1$ 时，$\Delta E=-13.6\left(\dfrac{1}{n^2}-\dfrac{1}{1^2}\right)eV\geqslant1.93$eV，解得 $n\geqslant1.08$，取 $n\geqslant2$，即氢

光谱在莱曼系中所有辐射的光都能使该金属发生光电效应。

当 $m=2$ 时，$\Delta E=-13.6\left(\frac{1}{n^2}-\frac{1}{2^2}\right)\text{eV}\geqslant 1.93\text{eV}$，解得 $n\geqslant 3.04$，取 $n\geqslant 4$，即巴尔末系中除 H_α 谱线外所有辐射跃迁所出的光都能使该金属发生光电效应。

当 $m=3$ 时，$\Delta E=-13.6\left(\frac{1}{n^2}-\frac{1}{3^2}\right)\text{eV}\geqslant 1.93\text{eV}$，$n$ 无解，显然其他线系的所有谱线跃迁所对应的能量小于该金属的逸出功，不能发生光电效应。

(2) 使光电子获得最大初动能的照射光，应是莱曼系中从 $n\to\infty$ 向 $m=1$ 跃迁所辐射的光子其能量为 $\Delta E=13.6\text{eV}$，$\Delta E=W+\frac{1}{2}mv^2\Rightarrow v=\sqrt{\frac{2(\Delta E-W)}{m}}=2.0\times 10^6\text{m/s}$。

5.【解析】(1) 因离子 He^+ 的能级 E_n 与 n 的关系和氢原子能级公式类似，且 $E_1=-54.4\text{eV}$，$E_2=\frac{E_1}{2^2}=-13.6\text{eV}$，故入射光子所需要的最小能量为 $\Delta E=E_2-E_1=40.8\text{eV}$。

(2) 静止的 He^+ 从第一激发态跃迁到基态时，若考虑到离子反冲时，设对应的光子的波长为 λ_1，则由动量守恒定律有：$4m_0v=\frac{h}{\lambda_1}$；由能量守恒定律有：$\Delta E=\frac{1}{2}\times 4m_0v^2+h\frac{c}{\lambda_1}$。

若不考虑反冲，设对应的光子的波长为 λ_2，则有：$\Delta E=\frac{hc}{\lambda_2}$，光子波长相差的百分比为 $\frac{|\lambda_1-\lambda_2|}{\lambda_1}$，代入数据解得：$\frac{|\lambda_1-\lambda_2|}{\lambda_2}\times 100\%=5.4\times 10^{-7}\%$。

6. C 【解析】由质量数守恒可得答案。

7. 解：(1) 由 $R=\frac{mv}{Bq}$，及动量守恒 $m_av_a=m_bv_b$，可得 $R_a:R_b=q_a:q_b$，故 $q_a:q_b=1:45$。

(2) 由 $T=\frac{2\pi m}{Bq}$，有 $\frac{T_a}{T_b}=\frac{m_a}{m_b}\cdot\frac{q_b}{q_a}$，有 $\frac{m_a}{m_b}=\frac{q_aT_a}{q_bT_b}=\frac{1}{45}\cdot\frac{90}{117}=\frac{2}{117}$。

(3) 由电荷量之比与质量之比，可设 $(m_a+m_b)=119m_0$，$(q_a+q_b)=46q_0$，其中 m_0、q_0 为定值，分别为一个原子质量单位和一个单位正电荷，可推测 $m_0=2$，$q_0=2$，此时静核为 $^{238}_{92}U$，则此衰变为 $^{238}_{92}U$ 的 α 衰变。

(4) 动能满足：$E_{ka}=\frac{1}{2}m_av_a^2=\frac{p_a{}^2}{2m_a}$，同样 $E_{kb}=\frac{p_b^2}{2m_b}$，其中 p_a、p_b 为两核动量。

由动量守恒知：$p_a=p_b$，于是有 $\frac{E_{ka}}{E_{kb}}=\frac{m_b}{m_a}=\frac{117}{2}$。

则 $\Delta mc^2=E_{ka}+E_{kb}$，则 $E_{ka}=\frac{117}{119}\Delta mc^2$。

8.【解析】(1) $4{}_{1}^{1}H \rightarrow {}_{2}^{4}He + 2{}_{1}^{0}e + 2{}_{0}^{0}\overline{v}_{e}$

(2) 一次反应中的质量亏损为

$$\Delta m = 4m_{({}_{1}^{1}H)} - m_{({}_{2}^{4}H_{e})} - 2m_{({}_{1}^{0}e)} \quad ①$$

相应放出能量为：$\Delta E = \Delta mc^2$ ②

联立①②式并代入数据解得：$\Delta E = 3.79 \times 10^{-12}$ J

(3) 1kg 氢完全反应能放出能量：$E = \dfrac{1kg}{4m_{({}_{1}^{1}H)}} \times \Delta mc^2$

代入数据得：$E = 5.67 \times 10^{14}$ J

相当于完全燃烧的煤的质量约为：$M = \dfrac{5.67 \times 10^{14}}{3.7 \times 10^{7}} = 1.5 \times 10^{7}$ kg

第 17 讲 相对论

强基要点 1 经典时空观

1. 伽利略变换

如图所示，设有两个参照系 $S(Oxyz)$ 和 $S'(O'x'y'z')$，其坐标轴分别平行，且 x 轴和 x' 重合。以原点 O' 与 O 重合时作为计时起点，若 S' 相对 S 以速度 u 沿 x 轴正方向做匀速运动，根据运动的相对性，两个参考系测出的同一质点到达某一位置 P 的时刻以及该位置的空间坐标之间满足如下关系：

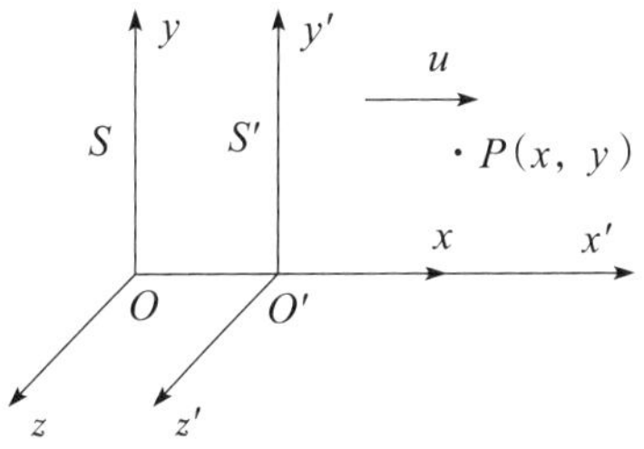

(1) 伽利略坐标变换公式：

$$\begin{cases} x'=vt \\ y'=y \\ z'=z \\ t'=t \end{cases}$$

(2) 由伽利略坐标变换公式求导可得伽利略速度变换公式：

$$\begin{cases} v'_x=v_x-u \\ v'_y=v_y \\ v'_z=v_z \end{cases}$$

两参考系内加速度的关系：$a'=a$

2. 经典力学的相对性原理

在经典力学中，我们有熟悉的牛顿第二定律关系，其中质点的质量 m 不受参考系选取的影响，和运动速度无关；力 F 也同样不受参考系选取的影响，只跟质点的相对运动或相对位置有关，即在两个参考系中，牛顿第二定律具有完全相同的形式：$F=ma$，$F'=m'a'$。

在任何惯性系中观察，同一力学现象所遵循的物理规律形式相同，我们称之为相对性原理，也称为伽利略不变性。

要点精例

例 1 (2016 清华)如图所示，在光滑地面上，物块与弹簧相连做简谐运动，小车向右做匀速直线运动，则对于弹簧和物块组成的系统(填守恒或者不守恒)，当以地面为参考系时，动量______，机械能______；当以小车为参考系时，动量________，机械能________。

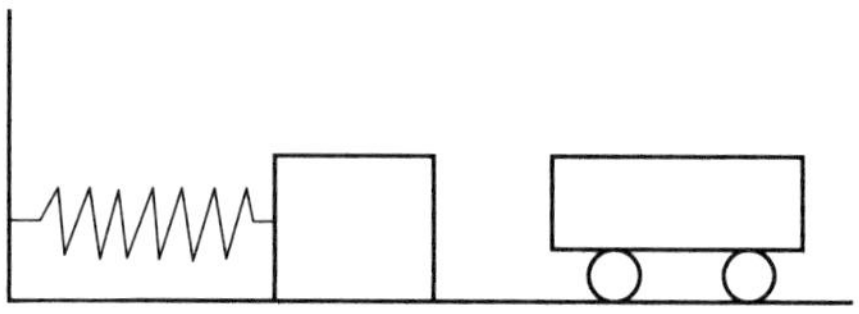

【答案】 不守恒；守恒；不守恒；不守恒

【解析】 以地面为参考系，墙对系统有作用力，动量不守恒，而机械能守恒。以小车为参考系，动量依然不守恒，而墙壁的力做功，机械能不守恒。

强基要点 2 狭义相对论时空观

1. 爱因斯坦两个基本假设(狭义相对论的两个基本原理)

假设1：物理规律在所有惯性系中具有相同的形式(相对性原理)。

假设2：在真空中，对于任何惯性系光速均为 c，且与光的传播方向和光源的运动无关(光速不变原理)。

2. 时间的相对性(时间延缓效应)

经典物理学认为，某两个事件发生的时间间隔，在不同的惯性系中观察总是相同的。但从狭义相对论的两个基本假设出发，则会发现时间间隔是相对的。

如图所示，S'系(小车)相对于 S 系(地面)以速度 v 向右运动。在 S'系中观察，光从发出到反射后再次接收的时间间隔为：

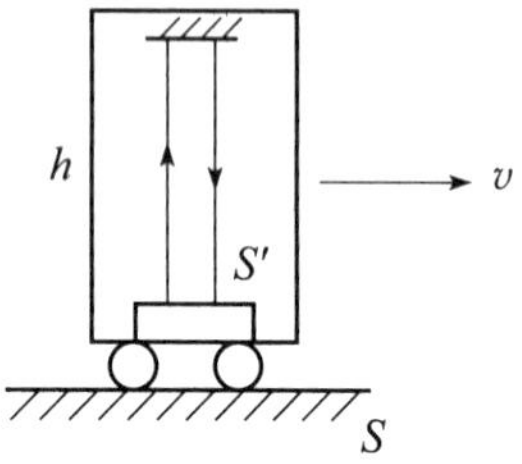

$$\Delta t_0=\frac{2h}{c}$$

如图所示，在 S 系中观察，以光速不变为前提，则光从发出到反射后再次接收的时间间隔 Δt 满足：

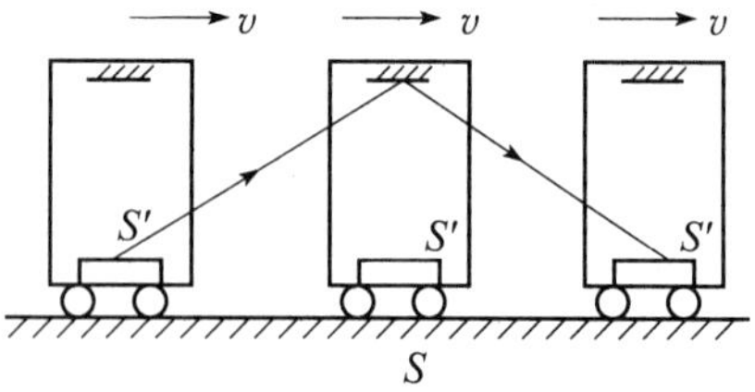

$$\left(\frac{1}{2}c\Delta t\right)^2=h^2+\left(\frac{1}{2}v\Delta t\right)^2$$

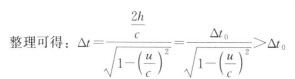

整理可得：$\Delta t=\dfrac{\dfrac{2h}{c}}{\sqrt{1-\left(\dfrac{u}{c}\right)^2}}=\dfrac{\Delta t_0}{\sqrt{1-\left(\dfrac{u}{c}\right)^2}}>\Delta t_0$

即在 S 系中观察到的时间间隔比 S'系中观察到的时间要长一些。其中：

Δt_0：相对参考系静止的同一地点上，发生的两事件间的时间间隔，称为本征时间间隔(也称为原时间间隔、固有时间间隔、静止时间间隔)。

Δt：相对参考系运动的、发生在两处的两事件的时间间隔，称为非本征时间间隔（也称为非固有时间间隔、非静止时间间隔）。

两事件的本征时间间隔小于这两事件的非本征时间间隔，造成了时间延缓现象，使得相对观察者运动的时间发生变慢的现象。

3. 空间的相对性(长度收缩效应)

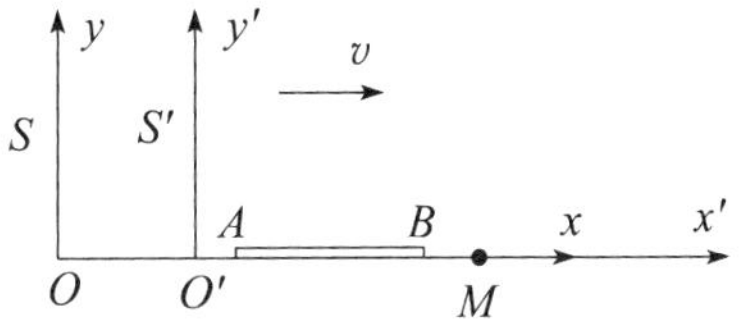

如右图所示，S'系固定连于AB杆。当S'系以速度v相对于S系匀速运动时，AB杆前后端通过S系中M点的时刻分别为t_1和t_2，因AB杆前后两端是通过S系中同一M点先后发生的两事件，则在S系中M点记录的时间间隔为$\Delta t_0=t_2-t_1$，此为两事件的本征时间。在S系中，测量杆AB的长度为：$l=v(t_2-t_1)=v\Delta t_0$。

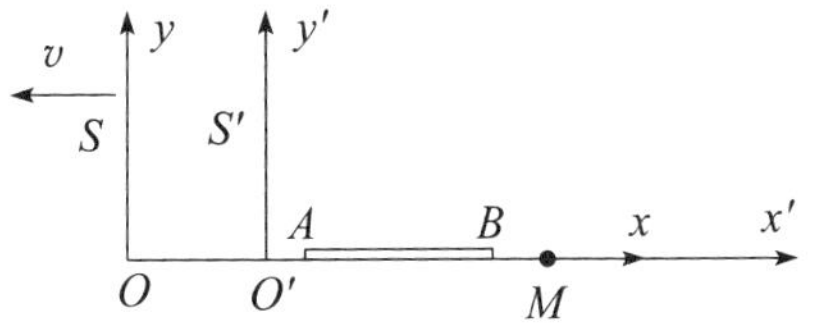

如右图所示，在S'系中测得AB杆长为l_0。S系相对于S'运动时，当M点通过B端时，B处时钟记录为t_1'；当M通过A端时，A处时钟记录为t_2'，此为运动时钟记录两不同地点的时刻，在S'系中记录的时间间隔为非本征时间：$\Delta t=t_2'-t_1'$，且有：

$$l_0=v(t_2'-t_1')=v\Delta t$$

由时间延缓效应可得：$l=v\Delta t_0=v\cdot\Delta t\sqrt{1-\left(\frac{u}{c}\right)^2}$，即：$l=l_0\sqrt{1-\left(\frac{v}{c}\right)^2}$，即在所有的惯性系中的测量运动物体的长度时，沿运动方向的长度都发生了缩短的现象。其中：

l_0：相对参考系静止时测得的长度，称为本征长度(也称为固有长度、静止长度、原长度)。

l：相对参考系运动时测得的长度，称为非本征长度(也称为非固有长度、运动长度)。

要点精例

例 2　(2014 北约联盟)惯性系A和惯性系B相向而行，以下说法正确的是(　　)。

A. 惯性系A中的人看惯性系B中的物理过程变快，惯性系B中的人看惯性系A中的物理过程变快

B. 惯性系A中的人看惯性系B中的物理过程变慢，惯性系B中的人看惯性系A中的物理过程变慢

C. 惯性系A中的人看惯性系B中的物理过程变快，惯性系B中的人看惯性系A中的物理过程变慢

D. 惯性系A中的人看惯性系B中的物理过程变慢，惯性系B中的人看惯性系A

中的物理过程变快

【答案】 A

【解析】 时间延缓效应与相对运动的方向无关，静止参考系的时间是固有时间，惯性系 A 与惯性系 B 中的人都感觉自己的参考系是静止的，在相对某参考系运动的参考系看来，原参考系中的时间就变长了，运动就变慢了。

例 3 （2012 北约联盟）固定在地面上的两激光器 A 和 B 相距为 L_0，有一大木板平行贴近地面以速度 $v_0=0.6c$ 相对地面沿 AB 连线方向高速运动。地面参考系某时刻，两激光器同时发射激光在运动木板上形成点状灼痕 A' 和 B'。此后，让大木板缓慢减速至静止后，测量两灼痕的间距为 $\Delta L=$______L_0。随原木板高速运动的惯性参考系的观察者认为，两束激光不是同时发射的，应存在发射时间差 $\Delta t=$______$\dfrac{L_0}{c}$。

【答案】 $\dfrac{9}{20}$；$\dfrac{3}{4}$

【解析】 假设木板运动的参考系为 S'，地面参考系为 S；设在 S' 系中灼痕的间距为 L，则在 S 系中观察：$L_0=L\cdot\sqrt{1-\left(\dfrac{v}{c}\right)^2}$，解得 $L=\dfrac{5}{4}L_0$；对于求灼烧的时间差，有两种方法：

解法 1

根据洛伦兹变换，由 S 系变换到 S' 系，有

$$t'_A=\frac{t_A-\dfrac{v}{c^2}x_A}{\sqrt{1-\left(\dfrac{v}{c}\right)^2}},\quad t'_B=\frac{t_B-\dfrac{v}{c^2}x_B}{\sqrt{1-\left(\dfrac{v}{c}\right)^2}}$$

并且在 S 系中，$t_A=t_B$，因此

$$t'_A-t'_B=\frac{v}{c^2}\cdot\frac{x_A-x_B}{\sqrt{1-\left(\dfrac{v}{c}\right)^2}}$$

即 $t'_A>t'_B$，A 后发生灼烧，且 $\Delta t=\dfrac{3L_0}{4c}$。

解法 2

假设 A 比 B 晚发生灼烧 Δt 时间；则在 S' 系中观察，两个激光器的间距为

$$L'=L_0\sqrt{1-\left(\frac{v}{c}\right)^2}=\frac{4}{5}L_0$$

在 B 发生灼烧后，木板往前移动了：$\Delta L=v\Delta t$。

因此灼烧痕迹的总长度：$L=\Delta L+L'$，即 $\Delta L=\dfrac{9}{20}L_0$。

解得 $\Delta t=\dfrac{\Delta L}{v}=\dfrac{3L_0}{4c}$。

强基要点 3 相对论动力学基础

1. 相对论的质速关系

$$m=\frac{m_0}{\sqrt{1-\left(\frac{v}{c}\right)^2}}$$

其变化函数图像如图所示，式中 m_0 称为静止质量，m 为相对观察者以速率 v 运动时的质量。由公式易知，当 $v\ll c$ 时，$m\approx M$，此即为经典时空观下的质量。

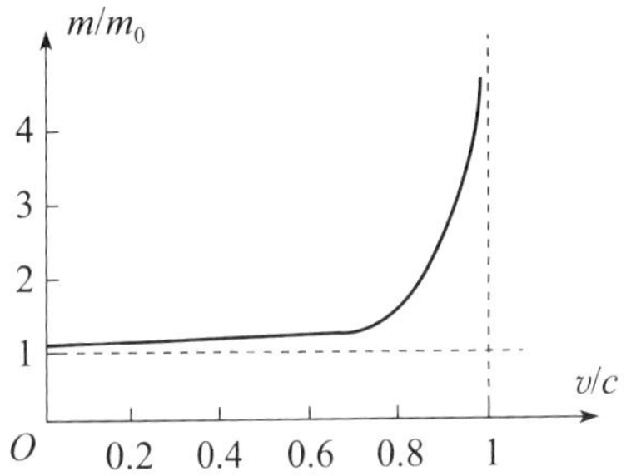

2. 相对论的动力学基本方程

因质量是随速率而变化的，故在相对论中，动量的表达式为：

$$p=mv=\frac{m_0v}{\sqrt{1-\frac{v^2}{c^2}}}\text{，令 }\gamma=\frac{1}{\sqrt{1-\left(\frac{v}{c}\right)^2}}\text{，则有：}p=\gamma m_0v$$

利用经典物理中 F 的物理意义可导出相对论动力学基本方程：

$$F=\frac{\mathrm{d}p}{\mathrm{d}t}=\frac{\mathrm{d}(mv)}{\mathrm{d}t}=m\frac{\mathrm{d}v}{\mathrm{d}t}+v\frac{\mathrm{d}m}{\mathrm{d}t}=\frac{\mathrm{d}}{\mathrm{d}t}\left(\frac{m_0v}{\sqrt{1-\left(\frac{v}{c}\right)^2}}\right)$$

该式表明，在相对论动力学中，力不仅使物体获得加速度，也使物体的质量随时间发生变化，且加速度的方向并不一定沿着力的方向，还与速度 v 有关。

3. 相对论的动量能量关系

由爱因斯坦质能方程可得：$E=mc^2=\dfrac{m_0}{\sqrt{1-\frac{v^2}{c^2}}}c^2$

与相对论动量表达式 $p=\dfrac{m_0v}{\sqrt{1-\frac{v^2}{c^2}}}$联立，整理可得：

$$(mc^2)^2=(m_0c^2)^2+m^2v^2c^2$$

要点精例

例 4 （2019 北大）将一个电子从静止加速到 $0.1c$，和从 $0.8c$ 加速到 $0.9c$，分别做功多少？（　　）。（已知电子质量为 m_e）

A. $\frac{m_e c^2}{200}$；$\frac{17}{200}m_e c^2$　　B. $0.1m_e c^2$；$0.1m_e c^2$

C. $\frac{m_e c^2}{200}$；$0.627m_e c^2$　　D. $5.04\times10^{-3}m_e c^2$；$0.627m_e c^2$

【答案】 D

【解析】 动能增加即做功

$$W=\Delta E_k=\frac{m_e c^2}{\sqrt{1-\frac{v_1^2}{c^2}}}-\frac{m_e c^2}{\sqrt{1-\frac{v_0^2}{c^2}}}$$

从静止到 $0.1c$，动能改变为

$$\frac{m_e c^2}{\sqrt{1-0.1^2}}-m_e c^2=5.038\times10^{-3}m_e c^2$$

从 $0.8c$ 到 $0.9c$，动能改变为

$$\frac{m_e c^2}{\sqrt{1-0.9^2}}-\frac{m_e c^2}{\sqrt{1-0.8^2}}=0.627m_e c^2$$

强基练习

1. （2010 华约联盟）A、B、C 三个物体（均可视为质点）与地球构成一个系统，三个物体分别受恒外力 F_A、F_B、F_C 的作用。在一个与地面保持静止的参考系 S 中，观测到此系统在运动过程中动量守恒，机械能也守恒。S''系是另一个相对 S 系做匀速直线运动的参考系，讨论上述系统的动量和机械能在 S''系中是否也守恒。（功的表达式可用 $W_F=F\cdot S$ 的形式，式中 F 为某个恒力，S 为在力 F 作用下的位移）

2. μ 子衰变实验是证明时间膨胀效应的著名实验，μ 子是一种极不稳定的基本粒子，衰变过程放出一个电子和两个中微子。衰变规律：$N=N_0 e^{-\frac{t}{\tau}}$。$N$ 和 N_0 分别为 t 时刻和 $t=0$ 时刻的粒子数，τ 称为 μ 子的平均寿命。实验测量静止的 μ 子的平均寿命为 $\tau_0=2.21\times10^{-6}$s。在 1963 年的一次实验中，在海拔 1910m 处，测得由宇宙线产生

的速度在 0.9950c～0.9954c 之间竖直向下运动 μ 子数为平均每小时 563±10 个，而在离海平面 3m 处测得同样速度的 μ 子数为平均每小时 408±9 个。

(1) 求运动 μ 子的平均寿命；

(2) 验证时间膨胀公式。

3. π 介子是不稳定粒子，在其静止参考系中，它的寿命约为 2.6×10^{-8}s，如果一个 π 介子相对于实验室的速率为 0.8c。问：

(1) 在实验室中测得它的寿命是多少？

(2) 它在其寿命时间内，在实验室中测得它的运动距离是多少？

4. (2005 清华)S 系中有一静止时各边长为 a 的正方形面板，如图(a)所示。今使面板沿其对角线方向匀速运动，其速度大小为 v。某学生将 v 沿面板静止时的两直角边方向分解，每一个方向的分速度大小均为 $v'=\dfrac{v}{\sqrt{2}}$。考虑到每一直角边的长度收缩，他认为 S 系中运动面板的形状是一个边长为 $a'=\sqrt{1-\beta^2}\,a\left(\beta=\dfrac{v'}{c}\right)$ 的正方形，如图(b)所示。试分析该学生的结论是否正确。如果是错误的，请给出运动面板的正确形状及边长和面积。

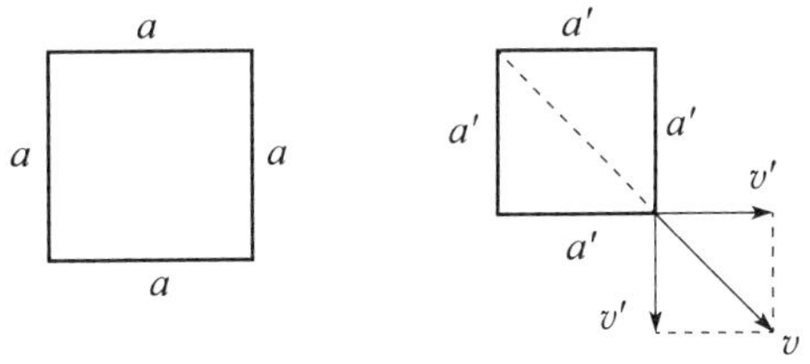

(a)　　　　(b)

5. (2014 北约联盟)如图所示，相距 l 的光源和光屏组成一个系统，并整体浸没在均匀的液体当中，液体折射率等于 2。实验室参照系下观察此系统，问：

(1) 当液体介质速度为零的时候，光源发出光射到光屏所需时间是多少？

(2) 当液体介质沿光源射向光屏的方向匀速运动，且速度为 v 时，则光从光源到光屏所需时间为多少？(光源、光屏随液体运动，下同)

(3) 当液体介质沿垂直于光源与光屏连线的方向匀速运动，且速度为 v 时，再求光从光源到光屏所需时间。

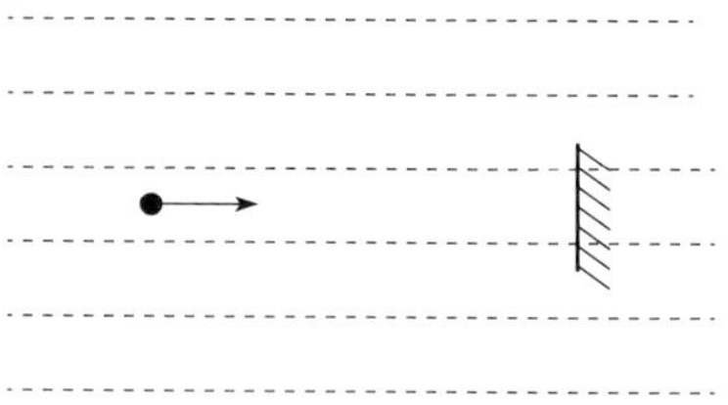

6. (2016 北大)有一粒子 Q 静止质量为 m_0，初始时置于惯性系 S 中的原点 O 处。现对粒子施加一沿 x 轴正方向的力 F，使粒子从静止开始加速运动。当粒子到达 $x=x_0$ 处时，其动能为其静能的 n 倍。

(1) 求此时粒子的动量 p；

(2) 求 x_0。

7. (选做)带正电的 π 介子是一种不稳定的粒子，静止时，其平均寿命为 2.5×10^{-8}s。带正电的 π 介子会衰变为一个 μ 子和一个中微子。今有一束 π 介子，在实验室测得它的速率为 $u=0.99c$，并测出它从产生到衰变通过的平均距离为 52m。问这些测量结果是否与狭义相对论一致？

8. (选做)在地面系看，两飞船 A 和 B 以 $0.6c$ 的速度相对运动，它们之间的间距为 L。

(1) 求两飞船之间的相对速度。

(2) 当地面上的人观察到两飞船距离为 L 时，飞船 A 处于 P 点。那么对于飞船 A 来说，其过 P 点后经过多长时间后和飞船 B 相遇？

9. (选做)假设有一艘宇航飞船以 $v=0.8c$ 的速度掠过地球。当飞船与地球相遇时，飞船和地球上的时钟都调到零。

(1) 当飞船上的时钟示数为 30min 时，飞船经过一个和地球相对静止的宇航站。已知宇航站上的时钟和地球上的时钟是同步的。当飞船与宇航站相遇时，宇航站上的时钟示数是多少？

（2）在地球上的人看来，宇航站距离地球多远？

（3）当飞船经过宇航站时，向地球发射一个光信号。问地球上的人何时可收到这个信号？

（4）在地球上的人收到信号时立即回发一个光信号，问飞船上的人何时可收到这个信号？

参考答案

1. **解**：在 S 系中，由系统在运动过程中动量守恒可知

$$\boldsymbol{F}_A+\boldsymbol{F}_B+\boldsymbol{F}_C=0 \qquad ①$$

设在很短的时间间隔 Δt 内，A、B、C 三个物体的位移分别为 ΔS_A、ΔS_B、ΔS_C。由机械能守恒有

$$\boldsymbol{F}_A\cdot\Delta\boldsymbol{S}_A+\boldsymbol{F}_B\cdot\Delta\boldsymbol{S}_B+F_C\cdot\Delta\boldsymbol{S}_C=0 \qquad ②$$

并且系统没有任何能量损耗，能量只在动能和势能之间转换。

由于受力与惯性参考系无关，故在 $\boldsymbol{S}'$系的观察者看来，系统在运动过程中所受外力之和仍为零，即

$$\boldsymbol{F}_A+\boldsymbol{F}_B+\boldsymbol{F}_C=0 \qquad ③$$

所以，在 $\boldsymbol{S}'$系的观察者看来动量仍守恒。

设在同一时间间隔 Δt 内，$\boldsymbol{S}'$系的位移为 $\Delta\boldsymbol{S}'$，在 $\boldsymbol{S}'$系观察 A、B、C 三个物体的位移分别为 $\Delta\boldsymbol{S}'_A$、$\Delta\boldsymbol{S}'_B$、$\Delta\boldsymbol{S}'_C$，且有

$$\Delta\boldsymbol{S}_A=\Delta\boldsymbol{S}'+\Delta\boldsymbol{S}'_A$$
$$\Delta\boldsymbol{S}_B=\Delta\boldsymbol{S}'+\Delta\boldsymbol{S}'_B$$
$$\Delta\boldsymbol{S}_C=\Delta\boldsymbol{S}'+\Delta\boldsymbol{S}'_C \qquad ④$$

在 $\boldsymbol{S}'$系的观察者看来外力做功之和为

$$\boldsymbol{F}_A\cdot\Delta\boldsymbol{S}'_A+\boldsymbol{F}_B\cdot\Delta\boldsymbol{S}'_B+\boldsymbol{F}_C\cdot\Delta\boldsymbol{S}'_C \qquad ⑤$$

联立式④⑤可得

$$\begin{aligned}&\boldsymbol{F}_A\cdot(\Delta\boldsymbol{S}_A-\Delta\boldsymbol{S}')+\boldsymbol{F}_B\cdot(\Delta\boldsymbol{S}_B-\Delta\boldsymbol{S}')+\boldsymbol{F}_C\cdot(\Delta\boldsymbol{S}_C-\Delta\boldsymbol{S}')\\&=\boldsymbol{F}_A\cdot\Delta\boldsymbol{S}_A+\boldsymbol{F}_B\cdot\Delta\boldsymbol{S}_B+\boldsymbol{F}_C\cdot\Delta\boldsymbol{S}_C-(\boldsymbol{F}_A+\boldsymbol{F}_B+\boldsymbol{F}_C)\cdot\Delta\boldsymbol{S}'\end{aligned}$$

由式①②可知

$$\boldsymbol{F}_{\mathrm{A}}\cdot\Delta\boldsymbol{S}_{\mathrm{A}}+\boldsymbol{F}_{\mathrm{B}}\cdot\Delta\boldsymbol{S}_{\mathrm{B}}+\boldsymbol{F}_{\mathrm{C}}\cdot\Delta\boldsymbol{S}_{\mathrm{C}}=0 \quad ⑥$$

$$\boldsymbol{F}_{\mathrm{A}}\cdot\Delta\boldsymbol{S}'_{\mathrm{A}}+\boldsymbol{F}_{\mathrm{B}}\cdot\Delta\boldsymbol{S}'_{\mathrm{B}}+\boldsymbol{F}_{\mathrm{C}}\cdot\Delta\boldsymbol{S}'_{\mathrm{C}}=0$$

即在 S' 系中系统的机械能也守恒。

2. **解**：(1) 实验测得 μ 子从高空到地面的平均时间：

$$t=\frac{h}{v}=\frac{1910}{0.9952\times3\times10^{8}}=6.4\times10^{-6}\,\mathrm{s}$$

由衰变规律：$N=N_0\mathrm{e}^{-\frac{t}{\tau}}$，得：$\tau=\dfrac{t}{\ln\dfrac{N_0}{N}}=\dfrac{6.4\times10^{-6}}{\ln\dfrac{563}{408}}=19.9\times10^{-6}\,\mathrm{s}=9.0\tau_0$

(2) 静止 μ 子平均寿命为本征时间 τ_0。$\tau=\dfrac{\tau_0}{\sqrt{1-\left(\dfrac{v}{c}\right)^2}}=\dfrac{\tau_0}{\sqrt{1-(0.9952)^2}}=10.2\tau_0$

考虑到误差，理论值与实验值相比，较符合。

3. **解**：(1) $\Delta t'$ 是 π 介子在自己参考系中的寿命，在实验室中的寿命

$$\Delta t=\frac{\Delta t'}{\sqrt{1-\left(\frac{v}{c}\right)^2}}=\frac{2.6\times10^{-8}}{\sqrt{1-0.8^2}}\,\mathrm{s}=4.3\times10^{-8}\,\mathrm{s}$$

(2) 该粒子在衰变前运动的距离 $s=v\cdot\Delta t=0.8\times3\times10^{8}\times4.3\times10^{-8}\,\mathrm{m}=10.32\,\mathrm{m}$

4. **解**：该同学的结论不正确。因为运动的物体沿与对角线方向上线度的收缩不能分解为沿分运动方向的线度的收缩。

运动面板的正确形状为一菱形。与运动方向垂直的对角线长度仍为 $\sqrt{2}a$，沿运动方向的对角线长度将收缩为 $\sqrt{1-\beta^2}\cdot\sqrt{2}a$，其中 $\beta=\dfrac{v}{c}$。

各边边长为：$a'=\left[\left(\dfrac{1}{2}\sqrt{2}a\right)^2+\left(\dfrac{1}{2}\sqrt{1-\beta^2}\sqrt{2}a\right)^2\right]^{\frac{1}{2}}=\dfrac{\sqrt{2}}{2}a\sqrt{2-\beta^2}$

菱形面积为：$S=\dfrac{1}{2}\sqrt{2}a\cdot\sqrt{1-\beta^2}\sqrt{2}a=\sqrt{1-\beta^2}\,a^2$

可见，运动面板收缩为形状为菱形，为静止面积的 $\sqrt{1-\beta^2}$ 倍。

5. **解**：(1) 折射率为 2，则光在介质中的速度为 $v=\dfrac{c}{2}$，介质自身速度为 0 时，有：

$$t_1=\frac{l}{\frac{c}{2}}=\frac{2l}{c}$$

(2) 相对论速度变换，在 x 方向上，有(从洛伦兹变换推导而来)：

$$v=\frac{\frac{c}{2}+v}{1+\frac{\frac{c}{2}v}{c^2}}=\frac{\frac{c}{2}+v}{1+\frac{v}{2c}}=\frac{c^2+2vc}{2c+v}$$

则 x 方向上运动距离所需时间为：

$$t_2=\frac{l}{v_2-v}=\frac{l(2c+v)}{c^2-v^2}$$

(3) 相对论速度变换，在 y 方向上(将介质运动方向看成 x 方向，则光射向屏幕看成 y 方向)，有(同样从洛伦兹变换推导而来)：

$$v_3=\frac{\frac{c}{2}\sqrt{1-\frac{v^2}{c^2}}}{1-\frac{v\cdot 0}{c^2}}=\frac{c}{2}\sqrt{1-\frac{v^2}{c^2}}=\frac{1}{2}\sqrt{c^2-v^2}$$

则 y 方向上运动距离 l 所需时间为：

$$t_3=\frac{l}{v_3}=\frac{l}{\frac{1}{2}\sqrt{c^2-v^2}}=\frac{2l}{\sqrt{c^2-v^2}}$$

6. **解：**(1) 相对论能量与动量关系 $E^2=p^2c^2+m_0^2c^4$，则在 $x=x_0$ 处，其动能为

$$\sqrt{(m_0c^2)^2+p^2c^2}-m_0c^2=n\cdot m_0c^2\Rightarrow p=m_0c\sqrt{n^2+2n}$$

(2) 由功能关系 $F\cdot x_0=nm_0c^2\Rightarrow x_0=\frac{nm_0c^2}{F}$

7. **解：**乍看之下，粒子的飞行时间为

$$t=\frac{s}{u}=\frac{52}{0.99\times3\times10^8}=1.75\times10^{-7}\text{s}$$

远超出了该粒子的寿命，但这在狭义相对论下是可以理解的。

理解1 粒子寿命 $t_0=2.5\times10^{-8}$s 是原时间，在地面系看，由于时间膨胀效应，粒子的寿命将变为

$$t'=\frac{t_0}{\sqrt{1-\beta^2}}=\frac{2.5\times10^{-8}}{\sqrt{1-0.99^2}}=1.77\times10^{-7}\text{s}$$

t'与实际测量结果 t 比较符合。

理解2 距离 l_0 是测得 π 介子通过的距离。在粒子参考系中，地面后退，因此粒子感受到的地面后退的距离有一个尺缩效应：

$$l=\sqrt{1-\beta^2}\,l_0=7.34\text{m}$$

后退的时间为

$$t_0'=\frac{l}{u}=\frac{7.34}{0.99\times3\times10^8}=2.47\times10^{-8}\text{s}$$

t_0' 与 t_0 比较符合。

8. **解**：(1)

$$v_r=\frac{v_1-(-v_2)}{1-\frac{v_1(-v_2)}{c^2}}=\frac{0.6c+0.6c}{1+0.6^2}=\frac{15}{17}c$$

(2) **方法一**　地面系中相遇事件坐标为(x, t)，其中

$$x=\frac{L}{2}$$

$$t=\frac{L}{2\times0.6c}=\frac{L}{1.2c}$$

则在飞船 A 看来，相遇的时间为

$$t'=\gamma\left(t-\frac{v_1}{c^2}x\right)=\frac{\frac{L}{1.2c}-\frac{0.6c}{c^2}\cdot\frac{L}{2}}{\sqrt{1-0.6^2}}=\frac{2L}{3c}$$

方法二　地面上看相遇时间为$\frac{L}{1.2c}$，A 所测量到的时间为这个时间所对应的原时间，即有

$$t'=\sqrt{1-\frac{v_1^2}{c^2}}\cdot\frac{L}{1.2c}=\frac{2L}{3c}$$

方法三　在地面系中看，飞船 A 处于 P 点时，飞船 B 处于 Q 点。注意：在 A 参考系中这两个事件并不是同时发生的。如图所示，在 A 参考系中 B 先到达 Q 点，然后 A 再到达 P 点，它们的时间间隔为

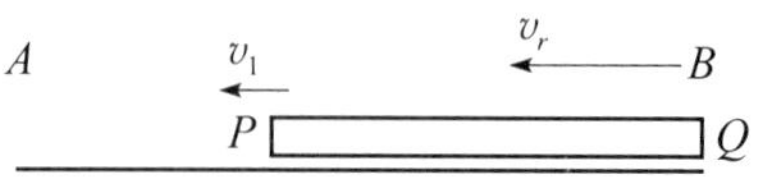

$$t_2'-t_1'=\Delta t'=\gamma\left(\Delta t-\frac{v_1}{c^2}\Delta x\right)=-\frac{1}{\sqrt{1-0.6^2}}\cdot\frac{0.6c}{c^2}L=-\frac{3L}{4c}$$

在 A 参考系中，P、Q 间的距离根据尺缩效应计算可得 $l'=\gamma L=0.8L$。B 到达 Q 点时，A 到达 P 点，B 点距离 P 点的长度为

$$l_1'=l'-(v_r-v_1)|\Delta t'|=0.8L-\left(\frac{15}{17}c-0.6c\right)\cdot\frac{3L}{4c}=\left(1.25-\frac{15}{17}\cdot\frac{3}{4}\right)L$$

因此 A 到达 P 点之后，其与 B 相遇的时间为

$$t'=\frac{l_1'}{v_r}=\frac{\left(1.25-\frac{15}{17}\cdot\frac{3}{4}\right)L}{\frac{15}{17}c}=\left(1.25\times\frac{17}{15}-\frac{3}{4}\right)\frac{L}{c}=\frac{2L}{3c}$$

9. **解：**(1) 根据时间膨胀效应可知，在地面系上来看，两次相遇的时间间隔为

$$\Delta t=\frac{\Delta t_0}{\sqrt{1-\frac{v^2}{c^2}}}=\frac{30}{\sqrt{1-0.8^2}}=50\text{min}$$

即宇航站的时钟示数为 50min。

(2) 在地面系看，宇航站与地球距离为

$$l_0=v\Delta t=0.8\times3\times10^8\times50\times60=7.2\times10^{11}\text{m}$$

(3) 在地面系看，光信号从宇航站运动到地球的时间为

$$\Delta t_2=\frac{l_0}{c}=0.8\Delta t=40\text{min}$$

即地球上的人在时钟示数为 $\Delta t+\Delta t_2=90\text{min}$ 的时候收到光信号。

(4) 在地球上的人看来，回发的光信号追上飞船的时间为

$$\Delta t_3=\frac{(\Delta t+\Delta t_2)v}{c-v}=4(\Delta t+\Delta t_2)=360\text{min}$$

因此从飞船与地球相遇到飞船收到回发的光信号，地面上的人测量到时间经过了 $\Delta t+\Delta t_2+\Delta t_3=450\text{min}$，而飞船上的人认为时间经过了

$$\Delta t_0'=(\Delta t+\Delta t_2+\Delta t_3)\sqrt{1-\frac{v^2}{c^2}}=450\times0.6=270\text{min}$$

即飞船上的人在时钟示数为 270min 时收到回发的光信号。

附录　常用数学知识

一、矢量的运算

1. 加法：$\vec{a}+\vec{b}=\vec{c}$。

法则：平行四边形法则。如图 1 所示。

和矢量大小：$c=\sqrt{a^2+b^2+2ab\cos\alpha}$，其中 α 为 $\vec{a}$ 和 $\vec{b}$ 的夹角。

和矢量方向：$\vec{c}$ 在 $\vec{a}$、$\vec{b}$ 之间，和 $\vec{a}$ 夹角 $\beta=\arcsin\dfrac{b\sin\alpha}{\sqrt{a^2+b^2+2ab\cos\alpha}}$。

2. 减法：$\vec{a}=\vec{c}-\vec{b}$。

$\vec{c}$ 为“被减数矢量”，$\vec{b}$ 为“减数矢量”，$\vec{a}$ 为“差矢量”。

法则：三角形法则。如图 2 所示。将被减数矢量和减数矢量的起始端平移到一点，然后连接两矢量末端，指向被减数矢量的矢量，即是差矢量。

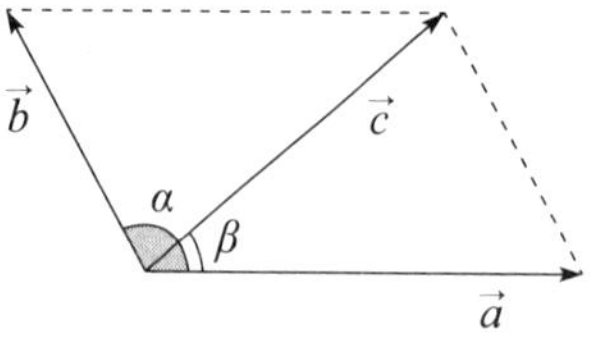

图 1

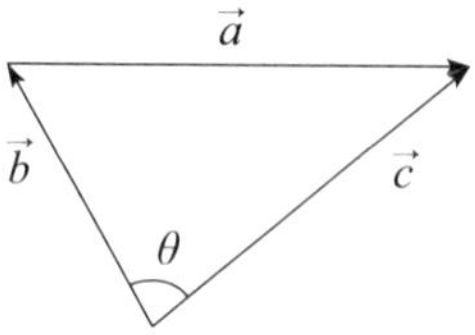

图 2

差矢量大小：$a=\sqrt{b^2+c^2-2bc\cos\theta}$，其中 θ 为 $\vec{c}$ 和 $\vec{b}$ 的夹角。

二、常用数学公式

(一)等差、等比数列

(1) 通项

等差：$a_n=a_1+(n-1)d=a_m+(n-m)d$

等比：$a_n=a_1q^{n-1}=a_mq^{n-m}$

(2) 前 n 项和

等差：$s_n=\dfrac{a_1+a_n}{2}n=na_1+\dfrac{n(n-1)}{2}d=na_n+\dfrac{n(n-1)}{2}\cdot(-d)$

等比：$s_n=\begin{cases}\dfrac{a_1(1-q^n)}{1-q}=\dfrac{a_1-a_nq}{1-q} & q\neq 1\\ na_1 & q=1\end{cases}$

(二)数列求和

(1) $1^2+2^2+3^2+\cdots+n^2=\dfrac{n(n+1)(2n+1)}{6}$

(2) $1^3+2^3+\cdots+n^3=(1+2+\cdots+n)^2=\dfrac{n^2(n+1)^2}{4}$

(三)三角公式

(1) 和差角公式

$\sin(\alpha\pm\beta)=\sin\alpha\cos\beta\pm\cos\alpha\sin\beta$ $\quad$ $\cos(\alpha\pm\beta)=\cos\alpha\cos\beta\mp\sin\alpha\sin\beta$

$\tan(\alpha\pm\beta)=\dfrac{\tan\alpha\pm\tan\beta}{1\mp\tan\alpha\tan\beta}$ $\quad$ $\tan\alpha\pm\tan\beta=\tan(\alpha\pm\beta)(1\mp\tan\alpha\tan\beta)$

$a\sin\alpha+b\cos\alpha=\sqrt{a^2+b^2}\sin(\alpha+\varphi)$，其中 $\tan\varphi=\dfrac{b}{a}$

(2) 倍角公式，万能公式

$$\sin2\alpha=2\sin\alpha\cos\alpha=\frac{2\tan\alpha}{1+\tan^2\alpha}$$

$$\cos2\alpha=\cos^2\alpha-\sin^2\alpha=2\cos^2\alpha-1=1-2\sin^2\alpha=\frac{1-\tan^2\alpha}{1+\tan^2\alpha}$$

$$\tan2\alpha=\frac{2\tan\alpha}{1-\tan^2\alpha}$$

$$\sin3\alpha=3\sin\alpha-4\sin^3\alpha$$

$$\cos^3\alpha=4\cos^3\alpha-3\cos\alpha$$

(3) 半角公式，升降幂公式

$\sin\dfrac{\alpha}{2}=\pm\sqrt{\dfrac{1-\cos\alpha}{2}}$ $\quad$ $\cos\dfrac{\alpha}{2}=\pm\sqrt{\dfrac{1+\cos\alpha}{2}}$

$$\tan\frac{\alpha}{2}=\pm\sqrt{\frac{1-\cos\alpha}{1+\cos\alpha}}=\frac{1-\cos\alpha}{\sin\alpha}=\frac{\sin\alpha}{1+\cos\alpha}$$

$\sin^2\alpha=\dfrac{1-\cos2\alpha}{2}$ $\quad$ $\cos^2\alpha=\dfrac{1+\cos2\alpha}{2}$

$1+\cos\alpha=2\cos^2\dfrac{\alpha}{2}$ $\quad$ $1-\cos\alpha=2\sin^2\dfrac{\alpha}{2}$

(四)重要不等式

(1) $\sqrt{\dfrac{a^2+b^2}{2}}\geqslant\dfrac{a+b}{2}\geqslant\sqrt{ab}\geqslant\dfrac{2}{\dfrac{1}{a}+\dfrac{1}{b}}(a,b>0)$

(2) $\sqrt{\dfrac{a^2+b^2+c^2}{3}}\geqslant\dfrac{a+b+c}{3}\geqslant\sqrt[3]{abc}\geqslant\dfrac{3}{\dfrac{1}{a}+\dfrac{1}{b}+\dfrac{1}{c}}(a,b,c>0)$

(3) $ab \leqslant \left(\frac{a+b}{2}\right)^2 \quad (a, b \in R)$

$$abc \leqslant \left(\frac{a+b+c}{3}\right)^3 \quad (a, b, c > 0)$$

(五)二项式定理

(1) $(a+b)^n = C_n^0 a^n + C_n^1 a^{n-1} b + \cdots + C_n^n b^n$

(2) $(1+x)^n \approx 1 + nx \approx 1 + nx + c_n^2 x^2$

(六)导数

(1) $f'(x_0) = \lim\limits_{\Delta x \to 0} \frac{\Delta y}{\Delta x} = \lim\limits_{\Delta x \to 0} \frac{f(x_0+\Delta x) - f(x_0)}{\Delta x} \Leftrightarrow f(x)$在 x_0 处可导，注意：$f(x) = |x|$在 $x=0$ 处不可导。

(2) 运算法则

$$(U \pm V)' = U' \pm V'$$

$$(UV)' = U'V + UV'$$

$$\left(\frac{U}{V}\right)' = \frac{U'V - UV'}{V^2}$$

$$y'_x = y'_u u'(x)$$

(3) 导数公式

$C' = 0$　　$(x^n)' = nx^{n-1}$　　$(e^x)' = e^x$

$(a^x)' = a^x \ln a$　$(\ln x)' = \frac{1}{x}$　　$(\log_a x)' = \frac{1}{x}\log_a e = \frac{1}{x \ln a}$

$(\sin x)' = \cos x$　　$(\cos x)' = -\sin x$

(七) 积分公式

$\int 0 \mathrm{d}x = C$　　$\int a \mathrm{d}x = ax + C$

$\int x^n \mathrm{d}x = \frac{x^{n+1}}{n+1} + C(n \neq -1)$　　$\int \frac{1}{x} \mathrm{d}x = \ln|x| + C$

$\int a^x \mathrm{d}x = \frac{a^x}{\ln a} + C$(其中 $a > 0$，且 $a \neq 1$)　　$\int e^x \mathrm{d}x = e^x + C$

$\int \sin x \mathrm{d}x = -\cos x + C$　　$\int \cos x \mathrm{d}x = \sin x + C$

$\int \frac{1}{\cos^2 x} \mathrm{d}x = \int \sec^2 x \mathrm{d}x = \tan x + C$　　$\int \frac{1}{\sin^2 x} \mathrm{d}x = \int \csc^2 x \mathrm{d}x = -\cot x + C$

$\int \frac{1}{\sqrt{a^2 - x^2}} \mathrm{d}x = \arcsin \frac{x}{a} + C$　　$\int \frac{1}{a^2 + x^2} \mathrm{d}x = \frac{1}{a} \operatorname{arccot} \frac{x}{a} + C$